難解事例から探る
財産評価のキーポイント

第2集 増補版

税理士／笹岡宏保 ◆ 著

ぎょうせい

はしがき

　相続税法22条（評価の原則）において，「相続，遺贈又は贈与により取得した財産の価額は，当該財産の取得の時における時価により」評価するものと規定し，また，評価通達1（評価の原則）(2)時価の意義において，「財産の価額は，時価によるものとし，時価とは，課税時期において，それぞれの財産の現況に応じ，不特定多数の当事者間で自由な取引が行われる場合に通常成立すると認められる価額をいい，その価額は，この通達の定めによって評価した価額による」と定められている。よって，相続税・贈与税等において必要とされる財産評価の具体的な評価手法は，我が国では評価通達の定めに依拠していることになる。

　しかしながら，実際に財産評価に直面した場合に，上記の評価通達（法令解釈通達の位置付けにある）はもちろんのこと，当該通達の解釈を補助する位置付けにある資産評価企画官情報及び文書回答事例を熟読したとしても，その判断に頭を悩ます事例は多いものと考えられる。

　このような特徴を持つ財産評価の理解の一助に資することができればとの思いで，月刊「税理」誌上において，「難解事例から探る　財産評価のキーポイント」と題して土地評価に関する各種論点を実務上の視点から検証することを目的に，平成20年1月号から連載を担当させていただいた。

　そして，平成24年9月には，連載開始初回号から平成23年12月号までを取りまとめて単行本（「難解事例から探る　財産評価のキーポイント」）として発刊させていただいた。

　この度も，機会をいただき，平成24年1月号から平成27年1月号までに連載した全24話に所要の加筆補正を行って，「難解事例から探る　財産評価のキーポイント」（第2集）として発刊させていただくことになった。

　本書の特色は，次のとおりである。
(1)　使用する題材（事例）は，著者が空想で作成したものではなく，世の中で実際に発生した生きた事例（国税不服審判所の裁決事例）に基づいて構成されている。
(2)　各事例の構成を下記のとおりに統一している。

事　　例	紹介する事例の概要を簡潔にまとめて説明している。
基 礎 事 実	事例について，双方（請求人・原処分庁）において争いのない事実が掲記されている。

争　　　　点	事例において，双方の理解が異なる点を要約している。
争点に関する双方（請求人・原処分庁）の主張	上記に掲げる「争点」について，双方の主張が掲記されている。掲記に当たっては一貫して，下記のとおりの表形式によっている。 ①　左欄……争点を掲記 ②　中欄……請求人（納税者）の主張を掲記 ③　右欄……原処分庁（課税庁）の主張を掲記
国税不服審判所の判断	争点に関して，国税不服審判所より示された判断が掲記されている。 ［この部分は，読者諸兄が審判官に就任した心積りで読んでいただければ，なお一層の関心と理解が深まるものと考えられる。］
本件裁決例のキーポイント	著者がこの連載を継続する上で，最も重視している部分であり，題材とした裁決に対する判断機関等の判断に関するコメント及び題材とした事例に係る各種論点を実務上の立場から解説し，必要に応じて所要の提言も行っている。
参考事項等	①　参考法令通達等 　題材とした事例を理解するために必要な法令及び通達を掲記しているので，理解を深めるためにはぜひとも原典に触れることをおすすめしたい。 ②　類似判例・裁決事例の確認 　題材として採り上げた裁決事例に関して，これと同旨若しくは類似，又は全く正反対の立場を採るもの等，併せて確認しておくことで知識の拡大を図ることが期待できる。

　本書を参考にしていただくことにより，財産（土地）評価の機微に触れていただければ，著者にとって望外の喜びとするところである。

　また，この分野に興味，関心を寄せられた読者には，併せて，平成24年9月発刊の第1集も熟読していただければと願う次第である。

　なお，文中意見にわたる部分は，筆者の全く個人的な見解によるものであり，評価実務担当者又は読者諸兄の見解と相違があるかもしれないことを念のために申し添える。

　最後になったが，今回発行の機会を与えていただいた㈱ぎょうせい，わけても月刊「税理」編集局の皆様に厚く御礼申し上げたい。

平成27年10月

税理士　**笹岡　宏保**

改訂のことば

　相続税(贈与税)の申告実務は,「評価に始まり,評価に終わる」と呼ばれることもあり,相続税等の課税対象とされる個々の財産の価額(相続税評価額)を算定することが重要視される。この財産評価のうちでも,とりわけ,不動産(土地等,建物等)の評価についてはその内在する個別性もあり,評価通達を精読し,また実務問答集を確認しても,適確な判断を行うに当たって頭を悩ますことも珍しくはなく,多くの課題を有するものと考えられるところである。

　本書は,このような課題に対して,先例とされる国税不服審判所の裁決事例を題材として,適切な実務観点からの目線を重視することを第一義として,解決の一助になればとの思いから発刊されたもので,初版は平成27年11月刊行とされている。

　刊後以後,今日に到るまでの間,数次にわたる評価通達の改正があり,また,取り上げた裁決事例につき上級審において新たな展開があったものもあることから,今回,改訂版を刊行することとなった。改訂のポイントは次のとおりである。

(1)　総論として,平成30年から新規に定められた評価通達20－2(地積規模の大きな宅地)の定めに関する解説を示している。

(2)　広大地が争点となったものをはじめ,ほぼすべての事例につき,当該評価対象地が評価通達に定める地積規模の大きな宅地に該当するか否かの検討を行い,仮に,該当すると判断された場合には,その価額(相続税評価額)を算定している(各CASEの後の 追補 の欄を参照されたい)。

(3)　取り上げた裁決事例につき,請求人(納税者)が国税不服審判所の判断を不服として提訴した場合において,その上級審において特に国税不服審判所の判断と異なる判断や追加の法令解釈等が行われたときには,これを 追補 の形で紹介している。

　本書を参考にしていただき,評価通達や実務問題集を熟読しても解決が困難な事例(財産評価)へのアプローチとなれば,筆者にとって幸いである。

　なお,はしがきに同様であるが,文中意見にわたる部分は,筆者の全くの個人的な見解によるものであることに留意されたい。

　最後となったが,今回改訂の機会を与えていただいた㈱ぎょうせい,わけても月刊「税理」編集局の皆様に厚く御礼を申し上げたい。

令和2年5月

税理士　笹岡　宏保

◆目　　次◆

総論　広大地の評価（廃止）から地積規模の大きな宅地の評価（新設）へ … 2

CASE1　区分所有財産（マンション）の評価（その1：評価通達の定めによらず不動産鑑定評価額による申告の是否が争点とされた事例）……………………………………………………31

CASE2　区分所有財産（マンション）の評価（その2：評価通達の定めにより難い特別の事情があるとしてマンションの売却価額を基に評価することの可否が争点とされた事例）……………52

CASE3　評価通達に定める広大地に該当するか否かの判定単位と宅地の評価単位との関係が争点とされた事例……………………69

CASE4　国外財産（外国政府所有地に許可を得て設定した土地の使用権）の評価方法が争点とされた事例………………………84

CASE5　複数の地目からなる土地が存在する場合の評価単位の構成及び簡易構造の建物が建築された宅地を貸宅地評価することの可否が争点とされた事例………………………………99

CASE6　広大地評価の可否（路地状開発と道路負担を伴う開発との合理性の比較）が争点とされた事例………………………126

| CASE7 | 更地時価買取請求権が付与され地方公共団体に貸し付けられた土地の評価方法（底地価額で評価することの可否）が争点とされた事例 …………152

| CASE8 | セットバックを必要とする宅地の評価の定めを適用することの可否が争点とされた事例 …………186

| CASE9 | 私道の評価（行止まり私道を評価通達の定めによらないで評価する場合に，これを正当とする特別の事情の有無が争点とされた事例）…………201

| CASE10 | 無道路地の評価に当たって控除される道路開設費用の価額の算定方法が争点とされた事例（その１）…………229

| CASE11 | 無道路地の評価に当たって控除される道路開設費用の価額の算定方法が争点とされた事例（その２）…………246

| CASE12 | 生産緑地の評価に当たって「主たる従事者」に該当するか否かが争点とされた事例 …………275

| CASE13 | 市街化調整区域内に存する宅地（被相続人の居住用宅地）について，広大地評価の可否及び利用価値の著しく低下地（騒音・振動）に対する補正の適用が論点とされた事例 …………305

| CASE14 | 土地を評価する場合に地積の求め方（登記簿上の面積，実測図等の面積）及び広大地の判定単位等が争点とされた事例 …………337

CASE15 評価対象財産の種類（不動産，不動産取得資金）及びその評価方法（評価通達の適用，取得価額相当額で評価）等が争点とされた事例……………………………………………356

CASE16 評価対象地の前面道路に特定路線価が適正に設定されている場合に当該特定路線価を使用せず他の評価方法によって評価することの合理性の有無が争点とされた事例……………385

CASE17 不整形地の評価に当たって想定整形地の作定方法等が争点とされた事例……………………………………………………403

CASE18 親子間の土地貸借につき借地権を贈与により取得し使用貸借契約から賃貸借契約に移行したと認められる時期がいつであるのかが争点とされた事例…………………………………425

CASE19 貸宅地の評価につき評価通達の定めによらないことが正当と認められる特別の事情があるとして鑑定評価額により申告することの可否が争点とされた事例………………………440

CASE20 建物の所有を目的とする無償による土地使用契約が地上権の設定に該当するか否かが争点とされた事例…………………476

CASE21 広大地評価の可否をめぐる諸論点（(1)「その地域」の範囲，(2)最有効使用の方法，(3)公共公益的施設用地の負担の必要性）が争点とされた事例…………………………………………490

CASE22 評価通達に定める私道の用に供されている宅地に該当するか否かが争点とされた事例（歩道状空地の取扱い）…………520

CASE23 課税実務上の取扱いである「利用価値が著しく低下している宅地の評価（10%の評価減）」の対象となる「その付近にある宅地に比べて著しく高低差のあるもの」に該当するか否かが争点とされた事例 ……………545

CASE24 土地の評価単位と広大地該当性の判定単位との関係が争点とされた事例（宅地及び市街地農地が隣接して存する事例） ……………566

資　料・裁決事例一覧 ……………623

<凡　例>

(1) 本書では，本文中において，通達名の表記につき，以下のように省略している。
　　・財産評価基本通達…評価通達

(2) 本書ではかっこ内及び図表内等において，法令・通達名その他の表記につき，以下のように省略している。

　　<法　令>
　　・相続税法…相法　　・所得税法…所法　　・法人税法…法法　　・租税特別措置法…措法
　　・国税通則法…通則法　　・国税通則法施行令…通則令
　　・都市計画法…都計法　　・都市計画法施行令…都計令
　　・地方税法…地法

　　<通　達>
　　・財産評価基本通達…評価通達　　・相続税法個別通達…相個通
　　・相続税法基本通達…相基通　　　・法人税基本通達…法基通
　　・所得税基本通達…所基通　　　　・消費税法基本通達…消基通

　　<条項番号等の省略方法>
　　（例）法人税法施行令第32条第1項第4号　➡　法令32①四

　　<裁決・判決の表記方法>
　　（例）国税不服審判所平成27年6月13日裁決　➡　平27.6.13裁決
　　　　　東京地裁平成27年6月13日判決　➡　東京地判平27.6.13

(3) 本文中，「＊＊＊＊＊」で示した部分は，情報公開法上不開示となった箇所である。

難解事例から探る
財産評価のキーポイント 第2集
〔増補版〕

- 評価単位・地目
- 間口距離・奥行距離
- 側方加算・二方加算
- 広大地
- 農地・山林・原野
- 雑種地
- 貸家建付地
- 借地権・貸宅地
- 利用価値の低下地
- その他の評価項目

総論

広大地の評価（廃止）から地積規模の大きな宅地の評価（新設）へ

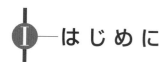

相続税等の財産評価の適正化を図るため，相続税法の時価主義の下，実態を踏まえて，平成30年１月１日以後に開始した相続，遺贈又は贈与により取得した財産の評価に適用するものとして，評価通達20－２（地積規模の大きな宅地の評価）の定めが新設された（以下，同通達を「新通達」という）。

また，新通達の制定により，従前において適用されていた評価通達24－４（広大地の評価）の定めは，同日以後における財産の評価にはその適用が認められなくなり廃止された（以下，同通達を「旧通達」という）。

本稿では，旧通達から新通達への移行について，実務上のポイントをまとめてみることにする。

概 要

平成29年12月31日までに開始した相続，遺贈又は贈与により取得した財産の評価については，現行の取扱いでは廃止された旧通達の定めが適用されていた。同通達に定義する広大地の価額は，原則として，評価通達に定める奥行価格補正率から容積率の異なる２以上の地域にわたる宅地の評価までの定めに代替して「広大地補正率」を適用して算定した金額によって評価するものとされていた。

解 説

(1) 旧通達における広大地の定義

旧通達においてその評価方法を定める『広大地』とは，次に掲げる要件のすべてを充足している宅地をいうものとされていた。
① その地域における標準的な宅地の地積に比して著しく地積が広大な宅地であること
② 都市計画法４条（定義）12項に規定する開発行為（以下「開発行為」という）を行うとした場合に公共公益的施設用地(注)の負担が必要と認められること

㊟ 「公共公益的施設用地」とは，都市計画法4条（定義）14項に規定する道路，公園等の公共施設の用に供される土地及び都市計画法施行令27条に掲げる教育施設，医療施設等の公益的施設の用に供される土地（その他これらに準ずる施設で，開発行為の許可を受けるために必要とされる施設の用に供される土地を含む）をいうものとされていた。

ただし，上記①及び②に掲げる要件に該当する宅地であっても，次に掲げる要件に該当する場合には，当該宅地は，評価通達に定める広大地には該当しないものとされていた。
① 評価通達22－2（大規模工場用地）に定める大規模工場用地に該当するもの
② 中高層の集合住宅等の敷地用地に適しているもの（その宅地について，経済的に最も合理的であると認められる開発行為が中高層の集合住宅等を建築することを目的とするものであると認められるものをいう）

(2) 広大地の評価方法

上記(1)に該当する広大地の価額は，原則として，次に掲げる区分に従って，それぞれ次により計算した金額によって評価するものとされていた。

① その広大地が路線価地域に所在する場合

その広大地の面する路線の路線価(注1)に，評価通達15（奥行価格補正）から同通達20－5（容積率の異なる2以上の地域にわたる宅地の評価）までの定め(注2)に代わるものとして求めた「広大地補正率」を乗じて計算した価額にその広大地の地積を乗じて計算した金額によって評価していた(注3)。この取扱いを算式で示すと次のとおりとされていた。

（算　式）

その広大地の面する路線の路線価×広大地補正率×広大地の地積

なお，「広大地補正率」は，具体的には次の算式によって求めるものとされていた。

算　式

$$広大地補正率 = 0.6 - 0.05 \times \frac{広大地の地積}{1,000 m^2}$$

㊟ 広大地補正率には，端数処理の定めは設けられていなかった。

（注1）「その広大地の面する路線の路線価」は，その路線が2以上ある場合には，原則として，その広大地が面する路線の路線価のうち最も高いものとされていた。

（注2）「広大地補正率」を適用して評価する場合には，評価通達に定める下記の取扱いは適用されないこととされていた。

　㈤　評価通達15（奥行価格補正）
　㈥　評価通達16（側方路線影響加算）
　㈦　評価通達17（二方路線影響加算）
　㈧　評価通達18（三方又は四方路線影響加算）
　㈩　評価通達20（不整形地の評価）
　㈥　評価通達20－2（無道路地の評価）
　㈦　評価通達20－3（間口が狭小な宅地等の評価）
　㈧　評価通達20－4（がけ地等を有する宅地の評価）

(リ)　評価通達20－5（容積率の異なる２以上の地域にわたる宅地の評価）
　　　　注　現行の取扱いでは，上記(ヘ)から(チ)に定める各通達は，通達番号が評価通達20－3
　　　　　ないし評価通達20－5と１つずつ繰り下がっており，また，同(リ)に定める通達は，
　　　　　通達番号が評価通達20－7となっている。
　　（注３）　上記の（算式）によって評価する広大地は，5,000㎡以下の地積のものとされていた。
　　　　したがって「広大地補正率」は，下記の計算より，0.35（地積が5,000㎡の場合）が下限
　　　　となることに留意する必要があった。
　　　　計　算
　　　　　　$0.6 - 0.05 \times \dfrac{5,000㎡}{1,000㎡} = 0.35$

　　　　なお，地積が5,000㎡を超える広大地については，原則として評価通達5（評価方法の
　　　　定めのない財産の評価）の定めを適用して個別に評価することになるが，評価の簡便性
　　　　の観点から地積が5,000㎡を超える広大地であっても，0.35（広大地補正率の下限）を適
　　　　用して評価することができるものとされていた。
　②　その広大地が倍率地域に所在する場合
　　その広大地が標準的な間口距離及び奥行距離を有する宅地であるとした場合の１㎡当た
　りの価額を評価通達14（路線価）に定める路線価として，上記①に準じて計算した金額に
　よって評価していた。
　　なお，上記①又は②に掲げる広大地の評価方法に基づいて計算した価額が，当該広大地
　につき，広大地の評価方法（広大地補正率を適用して評価する方法）を適用しないで，通
　常の路線価方式（奥行価格補正率を基に評価する方法）又は倍率方式により評価した価額
　を上回る場合には，当該広大地については，広大地の評価方法を適用せずに，通常の路線
　価方式又は倍率方式により評価するものとされていた（すなわち，いずれか低い方の価額
　により評価していた）。
(3)　広大地の評価における留意点
①　セットバックを必要とする宅地に対する重複適用関係
　　評価対象地が評価通達24－4（広大地の評価）に定める広大地に該当する場合には，た
　とえ，当該評価対象地が同通達24－6（セットバックを必要とする宅地の評価）に定める
　セットバックを必要とする宅地に該当するものであっても，広大地の評価の定めを適用し
　て評価するものとされており，セットバックを必要とする宅地の評価の定めは適用しない
　ものとされていた。
②　広大な市街地農地等の評価方法
　　評価通達に定める市街地周辺農地及び市街地農地が宅地であるとした場合において，旧
　通達に定める広大地に該当するときは，その市街地周辺農地及び市街地農地の価額は，通
　常の市街地周辺農地及び市街地農地の評価方法にかかわらず，旧通達に定める広大地の評
　価の定めに準じて評価するものとされていた。(注)
　　ただし，その市街地周辺農地及び市街地農地を旧通達の定めによって評価した価額が，

総論

通常の市街地周辺農地及び市街地農地の評価方法の定めによって評価した価額を上回る場合には，通常の市街地周辺農地及び市街地農地の評価方法の定めによって評価するものとされていた。

　(注)　旧通達の定めに準じて評価する農地が市街地周辺農地である場合には，旧通達の定めに準じて評価した価額の100分の80に相当する金額によって評価するものとされていた。

③　広大な市街地山林の評価方法

評価通達に定める市街地山林が宅地であるとした場合において，旧通達に定める広大地に該当するときは，その市街地山林の価額は，通常の市街地山林の評価方法にかかわらず，旧通達に定める広大地の評価の定めに準じて評価するものとされていた。

ただし，その市街地山林を旧通達の定めによって評価した価額が，通常の市街地山林の評価方法の定めによって評価した価額を上回る場合には，通常の市街地山林の評価方法の定めによって評価するものとされていた。

④　広大な市街地原野の評価方法

評価通達に定める市街地原野が宅地であるとした場合において，旧通達に定める広大地に該当するときは，その市街地原野の価額は，通常の市街地原野の評価方法にかかわらず，旧通達に定める広大地の評価の定めに準じて評価するものとされていた。

ただし，その市街地原野を旧通達の定めによって評価した価額が，通常の市街地原野の評価方法の定めによって評価した価額を上回る場合には，通常の市街地原野の評価方法の定めによって評価するものとされていた。

(4)　広大地の評価事例

設例　次の図のように旧通達に定める広大地に該当すると認められる評価対象地（宅地）の具体的な相続税評価額はいくらになるのか。

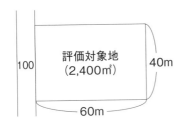

・地区区分……普通住宅地区
・奥行価格補正率……0.86（60m）
・周辺の状況等……1画地が150㎡前後の戸建住宅の敷地として利用されることが標準的であると認められる。

回答

①　広大地の評価方法を適用して評価した場合

　(イ)　広大地補正率の計算

$$0.6 - 0.05 \times \frac{2,400 ㎡（広大地の地積）}{1,000 ㎡} = 0.48$$

　(ロ)　相続税評価額の計算

　　　（路線価）　（広大地補正率）　（地積）　（相続税評価額）
　　　100,000円 ×　　0.48　　× 2,400㎡ ＝ 115,200,000円

② 通常の路線価方式によって評価した場合

　　　（路線価）　（奥行価格補正率）　（地　積）　（相続税評価額）
　　　100,000円×　　0.86　　×2,400㎡＝206,400,000円

③ ①＜②　∴①（115,200,000円）を採用

旧通達の問題点

[概　要]

　旧通達に定める広大地の評価方法（広大地補正率の算式を使用して評価額を算定する方法）が採用されたのは平成16年の評価通達の改正時からである。その後，相当の期間が経過し，[解説]に掲げるような問題点が生じていたこともあり，今回の改正（新通達の制定）にいたったものと考えられる。

[解　説]

　旧通達の抱える問題点として，大きく，次の2点が摘示されていた。

(1) 相続税評価額と市場価額（時価）の乖離

　旧通達に定める広大地補正率は，広大地である宅地の地積のみに着目して自動的にその適用数値が算定（算式：$0.6-0.05\times\dfrac{広大地の地積}{1,000㎡}$）されていた。そうすると，このような評価方法を採用すると，実際の不動産の売買価額（市場時価）の決定に重要な影響を与えると考えられる評価対象地の個性に応じた形状（奥行，間口，不整形等）の差異が相続税評価額に反映されないこととなり，不合理な結果を招来させることになると懸念された（一部の不動産について，相続税評価額と市場時価との間に大きな乖離を出現させることになった）。

　また，世上ではこのような不合理な結果を招来させることを積極的に活用して，過度とも指摘されかねない相続税対策が一部の富裕層の間で実行されていた（この試算例として，図表－1を参照）ともいわれていた。

図表－1　旧通達による広大地の評価額（相続税評価額と市場時価の乖離）の試算例

項目	事例1	事例2	比較等
評価対象地の形状	100 広大地の要件を充足した評価対象地（5,000㎡）	100 広大地の要件を充足した評価対象地（5,000㎡）	各事例の評価対象地の地積は5,000㎡と同一であるものの，形状（地形，間口）等において大きな差異が認められる。
相続税評価額（旧通達適用）とその計算過程	（同一）175百万円←→175百万円 （路線価）　（広大地補正率） 100千円×$\left(0.6-0.05\times\dfrac{5,000㎡}{1,000㎡}\right)$ （地積）　（相続税評価額） ×5,000㎡＝175百万円	（路線価）　（広大地補正率） 100千円×$\left(0.6-0.05\times\dfrac{5,000㎡}{1,000㎡}\right)$ （地積）　（相続税評価額） ×5,000㎡＝175百万円	旧通達に定める評価方法では，各事例における相続税評価額は同一額として算定される。（広大地補正率に不整形地等の要素は折り込み済）

	（推定値） 400百万円 ←（多額の乖離）→ （推定値） 150百万円		
実際の不動産の売買価額（いわゆる市場時価）の推定値	ポイント 評価対象地は地積過大地ではあるものの，形状（長方形，間口と奥行の均衡）等から判断して，比較的に有効宅地化率の高い宅地として，次のとおり算定した。 　　　（路線価）（還元割合）　　　（1㎡当たりの推定標準地時価） (1) 100千円÷80％＝125千円／㎡ 　　　　　（地積）　　（推定標準地時価） (2) (1)×5,000㎡＝625,000千円 　　　　（有効宅地化率） (3) (2)× 70％ ＝437,500千円 ※ 上記(3)に付き，購入業者の費用負担等を考慮して，400百万円（推定値）であるものと算定	ポイント 評価対象地は地積過大地であり，かつ，形状（不整形，間口狭小）等から判断して，非常に有効宅地化率の低い宅地として，次のとおり算定した。 　　　（左記(2)）　（有効宅地化率） ・625,000千円×30％＝187,500千円 ※ 上記に付き，購入業者の費用負担等を考慮して，150百万円（推定値）であるものと算定	実際の不動産の売買価額（いわゆる市場時価）の算定では，各事例における価額は当然に異なるものとされ，しかも，その価格差には多額の乖離が生じていることが想定される。
不動産（宅地）の購入と相続税対策との関係	事例1の宅地を被相続人が相続開始前に取得すると，購入価額（400百万円）と当該宅地の相続税評価額（175百万円）との差額が，いわゆる評価差額として被相続人に帰属し，結果として相続税対策効果が生じることになる。	事例2の宅地を被相続人が相続開始前に取得すると，当該宅地の相続税評価額（175百万円）と購入価額（150百万円）との差額が逆に被相続人に係る相続税の課税価格に加算されることになり，かえって不利な結果となる。	事例1に掲げる相続税対策効果を目的とする広大地の売買事例が一部の富裕層の間で実施されていた旨の指摘がなされていた。

(2) 広大地判断の主観性（課税要件の明確化要請）

上記Ⅱの解説(1)に掲げるとおり，旧通達に定める広大地の定義では，次に掲げるような抽象的な要件につき判断が求められることからその思考過程に主観を伴うことも多く，課税の公平，簡素化の観点から課税要件の明確化が求められていた。

抽象的な要件
① その地域（具体的な範囲の求め方）
② 標準的な宅地の地積（具体的な地積の求め方）
③ 都市計画法に規定する開発行為を行うとした場合に公共公益的施設用地の負担が必要（いわゆる開発道路を新設するのか，又は路地状敷地とするのかの経済的合理性に対する判断）
④ 中高層の集合住宅等の敷地用地に適しているもの（いわゆるマンション適地の該当性に対する判断）

 新通達の定め

概要

平成30年1月1日以後に開始した相続，遺贈又は贈与により取得した財産の評価については，新通達の定めが適用される。新通達に定義する地積規模の大きな宅地の価額の算定

に当たっては，「規模格差補正率」が適用される。また，旧通達に定める広大地の価額の算定に当たって「広大地補正率」が適用される場合には，奥行価格補正率から容積率の異なる２以上の地域にわたる宅地の評価までの各定めの適用はないものとされていたが，新通達に定める規模格差補正率の適用に当たっては，これらの各定めとの重複適用が容認されている。

解 説
(1) 地積規模の大きな宅地の定義
　地積規模の大きな宅地とは，下記に掲げる①から③までの要件のすべてを充足している宅地をいう。
① 三大都市圏(注1)においては500㎡以上の地積の宅地，それ以外の地域においては1,000㎡以上の地積の宅地であること
② 次の(イ)から(ハ)までのいずれかに該当するものでないこと
　(イ) 市街化調整区域に所在する宅地
　　ただし，これに該当しても当該市街化調整区域が都市計画法34条(開発許可の基準)10号又は11号の規定(注2)に基づき宅地分譲に係る同法４条(定義)12号(注3)に規定する開発行為を行うことができる区域を除く。
　(ロ) 都市計画法８条(地域地区)１項１号(注4)に規定する工業専用地域に所在する宅地
　　注　㋑　倍率地域に所在する宅地にあっては，評価通達22－2(大規模工場用地)に定める大規模工場用地に該当する宅地も含まれる(適用除外地に該当する)。
　　　　㋺　評価の対象となる宅地等が用途地域の定められていない地域にある場合には，工業専用地域に指定されている地域以外の地域に所在するものと判定される。
　(ハ) 容積率(建築基準法52条(容積率)１項(注5)に規定する建築物の延べ面積の敷地面積に対する割合をいう)が10分の40以上の地域に所在する宅地
　　ただし，東京都の特別区(地方自治法281条(特別区)１項(注6)に規定する特別区をいう)においては，10分の30以上の地域に所在する宅地
③ 評価通達14－2(地区)の定めにより，普通商業・併用住宅地区及び普通住宅地区として定められた地域に所在すること
(注1) 「三大都市圏」とは，次の地域をいう。
　(A) 首都圏整備法２条(定義)３項に規定する既成市街地又は同条４項に規定する近郊整備地帯
　(B) 近畿圏整備法２条(定義)３項に規定する既成都市区域又は同条４項に規定する近郊整備区域
　(C) 中部圏開発整備法２条(定義)３項に規定する都市整備区域
　　上記に掲げる三大都市圏に該当する具体的な地方自治体(都市)の名称は，次に掲げる図表－2のとおりとなる。

総論

図表－2 三大都市圏に該当する都市（平成28年4月1日現在）

圏名	都府県名		都 市 名
首都圏	東京都	全域	特別区，武蔵野市，八王子市，立川市，三鷹市，青梅市，府中市，昭島市，調布市，町田市，小金井市，小平市，日野市，東村山市，国分寺市，国立市，福生市，狛江市，東大和市，清瀬市，東久留米市，武蔵村山市，多摩市，稲城市，羽村市，あきる野市，西東京市，瑞穂町，日の出町
	埼玉県	全域	さいたま市，川越市，川口市，行田市，所沢市，加須市，東松山市，春日部市，狭山市，羽生市，鴻巣市，上尾市，草加市，越谷市，蕨市，戸田市，入間市，朝霞市，志木市，和光市，新座市，桶川市，久喜市，北本市，八潮市，富士見市，三郷市，蓮田市，坂戸市，幸手市，鶴ケ島市，日高市，吉川市，ふじみ野市，白岡市，伊奈町，三芳町，毛呂山町，越生町，滑川町，嵐山町，川島町，吉見町，鳩山町，宮代町，杉戸町，松伏町
		一部	熊谷市，飯能市
	千葉県	全域	千葉市，市川市，船橋市，松戸市，野田市，佐倉市，習志野市，柏市，流山市，八千代市，我孫子市，鎌ケ谷市，浦安市，四街道市，印西市，白井市，富里市，酒々井町，栄町
		一部	木更津市，成田市，市原市，君津市，富津市，袖ケ浦市
	神奈川県	全域	横浜市，川崎市，横須賀市，平塚市，鎌倉市，藤沢市，小田原市，茅ケ崎市，逗子市，三浦市，秦野市，厚木市，大和市，伊勢原市，海老名市，座間市，南足柄市，綾瀬市，葉山町，寒川町，大磯町，二宮町，中井町，大井町，松田町，開成町，愛川町
		一部	相模原市
	茨城県	全域	龍ケ崎市，取手市，牛久市，守谷市，坂東市，つくばみらい市，五霞町，境町，利根町
		一部	常総市
近畿圏	京都府	全域	亀岡市，向日市，八幡市，京田辺市，木津川市，久御山町，井手町，精華町
		一部	京都市，宇治市，城陽市，長岡京市，南丹市，大山崎町
	大阪府	全域	大阪市，堺市，豊中市，吹田市，泉大津市，守口市，富田林市，寝屋川市，松原市，門真市，摂津市，高石市，藤井寺市，大阪狭山市，忠岡町，田尻町
		一部	岸和田市，池田市，高槻市，貝塚市，枚方市，茨木市，八尾市，泉佐野市，河内長野市，大東市，和泉市，箕面市，柏原市，羽曳野市，東大阪市，泉南市，四條畷市，交野市，阪南市，島本町，豊能町，能勢町，熊取町，岬町，太子町，河南町，千早赤阪村
	兵庫県	全域	尼崎市，伊丹市
		一部	神戸市，西宮市，芦屋市，宝塚市，川西市，三田市，猪名川町
	奈良県	全域	大和高田市，安堵町，川西町，三宅町，田原本町，上牧町，王寺町，広陵町，河合町，大淀町
		一部	奈良市，大和郡山市，天理市，橿原市，桜井市，五條市，御所市，生駒市，香芝市，葛城市，宇陀市，平群町，三郷町，斑鳩町，高取町，明日香村，吉野町，下市町
中部圏	愛知県	全域	名古屋市，一宮市，瀬戸市，半田市，春日井市，津島市，碧南市，刈谷市，安城市，西尾市，犬山市，常滑市，江南市，小牧市，稲沢市，東海市，大府市，知多市，知立市，尾張旭市，高浜市，岩倉市，豊明市，日進市，愛西市，清須市，北名古屋市，弥富市，みよし市，あま市，長久手市，東郷町，豊山町，大口町，扶桑町，大治町，蟹江町，阿久比町，東浦町，南知多町，美浜町，武豊町，幸田町，飛島村
		一部	岡崎市，豊田市
	三重県	全域	四日市市，桑名市，木曽岬町，東員町，朝日町，川越町
		一部	いなべ市

（注） 「一部」の欄に表示されている市町村は，その行政区域の一部が区域指定されているものである。評価対象となる宅地等が指定された区域内に所在するか否かは，各市町村又は府県の窓口で確認する必要がある。

（注2）　都市計画法34条（開発許可の基準）10号又は11号の規定

　　　前条（筆者注 都市計画法33条（開発許可の基準））の規定にかかわらず，市街化調整区域に係る開発行為（主として第二種特定工作物の建設の用に供する目的で行う開発行為を除く。）については，当該申請に係る開発行為及びその申請の手続が同条に定める要件に該当するほか，当該申請に係る開発行為が次の各号のいずれかに該当すると認める場合でなければ，都道府県知事は，開発許可をしてはならない。

　　　1号～9号　（略）

　　　10号　地区計画又は集落地区計画の区域（地区整備計画又は集落地区整備計画が定められている区域に限る。）内において，当該地区計画又は集落地区計画に定められた内容に適合する建築物又は第一種特定工作物の建築又は建設の用に供する目的で行う開発行為

　　　11号　市街化区域に隣接し，又は近接し，かつ，自然的社会的諸条件から市街化区域と一体的な日常生活圏を構成していると認められる地域であつておおむね50以上の建築物（市街化区域内に存するものを含む。）が連たんしている地域のうち，政令で定める基準に従い，都道府県（指定都市等又は事務処理市町村の区域内にあつては，当該指定都市等又は事務処理市町村。以下この号及び次号において同じ。）の条例で指定する土地の区域内において行う開発行為で，予定建築物等の用途が，開発区域及びその周辺の地域における環境の保全上支障があると認められる用途として都道府県の条例で定めるものに該当しないもの

　　　12号～14号　（略）

（注3）　都市計画法4条（定義）12号の規定

　　　12号　この法律において「開発行為」とは，主として建築物の建築又は特定工作物の建設の用に供する目的で行う土地の区画形質の変更をいう。

（注4）　都市計画法8条（地域地区）1項1号の規定

　　　都市計画区域については，都市計画に，次に掲げる地域，地区又は街区を定めることができる。

　　　　1号　第一種低層住居専用地域，第二種低層住居専用地域，第一種中高層住居専用地域，第二種中高層住居専用地域，第一種住居地域，第二種住居地域，準住居地域，田園住居地域，近隣商業地域，商業地域，準工業地域，工業地域又は工業専用地域（以下「用途地域」と総称する。）

（注5）　建築基準法52条（容積率）1項の規定

　　　建築物の延べ面積の敷地面積に対する割合（以下「容積率」という。）は，次の各号に掲げる区分に従い，当該各号に定める数値以下でなければならない。ただし，当該建築物が5号に掲げる建築物である場合において，3項の規定により建築物の延べ面積の算定に当たりその床面積が当該建築物の延べ面積に算入されない部分を有するときは，当該部分の床面積を含む当該建築物の容積率は，当該建築物がある第一種住居地域，第二種住居地域，準住居地域，近隣商業地域又は準工業地域に関する都市計画において定め

られた2号に定める数値の1.5倍以下でなければならない。

1号 第一種低層住居専用地域,第二種低層住居専用地域又は田園住居地域内の建築物(6号に掲げる建築物を除く。)

10分の5,10分の6,10分の8,10分の10,10分の15又は10分の20のうち当該地域に関する都市計画において定められたもの

2号 第一種中高層住居専用地域若しくは第二種中高層住居専用地域内の建築物(6号に掲げる建築物を除く。)又は第一種住居地域,第二種住居地域,準住居地域,近隣商業地域若しくは準工業地域内の建築物(5号及び6号に掲げる建築物を除く。)

10分の10,10分の15,10分の20,10分の30,10分の40又は10分の50のうち当該地域に関する都市計画において定められたもの

3号 商業地域内の建築物(6号に掲げる建築物を除く。)

10分の20,10分の30,10分の40,10分の50,10分の60,10分の70,10分の80,10分の90,10分の100,10分の110,10分の120又は10分の130のうち当該地域に関する都市計画において定められたもの

4号 工業地域内の建築物(6号に掲げる建築物を除く。)又は工業専用地域内の建築物

10分の10,10分の15,10分の20,10分の30又は10分の40のうち当該地域に関する都市計画において定められたもの

5号 高層住居誘導地区内の建築物(6号に掲げる建築物を除く。)であって,その住宅の用途に供する部分の床面積の合計がその延べ面積の3分の2以上であるもの(当該高層住居誘導地区に関する都市計画において建築物の敷地面積の最低限度が定められたときは,その敷地面積が当該最低限度以上のものに限る。)

当該建築物がある第一種住居地域,第二種住居地域,準住居地域,近隣商業地域又は準工業地域に関する都市計画において定められた2号に定める数値から,その1.5倍以下で当該建築物の住宅の用途に供する部分の床面積の合計のその延べ面積に対する割合に応じて政令で定める方法により算出した数値までの範囲内で,当該高層住居誘導地区に関する都市計画において定められたもの

6号 特定用途誘導地区内の建築物であって,その全部又は一部を当該特定用途誘導地区に関する都市計画において定められた誘導すべき用途に供するもの

当該特定用途誘導地区に関する都市計画において定められた数値

7号 用途地域の指定のない区域内の建築物

10分の5,10分の8,10分の10,10分の20,10分の30又は10分の40のうち特定行政庁が土地利用の状況等を考慮し当該区域を区分して都道府県都市計画審議会の議を経て定めるもの

(注6) 地方自治法281条(特別区)1項の規定

都(筆者注 東京都)の区は,これを特別区という。

(2) 評価方法(評価対象地が路線価地域に所在する場合)

上記(1)に掲げる要件を充足する地積規模の大きな宅地の価額は，評価通達15（奥行価格補正）から同通達20（不整形地の評価）(注1)までの定めにより計算した価額に，その宅地の地積の規模に応じて，次の（算式1）により求めた「規模格差補正率」を乗じて計算した価額によって評価する。この取扱いを算式に示すと下記（算式2）のとおりになる。

（算式1）　規模格差補正率

$$規模格差補正率 = \frac{Ⓐ \times Ⓑ + Ⓒ}{地積規模の大きな宅地の地積（Ⓐ）} \times 0.8 \begin{pmatrix} 小数点以下第2 \\ 位未満切捨て \end{pmatrix}$$

　上記算式中の「Ⓑ」及び「Ⓒ」は，地積規模の大きな宅地が所在する地域（三大都市圏の地域又は三大都市圏以外の地域）に応じて，それぞれ次に掲げる表のとおりとされている。

(1) 三大都市圏に所在する宅地

地積＼記号＼地区区分	普通商業・併用住宅地区，普通住宅地区	
	Ⓑ	Ⓒ
500㎡以上1,000㎡未満	0.95	25
1,000㎡以上3,000㎡未満	0.90	75
3,000㎡以上5,000㎡未満	0.85	225
5,000㎡以上	0.80	475

(2) 三大都市圏以外の地域に所在する宅地

地積＼記号＼地区区分	普通商業・併用住宅地区，普通住宅地区	
	Ⓑ	Ⓒ
1,000㎡以上3,000㎡未満	0.90	100
3,000㎡以上5,000㎡未満	0.85	250
5,000㎡以上	0.80	500

（算式2）　路線価を基に算定した地積規模の大きな宅地の評価の定めを適用する前の1㎡当たりの価額 × 上記（算式1）により求めた「規模格差補正率」 × 地積

参考　具体的な規模格差補正率

地積	規模格差補正率	
	三大都市圏	三大都市圏以外
500㎡	0.80	―
600㎡	0.79	―
700㎡	0.78	―
800㎡	0.78	―
900㎡	0.78	―
1,000㎡	0.78	0.80
1,500㎡	0.76	0.77
2,000㎡	0.75	0.76
2,500㎡	0.74	0.75
3,000㎡	0.74	0.74
3,500㎡	0.73	0.73
4,000㎡	0.72	0.73
4,500㎡	0.72	0.72

地積	規模格差補正率	
	三大都市圏	三大都市圏以外
5,000㎡	0.71	0.72
6,000㎡	0.70	0.70
7,000㎡	0.69	0.69
8,000㎡	0.68	0.69
9,000㎡	0.68	0.68
10,000㎡	0.67	0.68
20,000㎡	0.65	0.66
30,000㎡	0.65	0.65
40,000㎡	0.64	0.65
50,000㎡	0.64	0.64
100,000㎡	0.64	0.64
200,000㎡	0.64	0.64
500,000㎡	0.64	0.64

(注1) 評価通達20－2（地積規模の大きな宅地の評価）の定めでは，規模格差補正率は，同通達15（奥行価格補正）から20（不整形地の評価）までの各定めと重複適用が可能とされている。なお，規模格差補正率が上掲以外の他の画地補正率等と重複適用できるか否かについては，15頁の(4)①を参照
(注2) 評価対象地が倍率地域に所在する場合の地積規模の大きな宅地の評価方法については，16頁の(4)②を参照

(3) 地積規模の大きな宅地の評価事例

設例　次の図のように新通達に定める地積規模の大きな宅地に該当すると認められる評価対象地（宅地）の具体的な相続税評価額はいくらになるのか。

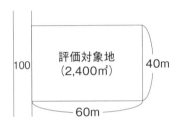

・所在地……大阪市東住吉区（三大都市圏に該当）
・地区区分……普通住宅地区
・奥行価格補正率……0.86（60m）
・都市計画法上の区域区分……市街化区域
・都市計画法上の用途地域……住居地域
・指定容積率……200％

類題　上記の設例において，評価対象地が静岡県浜松市（三大都市圏以外に該当）に所在した場合（他の条件は同一とする）の相続税評価額はいくらになるのか。

回答
① 地積規模の大きな宅地の該当性
　次に掲げる判断基準から，評価対象地が三大都市圏に所在する場合（設例の場合）又は三大都市圏以外に所在する場合（類題の場合）のいずれにおいても，評価対象地は，評価通達20－2（地積規模の大きな宅地の評価）に定める地積規模の大きな宅地に該当する。

判断基準

要　件		本　件　土　地			
① 地積要件	三大都市圏に所在する場合	2,400㎡ ≧ 500㎡ （評価対象地の地積）（三大都市圏に所在する場合の地積要件） ∴地積要件を充足	三大都市圏以外に所在する場合	2,400㎡ ≧ 1,000㎡ （評価対象地の地積）（三大都市圏以外に所在する場合の地積要件） ∴地積要件を充足	
② 区域区分要件	評価対象地は，前提条件から市街化区域（市街化調整区域以外）に所在 ∴区域区分要件を充足				
③ 地域区分要件	評価対象地は，前提条件から住居地域（工業専用地域以外）に所在 ∴地域区分要件を充足				
④ 容積率要件	評価対象地に係る指定容積率は，前提条件から200％（指定容積率400％未満（東京都の特別区以外の場合）に該当） ∴容積率要件を充足				
⑤ 地区区分要件	評価対象地は，前提条件から路線価地域の普通住宅地区に所在 ∴地区区分要件を充足				
⑥ 判断とその理由	三大都市圏に所在する場合	該当 （上記①ないし⑤の要件を充足）	三大都市圏以外に所在する場合	該当 （上記①ないし⑤の要件を充足）	

② 評価対象地の価額（相続税評価額）

区　分		評　価　対　象　地	
		三大都市圏に所在する場合	三大都市圏以外に所在する場合
正面路線価	①	100,000円	100,000円
奥行価格補正率	②	0.86	0.86
①×②	③	86,000円	86,000円
規模格差補正率(注)	④	0.74	0.75
③×④	⑤	63,640円	64,500円
地積	⑥	2,400㎡	2,400㎡
相続税評価額（⑤×⑥）	⑦	152,736,000円	154,800,000円

（注）　規模格差補正率
　（イ）　三大都市圏に所在する場合

$$\frac{2,400㎡（評価対象地の地積）\times 0.90+75}{2,400㎡（評価対象地の地積）}\times 0.8=0.745\rightarrow 0.74 \quad \left(\begin{array}{l}\text{小数点以下第2}\\\text{位未満切捨て}\end{array}\right)$$

　（ロ）　三大都市圏以外に所在する場合

$$\frac{2,400㎡（評価対象地の地積）\times 0.90+100}{2,400㎡（評価対象地の地積）}\times 0.8=0.753\cdots\rightarrow 0.75 \quad \left(\begin{array}{l}\text{小数点以下第2}\\\text{位未満切捨て}\end{array}\right)$$

ポイント

　上記に掲げるとおり，新通達適用後における評価対象地の相続税評価額は，152,736,000円（三大都市圏に所在する場合）又は154,800,000円（三大都市圏以外に所在する場合）となる。一方，上記 ⅡⅡ の 解説 (4)に掲げる 設例 の評価対象地（評価対象地の評価に係る前提条件は， 設例 と全く同一である）につき旧通達を適用した場合の相続税評価額は，115,200,000円（100千円×$(0.6-0.05\times\frac{2,400㎡}{1,000㎡})\times 2,400㎡$）となる。評価対象地の相続税

総論

評価額について，評価通達の改正前後における差異が非常に大きなものとなっていることが確認される。

(4) 評価上の留意点
① 規模格差補正率と他の各種画地補正率との重複適用関係
　(イ) 評価通達等に定める重複適用関係
　　評価通達20－2（地積規模の大きな宅地の評価）をはじめとする各評価通達の定め及び平成29年10月3日付で国税庁から公開された『財産評価基本通達の一部改正について』通達等のあらましについて（情報）（資産評価企画官情報5号）（以下「情報」という）の定めでは，地積規模の大きな宅地の評価に当たって「規模格差補正率」を適用した場合であっても，次に掲げる評価通達の各定めとの重複適用が必要とされる旨が示されている。
　　イ　評価通達15（奥行価格補正）
　　ロ　評価通達16（側方路線影響加算）
　　ハ　評価通達17（二方路線影響加算）
　　ニ　評価通達18（三方又は四方路線影響加算）
　　ホ　評価通達20（不整形地の評価）
　　ヘ　評価通達20－3（無道路地の評価）
　　ト　評価通達20－4（間口が狭小な宅地等の評価）
　　チ　評価通達20－5（がけ地等を有する宅地の評価）
　　リ　評価通達20－6（容積率の異なる2以上の地域にわたる宅地の評価）筆者注
　　ヌ　評価通達24－6（セットバックを必要とする宅地の評価）
　　筆者注　平成31年1月1日より評価通達20－6は，通達番号が評価通達20－7に変更され，併せて評価通達20－6（土砂災害特別警戒区域内にある宅地の評価）の定めが新設されている。

　　上記に掲げるような取扱いが定められたのは，<u>地積規模の大きな宅地の評価に係る「規模格差補正率」は，地積規模の大きな宅地を戸建住宅用地として分割分譲する場合に発生する減価のうち，主に地積に依拠するものを反映しているものであり，それ以外の土地の個別的要因に係る補正（例えば，土地の形状，道路との位置関係等に基づく個別的要因に係る補正）については考慮されていない</u>との考え方に基づくものである。

　(ロ) 上記(イ)に定めるもの以外の重複適用関係
　　上記(イ)においてその取扱いが明示されているもの以外であっても，評価通達に定める地積規模の大きな宅地の評価方法及び上記(イ)の＿＿部分に掲げる「規模格差補正率」に関する創設の趣旨から判断すると，「規模格差補正率」と次に掲げる評価通達の各定めに係る補正率（土地の個別的要因に係る補正）との重複適用についても認められるべきものであると考えられる。

- イ 評価通達23（余剰容積率の移転がある場合の宅地の評価）
- ロ 評価通達23－2（余剰容積率を移転している宅地又は余剰容積率の移転を受けている宅地）
- ハ 評価通達24（私道の用に供されている宅地の評価）
- ニ 評価通達24－2（土地区画整理事業施行中の宅地の評価）
- ホ 評価通達24－3（造成中の宅地の評価）
- ヘ 評価通達24－7（都市道路予定地の区域内にある宅地の評価）
- ト 評価通達24－8（文化財建造物である家屋の敷地の用に供されている宅地の評価）

② 倍率地域に所在する地積規模の大きな宅地の評価方法

倍率地域に所在する宅地（大規模工場用地に該当するものを除く）についても、一定の要件を充足する場合には、評価通達20－2（地積規模の大きな宅地の評価）の定めに準じて、「規模格差補正率」を適用して評価するものとされている。

(イ) 評価方法（地積規模の大きな宅地が倍率地域に所在する場合）

評価通達21－2（倍率方式による評価）の定めでは、倍率方式により評価する地域（以下「倍率地域」という）に所在する宅地の価額は、下表の左欄に掲げる区分に応じて、それぞれ、右欄に掲げる評価方法に基づいて算定するものとされている。

倍率地域に所在する宅地の区分	評価方法
⑦ 下記ロに該当しない宅地である場合	欄外の 評価方法 の(A)により評価
ロ 評価通達に定める地積規模の大きな宅地に該当する場合	欄外の 評価方法 の(A)又は(B)のうち、いずれか低い方により評価

評価方法

(A) 評価対象地である宅地の固定資産税評価額に地価事情の類似する地域ごとに、その地域にある宅地の売買実例価額、公示価格、不動産鑑定士等による鑑定評価額、精通者意見価格等を基として国税局長の定める倍率を乗じて計算した金額によって評価する（（算式1）を参照）。

（算式1）

評価対象地である宅地の固定資産税評価額 × 宅地の評価倍率

(B) 倍率地域に所在する地積規模の大きな宅地（評価通達22－2（大規模工場用地）に定める大規模工場用地に該当する宅地を除く）につき、その宅地が標準的な間口距離及び奥行距離を有する宅地であるとした場合の1㎡当たりの価額を評価通達14（路線価）に定める路線価とし、かつ、その宅地が評価通達14－2（地区）に定める普通住宅地区に所在するものとして、評価通達20－2（地積規模の大きな宅地の評価）の定めに準じて計算した価額によって評価する（（算式2）を参照）。

■総論

（算式2）

$$\underline{その宅地が標準的な間口距離及び奥行距離を有する宅地であるとした場合の1 m^2当たりの価額} \times \begin{array}{c}各種画地調\\整補正率等\end{array} \times \begin{array}{c}規模格差\\補正率\end{array} \times 地積$$

(注)　『その宅地が標準的な間口距離及び奥行距離を有する宅地であるとした場合の1 m²当たりの価額』（上記＿＿部分）は，付近にある標準的な画地規模を有する宅地の価額との均衡を考慮して算定する必要がある。

　　具体的には，評価対象となる宅地の近傍の固定資産税評価に係る標準宅地（近傍標準宅地）の1 m²当たりの価額を基に計算することが考えられるが，当該近傍標準宅地が固定資産税評価に係る各種補正の適用を受ける場合には，その適用がないものとしたときの1 m²当たりの価額に基づき計算することに留意する必要がある。

ロ　評価事例

設　例　次の図のように新通達に定める地積規模の大きな宅地に該当すると認められる評価対象地（倍率地域に所在する宅地）の具体的な相続税評価額はいくらになるのか。

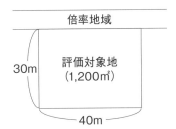

・所在地……鳥取県米子市（三大都市圏以外に該当）
・都市計画法の区域区分……市街化区域
・都市計画法の用途地域……第一種低層住居専用地域
・指定容積率……100％
・固定資産税評価額……10,800,000円
・宅地の評価倍率……1.1倍

回　答

㋑　地積規模の大きな宅地の該当性

　　次に掲げる 判断基準 から，評価対象地は，評価通達20－2（地積規模の大きな宅地の評価）に定める地積規模の大きな宅地に該当する。

判断基準

要件	評価対象地
①　地積要件	1,200 m²（評価対象地の地積）≧1,000 m²（三大都市圏以外に所在する場合の地積要件） 　∴地積要件を充足
②　区域区分要件	評価対象地は，前提条件から市街化区域（市街化調整区域以外）に所在 　∴区域区分要件を充足
③　地域区分要件	評価対象地は，前提条件から第一種低層住居専用地域（工業専用地域以外）に所在 　∴地域区分要件を充足
④　容積率要件	評価対象地に係る指定容積率は100％（指定容積率400％未満（東京都の特別区の場合以外）に該当） 　∴容積率要件を充足

⑤ 大規模工場用地非該当要件	評価対象地は，評価通達22－2（大規模工場用地）に定める大規模工場用地には非該当 ∴大規模工場用地非該当要件を充足
⑥ 判断とその理由	該当（上記①ないし⑤の要件を充足）

 ロ　評価対象地の価額（相続税評価額）

  (A)　通常の倍率方式によって算定した場合

$$\underset{\text{(固定資産税評価額)}}{10,800,000\text{円}} \times \underset{\text{(宅地の評価倍率)}}{1.1} = 11,880,000\text{円}$$

  (B)　評価通達20－2（地積規模の大きな宅地の評価）の定めに準じて算定した場合

   前提

   評価対象地である宅地が標準的な間口距離及び奥行距離を有する宅地であるとした場合の1㎡当たりの価額（近傍標準宅地の固定資産税評価額）は，10,000円であるものとする。

   計算

$$\underset{\substack{\text{(近傍標準宅地の1}\\\text{㎡当たりの価額)}}}{10,000\text{円}} \times \underset{\text{(宅地の評価倍率)}}{1.1} \times \underset{\text{(奥行価格補正率)}}{0.95}^{\text{(注1)}} \times \underset{\text{(規模格差補正率)}}{0.78}^{\text{(注2)}} \times \underset{\text{(地　積)}}{1,200\text{㎡}}$$
$$=9,781,200\text{円}$$

  （注1）　奥行価格補正率

    評価対象地が普通住宅地区に所在するものとして，奥行距離30mに対応する奥行価格補正率を適用

  （注2）　規模格差補正率

$$\frac{1,200\text{㎡（評価対象地の地積）} \times 0.90 + 100}{1,200\text{㎡（評価対象地の地積）}} \times 0.8 = 0.786\cdots \Rightarrow 0.78 \left(\begin{array}{l}\text{小数点以下第2}\\\text{位未満切捨て}\end{array}\right)$$

  (C)　相続税評価額

   (A)＞(B)　∴いずれか低い方で，(B)　<u>(9,781,200円)</u>

③　奥行価格補正率の改正

 新通達の創設に伴って，従来の評価通達15（奥行価格補正）の定めとの間で所要の調整を図る必要が生じたことから，同通達に定める奥行価格補正率も改正され，平成30年1月1日以後に相続，遺贈又は贈与により取得した財産の評価に適用するものとされている。評価通達の改正前後における奥行価格補正率の定めを示すと，図表－3及び図表－4のとおりとなる。

図表－3　奥行価格補正率（改正前：平成29年12月31日まで適用）

地区区分 奥行距離 （メートル）	ビル街地区	高度商業地区	繁華街地区	普通商業・併用住宅地区	普通住宅地区	中小工場地区	大工場地区
4未満	0.80	0.90	0.90	0.90	0.90	0.85	0.85
4以上　6未満		0.92	0.92	0.92	0.92	0.90	0.90
6 〃　　8 〃	0.84	0.94	0.95	0.95	0.95	0.93	0.93
8 〃　 10 〃	0.88	0.96	0.97	0.97	0.97	0.95	0.95
10 〃　12 〃	0.90	0.98	0.99	0.99		0.96	0.96
12 〃　14 〃	0.91	0.99			1.00	0.97	0.97
14 〃　16 〃	0.92		1.00	1.00		0.98	0.98
16 〃　20 〃	0.93					0.99	0.99
20 〃　24 〃	0.94						
24 〃　28 〃	0.95				0.99		
28 〃　32 〃	0.96	1.00	0.98		0.98		
32 〃　36 〃	0.97		0.96	0.98	0.96		
36 〃　40 〃	0.98		0.94	0.96	0.94	1.00	
40 〃　44 〃	0.99		0.92	0.94	0.92		
44 〃　48 〃			0.90	0.92	0.91		
48 〃　52 〃		0.99	0.88	0.90	0.90		1.00
52 〃　56 〃		0.98	0.87	0.88	0.88		
56 〃　60 〃		0.97	0.86	0.87	0.87		
60 〃　64 〃		0.96	0.85	0.86	0.86	0.99	
64 〃　68 〃		0.95	0.84	0.85	0.85	0.98	
68 〃　72 〃	1.00	0.94	0.83	0.84	0.84	0.97	
72 〃　76 〃		0.93	0.82	0.83	0.83	0.96	
76 〃　80 〃		0.92	0.81	0.82			
80 〃　84 〃		0.90		0.81	0.82	0.93	
84 〃　88 〃		0.88					
88 〃　92 〃		0.86		0.80			
92 〃　96 〃	0.99	0.84			0.81	0.90	
96 〃 100 〃	0.97	0.82					
100 〃	0.95	0.80			0.80		

（注）アンダーライン部分が改正点です。

図表－4　奥行価格補正率（改正後：平成30年1月1日以後適用）

地区区分 奥行距離 （メートル）	ビル街地区	高度商業地区	繁華街地区	普通商業・併用住宅地区	普通住宅地区	中小工場地区	大工場地区
4 未満	0.80	0.90	0.90	0.90	0.90	0.85	0.85
4 以上 6 未満	0.80	0.92	0.92	092	0.92	0.90	0.90
6 〃 8 〃	0.84	0.94	0.95	0.95	0.95	0.93	0.93
8 〃 10 〃	0.88	0.96	0.97	0.97	0.97	0.95	0.95
10 〃 12 〃	0.90	0.98	0.99	0.99	1.00	0.96	0.96
12 〃 14 〃	0.91	0.99	1.00	1.00	1.00	0.97	0.97
14 〃 16 〃	0.92	0.99	1.00	1.00	1.00	0.98	0.98
16 〃 20 〃	0.93	1.00	1.00	1.00	1.00	0.99	0.99
20 〃 24 〃	0.94	1.00	1.00	1.00	1.00	1.00	1.00
24 〃 28 〃	0.95	1.00	1.00	1.00	0.97	1.00	1.00
28 〃 32 〃	0.96	1.00	0.98	1.00	0.95	1.00	1.00
32 〃 36 〃	0.97	1.00	0.96	0.97	0.93	1.00	1.00
36 〃 40 〃	0.98	1.00	0.94	0.95	0.92	1.00	1.00
40 〃 44 〃	0.99	1.00	0.92	0.93	0.91	1.00	1.00
44 〃 48 〃	1.00	1.00	0.90	0.91	0.90	1.00	1.00
48 〃 52 〃	1.00	0.99	0.88	0.89	0.89	1.00	1.00
52 〃 56 〃	1.00	0.98	0.87	0.88	0.88	1.00	1.00
56 〃 60 〃	1.00	0.97	0.86	0.87	0.87	1.00	1.00
60 〃 64 〃	1.00	0.96	0.85	0.86	0.86	0.99	1.00
64 〃 68 〃	1.00	0.95	0.84	0.85	0.85	0.98	1.00
68 〃 72 〃	1.00	0.94	0.83	0.84	0.84	0.97	1.00
72 〃 76 〃	1.00	0.93	0.82	0.83	0.83	0.96	1.00
76 〃 80 〃	1.00	0.92	0.81	0.82	0.83	0.96	1.00
80 〃 84 〃	1.00	0.90	0.80	0.81	0.82	0.93	1.00
84 〃 88 〃	1.00	0.88	0.80	0.80	0.82	0.93	1.00
88 〃 92 〃	1.00	0.86	0.80	0.80	0.81	0.90	1.00
92 〃 96 〃	0.99	0.84	0.80	0.80	0.81	0.90	1.00
96 〃 100 〃	0.97	0.82	0.80	0.80	0.80	0.90	1.00
100 〃	0.95	0.80	0.80	0.80	0.80	0.90	1.00

（注）　アンダーライン部分が改正点です。

資料1 評価通達（平成30年改正時の新旧対照表）

改正後（平成30年1月1日以後適用）	改正前（平成29年12月31日まで適用）
（地積規模の大きな宅地の評価） 20-2 地積規模の大きな宅地（三大都市圏においては500㎡以上の地積の宅地，それ以外の地域においては1,000㎡以上の地積の宅地をいい，次の(1)から(3)までのいずれかに該当するものを除く。以下本項において「地積規模の大きな宅地」という。）で14-2《地区》の定めにより普通商業・併用住宅地区及び普通住宅地区として定められた地域に所在するものの価額は，15《奥行価格補正》から前項までの定めにより計算した価額に，その宅地の地積の規模に応じ，次の算式により求めた規模格差補正率を乗じて計算した価額によって評価する。 (1) 市街化調整区域（都市計画法第34条第10号又は第11号の規定に基づき宅地分譲に係る同法第4条《定義》第12項に規定する開発行為を行うことができる区域を除く。）に所在する宅地 (2) 都市計画法第8条《地域地区》第1項第1号に規定する工業専用地域に所在する宅地 (3) 容積率（建築基準法（昭和25年法律第201号）第52条《容積率》第1項に規定する建築物の延べ面積の敷地面積に対する割合をいう。）が10分の40（東京都の特別区（地方自治法（昭和22年法律第67号）第281条《特別区》第1項に規定する特別区をいう。）においては10分の30）以上の地域に所在する宅地 （算式） $$\text{規模格差補正率} = \frac{Ⓐ \times Ⓑ + Ⓒ}{\text{地積規模の大きな宅地の地積（Ⓐ）}} \times 0.8$$ 上の算式中の「Ⓑ」及び「Ⓒ」は，地積規模の大きな宅地が所在する地域に応じ，それぞれ次に掲げる表のとおりとする。 イ 三大都市圏に所在する宅地	（新 設）

イ 三大都市圏に所在する宅地

地積㎡ \ 地区区分	普通商業・併用住宅地区，普通住宅地区	
	Ⓑ	Ⓒ
500以上 1,000未満	0.95	25
1,000 〃 3,000 〃	0.90	75
3,000 〃 5,000 〃	0.85	225
5,000 〃	0.80	475

ロ 三大都市圏以外の地域に所在する宅地

地積㎡ \ 地区区分	普通商業・併用住宅地区，普通住宅地区	
	Ⓑ	Ⓒ
1,000以上 3,000未満	0.90	100
3,000 〃 5,000 〃	0.85	250
5,000 〃	0.80	500

改正後（平成30年1月1日以後適用）	改正前（平成29年12月31日まで適用）
(注)1 上記算式により計算した規模格差補正率は，小数点以下第2位未満を切り捨てる。 2　「三大都市圏」とは，次の地域をいう。 　イ　首都圏整備法（昭和31年法律第83号）第2条《定義》第3項に規定する既成市街地又は同条第4項に規定する近郊整備地帯 　ロ　近畿圏整備法（昭和38年法律第129号）第2条《定義》第3項に規定する既成都市区域又は同条第4項に規定する近郊整備区域 　ハ　中部圏開発整備法（昭和41年法律第102号）第2条《定義》第3項に規定する都市整備区域	
（無道路地の評価） 20－3　無道路地の価額は，実際に利用している路線の路線価に基づき20《不整形地の評価》又は前項の定めによって計算した価額からその価額の100分の40の範囲内において相当と認める金額を控除した価額によって評価する。この場合において，100分の40の範囲内において相当と認める金額は，無道路地について建築基準法その他の法令において規定されている建築物を建築するために必要な道路に接すべき最小限の間口距離の要件（以下「接道義務」という。）に基づき最小限度の通路を開設する場合その通路に相当する部分の価額（路線価に地積を乗じた価額）とする。 （注）　（省　略）	（無道路地の評価） 20－2　無道路地の価額は，実際に利用している路線の路線価に基づき20《不整形地の評価》の定めによって計算した価額からその価額の100分の40の範囲内において相当と認める金額を控除した価額によって評価する。この場合において，100分の40の範囲内において相当と認める金額は，無道路地について建築基準法（昭和25年法律第201号）その他の法令において規定されている建築物を建築するために必要な道路に接すべき最小限の間口距離の要件（以下「接道義務」という。）に基づき最小限度の通路を開設する場合その通路に相当する部分の価額（路線価に地積を乗じた価額）とする。 （注）　（同　左）
（間口が狭小な宅地等の評価） 20－4　次に掲げる宅地（不整形地及び無道路地を除く。）の価額は，15《奥行価格補正》から18《三方又は四方路線影響加算》までの定めにより計算した1平方メートル当たりの価額にそれぞれ次に掲げる補正率表に定める補正率を乗じて求めた価額にこれらの宅地の地積を乗じて計算した価額によって評価する。この場合において，地積が大きいもの等にあっては，近傍の宅地の価額との均衡を考慮し，それぞれの補正率表に定める補正率を適宜修正することができる。 　なお，20－2《地積規模の大きな宅地の評価》の定めの適用がある場合には，本項本文の定めにより評価した価額に，20－2に定める規模格差補正率を乗じて計算した価額によって評価する。 (1)及び(2)　（省　略）	（間口が狭小な宅地等の評価） 20－3　次に掲げる宅地（不整形地及び無道路地を除く。）の価額は，15《奥行価格補正》の定めにより計算した1平方メートル当たりの価額にそれぞれ次に掲げる補正率表に定める補正率を乗じて求めた価額にこれらの宅地の地積を乗じて計算した価額によって評価する。この場合において，地積が大きいもの等にあっては，近傍の宅地の価額との均衡を考慮し，それぞれの補正率表に定める補正率を適宜修正することができる。 (1)及び(2)　（同　左）
（がけ地等を有する宅地の評価） 20－5　がけ地等で通常の用途に供することができないと認められる部分を有する宅地の価額は，その宅地のうちに存するがけ地等ががけ地等でないとした場合の価額に，その宅地の総地積に対するがけ地部	（がけ地等を有する宅地の評価） 20－4　がけ地等で通常の用途に供することができないと認められる部分を有する宅地の価額は，その宅地のうちに存するがけ地等ががけ地等でないとした場合の価額に，その宅地の総地積に対するがけ地部

改正後（平成30年1月1日以後適用）	改正前（平成29年12月31日まで適用）
分等通常の用途に供することができないと認められる部分の地積の割合に応じて付表8「がけ地補正率表」に定める補正率を乗じて計算した価額によって評価する。 （容積率の異なる2以上の地域にわたる宅地の評価） 20－6　容積率（建築基準法第52条に規定する建築物の延べ面積の敷地面積に対する割合をいう。以下同じ。）の異なる2以上の地域にわたる宅地の価額は、15《奥行価格補正》から前項までの定めにより評価した価額から、その価額に次の算式により計算した割合を乗じて計算した金額を控除した価額によって評価する。この場合において適用する「容積率が価額に及ぼす影響度」は、14－2《地区》に定める地区に応じて下表のとおりとする。 （算式）　（省　略） ○　容積率が価額に及ぼす影響度 　　（省　略） （注）　（省　略） （倍率方式による評価） 21－2　倍率方式により評価する宅地の価額は、その宅地の固定資産税評価額に地価事情の類似する地域ごとに、その地域にある宅地の売買実例価額、公示価格、不動産鑑定士等による鑑定評価額、精通者意見価格等を基として国税局長の定める倍率を乗じて計算した金額によって評価する。<u>ただし、倍率方式により評価する地域（以下「倍率地域」という。）に所在する20－2《地積規模の大きな宅地の評価》に定める地積規模の大きな宅地（22－2《大規模工場用地》に定める大規模工場用地に該当する宅地を除く。）の価額については、本項本文の定めにより評価した価額が、その宅地が標準的な間口距離及び奥行距離を有する宅地であるとした場合の1平方メートル当たりの価額を14《路線価》に定める路線価とし、かつ、その宅地が14－2《地区》に定める普通住宅地区に所在するものとして20－2に準じて計算した価額を上回る場合には、20－2に準じて計算した価額により評価する。</u> （大規模工場用地の評価） 22　大規模工場用地の評価は、次に掲げる区分に従い、それぞれ次に掲げるところによる。ただし、その地積が20万平方メートル以上のものの価額は、次により計算した価額の100分の95に相当する価額によって評価する。 (1)　（省　略） (2)　倍率地域に所在する大規模工場用地の価額は、その大規模工場用地の固定資産税評価額に倍率を乗じて計算した金額によって評価する。	分等通常の用途に供することができないと認められる部分の地積の割合に応じて付表8「がけ地補正率表」に定める補正率を乗じて計算した価額によって評価する。 （容積率の異なる2以上の地域にわたる宅地の評価） 20－5　容積率（建築基準法第52条《容積率》に規定する建築物の延べ面積の敷地面積に対する割合をいう。以下同じ。）の異なる2以上の地域にわたる宅地の価額は、15《奥行価格補正》から前項までの定めにより評価した価額から、その価額に次の算式により計算した割合を乗じて計算した金額を控除した価額によって評価する。この場合において適用する「容積率が価額に及ぼす影響度」は、14－2《地区》に定める地区に応じて下表のとおりとする。 （算式）　（同　左） ○　容積率が価額に及ぼす影響度 　　（同　左） （注）　（同　左） （倍率方式による評価） 21－2　倍率方式により評価する宅地の価額は、その宅地の固定資産税評価額に地価事情の類似する地域ごとに、その地域にある宅地の売買実例価額、公示価格、不動産鑑定士等による鑑定評価額、精通者意見価格等を基として国税局長の定める倍率を乗じて計算した金額によって評価する。 （大規模工場用地の評価） 22　大規模工場用地の評価は、次に掲げる区分に従い、それぞれ次に掲げるところによる。ただし、その地積が20万平方メートル以上のものの価額は、次により計算した価額の100分の95に相当する価額によって評価する。 (1)　（同　左） (2)　倍率方式により評価する地域（以下「倍率地域」という。）に所在する大規模工場用地の価額は、その大規模工場用地の固定資産税評価額に倍率を

改正後（平成30年1月1日以後適用）	改正前（平成29年12月31日まで適用）
	乗じて計算した金額によって評価する。
	（広大地の評価）
24－4　（削　除）	24－4　その地域における標準的な宅地の地積に比して著しく地積が広大な宅地で都市計画法第4条《定義》第12項に規定する開発行為（以下本項において「開発行為」という。）を行うとした場合に公共公益的施設用地の負担が必要と認められるもの（22－2《大規模工場用地》に定める大規模工場用地に該当するもの及び中高層の集合住宅等の敷地用地に適しているもの（その宅地について，経済的に最も合理的であると認められる開発行為が中高層の集合住宅等を建築することを目的とするものであると認められるものをいう。）を除く。以下「広大地」という。）の価額は，原則として，次に掲げる区分に従い，それぞれ次により計算した金額によって評価する。
	(1)　その広大地が路線価地域に所在する場合　その広大地の面する路線の路線価に，15《奥行価格補正》から20－5《容積率の異なる2以上の地域にわたる宅地の評価》までの定めに代わるものとして次の算式により求めた広大地補正率を乗じて計算した価額にその広大地の地積を乗じて計算した金額
	$$広大地補正率＝0.6－0.05×\frac{広大地の地積}{1,000㎡}$$
	(2)　その広大地が倍率地域に所在する場合 その広大地が標準的な間口距離及び奥行距離を有する宅地であるとした場合の1平方メートル当たりの価額を14《路線価》に定める路線価として，上記(1)に準じて計算した金額
	（注）1　本項本文に定める「公共公益的施設用地」とは，都市計画法第4条《定義》第14項に規定する道路，公園等の公共施設の用に供される土地及び都市計画施行令（昭和44年政令第158号）第27条に掲げる教育施設，医療施設等の公益的施設の用に供される土地（その他これらに準ずる施設で，開発行為の許可を受けるために必要とされる施設の用に供される土地を含む。）をいうものとする。
	2　本項(1)の「その広大地の面する路線の路線価」は，その路線が2以上ある場合には，原則として，その広大地が面する路線の路線価のうち最も高いものとする。
	3　本項によって評価する広大地は，5,000㎡以下の地積のものとする。したがって，広大地補正率は0.35が下限となることに留意する。
	4　本項(1)又は(2)により計算した価額が，その広大地を11《評価の方式》から21－2《倍率

改正後(平成30年1月1日以後適用)	改正前(平成29年12月31日まで適用)
	方式による評価》まで及び24-6《セットバックを必要とする宅地の評価》の定めにより評価した価額を上回る場合には、その広大地の価額は11から21-2まで及び24-6の定めによって評価することに留意する。
(セットバックを必要とする宅地の評価) 24-6　建築基準法第42条《道路の定義》第2項に規定する道路に面しており、将来、建物の建替え時等に同法の規定に基づき道路敷きとして提供しなければならない部分を有する宅地の価額は、その宅地について道路敷きとして提供する必要がないものとした場合の価額から、その価額に次の算式により計算した割合を乗じて計算した金額を控除した価額によって評価する。 (算式)　(省　略)	(セットバックを必要とする宅地の評価) 24-6　建築基準法第42条第2項に規定する道路に面しており、将来、建物の建替え時等に同法の規定に基づき道路敷きとして提供しなければならない部分を有する宅地の価額は、その宅地について道路敷きとして提供する必要がないものとした場合の価額から、その価額に次の算式により計算した割合を乗じて計算した金額を控除した価額によって評価する。ただし、その宅地を24-4《広大地の評価》(1)又は(2)により計算した金額によって評価する場合には、本項の定めは適用しないものとする。 (算式)　(同　左)

資料２ 「地積規模の大きな宅地の評価」の適用対象の判定のためのフローチャート

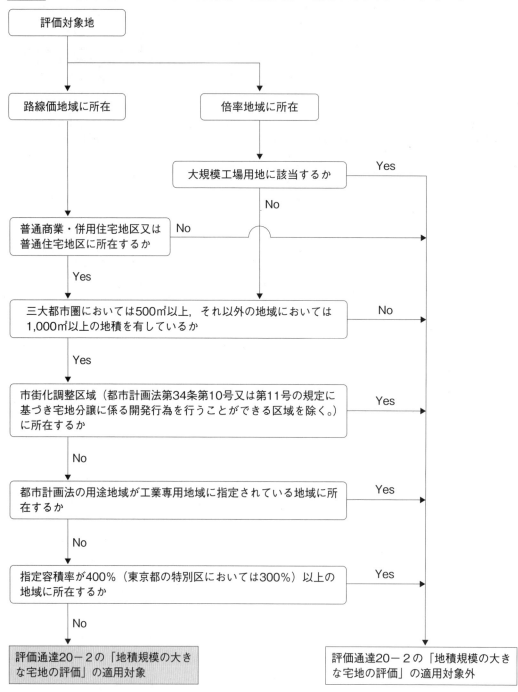

総論

資料3 旧通達と新通達の比較（平成30年改正時）

(1) 両通達の定めの概要

項目	改正前（旧通達）の定め	改正後（新通達）の定め
評価通達の名称	評価通達24－4（広大地の評価）	評価通達20－2（地積規模の大きな宅地の評価）
定義（要旨）	(1) その地域における標準的な宅地の地積に比して著しく地積が広大な宅地であること (2) 都市計画法4条（定義）12項に規定する開発行為を行うとした場合に公共公益的施設用地の負担が必要と認められること (3) 次に掲げるものに該当しないこと ① 評価通達22－2（大規模工場用地）に定める大規模工場用地に該当するもの ② 中高層の集合住宅等の敷地用地に適しているもの（その宅地について，経済的に最も合理的であると認められる開発行為が中高層の集合住宅等を建築することを目的とするものであると認められるものをいう）	(1) 三大都市圏においては500㎡以上の地積の宅地，それ以外の地域においては1,000㎡以上の地積の宅地であること (2) 次のいずれかに該当するものでないこと ① 市街化調整区域（都市計画法34条10号又は11号の規定に基づき宅地分譲に係る同法4条（定義）12項に規定する開発行為を行うことができる区域を除く）に所在する宅地 ② 都市計画法8条（地域地区）1項1号に規定する工業専用地域に所在する宅地 ③ 容積率（注1）が400％（注2）以上の地域に所在する宅地 （注1）建築基準法52条（容積率）1項に規定する建築物の延べ面積の敷地面積に対する割合（いわゆる「指定容積率」）をいう。 （注2）東京都の特別区においては300％とされている。 (3) 評価通達14－2（地区）の定めにより普通商業・併用住宅地区及び普通住宅地区として定められた地域に所在する宅地であること
評価方法（算式）	評価対象地である広大地の面する路線の路線価（注1）×広大地補正率（注2）（注3）×評価対象地の地積 （注1）路線価の設定されている路線が複数ある場合には，そのうち路線価の最も高い路線をいう。 （注2）広大地補正率は，次の算式により求める。 算式　$0.6 - 0.05 \times \dfrac{評価対象地の地積}{1,000㎡}$ （注）上記の広大地補正率の算定に当たって，端数処理は行わないものとされている。 （注3）広大地補正率を適用した場合には，次に掲げる評価通達に定める各種の補正率の重複適用は排除されている。 (1) 評価通達15（奥行価格補正） (2) 評価通達16（側方路線影響加算） (3) 評価通達17（二方路線影響加算） (4) 評価通達18（三方又は四方路線影響加算） (5) 評価通達20（不整形地の評価） (6) 評価通達20－2（無道路地の評価） (7) 評価通達20－3（間口が狭小な宅地	地積規模の大きな宅地につき評価通達15（奥行価格補正）から評価通達20（不整形地の評価）（注1）までの定めにより評価した価額×規模格差補正率（注2） （注1）次に掲げる評価通達に定める各種の補正率との重複適用も排除されていません。 (1) 評価通達20－3（無道路地の評価） (2) 評価通達20－4（間口が狭小な宅地等の評価） (3) 評価通達20－5（がけ地等を有する宅地の評価） (4) 評価通達20－6（容積率の異なる2以上の地域にわたる宅地の評価） (5) 評価通達24－6（セットバックを必要とする宅地の評価） （注2）規模格差補正率は，次の算式により求める。 算式 $\dfrac{Ⓐ \times 評価通達20-2に定める所在地域別のⒷの値 + 評価通達20-2に定める所在地域別のⒸの値}{地積規模の大きな宅地の地積（Ⓐ）} \times 0.8$

	等の評価） (8) 評価通達20－4（がけ地等を有する宅地の評価） (9) 評価通達20－5（容積率の異なる2以上の地域にわたる宅地の評価） (10) 評価通達24－6（セットバックを必要とする宅地の評価）	上記の算式中の「Ⓑ」及び「Ⓒ」は，地積規模の大きな宅地が所在する地域に応じ，それぞれ次に掲げる表のとおりとする。 イ　三大都市圏に所在する宅地 | 地区区分 地積㎡　　記号	普通商業・併用住宅地区，普通住宅地区	
	Ⓑ	Ⓒ
500以上　1,000未満	0.95	25
1,000　〃　3,000　〃	0.90	75
3,000　〃　5,000　〃	0.85	225
5,000　〃	0.80	475 | ロ　三大都市圏以外の地域に所在する宅地 | 地区区分 地積㎡　　記号	普通商業・併用住宅地区，普通住宅地区	
	Ⓑ	Ⓒ
1,000以上　3,000未満	0.90	100
3,000　〃　5,000　〃	0.85	250
5,000　〃	0.80	500 | （注）上記の規模格差補正率の算定に当たっては，小数点以下第2位未満を切り捨てるものとされている。
広大地補正率と規模格差補正率の試算	広大地補正率　（地　積）　（補正率） 　　　　　　　　500㎡　　0.575 　　　　　　　1,000㎡　　0.55 　　　　　　　2,000㎡　　0.50 　　　　　　　3,000㎡　　0.45 　　　　　　　4,000㎡　　0.40 　　　　　　　5,000㎡　　0.35 　　　　　　　6,000㎡　　0.35 　　　　　　　8,000㎡　　0.35 　　　　　　10,000㎡　　0.35 　　　　　　20,000㎡　　0.35 　　　　　　50,000㎡　　0.35 　　　　　 100,000㎡　　0.35 　　　　　 500,000㎡　　0.35	規模格差補正率　（地　積）（三大都市圏の補正率）（三大都市圏以外の補正率） 　　　　　　　　500㎡　　0.80　　　－ 　　　　　　　1,000㎡　　0.78　　0.80 　　　　　　　2,000㎡　　0.75　　0.76 　　　　　　　3,000㎡　　0.74　　0.74 　　　　　　　4,000㎡　　0.72　　0.73 　　　　　　　5,000㎡　　0.71　　0.72 　　　　　　　6,000㎡　　0.70　　0.70 　　　　　　　8,000㎡　　0.68　　0.69 　　　　　　10,000㎡　　0.67　　0.68 　　　　　　20,000㎡　　0.65　　0.66 　　　　　　50,000㎡　　0.64　　0.64 　　　　　 100,000㎡　　0.64　　0.64 　　　　　 500,000㎡　　0.64　　0.64
評価通達の適用期間	平成6年1月1日から平成29年12月31日までの間に開始した相続，遺贈又は贈与により取得した財産の評価に適用 （注）平成6年から平成15年までの間は，上記の評価方法の算式に掲げる広大地補正率ではなく，有効宅地化率を算定してこれを奥行価格補正率に代替して適用させていた。	平成30年1月1日以後に相続，遺贈又は贈与により取得した財産の評価に適用

(2) 両通達の定めの検証（具体的な検討項目の比較）

具体的な比較検討項目	改正前（広大地の評価）	改正後（地積規模の大きな宅地の評価）
(1) 「その地域」の設定	必要不可欠（争点とされる事例も多数）	不要
(2) 「標準的な宅地の地積」の認定	必要不可欠（争点とされる事例も多数）	不要
(3) 都市計画法に規定する「開発行為」の必要性	必要不可欠（争点とされる事例も多数）	不要
(4) 「公共公益的施設用地」の負担の必要性	必要不可欠（争点とされる事例も多数）	不要
(5) 「大規模工場用地」等への適用関係	評価通達22－2（大規模工場用地）に定める大規模工場用地は適用対象外	都市計画法8条（地域地区）1項1号に規定する工業専用地域に所在する宅地は適用対象外
(6) 「マンション適地」への適用関係	中高層の集合住宅等の敷地用地に適しているもの（いわゆる「マンション適地」）は適用対象外	マンション適地であっても適用は可能（ただし，次の(7)に該当する場合は適用対象外となる）
(7) 容積率による運用と判断基準	原則として，容積率300％以上の地域に所在する宅地は「マンション適地」と判断され，適用対象外	次に掲げる宅地は適用対象外 ① 下記②に掲げる地域以外の地域 　容積率が400％以上の地域に所在する宅地 ② 東京都の特別区に該当する地域 　容積率が300％以上の地域に所在する宅地
(8) 上記(7)で適用する容積率の範囲	評価通達に明確な定めはないが，課税実務上の取扱いとして，次に掲げる2つの容積率のうち，いずれか低い方の容積率を採用することが相当と解釈 ① 建築基準法52条（容積率）1項に規定するいわゆる「指定容積率」 ② 建築基準法52条（容積率）2項に規定するいわゆる「基準容積率」	評価通達に，建築基準法52条（容積率）1項に規定するいわゆる「指定容積率」を適用する旨を明示
(9) 適用可能地とされる評価通達に定める地区区分	評価通達に明確な定めはないが，課税実務上の取扱いとして，普通住宅地区，普通商業・併用住宅地区及び中小工場地区に所在する宅地を対象とすることが一般的に定着	評価通達に，普通商業・併用住宅地区及び普通住宅地区として定められた地域に所在する宅地と明示 これに伴って中小工場地区に対する新通達の適用は形式的に不可とされる。
(10) 他の各種画地調整補正率等との重複適用関係	広大地補正率を適用すると，評価通達15（奥行価格補正）から評価通達20－5（容積率の異なる2以上の地域にわたる宅地の評価）まで及び評価通達24－6（セットバックを必要とする宅地の評価）の各定めの補正率の重複適用を排除する旨を評価通達に明示（上記(1)の評価方法 算式 の項目を参照）	規模格差補正率を適用しても，評価通達に定める各種画地調整補正率等の重複適用を排除しない旨を評価通達に明示（上記(1)の評価方法 算式 の項目を参照）
(11) 評価対象地の地積が5,000㎡以上である場合の取扱い	広大地の評価は，地積が5,000㎡以上である宅地の評価についても適用可能（ただし，広大地補正率は地積が5,000	地積規模の大きな宅地の評価は，地積が5,000㎡以上である宅地の評価についても適用可能（規模格差補正率は地

			㎡以上の場合は一律，0.35となる）	積が5,000㎡以上の場合であっても，当該地積に連動して逓減するが最終的には0.64に収束する）
(12) 市街地農地等に対する適用	①適用の可否		下記に掲げる評価通達の各定めより，評価対象地の地目が農地，山林又は原野であっても，広大地の評価の定めの適用は可能である旨が明示 (イ) 評価通達40-2（広大な市街地農地等の評価） (ロ) 評価通達49-2（広大な市街地山林の評価） (ハ) 評価通達58-4（広大な市街地原野の評価）	「市街地農地等の評価における『宅地であるとした場合の1㎡当たりの価額』についても，同様に評価する。」旨の定めが設けられていることから，評価対象地の地目が農地，山林又は原野であっても，地積規模の大きな宅地の評価の定めを準用することは可能である旨が明示
	②宅地造成費の取扱い		市街地農地等を広大地として評価する場合には，広大地補正率の中に宅地造成費等を考慮してあることから，通達上の造成費については控除しないで評価する旨の定めが，課税実務上の取扱いとして明示	市街地農地等の評価につき，「宅地であるとした場合の1㎡当たりの価額」の算定に地積規模の大きな宅地の評価の定めを準用する場合であっても，別途，宅地造成費を控除することは，可能である旨が明示

CASE1

評価単位／地目　間口距離／奥行距離　側方加算／二方加算　**広大地**　農地・山林・原野
雑種地　貸家建付地　借地権／貸宅地　利用価値の低下地　**その他の評価項目**

区分所有財産（マンション）の評価（その1：評価通達の定めによらず不動産鑑定評価額による申告の是否が争点とされた事例）

事例

受贈者である子Xは，平成A年7月21日に贈与者である父から図表－1に掲げる区分所有財産（本件マンション）である土地及び建物の贈与を受けた。

図表－1　贈与を受けた財産

土　地			建　物		
			専有部分である居宅	共有部分である階段室	共有部分である事務所
所　在	＊＊＊＊	所　在	＊＊＊＊	＊＊＊＊	＊＊＊＊
地　番	＊＊＊＊	家屋番号	＊＊＊＊	＊＊＊＊	＊＊＊＊
地　目	宅地	種　類	居宅	階段室	事務所
地　積	11,353.53㎡	構　造	鉄筋コンクリート造陸屋根4階建	鉄筋コンクリート造陸屋根4階建	鉄筋コンクリート造陸屋根平屋建
共有持分	2,784分の20				
参考　共有持分に応じる土地所有面積　11,353.53㎡×$\frac{20}{2,784}$≒81.56㎡		床面積	42.31㎡	1階6.08㎡，2階8.49㎡ 3階8.49㎡，4階8.49㎡	9.28㎡
		共有持分	—	8分の1	2,784分の20

この贈与を受けた本件マンションは高度経済成長期（昭和30年代）に新築されたいわゆる団地型マンションで，贈与時点においては建築後約50年が経過した相当老朽化した物件である。そのため，本件マンションの管理組合では本件マンションの建替事業を推進中であり，今回の贈与（平成A年7月21日）の前後において下記に掲げる事実を認めることができる。

(1) 平成（A－1）年9月16日

管理組合の臨時総会が開催され，具体的な建替計画を進めるための『建物基本計画案』の作成について圧倒的多数の賛成（賛成率約87％）により可決した。

(2) 平成A年4月22日

管理組合の臨時総会が開催され，新築建物の基本設計を決定するための『建物基本

『計画案』の承認について圧倒的多数の賛成（賛成率約94％）により可決した。

(3) 平成A年5月30日

管理組合は，＊＊＊＊（建替事業の予定パートナー）との間で本件建替事業に必要な諸項目に関して『建替事業協力に関する覚書』を締結した。

(4) 平成A年10月28日

本件マンションの建替えに係る決議が建替決議集会において採決され，区分所有者の全員同意により成立した。

上記に掲げる状況において，この贈与を受けた本件マンション（区分所有建物及びその敷地権である土地の共有持分）の相続税評価額の算定に当たって，本件マンションが相当に老朽化し，かつ，陳腐化したものであり市場性もきわめて低いものと考えられること等から，評価通達6（この通達の定めにより難い場合の評価）に掲げられている「特別の事情」に該当するものとして，不動産鑑定士による鑑定評価額を用いることを検討している。

（平22.10.13裁決，東裁（諸）平22－81，平成19年贈与分）

（注）　上記に掲げる年分と当該裁決事例に示されている年分との対応関係は，下記のとおりである。

　　・平成（A－1）年　➡　平成18年
　　・平成A年　➡　平成19年

基礎事実

❶　請求人（受贈者）は，平成19年7月21日，本件贈与者（請求人の父）との間で，上記 事例 の図表－1に掲げる土地及び建物（以下，全体の土地を「本件甲土地」，贈与を受けた共有持分に係る土地を「本件甲1土地」及び各建物を「本件各建物」といい，本件甲1土地と本件各建物を併せて「本件不動産」という）の贈与契約（以下，この贈与を「本件贈与」という）を締結し，これを取得した。

❷　本件不動産は，昭和33年に建築された本件甲土地上に存する4階建の5棟の共同住宅（全148戸で1戸当たりの敷地の平均地積は約76㎡である。以下，これらを併せて「本件マンション」という）のうち5号棟に存する区分所有建物（床面積42.31㎡）及び管理用事務所並びにその敷地（約81㎡）である。

争　　点

❶　本件不動産の価額の算定に際して，評価通達により難い特別な事情があるか。
❷　本件不動産の価額を不動産鑑定士が作成した不動産鑑定評価書によることは認められるのか。

❸ 本件不動産の具体的な相続税評価額はいくらになるのか。

Ⅲ 争点に関する双方(請求人・原処分庁)の主張

争点に関する請求人・原処分庁の主張は,図表-2のとおりである。

Ⅳ 国税不服審判所の判断とそのポイント

❶ 認定事実

(1) 本件甲土地

① 本件甲土地は,＊＊＊＊の南約500m,＊＊＊＊の北西約600mに位置し,所在する地区(評価通達14-2(地区)に定める地区をいう)は普通住宅地区である。また,北東側道路に166m接面しており,同道路に付された平成19年分の路線価(評価通達14(路線価)に定める路線価をいう)は,123万円である。

② 本件甲土地は,実測面積が1万1,345.91㎡であり,地盤に甚だしい凹凸があり,利用価値が著しく低下していると認められる法面が北側に185.88㎡,公衆化している建築基準法42条(道路の定義)1項5号に規定する道路(筆者注 いわゆる「位置指定道路」)が998.41㎡及び公衆化している公園が563.22㎡存し,北側が三角状になった全体として略台形の宅地である。

③ 本件贈与の日現在,＊＊＊＊による試掘調査によって,本件マンションの3号棟の付近は埋蔵文化財包蔵地であることが確認されており,平成21年6月30日(筆者注 本件贈与に係る更正処分が行われた日)には,その発掘調査費用の見積金額は6,400万円であった。

(2) 本件建替計画等

① 本件マンションの管理組合(以下「本件管理組合」という)の臨時総会が平成18年2月18日に開催され,建替えに関する議題について,次のとおり決議された。
  (イ) 建替推進決議(議決権総数148票中,賛成133票,反対0票,無効15票)
  (ロ) 建替推進委員会の設置決議(議決権総数148票中,賛成134票,反対0票,無効14票)
  (ハ) 事業パートナーとして＊＊＊＊(以下「事業パートナー」という)を選定するための決議(議決権総数148票中,賛成126票,反対4票,無効18票)

② 上記①の建替推進決議における建替えの計画概要は,7階建の建物を建築し,本件マンションの区分所有者全員がそれぞれにその敷地の持分を出資し,建替えに係る事業パートナーが新築建物の建設費その他の事業費を出資し,事業完了後に各区分所有者及び事業パートナーが出資額に見合った評価額の新築物件の住戸をおのおの取得する方式(以下「等価交換方式」という)により,新築建物の取得面積は既存建物の2倍以上となるものであった。

③ 本件管理組合は,平成18年4月25日,事業パートナーとの間で建替事業について等価

図表－2　争点に関する双方の主張

争　点	請求人（納税者）の主張	原処分庁（課税庁）の主張
(1) 本件不動産の評価に評価通達により難い特別な事情が存在するか	本件不動産の価額の算定に際しては、次のとおり評価通達により難い特別な事情がある。 ① 一般的なマンションの売買は、区分所有建物の専有床面積に着目して行われているが、評価通達の定めによりマンションを評価する場合には、マンションが共有財産であり単独所有の建物とその敷地に比して制約があるということが考慮されず、マンションの土地部分と建物部分を区分しそれぞれ別個の不動産として価額を算定することとなるから、建物の専有部分の床面積に対応するその敷地面積が広大な本件マンションの時価の算定を評価通達の定めにより行うと売買の実態と乖離した非常に高い価額となる。 ② 本件不動産は、築50年の団地型マンションで住戸面積は狭く建物も経年劣化し給排水設備は陳腐化しエレベーターはなく高齢者に対応した構造にはなっておらず、今日の水準からみると居住性能は著しく不十分な建物である。	本件不動産の相続税評価額は、次のとおり客観的交換価値とみるべき合理的な範囲内にあり、特別な事情があるとは認められない。 本件不動産の相続税評価額は、下記(3)に記載するとおり、＊＊＊＊円（Ⓐ）と認められるところ、本件甲土地の近隣における公示価格及び取引事例を基にこれらと比較して本件甲1土地の時価（客観的交換価値）を算定すると1億731万6,471円（Ⓑ）（筆者注）となる。 筆者注　この金額の計算過程は、本件裁決事例では示されていない。ただし、『Ⓐ≦Ⓑ』の関係が成立しているものと思慮される。
(2) 本件不動産の価額を不動産鑑定評価書によることの可否	本件不動産の価額は、請求人が主張する＊＊＊＊が作成した平成19年7月25日付の不動産鑑定評価書（以下「本件鑑定書」という）の鑑定評価額＊＊＊＊円（以下、「本件鑑定評価額」という）とするのが、次のとおり相当である（下記(3)を参照）。 ① 原処分庁、本件マンションの建替えが行われる蓋然性が高かったことが考慮されていないから、本件鑑定書の信用性はない旨主張するが、客観的にみて建替事業が確実に実現するであろうと判断できるのは、建替決議がなされた平成19年10月28日以降であり、本件贈与の日（平成19年7月21日）においては、建替えの検討・計画段階にすぎず、建替えが確実に実現すると判断できる状況ではない。 ② 相続税法22条（評価の原則）は時価主義をとっているから、本件不動産の評価額の判断は、贈与時点の本件不動産の客観的交換価値によるべきであり、本件贈与の日には、建替えが行われる蓋然性が高かったとはいえないから、原処分庁の主張は失当である。	本件贈与の日において、本件マンションの各区分所有者が、敷地の持分を出資し建替事業完了後にそれぞれの出資に見合った価額の新築住戸を取得する方式を採用した建替えが行われる蓋然性が高いことから、請求人が主張する本件鑑定書の本件鑑定評価額は、本件不動産の将来性を考慮し土地の財産価値に重きを置く積算価格を比準価格より重視すべきであるところ、積算価格は参考程度としていることから、本件マンションの建替計画（以下「本件建替計画」という）の存在を適切に反映したものとはいえず、本件不動産の客観的交換価値（時価）を表した価額であるとは認められない。
(3) 本件不動産の相続税評価額	筆者注　本件鑑定評価額の具体的な数値は本件裁決事例では公開されなかった。なお、本件鑑定書の要旨については、図表－3を参照。	筆者注　本件不動産の相続税評価額は本件裁決事例では公開されなかった。なお、本件甲1土地の相続税評価額の計算過程については、図表－4を参照。

交換方式による建替えを目標としてお互いに事業協力する旨及びその費用の精算等について「本件マンション建替事業協力に関する覚書」を締結した。
④ 本件管理組合の臨時総会が平成18年9月16日に開催され、建物の棟配置を2倍の返還率を目指す上で最も有効な囲み型とし、建物構造方式を免震構造とする具体的な建替計画を進めるための建物基本計画案作成について決議した（議決権総数148票中，賛成129票，反対1票，無効18票）。
⑤ 本件管理組合の臨時総会が平成19年4月22日に開催され、新築建物の基本設計を決定するための建物基本計画案の承認について決議した（議決権総数148票中，賛成139票，反対0票，無効9票）。
⑥ 本件管理組合は，平成19年5月30日，事業パートナーとの間で建替事業について上記⑤の建物基本計画の詳細検討及び建替実施決定の判断に必要な建替計画の作成等及びその費用の精算等について，「本件マンション建替事業協力に関する覚書（その2）」を締結した。
⑦ 本件マンションの5棟全ての建物を取り壊し、その敷地に共同住宅建物を建設するための建替決議は，平成19年10月28日，建替決議集会において，本件マンションの区分所有者の全員同意により成立した。

(3) 請求人による本件不動産の譲渡及び建替後の新築マンションの取得

請求人は，平成20年11月11日，上記(2)⑦の建替決議に基づき，本件マンション建替事業に係る等価交換契約により事業パートナーに対し本件不動産を代金＊＊＊＊円で譲渡し，事業パートナーからその敷地に建築される共同住宅の1室（土地1万1,005.53㎡（公園として提供する部分340.38㎡を除く）の持分$\frac{8,781}{2,082,438}$，建物の専有部分の床面積87.81㎡）を代金＊＊＊＊円で譲り受けた。

❷ 評価通達の定めにより評価した本件不動産の価額

本件不動産の価額を評価通達の定めに照らして評価すると，以下のとおりとなる。

(1) 本件甲1土地
① 本件甲1土地は，本件甲土地の共有持分であるためその価額は本件甲土地の価額を求め，その持分に応じてあん分した価額により評価することとなる。
② 本件甲土地はその価額に影響を及ぼす固有の事情として，下記に掲げる事項が認められる。
　(イ) 上記❶(1)②のとおり，公衆化している道路，公衆化している公園があるから，これらを評価対象地積から除外することが相当である。
　(ロ) 上記❶(1)②のとおり，地盤に甚だしい凹凸があり，利用価値が著しく低下していると認められる法面があるから，減額することが相当である。
　(ハ) 上記❶(1)③のとおり，埋蔵文化財発掘調査が必要であることから，当該費用として負担することとなる見積金額の80％相当額を減額することが相当である。
③ 上記①及び②より，本件甲1土地を評価通達の定めにより評価した価額は，図表－4のとおりとなる。

図表-3　本件鑑定書の要旨

① 価格時点は，平成19年7月1日である。
② 評価方針は，現状を所与とした区分所有建物及びその敷地としての評価を行う。したがって，原価法による積算価格，取引事例比較法による比準価格及び収益還元法による収益価格をそれぞれ求め，各価格を総合的に比較検討して鑑定評価額を決定する。
③ 積算価格と検討
　(イ)　積算価格　1億1,000万円
　　積算価格は，対象不動産の費用性に着目して求めたもので，一団地の土地価格及び一棟の建物価格に適正に持分割合等を乗じて試算した。
　　供給者の原価面の合理性を有する価格ではあるが，現在の容積率制限からみて，最有効使用されていないため通常のマンションと比して専有面積当たりの持分が大きいことがそのまま反映されていること，さらに，積算価格に占める土地価格を顕在化するためには，建替決議を行い，費用と時間をかけて建替えを行う必要があり，現状においては実現性に不透明な部分があることに留意しなければならない。
　(ロ)　比準価格　2,170万円
　　比準価格は，下記別表のとおり，1㎡当たり49万3,000円から52万8,000円と開差はあるが，採用した事例は同一需給圏内にある評価対象不動産との類似性の高い中古マンションであり，建物の品等・グレード，階数，方位，住戸規模，日照・眺望，リフォームの有無等についてもいずれも開差はなく，それぞれを個別に査定することにより適正に格差修正を行った。いずれも規範性が高いため中庸値である1㎡当たり51万4,000円を採用し，これに床面積42.31㎡乗じて2,170万円と決定した。
　　実証的で説得力を有する価格であり，市場性を反映している点で規範性は高い。
　(ハ)　収益価格　1,970万円
　　対象不動産の収益性を反映した理論的な価格であり，対象不動産の典型的需要者として収益性を重視する個人も考えられるから，参考とすべき価額である。
④ 鑑定評価額の決定
　市場性を反映した比準価格を重視し，収益価格を関連付け，実現性に不透明感が残る積算価格については参考にとどめながら，将来における土地価格実現の可能性を考慮して鑑定評価額を＊＊＊＊＊＊とした。

別表　比準価格の算定の概要

事例符号	事例1	事例2	事例3	事例4
所在地	＊＊＊＊＊	＊＊＊＊＊	＊＊＊＊＊	＊＊＊＊＊
建物の構造・階層	SRC造・12階建	SRC造・10階建	SRC造・13階建	SRC造・12階建
用途	住宅	住宅	住宅	住宅
取引部分の階層	5F	5F	7F	2F
専有面積（㎡・壁心）	35.18	46.80	49.05	46.91
間取り	1K	1LDK	1LDK	ワンルーム
方位	南東	北東	南東	南東
交通	「＊＊」駅徒歩6分	「＊＊」駅徒歩8分	「＊＊」駅徒歩9分	「＊＊」駅徒歩10分
建築時点	1971（昭和46）年	1970（昭和45）年	1970（昭和45）年	1970（昭和45）年
取引時点	平成18年7月下旬	平成18年1月上旬	平成17年10月下旬	平成18年9月上旬
取引価格総額	18,800,000円	24,300,000円	25,800,000円	27,800,000円
①取引単価	529,000円/㎡	519,000円/㎡	521,000円/㎡	593,000円/㎡
②時点修正率	113.2/100	121.6/100	124.0/100	112.0/100
③事情補正率	100/100	100/100	100/100	100/100
④価格時点の推定価格（①×②×③）	599,000円/㎡	631,000円/㎡	646,000円/㎡	664,000円/㎡

⑤地域要因格差修正	駅への近接性＋2 100/102.0	住環境＋5 100/105.0	駅への近接性▲1 100/99.0	駅への近接性▲2，住環境＋10 100/107.8
⑥建物格差修正	建築年数＋5，品等＋2，設備＋10 100/117.8	建築年数＋5，品等＋2，設備＋10 100/117.8	建築年数＋5，品等＋2，設備＋10 100/117.8	建築年数＋5，品等＋2，設備＋10 100/117.8
⑦専有部分要因格差修正	階数＋2，方位▲1 100/101.0	階数＋2，方位▲4 100/97.9	階数＋4，方位▲1，直近のリフォーム＋5 100/108.1	方位▲1 100/99.0
⑧総合修正率（⑤×⑥×⑦）	100/121.4	100/121.1	100/126.1	100/125.7
⑨推定価格（④×⑧）	493,000円/㎡	521,000円/㎡	512,000円/㎡	528,000円/㎡

※　時点修正については，中古マンション事例における売買価格の推移動向，地域要因の推移動向，賃料に関する統計等を総合的に勘案して平成17年10月から平成19年7月までを月率1.2％と査定した。

（注）　この価額は，原処分庁（課税庁）の主張額と同一である。

(2)　**本件各建物**

　本件各建物の価額は，本件各建物の固定資産税評価額に1.0を乗じて評価することとなる。

❸　法令解釈

　贈与により取得した財産については，評価通達に定める評価方法を画一的に適用したのでは適正な時価が求められず著しく課税の公平を欠くことが明らかであるなど，評価通達の定めによらないことが正当と認められるような特別な事情がある場合を除き，評価通達の定めに基づき評価した価額をもって時価とすることが相当である。

❹　特別な事情の有無の検討

(1)　**評価通達の定めによるマンションの評価方法と売買実態との乖離**

　請求人は，評価通達の定めによりマンションを評価する場合にはマンションが共有財産であり単独所有の建物とその敷地に比し制約があるということが考慮されず，マンションの土地部分と建物部分を区分しそれぞれ別個の不動産として価額を算定することとなるから，建物の専有部分の床面積に対応するその敷地面積が広大な本件マンションの時価の算定を評価通達の定めにより行うと売買の実態と乖離した非常に高い価額となる旨主張する。

　しかしながら，下記に掲げる事項から判断すると，本件不動産の評価においてマンションの価額をその共有者の持分に応じてあん分して共有持分の価額を評価するという評価通達の定めによって本件不動産を評価した場合に，適正な時価が求められず著しく課税の公平を欠くことが明らかであるとはいえない。

①　本件不動産は，マンションの建物の専有部分と共有部分及びその敷地に係る土地の持分から構成されており，本件不動産の価額は建物の専有部分の価額，建物の共有部分の価額及びその敷地に係る土地の価額が含まれるから本件不動産の土地部分の価額の上昇又は下落に連動して本件不動産の価額も上昇又は下落すること

図表－4　原処分庁が算定した本件不動産の相続税評価額

	相続税評価額	算　定　根　拠
本件甲1土地	71,392,340円	(正面路線価) 1,230,000円×0.84(注1)×0.99(注2)＝1,022,868円……① 　　　　　　　　　(実測地積) 1,022,868円×（11,345.91㎡－1,561.63㎡(注3)）＝10,008,026,915円 10,008,026,915円－（1,022,868円(①)×185.38㎡×10%）(注4)＝9,989,013,845円 9,989,013,845円－51,200,000円(注5)＝9,937,813,845円 　　　　　　　　　　　　　(持分) 9,937,813,845円×20／2,784＝71,392,340円 （注1）　奥行価格補正率 　　地区区分が普通住宅地区で奥行距離（道路と接する部分の距離166mで評価対象地の実測地積11,345.91㎡を除した68.3mと想定整形地の奥行距離69.04mのいずれか短い距離）68.3mの場合の奥行価格補正率0.84とした。 （注2）　不整形地補正率 　　　　　　(想定間口距離)　　(想定奥行距離) 　　想定整形地　193.06m　×　69.04m＝13,328.8624㎡ 　　かげ地割合（13,328.8624㎡－11,345.91㎡）÷13,328.8624㎡≒14.87% 　　不整形地補正率表による補正率　0.99 　　イ　0.99（不整形地補正率表の補正率）×1.00（間口狭小補正率）＝0.99 　　ロ　1.00（奥行長大補正率）×1.00（間口狭小補正率）＝1.00 　　イ＜ロのため，不整形地補正率を0.99とした。 （注3）　公衆化している道路等の施設の用に供されている地積 　　公衆化している建築基準法42条1項5号に規定する道路998.41㎡と公衆化している公園563.22㎡の合計地積1,561.63㎡を評価対象地積から控除した。 （注4）　著しく利用価値の低下している宅地の減額 　　本件甲土地の北側の法面185.88㎡を著しく利用価値の低下している宅地としてその10%を減額した。 （注5）　埋蔵物調査費用の減額 　　埋蔵文化財発掘調査費用として負担することとなる見積額6,400万円の80%相当額5,120万円をその土地固有の事情の考慮として控除した。
本件各建物	＊＊＊＊円	筆者注　この部分の情報は開示されていない。
計	＊＊＊＊円	

②　本件不動産の敷地について，本件贈与者の有する共有持分が他の区分所有者が有する共有持分と質的に異なることもないのであるから，建物の専有部分の床面積に対応するその敷地の共有持分が広大であればそれに連動して本件不動産の価額も上昇又は下落すること

③　評価通達においては，土地の形状等に応じて奥行距離に応じた奥行価格補正率を適用したり，その形状が不整形である場合には不整形の程度，位置及び地積に応じ不整形地補正率を適用したりするなどして土地の減価要素を考慮した評価方法が採られていること

(2)　**本件不動産の居住性能の劣化と評価への反映**

　請求人は，本件不動産は住戸面積が狭く建物等も老朽化し，今日の水準からみると居住

性能は著しく不十分な建物である旨主張する。

　しかしながら，下記に掲げる事項から判断すると，評価通達による評価では請求人が上記で主張するような事情についてはそれを織り込んで評価しているのであり，請求人がいう上記事情の存在によって評価通達に定める評価方法を画一的に適用したのでは適正な時価が求められず，著しく課税の公平を欠くことが明らかな場合に当たるとはいえない。

- 評価通達は，家屋の評価については固定資産税評価額に1.0の倍率を乗じて計算した金額によって評価する旨定めているところ（評価通達89（家屋の評価）），この固定資産税評価額については家屋の適正な時価を評価するために地方税法388条（固定資産税に係る総務大臣の任務）1項に基づく評価基準が告示されており，この評価基準に基づいて3年ごとの基準年度に再建築価格（評価の対象となった家屋と同一のものを評価の時点においてその場所に新築するものとした場合に必要とされる建築費）を基準として，これに家屋の減耗の状況による補正及び需給事情による補正を行って評価する方法が採られていること

❺　本件鑑定評価額

(1)　本件鑑定評価書の要旨

　本件鑑定評価書の要旨は，前掲図表－3のとおりであり市場性を反映した比準価格（2,170万円）を重視し，収益価格（1,970万円）を関連付け，実現性に不透明感が残る積算価格（1億1,000万円）については参考にとどめながら，将来における土地価格実現の可能性を考慮して本件鑑定評価額を決定したとしており，評価額を＊＊＊＊円としている。なお，本件鑑定評価額においては，本件建替計画は考慮されていない。

(2)　請求人の主張について

　請求人は，本件贈与の日はまだ建替えが確実に実現すると判断できる状況にはなかった旨主張する。

　確かに，請求人主張のとおり，本件贈与の日において，本件建替計画に係る建替決議は成立していない。

　しかしながら，下記に掲げる事項からすれば，本件マンションの各区分所有者は建替えの必要性を認識した上，等価交換方式による建替えを検討・計画していた事実が認められ，したがって，本件贈与の日現在，本件マンションは建替えが行われる蓋然性がきわめて高いと認められる。

① 　建替推進委員会や勉強会等が開催されていること
② 　区分所有された建物の建替えは，区分所有者等の5分の4以上の賛成で実行できるところ，等価交換方式による建替えに係る各議題は，圧倒的な賛成によりいずれも可決されていること
③ 　本件マンション建替事業協力に関する覚書も締結されていること
④ 　本件不動産は，建物の専有床面積に対するその敷地の地積が約2倍であるところ，本件建替計画では各区分所有者は出資した敷地の持分価額に見合う既存建物の2倍以上の面積の建物を取得することが予定されていたこと

⑤ 本件贈与の日のわずか3か月後の平成19年10月28日に本件マンションの区分所有者の全員同意による建替決議がなされ、その後、請求人は建替決議に基づき本件マンション建替事業に係る等価交換契約により、本件不動産を代金＊＊＊＊円（全て土地代金）で譲渡していること

(3) 不動産鑑定評価基準に対する適合性

① 予測の原則に基づく分析

不動産の価額は、価格形成要因の変動について市場参加者による予測によって左右されるところ（不動産鑑定評価基準総論第4章（不動産の価格に関する諸原則）の(Ⅱ)）、本件不動産の評価に際しては、建替えの蓋然性がきわめて高く、その場合には敷地の持分価額に見合う既存建物の2倍以上の面積の建物を取得できることが予定されていたことなどの事情等を考慮して比準価格を求めるべきところ、本件鑑定書における比準価格の算定はこれらの事情が十分に考慮されておらず、上記評価基準総論第4章の(Ⅱ)に定める予測の原則に基づく分析検討が客観的かつ十分にされていないといわざるを得ない。

② 試算価格の調整

積算価格、比準価格及び収益価格の各試算価格の調整に当たっては各方式の持つ特徴に応じたしんしゃくを加え、鑑定評価の手段各段階について客観的、批判的に再吟味し、その際には不動産鑑定評価基準総論第4章に定める不動産の価格に関する諸原則の当該事案に即した活用の適否や個別要因の分析の適否等について留意することが必要であるところ（不動産鑑定評価基準総論第8章第7節（試算価格又は試算賃料の調整））、本件鑑定書における鑑定評価額の決定は、建替えの実現性に不透明性があるとして積算価格1億1,000万円を参考にとどめて調整しており、個別要因の十分な分析が行われていないといわざるを得ない。

(4) ま と め

上記(1)から(3)によると、本件鑑定評価額が本件不動産の客観的交換価値を表すものとは認められず、上記(2)に掲げる請求人の主張には理由がない。

❻ 結論（本件不動産の価額）

上記❹及び❺のとおり、本件不動産の評価に当たり評価通達の定めにより難い特別な事情は認められず、また、本件鑑定評価額が本件不動産の客観的な交換価値を表すものとは認められないから、原処分庁が評価した価額をもって本件不動産の時価と認めることが相当である。

本件裁決事例のキーポイント

❶ マンション（区分所有建物及びその敷地の共有持分権）の評価方法（評価上の基本項目）

(1) 区分所有財産（建物）の評価方法

「区分所有財産」とは、1棟の建物の構造上区分され、かつ独立して利用可能な部分に

ついて成立する所有権の対象となる財産をいう。区分所有権の対象となる建物の部分を「専有部分」といい，その他の部分を「共用部分」という。共用部分は，区分所有者全員の共有となるのが通常である。

評価通達3（区分所有財産）の定めでは，区分所有に係る財産の各部分の価額は，その財産全体の価額を基とし，各部分の使用収益等の状況を勘案して計算した各部分に対応する価額によって評価するものとされている。

そうすると，区分所有の目的とされている財産がマンション等の建物である場合には，下記に掲げる手順に基づいてその評価額を算出することが理論的に相当と考えられる。

① 評価対象とされるマンション等1棟の建物全体の評価額を算出する。
② 上記①の価額を基として，専有部分の価額について専有部分の状況（床面積等）により配分する。
③ 共用部分は，使用状況（例えば，共用部分が専有部分の床面積比によるのであればその割合）に応じてあん分した価額によって評価する。

ただし，課税実務上の取扱いでは，上記に掲げる理論的な評価額の算出方法に基づいて算定されたものとして各区分所有部分に対する固定資産税評価額が付されていることから，区分所有財産であるマンション（各区分所有部分）の評価に当たっては，当該固定資産税評価額に評価倍率（1.0）を乗じることによって当該財産の相続税評価額（自用家屋）が算出されることになる。

(2) 共有財産（マンションの敷地の持分権）の評価方法

「共有財産」とは，複数の者が一個の物の所有権を分量的に分割して所有している状態にある財産をいう。例えば，A及びBの2人が甲地を共同で取得したときには，甲地は当該2人の共有となり，各人は甲地上に持分による権利という分量的に制限された権利を有することになる。区分所有財産であるマンションの敷地の用に供されている宅地は，真にこの共有財産の典型的な事例である。

評価通達2（共有財産）の定めでは，共有財産の持分の価額は，その財産全体の価額をその共有者の持分に応じてあん分した価額によって評価するものとされている。

そうすると，マンションの敷地の用に供されている宅地の共有持分権を評価する場合には，原則として(注)，下記に掲げる手順に基づいてその評価額を算出することが相当と考えられる。

① 区分所有財産であるマンションの所在位置のいかんにかかわらず，マンションの敷地の持分権の対象とされている宅地全体を利用の単位である1画地の宅地として評価単位とする（図表－5を参照）。

留意点 分譲マンション等である場合には，新築時に作成される建物配置図面や敷地図面等からマンションの敷地権が設定されている宅地全体の評価に必要な数値を得ることが可能である。これらの資料については，たとえ，区分所有者が紛失等の理由により所有していない場合であってもマンション管理組合等においては一般的に保管されているものである。

図表－5　マンション敷地権を評価する場合の宅地の評価単位（概念図）

　3棟のマンションの敷地として宅地甲がその用に供されており，区分所有者甲はB棟の303号室を区分所有している。
　甲の有する敷地の持分権を計算する場合の宅地の評価単位は，宅地甲全体となる（B棟の敷地部分のみではない）。

②　上記①で評価単位と認定された宅地に対して，評価通達の定めを適用して宅地全体の評価額を算出する。

③　上記②の価額に宅地の共有持分割合を乗じて，マンションの敷地権の価額が算定される。

（注）　マンション敷地内に公衆化している道路，公園等の公共的施設用地が存する場合には，次の❷(1)に掲げる取扱いがあることに留意する必要がある。

❷　本件不動産の評価に当たって留意すべき技巧（評価上の応用項目）

(1)　公衆化している道路等の公共的施設用地が存する場合

　前掲図表－4（本件不動産の相続税評価額（原処分庁））のうち，本件甲1土地の相続税評価額の算定根拠を示す解説文の（注3）において，「公衆化している建築基準法42条1項5号に規定する道路（筆者注　いわゆる「位置指定道路」）998.41㎡と公衆化している公園563.22㎡の合計地積1,561.63㎡を評価対象地積から控除した」とあり，当該取扱いを国税不服審判所においても相当なものとして容認している（上記Ⅳ❷(1)②(イ)を参照）。

　上記のような処理がなされたのは，課税実務上において，評価対象とするマンション敷地内に公衆化している道路や公園等の公共的施設の用に供されている宅地があるため，建物の占有面積に対する共有持分に応ずる敷地面積が広大となることから，上記❶(2)に掲げるマンション敷地の用に供される宅地に対する原則的な評価方法を適用することが著しく不適当であると認められる場合には，当該道路や公園等の公共的施設の用に供されている宅地部分を除外して評価することができる旨の取扱いがあり，当該取扱いを適用したものと考えられる。

　上記の取扱いを 図　解 及び 事　例 で示すと，図表－6のとおりとなる。

(2)　利用価値の著しく低下している宅地の評価

　前掲図表－4（本件不動産の相続税評価額（原処分庁））のうち，本件甲1土地の相続税評価額の算定根拠を示す解説文の（注4）において，「本件甲土地の北側の法面185.88㎡を著しく利用価値の低下している宅地としてその10％を減額した」とあり，当該取扱いを国税不服審判所においても「地盤に甚だしい凹凸があり，利用価値が著しく低下していると認められる法面がある」として当該減額を相当なものとして容認している（上記Ⅳ❷(1)②(ロ)を参照）。

　なお，「利用価値の著しく低下している宅地の評価」に関する課税実務上の取扱いに関しては，下記の別稿を参照されたい。

図表－6　マンション敷地内に公衆化している道路，公園等の公共的施設用地が存する場合

（注）　□の全体が敷地利用権の目的とされている宅地となっている。

事例
① 上記図解に掲げるマンションB棟の308号室を区分所有している。当該マンション敷地内には公衆化している道路及び公園（公共的施設）の用に供されている宅地がある（上記図解■部分）ため，建物の専有面積に対する共有部分に応ずる敷地面積が広大になるものと認められる。
② 上記図解の評価対象地は，1筆で3棟の建物の敷地を構成（地積1万1,760㎡）しており，敷地権としてその共有持分10,000分の52を有している。
③ 上記図解の■部分（公共的施設用地）の地積は，2,940㎡である。
④ 上記図解の評価対象地（全体）の相続税評価額は，38億5,000万円である。
（マンション敷地の共有持分に係る相続税評価額）
$$385,000,000円 \times \frac{11,760㎡ － 2,940㎡^{(注)}}{11,760㎡} \times \frac{52}{10,000} = 15,015,000円$$
（注）　上記①に掲げる事項から，道路及び公園（公共的施設用地）部分の地積2,940㎡を除外して評価している。

- 「「利用価値の著しく低下している宅地」に該当するか否かの判定事例（評価対象地が横断歩道橋に対面している場合）」『難解事例から探る財産評価のキーポイント』（第1集）CASE1
- 「貸家建付地評価及び利用価値が著しく低下している宅地の10％減額の適用可否が争点とされた事例」『難解事例から探る財産評価のキーポイント』（第1集）CASE32
- 「課税実務上の取扱いである「利用価値が著しく低下している宅地の評価（10％の評価減）」の対象となる「その付近にある宅地に比べて著しく高低差のあるもの」に該当するか否かが争点とされた事例」『難解事例から探る財産評価のキーポイント』（第2集）CASE23

(3) 埋蔵文化財包蔵地の評価（発掘調査費用相当額のしんしゃく）

前記図表－4（本件不動産の相続税評価額（原処分庁））のうち，本件甲1土地の相続税評価額の算定根拠を示す解説文の（注5）において，「埋蔵文化財発掘調査費用として負担することとなる見積額6,400万円の80％相当額5,120万円をその土地固有の事情の考慮として控除した」とあり，当該取扱いを国税不服審判所においても相当なものとして容認している（上記Ⅳ❷(1)②㈥を参照）。

本件裁決事例における埋蔵文化財発掘調査費用相当額の控除の取扱いにおいては，下記に掲げるとおりの留意すべき重要事項が指摘できる。

重要事項　本件甲土地上に存する5棟の共同宅地のうち，本件贈与の対象とされた本件各

図表-7 本件甲1土地の評価における埋蔵文化財発掘調査費用の取扱い

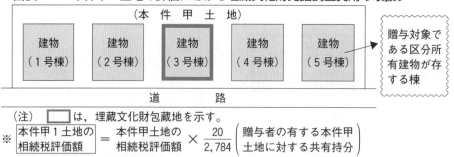

(注) ▭ は，埋蔵文化財包蔵地を示す。

※ 本件甲1土地の相続税評価額 ＝ 本件甲土地の相続税評価額 × $\dfrac{20}{2,784}$ （贈与者の有する本件甲土地に対する共有持分）

建物は5号棟に存する区分所有建物である（上記❶❷を参照）。一方，本件贈与の日現在において試掘調査によって埋蔵文化財包蔵地であることが確認されているのは3号棟の付近である（上記Ⅳ❶(1)③を参照）とされており，贈与対象とされた本件各建物の敷地自体は埋蔵文化財包蔵地には該当していない。

しかしながら，贈与対象とされた本件甲1土地は，5棟（1号棟から5号棟）のマンションの敷地である本件甲土地の共有持分であることから，本件甲1土地の評価に当たっては，本件甲土地の評価においてしんしゃくされるべき埋蔵文化財発掘調査費用の控除が間接的に織り込まれることになる。これを概念図に示すと，図表－7のとおりになる。

なお，「埋蔵文化財包蔵地の評価」に関する課税実務上の取扱いに関しては，下記の別稿を参照されたい。

● 「埋蔵文化財包蔵地を評価する場合における埋蔵文化財の発掘調査費用の取扱い」『難解事例から探る財産評価のキーポイント』（第1集） CASE12

❸ マンションの評価に当たっての実務上の論点

評価通達の定めによってマンション（区分所有の目的である建物とその敷地である宅地の共有持分）を評価する場合には，既述のとおり，マンションの建物部分とその敷地の用に供されている土地（宅地）部分に区分してそれぞれ別個の不動産として価額を算定するものとされている。

本稿では紙幅の関係で指摘のみに留めるが，上記に掲げるマンションの評価方法に関しては実務上整理されるべき次のような論点があるものと考えられる。

(1) 評価通達の定めとマンションの市場価額の形成理論との乖離

マンション販売業者（不動産業界）等によって形成される一般的なマンションの売買市場価額の形成は，専有床面積の大小，交通アクセスの利便性，郊外立地の場合には都心（通勤通学地，消費購買等の拠点地）までの距離（特に，時間的距離）及び新築後の年数（中古物件の場合）等に着目してなされるものであり，全く考慮外であるとまでは断言しないが，当該マンションの敷地権に過ぎない共有持分である宅地の地積の大小に多大な注目が集まることはないものと考えられる（少なくとも，マンション購入者の大部分を占めると考えられる一般消費者が，マンションの購入に当たって当該宅地の地積の大小に大きな関

心を寄せることはないと聞いている）。

そうすると，上述した評価通達の定めと異なる価額形成理論でマンションの市場価額が成立しているのであれば，事例次第（**CASE2**で当該事例を検討する予定である）では，「評価通達の定めにより評価したマンションの価額　＞　マンションの市場価額（正常価格）」という，いわゆる逆転現象も想定されるところである。

(2) マンションが事実上の共有物であることに対する減価の可否

区分所有財産であるマンションは，建物（専有部分と共用部分から構成される）及びその敷地権である宅地を共有持分で所有（借地権を設定している事例もある）していることになる。そうすると，たとえ，当該マンションを自用のものとして利用している場合であっても，戸建住宅である自用家屋及びその敷地である宅地に比してその使用収益及び処分に関して制約が存する（いわゆる「共有減価」）のではないかという考え方が生じる可能性がある。

しかしながら，相続税等の財産評価基準制度の取扱いでは評価通達2（共有財産）において，「共有財産の持分の価額は，<u>その財産の価額</u>をその共有者の持分に応じてあん分した価額によって評価する」と定められている。そうすると，同通達中，「その財産の価額」（上記＿＿部分）とは当該財産が共有物であることをしんしゃく考慮しない価額であることが理解される。

現行の課税上の取扱いは上記のとおりであるが，当該論点（共有物と共有減価の可否）には奥深いものがあると考えられ，別の機会に検討を加えてみたい。

❹ 本件不動産の評価と評価通達6項の適用

(1) 評価通達6項の意義

評価通達6（この通達の定めにより難い場合の評価）において，「この通達の定めによって評価することが著しく不適当と認められる財産の価額は，国税庁長官の指示を受けて評価する」と定めている。これは，相続税等に係る財産評価基準制度として定められた評価通達に基づいて機械形式的に一律適用をして求めた評価対象財産の価額が，適正な時価（客観的な交換価値）を示すものではなく納税者間における課税の公平を著しく害する場合への対応として定められたものと考えられる。

(2) 請求人（納税者）が主張する評価通達6項

前掲図表－2に掲げる請求人（納税者）の主張において，本件不動産の評価は下記に掲げる理由から評価通達の定めにより難い特別の事情があるとしている。

理　由

① 評価通達の定めによりマンションを評価する場合には，マンションが共有財産であり単独所有の建物とその敷地に比し制約があるということが考慮されていないこと

② 本件マンションは，建物の専有部分の床面積に対応するその敷地面積が広大な本件マンションの時価を評価通達の定めにより行うと売買の実態と乖離した非常に高い価額となること

③ 本件マンションは，住戸面積が狭く建物等も老朽化していることから，今日の水準か

図表－8　請求人の主張に対する国税不服審判所の判断

理由	国税不服審判所の判断
①	本件不動産の敷地について，本件贈与者の有する共有持分が他の区分所有者が有する共有持分と質的に異なることがないから請求人の主張には理由がない。
②	建物の専有部分の床面積に対応するその敷地の共有持分が広大であれば，それに連動して本件不動産の価額も上昇又は下落することになるから請求人の主張には理由がない。
③	評価通達は，家屋の評価については固定資産税評価額に1.0の倍率を乗じて計算した金額によって評価する旨定めているところ，この固定資産税評価額については家屋の適正な時価を評価するために地方税法に評価基準が告示されており，この評価基準に基づいて3年ごとの基準年度に再建築価格を基準としてこれに家屋の減耗の状況による補正及び需給事情による補正を行って評価する方法が採られているから請求人の主張には理由がない。

らみると居住性能は著しく不十分な建物であること

しかしながら，これらの請求人の主張は図表－8のとおり，全て排斥されている。

図表－8の国税不服審判所の判断は，理論的であり正論であると考えられる。しかし，例えば，図表－8に掲げる③を例に検討すると，建物の固定資産税評価額は地方税法に規定する評価基準に基づいて評価する方法が採用されていることから適切であると判断しているが，贈与対象である本件各建物の固定資産税評価額が当該基準に基づいて適正に付与されたものであるか否かに関しての実証面での検討がなされておらず，課税要件事実論における立証挙証が尽くされたものとはいい難く説得性に欠けるものと思われる。

(3) 原処分庁（課税庁）の主張

原処分庁（課税庁）の主張については，下記の3点においてさらに検討を加えるべき論点があるように思われる。

① 本件甲1土地の時価を算定比較することについて

原処分庁は，本件不動産（マンション建物＋敷地共有持分）の相続税評価額（X）と独自に算定した本件甲1土地の時価（客観的交換価値）1億731万6,471円（Y）を比較して，本件不動産の相続税評価額は客観的交換価値とみるべき合理的な範囲内にあり（注筆者の推定であるが「(X) ≦ (Y)」の関係が成立しているものと考えられる），特別な事情があるとは認められないとしている。

そして，国税不服審判所の判断では，上記の課税庁の主張に対して何らの判断も示していない（もちろん，原処分庁が独自に算定した本件甲1土地の時価（客観的交換価値）の相当性に関する判断も含む）。そうすると，評価通達の定めによって算定した価額が本件甲1土地の時価の範囲内であるか否かについて審理されるべきものであると考えられ，当該審理を尽くさず国税不服審判所が判断を示したことは遺憾な点を覚える。

② 本件不動産の評価に建替予定があったことをしんしゃくすることについて

原処分庁は，本件贈与の日において本件マンションの各区分所有者が敷地の持分を出資し，建替事業完了後にそれぞれの出資に見合った価額の新築住戸を取得する方式を採用した建替えが行われる蓋然性が高いことを理由に本件鑑定評価額（請求人による不動産鑑定評価額）の不当性を主張し，国税不服審判所においても当該主張を支持している。

そうすると，本件不動産の評価の前提に当たっては，本件マンションに建替予定があったことがしんしゃくの対象となったと考えざるを得ず，このこと自体が評価通達6（この通達の定めにより難い場合の評価）において考慮すべき「特別な事情」（上記①の___部分）に当たるのではないかという推測もされるところである。

上記の論点（特別な事情の存在の推測）に関して，その相当性を担保するためには上記①に掲げる「(X) ≦ (Y)」の関係が成立していることによる「特別な事情」の不存在という判断との対応関係，整理が必要となる。これらを理論的に整理するためには，下記に掲げるような考え方もあると思われる。

すなわち，本件裁決事例では，原処分庁の主張として本件不動産の評価について建替予定があったことをしんしゃくすべき特別な事情として，当該事情を前提に本件不動産の時価（客観的交換価値）を算定し，当該算定された時価が本件不動産の相続税評価額を上回るので，当該相続税評価額による評価は相当であるという理論構成も検討されるべきであると考えられる。

③ 課税時期の現況と建替予定をしんしゃくすることの必要性

評価通達1（評価の原則）において，財産の価額は時価評価によるものとし，時価とは課税時期における財産の現況に応じて評価するものであり，考慮すべき全ての事情をしんしゃくするものと定められている。そうすると，上記②に掲げる原処分庁が主張し，国税不服審判所が支持した本件マンションの建替えの蓋然性の高さについて，下記の点からの検討が加えられるべきものである。

(イ) 考慮すべき全ての事情に関し，その対象とされるのは客観的な個別事情であるとされるところ，本件マンションの建替予定が当該事情に該当するか否か。

(ロ) 仮に，上記(イ)の本件マンションの建替予定が客観的な個別事情に該当するとしても，課税時期（本件贈与の日）においてしんしゃくすべき確実な事情に該当するのか。

VI 参考事項等

❶ 参考法令通達等

・相続税法22条（評価の原則）
・評価通達1（評価の原則）
・評価通達2（共有財産）
・評価通達3（区分所有財産）
・評価通達89（家屋の評価）
・地方税法388条（固定資産税に係る総務大臣の任務）
・課税実務上の取扱い（公衆化している道路等の公共的施設用地が存する場合）
・課税実務上の取扱い（利用価値の著しく低下している宅地の評価）
・課税実務上の取扱い（埋蔵文化財包蔵地の評価）
・不動産鑑定評価基準総論第4章（不動産の価格に関する諸原則）に定める予測の原則

・不動産鑑定評価基準総論第8章第7節（試算価格又は試算賃料の調整）

❷ 類似判例・裁決事例の確認

財産評価基準制度における家屋・マンションの評価方法が争点とされた裁決事例として下記のものがある。

(1) **家屋の価額を固定資産税評価額に基づいて評価することが相当であると判断した事例**（平18.10.4裁決，熊裁（諸）平18－6）

＜判　断＞

請求人らは，固定資産税評価額の算定に当たり，地方税当局は個別に家屋を調査せず机上で算定していること及び家屋の客観的交換価値は経年劣化により減額しているのに固定資産税評価額はほとんど減額しないことから，家屋の価額を固定資産税評価額に基づく旨定めた評価通達89（家屋の評価）による評価額は相続税法22条（評価の原則）の時価とはいえない旨主張する。

しかしながら，評価通達による家屋の価額は，評価基準が定める方法によって決定された家屋の固定資産税評価額に基づき評価されているものであるから，客観的交換価値を正確に反映しているものであり，同条に規定する時価として相当と認められる。

(2) **マンションの評価に当たり，相続税評価額が時価を上回っているので評価通達により難い特別の事情があるとして評価通達によらない評価が相当であるとされた事例**（平22.9.27裁決，東裁（諸）平22－67）

＜判　断＞

本件マンションは，種々の固有の事情が認められるところ，A不動産販売による価格の査定，同社との媒介契約の状況及び売買契約に至るまでの経緯やその状況等からすれば，本件マンションの売却価額3,800万円はこれらの事情を十分考慮した上で決定された価額であると認められる。

そして，請求人らの売申込により売却したことが，例えばいわゆる売り急ぎに該当し，これを理由としてその売却価額が下落したといえる事情に該当するとも認められず，また，請求人らと買受人との間に親族等の特別な関係が認められないことなどの事情から判断すると，その売却価額に恣意的な要素が入る余地はなく，本件マンションの売却価額は売却時における本件マンションの適正な時価を反映しているものと認められる。

そうすると，本件マンションの売却価額を基に時点修正を行って本件マンションの相続開始日の時価を算定することには合理性があると認められる。

[筆者注] 上記の裁決事例については，**CASE2**を参照されたい。

追補1 本件裁決事例に係る上級審の取扱い

本件裁決事例において，その主張が棄却された請求人（納税者）は，これを不服として，その後，東京地裁に提訴した（事件名について，下記を参照）。

事件名 (1) 東京地方裁判所（平成25年12月13日判決，平成23年（行ウ）第224号，贈与税更正処分等取消請求事件）
(2) 東京地方裁判所（平成25年12月13日判決，平成23年（行ウ）第225号，贈与税更正処分等取消請求事件）

上記の裁判においても，原告（納税者）の主張には理由がないものと判断され，請求はいずれも棄却された。

その後，原告（納税者）は，下記のとおりに東京高裁に提訴し，さらに最高裁に上告したが，いずれもその主張は認められなかった（最高裁では，上告不受理とされた）。

事件名 ・東京高裁裁判所（平成27年12月17日判決，平成26年（行コ）第18号，贈与税更正処分等取消請求控訴事件）
・最高裁判所第一小法廷（平成29年3月2日決定，平成28年（行ツ）第133号，贈与税更正処分等取消請求上告事件）

追補2　地積規模の大きな宅地の評価について

　本件裁決事例に係る贈与年分は，平成19年である。もし仮に，当該贈与日が，平成30年1月1日以後である場合（評価通達20-2（地積規模の大きな宅地の評価）の新設等の改正が行われた。以下「新通達適用後」という）としたときの本件甲1土地（前記図表-4に掲げる原処分庁主張額（本件裁決事例による最終的な確定額）を基に算定）に対する同通達の適用は，次のとおりとなる。

(1) 地積規模の大きな宅地の該当性

　次に掲げる 判断基準 から本件甲1土地が三大都市圏に所在する場合又は三大都市圏以外に所在する場合のいずれにおいても，本件甲1土地は評価通達20-2（地積規模の大きな宅地の評価）に定める地積規模の大きな宅地に該当するか否かは，資料不足のため不明である。

判断基準

要件	本件甲1土地			
① 地積要件(注1)	三大都市圏に所在する場合	11,345.91㎡(注2)（評価対象地の地積） ≧ 500㎡（三大都市圏に所在する場合の地積要件）　∴地積要件を充足	三大都市圏以外に所在する場合	11,345.91㎡(注2)（評価対象地の地積） ≧ 1,000㎡（三大都市圏以外に所在する場合の地積要件）　∴地積要件を充足
② 区域区分要件	本件甲1土地に係る区域区分は明示されていないが，設定されている路線価から判断すると，市街化調整区域以外に所在するものと推定される。　∴区域区分要件を充足			
③ 地域区分要件	本件甲1土地に係る地域区分要件は明示されていないが，基礎事実から判断すると，工業専用地域以外に所在するものと推定される。　∴地域区分要件を充足			
④ 容積率要件	本件甲1土地に係る指定容積率は明示されておらず，容積率400％未満（東京都の特別区以外の場合）又は同300％未満（東京都の特別区の場合）に該当するか否かは不明である。なお，現行の本件マンションが4階建で，建替後は7階建のマンション建築が想定されていることから，この容積率要件を充足していない可能性も考えられる。			
⑤ 地区区分要件	本件甲1土地は，基礎事実から路線価地域の普通住宅地区に所在　∴地区区分要件を充足			
⑥ 判断とその理由	三大都市圏に所在する場合	不明（上記④の要件を充足していない可能性が考えられる。）	三大都市圏以外に所在する場合	不明（上記④の要件を充足していない可能性が考えられる。）

（注1）　本件甲1土地の所在地は不明である。
（注2）　区分所有財産であるマンションの敷地の持分権の価額は，当該マンションの敷地権が設定されている宅地全体を利用の単位である1画地の宅地として評価する（評価単位の構成物）ものとされていることから，地積基準の判定も当該評価単位に係る地積を対象として行うことになる（区分所有者が有する持分割合を乗じた後の地積で判定するものではないことに留意する）。

(2) 本件土地の価額（相続税評価額）

仮に，上記(1)④に掲げる容積率要件を充足しているものとして，新通達適用後の本件甲1土地の価額（相続税評価額）を算定すると，下表のとおりとなる。

区　　分		本　件　甲　1　土　地	
		三大都市圏に所在する場合	三大都市圏以外に所在する場合
正面路線価	①	1,230,000円	1,230,000円
奥行価格補正率	②	0.84(注1)	0.84(注1)
1㎡当たりの価額（①×②）	③	1,033,200円	1,033,200円
不整形地補正率	④	0.99	0.99
1㎡当たりの価額（③×④）	⑤	1,022,868円	1,022,868円
規模格差補正率	⑥	0.67(注2)	0.67(注2)
1㎡当たりの価額（⑤×⑥）	⑦	685,321円	685,321円
地積（実測地積）	⑧	11,345.91㎡	11,345.91㎡
公衆化している道路等の施設の用に供されている地積	⑨	1,561.63㎡	1,561.63㎡
評価額（⑦×（⑧－⑨））	⑩	6,705,372,553円	6,705,372,553円
著しく利用価値の低下している宅地の地積	⑪	185.38㎡	185.38㎡
著しく利用価値の低下している宅地の減額割合	⑫	0.1	0.1
著しく利用価値の低下している宅地の減額額（⑦×⑪×⑫）	⑬	12,704,480円	12,704,480円
評価額（⑩－⑬）	⑭	6,692,668,073円	6,692,668,073円
埋蔵物調査費用の減額	⑮	51,200,000円	51,200,000円
評価額（⑭－⑮）	⑯	6,641,468,073円	6,641,468,073円
敷地権の持分割合	⑰	$\frac{20}{2,784}$	$\frac{20}{2,784}$
相続税評価額（⑯×⑰）	⑱	47,711,695円	47,711,695円

（注1）奥行価格補正率
　　平成30年1月1日以後は，奥行価格補正率が改正されている（なお，本件甲1土地の評価には影響なし）。
（注2）規模格差補正率
　(イ)　本件甲1土地が三大都市圏に所在する場合
　　$\frac{11,345.91㎡（評価対象地の地積）\times 0.80 + 475}{11,345.91㎡（評価対象地の地積）} \times 0.8 = 0.673\cdots \Rightarrow 0.67$（小数点以下第2位未満切捨て）
　(ロ)　本件甲1土地が三大都市圏以外に所在する場合
　　$\frac{11,345.91㎡（評価対象地の地積）\times 0.80 + 500}{11,345.91㎡（評価対象地の地積）} \times 0.8 = 0.675\cdots \Rightarrow 0.67$（小数点以下第2位未満切捨て）

CASE2

評価単位/地目　間口距離・奥行距離　側方加算・二方加算　広大地　農地・山林・原野
雑種地　貸家建付地　借地権・貸宅地　利用価値の低下地　その他の評価項目

区分所有財産（マンション）の評価（その2：評価通達の定めにより難い特別の事情があるとしてマンションの売却価額を基に評価することの可否が争点とされた事例）

事例

被相続人甲は，平成X年3月29日に相続の開始があった。同人の相続人は，本件相続によってマンションを取得し，相続税の申告期限までに評価通達の定めに基づいて算定した価額（相続税評価額：計算過程については，図表－1を参照）をもって相続税の申告を行った。

図表－1　相続により取得したマンションの相続税評価額（評価通達の定めによる価額）

相続税評価額	算定根拠
43,810,958円	（正面路線価）　（奥行価格補正率）(注)　　（1㎡当たりの価額） 860,000円 × 1.00 ＝ 860,000円 （1㎡当たりの価額）　（地積）　（共有持分）　（本件敷地権の相続税評価額） 860,000円 × 569.43㎡ × 7,141/92,696 ＝ 37,725,658円 （本件敷地権の相続税評価額）（本件建物の固定資産税評価額）（本件マンションの相続税評価額） 37,725,658円 ＋ 6,085,300円 ＝ 43,810,958円

（注）本件マンションは，評価通達14－2（地区）に定める普通住宅地区に所在する。
　　　評価通達15（奥行価格補正）の定めにより，付表1「奥行価格補正率表」に基づき，奥行距離14.0mにつき，奥行価格補正率1.00としている。

上記のマンションは，相続税の納税資金を手当てする等の必要性から平成X年8月25日に不動産販売業者に売却の仲介を依頼（専任媒介契約の締結）した。その結果，当該マンションは，平成X年9月27日に売買代金3,800万円で買受人（相続人との特別な関係はなし）との間で譲渡契約が成立し，その後，引渡し（所有権の移転）も無事に完了した。

この一連の経過を相続税に詳しい知人に話したところ，「当該マンションの相続税評価額であるとして申告した価額4,381万958円（評価通達の定めにより算定した図表－1に掲げる価額）は，売買代金3,800万円（仲介業者を介在させ，相当の期間を経

て成立した純然たる第三者間における取引価額なので時価(客観的交換価値)に相当)を上回るので，相続税の期限内申告時における評価額は時価を上回っていることになる。この場合，相続税の申告期限から1年(注1)以内であれば，当該マンションの相続開始時における適正な評価額を再計算（当該マンションの売却価額に時点修正を行って算定）して，相続税の更正の請求が可能である」との説明を受けた。

上記の知人の話は正しいのか。また仮に，検討すべき話であるとすればどのような要件事実を充足していることが必要になるのか教示されたい。

（平22.9.27裁決，東裁（諸）平22－67，平成20年相続開始分）

（注1） 平成23年12月2日以後に申告期限が到来する相続税からは，更正の請求期間が5年間となった。

（注2） 上記に掲げる年分と当該裁決事例に示されている年分との対応関係は，下記のとおりである。

・平成X年 ➡ 平成20年

I 基礎事実

❶ 被相続人甲（以下「本件被相続人」という）は，平成20年3月29日（以下，「本件相続開始日」という）に相続（以下「本件相続」という）の開始があった。

❷ 本件被相続人は，東京都新宿区＊＊町＊＊の土地の上に存するマンションの2階に存する区分所有建物（以下「本件建物」という）及びその敷地権（以下「本件敷地権」といい，本件建物と併せて「本件マンション」という）を所有していた。

❸ 本件建物の床面積は67.10㎡であり，本件敷地権は敷地面積569.43㎡の9万2,696分の7,141である。

❹ 相続人A及び相続人B（以下「請求人A」，「請求人B」といい，両名を併せて「請求人ら」という）は，本件相続により本件マンションを取得した。なお，請求人らの持分はいずれも各2分の1である。

❺ 本件マンションの相続税評価額は，図表－1のとおり，4,381万958円である。

❻ 請求人らは，平成20年9月27日，本件マンションを代金3,800万円で買受人（請求人らとの特別な関係はない）に譲渡した。

❼ 請求人らは，上記❻に掲げる本件マンションの売却価額を基とした価額(3,895万7,441円)が相続開始時の時価であるとして，平成21年2月26日に相続税の課税価格及び納付すべき税額につき，更正の請求をした。

❽ 原処分庁は，上記❼に対し，平成21年5月22日付で更正をすべき理由がない旨の通知処分をした。

Ⅱ 争　　点

❶ 本件マンションの評価に当たり、評価通達の定めにより難い特別な事情があるか否か。
❷ 本件マンションの売却価額を基に算定した価額を適正な時価とすることが認められるか否か。
❸ 平成4年4月の事務連絡を本件マンションの評価に適用することが認められるのか。
❹ 本件マンションの具体的な相続税評価額はいくらになるのか。

Ⅲ 争点に関する双方（請求人・原処分庁）の主張

争点に関する請求人・原処分庁の主張は、図表－2のとおりである。

Ⅳ 国税不服審判所の判断とそのポイント

❶ 法令解釈（相続税法22条（評価の原則）について）

財産評価の一般的基準である各種財産の時価に関する原則及びその具体的評価方法等を評価通達に定め、その取扱いを統一するとともにこれを公開し、納税者の申告、納税の便に供している。

もっとも、財産の相続税評価額が相続開始時におけるその財産の時価を上回っているなど、評価通達により難い特別の事情がある場合には、評価通達により財産を評価せず、他の合理的な方法により財産を評価すべきものと解するのが相当である。

❷ 認定事実

(1) 本件マンションの査定価額
① 本件相続開始後、請求人らは、α不動産販売株式会社（以下「α不動産販売」という）に本件マンション価額の査定を依頼した。
② 平成20年4月15日、同社は近隣マンションの過去の取引事例や売出事例に基づいて本件マンションの価額を4,011万円と算定し、現行の耐震性基準に合致していないことを理由として流通性比率を90％として、その査定価額を3,610万円とした。

(2) 本件マンションの売却価額
① 請求人らは、当初、本件マンションを外国人用の賃貸物件として利用する考えであったが、本件マンションをα不動産販売の担当者と内見したところ、本件マンションは相当傷んでおり、リフォームして賃貸したとしても、リフォーム費用を賄える賃料で賃貸することは不可能と判明したことから売却を決意した（α不動産販売の担当者の答述）。
② 請求人らは、α不動産販売との間で、平成20年8月25日、本件マンションの媒介価額を3,800万円とする専任媒介契約を締結した。
③ 請求人らは、α不動産販売の仲介により、＊＊＊＊（以下「本件買受人」という）と

の間で，平成20年9月27日，本件マンションを代金3,800万円で売却する旨の不動産売買契約（以下「本件売買契約」という）を締結した。

④ 請求人らと本件買受人との間に親族関係，知人関係等の特別な関係はない。

(3) 本件マンションの固有の事情

① 本件建物は，昭和56年5月に建築されたもので，耐震構造等が現行の建築関係法令に合致したものではない（平成20年9月27日付重要事項説明書）。

図表−2　争点に関する双方の主張

争　点	請求人（納税者）の主張	原処分庁（課税庁）の主張
(1) 本件マンションの評価に評価通達の定めにより難い特別な事情があるか	本件マンションの相続税評価額（4,381万958円）は，本件マンションの売却価額（3,800万円）を上回っており，このことは，本件マンションの評価額を評価通達の定めにより算定し難い特別の事情に該当する。	① 本件マンションの本件相続開始日現在の時価は，図表−3により算定した本件敷地権の時価額（4,857万3,145円）に，本件建物の固定資産税評価額（608万5,300円）を加算した5,465万8,445円であり，本件マンションの相続税評価額が本件マンションの時価を上回っているとは認められない。 ② 上記①より，本件マンションの評価額を評価通達の定めによらないで評価しなければならない特別の事情はない。
(2) 本件マンションの時価を売却価額を基に算定することの可否	上記(1)より，本件マンションの評価額は，下記(4)のとおり，本件マンションの売却価額を基として算定すべきである。	請求人らが主張する本件マンションの売却価額を基として算定した金額は，次の理由から本件マンションの本件相続開始日における適正な時価とは認められない。 ① 本件マンションの売買は，請求人らの売申込みにより行われたこと ② 本件マンションの売買契約は，本件相続開始日からおおむね6か月経過後にされたものであること ③ 本件マンションの売買価額については，他の売買実例との比較がされていないこと
(3) 本件マンションの評価に平成4年4月の事務連絡を適用することの可否	本件マンションの評価額を本件マンションの売却価額を基として算定することは，「路線価等に基づく評価額が「時価」を上回った場合の対応等について」（平成4年4月）の事務連絡（以下「本件事務連絡」という）に「相続等により取得した土地等が売却され，その売却価額を根拠に申告等がなされた場合には，路線価等に基づかない評価方法も認められる」旨記載されており，課税実務上の取扱いからも明らかである。	本件事務連絡は，路線価等に基づく土地の評価額が，その土地の時価を上回ったことがその前提とされているところ，本件の場合，上記(1)①のとおり，本件マンションの相続税評価額が本件マンションの時価を上回るものとは認められず，その前提を欠くものである。
(4) 本件マンションの相続税評価額	本件マンションの価額（時価）は，<u>3,895万7,441円</u>となる（具体的な算定方法は，図表−4を参照）。	① 上記(1)①に掲げるとおり，本件マンションの相続税評価額が本件マンションの時価を上回っているとは認められない。 ② 本件マンションの評価額を評価通達の定めにより評価すると，図表−1のとおり，4,381万958円となる。

図表－3　原処分庁が主張する本件敷地権の時価

	区　分	公示地（新宿一＊＊）	取引事例
	所在地	新宿区＊＊	新宿区＊＊
	面積	322㎡	431.36㎡
	基準時点	平成20年1月1日	―
	取引時点	―	平成19年12月10日
①	公示価格	960,000円／㎡	―
②	取引価格	―	943,527円／㎡
③	時点修正・平成19年中(注1)	―	101.8／100
④	時点修正・平成20年中(注1)	97.4／100	97.9／100
⑤	標準化補正(注2)	100／100	100／96.0
⑥	地域格差(注3)	100／89.3	100／83.9
⑦	規準価格 （①×④×⑤×⑥）	1,047,077円／㎡	―
⑧	比準価格 （②×③×④×⑤×⑥）	―	1,167,485／㎡
⑨	試算額 （⑦＋⑧）÷2	1,107,281円／㎡	

本件敷地権の時価
　（1㎡当たりの価額）　（面積）　（共有持分）
　　1,107,281円　×　569.43㎡　×　7,141／92,696　＝　48,573,145円

（注1）　上記公示地の時点修正は，当該公示地の平成20年分及び平成21年分の正面路線の路線価を基に計算している。上記取引事例の時点修正は，当該取引事例の平成19年分，平成20年分及び平成21年分の正面路線の路線価を基に計算している。なお，時点修正の算定に当たっての月数は，15日間以内の場合は数えず，15日間を超える場合は1月と計算している。
（注2）　上記公示地及び上記取引事例について，評価通達20（不整形地の評価）により算出した画地補正率により補正している。
　　　　公示地　補正なし
　　　　取引事例　不整形地補正：0.960
（注3）　本件敷地権，上記公示地及び上記取引事例に適用される平成20年分の正面路線の路線価（ただし，時点修正を行った後のもの）を基に，本件敷地権の正面路線の路線価を100とした場合に求められる格差率により補正している。
（注4）　本件敷地権が標準的画地のため個別格差の補正はしていない。

図表－4　請求人らが主張する本件マンションの価額（時価）

請求人ら主張額	算　定　根　拠
38,957,441円	（本件マンションの売却価額）　（本件建物の固定資産税評価額）　（売却時における本件敷地権の価額） 　38,000,000円　－　6,085,300円　＝　31,914,700円 （売却時における本件敷地権の価額）　（時点修正率）(注)　（本件相続開始日における本件敷地権の価額） 　31,914,700円　×　103／100　＝　32,872,141円 （本件相続開始日における本件敷地権の価額）　（本件建物の固定資産税評価額）　（本件相続開始日における本件マンションの価額） 　32,872,141円　＋　6,085,300円　＝　<u>38,957,441円</u>

（注）　時点修正率は，国土交通省地価調査課が平成20年11月に発表した「主要都市の高度利用地地価動向報告」に基づき下落率3％として算定。

② 本件マンションは，2年ないし3年に1度，地下部分で排水口から水溢れが生じていた（平成20年9月27日付重要事項説明書）。本件建物は，外国人向けに造られたいわゆる1LDKの間取りの建物であり，日本人にはマッチしない造りであって，土足仕様であることから特に床の傷みがひどかった（α不動産販売担当者の答述）。

③ 本件売買契約前に本件マンションの購入を希望した者がおり，購入後に本件建物を3LDKにリフォームすることを考えたものの，リフォーム費用が約1,500万円以上かかることが判明したことから購入を断念していた（α不動産販売担当者の答述）。

④ 本件建物は，本件相続開始日前3年間程度，使用されることがなかった。

⑤ 本件建物の附帯設備等には，経年変化等に伴う性能低下やキズ，汚れ等があり，本件買受人は購入後480万円を負担して水回りを中心として床，壁等のリフォーム工事を行った（本件買受人の答述）。

❸ 本件マンションの時価

(1) 本件マンションの売却価額を基に価額を算定することの可否

① 請求人らの主張について

請求人らは，本件マンションの売却価額3,800万円は売却時における本件マンションの適正な時価であり，図表－4のとおり，当該価額を基に時点修正を行った価額3,895万7,441円が本件マンションの本件相続開始日現在の価額である旨主張する。

本件マンションは，上記❷(3)のとおり種々の固有の事情が認められるところ，α不動産販売による価額の査定，同社との媒介契約の状況及び本件売買契約に至るまでの経緯やその状況等からすれば，本件マンションの売却価額3,800万円は，これらの事情を十分考慮した上で決定された価額であると認められる。

そして，下記に掲げる事情から判断すると，その売却価額に恣意的な要素が入る余地はなく，本件マンションの売却価額は売却時における本件マンションの適正な時価を反映しているものと認められる。

　(イ) 請求人らの売申込みにより売却したことが，例えばいわゆる売り急ぎに該当し，これを理由としてその売却価額が下落したといえる事情に該当すると認められないこと

　(ロ) 請求人らと本件買受人との間に，親族等の特別な関係が認められないこと

そうすると，<u>本件マンションの売却価額を基に時点修正を行って本件マンションの相続開始日の時価を算定することには合理性があると認められる。</u>

② 原処分の主張について

原処分庁は，下記に掲げる事項を理由として，本件マンションの売却価額が売却時における適正な時価ではないと主張する。

　(イ) 請求人らの売申込みにより売却したものであること

　(ロ) 本件売買契約は本件相続開始日からおおむね6か月を経過後に締結されたものであること

　(ハ) 本件マンションの売却価額については他の売買実例との比較がなされていないこと

しかしながら，下記に掲げる事項からすると，これらの主張については相当といえず，

他に本件マンションの売却価額が適正な時価ではないとする理由も見当たらない。
- (イ) 請求人らの売申込みにより売却したことが売却価額を下落させた事情とは認められないこと
- (ロ) 売買契約の時点が本件相続開始日より6か月経過していたことについては，時点修正により補正することにより本件相続開始日の時価を算定することが可能であること
- (ハ) 本件マンションの売却価額は，売却時における本件マンションの適正な時価を反映していると認められることから，あえて他の売買実例と比較する必要性は低く，他の売買実例と比較されていないことをもってこれが適正な時価でないということもできないと認められること

(2) **本件マンションの本件相続開始日現在における時価（時点修正の方法）**

① 請求人らの採用した方法

請求人らは，その時点修正の基となる不動産の価格の変動率について，国土交通省地価調査課が平成20年11月に発表した「主要都市の高度利用地地価動向報告」（以下「地価調査課レポート」という）を基に，本件相続開始日から本件売買契約までの地価変動率を3％の下落として，本件マンションの価額を求めているが，地価調査課レポートは，四半期ごとの地価変動率に基づくものでありこの数値は中古マンションの価額の変動率を表したものではないと認められることから，請求人らの主張する地価変動率をもって時点修正することは相当ではない。

② 審判所が採用した方法

審判所が中古マンションの価額変動率について調査したところ，本件相続開始日から本件売買契約時までの本件マンションの時価変動率は，国土交通省土地・水資源局が平成21年3月24日付で発表した新宿区の住宅地における「東京圏の市区の対前年変動率」に基づき求めた変動率マイナス4.4％（1年間の変動率マイナス8.8％×$\frac{6か月}{12か月}$）を採用する方法が相当であると認められる。

(3) **本件マンションの価額（相続税の課税価格算入額）**

上記(2)②に基づいて，本件相続開始日における本件マンションの時価を算定すると，図表－5のとおり，3,974万8,953円となる。

以上のとおり，本件マンションの時価は3,974万8,953円であり，本件マンションの相続税評価額4,381万958円となり，財産の相続税評価額が相続開始時におけるその財産の時価を上回っているものと認められる。

したがって，本件の場合，<u>財産の相続税評価額が相続開始時における財産の時価を上回っている特別の事情に該当する</u>ことから，本件相続に係る相続税の課税価格の計算上，本件マンションの価額は図表－5のとおり，本件マンションの売却価額を基に時点修正を行った後の金額3,974万8,953円と認めるのが相当である。

❹ **ま と め**

請求人らの求める更正の請求（本件マンションの価額について，当初申告4,381万958円（図表－1を参照）を3,895万7,441円（図表－4を参照）に減額して相続税の課税価格に

図表－5　本件マンションの価額（審判所認定額）

審判所認定額	算　定　根　拠
39,748,953円	（本件マンションの売却価額）　（時点修正率）（注）　（本件相続開始日における本件マンションの価額） 38,000,000円 ÷ （1 − 0.044） = 39,748,953円

（注）　本件相続開始日から本件売買契約時までの本件マンションの時価変動率は、国土交通省土地・水資源局が平成21年3月24日付で発表した新宿区の住宅地における「東京圏の市区の対前年変動率」に基づき求めた変動率マイナス4.4%（1年間の変動率▲8.8%×6か月／12か月）として算定した。

算入）に対して、その一部が容認（本件マンションの価額を当初申告の4,381万958円から3,974万8,953円（図表－5を参照）に減額して相続税の課税価格に算入）された。

本件裁決事例のキーポイント

❶　評価基準制度の趣旨とそれによらないことが相当とされる特別の事情

相続税等の課税価格計算の基礎に算入される相続財産の価額をいかなる方法で評価するかについて、相続税法22条（評価の原則）において「当該財産の取得の時（相続の場合は、相続開始日）における時価」による旨（いわゆる時価評価主義）を定めている。ここに定める「時価」とは、客観的な交換価値をいい、不特定多数の独立した当事者間における自由な取引が行われた場合に通常成立するであろうと認められる価額（正常価格）を意味するものと解されている。

しかしながら、上記に掲げる財産の時価を客観的に評価することは必ずしも容易ではなく種々の問題が生じることも想定される。そこで、納税者間の公平、納税者の便宜、徴税費用の節減の観点から財産の価額の算定について財産評価基本通達（評価通達）において一義的な定めを設け、これを公開することによって現実の評価事務は執行されている。

もちろん、上記の評価通達は法令による規定ではないこと、個別の財産の評価はその価額に影響を与えるあらゆる事情を考慮して行われるべきであることから、ある財産の評価が評価通達の定めとは異なる方法で行われたとしても、それが直ちに違法とされるわけではないが、特定の納税者又は特定の相続財産についてのみ評価通達に定める方法を採用しないで評価を行うことは、納税者間の実質的負担の公平を欠くものとして、原則として許容されるべきものではない。

しかし、これを逆にみると、評価通達の定めによらないことが正当として是認されるような特別の事情が認められれば、評価通達の定めによらない評価方法によって評価すること（当該評価方法による評価額が客観的な交換価値を有することが大前提である）も容認される余地があることを示している。

❷　本件事務連絡の内容

平成4年以降の路線価は、地価公示価格の80%水準（20%の評価上の余裕（安全性））をもって設定されている。しかしながら、1暦年（その年1月1日から12月31日まで）間

のうちに著しく地価が下落した場合には，年の途中で路線価等に基づく土地の評価額（評価通達による評価額）がその土地の時価（客観的交換価値）を上回ってしまうという現象が発生する。

そこで，このような問題に対応するものとして，国税庁では平成4年4月に「路線価に基づく評価額が「時価」を上回った場合の対応等について」（事務連絡）（下記 参考資料 を参照）を定め，その取扱いの統一化を図っている。

> 参考資料 路線価等に基づく評価額が「時価」を上回った場合の対応等について（事務連絡） 平成4年4月
>
> 先般，国土庁から公表された平成4年の地価公示価格によると地価下落の著しい地域も見受けられることから，年の途中で路線価等に基づく土地の評価額がその土地の「時価」（仲値レベルの価額）を上回った場合の対応として，下記に十分留意の上適切に対応するように職員に周知徹底願いたい。
>
> 記
>
> 土地の評価については，納税者の便宜及び課税の公平の観点から，なるべく簡易かつ的確に土地の評価額を算定することができるよう，その基準となる路線価等の土地評価基準を予め定めているところであり，実務的にも，路線価等に基づいて申告等が行われている。しかしながら，相続税法上，相続若しくは遺贈又は贈与により取得した財産の価額は，その財産を取得した時（課税時期）における「時価」によることとされているところであるから，相続税の申告に当たっては，絶対的に路線価等に基づいて申告をしなければならないというものではなく，路線価等に基づく評価額を下回る価額で申告された場合には，個々の事実について個別的に，課税時期における相続税法上の「時価」の解釈として，その申告が適切かどうかを判断すべきものである。
>
> そこで，路線価等に基づく評価額が，その土地の課税時期の「時価」を上回るおそれのある事案がある場合には，次により対処することとする。
>
> なお，平成4年分の路線価等の土地評価基準の作成に当たっては，例えば，地価動向がマイナスになっている地域については，下落分を織り込んで路線価等を評定するなど，地価動向を適切に反映した評価を行い，適正な評価を行っていることについて，国民の理解と信頼が得られるように努めることとしているのであるから留意する。
>
> 1 路線価等に基づく評価額が，その土地の課税時期の「時価」を上回ることについて，申告や更正の請求の相談などがあった場合には，相手方の申出に耳を傾ける等，路線価等に基づく評価額での申告等でなければ受け付けないなどということのないように留意すること。
>
> （注） 申告期において，土地の路線価等に基づく評価額がその土地の課税時期の「時価」を上回っていることがわからず，路線価等に基づいた評価額により申告を行い，事後的にそのような事実が判明した場合には「更正の請求」の対象となり得ることに留意する。

2 　路線価等に基づく評価額を下回る価額で申告や更正の請求があった場合には，その申告額等が相続税法上の「時価」として適切であるか否かについて適正な判断を行うこと。
　　具体的には，①各種地価動向調査等による評定基準日以後の当該土地周辺の地価動向を把握し，②例えば，当該土地が売却され，その売買価額を根拠として申告等がなされた場合には，他の売買事例との比較（場所的修正，時点修正等を行う）から当該土地の売買が適正な価格での取引といえるものかどうかを判断し，あるいは③精通者（不動産鑑定士等）への意見聴取を行うなどして，当該土地の課税時期における「時価」の把握を行うことになる。
3 　2の判断に当たっては，次の点に留意すること。
(1) 　路線価等に基づく評価額が，その土地の課税時期の「時価」を上回った場合に対応する必要があるのであって，例えばその土地の課税時期の「時価」が，路線価を決定する際の評価割合のアローアンス（平成3年分30％）の範囲内に留まっている場合（すなわち，その土地の課税時期の「時価」が路線価を決定した際の仲値を下回っていても，なお路線価を下回るものではない場合）には，その路線価等に基づく評価額によるものであること。
(2) 　あくまでも課税時期（相続等の開始時期）の時価として判断するものであること。
(3) 　売買実例の参しゃくに当たっては，あくまでも「仲値」によること（売り進みや買い進みによる部分を排除した売買価額を参しゃくすること）。

本件事務連絡の内容を具体的に設例で示すと，下記のとおりである。

設　例

被相続人甲は，平成23年10月15日に相続開始があった。同人が所有する相続財産であるA宅地についての評価資料が下記のとおりであるとしたならば，A宅地の評価に当たってどのような対応が必要とされるのか。
・平成23年分の路線価方式による評価額……9,000万円
・平成24年分の路線価方式による評価額……6,300万円
　（注）　平成24年分の路線価は，平成24年7月上旬に公表されるものである。

解　答

(1)　本件事務連絡の概説

本件事務連絡の内容に基づいて，評価対象地に係る課税時期における推定時価又は更正の請求の対象となる額を求める算式を示すと，下記のとおりとなる。

・$\text{その年の路線価による評価額} - \left(\text{その年の路線価による評価額} - \text{その年の翌年の路線価による評価額}\right) \times \dfrac{\text{その年の1月1日から課税時期までの月数}^{(注)}}{12\text{月}} = Ⓐ$

　（注）　その年の1月1日から課税時期までの月数（期間）の計算に1月未満の端数が生じた場合には，これを1月とすることが相当と考えられる。

・Ⓐ÷80％＝ 簡便的な計算式による課税時期における推定時価 Ⓑ

・その年の路線価による評価額－Ⓑ＝更正の請求の対象となる額

(2) 設例の取扱い

上記設例の場合，被相続人甲に係る相続税の申告期限が平成24年8月15日（相続開始があったことを知った日の翌日から10月目）であることから，当該申告期限において上記Ⓑの金額を認識することは可能であり，当該申告期限において上記Ⓑの金額をもって評価対象地の価額（時価）として申告することができる。また，当該申告期限において平成23年分の路線価方式による評価額で申告を行い，事後に相続税の更正の請求を求めることも認められる。

(3) 計算

① 簡便的な計算式による課税時期における推定時価

・$90,000,000円 － (90,000,000円 － 63,000,000円) \times \frac{10月^{(注)}}{12月} = 67,500,000円$

（注）平成23年1月1日～平成23年10月15日→10月（1月未満切上げ）

・$67,500,000円 \div 80\% = \underline{84,375,000円}$

② 更正の請求の対象となる額

・$90,000,000円 － 84,375,000円 = \underline{5,625,000円}$

上設の設例の取扱いを図示すると，図表－6のとおりとなる。

❸ 相続開始後の譲渡価額を基に評価することが許容される要件

上記Ⅳ❸(1)①に掲げるとおり，本件マンションの売却価額を基に時点修正を行って本件マンションの相続開始日の時価を算定することには合理性があると認められる（＿＿部分）との国税不服審判所の判断がなされている。当該判断がなされた前提として，下記に掲げる認定事実が指摘される。

(1) 本件マンションは，本件売買契約締結時において建築後約27年が経過しており，かつ，現行の耐震基準に合致していない相当に老朽化した物件であること（上記Ⅳ❷(3)①を参照）

図表－6 設例の場合の取扱い（概念図）

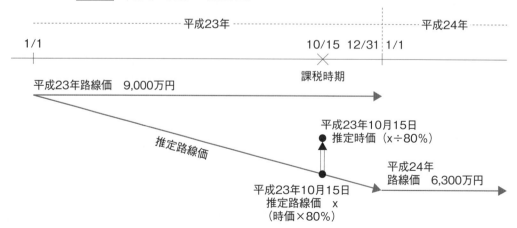

(2) 本件マンションは，水溢れ，床の傷みが認められ，また，附帯設備等にも経年変化等に伴う性能低下やキズ及び汚れ等があり，相当のリフォーム費用の支出が通常の使用に際して必要と認められること（上記Ⅳ❷(3)②，③及び⑤を参照）

(3) 本件マンションの売買に，売り急ぎによる売却価額の低下という特殊要因は認められないこと（上記Ⅳ❸(1)①(イ)を参照）

(4) 本件マンションの売買当事者間に，親族等の特別な関係が認められないこと（上記Ⅳ❸(1)①(ロ)を参照）

すなわち，本件裁決事例における国税不服審判所の判断（売却価額を基に課税時期における時価を算定する方法を支持）は，次に掲げる3点の要件が充足されていることが確認されたためと考えられる。

① 上記(1)及び(2)に掲げるような本件マンション固有の事情から，自己利用又は賃貸用として通常の使用に供するために相当の支出が想定され，経済的合理性の観点から当該支出の相当性に疑問が生じること

② 本件マンションが本件相続開始後に実際に譲渡され，当該譲渡に係る諸条件（売買契約の当事者関係，譲渡事情等）から判断して，いわゆる「正常価格」で譲渡されたこと（この意義について，次の❹(1)を参照）

③ 相続開始後における譲渡価額（上記②に掲げる正常価格であると認められるものに限る）につき，時点修正率の算定が適正に行われ相続開始時の価額が算定されていること（この点について，次の❹(2)を参照）

❹ 正常価格の意義・時点修正率の算定

(1) 正常価格の意義

不動産鑑定士が不動産鑑定を行う場合の規範である不動産鑑定評価基準では，正常価格について，「市場性を有する不動産について，<u>現実の社会経済情勢の下で合理的と考えられる条件を満たす市場</u>で形成されるであろう市場価値を表示する適正な価格をいう」と定義している。

この場合の現実の社会経済の下で合理的と考えられる条件を満たす市場（上記＿＿部分）の条件（市場が成立する条件）は，下記に掲げる3要件（①市場参加者，②取引形態，③公開期間）を充足していることであり，本件裁決事例において国税不服審判所の判断の基準となった本件マンションの売却価額の時価としての適正性を担保しているとの認識と同一の水準であると考えられる。

① 市場参加者についての条件

市場参加者(注)が，自由意思に基づいて市場に参加し，参入，退出が自由であること。

（注）市場参加者とは，自己の利益を最大化するため次のような要件を満たすとともに，慎重かつ賢明に予測し，行動するものをいう。

　（イ）売り急ぎ，買い進み等をもたらす特別な動機のないこと

　（ロ）対象不動産及び対象不動産が属する市場について取引を成立させるために必要となる通常の知識や情報を得ていること

(ハ) 取引を成立させるために通常必要と認められる労力，費用を費やしていること
(ニ) 対象不動産の最有効使用を前提とした価値判断を行うこと
(ホ) 買主が通常の資金調達能力を有していること

② 取引形態についての条件

取引形態が，市場参加者が制約されたり，売り急ぎ，買い進み等を誘引したりするような特別なものでないこと。

③ 公開期間についての条件

対象不動産が，相当の期間(注1)，市場に公開されていること(注2)。

（注1） 相当の期間とは，対象不動産の取得に際し必要となる情報が公開され，需要者層に十分浸透するまでの期間をいう。なお，相当の期間は，価格時点における不動産市場の需給動向，対象不動産の種類，性格等によって異なることになる。

（注2） 公開されていることとは，価格時点においてすでに市場で公開されていた状況を想定することをいい，価格時点以降，売買成立時までに公開されることではないことに留意する必要がある。

(2) 時点修正率の算定

① 地価調査課レポートの採用の可否

上記 Ⅳ ❸(2)①に掲げるとおり，不動産価格の時点修正を行うに際して地価調査課レポートを活用すべきであるとの請求人の主張は，国税不服審判所の判断では容認されていない。その理由として，審判所は「地価調査課レポートは，四半期ごとの地価変動率に基づくものでありこの数値は中古マンションの価格の変動率を表したものではないと認められる」としている。

しかしながら，上記の国税不服審判所の判断については下記に掲げる観点及び理由から，なおいっそうの検討を図る余地があるものと考えられる。

(イ) 評価通達の定めによればマンションは，土地の評価（路線価方式又は倍率方式を適用）と建物の評価（固定資産税評価額を基礎に評価）とを個々に算定して，その合計額を求めるものとされている。そうすると，中古マンションであってもこれを評価通達の定めによって評価する場合には，同様の手法によることとなる。

(ロ) 前掲図表－4（請求人らが主張する本件マンションの価額（時価））によれば，請求人は本件マンションの課税時期における価額について，建物とその敷地である土地（宅地）に区分して評価を行っている。

(ハ) 上記(ロ)に掲げる土地の評価に当たって，請求人が採用した土地価額に係る時点修正率の算定資料である地価調査課レポートが四半期ごとの地価変動率に基づくものであるならば，当該数値を中古マンションの価格の変動率を表したものでないことを理由として排除することの合理的な理由が見い出し難い。

② 本件マンションの時価変動率の算定資料

前掲図表－5（本件マンションの価額（審判所認定額））に掲げるとおり，国税不服審判所の判断では，本件マンションの時価変動率の合理的な算定基準として，国土交通省土

地・水資源局が発表した「東京圏の市区の対前年変動率」を用いている（筆者は，この資料を入手して詳細を検証しようと試みたが，資料が入手できなかった）。

　そうすると，当該資料の内容等の確認解説は困難であるが，実務先例として中古マンションの売却価額を基に当該マンションの価額（時価）を算定する場合に，売却時点から課税時期に至るまでの時点修正の合理性を担保させるものとして，当該資料の活用が検討されるべきものとして期待される。

参考事項等

❶ 参考法令通達等

・相続税法22条（評価の原則）
・路線価等に基づく評価額が「時価」を上回った場合の対応等について（事務連絡，平成4年4月）
・不動産鑑定評価基準総論第5章（鑑定評価の基本的事項）第3節（鑑定評価によって求める価格又は賃料の種類の確定）に定める正常価格
・主要都市の高度利用地地価動向報告（地価調査課レポート）（国土交通省地価調査課，平成20年11月）
・新宿区の住宅地における東京圏の市区の対前年変動率（国土交通省土地・水資源局，平成21年3月24日）

❷ 類似判例・裁決事例の確認

　財産評価基準制度における家屋・マンションの評価方法が争点とされた裁決事例として下記のものがある。

(1) 家屋の価額を固定資産税評価額に基づいて評価することが相当であると判断した事例（平18.10.4裁決，熊裁（諸）平18－6）

＜判　断＞

　請求人らは，固定資産税評価額の算定に当たり，地方税当局は個別に家屋を調査せず机上で算定していること及び家屋の客観的交換価値は経年劣化により減額しているのに固定資産税評価額はほとんど減額しないことから，家屋の価額を固定資産税評価額に基づく旨定めた評価通達89（家屋の評価）による評価額は相続税法22条（評価の原則）の時価とはいえない旨主張する。

　しかしながら，評価通達による家屋の価額は，評価基準が定める方法によって決定された家屋の固定資産税評価額に基づき評価されているものであるから，客観的交換価値を正確に反映しているものであり，同条に規定する時価として相当と認められる。

(2) 請求人が父から贈与を受けたマンションの評価に当たり，評価通達の定めにより難い特別の事情があるとは認められず，不動産鑑定評価額も適正な時価を表すものとは認められないと判断した事例（平22.10.13裁決，東裁（諸）平22－81）

　請求人が贈与により取得したマンション（本件不動産）については，次に掲げる事由か

ら評価通達の定めによらないことが正当と認められるような特別の事情は認められない。
① 本件不動産は，マンションの建物の専有部分と共有部分及びその敷地に係る土地の持分から構成されており，本件不動産の価額は，建物の専有部分の価額，建物の共有部分の価額及びその敷地に係る土地の価額が含まれるから，本件不動産の土地部分の価額の上昇又は下落に連動して本件不動産の価額も上昇又は下落することとなる。

　したがって，本件不動産の評価において，マンションの価額をその共有者の持分に応じてあん分して共有持分の価額を評価するという評価通達の定めによって本件不動産を評価した場合に，適正な時価が求められず，著しく課税の公平を欠くことが明らかであるとはいえない。
② 請求人は，本件不動産は住戸面積は狭く建物等も老朽化し，今日の水準から見て居住性能は著しく不十分な建物である旨主張するが，評価通達による評価では，請求人が主張するような事情についてはそれを織り込んで評価しているのであり，請求人がいう上記事情の存在によって，評価通達に定める評価方法を画一的に適用したのでは，適正な時価が求められず，著しく課税の公平を欠くことが明らかな場合に当たるとはいえない。
③ 不動産の価額は，価格形成要因の変動について市場参加者による予測によって左右されるところ（不動産鑑定評価基準に規定する不動産の価格に関する諸原則），本件不動産の評価に際しては，建替えの蓋然性がきわめて高く，その場合には敷地の持分価額に見合う既存建物の２倍以上の面積の建物を取得することが予定されていたことなどの事情等を考慮して比準価格を求めるべきところ，請求人提出の鑑定書における比準価格の算定は，これらの事情が十分に考慮されておらず，上記評価基準に定める予測の原則に基づく分析検討が客観的にかつ十分にされていないといわざるを得ない。

筆者注　上記の裁決事例については，**CASE1**を参照されたい。

追補 地積規模の大きな宅地の評価について

本件裁決事例に係る相続開始年分は，平成20年である。もし仮に，当該相続開始日が，平成30年1月1日以後である場合（評価通達20－2（地積規模の大きな宅地の評価）の新設等の改正が行われた。以下「新通達適用後」という）としたときの本件敷地権（前記図表－1に掲げる請求人の当初申告における相続税評価額（注）を基に算定）に対する同通達の適用は，次のとおりとなる。

（注）　本件裁決事例における本件敷地権の価額は，最終的な確定額として国税不服審判所による評価通達の定めによらない独自の算定額が相当であると判断されている。

(1) 地積規模の大きな宅地の該当性

次に掲げる 判断基準 から本件敷地権（三大都市圏に所在）が，評価通達20－2（地積規模の大きな宅地の評価）に定める地積規模の大きな宅地に該当するか否かは，資料不足のため不明である。

判断基準

要件		本 件 敷 地 権
①	地積要件（注1）	569.43㎡（注2）（評価対象地の地積） ≧ 500㎡（三大都市圏に所在する場合の地積要件） ∴地積要件を充足
②	区域区分要件	本件敷地権は，東京都新宿区に所在することから市街化調整区域以外に所在 ∴区域区分要件を充足
③	地域区分要件	本件敷地権は，東京都新宿区に所在することから工業専用地域以外に所在 ∴地域区分要件を充足
④	容積率要件	本件敷地権に係る指定容積率は明示されておらず，容積率300％未満（東京都の特別区の場合）に該当するか否かは不明である。
⑤	地区区分要件	本件敷地権は，基礎事実から路線価地域の普通住宅地区に所在 ∴地区区分要件を充足
⑥	判断とその理由	不　明 （上記④の要件を充足していない可能性が考えられる）

（注1）　本件敷地権は，東京都新宿区（三大都市圏）に所在することが確認されている。
（注2）　区分所有財産であるマンションの敷地の持分権の価額は，当該マンションの敷地権が設定されている宅地全体を利用の単位である1画地の宅地として評価する（評価単位の構成物）ものとされていることから，地積基準の判定も当該評価単位に係る地積を対象として行うことになる（区分所有者が有する持分割合を乗じた後の地積で判定するものではないことに留意する）。

(2) 本件土地の価額

　仮に，上記(1)④に掲げる容積率要件を充足しているものとして，新通達適用後の本件敷地権の価額（評価通達の定めによる価額）を算定すると，下表のとおりとなる。

区　　　　　分		本件敷地権 （三大都市圏に所在）
正面路線価	①	860,000円
奥行価格補正率	②	1.00(注1)
1㎡当たりの価額（①×②）	③	860,000円
規模格差補正率	④	0.79(注2)
1㎡当たりの価額（③×④）	⑤	679,400円
地積	⑥	569.43㎡(注2)
評価額（⑤×⑥）	⑦	386,870,742円
敷地権の持分割合	⑧	$\dfrac{7,141}{92,696}$
相続税評価額（⑦×⑧）	⑨	29,803,270円(注3)

（注1）　奥行価格補正率
　　　平成30年1月1日以後は，奥行価格補正率が改正されている（なお，本件敷地権の評価には影響なし）。

（注2）　規模格差補正率
　　$\dfrac{569.43㎡（評価対象地の地積）\times 0.95 + 25}{569.43㎡（評価対象地の地積）} \times 0.8 = 0.795\cdots \ \Rightarrow\ 0.79$ （小数点以下第2位未満切捨て）

（注3）　新通達適用後の価額
　　　上記の計算による新通達適用後の本件敷地権に係る評価通達の定めによる価額（29,803,270円）は，国税不服審判所による評価通達の定めによらない独自の算定額（39,748,953円（ただし，この金額には本件建物の固定資産税評価額6,058,300円が含まれている））に満たないものとなっている。

CASE3

評価単位 地 目	間口距離 奥行距離	側方加算 二方加算	広大地	農地・山林 ・原野
雑種地	貸 家 建付地	借地権 貸宅地	利用価値 の低下地	その他の 評価項目

評価通達に定める広大地に該当するか否かの判定単位と宅地の評価単位との関係が争点とされた事例

事 例

被相続人甲の相続財産には、X市内に存する図表－1及び図表－2に掲げる土地（いずれも、市街化区域内に所在）があり、これらの土地の地積及び相続開始時における利用状況は、それぞれに掲げるとおりである。

図表－1　甲土地及び乙土地の状況

・普通住宅地区
・路線価
　A路線…60千円
　B路線…60千円

区分	地積	相続開始時における利用状況
甲土地	1,201㎡	畑として実際に耕作の用に供用（市街地農地：自用地）
乙土地	543.41㎡	被相続人甲の所有する家屋が存在し、当該家屋は賃貸借契約により賃借人Aに貸付け（宅地：貸家建付地）
（合計）	1,744.41㎡	

図表－2　丙土地の状況

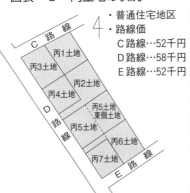

・普通住宅地区
・路線価
　C路線…52千円
　D路線…58千円
　E路線…52千円

区分	地積	相続開始時における利用状況
丙1土地	173.25㎡	被相続人甲が所有する家屋の敷地として利用されていたが、当該家屋は未利用（宅地：自用地）
丙2土地	204.75㎡	被相続人甲の所有する家屋が存在し、当該家屋は賃貸借契約により賃借人Bに貸付け（宅地：貸家建付地）
丙3土地	173.25㎡	被相続人甲の所有する家屋が存在し、当該家屋は賃貸借契約により賃借人Cに貸付け（宅地：貸家建付地）
丙4土地	141.75㎡	被相続人甲は当該宅地を使用貸借契約により借主Dに貸付け（宅地：自用地）

丙5土地・丙5土地東側土地	285.45㎡（合計地積）	丙5土地	被相続人甲は当該宅地を使用貸借契約により借主Eに貸付け（宅地：自用地）
		丙5土地東側土地	被相続人甲は当該宅地を未利用（宅地：自用地）
丙6土地	195.75㎡		被相続人甲の所有する家屋が存在し，当該家屋は賃貸借契約により賃借人Fに貸付け（宅地：貸家建付地）
丙7土地	126.00㎡		被相続人甲の所有する家屋が存在し，当該家屋は賃貸借契約により賃借人Gに貸付け（宅地：貸家建付地）
（合計）	1,300.20㎡		

（注） 図表－2に掲げる「丙1土地」ないし「丙7土地」を併せて，以下，「丙土地」という。

　図表－1及び図表－2に掲げる各土地の評価に当たっては，それぞれ，下記に掲げる理由から，甲土地及び乙土地を一体として1評価単位，また，丙土地をもって1評価単位とし，各1評価単位と判定された土地について評価通達24－4（広大地の評価）の定めを適用したいと考えている。このような考え方の相当性について教示されたい。

理　由　(1)　甲土地及び乙土地

　　　　　　甲土地（農地）と乙土地（宅地）とは地目及び用途（自用地，貸家建付地）が異なるものの同一所有者に帰属する地形的に地続きの土地であり，有効利用（売却，開発等）を想定した場合には甲土地及び乙土地を一体としてプランニングすることが社会通念上では相当と考えられる。

　　　　(2)　丙　土　地

　　　　　　丙土地上に存する家屋は相当の古家であり，たとえ課税時期における丙土地の用途（自用地，貸家建付地）が混在しているとしても，丙土地全体の地目は宅地であり，当該古家を取り壊して丙土地全体を対象として再開発を行うことが最有効利用の概念に合致すると考えられる。

（平22.11.12裁決，熊裁（諸）平22－5，平成18年相続開始分）

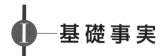

基礎事実

❶　＊＊＊＊は，本件相続により，図表－1に掲げる甲土地（地積1,201㎡）及び乙土地（地積543.41㎡）を取得した。

❷　＊＊＊＊は，本件相続により，図表－2に掲げる丙土地（地積1,300.20㎡）を取得した。

❸　請求人らは，甲土地及び乙土地を一団の土地として，また，丙土地について広大地通達を適用し，さらに，乙土地及び丙土地については，評価通達26（貸家建付地の評価）の定めを適用して申告した。

❹　甲土地及び乙土地並びに丙土地（以下「本件各土地」という。）は，＊＊＊＊の市街化

区域内に所在する。
❺ 本件各土地は，評価通達11（評価の方式）に定める評価通達13（路線価方式）により評価する地域内に所在し，評価通達14-2（地区）に定める普通住宅地区に属している。
❻ 本件各土地の地積及び本件相続開始時における利用状況は，図表-1及び図表-2に掲げるとおりである。
❼ ＊＊＊＊の市街化区域内において，都市計画法4条（定義）12項に規定する開発行為を行うに当たって都市計画法29条（開発行為の許可）に規定する開発許可を受けなければならない開発行為の面積は，1,000㎡以上である。

❶ 甲土地と乙土地を併せて一団の土地として評価通達24-4（広大地の評価）（以下「広大地通達」という）を適用することができるか否か。
❷ 丙土地について広大地通達を適用することができるか否か。
❸ 本件各土地の具体的な相続税評価額はいくらになるのか。

 争点に関する双方（請求人・原処分庁）の主張

争点に関する請求人・原処分庁の主張は，図表-3のとおりである。

図表-3　争点に関する双方の主張

争　点	請求人（納税者）の主張	原処分庁（課税庁）の主張
(1) 甲土地及び乙土地に係る評価単位並びに広大地通達の適用の可否	① 評価通達の適用とその解釈 (イ) 土地の評価の原則からいえば，地目の別・用途の別に評価することは承知しているが，評価方法について特例的な取扱いがある趣旨からすれば，広大地通達は，評価の原則を当てはめることは相当でない。あくまでも「開発行為をするとすれば」ということから判断すべきである。 (ロ) 都市計画法4条（定義）12項に規定する開発行為の申請は地目・用途に関係なく1,000㎡以上であればできることとなっており，開発行為を行うとした場合，一般的には，地目や用途が異なるとしても，同一所有者で地続きであれば当然ながら併せて開発行為を行うはずであるから，このような土地は，地目・用途に関係なく一団の土地としてその面積が1,000㎡以上であれば広大地通達を適用すべきである。 ② 本件への当てはめ 　甲土地は畑で自用地，乙土地は宅地で貸家建付地であるが，各土地は同一所有者で	① 評価通達の適用とその解釈 (イ) 相続財産の評価は，評価通達に定められた評価方式によらないことが正当として是認されるような特別な事情がある場合を除き，課税の公平の観点から，原則として評価通達の評価方式に基づいて行うことが相当である。 (ロ) 評価通達7（土地の評価上の区分）は，土地の価額は原則として，宅地，田，畑，山林等の地目の別に評価する旨定めている。ただし，例外として一体として利用されている一団の土地が2以上の地目からなる場合には，その一団の土地はそのうちの主たる地目からなるものとしてその一団の土地ごとに評価し，また，市街地農地等又は宅地と状況が類似する雑種地が隣接している場合，その形状，地積の大小，位置関係等からみて一団の土地として評価することが合理的と認められる場合には，その一団の土地ごと評価すると定めている。 ② 本件への当てはめ

		地続きの一団の土地であり，面積は併せて1,000㎡以上となるから甲土地及び乙土地を一団の土地として広大地の評価をすべきである。	甲土地は畑で農地として，乙土地は宅地で貸家貸付として利用されており，各々の土地は，地目が相違する区分された土地として利用されていることから，甲土地及び乙土地は，上記評価通達7が例外的に定める複数地目からなる一体として利用されている一団の土地に該当するものとは認められないため，評価上の区分については，甲土地及び乙土地をそれぞれ地目別に区分して評価することが相当である。 　そうすると，甲土地は広大地通達に定める広大地に該当すると認められるため，当該通達を適用することが相当であるが，乙土地は＊＊＊＊（筆者注　土地所在の地方自治体）が定める開発許可を必要としない面積である1,000㎡未満であるから，広大地通達の適用は認められない。
(2)	丙土地に係る評価単位及び広大地通達の適用の可否	丙土地は，1筆の土地上に数戸の古い貸家が並列する土地で貸家建付地及び自用地が混在する土地であるが，開発行為を行うとした場合，土地所有者の意向としては，全ての古い建物を取り壊し，一団の土地として開発行為を行うはずであるから，丙土地を一団の土地として広大地の評価をすべきである。	①　評価通達の適用とその解釈 　評価通達7－2（評価単位）は，宅地の価額は1筆単位で評価するのではなく，利用の単位となっている1画地の宅地ごとに評価する旨定めている。 ②　本件への当てはめ 　(イ)　評価単位の判定 　　丙土地は1筆の宅地であり，7棟の家屋の敷地の用に供されている部分及び空地が混在しているところ，「丙2土地」，「丙3土地」，「丙6土地」及び「丙7土地」については，各借家人が賃借しているそれぞれの家屋の利用範囲で土地の利用が制限されているものと認められるから，それぞれが利用の単位となっている1画地の宅地であると認められる。 　　そして，「丙4土地」及び「丙5土地」については被相続人との間において土地賃貸借契約もなく，地代の授受等の事実も認められないから使用貸借であり，「丙1土地」と同様に自用地と認められ，かつ，その立地状況等からも，「丙5土地」と「丙5土地東側土地」は連続した自用地と認められるから，「丙1土地」，「丙4土地」，「丙5土地と丙5土地東側土地を併せた土地」がそれぞれ利用の単位となっている1画地の宅地とみることが相当である。 　(ロ)　広大地通達の適用について 　　上記より，「丙1土地」，「丙2土地」，「丙3土地」，「丙4土地」，「丙5土地と丙5土地東側土地を併せた土地」，「丙6土地」及び「丙7土地」の各面積は，いずれも＊＊＊＊（筆者注　丙土地所在地の地方自治体）が定める開発許可を必要としない面積である1,000㎡未満である

			から，広大地通達の適用は認められない。
(3)	本件各土地の価額（相続税評価額）について	上記(1)及び(2)より，本件各土地の価額（相続税評価額）は，下記のとおりとなる。 ・甲土地 ┐ ・乙土地 ┘ ……51,662,291円 　　　（一団の土地として評価） ・丙土地……35,502,637円 （注）裁決事例においては，請求人の本件各土地の評価に関する計算過程は示されていない。	上記(1)及び(2)より，本件各土地の価額（相続税評価額）は，下記のとおりとなる。 ・甲土地……38,908,797円 ・乙土地……28,692,048円 ・丙土地……65,099,071円 （注）裁決事例においては，原処分庁の本件各土地の評価に関する計算過程は示されていない。

Ⅳ 国税不服審判所の判断とそのポイント

❶ 甲土地及び乙土地について

(1) 法令解釈

① 評価通達7（土地の評価上の区分）は，土地の評価は地目別にすることを原則とし，ただし，一体として利用されている一団の土地が2以上の地目からなる場合には，その一団の土地は，そのうちの主たる地目からなるものとして，その一団の土地ごとに評価する旨定めている。

　これは，土地の評価の原則である地目の別に評価することに固執すると，大規模な工場用地やゴルフ練習場用地等のように一体として利用されている一団の土地のうちに2以上の地目がある場合には，その一団の土地をそれぞれの地目ごとに区分して評価することになり，これでは一体として利用されていることによる効用が評価額に反映されないために，かえって不合理な結果となる場合が考えられることから，実態に即した評価をするためには，その一団の土地はその主たる地目からなるものとして，その一団の土地ごとに評価する旨定めているとみるのが相当であると解される。

② 広大地通達は，その地域における標準的な宅地の地積に比して著しく地積が広大な宅地で，都市計画法4条（定義）12項に規定する開発行為を行うとした場合に公共公益的施設用地の負担が必要と認められるものについて，減額の補正を行う旨定めている。

(2) 本件への当てはめ

① 評価単位の判定

　本件相続開始時において，甲土地の地目は畑で，乙土地の地目は宅地であり，甲土地と乙土地は地続きであるものの，地目は異なっており，また，甲土地は自用の農地として，乙土地は貸家建付地としてそれぞれが別個に利用されており，一体として利用されていた事実は認められない。

　そうすると，甲土地及び乙土地の評価に当たっては，評価通達7（土地の評価上の区分）のただし書に定める特例的な取扱いを適用する余地はなく，土地の価額は地目の別に評価するという原則を適用して，甲土地及び乙土地はそれぞれ別に評価するのが相当である。

　したがって，甲土地と乙土地を併せて一団の土地として評価することはできない。

② 広大地通達の適用可否

広大地に該当するというためには，評価対象地が当該土地の属する地域において開発行為を行うために各自治体が定める開発許可を要する面積基準以上の宅地であることを要するところ，乙土地の面積は543.41㎡であり，＊＊＊＊（筆者注　乙土地所在の地方自治体）の市街化区域内において開発許可を必要としない面積である1,000㎡未満であることから，乙土地について広大地通達を適用することはできない。

(3) **請求人らの主張について**

　請求人らは，評価の原則からいえば，地目・用途の別に評価することは承知しているが，特例的な取扱いがある趣旨からすれば，広大地通達には評価の原則を当てはめることはできず，あくまでも「開発行為をするとすれば」ということから判断すべきであり，開発行為の申請は地目・用途に関係なく1,000㎡以上であればできることとなっており，開発行為を行うとした場合，地目や用途が異なるとしても同一所有者で地続きであれば，併せて開発行為を行うはずであるから，このような土地は，地目・用途に関係なく1,000㎡以上であれば広大地通達を適用すべきであり，甲土地は畑で自用地，乙土地は宅地で貸家建付地であるが，地続きの一団の土地であるから，甲土地及び乙土地を一団の土地として広大地の評価をすべきである旨主張する。

　しかしながら，一体として利用されている一団の土地が2以上の地目からなる場合においては，当該一団の土地の主たる地目で評価することとなるが，甲土地と乙土地は一体として利用されていたとは認められず，甲土地と乙土地とを併せて一団の土地として広大地通達を適用することができないことは上記(2)で述べたとおりであるから，この点に関する請求人らの主張は採用することができない。

❷　**丙土地について**

(1) **法令解釈**

　評価通達7-2（評価単位）は，宅地の評価単位について，「1画地の宅地」（利用の単位となっている1区画の宅地）を評価単位とする旨定めているところ，「1画地の宅地」とは，その宅地を取得した者がその土地を使用収益，処分することができる利用単位ないし処分単位であって，下記に掲げる区分ごとに区分して，それを1画地の宅地として評価するのが相当と解される。

① 宅地の所有者による自由な使用収益を制約する他者の権利の存否による区分
② 他者の権利が存在する場合には，その種類及び権利者の異なるごとの区分

(2) **本件への当てはめ**

① 評価単位の判定

　(イ)　「丙1土地」は，被相続人所有の家屋が存在するが未利用であるから，1画地の宅地として評価すべきである。

　(ロ)　「丙2土地」，「丙3土地」，「丙6土地」及び「丙7土地」については，被相続人所有の貸家が存在し賃貸されており，借家権者もそれぞれ異なり利用の単位が異なるから，それぞれ1画地の宅地として評価すべきである。

　(ハ)　「丙4土地」は，借主Dと被相続人との間において土地賃貸借契約はなく，地代

CASE3

図表-4　国税不服審判所が認定した本件各土地に係る評価額（相続税評価額）

土地 （利用区分）	相続税評価額	算定根拠
甲土地 （自用地）	38,908,797円	（正面路線価）　　　　　　　　　　（広大地補正率） 60,000円 ×（0.6－0.05×1,201㎡/1,000㎡) 　　　　（地積）　　（評価額） ×1,201㎡＝38,908,797円
乙土地 （貸家建付地）	28,692,048円	（正面路線価）　（※奥行価格補正率） 60,000円 ×　　　1.00　　　＝60,000円 　　　　　　　　（地積）　　（間口距離）　（奥行距離） 　　　［※　543.41㎡÷32.37m＝16.78m 　　　　　奥行距離16.78mの奥行価格補正率　1.00］ 　　　　　（地積）　　（自用地の評価額） 60,000円×543.41㎡＝32,604,600円 　　　　　　　（※貸家建付地割合）　（評価額） 32,604,600円×　　0.88　　＝28,692,048円 　　　　　　　　　　（借地権割合）（借家権割合）（貸家建付地割合） 　　　　　　　　　［※　1－　0.4　×　0.3　＝　0.88　］
丙1土地 （自用地）	9,009,000円	（正面路線価）　（※奥行価格補正率） 52,000円 ×　　　1.00　　　＝52,000円 　　　　　　　　［※奥行距離16.5mの奥行価格補正率　1.00］ 　　　　　（地積）　　（評価額） 52,000円×173.25㎡＝9,009,000円
丙2土地 （貸家建付地）	7,942,334円	（正面路線価）　（※奥行価格補正率） 58,000円 ×　　　1.00　　　＝58,000円 　　　　　　　　［※　奥行距離21.0mの奥行価格補正率　1.00］ 　　　　　（※不整形地補正率） 58,000円×　　　0.76　　　＝44,080円 　　　　　　　　　　　　（不整形地補正率表の補正率）（間口狭小補正率） 　　　　　　　　　　　［※　　　　0.85　　　　　×　　0.90 　　　　　　　　　　　　　（不整形地補正率，小数点第2位未満切捨て） 　　　　　　　　　　　　　＝　　　　0.76　　　　　　　　　　　］ 　　　　　（地積） 44,080円×204.75㎡＝9,025,380円 　　　　　　　（貸家建付地割合）（評価額） 9,025,380円×　　0.88　　＝7,942,334円
丙3土地 （貸家建付地）	9,239,076円	（正面路線価）（※1 奥行価格補正率）　（側方路線価）（※2 奥行価格補正率） 58,000円 ×　　　1.00　　　＋{52,000円 ×　　　1.00 　　　　　　（側方路線影響加算率） ×　　0.05　　}＝60,600円 　　　　　　　　　　　　　　　［※1　奥行距離10.5mの奥行価格補正率　1.00］ 　　　　　　　　　　　　　　　［※2　奥行距離16.5mの奥行価格補正率　1.00］ 　　　　　（地積） 60,600円×173.25㎡＝10,498,950円 　　　　　　　　（貸家建付地割合）（評価額） 10,498,950円×　　0.88　　＝9,239,076円
丙4土地 （自用地）	8,221,500円	（正面路線価）　（※奥行価格補正率） 58,000円 ×　　　1.00　　　＝58,000円 　　　　　　　　［※　奥行距離16.5mの奥行価格補正率　1.00］ 　　　　　（地積）　　（評価額） 58,000円×141.75㎡＝8,221,500円

丙5土地 丙5土地東側土地 （自用地）	16,556,100円	(正面路線価)　（※奥行価格補正率） 　58,000円 ×　　1.00　　＝58,000円 　　　　　　　　　　　　　(地積)　　(間口距離)　(奥行距離) 〔※　　285.45㎡÷ 16.5m ＝ 17.3m 　　　奥行距離17.3mの奥行価格補正率　1.00　〕 　　　　(※地積)　　(評価額) 　58,000円×285.45㎡＝16,556,100円 　　　　　　　(丙土地)　　(丙5土地及び丙5土地東側土地以外の土地) 〔※　1,300.20㎡－　　　　1,014.75㎡　　　　　　＝285.45㎡〕
丙6土地 （貸家建付地）	7,892,953円	(正面路線価)　（※奥行価格補正率） 　58,000円 ×　　1.00　　＝58,000円 〔※　奥行距離19.5mの奥行価格補正率　1.00〕 　　　　　　　　(※不整形地補正率) 　58,000円×　　0.79　　＝45,820円 　　　　　　　　(不整形地補正率表の補正率)　(間口狭小補正率) 〔※　　　　　　　　0.88　　　　×　　0.90 　　　　　(不整形地補正率，小数点第2位未満切捨て) 　＝　　　　　　0.79　　　　　　　　　　　　　　〕 　　　　　　　　　(地積) 　45,820円×195.75㎡＝8,969,265円 　　　　　　　　　(貸家建付地割合)　(評価額) 　8,969,265円×　　　0.88　　　＝7,892,953円
丙7土地 （貸家建付地）	6,238,108円	(正面路線価)　（※奥行価格補正率） 　58,000円 ×　　0.97　　＝56,260円 〔※　奥行距離9.3mの奥行価格補正率　0.97〕 　　　　　　　(地積) 　56,260円×126㎡＝7,088,760円 　　　　　　　　(貸家建付地割合)　(評価額) 　7,088,760円×　　　0.88　　　＝6,238,108円
丙土地合計	65,099,071円	

　　　の授受等の事実も認められないことからすれば，使用貸借により借り受けたものであり，1画地の宅地として評価すべきである。
　(二)　「丙5土地」については，借主Eと被相続人との間において土地賃貸借契約はなく，地代の授受等の事実も認められないことからすれば，使用貸借により借り受けたものであり，「丙5土地東側土地」は未利用の土地で両土地は隣接しておりいずれも自用地であることから，「丙5土地」及び「丙5土地東側土地」を併せて1画地の宅地として評価すべきである。
② 広大地通達の適用可否
　　上記①より，丙土地は，「丙1土地」，「丙2土地」，「丙3土地」，「丙4土地」，「丙5土地と丙5土地東側土地を併せた土地」，「丙6土地」及び「丙7土地」にそれぞれ区分して評価すべきであり，いずれも1,000㎡未満であるから，広大地通達を適用することはできない。
(3)　請求人らの主張について
　　請求人らは，丙土地は1筆の土地上に数戸の古い貸家が並列する土地で貸家建付地及び自用地が混在する土地であるが，これも開発行為を行うとした場合，土地所有者の意向としては全ての古い建物を取り壊し一団の土地として開発行為を行うはずであるから，丙土

地を一団の土地として広大地の評価をすべきである旨主張する。

しかしながら，丙土地は1筆の宅地であるが評価通達7－2（評価単位）に従って評価単位を判断すると，「丙1土地」，「丙2土地」，「丙3土地」，「丙4土地」，「丙5土地と丙5土地東側土地を併せた土地」，「丙6土地」及び「丙7土地」に区分して評価するのが相当であり，その結果，丙土地を一団の土地として広大地通達を適用することができないことは，上記(2)で述べたとおりであるから，この点に関する請求人らの主張は採用することはできない。

❸ 本件各土地の価額（相続税評価額）

上記❶及び❷のとおり，乙土地及び丙土地について広大地通達を適用することはできず，他の評価通達の定めに従って評価することとなり，本件各土地の相続税評価額を計算すると，図表－4のとおり，甲土地は3,890万8,797円，乙土地は2,869万2,048円，丙土地は6,509万9,071円となる。

（注）上記の金額は，図表－3の(3)に掲げる原処分庁（課税庁）の主張額に一致する。

本件裁決事例のキーポイント

❶ 広大地評価における最近の重要論点（広大地の判定単位，評価単位との関係）

評価通達24－4（広大地の評価）の定めでは，広大地とは，下記に掲げる(1)から(3)までの要件の全てを充足している宅地をいうものとされている。

(1) その地域における標準的な宅地の地積に比して，著しく地積が広大な宅地であること
(2) 都市計画法4条（定義）12項に規定する開発行為を行うとした場合に公共公益的施設用地の負担が必要と認められること
(3) 下記①又は②に掲げる広大地に該当しない適用除外地以外のものであること
  ① 評価通達22－2（大規模工場用地）に定める大規模工場用地に該当するもの
  ② 中高層の集合住宅等の敷地用地に適しているもの（その宅地について，経済的に最も合理的であると認められる開発行為が中高層の集合住宅等を建築することを目的とするものであると認められるものをいう）

そうすると，広大地の定義は上記のとおり定められているが，次に議論されるべき事項として，評価対象地が評価通達に定める広大地に該当するか否かを判定するに当たって，㈳当該判定単位をどのように求めるのか，㈺当該判定単位は評価通達に定める評価単位と一致させる必要性があるのかという論点があり，この点については評価通達及び資産評価企画官情報等においてこれを明確化した定めは設けられていない。

本件裁決事例において紹介したとおり，実務における広大地評価において納税者と課税庁の主張が異なり争点化される事例が増加していると聞いている。

上記に掲げる論点に対する考え方としては，下記❷及び❸に掲げる二つの考え方があり，その内容を順次検討してみることにする。

❷ 考え方1（財産評価基準制度における取扱いを重視する考え方）

上記❶で摘示したとおり，評価対象地が評価通達に定める広大地に該当するか否かを判定するための判定単位に関する定めは評価通達に設けられていない。一方，評価通達7（土地の評価上の区分）及び同7-2（評価単位）においては評価対象地である土地の評価単位について図表-5のとおり（主要項目のみ記載）に定めている。

　そうすると，広大地の評価方法の定め自体が評価通達の取扱いであることから，その定め（広大地の評価）の適用対象とされるか否かの判定に当たって，その判定単位を確定させる必要がある場合に，当該判定単位に関して格別の定めを設けていないときには，その解釈（判定単位の認識）は同じく評価通達（これが評価通達7（土地の評価上の区分）及び同7-2（評価単位））に求めるべきであり，そのように解釈することが財産評価基準制度（相続税等における財産の評価は，評価通達の定めに基づいて一律に評価すべきであるとする取扱い）の趣旨からも相当であるという考え方である。本件裁決事例における原処分庁（課税庁）の主張及び国税不服審判所の判断は，この考え方に立脚するものである。

　換言すれば，相続税等における広大地の評価実務においては課税予測性を第一義とすると，「評価通達に定める広大地に該当するか否かの判定単位＝評価通達に定める土地（宅地）の評価単位」という関係式が成立していることに留意する必要がある。

❸ 考え方2（広大地評価の根本的概念（土地の最有効使用の原則）を重視する考え方）

　上記❶でその定義を確認した評価通達24-4（広大地の評価）に定める広大地は，その評価過程に関して非常に色濃く不動産鑑定における不動産鑑定理論の影響を受けているといわれている。その例として，上記❶(3)②に掲げるとおり，いわゆる「マンション適地」

図表-5　土地の評価単位

評価通達の番号	土地の評価単位の考え方	
評価通達7 （土地の評価 上の区分）	原則的 取扱い	土地は，原則として，下記に掲げる9区分の地目別に評価する。 (1)宅地，(2)田，(3)畑，(4)山林，(5)原野，(6)牧場，(7)池沼，(8)鉱泉地，(9)雑種地
	特例的 取扱い	一体として利用されている一団の土地が2以上の地目からなる場合には，その一団の土地は，そのうちの主たる地目からなるものとして，その一団の土地ごとに評価する。
評価通達7-2 （評価単位）	評価通達7-2では，同7の 原則的取扱い に基づいて判定された9区分の各地目について，さらに一定の基準に従って細分化して評価単位を確定させることを定めている。例として，宅地の評価単位を判定する場合の基本的な考え方を掲げると下記のとおりとなる。 (1)　宅地の価額は，1画地の宅地ごとに評価する。 (2)　「1画地の宅地」とは，利用の単位となっている1区画の宅地をいう。 (3)　「利用の単位」の判定に当たっては，原則として下記に掲げる基準による。 　①　自己（所有者）の自由な使用収益権が確保されているか否か。 　②　何らかの権利の目的となっている宅地で所有者の自由な使用収益権に制約が付されているか否か。 　③　上記②に該当する場合には，さらにその制約の対象となる単位はどこまでであるのか。 (4)　相続，遺贈又は贈与により取得した宅地については，原則として(注)，その取得した宅地ごとに判定する。 　（注）「原則として」とあるのは，不合理分割に該当する場合を除くという意味である。	

が広大地に該当しないものとされているところ，マンション適地の意義として，「その宅地について，経済的に最も合理的であると認められる開発行為が中高層の集合住宅等を建築することを目的とするもの」とされており，真にこの____部分は，不動産鑑定理論として体系化された不動産鑑定評価基準中の諸原則のうちの一つである「最有効使用の原則」に立脚して判断することが求められているものと考えられる。

> 資　料　不動産鑑定評価基準に規定する最有効使用の原則
> 　不動産の価格は，その不動産の効用が最高度に発揮される可能性に最も富む使用（最有効使用）を前提として把握される価格を標準として形成される。この場合の最有効使用は，現実の社会経済情勢の下で客観的にみて，良識と通常の使用能力を持つ人による合理的かつ合法的な最高最善の使用方法に基づくものである。
> 　なお，ある不動産についての現実の使用方法は，必ずしも最有効使用に基づいているものではなく，不合理な又は個人的な事情による使用方法のために，当該不動産が十分な効用を発揮していない場合があることに留意すべきである。

　そうすると，本件裁決事例における 甲土地及び乙土地の事例 （自用の市街地農地と貸家建付地で双方の地目は異なるものの同一承継者（相続取得）で地続きである場合）， 丙土地の事例 （1筆の宅地のうちに自用地と貸家建付地が存在し利用の単位は異なるものの同一承継者（相続取得）で地続きである場合）に対して，本来的には，不動産鑑定評価基準に規定する最有効使用の原則の観点から広大地に該当するか否かの判断が行われるべきことになる。すなわち，地目及び利用単位に関係なく地続き（隣接）である土地に対しては，最有効使用の原則の観点から行われる開発行為がいかなるものであるべきかによって判断（その結果，上記❶に掲げる定義を充足すれば評価通達に定める広大地に該当）されるべきであるという考え方である。本件裁決事例では容認されなかったが，請求人（納税者）の主張は，この考え方に立脚するものである。

　換言すれば，相続税等における広大地の評価実務であったとしても，広大地評価の特殊性（不動産鑑定理論への依拠等）を考慮した場合には，「評価通達に定める広大地に該当するか否かの判定単位＝不動産鑑定基準に係る最有効使用の原則から判断された判定単位」という関係式の正当性について真摯な議論が求められているといえる。

　なお，上記❷に掲げる「考え方1」による実務処理では，下記❹に掲げるような事例について一般的な納税者の理解を得ることは相当に困難であると考えられる。

❹　評価通達に定める広大地に該当するか否か比較検討しておきたい事例

　上記❷で確認したとおり，現行の評価実務においては財産評価基準制度における取扱い（広大地の判定単位＝土地（宅地）の評価単位）による処理が求められている。そうすると，下記に掲げる各事例の取扱いは，その若干の差異により最終結果（広大地評価の可否）が異なることとなり，そのような結論に社会通念としての理解，そして結果としての相続税法22条（評価の原則）に規定する時価評価が担保されているか否か検討が加えられるべ

事例1 市街地農地を相続開始時までに地目変更するか否かで生じる差異

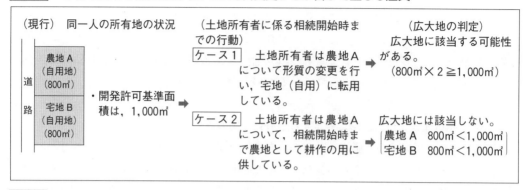

事例2 宅地（空閑地である未利用地）の一部のどの場所に貸家を建築するかで生じる差異

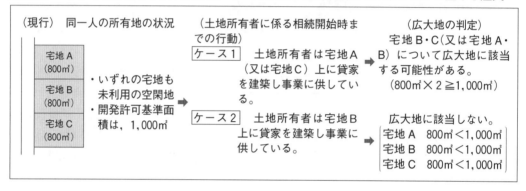

きものであろう。

なお，上記の 事例1 の検討に当たって，「土地所有者に係る相続開始時までに農地Bを宅地に転用した場合（ ケース1 ）と農地のままである場合（ ケース2 ）で結果が異なるのは当然である。その理由として，財産の評価は課税時期（相続開始時）の現況によるからである」とする指摘が想起されるかもしれない。

しかしながら，不動産鑑定評価基準に示されている「最有効使用の原則」は対象不動産の現状にかかわらず，当該不動産から得られる便益の極大化を想定した使用方法を想定しているものであり，また，この点に関しては評価通達24－4（広大地の評価）において，「開発行為を行うとした場合に」という表現が用いられており，例えば相続開始時又は相続税の申告期限において実際に開発行為が行われている場合を要件としているものではないことを明記している。そうすると，上掲の指摘はその相当性を保持しているとは考え難いことを付言しておきたい。

Ⅵ 参考事項等

❶ 参考法令通達等

・相続税法22条（評価の原則）

・評価通達7（土地の評価上の区分）
・評価通達7－2（評価単位）
・評価通達24－4（広大地の評価）（筆者注 平成29年12月31日をもって廃止）
・都市計画法4条（定義）12項
・都市計画法29条（開発行為の許可）
・不動産鑑定評価基準総論第4章（不動産の価格に関する諸原則），Ⅳに定める最有効使用の原則

❷ 類似判例・裁決事例の確認

　広大地に該当するか否かの判定単位と評価通達7，同7－2に定める土地（宅地）の評価単位との関係が争点とされた裁決事例として下記のものがある。いずれの裁決事例においても本件裁決事例と同様に広大地に該当するか否かの判定単位は，評価通達に定める土地（宅地）の評価単位に一致するとの判断がされている。なお，これらの裁決はすでに紹介済みであるので本稿では掲載書を示しておくことに留めておく。

(1) 国税不服審判所裁決事例（平成20年12月19日裁決，大裁（諸）平20－37，平成16年相続開始分）　➡『難解事例から探る財産評価のキーポイント』（第1集） **CASE26**

(2) 国税不服審判所裁決事例（平成21年8月26日裁決，東裁（諸）平21－12，平成18年相続開始分）　➡『難解事例から探る財産評価のキーポイント』（第1集） **CASE27**

追補　地積規模の大きな宅地の評価について

　本件裁決事例に係る相続開始年分は，平成18年である。もし仮に，当該相続開始日が，平成30年１月１日以後である場合（評価通達20－２（地積規模の大きな宅地の評価）の新設等の改正が行われた。以下「新通達適用後」という）としたときの甲土地，乙土地及び丙土地（丙土地は，７評価単位に区分される）に対する同通達の適用は，次のとおりとなる。

(1) 地積規模の大きな宅地の該当性

① 甲土地について

　次に掲げる 判断基準 から甲土地（三大都市圏以外に所在）は，評価通達20－２（地積規模の大きな宅地の評価）に定める地積規模の大きな宅地に該当する。

判断基準

要件	甲土地（三大都市圏以外に所在）
① 地積要件(注)	1,201㎡（評価対象地の地積） ≧ 1,000㎡（三大都市圏以外に所在する場合の地積要件） ∴地積要件を充足
② 区域区分要件	甲土地は，基礎事実から市街化区域（市街化調整区域以外）に所在 ∴区域区分要件を充足
③ 地域区分要件	甲土地に係る地域区分は明示されていないが，基礎事実から判断すると，工業専用地域以外に所在するものと推定される。 ∴地域区分要件を充足
④ 容積率要件	甲土地に係る指定容積率は明示されていないが，事例から判断すると，指定容積率400％未満（東京都の特別区以外の場合）に該当するものと推定される。 ∴容積率要件を充足
⑤ 地区区分要件	甲土地は，基礎事実から路線価地域の普通住宅地区に所在 ∴地区区分要件を充足
⑥ 判断とその理由	該　当 （上記①ないし⑤の要件を充足）

　（注）　甲土地は，三大都市圏以外に所在することが確認されている。

② 乙土地及び丙土地（丙１土地ないし丙７土地に係る７評価単位の土地）について

　乙土地及び丙１土地ないし丙７土地の各土地については，少なくとも地積要件を充足しておらず（各土地は，いずれも地積が1,000㎡（三大都市圏以外に所在する場合の地積要件(注)）未満であることから，評価通達20－２（地積規模の大きな宅地の評価）に定める地積規模の大きな宅地には該当しない。

　（注）　乙土地及び丙１土地ないし丙７土地は，三大都市圏以外に所在することが確認されている。

(2) 甲土地の規模格差補正率の算定

本件裁決事例では、甲土地の価額の計算に必要な奥行価格補正率等の数値資料が不明であるため、新通達適用後の価額（相続税評価額）を算定することはできない。そこで、参考までに規模格差補正率を求めると、次のとおりとなる。

$$\frac{1,201\text{m}^2（評価対象地の地積）\times 0.90 + 100}{1,201\text{m}^2（評価対象地の地積）} \times 0.8 = 0.786\cdots \Rightarrow 0.78 \begin{pmatrix} 小数点以下第2 \\ 位未満切捨て \end{pmatrix}$$

CASE4

評価単位 地目	間口距離 奥行距離	側方加算 二方加算	広大地	農地・山林 ・原野
雑種地	貸家 建付地	借地権 貸宅地	利用価値 の低下地	その他の 評価項目

国外財産（外国政府所有地に許可を得て設定した土地の使用権）の評価方法が争点とされた事例

事例

　受贈者である子は，本年6月に父からA国B区所在の法人（X社）への出資の贈与を受けた。X社は，同国に関連会社（Y社及びZ社）があり，これらの関連会社の株式を純資産価額方式（相続税評価額によって計算した金額）によって算定しようとしている。これらの関連会社には，A国C市に所在する土地使用権の価額が貸借対照表に計上されている。このような国外財産（外国政府所有地に許可を得て設定した土地の使用権）の評価はどのように行えばよいのか。教示されたい。

図表－1

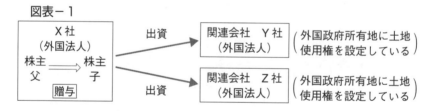

（平20.12.1裁決，名裁（諸）平20－35，平成18年贈与分）

 基礎事実

❶　受贈者（以下「請求人」という）は，平成18年6月16日，請求人の父である贈与者からA国B区（以下「B区」という）に所在するX社への出資＊＊＊＊口（以下「本件出資」という）の贈与を受けた（以下，本件出資の贈与を受けた平成18年6月16日を「本件受贈日」という）。

❷　X社関係

(イ)　X社は，＊＊＊＊を主な事業目的としたW社のグループ企業で，非上場の法人である。

(ロ) X社が出資しているY社及びZ社（以下，Y社及びZ社を併せて「本件各関連会社」という）は，いずれもA国C市所在のW社のグループ企業であり，非上場の法人である。

❸ 本件各関連会社の邦貨換算した貸借対照表

本件各関連会社の本件受贈日の直前に終了した事業年度（以下，「本件直前期」といい，本件直前期の末日を「本件直前期末」という）である2004年（平成16年）10月1日から2005年（平成17年）9月30日までの事業年度の貸借対照表に記載された金額を本件受贈日におけるD銀行のA国通貨参考相場（TTB）1A国通貨当たりの金額＊＊＊＊円により邦貨換算すると，Y社の貸借対照表の土地使用権勘定に1億2,157万4,876円，Z社の貸借対照表の土地使用権勘定に2億7,351万3,488円（以下，両社の各土地使用権を併せて「本件土地使用権」という）となる。

❹ 請求人とX社及び本件各関連会社の関係

請求人は，本件受贈日において，法人税法2条（定義）10号に規定する同族会社であるX社及び本件各関連会社の同族関係を判定する上での基礎となる株主であり，評価通達188（同族株主以外の株主等が取得した株式）に定める同族株主に当たる。

II 争　　点

本件土地使用権に財産価値は認められるのか。また仮に，評価の必要性があるとした場合には，具体的な相続税評価額はいくらになるのか。

III 争点に関する双方（請求人・原処分庁）の主張

争点に関する請求人・原処分庁の主張は，図表－2のとおりである。

IV 国税不服審判所の判断とそのポイント

❶ 認定事実

(1) 本件土地使用権に係る不動産権利証の記載内容

本件土地使用権に係る不動産権利証であるC市不動産権利証には，「土地＊＊法，都市＊＊法，C市＊＊条例等の関連法律，法規の規定に基づき，土地使用権者及び建物所有権者の合法的な権益を保護するため，権利人による土地並びに構築物及びその付帯物の登記申請を受け，審査及び予備登記を経て，本証を発行するものである。本証は国有地上に存在する不動産権利を証するものである」旨記載されている。

(2) 本件土地使用権の設定内容

① Y社の土地使用権

(イ) 地　　　目……工業用地

図表－2　争点に関する双方の主張

争点	請求人（納税者）の主張	原処分庁（課税庁）の主張
(1) 本件土地使用権の財産価値の有無	下記に掲げる事項から，本件土地使用権の財産価値はないものと認められる。 ① 本件土地使用権がA国政府による開発や整理に遭遇した場合，A国においては，日本における借地借家法のような借地人を保護する法律が存在しないため，A国政府から補償を得ることなく即日退去ということがある。 ② 本件土地使用権取得のために支払った費用については，土地の使用期限の中途で返還した場合においても，その使用期間に応じて返還されるものではない。 ③ 本件建物（筆者注 本件土地使用権上に存する建物と推定される）には，固定資産税評価額がない。	下記に掲げる事項から，本件土地使用権の財産価値はあるものと認められる。 ① 本件土地使用権は，現に存しており，A国政府から退去を命じられた事実は認められず，仮にA国政府から退去を命じられたとしても土地使用権が回収される場合には，相応の補償金が支払われる。 ② A国における土地使用権は，有償若しくは無償で取得する一定期間その土地を使用するために認められた権利であり，その譲渡，賃貸借及び抵当権の設定も可能である。
(2) 本件土地使用権の具体的な相続税評価額	上記(1)より，本件土地使用権の相続税評価額は，0円である。	上記(1)より，本件土地使用権の相続税評価額は，本件各関連会社の帳簿価額に基づき計算された下記に掲げる金額によるべきである。 Y社の土地使用権の価額……121,574,876円 Z社の土地使用権の価額……273,513,488円 （合　計）　　　395,088,364円

　(ロ)　地　　　番……＊＊区＊＊町＊丁目＊番地

　(ハ)　面　　　積……＊＊＊＊m²

　(ニ)　使 用 期 間……2003年（平成15年）1月7日から2053年（平成65年）1月6日

　(ホ)　登記年月日……2005年（平成17年）2月1日

②　Z社の土地使用権

　(イ)　地　　　目……工業用地

　(ロ)　地　　　番……＊＊区＊＊町＊丁目＊番地

　(ハ)　面　　　積……＊＊＊＊m²

　(ニ)　使 用 期 間……2005年（平成17年）9月6日から2055年（平成67年）9月5日

　(ホ)　登記年月日……2005年（平成17年）10月25日

(3)　本件土地使用権の金額の内容

①　Y社の土地使用権

　Y社の2005年（平成17年）12月期の財務諸表の注記事項には，土地使用権の金額は2003年（平成15年）から均等償却する旨記載され，2005年（平成17年）に償却計算が行われていることによれば，Y社の貸借対照表に記載された土地使用権の金額1億2,157万4,876円は，当該土地使用権の取得価額を基に使用期間の経過とともに減価したものとして計上された2005年（平成17年）12月期末の金額である。

②　Z社の土地使用権

　Z社の2005年（平成17年）12月期の財務諸表の注記事項には，土地使用権の金額は実際

発生原価により計上し，取得した月から償却期間内に均等償却する旨記載されているものの，2005年（平成17年）は償却計算が行われていないことによれば，Z社の貸借対照表に記載された土地使用権の金額2億7,351万3,488円は，C市不動産権利証に当該土地使用権の使用期間の始期として記載された2005年（平成17年）9月6日から間もないために減価しなかったものとして計上された2005年（平成17年）12月期末の金額である。

なお，Z社は，当該土地使用権を本件受贈日前3年以内に取得している。

❷ 法令解釈等

● 評価通達5－2の定めの相当性

評価通達5－2（国外財産の評価）は，下記のとおり定めており，この取扱いは国外財産の評価について評価に際して参考となる資料の入手が困難な場合が多いことから，評価通達に準じた方法として，一般的に取得時におけるその財産の時価を表しているとみることができる取得価額等に基づき時点修正をして求めた金額により評価できるとするもので，あらかじめ定められた評価方法によりこれを画一的に評価することが，納税者間の公平，納税者の便宜，徴税費用の節減という見地から合理的であるという理由に基づくことの趣旨に沿ったものであり，審判所においても相当と認められる。

> 資料　評価通達5－2（国外財産の評価）
> 国外にある財産の価額についても，この通達に定める評価方法により評価することに留意する。なお，この通達の定めによって評価することができない財産については，この通達に定める評価方法に準じて，又は売買実例価額，精通者意見価格等を参酌して評価するものとする。
> （注）　この通達の定めによって評価することができない財産については，課税上弊害がない限り，その財産の取得価額を基にその財産が所在する地域若しくは国におけるその財産と同一種類の財産の一般的な価格動向に基づき時点修正して求めた価額又は課税時期後にその財産を譲渡した場合における譲渡価額を基に課税時期現在の価額として算出した価額により評価することができる。

❸ 本件土地使用権の相続税評価額の計算等

(1) 本件土地使用権の財産価値の有無

本件土地使用権は，上記❶(1)のC市不動産権利証の記載によれば，＊＊＊＊年（平成＊＊年）＊月＊日にA国で施行された土地＊＊法及び＊＊＊＊年（平成＊＊年）＊月＊日にA国で施行された都市＊＊法の規定に基づき，Y社及びZ社の権益を保護するため登記されたものと認められる。

そして，土地＊＊法＊条は，法に従って登記された土地使用権は，法律の保護を受ける侵害できない権利である旨規定し，また，都市＊＊法＊条は，土地使用者が土地使用権の上に存する不動産を譲渡し，抵当に供する場合は，当該土地使用権を同時に譲渡し，又は抵当に供する旨規定していることからすれば，本件土地使用権は，譲渡及び抵当権の設定

が可能な財産であると認められ，また，上記❶(2)のとおり，Ｙ社及びＺ社により工業用地として現に有効に利用されている。

したがって，本件土地使用権は財産価値があると認められる。

(2) 本件土地使用権の相続税評価額

本件土地使用権の相続税評価額について検討すると，次のとおりである。

① Ｙ社の土地使用権

土地の上に存する権利の評価方法である評価通達27（借地権の評価）又は同通達27－2（定期借地権等の評価）は，いずれもその権利が設定されている土地の自用地の価額を基に評価する旨定めているものの，Ｙ社の土地使用権に係る自用地の価額を明らかにすることができないから，これらによることができず，さらに，土地使用権に係る売買実例価額，精通者意見価格等についても明らかにすることができないので，上記❷により，当該土地使用権の取得価額を基にＡ国における土地使用権の価格動向に基づき時点修正して求めた価額により評価することとなる。

しかしながら，Ａ国における土地使用権の価格動向については把握することができないことから，上記❷に掲げる評価通達5－2（国外財産の評価）の注書により，Ｙ社の土地使用権の相続税評価額は，その取得時における時価を表していると認められる取得価額を基に時点修正して求めた金額，すなわち使用期間に応じて減価させた金額によることが相当である。

Ｙ社の本件直前期末の貸借対照表に記載された土地使用権の金額は，上記❶(3)①のとおり，その取得価額を基に使用期間に応ずる減価を反映したものとなっており，加えて，本件直前期末日から本件受贈日までの間は6か月に満たないことから，Ｙ社の本件直前期末の貸借対照表に記載された土地使用権の金額を本件受贈日における相続税評価額とみても，これを不合理とする特段の事情は認められない。

そうすると，Ｙ社の土地使用権の相続税評価額は，1億2,157万4,876円である。

② Ｚ社の土地使用権

上記❶(3)②のとおり，Ｚ社が土地使用権を本件受贈日前3年以内に取得しているので，Ｚ社の土地使用権は，評価通達185（純資産価額）のかっこ書の定めにより，本件受贈日における通常の取引価額に相当する金額により評価することとなる。

しかしながら，本件受贈日におけるＺ社の土地使用権の通常の取引価額に相当する金額については把握することができないことから，当該土地使用権の相続税評価額は，その取得時における時価を表していると認められる取得価額を使用期間に応じて減価させた金額によることが相当である。

Ｚ社の本件直前期末の貸借対照表に記載された土地使用権の金額は，上記❶(3)②のとおり，Ｃ市不動産権利証に記載された当該土地使用権の使用期間の始期から間もないため取得価額が減価しないものとして計上された本件直前期末の金額であり，加えて，本件直前期末から本件受贈日までの間は6か月に満たないことから，Ｚ社の本件直前期末の貸借対照表に記載された土地使用権の金額を本件受贈日における通常の取引価額に相当する金額

とみても，これを不合理とする特段の事情は認められない。

そうすると，Z社の土地使用権の相続税評価額は，2億7,351万3,488円である。

③ 以上によれば，本件土地使用権の相続税評価額は，上記①及び②の合計額3億9,508万8,364円となる。

（筆者注 この国税不服審判所による判断額は，前掲図表－2の(2)に掲げる原処分庁の主張額と一致している）

❹ 請求人の主張について

請求人は，本件土地使用権がA国政府による開発や整理に遭遇した場合，A国においては，日本における借地借家法のような借地人を保護する法律が存在しないため，A国政府から補償を得ることなく即日退去ということがあること等から，本件土地使用権の相続税評価額は零円である旨を主張する。

しかしながら，都市＊＊法＊条は，国（A国）が社会公共利益の必要に基づき土地使用権を期限前に回収した場合は，土地使用者が土地を使用した実際の年限及び土地開発の実情に基づき，相応する補償を与えることができると規定していることから，法令上，本件土地使用権が，国（A国）により退去を命じられる等により期限前に回収される場合には，国（A国）から本件土地使用権及びその上に存する建物等について相応の補償がなされるものと認められる。

また，多くの既存の物権法秩序に関する制度を確認し集約するものとして＊＊＊＊年（平成＊＊年）＊月＊日にA国で施行された物権法が，土地使用権を建設用地使用権と命名した上で，譲渡，交換，出資，贈与及び抵当権の設定が可能な財産である旨規定するとともに，建設用地使用権の使用期間が満了する前に，公共の利益のために当該土地を引き上げる場合，当該土地の上に存する家屋及びその他の不動産に対して補償を与えなければならない旨規定していることからすると，本件土地使用権の性格は，本件受贈日及びその後においても変わっていないと認めるのが相当である。

そして，投資が，国内外にかかわらず将来における財産価値減少の危険や財産価値増加の期待等種々の要素を検討した上でなされるものであることからすれば，財産価値減少の危険という一面のみをもって，当該法人が有する資産の相続税評価額が零円であると認めることはできない。

本件裁決事例のキーポイント

❶ 評価通達に定める国外財産の評価方法

上記❹❷に掲げるとおり，評価通達5－2（国外財産の評価）において国外財産の評価方法が定められている（当該通達は，日本社会の国際化に対応するものとして今後，国外財産の評価事例が増加することが想定されるために平成12年に新設されたものである）。当該通達の内容をまとめると，図表－3のとおりとなる。

国外財産の評価方法について，評価通達では上記のとおりに区分されているが，上記

図表－3　評価通達5－2（国外財産の評価）の概要

区　　分	評価通達に定める国外財産の評価方法
(1)　原則的な取扱い	・評価通達に定める評価方法により評価する。
(2)　上記(1)により難い場合の取扱い	・下記に掲げるいずれかの評価方法により評価する。 ① 評価通達に定める評価方法に準じて評価 ② 売買実例価額，精通者意見価格等を参酌して評価 ③ 課税上弊害がない限り，その財産の取得価額又は譲渡価額を基に時点修正して求めた価額で評価

Ⅳ ❸(2)に掲げるとおり，本件裁決事例における本件土地使用権の相続税評価額の判断では，下記に掲げる事項が指摘されている。

(1) 土地使用権に係る自用地の価額（筆者注　公的な指標数値としての価額）を明らかにすることはできないこと

(2) 土地使用権に係る売買実例価額，精通者意見価格等についても明らかにすることができないこと

(3) 土地使用権の取得価額を土地使用権の価格動向に基づき時点修正して求めた価額により評価する方法は，当該価格動向についての把握ができないことから採用できないこと

(4) 土地使用権の取得時における時価を表していると認められる取得価額を基に時点修正して求めた金額によることが相当であること

そうすると，課税実務上の取扱いとして国外財産については，課税上の弊害がないこと（この点については，下記❸を参照）を担保条件として本件裁決事例においてその判断が支持されている取得価額を基に時点修正して評価する方法が多用されるものと考えられる。国外財産の評価方法について，このような取得価額を基にした納税義務者等の便宜に配慮した簡便的な評価方法が認められることとされた理由は，おおむね，次のとおりであると考えられる。

(1) 国外財産については，評価に際して参考となる資料の入手が困難な場合が一般的であると考えられること

　　（注）　相続財産である土地等を評価するために，日本のような路線価制度が採用されている国はないものと考えられる。

(2) 一般的に，取得価額は，取得時におけるその財産の時価を表明していると推定されること

(3) 一般的に，取得に関する資料（売買契約書等）は納税義務者等が保管しているものと考えられ，これを評価の基礎資料とすることにより，評価の簡便性の原則にも寄与すると考えられること

❷　質疑応答事例に掲げる国外所在土地の評価方法

平成24年1月に課税庁から新たに公開された質疑応答事例（国外財産の評価－土地の場合）において，「国外に所在する土地は，どのように評価するのでしょうか」（照会要旨）に対して，回答要旨として，「土地については，原則として，売買実例価額，地価の公示制度に基づく価格及び鑑定評価額等を参酌して評価します」とし，また，その（注）とし

て，下記に掲げる記述がなされており，上記❶に掲げる取扱いを裏付けるものとして注目されるべきものである。

> (1) 課税上弊害がない限り，取得価額又は譲渡価額に，時点修正するための合理的な価額変動率を乗じて評価することができます。この場合の合理的な価額変動率は，公表されている諸外国における不動産に関する統計指標等を参考に求めることができます。
> (2) 例えば，韓国では「不動産価格公示及び鑑定評価に関する法律」が定められ，標準地公示価格が公示されています。

❸ 課税上の弊害があると認められる場合

評価通達の定めによって評価することができない国外財産（国外に所在する土地は，一般的にこれに該当するものと考えられる）については，上記❶及び❷に掲げるとおり，課税上の弊害がない限り，当該国外財産の取得価額等を時点修正して評価する簡便的な評価方法が認められている。ただし，当該評価方法が認められる前提として，課税上の弊害がないことが要件とされている。

この課税上の弊害の有無に関しては，個別の各事例ごとに判定することになるものと考えられるが，例えば，次に掲げるような場合に該当するときには，課税上の弊害があるものとして取得価額等を時点修正して評価することは認められないものと考えられる。

(1) 国外財産の取得価額や譲渡価額が，例えば，次に掲げるような事例である等，当該取得や譲渡の時におけるその財産の適正な時価（客観的な交換価値）と認められない場合
  ① 当該国外財産を親族等の特殊関係者から低額で譲り受けた事例
  ② 債務の返済又は緊急的な資金調達の必要性等のために売り急ぎがあったことにより，通常の取引価額（客観的な交換価値：仲値）より低額で譲渡した事例
(2) 国外財産の取得価額や譲渡価額を時点修正するための合理的な価額変動率が存しない場合

❹ その他（国外における課税価格算入額をもって評価額とすることの可否）

本件裁決事例における本件土地使用権の評価とは無関係であるが，例えば，無制限納税義務者（居住無制限納税義務者・非居住無制限納税義務者）が相続等により取得した国外財産（土地）については，我が国の相続税（贈与税）以外にも土地所在地国（当事国）の法令に基づいて相続税（贈与税）に相当する租税が課税される場合がある。その際に，当該当事国において相続税等の課税価格に算入された価額をもって，そのまま我が国の当該財産に対する相続税評価額の決定額として利用することが可能であるか否かという論点が生じる。

上記の論点に関しては，当該国外財産の所在国における現地の法令に基づく相続税等に相当する税の課税価格の計算の基礎に算入される財産の価額と我が国の相続税法22条（評価の原則）に規定する財産の評価原則（時価による評価）との関係において定められるも

図表－4　国外財産の価額（時価）と相続税等の課税価格算入額との関係

区　　　分	外国での課税価格算入額と相続税法22条との関係
(1) 当該国外財産の所在地国において我が国の相続税等に相当する税の課税価格の計算の基礎に算入される財産の価額（以下「外国課税価格計算基礎算入額」という）が，当該所在地国における当該財産の価額（時価）と同一である場合	当該国外財産の所在地国と我が国における相続税等の財産評価に係る認識水準が一致しているため，外国課税価格計算基礎算入額をもって，我が国における相続税等に係る国外財産の評価額とすることが可能であると考えられる。
(2) 上記(1)以外の場合 例えば，外国課税価格計算基礎算入額が当該財産所在地国における当該財産の価額（時価）に一定の割合を乗じることにより算出されるものとされ，両者が同一でない場合	当該国外財産の所在地国と我が国における財産評価に係る認識水準が不一致であるため，外国課税価格計算基礎算入額をもって，我が国における相続税等に係る国外財産の評価額とすることは不合理であり認められないものと考えられる。

のであり，これを表示すると図表－4のとおりとなる。

図表－4の(2)の例示として，仮に，P国の相続税の課税制度では相続税の課税価格に算入されるべき金額は，同国の法令で居住用不動産については当該不動産の価額（時価）の40％相当額とする（下記算式を参照）特例制度が設けられていたとする。

（算　式）

P国で選任した不動産鑑定士による適正な鑑定評価額（公正市場価値）×40％＝P国における相続税の課税価格算入額

そうすると，P国に所在する居住用不動産の外国課税計算基礎算入額は，同国における居住用不動産の適正な評価額（時価）を示したものでないと認められ，これをそのまま我が国の財産評価基準制度としての国外財産の相続税評価額に採用することは不合理であると考えられる。

したがって，上記の例示の場合には，上記算式における40％の割合を乗じる前の価額（P国の不動産鑑定評価額（公正市場価値））をもって，評価通達5－2（国外財産の評価）に定める国外財産の相続税評価額とすることが相当であると考えられる。

❺　国外財産（取引相場のない株式）の評価

本件裁決事例について，本稿では，本件土地使用権（国外財産）の評価方法を取り上げた。しかしながら，本件裁決事例でその課税処分の適否が争点とされたのは，本件土地使用権を財産として所有する取引相場のない株式（国外財産）の評価方法である。この国外財産である取引相場のない株式の評価についても評価通達5－2（国外財産の評価）の定めが適用されることになるが，具体的にはその評価方法として，図表－3の(2)①に掲げる評価通達に定める評価方法に準じて評価する方法によらざるを得ない（図表－3に掲げる他の評価方法を採用することは不可能又は技術的観点から困難）と考えられる。

本件裁決事例では，この国外財産である取引相場のない株式について，評価実務上の先例となるべき何点かの判断が国税不服審判所より示されている。また，これに関連して新たに質疑応答事例も公開されている。次にこれらの点を確認しておきたい。

(1) 評価方法（類似業種比準価額方式の採用）

① 国税不服審判所の判断

　国税不服審判所の判断では，「相続税法22条に規定する時価を評価通達の定めにより評価することは相当と認められるので，評価通達により本件出資（筆者注 X社への出資）及び本件各関連会社への出資（筆者注 Y社及びZ社への出資）を評価することとなるが，本件出資及び本件各関連会社への出資は，非上場の法人への出資であるから，取引相場のない出資に当たり，このような出資の評価方法については，評価通達180（類似業種比準価額）の類似業種比準価額方式又は同通達185（純資産価額）の純資産価額方式による旨定められているところA国B区及びA国C市所在の法人への出資について，日本国内の上場株式の資産，利益及び配当の平均値と比較して評価する類似業種比準価額方式によることには疑義がないわけではなく，また，純資産価額方式により評価することについて，請求人及び原処分庁とも争いがないことから，本件においては，本件出資及び本件各関連会社への出資の評価方法は純資産価額方式によることが相当である」としている。

② 質疑応答事例の公開

　平成24年1月に課税庁から新たに公開された質疑応答事例（国外財産の評価－取引相場のない株式の場合(1)）において，「取引相場のない外国法人の株式を評価する場合，類似業種比準方式に準じて評価することはできるのでしょうか」（照会要旨）に対して，回答要旨として，「類似業種株価等の計算の基となる標本会社が，我が国の金融商品取引所に株式を上場している内国法人を対象としており，外国法人とは一般的に類似性を有しているとは認められないことから，原則として，類似業種比準方式に準じて評価することができません」としている。

(2) 純資産価額の計算方法

① 直前期末基準による計算方法の採用

　国税不服審判所の判断では，「『相続税及び贈与税における取引相場のない株式等の評価明細書の様式及び記載方法等について』と題する通達（平成2年12月27日直評23・直資2－293）の『第5表　1株当たりの純資産価額（相続税評価額）の計算明細書』の2の(4)は，課税時期における資産及び負債の金額により行うこととされている1株当たりの純資産価額の計算について，評価会社が課税時期において仮決算を行っていないため，課税時期における資産及び負債の金額が明確でない場合において，直前期末から課税時期までの間に資産及び負債について著しく増減がないため純資産価額の計算に影響が少ないと認められるときは，直前期末の資産及び負債の相続税評価額及び帳簿価額により純資産価額を計算しても差し支えない旨定めており，この取扱いは，課税時期における純資産価額が明確でない場合の合理的な算定方法として，審判所においても相当であると認められる。そして，X社及び本件各関連会社（筆者注 Y社及びZ社）は，本件受贈日において仮決算を行っておらず，また，本件直前期末から本件受贈日の間に，これらの資産及び負債について著しく増減があったことを示す資料もなく，相続税評価額の計算に影響があるとは認められないことから，X社及び本件各関連会社の純資産価額は，本件直前期末の貸借対照表に記載された資産及び負債の金額を基に計算することが相当である」とし，一定要件下

におけるいわゆる直前期末基準による純資産価額（相続税評価額によって計算した金額）方式の適用が国外財産である取引相場のない株式の評価にも適用されることが明確化された裁決事例である。

② 評価差額に対する法人税額等に相当する金額の控除の可否

評価通達 5 － 2（国外財産の評価）の定めに基づいて，国外財産である取引相場のない株式を純資産価額方式に準じて評価する場合の取扱いを示すと，下記算式のとおりとなる。

＜算　式＞

$$\frac{課税時期における資産の価額（時価）- 課税時期における負債の価額（時価）- 評価差額に対する法人税額等に相当する金額}{課税時期における実際の発行済株式の総数－自己株式の数}$$

そして，上記算式中の「評価差額に対する法人税額等に相当する金額」を計算する場合の税率は，一律に37％（我が国の純資産価額方式による場合の適用税率（平成28年4月1日以後適用））(注)とするのではなく，当該外国法人の本店所在地国の税率により計算を行うことが相当と解されている。

（注）評価差額に対する法人税額等に相当する金額

　　　この評価差額に対する法人税額等に相当する金額の控除に適用される割合は，法人税の基本税率を基礎に計算されるので，法人税の基本税率の改訂に伴って変動する。この割合の異動を示すと次のとおりとなる。

適用時期	昭和56年4月1日以降	昭和59年4月1日以降	昭和62年4月1日以降	平成元年4月1日以降	平成2年4月1日以降	平成10年4月1日以降	平成11年4月1日以降	平成22年10月1日以降	平成24年4月1日以降	平成26年4月1日以降	平成27年4月1日以降	平成28年4月1日以降
割合	56%	57%	56%	53%	51%	47%	42%	45%	42%	40%	38%	37%

上記の解釈に関して，国税不服審判所の判断及び質疑応答事例において，次のとおり示している。

(ｲ)　国税不服審判所の判断

　　国税不服審判所の判断では，「評価通達185（純資産価額）の定めにより，X社の純資産価額は，X社の本件直前期末の貸借対照表に記載された本件各関連会社（筆者注　Y社及びZ社）への出資金以外の資産の金額に＊＊社及び＊＊社からの配当金の金額及びX社の本件各関連会社への出資の相続税評価額を加算し，X社の本件直前期末の貸借対照表に記載された負債の金額の合計額及び清算所得に係る法人税等相当額（筆者注　現行の取扱いでは，評価差額に対する法人税額等に相当する金額をいう。以下同じ）を控除することになるところ，X社が所在するB区においては，清算所得に対する法人税等（筆者注　現行の取扱いでは，評価差額に対する法人税額等）の課税が行われないことから，X社の純資産価額の計算においては清算所得に係る法人税等相当額の控除を行わないことが相当である」とされている。

(ﾛ)　質疑応答事例の公開

　　平成24年1月に課税庁から新たに公開された質疑応答事例（国外財産の評価－取引相

場のない株式の場合(1))において，外国法人の株式の評価に関する参考事項として，「(取引相場のない外国法人の株式を)純資産価額方式に準じて評価することは可能ですが，その場合に控除すべき『評価差額に対する法人税額等に相当する金額』は，その国において，我が国の法人税，事業税，道府県民税及び市町村民税に相当する税が課されている場合には，評価差額に，それらの税率の合計に相当する割合を乗じて計算することができます」とされている。

そうすると，評価対象である外国法人の本店所在地国における税制（評価差額が生じている場合の課税関係）について十分に調査しておく必要がある。

③ 邦貨換算の方法

平成24年1月に課税庁から新たに公開された質疑応答事例（国外財産の評価－取引相場のない株式の場合(2)）において，「取引相場のない外国法人の株式を純資産価額方式に準じて評価する場合，どのように邦貨換算するのでしょうか」（照会要旨）に対して，回答要旨として，「原則として『1株当たりの純資産価額』を計算した後，『対顧客直物電信買相場（TTB）』により邦貨換算します。ただし，資産・負債が2か国以上に所在しているなどの場合には，資産・負債ごとに，資産については『対顧客直物電信買相場（TTB）』により，負債については『対顧客直物電信売相場（TTS）』により，それぞれ邦貨換算した上で『1株当たりの純資産価額』を計算することもできます」とされており，邦貨換算の取扱いが説明されている。

Ⅵ 参考事項等

❶ 参考法令通達等

・相続税法22条（評価の原則）
・法人税法2条（定義）
・評価通達5－2（国外財産の評価）
・評価通達27（借地権の評価）
・評価通達27－2（定期借地権等の評価）
・評価通達180（類似業種比準価額）
・評価通達185（純資産価額）
・評価通達188（同族株主以外の株主等が取得した株式）
・相続税法個別通達（相続税及び贈与税における取引相場のない株式等の評価明細書の様式及び記載方法等について（平成2年12月27日直評23・直資2－293））
・質疑応答事例（国外財産の評価－土地の場合）
・質疑応答事例（国外財産の評価－取引相場のない株式の場合(1)）
・質疑応答事例（国外財産の評価－取引相場のない株式の場合(2)）

❷ 類似判例・裁決事例の確認

国外財産の評価方法自体が争点とされた類例について筆者は不知である。本稿では，国

外財産の贈与認定が争点とされたいわゆる「ジョイント・テナンシー事件」を取り扱った国税不服審判所の裁決事例（平成16年12月21日裁決，名裁（諸）平16－50，平成12年4月1日以後受贈分）を紹介しておく。

(1) **事案の概要**

本件は，請求人が，平成12年に不動産の共同所有形態の一つであるジョイント・テナンシーにより，アメリカ合衆国カリフォルニア州に所在する不動産を夫の資産で購入したことについて，原処分庁が，上記不動産の購入資金の2分の1について，夫(注)から請求人に対する贈与があったとして平成12年分の贈与税の決定処分及び無申告加算税の賦課決定処分をしたことに対し，夫からの贈与を否認して，上記各処分の取消しを求めた事案である。

（注） 夫は，その後死亡しており，以下「被相続人」という。

(2) **裁決の要旨**

① アメリカ合衆国カリフォルニア州においては，同一の不動産に関する同一の譲渡行為による2名以上の所有者による共同所有権の一形態のことをジョイント・テナンシー（合有不動産権）といい，この所有形態による不動産所有者をジョイント・テナンツ（合有不動産権者）という。

② ジョイント・テナンシーの成立要件は，おおよそ次のとおりである。

(イ) ジョイント・テナンツ全員が，同時に所有権を取得すること

(ロ) ジョイント・テナンツ全員が，同一の証書によって所有権を取得すること

(ハ) 各人の持分割合が均等であること

(ニ) 各自が財産全体を占有していること

③ 基礎事実及び認定事実を総合すれば，被相続人及び請求人は，ジョイント・テナンシーの所有形態で本件不動産を取得したものと認められ，上記②のジョイント・テナンシーの成立要件に照らして，請求人は，被相続人とともに，当然に均等の持分割合，すなわち持分各2分の1の割合で本件不動産を取得するに至ったというべきである。

④ 上記③に対し，請求人は，(イ)本件不動産の持分2分の1に相当する取得資金について贈与契約は成立していない旨，(ロ)請求人による所有は，ジョイント・テナンシーの所有形態を確保するために，単に中間的に本件不動産を所有したに過ぎない形式的なものであるから，被相続人と請求人の持分関係は，100対0である旨主張し，本件不動産に対する持分を否定する。

しかしながら，相続税法9条（贈与又は遺贈により取得したものとみなす場合－その他の利益の享受）は，対価を支払わないで利益を受けた場合においては，当該利益を受けた時において，当該利益を受けた者が，当該利益を受けた時における当該利益の価額に相当する金額を，当該利益を受けさせた者から贈与により取得したものとみなす旨規定しているのであるから，問題となるのは，請求人が対価を支払わないで利益を得たか否かであり，贈与契約の成否ではない。

⑤ 上記②のとおり，ジョイント・テナンシーは，ジョイント・テナンツ全員が同時に所

有権を取得し，各自の持分割合が均等であることを成立要件とするのであるから，請求人が本件不動産上に持分を有しておらず，本件不動産が被相続人の単独所有であるとすることは，上記ジョイント・テナンシーの成立要件に抵触することになるのであり，実質論をもって，請求人の持分を否定した場合，死亡以外の事由でジョイント・テナンシーの１人からジョイント・テナンツへの権利承継を認めることになることから，本件不動産の取引過程で作成された各書類には，被相続人及び請求人がジョイント・テナンツである旨明記されているのであり，こうした書面上明らかな実際の取引形態及び所有権の移転経緯にも反することになることをも考慮すると，実質論をもって，請求人の持分を否定することは許されないといわなければならない。

　以上より，請求人の主張は，いずれも採用することはできない。

追補 本件裁決事例に係る上級審について

請求人は，上記の裁決の結果を不服として下記に掲げる訴訟に及んだが，そのいずれにおいても納税者（原告，控訴人）の主張は棄却されている。なお，本件は，控訴審で確定している。

原 審 静岡地方裁判所（平成19年3月23日判決，平成17年（行ウ）第7号，贈与税決定処分等取消請求事件）

控訴審 東京高等裁判所（平成19年10月10日判決，平成19年（行コ）第142号，贈与税決定処分等取消請求控訴事件）

CASE5

評価単位 地 目	間口距離 奥行距離	側方加算 二方加算	広大地	農地・山林 ・ 原野
雑種地	貸 家 建付地	借地権 貸宅地	利用価値 の低下地	その他の 評価項目

複数の地目からなる土地が存在する場合の評価単位の構成及び簡易構造の建物が建築された宅地を貸宅地評価することの可否が争点とされた事例

事 例

　被相続人甲の相続財産である各土地（本件A土地，本件南側通路，本件B土地及び本件C土地）の明細は図表－1のとおりであり，また，その位置図は図表－2に掲げるとおりである。

図表－1　相続財産である土地の明細

略号		所在地番	地積（㎡）		登記地目	現況 地目(注)	利用状況	本件相続に 係る取得状況
本件A土地		－	936.10	2.99	宅地	宅地	被相続人 自宅敷地	被相続人甲の 妻乙
				6.50	山林	宅地		
				33.30	山林	宅地		
				562.12	宅地	宅地		
				331.19	宅地	宅地		
本件南側通路		－	55.50	55.50	田	雑種地	通　路	被相続人甲の 妻乙
本件 B土地	本件 B1 土地	－	600.90	400.38	宅地	宅地	駐車場	被相続人甲の 妻乙
				168.00	田	雑種地		
				32.52	田	雑種地		
	本件 B2 土地	－	220.98	155.98	田	雑種地	駐車場	被相続人甲の 妻乙
				65.00	田	雑種地		
本件C土地		－	134.51	45.00	田	雑種地	貸　地	被相続人甲の 妻乙
				89.51	宅地	宅地		請求人X

（注）　現況地目は，＊＊＊＊（土地所在地の行政庁）における平成X年度の固定資産税課税
　　　上の地目である。

図表－2　相続財産である土地の位置図

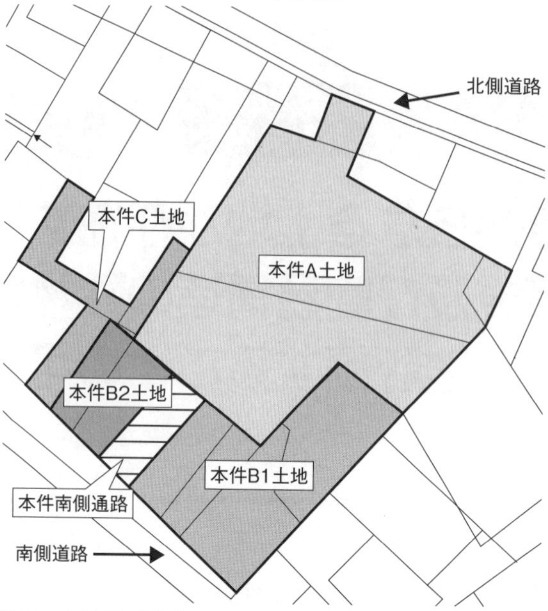

（注）本件B1土地及び本件B2土地を併せた場合，『本件B土地』という。

被相続人甲の相続財産である各土地の評価に必要と考えられる事項は下記のとおりである。

(1) 本件A土地は，被相続人の自宅の敷地の用に供されている。
(2) 本件南側通路は，本件A土地の用途である被相続人の自宅の敷地に専ら通じる専用通路として利用されている。
(3) 本件B1土地及び本件B2土地は，いずれも砂利敷きの月極駐車場として利用されている。
(4) 本件C土地は賃貸借契約により貸付けの用に供されており，借主は建物（構造体をボルトで締結したのみの簡易な建築物で，建築資材を保管するプレハブ倉庫で登記はされていない）の敷地の用に供している。

上記のような状況にある各土地の評価について，下記の点でその判断に苦慮している。

① 本件A土地，本件南側通路，本件B1土地及び本件B2土地の評価単位の構成（組合せ）をどのように取り扱えばよいのか。
② 本件C土地の評価に当たって，借主である賃借人が借地借家法に規定する建物の所有を目的とする賃借権を有するものとして，当該土地を評価通達25（貸宅地の評価）に定める貸宅地として評価（自用地価額×（1－借地権割合））する方法を採用してよいのか。

（平22.11.24裁決，東裁（諸）平22－112，平成19年相続開始分）
　（注）上記に掲げる年度と当該裁決事例に掲げる年度との対応関係は，下記のとおりである。
　　・平成X年度　➡　平成19年度

CASE5

Ⅰ 基礎事実

❶ 本件相続に係る法定相続人は4名（このなかに，被相続人甲の妻乙及び請求人Xが含まれている）で，平成20年1月31日，法定相続人間で遺産分割協議が成立した。

❷ 本件A土地，本件南側通路，本件B1土地，本件B2土地及び本件C土地の位置図については，図表－2のとおりである。

❸ 上記❷に掲げる各土地は，上記❶のとおり，平成20年1月31日の遺産分割協議により，それぞれ，図表－1の「本件相続に係る取得状況」欄記載の相続人（被相続人甲の妻乙，請求人X）が取得した。

Ⅱ 争　点

❶ 本件A土地，本件南側通路，本件B1土地及び本件B2土地（いずれも被相続人甲の妻乙が取得）の評価単位は何単位とされるのか。また，その判定に当たって本件南側通路は他のいずれの土地との組合せをもって評価することになるのか。

❷ 本件C土地を借地借家法に規定する借地権の目的とされている土地として，評価通達25（貸宅地の評価）に定める貸宅地（いわゆる底地）の評価を行うことは可能か。

❸ 本件各土地の具体的な相続税評価額はいくらになるのか。

図表－3　争点に関する双方の主張

争点	請求人（納税者）の主張	原処分庁（課税庁）の主張
(1) 本件A土地，本件南側通路，本件B1土地及び本件B2土地の評価単位	① 本件南側通路の取扱い 　本件B土地の評価に当たり，本件南側通路は本件A土地及び本件B土地の進入路として使用され両土地に必要不可欠な通路であることから，その地積を双方の土地に配分した上，その配分された部分を本件A土地及び本件B土地に含めてそれぞれ評価すべきである。 ② 予備的主張 　仮に，上記①の主張が認められない場合，本件B土地は本件南側通路の一部を含めて本件B1土地及び本件B2土地全体が一体として駐車場として利用されていたのであるから，本件B1土地，本件B2土地及び本件南側通路の一部を併せて一体として評価すべきである。	① 本件南側通路の取扱い (イ) 北側道路から本件A土地への自動車の進入が事実上不可能であることからすると，本件南側通路は，公道から本件A土地自宅敷地への自動車の進入が事実上不可欠な土地と認められるので，本件A土地の一部と認めるのが相当である。 (ロ) 本件南側通路は，本件B土地とは明らかにその利用目的が異なるものと認められるから，同通路を本件B土地と一体として評価することや，同通路の面積を本件B土地に配分し評価することは認められない。 (ハ) 仮に，本件B土地に係る月極駐車場の一部の利用者が，本件南側通路を実際に利用しているとしても，本件南側通路が本件A土地に必要不可欠なものであることに変わりはないことから，上記判断に影響を与えない。 ② 請求人の予備的主張に対する反論 (イ) 雑種地の価額は，物理的に一体とし

			て同一の目的に供され，利用されている一団の雑種地を評価単位とすることとされ，道路等により分断されているものは，原則として一団の雑種地とならない。 (ロ) 本件南側通路は，砂利敷きの月極駐車場として利用されている本件B土地を本件B1土地及び本件B2土地に分断する形で設置され，コンクリート舗装されているものであり，本件B1土地及び本件B2土地は，利用目的の異なる本件南側通路によって物理的に分断されていることから，これらを一体として評価することはできない。
(2) 本件C土地を貸宅地（底地）評価することの可否	① 請求人ら[筆者注]は，＊＊＊＊（土地借主）に対して，本件C土地を建物所有目的で賃貸しているものであるから，本件C土地は貸宅地に該当する。 [筆者注]「請求人ら」とは，本件C土地の相続による取得者である請求人X及び被相続人甲の妻乙をいう。 ② ＊＊＊＊（土地借主）との間で，賃貸借契約期間は同社が存続する期間にする旨の口頭の合意ができているから，契約期間は短期ではない。		① 貸宅地の評価は，借地借家法の適用のある宅地について認められるところ，同法によって保護される建物に該当するか否かは，長期にわたって存続すべきものとして保護に価するか否かで判断されるべきである。 そして，本件C土地上に＊＊＊＊（土地借主）が建造した建物は，解体容易な簡易な構造であるプレハブ倉庫であるから，借地借家法で保護されるべき建物であるとは認められない。 ② 本件C土地の賃貸借契約書において，賃貸借の期間は2年間という短期と定められているから，当該プレハブ倉庫は永続的な土地定着性を予定したものではないと認められ，本件C土地の賃貸借契約には借地借家法の適用はない。 ③ 上記①及び②より，本件C土地は，借地借家法によって保護される借地権の目的となっている宅地であるとは認められないので，本件C土地を貸宅地として評価することはできない。

(3) 本件各土地の相続税評価額	土地の区分		請求人主張額	土地の区分		原処分庁主張額
	本件A土地		44,667,656円	本件A土地		81,869,470円
	本件南側通路			本件南側通路		
	本件B土地	本件B1土地	71,052,667円	本件B土地	本件B1土地	51,372,893円
		本件B2土地			本件B2土地	33,147,000円
	本件C土地		4,277,212円	本件C土地		11,567,187円
	（注）本件裁決事例では，請求人主張額の計算過程は明らかにされていない。			（注）原処分庁が主張する本件各土地の相続税評価額の計算過程については，図表－4を参照		

III 争点に関する双方（請求人・原処分庁）の主張

争点に関する請求人・原処分庁の主張は，図表－3のとおりである。

IV 国税不服審判所の判断とそのポイント

❶ 本件A土地，本件南側通路，本件B1土地及び本件B2土地の評価単位

(1) 認定事実

① 本件南側通路について
　(イ) 本件南側通路は，本件A土地に隣接する土地であり，奥行は18.5m，南側道路に接する間口は約3mであり，本件A土地の一部と併せてコンクリート舗装がされている。
　(ロ) 本件南側通路は，専ら，被相続人の自宅の敷地に供されている本件A土地への進入路として利用されている。

② 本件B土地について
　(イ) 本件B1土地及び本件B2土地は，いずれも，＊＊＊＊の南東約900mに位置し，南側道路の一路線に接する土地である。
　(ロ) 本件B1土地及び本件B2土地が属する用途地域は，第一種中高層住居専用地域であり，建ぺい率は60％，容積率は200％である。
　(ハ) 本件B1土地及び本件B2土地は，いずれも砂利敷きの駐車場であり，本件南側通路によりそれぞれ明確に分断され，月極駐車場として使用されている。
　(ニ) 本件B1土地は，南側道路に約22m接し，奥行は約30m，本件B2土地は，南側道路に約16m接し，奥行は約16mである。

(2) 法令解釈

評価通達7（土地の評価上の区分）は，土地の価額は地目の別に評価する旨定め，一体として利用されている一団の土地が2以上の地目からなる場合には，その一団の土地は，そのうちの主たる地目からなるものとして，その一団の土地ごとに評価するものとする旨定めている。

また，評価通達7－2（評価単位）は，土地の価額は評価単位ごとに評価する旨定めているところ，利用の単位となっている一団の雑種地は物理的に一体として利用されているものをいい，道路，河川等により分離されているものは，原則として一団の雑種地とはならないと解するのが相当である。

(3) 判　断

① 本件南側通路は，下記に掲げる事項から判断すると本件A土地と一体として利用されていると認められることから，本件A土地と併せて一体として宅地として評価することが相当である。

図表－4　原処分庁（課税庁）が算定した本件各土地の相続税評価額

土地の区分	相続税評価額	算定根拠
本件A土地及び本件南側通路	81,869,470円	(正面路線価) (広大地補正率) 150,000円 × (0.6－0.05 × 991.60㎡/1,000㎡) (地積) × 991.60㎡ ＝ 81,869,470円
本件B1土地	51,372,893円	(正面路線価) (広大地補正率) 150,000円 × (0.6－0.05 × 600.90㎡/1,000㎡) (地積) × 600.90㎡ ＝ 51,372,893円
本件B2土地	33,147,000円	(正面路線価) (奥行価格補正率)(注) 150,000円 × 1.00 ＝ 150,000円 (地積) 150,000円 × 220.98㎡ ＝ 33,147,000円 (注) 地区区分が普通住宅地区で奥行距離が16mの場合　1.00
本件C土地	11,567,187円	(正面路線価) (奥行価格補正率)(注1) 150,000円 × 0.98 ＝ 147,000円 (不整形地補正率)(注2) 147,000円 × 0.6 ＝ 88,200円 (地積) 88,200円 × 134.51㎡ ＝ 11,863,782円 (賃借権割合)(注3) 11,863,782円 ×（1－ 0.05 × 1／2）＝ 11,567,187円 (注1) 地区区分が普通住宅地区で奥行距離28mの場合0.98 (注2) 　　　　　　(想定間口距離) (想定奥行距離) 　　　想定整形地　22m × 28.4m ＝624.8㎡ 　　　かげ地割合（624.8㎡－134.51㎡）÷624.8㎡≒78.4％ 　　　普通住宅地区　地積区分A　不整形地補正率0.60 　　　　(不整形地補正率) (間口狭小補正率) 　①　　0.60　　 × 　0.90　　 ＝0.54 　　　　(奥行長大補正率) (間口狭小補正率) 　②　　0.90　　 × 　0.90　　 ＝0.81 　　　①又は②のいずれか低い方で0.6を限度とすることから，不整形地補正率0.60 (注3) 賃貸借契約の残存期間が5年以下のものであるとして，評価通達86（貸し付けられている雑種地の評価）の定めに基づき，賃借権割合を100分の5の2分の1に相当する割合として控除

(イ) 本件B1土地及び本件B2土地は，本件南側通路により物理的に東西に分断されており別々に利用されていること

(ロ) 本件南側通路は，被相続人の自宅の敷地に供されている本件A土地への進入通路としてコンクリート舗装されたものであり，砂利敷きの本件B土地とは明確に状況が異なること

(ハ) 本件南側通路は，専ら，被相続人の自宅の敷地に供されている本件A土地への進入路として利用されていること

② 本件B1土地及び本件B2土地は，それぞれ単独で利用され本件南側通路とは一体として利用されていると認められず，それぞれの土地ごとに雑種地として評価することが相当である。

(4) 本件Ａ土地，本件南側通路，本件Ｂ１土地及び本件Ｂ２土地の相続税評価額

上記(1)から(3)に基づき，本件Ａ土地，本件南側通路，本件Ｂ１土地及び本件Ｂ２土地を評価すると，原処分庁が算定した相続税評価額（図表－３の(3)の原処分庁（課税庁）の主張欄及び図表－４を参照）と同額となる。

❷ 本件Ｃ土地に係る貸宅地評価の可否判断

(1) 認定事実

① 本件Ｃ土地の賃貸借契約の内容等

　(イ) 被相続人甲は，平成12年２月１日，＊＊＊＊（土地借主）との間で本件Ｃ土地につき，賃料１か月２万7,000円で普通建物所有を目的として，平成12年２月１日から同14年１月31日までの２年間賃貸する旨の契約（以下「本件土地賃貸借契約」という）を締結した。

　(ロ) 本件土地賃貸借に当たっては，上記(イ)に掲げる賃料以外に金銭の授受が行われたことはない。

　(ハ) 本件土地賃貸借契約の賃貸借期間が終了した後も，＊＊＊＊（土地借主）は本件Ｃ土地を使用している。なお，本件土地賃貸借契約の賃貸借期間が終了した平成14年１月31日以後，現在まで，新たに土地の賃貸借契約書は作成されていない。

② 本件Ｃ土地上の建物の状況

　(イ) 本件Ｃ土地上には，＊＊＊＊（土地借主）所有の建物（未登記である）が存在する。

　(ロ) 上記(イ)の建物は，専ら＊＊＊＊（土地借主）の建築資材を収蔵するプレハブ倉庫であり，その構造体はボルトにより締結されているのみである。

③ ＊＊＊＊（土地借主）における経理処理

平成13年12月１日から平成14年11月30日までの事業年度（以下「平成13事業年度」という）以降，原処分庁に提出された＊＊＊＊（土地借主）の法人税の確定申告書添付の貸借対照表には本件Ｃ土地に係る借地権の計上はない。

(2) 法令解釈

評価通達25（貸宅地の評価）が，普通借地権の設定されている宅地の価額について，原則としてその宅地の自用地の価額から設定されている権利の価額を控除して評価することとしている趣旨は，普通借地権は借地借家法により強い保護を受けており当該土地の所有者は自用地に比し相当の制約を受けていることから，普通借地権の価額に相当する価額の減額が生じているものとして評価することにしたものである。

(3) 判断

下記に掲げる各事実を総合勘案すれば，本件Ｃ土地は一時使用目的の貸地として評価するのが相当であり，借地借家法で保護される普通借地権が存在しているとはいえず，評価通達25（貸宅地の評価）に定める貸宅地として評価することは相当ではない。

① 本件Ｃ土地の賃貸借に関し，本件被相続人と＊＊＊＊（土地借主）の間で権利金等の約定もなく授受もないこと

図表－5　土地の評価上の区分（地目との対応関係）

区　分		内　　　容	概　念　図
原則的な取扱い	地目別に評価する場合	土地の価額は，原則として下記に掲げる9つの地目の別に評価する。 (1)宅地，(2)田，(3)畑，(4)山林，(5)原野 (6)牧場，(7)池沼，(8)鉱泉地，(9)雑種地 （注）　具体的な地目の判定は，不動産登記事務取扱手続準則68条（地目）及び同69条（地目の認定）の定めに準じて行うものとされている。	標準的な宅地／原野／田 畑／山林／雑種地 上記の事例は，地目別に6単位で評価することになる。
特例的な取扱い	(1)　一体利用されている一団地が2以上の地目からなる場合	一体として利用されている一団の土地が2以上の地目からなる場合には，その一団の土地は，そのうちの主たる地目からなるものとして，その一団の土地ごとに評価するものとされている。	・ゴルフ練習場用地 建物（宅地）／芝生（雑種地） 上記の事例は，主たる用途が芝生（雑種地）であることから，全体を雑種地として1単位で評価することになる。
	(2)　隣接する複数の地目の土地を一団の土地として評価する場合	市街化調整区域以外の都市計画区域で市街地的形態を形成する地域において，下記に掲げる土地の評価区分（地目）について，いずれか2以上の地目の土地が隣接しており，その形状，地積の大小，位置等から判断してこれらを一団として評価することが合理的と認められる場合には，その一団の土地ごとに評価する。 ①　市街地農地（生産緑地に該当するものを除く。） ②　市街地山林 ③　市街地原野 ④　近傍地の比準地目が宅地であると認定される雑種地	(イ)　形状，地積の大小から判定される事例 標準的な宅地／田／山林／原野／市街化区域内 (ロ)　位置から判定される事例 田／山林／市街化区域内 上記の各事例の土地（(イ)の田，山林及び原野，(ロ)の田及び山林）は，左記の考え方から，それぞれ全体を1単位で評価することになる。

②　本件C土地上の建物は，未登記であり借地権の第三者対抗要件を備えていないこと

③　本件C土地上の建物は，プレハブ倉庫用建物でありその構造体はボルトによって締結されたものであり容易に解体撤去が可能であること

④　平成13事業年度以降，原処分庁に提出された＊＊＊＊（土地借主）の法人税の確定申告書添付の貸借対照表には，本件C土地に係る借地権は計上されていないこと

(4)　**本件C土地の相続税評価額**

①　土地賃貸借契約の当事者が賃貸借の期間を定めなかったときは，各当事者はいつでも解約の申入れをすることができ，その申入れから1年の経過により契約は終了し得るものといえるから（民法617（期間の定めのない賃貸借の解約の申入れ）①一），本件C

土地の評価に当たっては，本件土地賃貸借契約の残存期間が5年以下のものであるとして，評価通達86（貸し付けられている雑種地の評価）の定めに基づき，賃借権割合を100分の5の2分の1に相当する割合として控除して算定するのが相当である。

② 上記(1)から(4)①に基づき，本件C土地を評価すると，原処分庁が算定した相続税評価額（図表－3の(3)の原処分庁（課税庁）の主張欄及び図表－4を参照）と同額となる。

本件裁決事例のキーポイント

❶ 評価単位について

(1) 土地の評価単位

① 土地の評価上の区分（評価区分と地目の関係）

土地の価額（相続税評価額）を算定する場合の基礎となる土地の評価単位を判定するときにおける当該評価単位と土地の地目との対応関係については，評価通達7（土地の評価上の区分）に定められており，これをまとめると図表－5のとおりとなる。

② 宅地及び雑種地の評価単位

宅地及び雑種地の評価単位は，評価通達7－2（評価単位）に定められており，これをまとめると図表－6のとおりとなる。

(2) 本件裁決事例の場合

本件裁決事例において国税不服審判所が判断した本件A土地，本件南側通路，本件B1土地及び本件B2土地に係る評価単位の判定は上記Ⅳ❶(3)に掲げるとおりであるが，これをまとめると図表－7のとおりとなる。

図表－7に掲げる判断は，図表－5及び図表－6に示す評価通達の定めから導き出されたものであり，その過程を記すと図表－8のとおりとなる。

(3) 本件南側通路の面積をあん分計算することの可否

本件裁決事例では，本件南側通路部分の面積をあん分計算することの可否も争点とされている。請求人の主張（本件南側通路は本件A土地及び本件B土地の進入路として共通の必要不可欠な通路として，その地積を双方に配して評価すべきである）と原処分庁の主張（本件南側通路と本件B土地は明確に利用目的が異なり一体ではなく，面積あん分は認められない。たとえ，本件B土地（月極駐車場）の利用者が本件南側通路を実際に利用していたとしても判断に影響はない）が対立している。

これに対し，国税不服審判所は，本件南側通路は被相続人の自宅敷地（本件A土地）に至る専用通路であると認定し，本件A土地との一体評価を支持している（上記Ⅳ❶(3)①を参照）。これは本件B土地（月極駐車場）の利用者が本件南側通路を利用することを便宜上黙認していただけと推定され，法的な権利義務関係に基づくものではないものと考えられる。そうすると，このような便宜的措置は評価通達に基づく土地評価上の客観的要素を構成しないことを明確に示唆した先例であると考えられる。

❷ 貸借の目的とされている土地の評価区分

図表-6　宅地及び雑種地の評価単位

区分	内容	概念図
(1)宅地	宅地は、1画地の宅地（利用の単位（注）となっている1区画の宅地をいう）を評価単位とする。 （注）利用の単位の判定は、原則として下記に基づいて行う。 ① 自己（所有者）の自由な使用収益権が得られるか否か。 ② 何らかの権利の目的となっている宅地（貸宅地、貸家建付地等）で、所有者の自由な使用収益権に制約が付されているか否か。 ③ ②に該当する場合には、さらにその制約の対象（制約条件が同一）とされる単位はどこまでであるか。 なお、上記の評価単位の判定に当たっては、贈与、遺産分割等による宅地の分割が親族間等で行われた場合において、例えば、分割後の画地が宅地として通常の用途に供することができないなど、その分割が著しく不合理であると認められるときは、その分割前の画地を1画地の宅地として評価する。	(イ) 自用地（自己の居住用と事業用） ［建物所有者甲（居宅）｜建物所有者甲（店舗）］ ［土地所有者甲｜土地所有者甲］ 所有する宅地を自ら使用している場合には、居住用、事業用にかかわらず、その全体を1単位で評価する。 (ロ) 自用地と貸宅地 ［建物所有者甲（居宅）｜建物所有者乙（借地権者乙）］ ［土地所有者甲｜土地所有者甲］ 所有する宅地の一部に借地権を設定させ、他の部分を自用地（自己の居宅の敷地）としている場合には、それぞれを1単位で評価する。
(2)雑種地	① 下記②以外の雑種地（原則的な取扱い） 下記②に掲げる雑種地以外の雑種地は、利用の単位となっている一団の雑種地（同一の目的に供されている雑種地をいう）を評価単位とする。 （注）いずれの用にも供されていない一団の雑種地については、その全体を利用の単位となっている一団の雑種地とする。 ② 市街化区域等に存する一定の雑種地（特例的な取扱い） 市街化調整区域以外の都市計画区域で市街地的形態を形成する地域において、評価通達82（雑種地の評価）の定めにより宅地比準方式によって評価する宅地と状況が類似する雑種地が2以上の評価単位により一団となっており、その形状、地積の大小、位置等からみてこれらを一団として評価することが合理的であると認められる場合には、その一団の雑種地ごとに評価する。 この場合において、上記(1)に掲げる宅地の評価単位の判定に係るなお書（不合理分割があった場合の取扱い）が準用されることになる。	(イ) 市街化調整区域に所在する雑種地 ［駐車場｜未利用｜資材置場］ 利用の単位がそれぞれ異なるので、3単位で評価する。 (ロ) 市街化区域（市街地的形態を形成）に所在する雑種地 ［標準的な宅地｜駐車場｜資材置場｜未利用］ 利用の単位が異なる雑種地であっても、一団として評価することが合理的であると認められるので、全体を1単位で評価する。

（注）相続、遺贈又は贈与により取得した宅地又は雑種地については、原則として（不合理分割に該当する場合を除きの意と解される）その取得した宅地又は雑種地ごとに評価単位を判定する。

　本件裁決事例のように実務上では、賃貸借契約により貸し付けられた土地に借主が簡易な構造施設（本件裁決事例ではプレハブ造りの倉庫）を設けた場合における賃貸借当事者間における権利関係（借地借家法に規定する普通借地権として取り扱うのか。又は、雑種地に係る賃借権が存在するものとして取り扱うことが相当であるのか）の確認が重要となる。

図表－7　本件Ａ土地，本件南側通路，本件Ｂ１土地及び本件Ｂ２土地に係る評価単位の判定

番	１評価単位	評価地目	１評価単位の認定に当たっての判断ポイント
(1)	本件Ａ土地及び本件南側通路	宅　地	本件南側通路は，被相続人の自宅の敷地である本件Ａ土地への専用通路とされており，本件Ａ土地と一体として利用されていると認められること
(2)	本件Ｂ１土地	雑種地	①　本件Ｂ１土地及び本件Ｂ２土地は，本件南側通路の存在により物理的に分断されており，一体として利用されているとは認められないこと ②　本件Ｂ１土地は，本件南側通路と一体として利用されているとは認められないこと
(3)	本件Ｂ２土地	雑種地	①　上記(2)①に同じ。 ②　本件Ｂ２土地は，本件南側通路と一体として利用されているとは認められないこと

図表－8　本件裁決事例における評価単位の判断過程

判断過程（その１）：土地の評価上の区分（地目との対応関係）からの判断〔図表－５より〕

区　分	判　断	判断された理由
原則的な取扱い　地目別の評価	該　当	下記に掲げる特例的な取扱いの(1)及び(2)のいずれにも該当しないことから，土地の評価上の区分の判断に当たって，原則的な取扱いである地目別の評価（評価上の地目として認定された，宅地と雑種地に分離して評価）が相当となる。
特例的な取扱い (1)　一体利用の一団地が２以上の地目からなる場合の一体評価	非該当	「本件Ａ土地と本件南側通路」(注)は宅地（建物の敷地及びその維持若しくは効用を果たすために必要な土地）であり，本件Ｂ土地は月極駐車場用地たる雑種地であり，これらの用途の土地が一体利用されている一団の土地とは認められない。 （注）　本件南側通路の固定資産税課税上の現況地目は雑種地とされている（前掲図表－１の注書より）が，本件南側通路の実態が本件Ａ土地（自宅敷地）と一体性を保持した専用通路と認定されていることから，総合的な見地から宅地と判断することが相当であると考えられる。
特例的な取扱い (2)　隣接する複数地目の土地で一定要件下にある場合の一体評価	非該当	「本件Ａ土地と本件南側通路」（宅地）と本件Ｂ土地（雑種地）は隣接する複数の地目の土地に該当するものの，その形状，地積の大小，位置等から判断してこれらを一団として評価することに合理性は認められず，それぞれ別個(注)に評価することが相当となる。 （注）　本件Ｂ土地（本件Ｂ１土地及び本件Ｂ２土地から構成されている雑種地）の評価単位については，下表を参照

判断過程（その２）：雑種地の評価単位からの判断〔図表－６より〕

区　分	判　断	判断された理由
原則的な取扱い　利用の単位（同一の目的に供用）の別に評価	該　当	下記に掲げる特例的な取扱いに該当しないことから，雑種地の評価単位の判定に当たっては，原則的な取扱いである利用の単位の別に評価（本件南側通路の存在により物理的に分断された本件Ｂ１土地及び本件Ｂ２土地の２単位で評価）が相当となる。
特例的な取扱い　市街化区域等に存する一定の雑種地に対する一団の雑種地ごとの評価	非該当	本件Ｂ１土地（雑種地）及び本件Ｂ２土地（雑種地）はいずれも宅地比準方式によって評価する宅地と状況が類似する雑種地に該当すると認められるものの，これらの雑種地は本件南側通路の存在により物理的に分断され，一団の雑種地とは認められないことになる。

(1) 評価通達に定める借地権・貸宅地の評価

① 借地権の評価

　評価通達に定める借地権とは，借地借家法に規定する借地権，すなわち建物の所有を目的とする地上権又は土地の賃借権をいうものとされているが，借地借家法22条（定期借地権），同23条（事業用定期借地権等），同24条（建物譲渡特約付借地権）及び同25条（一時使用目的の借地権）に規定する借地権（以下「定期借地権等」という）に該当するものは除くものとされている。

　したがって，建物に該当しない工作物，構築物の所有を目的とする地上権又は賃借権や，定期借地権等はここには含まれないものとされる。

　また，建物の所有を目的とするものであっても，土地の利用権が使用貸借に基づく使用貸借権によるものであるときには，評価通達に定める借地権には該当しないことになる。

　さらに，解釈として，「建物の所有を目的とする」とは，土地の賃借人の土地使用の主たる目的が当該土地上に建物を建築しこれを所有することにある場合をいうものと解されている。

　評価通達27（借地権の評価）の定めでは，借地権の価額は，当該借地権の目的となっている宅地の自用地の価額にその宅地に係る借地権割合がおおむね同一と認められる地域ごとに国税局長の定める割合を乗じて計算した金額によって評価するものとされている。これを算式で示すと次のとおりとなる。

　（算　式）　　自用地の価額×借地権割合

　上記に掲げる借地権の評価に当たって留意すべき事項を掲げると下記のとおりである。

　(イ)　借地権割合とは，借地権の目的となっている宅地の自用地としての価額に，当該価額に対する借地権の売買実例価額，精通者意見価格，地代の額等を基として評定した借地権の価額の割合をいう。

　(ロ)　借地権割合は，路線価地域については路線価図にAからGの記号で表示（図表－9を参照）するものとされている。また，倍率地域については，評価倍率表にその割合が数値で表示されている。

　　　　図表－9　路線価図の借地権割合の表示

記　　号	A	B	C	D	E	F	G
借地権割合	90%	80%	70%	60%	50%	40%	30%

　(ハ)　借地権の設定に際して通常収受すべき権利金の収受に代えて相当の地代を収受する取引や，土地の貸借に際して無償返還の届出書が提出されている取引等のような特殊な契約形態による借地取引が行われている場合における借地権の価額は，上記に掲げる算式によって求めるのではなく，別途に定める一定の評価方法に基づいて評価するものとされている。

　(ニ)　借地権の設定に際して，その設定の対価として通常権利金その他の一時金を支払う等の借地権の取引慣行があると認められる地域以外の地域にある借地権の価額は，評価の対象にはならないものとされている。

② 借地権の目的とされている宅地の評価

評価通達25（貸宅地の評価）の定めでは，借地権の目的となっている宅地の価額は，自用地としての価額から上記①で算定した借地権の価額を控除した金額によって評価するものとされている。これを算式で示すと次のとおりとなる。

（算　式）

自用地の価額－借地権の価額＝自用地の価額－〔自用地の価額×借地権割合〕

＝自用地の価額×（1－借地権割合）

なお，借地権の取引慣行がないと認められる地域にある貸宅地の価額は，上記に掲げる算式の借地権割合を20％として計算するものとされている。

この取扱いは，借地権の取引慣行がないため具体的な借地権価額の認識が希薄な場合であっても，土地所有者の立場から考察すると第三者の所有する家屋が当該土地上に存することによる自由な使用収益権に対する相当な制約が付加される点に対するしんしゃく配慮の帰結であると考えられる。

(2) **評価通達に定める賃借の目的とされている雑種地の評価**

① 賃借権の評価

評価通達87（賃借権の評価）の定めでは，賃借権，地上権等の雑種地の上に存する権利の価額は，当該権利の態様に応じて下記に掲げる区分に従って，それぞれ下記に掲げるとおりに評価するものとされている。

(イ) 原則的な評価方法

雑種地に係る賃借権の価額は，原則として，その賃貸借契約の内容，利用の状況等を勘案して評価した価額によって評価するものとされている。

このような取扱いは，雑種地の利用形態や権利関係が多種多様であること（例えば，堅固な構築物の所有を目的とするものから単なる空地に係る資材置場等としての利用）から，その賃貸借契約の内容，利用状況等を各個別事例ごとに総合勘案してその評価を行うこととしたものであると考えられる。

(ロ) 形式的な評価方法

雑種地に係る賃借権の価額は，上記(イ)に掲げる評価方法に代えて当該賃借権に係る登記の有無，権利金の多寡，現実の利用状況等により，下記④又は回に掲げるように区分して評価することができるものとされている。

④ 地上権に準ずる権利として評価することが相当と認められる賃借権

雑種地の賃借権に該当するものであっても，下記に掲げる例示に該当するものである等，地上権に準ずる権利として評価することが相当であると認められる賃借権がある。

例示　(A) 賃借権の登記がされているもの

(B) 設定の対価として権利金その他の一時金の授受のあるもの

(C) 堅固な構築物の所有を目的とするもの

このような雑種地の賃借権の価額は，その雑種地の自用地としての価額に，その賃借権の残存期間に応じその賃借権が地上権であるとした場合に適用される相続税法23条

（地上権及び永小作権の価額）に規定する法定地上権割合又はその賃借権が借地権であるとした場合に適用される借地権割合のいずれか低い割合を乗じて計算した金額によって評価するものとされている。これを算式で示すと次のとおりとなる。

<算　式>

Ⓐ　雑種地の自用地としての価額 × 賃借権が地上権であるとした場合の賃借権の残存期間に応ずる法定地上権割合（図表－10を参照）

Ⓑ　雑種地の自用地としての価額 × 賃借権が借地権であるとした場合の借地権割合

Ⓒ　Ⓐ ≷ Ⓑ　∴いずれか低い方の価額

　このような取扱いは、上記に掲げる地上権に準ずる権利として評価することが相当と認められる賃借権については、ほぼ地上権と同等の権利を有するものと想定されるので、原則として地上権と同等の評価方法を採用する（算式Ⓐ部分）ものの、これらの賃借権に係る法的権利関係を考慮すると当該賃借権の価額が借地権（建物の所有を目的とする地上権又は土地の賃借権をいう）の価額（算式Ⓑ部分）を上回ることは相当ではないと考えられることから、いずれか低い価額（算式Ⓒ部分）により評価することを求めたものであると考えられる。

㋺　上記㋑に掲げる賃借権以外の賃借権

　上記㋑に掲げる賃借権以外の雑種地の賃借権の価額は、その雑種地の自用地としての価額に、その賃借権の残存期間に応じその賃借権が地上権であるとした場合に適用される相続税法23条（地上権及び永小作権の価額）に規定する法定地上権割合の2分の1に相当する割合を乗じて計算した金額によって評価するものとされている。これを算式で示すと次のとおりとなる。

<算　式>

雑種地の自用地としての価額 × 賃借権が地上権であるとした場合の賃借権の残存期間に応ずる法定地上権割合（図表－10を参照） × $\frac{1}{2}$

　なお、上記㋑及び㋺において、賃借権の残存期間については契約によって定められた期間（民法上では最長20年間）を原則とするが、賃借権の設定により所有する構築物等の状

図表－10　相続税法23条（地上権及び永小作権の価額）に規定する法定地上権割合

残存期間	地上権の割合	残存期間	地上権の割合
10年以下	5％	30年超　35年以下	50％
10年超　15年以下	10％	35年超　40年以下	60％
15年超　20年以下	20％	40年超　45年以下	70％
20年超　25年以下	30％	45年超　50年以下	80％
25年超　30年以下	40％	50年超	90％

（注）　存続期間の定めのない地上権については、地上権割合は40％として取り扱うものとされている。

況により，その当初の契約期間の満了時においてその期間が更新されることが明らかであると認めるときは，更新により延長されると認められる期間を加算した期間により評価するものとされている。

② 賃借権の目的となっている雑種地の評価

評価通達86（貸し付けられている雑種地の評価）の定めでは，賃借権の目的となっている雑種地の価額は，当該雑種地に係る賃借権の態様に応じて，下記に掲げる区分に従って，それぞれ下記に掲げるとおりに評価するものとされている。

(イ) 地上権に準ずる権利として評価することが相当と認められる賃借権の目的となっている雑種地

下記に掲げる算式により計算した金額によって評価するものとされている。

＜算　式＞

　④　雑種地の自用地としての価額 － 前記①(イ)又は①(ロ)(イ)により求めた雑種地の賃借権の価額

　⑨　雑種地の自用地としての価額 － 雑種地の自用地としての価額 × 雑種地の賃借権の残存期間に応ずる図表－11に掲げる割合

　⑪　④ ≧ ⑨　∴いずれか低い方の価額

(ロ) 上記(イ)に掲げる賃借権以外の賃借権の目的となっている雑種地

下記に掲げる算式により計算した金額によって評価するものとされている。

＜算　式＞

　④　雑種地の自用地としての価額 － 前記①(イ)又は(ロ)(⑨)により求めた雑種地の賃借権の価額

　⑨　雑種地の自用地としての価額 － 雑種地の自用地としての価額 × 雑種地の賃借権の残存期間に応ずる図表－12に掲げる割合

　⑪　④ ≧ ⑨　∴いずれか低い方の価額

(3) 本件裁決事例の場合

① 借地借家法に規定する借地権（普通借地権）の存在

評価通達25（貸宅地の評価）の定めでは，借地権の目的となっている宅地（貸宅地）の価額は，自用地としての価額から借地権の価額を控除した金額によって評価するものとされている。ここに定める借地権の意義は，借地借家法に定める借地権と同義であり，<u>建物の所有を目的とする地上権又は土地の賃借権</u>をいう（ただし，定期借地権等については，

図表－11

残存期間	割　合
5年以下	5％
5年超　10年以下	10％
10年超　15年以下	15％
15年超	20％

図表－12

残存期間	割　合
5年以下	2.5％
5年超　10年以下	5％
10年超　15年以下	7.5％
15年超	10％

その評価方法が別途に定められていることから定期借地権に該当するものを除く）ものとされている。

上記の___部分に掲げる「建物の所有を目的とする地上権又は土地の賃借権」に関して，留意すべき事項は下記のとおりである。

　(イ)　建物の意義

　　建物とは，一般的には建築物（又は建造物）の略語であると解されるが，その正確な意義については民法（特別法である借地借家法を含む）において規定されていない。しかしながら，通常では，「建物とは，屋根及び周壁を有し(注1)，土地に定着した(注2)ある程度の耐久性を有する(注3)建築物（建造物）をいう」と解するのが相当であると考えられる。

　　（注1）屋根及び周壁を有することから風雨の浸入を防止することが可能となる。これを「外気遮断性」という。

　　（注2）土地に対して接点を有していることが必要とされる。これを「定着性」という。したがって，浮船等については，たとえ外気遮断性が認められるものであっても建物と認定されることはない。

　　（注3）たとえ，外気遮断性を有し土地に対する定着性が認められるとしてもある程度の耐久性が認められない仮設的な施設（ビニールハウス，テント，簡易な組立構造のプレハブ物件等）は建物と認定されない。建物と認定されるためには一定の「永続性」が伴っていることが必要と考えられる。

　(ロ)　建物所有目的の真意（主たる目的）

　　借地借家法の解釈として，「建物の所有を目的とする」とは建物の所有が土地利用の主たる目的であることを必要とし，もし，それが仮に従たる目的であると認められるときには，当該契約に関しては借地借家法に規定する借地権は存在しないものとされる。

　　上記において，建物の所有が土地利用の主たる目的であるのか又は従たる目的であるのかの判定は，借地契約に至る事情，各契約条項の内容及び借地面積と当該借地上の建物の建築面積との相対的関係等の諸事情を考慮して判断されることになろう(注)。

　　（注）この判断は何も借地面積と当該借地上の建物の建築面積との相対的関係のみで決定されるものではない。これに関して，税務訴訟ではないが「自動車学校経営のための本件賃貸借は借地法1条（現行の借地借家法2条）にいういわゆる建物の所有を目的とするものにあたり，本件土地全体について借地法の適用がある」とした下記に掲げる判例（最高裁判所第二小法廷（昭和58年9月9日判決，昭和57年（オ）第361号，建物収去土地明渡請求上告事件））がある。

　　　判示事項

　　　　本件土地の実測面積は合計1万5,554.33㎡であるのに対し，同地上の建物の敷地面積は合計750.01㎡であり，当該敷地面積の本件土地全体に対する割合は4.5％である，というのである。

　　　　当該事実関係のもとにおいては，契約当事者は単に自動車運転教習コースのみなら

ず，自動車学校経営に必要な建物所有をも主たる目的として本件賃貸借契約を締結したことが明らかであり，かつ，自動車学校の運営上，運転技術の実地練習のための教習コースとして相当規模の土地が必要であると同時に，交通法規等を教習するための校舎，事務室等の建物が不可欠であり，その両者が一体となってはじめて自動車学校経営の目的を達しうるのであるから，自動車学校経営のための本件賃貸借は借地法1条にいういわゆる建物の所有を目的とするものに当たり，本件土地全体について借地法の適用があるとした原審の判断は，正当として是認することができ，原判決に所論の違法はない。

なお，中古車展示用地として貸し付けられていた土地（賃貸借契約）に対する評価態様（貸宅地として借地権控除することの可否）が争点とされた国税不服審判所の裁決事例として，下記 Ⅵ ❷(1)を参照されたい。

(ハ) 借地権の及ぶ範囲

上記(ロ)で確認したとおり，借地借家法に規定する借地権は建物の所有が土地利用の主たる目的であることが前提であり，その判断（借地権の有無）に当たっては，借地面積と当該借地上の建物の建築面積との相対的関係も考慮の対象とされるものの，上記(ロ)の 判示事項 に掲げるとおり，借地面積（1万5,554.33㎡）から判断して相対的に建物の建築面積（750.01㎡）が狭小であることのみをもって決定されるものでないことは承前のとおりである。

次に，建物の所有が土地利用の主たる目的であると認定される場合であっても，所有地を建物の敷地及びそれ以外の用途に一括して貸し付ける場合（ 例 上記(ロ)の判示事項に掲げる自動車学校教習用地（校舎及び運転教習コース用地），郊外型のロードサイドビジネス用地（建物用地及び利用者専用の駐車場用地）等が挙げられる）には，借地権の及ぶ範囲（借地借家法の規定により保護が及ぶ対象範囲）の測定が問題になる。

土地賃貸借契約において，借地借家法に規定する借地権の及ぶ範囲に関する特段の定めが明確に定められている場合には一般的にはそれに従うのが通常であると考えられるが，そのような定めがない場合には，借地上に存する建物の敷地及びその維持効用を果たすために必要とされる部分の面積の範囲とするのが相当な解釈方法であると考えられる。

例えば，郊外型の駐車場付きの飲食店舗（建物）で，建物の建築面積が1,000㎡で駐車場部分の面積が3,000㎡として利用されている土地の賃貸借契約が成立している事例があるとする。この場合の建物所有目的の対象範囲は当該建物の維持効用（飲食店舗としての利用を前提としての維持効用）を果たすために必要な範囲であれば全てこれに含まれるものと解され，駐車場部分の面積3,000㎡が建物の建築面積1,000㎡の3倍にも達することのみを視点に入れて，駐車場部分の一部に借地権の及ばない範囲が存すると結論付けることは早計である。仮に借地権の及ばない範囲があるとするのであれば，それは当該駐車場部分につき一定の面積部分を除外したとしても，残余部分で当該借地上の建物の維持効用（機能的な保全）を図ることが可能と認定される部分に限定されよう。

なお，評価対象地の大部分がパチンコ店の駐車場として利用されているもののパチンコ店用建物の一部が評価対象地上にあること及び当該建物と駐車場とが一体利用されているという認定事実のもとに，借地権の及ぶ範囲はパチンコ店と利用されている土地全体（建物及び駐車場部分）と解することの相当性が争点とされた裁決事例として，下記Ⅵ❷(2)を参照されたい。

② 国税不服審判所の判断基準の相当性

　上記Ⅳ❷(3)に掲げるとおり，本件裁決事例における本件C土地については「一時使用目的の貸地であり，借地借家法で保護される普通借地権は存在せず，評価通達25（貸宅地の評価）に定める貸宅地には該当しない」と判断し，その判断基準として4項目を示している。

　次に，この4項目の判断基準について，その相当性を個別に検討してみることにする。

判断基準1 本件C土地の賃貸借に関し，本件被相続人と土地の借主の間で権利金等の約定もなく授受もないこと

相当性 借地権利金等の収受は借地権の設定を推定させる一つの事実ではあるものの，借地権利金を支払う取引慣行がある地域においても下記に掲げるとおり，税務上では借地権利金を支払うことなく借地権を設定する事例が確認されることから，この借地権利金等の収受の有無のみによって判断することには相当性は認められない。

　(イ) 借地権利金等の収受に代替して，使用の対価として相当の地代を収受する取引事例

　(ロ) 土地所有者と土地の借主との連名で課税庁に対して「土地の無償返還に関する届出書」を提出した上で，土地の賃貸借契約を締結する事例

　(ハ) 借地権の設定に際して，権利金等の収受をせず，また，上記(イ)及び(ロ)の形態にもよらない場合で，事後に課税庁から借地権利金の認定課税（（借）借地権／（貸）雑収入）が行われた事例

　(ニ) 借地権の設定に際して，権利金等の収受をせず，また，上記(イ)及び(ロ)の形態にもよらない場合で，かつ，上記(ハ)に掲げる借地権利金の認定課税も行われておらず，結果として，いわゆる除斥型の原始発生借地権が土地の借主に帰属していると判断される事例

判断基準2 本件C土地上の建物は，未登記であり借地権の第三者対抗要件を備えていないこと

相当性 民法177条（不動産に関する物権の変動の対抗要件）において，「不動産に関する物権の得喪及び変更は，不動産登記法その他の登記に関する法律の定めるところに従いその登記をしなければ，第三者に対抗することができない」と規定さ

れており，不動産に関する物権の対抗要件として不動産登記法では建物登記簿への登記が必要とされる旨を規定している。

しかしながら，上記の規定は物権（建物の所有権）の変動に係る第三者対抗要件を法定したものであり，税務上の財産権（金銭に見積もることができる経済的価値を有する全てのもの）としての借地権（建物の所有を目的とする地上権又は土地の賃借権）の有無の判定とは直接的な因果関係を有しない。

したがって，本件Ｃ土地上の建物が未登記であることをもって本件Ｃ土地上に借地権は存在せず，その結果として，本件Ｃ土地が評価通達25（貸宅地の評価）に定める貸宅地に該当しないと判断する過程には相当性は認められない。

判断基準3 本件Ｃ土地上の建物は，プレハブ倉庫用建物でありその構造体はボルトによって締結されたものであり容易に解体撤去が可能であること

相当性 前記①(イ)に掲げるとおり，通常，建物とは，屋根及び周壁を有し（外気遮断性），土地に定着した（定着性），ある程度の耐久性（永続性）を有する建築物（建造物）をいうものと解されている。そうすると，本件Ｃ土地上の建物もそうであるように，一般的にプレハブ構造の建物（イメージとして図表－13を参照）は，ボルト等のネジ類でその構造体を締結接合するに止まり，組立て及び解体撤去による移動が容易に可能であり，外気遮断性及び土地に対する定着性が認められるとしても永続性を有するとは認定し難いものと考えられる。

したがって，本件裁決事例におけるプレハブ倉庫用建物は，借地借家法に規定する建物の所有を目的とする地上権又は土地の賃借権をいうという定義を検討するに当たっての「建物」（上記＿＿部分）には該当しないものと考えられ，この点において国税不服審判所の判断は相当性を有するものと考えられる。

判断基準4 平成13事業年度以降，原処分庁に提出された土地の借主（法人）の法人税の確定申告書添付の貸借対照表には，本件Ｃ土地に係る借地権は計上されていないこと

相当性 相続税等の財産評価において，税務上の財産権としての借地権（建物の所有を目的とする地上権又は土地の賃借権）の有無の判定を土地の借主における帳簿（貸借対照表）の記載状況に基づいて判断することに相当性は認められない。

すなわち，建物の所有を目的として土地の賃貸借契約を締結するに当たって，当該地域に借地権利金を支払う取引慣行があるため実際に借地権利金を支払ったのであれば，当該支払金額は借地権（勘定科目）として支払者である土地の借主の帳簿（貸借対照表）に計上されることになる。この場合には，貸借対照表に借地権の計上があることをもって税務上の財産権としての借地権を認識することは可能である。

図表-13 プレハブ構造の建物イメージ

（組立中）

（完　成）

　しかしながら，税務上の財産権としての借地権の認識は，何も上記に掲げる借地権利金を支払事例のみに求めるものではなく，前掲の 判断基準1 に係る 相 当 性 欄の㈱（借地権利金の認定課税型）又は㈥（除斥型の原始発生借地権）の形態においても認められるのであり，これらの形態による場合にはいずれの場合も貸借対照表に借地権が計上されることはない。

(4) 賃借権及び賃借権の目的となっている雑種地の評価事例

事　例　被相続人甲が所有する相続財産であるＸ土地及びＹ土地については，いずれも，甲㈱（被相続人甲が主宰する同族会社）が旧来よりの土地賃貸借契約に基づいて下記のとおりに賃借していた。

Ｘ土地　甲㈱の営む事業（製造業）上において必要とされる甲㈱所有の原料貯蔵タンク（堅固な構築物に該当）の敷地として利用している。

Ｙ土地　甲㈱が自己の費用負担によりアスファルト舗装（構築物に該当）を実施して，駐車場及び資材置場として利用している。

　上記に掲げるＸ土地及びＹ土地の評価に必要と考えられる資料は図表－14のとおりである。

　上記 事　例 において，Ｘ土地及びＹ土地に係る雑種地の賃借権及び当該賃借権の目的

CASE5

図表-14

区分	課税時期から賃貸借契約終了までの残存期間	当該賃借権が借地権である とした場合の借地権割合	評価対象地である雑種地の 自用地としての価額
X 土地	23年6か月	60%	80,000千円
Y 土地	2年9か月	50%	60,000千円

図表-15 評価方法

	X土地（雑種地）の評価方法	Y土地（雑種地）の評価方法
賃借権の評価区分	X土地（雑種地）に係る賃借権は，「地上権に準ずる権利として評価することが相当と認められる賃借権」に該当	Y土地（雑種地）に係る賃借権は，「地上権に準ずる権利には該当しない賃借権」に該当
(イ) 雑種地の賃借権の評価方法	(イ) 雑種地の自用地としての価額 × 残存期間に応じる相続税法23条に規定する地上権の割合 (ロ) 雑種地の自用地としての価額 × 借地権割合 (ハ) (イ)≦(ロ) ∴いずれか低い価額	雑種地の自用地としての価額 × 残存期間に応じる相続税法23条に規定する地上権の割合 × $\frac{1}{2}$
(ロ) 賃借権の目的となっている雑種地の評価方法	(イ) 雑種地の自用地としての価額 － 上記(イ)により計算した雑種地の賃借権の価額 (ロ) 雑種地の自用地としての価額 ×（1－下表に掲げる残存期間に応じる割合） 残存期間／割合 5年以下／5% 5年超 10年以下／10% 10年超 15年以下／15% 15年超／20% (ハ) (イ)≦(ロ) ∴いずれか低い価額	(イ) 雑種地の自用地としての価額 － 上記(イ)により計算した雑種地の賃借権の価額 (ロ) 雑種地の自用地としての価額 ×（1－下表に掲げる残存期間に応じる割合） 残存期間／割合 5年以下／2.5% 5年超 10年以下／5% 10年超 15年以下／7.5% 15年超／10% (ハ) (イ)≦(ロ) ∴いずれか低い価額

（注） 上表(イ)に掲げる相続税法23条に規定する地上権の割合については，前掲図表-10を参照されたい。

図表-16 具体的な相続税評価額

	X土地（地上権に準ずる権利として評価することが相当と認められる賃借権に該当）	Y土地（地上権に準ずる権利には該当しないと認められる賃借権に該当）
雑種地の賃借権	(イ) （自用地評価額）80,000千円×（相続税法23条に規定する地上権の割合）30%＝24,000千円 (ロ) （自用地評価額）80,000千円×（借地権割合）60%＝48,000千円 (ハ) (イ)<(ロ) ∴24,000千円	（自用地評価額）60,000千円×（相続税法23条に規定する地上権の割合）5%×$\frac{1}{2}$＝1,500千円
賃借権の目的となっている雑種地	(イ) （自用地評価額）80,000千円－（賃借権の価額）24,000千円＝56,000千円 (ロ) （自用地評価額）80,000千円×（1－（割合）20%）＝64,000千円 (ハ) (イ)<(ロ) ∴56,000千円	(イ) （自用地評価額）60,000千円－（賃借権の価額）1,500千円＝58,500千円 (ロ) （自用地評価額）60,000千円×（1－（割合）2.5%）＝58,500千円 (ハ) (イ)＝(ロ) ∴58,500千円

となっている雑種地の評価方法及びその具体的な相続税評価額はいくらになるのか説明されたい。

回　答

図表－15，16を参照のこと。

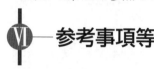

VI　参考事項等

❶　参考法令通達等

・評価通達7（土地の評価上の区分）
・評価通達7－2（評価単位）
・評価通達25（貸宅地の評価）
・評価通達27（借地権の評価）
・評価通達86（貸し付けられている雑種地の評価）
・評価通達87（賃借権の評価）
・相続税法23条（地上権及び永小作権の評価）
・民法177条（不動産に関する物権の変動の対抗要件）
・民法617条（期間の定めのない賃貸借の解約の申入れ）
・借地借家法2条（定義）
・借地借家法22条（定期借地権）
・借地借家法23条（事業用定期借地権等）
・借地借家法24条（建物譲渡特約付借地権）
・借地借家法25条（一時使用目的の借地権）
・最高裁判所第二小法廷（昭和58年9月9日判決，昭和57年（オ）第361号，建物収去土地明渡請求上告事件）

❷　類似判例・裁決事例の確認

(1)　土地使用の主たる目的が建物所有に該当するか否かが争点とされた裁決事例

　「被相続人が所有する中古車展示場用地としての本件土地の賃貸借契約は，その土地使用の主たる目的がその地上に建物を建造し，所有することには当たらないとして，本件土地は，貸宅地として借地権を控除して評価することはできない」とした国税不服審判所の裁決事例（平17.5.17裁決，大裁（諸）平16－86，平成12年相続開始分）がある。当該裁決事例の概要は下記のとおりである。

＜概　要＞

　請求人らは，本件土地の中古車展示場等の敷地としての賃貸借契約について，貸付けの際に建物の建築を承諾していたこと及び本件建物は堅固建物であり建物表示登記がされていることから，借地法の適用があり，本件土地は貸宅地として評価すべきと主張する。

　しかしながら，借地法1条にいう「建物の所有を目的とする」とは，土地賃借人の土地使用の主たる目的が，その地上に建物を築造し，これを所有することにある場合を指し，

借地人がその地上に建物を築造し，所有する場合であっても，それが借地使用の主たる目的ではなく，その従たる目的にすぎないときはこれに該当しないと解される。

本件賃貸借は，下記に掲げる事由から判断すると本件建物等の所有を主たる目的とするものとは認められず，本件土地を評価通達25（貸宅地の評価）に定める貸宅地として借地権の価額を控除して評価することはできない。

① 本件建物等は，あくまでも本件土地の一部を占めるにすぎず，大部分は自動車展示場及び進入路として利用されていること
② 賃貸借契約書では，本件土地の賃貸借の目的を自動車展示場，自動車置場及び営業所の敷地とし，営業所の建物の建築は認めているものの永久建造物とすることはできず，建物の表示登記及び保存登記を禁じていること
③ 本件建物等は，鋼板葺の軽量な屋根を支える簡易な構造の建物で堅固建築物とは認められず，その収去は借主の負担において行うとされていること
④ 賃貸借契約には権利金の取決めがなく，土地の賃借人は，土地の明渡しに際して立退料を請求しないと答述していること

(2) パチンコ店用建物として利用されている借地権の範囲が土地の全体に及ぶか否かが争点とされた裁決事例

「本件土地の大部分はパチンコ店の駐車場として利用されているが，本件建物の一部は本件土地上にあること及び本件建物と駐車場は一体として利用されていることから，借地権の範囲はパチンコ店として利用されている土地全体に及ぶものである」と判断した国税不服審判所の裁決事例（平15.3.25裁決，関裁（諸）平14−87，平成10年相続開始分）がある。当該裁決事例の概要は下記のとおりである。

＜概　要＞

評価通達にいう借地権とは，借地借家法2条1項に規定する建物の所有を目的とする地上権又は土地の賃借権をいう旨定めている。

この「建物の所有を目的とする」とは，借地使用の主たる目的がその地上に建物を建築し，これを所有することにある場合をいい，借地人がその地上に建物を建築し所有しようとする場合であっても，それが借地使用の主たる目的ではなく，その従たる目的にすぎないときは，「建物の所有を目的とする」ものに該当しないと解される。

また，借地使用の目的を判断するに当たっては，賃貸借契約書が存すれば判断の有力な資料となるが，賃貸借契約書の文言に捉われるべきではなく，実際の使用状況，建物の種類等により客観的に判断すべきものと解される。

本件土地及び隣接地については，下記に掲げる事項が認められる。
① 三方路線に面しており，これらの路線のいずれからも出入りが可能であること
② 本件建物の敷地及び駐車場として利用されていること
③ 本件建物の増築により本件第二土地は敷地の一部となり，本件相続開始日現在もその状況が継続していると認められること

そうすると，本件土地の賃貸借の主たる目的は，パチンコ店などの経営に必要な本件建

物を所有する目的にあるといえる。また，本件相続開始日現在において，本件土地の大部分はパチンコ店に来店する客に駐車場として利用されているものの，本件建物の一部は本件土地上に現に存していること及び本件建物と駐車場は一体として利用されていることから，借地権の及ぶ範囲は必ずしも建物の敷地に限られるものではなく，パチンコ店として利用されている土地全体に及ぶものと認めるのが相当である。

したがって，本件土地の価額の算定に当たり，請求人が，評価通達25（貸宅地の評価）の定めを適用し貸宅地として評価したことは相当と認められるので，本件更正処分はその全部を取り消すべきである。

追補1 本件裁決事例に係る上級審について

本件裁決事例において，その主張が棄却された請求人（納税者）は，これを不服として，その後，東京地裁に提訴した（事件名については，下記を参照）。

事件名 東京地方裁判所（平成25年8月30日判決，平成23年（行ウ）第285号，相続税更正処分等取消請求事件）

上記の裁判においても，原告（納税者）の主張には理由がないものと判断され，請求は棄却された。

その後，原告（納税者）は，下記のとおりに東京高裁に控訴し，さらに最高裁に上告したが，いずれもその主張は認められなかった（最高裁では，上告不受理とされた）。

事件名 ・東京高等裁判所（平成26年2月13日判決，平成25年（行コ）第352号，相続税更正処分等取消請求控訴事件）
・最高裁判所第一小法廷（平成26年9月11日決定，平成26年（行ツ）第211号，相続税更正処分等取消請求上告事件）

追補2　地積規模の大きな宅地の評価について

　本件裁決事例に係る相続開始年分は，平成19年である。もし仮に，当該相続開始日が，平成30年1月1日以後である場合（評価通達20－2（地積規模の大きな宅地の評価）の新設等の改正が行われた。以下「新通達適用後」という）としたときの本件各土地は，次のとおりとなる。

(1) 地積規模の大きな宅地の該当性

　次に掲げる 判断基準 から，本件各土地が三大都市圏に所在するとした場合には，「本件A土地及び本件南側通路」及び「本件B1土地」のみが評価通達20－2（地積規模の大きな宅地の評価）に定める地積規模の大きな宅地に該当する。しかしながら，本件各土地が三大都市圏以外に所在するとした場合には，同通達に定める地積規模の大きな宅地に該当するものはない。

判断基準

要件		本件A土地及び本件南側通路	本件B1土地	本件B2土地	本件C土地
① 地積要件(注)	三大都市圏に所在する場合	991.60㎡ ≧ 500㎡ (評価対象地の地積)　(三大都市圏に所在する場合の地積要件) ∴地積要件を充足	600.90㎡ ≧ 500㎡ (評価対象地の地積)　(三大都市圏に所在する場合の地積要件) ∴地積要件を充足	220.98㎡ < 500㎡ (評価対象地の地積)　(三大都市圏に所在する場合の地積要件) ∴地積要件を未充足	134.51㎡ < 500㎡ (評価対象地の地積)　(三大都市圏に所在する場合の地積要件) ∴地積要件を未充足
	三大都市圏以外に所在する場合	991.60㎡ < 1,000㎡ (評価対象地の地積)　(三大都市圏以外に所在する場合の地積要件) ∴地積要件を未充足	600.90㎡ < 1,000㎡ (評価対象地の地積)　(三大都市圏以外に所在する場合の地積要件) ∴地積要件を未充足	220.98㎡ < 1,000㎡ (評価対象地の地積)　(三大都市圏以外に所在する場合の地積要件) ∴地積要件を未充足	134.51㎡ < 1,000㎡ (評価対象地の地積)　(三大都市圏以外に所在する場合の地積要件) ∴地積要件を未充足
② 区域区分要件		本件各土地に係る区域区分は明示されていないが，路線価から判断すると市街化調整区域以外に所在するものと推認される。 ∴区域区分要件を充足			
③ 地域区分要件		本件B土地は，認定事実から第一種中高層住居専用地域（工業専用地域以外）に所在。なお，他の土地についても，同様の状況にあるものと推認される。 ∴地域区分要件を充足			
④ 容積率要件		本件B土地に係る指定容積率は，認定事実から200％（指定容積率400％（東京都の特別区以外の場合）又は同300％未満（東京都の特別区の場合）に該当）。なお，他の土地についても，同様の状況にあるものと推認される。 ∴容積率要件を充足			
⑤ 地区区分要件		本件各土地は，図表－4から路線価地域の普通住宅地区に所在 ∴地区区分要件を充足			
⑥ 判断とその理由	三大都市圏に所在する場合	該　当 （上記①ないし⑤の要件を充足）	該　当 （上記①ないし⑤の要件を充足）	非該当 （上記①の要件を未充足）	非該当 （上記①の要件を未充足）
	三大都市圏以外に所在する場合	非該当 （上記①の要件を未充足）	非該当 （上記①の要件を未充足）	非該当 （上記①の要件を未充足）	非該当 （上記①の要件を未充足）

　(注)　本件各土地の所在地は不明である。

(2) 規模格差補正率の算定

　本件裁決事例では，評価通達20－2（地積規模の大きな宅地の評価）の適用可能性がある「本件A土地及び本件南側通路」及び「本件B1土地」（いずれも，三大都市圏に所在する場合）について，それらの価額の計算に必要な奥行価格補正率等の数値資料が不明で

あるため，新通達適用後の価額（相続税評価額）を算定することはできない。そこで，参考までに新通達の適用があるものとした場合における上記の両土地に係る規模格差補正率を算定すると，それぞれ，次のとおりとなる。

① 本件A土地及び本件南側通路

$$\frac{991.60\text{m}^2（評価対象地の地積）\times 0.95+25}{991.60\text{m}^2（評価対象地の地積）}\times 0.8=0.780\cdots \Rightarrow 0.78\begin{pmatrix}小数点以下第2\\位未満切捨て\end{pmatrix}$$

② 本件B1土地

$$\frac{600.90\text{m}^2（評価対象地の地積）\times 0.95+25}{600.90\text{m}^2（評価対象地の地積）}\times 0.8=0.793\cdots \Rightarrow 0.79\begin{pmatrix}小数点以下第2\\位未満切捨て\end{pmatrix}$$

CASE6

| 評価単位 地目 | 間口距離 奥行距離 | 側方加算 二方加算 | **広大地** | 農地・山林・原野 |
| 雑種地 | 貸家建付地 | 借地権 貸宅地 | 利用価値の低下地 | その他の評価項目 |

広大地評価の可否（路地状開発と道路負担を伴う開発との合理性の比較）が争点とされた事例

事例

　被相続人甲の相続財産である土地（以下「本件土地」という）は図表－1に掲げる状況にある間口距離が19.10m，奥行距離が27.83mのほぼ長方形の形状である面積が528㎡の宅地であり，被相続人甲に係る相続開始日においては同人の自宅の敷地の用に供されていた。

図表－1　本件土地の状況等

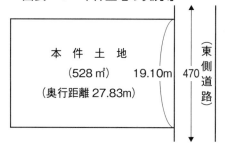

- 普通住宅地区所在
- 法令上の制限
  - (イ) 都市計画法に規定する用途地域
    第一種低層住居専用地域
  - (ロ) 建築基準法に規定する制限
    - (イ) 容積率……100%
    - (ロ) 建ぺい率…… 50%

　本件土地の評価に当たって，評価通達24－4（広大地の評価）（以下「本件通達」という）に定める広大地の評価を適用したいと考えているところ，図表－2のように公共公益的施設用地としての道路の負担を伴う開発を行えばその可能性が残り，また，図表－3のような路地状敷地を組み合わせた路地状開発を行えばその可能性は皆無となる。

　そこで，本件土地の所在地域における近年の戸建住宅用地としての開発状況及び最有効使用の方法を地元の不動産事情に精通した者に確認したところ，下記に掲げるとおりの回答及び助言を得た。

(1)　従前から1画地として利用されていた土地が分割され戸建住宅用地として開発された事例が12件認められ，その開発方法別の内訳は下記のとおりである。

CASE6

図表-2 道路の負担を伴う開発による場合　　図表-3 路地状開発による場合

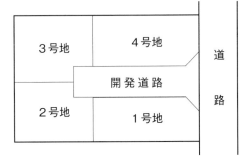
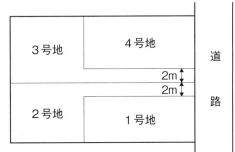

① 図表-2に掲げるように開発道路を新規に開設して行う開発事例……5件
② 図表-3に掲げるように開発道路を開設せずに路地状開発により行う開発事例……4件
③ 上記①及び②以外の方法により行う開発事例……3件

(2) 最有効使用の方法として，本件土地の所在する地域は県下でも有数の高級住宅地というイメージの強い地域であることからそのブランド力維持のため路地状開発は適切ではなくある程度の潰れ地が生じたとしても開発道路を新設して開発を行うことが相当であるという考え方（A論）と本件土地の所在地は地価が相当高額（路線価470千円）であることから適法であるならば可能な限り潰れ地となる（換金性のない）開発道路の新設は回避されるべきであり路地状開発により行うことが相当であるという考え方（B論）が拮抗しており，評価対象地の地積，形状，接道条件等の個別要因を加味して総合的に勘案する必要がある。

(3) 本件土地と隣接する土地（以下「本件隣接地」という）の地目は宅地（東西に細長い長方形の土地で，地積526.86㎡）であるが，本件相続開始日から約5年前に道路の負担を伴う戸建分譲用地（上記(2)に掲げるA論）として開発されている。

以上の前提条件に基づいて，本件土地の評価について本件通達に定める広大地の評価の適用の可否について教示されたい。

（平23.5.9裁決，東裁（諸）平22-198，平成19年相続開始分）

　基礎事実

❶ 本件被相続人は，本件土地を所有していたが，本件相続に係る遺産分割協議が成立し，請求人が本件土地を単独で取得した。

❷ 本件土地は，＊＊＊＊鉄道＊＊＊＊駅の南方1.3kmに属し，都市計画法8条（地域地区）1項1号に規定する用途地域（以下「用途地域」という）は第一種低層住居専用地域であり，建築基準法上の建ぺい率（以下「建ぺい率」という）は50％，同法上の容積率（以下「容積率」という）は100％である。

争　　点

　本件土地は，本件通達に定める広大地として評価すべきか否かであるが，具体的な争点は下記に掲げるとおりである。

❶　本件土地は，その地域における標準的な宅地の地積との比較においてその最有効使用の方法（開発道路を開設する場合又は路地状開発による場合）は，どのように判断されるべきか。

❷　本件土地の本件通達の適用可否判断に当たって，本件隣接地の開発状況（公共公益的施設用地（道路）の負担を伴って行われた戸建分譲開発）はどのような影響を与えるのか。

❸　本件土地は本件通達に定める広大地に該当するのか。また，本件土地の具体的な相続税評価額はいくらになるのか。

争点に関する双方（請求人・原処分庁）の主張

　争点に関する請求人・原処分庁の主張は，図表－4のとおりである。

図表－4　争点に関する双方の主張

争　　点	請求人（納税者）の主張	原処分庁（課税庁）の主張
(1)　本件土地の最有効使用の方法	①　本件土地は，近隣地域の標準的な宅地の地積に比して，著しく地積が広大であり，区画割をした戸建分譲地とすることが最有効使用といえる。 ②　この地域における最低敷地面積に係るA市の行政指導に従って，最低敷地面積を80㎡程度として，図表－5の「請求人が主張する開発想定図（その1）」のように5区画に分割する開発をすると，道路として公共公益的施設用地の負担が必要となる。 ③　仮に，原処分庁が右記③において主張するように，本件土地が所在する地域における標準的な宅地の地積を110㎡ないし150㎡程度であるとして4区画に分割するとしても，本件土地はA市という県内でも有数の高級住宅地というイメージの地域に所在するから，多少の潰れ地ができても，図表－5の「請求人が主張する開発想定図（その2）」のように道路を開設して全区画が道路に接面する開発の方が，間口2mの路地状敷地を通路及び駐車場として利用できるとする原	①　本件通達に定める「その地域」は，本件土地が存するA市B町＊＊丁目の本件土地と用途地域，建ぺい率，容積率をいずれも同じくする地域及び本件土地と道路を介して接するA市C町＊＊丁目の用途地域，建ぺい率，容積率をいずれも同じくする地域である（これらの地域を併せて，以下「本件地域」という）。 ②　本件地域における標準的使用は，戸建住宅の敷地であると認められ，本件地域の開発状況等から，標準的な宅地の地積は110㎡ないし150㎡程度である。 ③　本件土地を上記②に掲げる標準的な宅地の地積に基づき開発する場合，下記に掲げる事項から判断すると，本件土地について路地状開発を行うことに経済的合理性がある。 (イ)　図表－6の「原処分庁が主張する開発想定図」のとおり，路地状部分を有する宅地（以下「路地状敷地」という）を組み合わせた開発（以下「路地状開発」という）により，4区画の宅地（1区画当たりの地積110.04㎡ないし

		処分庁が主張する有利性よりも土地の交換価値を上げることになり市場の需要の観点から見ても合理性がある。	146.05㎡）で公共公益的施設用地の負担を生じることなく開発することができること (ロ) 本件土地は，公法上，路地状開発を行うことが可能であること (ハ) 路地状部分は通路に限らず駐車場としても利用できること (ニ) 本件地域内に路地状部分を有する敷地が複数存在していること
(2)	本件隣接地の開発状況と本件土地の評価との関係	本件相続開始日から約5年前に，本件隣接地（宅地：526.86㎡）が道路を開設した戸建分譲地として開発され公共公益的施設用地の負担が生じていることからみても，本件土地も同様に，道路を開設して開発することが最も経済的に合理的な開発である。	① 本件隣接地の一開発事例をもって本件土地について道路を開設する開発が合理的であるとの判定はできない。 ② 本件隣接地は，全体の地積のおおむね16％が位置指定道路として潰れ地となっており，建ぺい率及び容積率の点において路地状開発に比べ不利な点があるから，道路を開設する開発が経済的に最も合理性のある戸建住宅用地の開発であるとは認められない。
(3)	本件土地に係る広大地評価の可否と具体的な相続税評価額	① 広大地評価の可否 　上記(1)及び(2)から，本件土地は本件通達に定める広大地として評価すべきである。 ② 具体的な相続税評価額 　本件裁決事例では，請求人主張額は計算過程を含めて明らかにされていないが，下記のとおりと推定される。 （正面路線価）　（広大地補正率）　（地積） 470,000円 × 0.5736(注) × 528㎡ （相続税評価額） ＝ 142,344,576円 （注）広大地補正率は下記のとおりに推定した。 $0.6 - 0.05 \times \dfrac{528㎡}{1,000㎡} = 0.5736$	① 広大地評価の可否 　上記(1)及び(2)から，本件土地は本件通達に定める広大地として評価することはできない。 ② 具体的な相続税評価額 　本件裁決事例では，原処分庁主張額は計算過程を含めて明らかにされていないが，下記のとおりと推定される。 （正面路線価）　（奥行価格補正率）　（地積） 470,000円 × 0.99(注) × 528㎡ （相続税評価額） ＝ 245,678,400円 （注）奥行価格補正率は下記のとおりに推定した。 0.99（普通住宅地区で奥行距離27.83m）

図表－5　請求人が主張する開発想定図

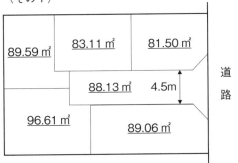

（その1）

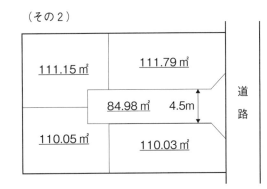

（その2）

図表－6　原処分庁が主張する開発想定図

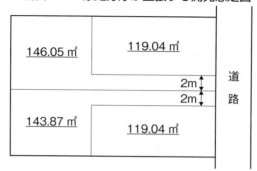

Ⅳ 国税不服審判所の判断とそのポイント

❶ 法令解釈等

(1) 本件通達は，その地域における標準的な宅地の地積に比して著しく地積が広大な宅地で，開発行為を行うとした場合に公共公益的施設用地の負担が必要と認められるものについて，減額の補正を行う旨定めている。

(2) 上記(1)に掲げる本件通達の定めにかんがみれば，同通達でいう「その地域」とは，①河川や山などの自然的状況，②行政区域，③都市計画法による土地利用の規制など公法上の規制等，④道路，鉄道及び公園など，土地の使用状況の連続性及び地域の一体性を分断する場合がある客観的な状況等を総合勘案し，利用状況，環境等がおおむね同一と認められる，ある特定の用途に供されることを中心としたひとまとまりの地域を指すものと解するのが相当である。

(3) 本件通達に定める「公共公益的施設用地」とは，都市計画法4条（定義）14項に規定する道路，公園等の公共施設の用に供される土地及び都市計画法施行令27条に掲げる教育施設，医療施設等の公益的施設の用に供される土地をいい，その負担の必要性は経済的に最も合理的に戸建住宅用地の開発を行った場合の，その開発区域内での道路等の開設の必要性により判断するのが相当である。

❷ 認定事実

(1) 本件土地の状況等

① 本件土地は，本件相続開始日において，本件被相続人の自宅の敷地の用に供されていた。

② 本件土地は，その東側で幅員7mの公道（以下「本件東側道路」という）に接面しており，間口距離が19.10m，奥行距離が27.83mのほぼ長方形の形状をした面積が528 m^2 の宅地であり，評価通達に基づき東京国税局長が定めた平成19年分の財産評価基準書によれば，本件土地は路線価地域に存し，本件東側道路に付された平成19年分の路線価は470,000円で，その所在する評価通達14－2（地区）に定める地区は普通住宅地区で

ある。
(2) 本件土地の周辺の状況等
① 本件土地が属する用途地区は，第一種低層住居専用地域であり，用途地域が同一で利用状況も同様であると認められる地域は，同地域のうち，A市B町＊＊丁目及び隣接するA市C町＊＊丁目の地域であり，当該地域は，北側はD中学校通り，東側はE川，南側はF通り，西側はG通りで囲まれた地域にあり，主として戸建住宅が建ち並ぶ地域である。
② 一方，上記①の地域の周囲についてみると，G通り及びF通りの各通り沿いは用途地域が近隣商業地域であり，F通り沿いは用途地域が第一種中高層住居専用地域である。
　また，D中学校通りの北側のA市H町＊＊丁目及びA市C町＊＊丁目の用途地域は，第一種低層住居専用地域であり本件土地が所在する地域と同一の用途地域であるが，教会や学校が多く建ち並ぶ地域である。
③ 上記①の地域における近年の開発状況について審判所が調査したところによれば，従前の土地が分割され戸建住宅敷地とする開発事例は12件あり，そのうち，道路を開設する開発事例が5件，路地状開発による開発事例が4件，その他の開発事例が3件である。
　そして，これらの開発事例における全区画数は58区画，これらの区画の1区画当たりの平均宅地面積は111.61㎡であり，また，90㎡以上120㎡未満の面積の宅地の区画数は34区画と全区画の58.6％を占めている。
④ 上記③に掲げた(X)道路を開設する開発事例の5事例は，開発面積が約500㎡ないし約1,800㎡の土地において行われたものであり，宅地の区画数は4区画ないし11区画の開発事例である。
　一方，上記③に掲げた(Y)路地状開発による開発事例の4事例は，いずれも一路線の公道に面した土地であり，また，そのほとんどが間口距離が短く間口距離に比べて奥行距離が長大である細長い形状の土地の事例である。また，(Z)上記4事例は開発された土地全体の面積が約280㎡ないし約400㎡の比較的小規模の面積の土地の事例であり，路地状開発により区画された区画数は路地状敷地を含めていずれも2区画又は3区画の開発である。
(3) 本件隣接地の状況等
本件隣接地は，東西に細長い長方形の土地であり，平成15年に戸建住宅用地として道路を開設した開発が行われ，宅地の区画は4区画であり，上記(2)③の開発事例に含まれている。
(4) 法令の規制等
① 本件土地の所在する地域において地積が500㎡以上の土地の開発行為をする場合には，開発行為についてA市長の許可を受けなければならない。
② A市小規模宅地開発指導要綱5条（宅地面積等）には，宅地の区画割に伴う1区画当たりの宅地面積について，当該宅地の属する用途地域の建ぺい率に応じて1区画当たりの最低の宅地面積基準が定められており，本件相続開始日において建ぺい率が50％の地

域における最低の宅地面積は80㎡である。
❸ 当てはめ
(1) 本件通達に定める「その地域」の範囲

上記❷(2)①及び②のとおり，G通り及びF通りの各通り沿いの地域並びにD中学校通りの北側のA市H町＊＊丁目及びA市H町＊＊丁目の地域は，いずれも本件土地が所在する地域とは明らかに状況が異なる地域である。

したがって，本件土地の本件通達に定める「その地域」は，本件土地が所在するA市B町＊＊丁目及び隣接するA市C町＊＊丁目の地域であり，その地域は，北側はD中学校通り，東側はE川，南側はF通り，西側はG通りで囲まれた地域であると認められ，当該地域は原処分庁が主張する本件地域と同一の地域である。

(2) 本件通達に定める「標準的な宅地の地積」の認識

本件地域は，上記❷(2)③及び④並びに❷(3)のとおり，本件地域において確認できた戸建住宅敷地として開発された58区画の宅地の平均面積は111.61㎡であること及びその面積が90㎡以上120㎡未満のものが34区画と全区画数の58.6％を占めていること等から総合的に判断すると，本件地域において本件通達に定める「標準的な宅地の地積」は，90㎡ないし120㎡未満であると認めるのが相当である。

なお，原処分庁は，本件土地が所在する地域における開発事例のうち，一部の区画のみの面積に基づき標準的な宅地の地積を判定する等，標準的な宅地の地積の判断基準となる開発事例の選択が合理的ではないから，原処分庁の主張は採用できない。

(3) 本件通達に定める「公共公益的施設用地」の負担の要否

① 本件地域における本件通達に定める「標準的な宅地の地積」は，上記(2)のとおり，90㎡ないし120㎡未満であると認められ，当該地積に基づいて本件土地を開発した場合，宅地の区画として4区画又は5区画の開発が想定される。

② 本件地域における近年の開発状況等を見ると，上記❷(2)③及び④並びに❷(3)のとおり，本件地域においては，道路を開設した開発事例が路地状開発の事例より多く，その開発は，面積が約500㎡ないし約1,800㎡の土地で行われており，宅地の区画数は4区画ないし11区画であり，本件隣接地の開発も含まれている。

③ 本件地域においては，路地状開発による事例も見られるものの，㈠当該事例は，比較的小規模な面積で間口距離に比し奥行距離が長大な細長い形状の土地や，土地の形状と公道との接続状況及び面積から見て路地状開発によらざるを得ない，道路の開設による開発がもとより困難な土地の事例であり，本件土地は上記各事例とは条件を異にする。

そして，㈡本件地域における路地状開発は土地の面積が約280㎡ないし約400㎡程度の比較的小規模な土地においてのみ行われ，開発による区画数も路地状敷地の区画も含めて2区画ないし3区画にとどまっているところ，㈢本件土地と地積が同規模又はそれ以上の土地で，土地の形状や公道との接続状況が本件土地と類似する土地での原処分庁が主張するような路地状開発の事例は見受けられない。

④ 上記②及び③に述べた本件地域における近年の土地の開発状況等並びに上記❷(1)②に

述べた本件土地の形状，公道との接続状況及び面積等からすれば，本件土地は，図表－5の「請求人が主張する開発想定図（その2）」のように，道路を開設して開発するのが経済的に最も合理的な開発であると認められる。

したがって，本件土地は開発行為をするとした場合に公共公益的施設用地の負担が必要な土地と解すべきである。

(4) 結論（本件土地に対する本件通達の適用の可否）

上記(1)ないし(3)によれば，本件土地は，本件通達の「その地域」における標準的な宅地の地積が90㎡ないし120㎡未満であるからこれに比して著しく地積が広大な土地に当たり，また，公共公益的施設用地の負担が必要と認められることから，本件土地は本件通達に定める広大地として評価するのが相当である。

❹ 本件土地の相続税評価額

上記❸(3)①ないし④の結果，本件土地の相続税評価額を算定すると，図表－4の「請求人（納税者）の主張」欄の(3)②に掲げる金額（1億4,234万4,576円と推定される）と同額となる。

（注）本件裁決事例では，請求人（納税者）の主張が100％認められたことから，本件更正処分は，その全部が取り消されることとなった。

本件裁決事例のキーポイント

❶ 広大地の意義

評価通達24－4（広大地の評価）に定める広大地とは，下記に掲げる要件の全てを充足している宅地をいうものとされている。
(1) その地域における標準的な宅地の地積に比して，著しく地積が広大な宅地であること
(2) 都市計画法4条（定義）12項に規定する開発行為を行うとした場合に公共公益的施設用地の負担が必要と認められること
(3) 下記に掲げる広大地に該当しない適用除外地以外のものであること
　① 評価通達22－2（大規模工場用地）に定める大規模工場用地に該当するもの
　② 中高層の集合住宅等の敷地用地に適しているもの（その宅地について，経済的に最も合理的であると認められる開発行為が中高層の集合住宅等を建築することを目的とするものであると認められるものをいう）

そうすると，評価通達に定める広大地に該当するためには，上記(3)に掲げる適用除外地以外の宅地で，㈤評価対象地が所在するその地域内の標準的な地積を有する宅地との相対的な地積の比較における著しい広大性（上記(1)），及び㈹都市計画法に規定する開発行為の必要性とそれに伴う公共公益的施設用地の負担の必要性（いずれも，上記(2)）の要件を充足する必要があることが理解される。

❷ 「その地域」の解釈

上記❶で確認したとおり，評価通達24－4（広大地の評価）に定める広大地に該当する

ための要件の一つとして,「その地域における標準的な宅地の地積に比して,著しく地積が広大な宅地であること」が挙げられている。しかしながら,当該要件中に掲げられている「その地域」の意義に関して評価通達においてこれを明記した部分はなく,実務上のトラブル要因になることも考えられる。

そこで,評価通達の定めとして設けられているものではないが,現行における課税実務上の取扱いとして国税庁から公開されている資料(国税庁のホームページ上で公開されている質疑応答事例)では,「その地域」について,下記に掲げる 参考資料 のとおりの説明が示されている。

図表－7 「その地域」の範囲を確認する事例

（注） 評価対象地については,太線枠で囲まれた部分が「その地域」の範囲内に該当するものと考えられる。

> **参考資料**　「その地域」について
> 　広大地とは、「その地域における標準的な宅地の地積に比して著しく地積が広大な宅地で開発行為を行うとした場合に公共公益的施設用地の負担が必要と認められるもの」をいいます。
> 　この場合の「その地域」とは、原則として、評価対象地周辺の
> ①　河川や山などの自然的状況
> ②　土地の利用状況の連続性や地域の一体性を分断する道路、鉄道及び公園などの状況
> ③　行政区域
> ④　都市計画法による土地利用の規制等の公法上の規制など、土地利用上の利便性や利用形態に影響を及ぼすもの
> などを総合勘案し、利用状況、環境等が概ね同一と認められる、住宅、商業、工業など特定の用途に供されることを中心としたひとまとまりの地域を指すものをいいます。

　筆者が実務上においてお勧めするのは、市販の住宅地図等に上記に掲げる 参考資料 の考え方にも十分に配慮して、実際に「その地域」の範囲を確定する作業を実践してみることである。その事例を掲げると、図表－7のとおりとなる。

❸　「標準的な宅地の地積」の解釈

　上記❷において摘示したのと同様に、評価通達においては「標準的な宅地の地積」の意義についてもこれを明記したものはない。
　これについても、上記❷と同様に、課税実務上の取扱いとして国税庁から公開されている資料では、「標準的な宅地の地積」について、下記に掲げる 参考資料 のとおりの説明が示されている。

> **参考資料**　「標準的な宅地の地積」について
> 　「標準的な宅地の地積」は、評価対象地の付近で状況の類似する地価公示の標準地又は都道府県地価調査の基準地の地積、評価対象地の付近の標準的使用に基づく宅地の平均的な地積などを総合勘案して判断します。
> 　なお、標準的使用とは、「その地域」で一般的な宅地の使用方法をいいます。

　上記に掲げる「標準的な宅地の地積」の判断に当たって、実務上、留意すべき事項をまとめると下記のとおりである。

(1)　確認方法とその留意点
①　上記 参考資料 では、地価公示の標準地(注1)又は都道府県地価調査の基準地(注2)の地積を判断の基礎とすることが示されているが、そのいずれにおいても、評価対象地の付近で状況の類似するという前提条件が付加されており、この____部分は、不動産鑑定士に

よる鑑定評価が行われる場合の指針とされる「不動産鑑定評価基準」における「類似地域」(注3)を指すものと考えられる。

(注1) 国土交通省によって，その年1月1日現在の価格として公表（公表日は，その年の3月中旬ごろ）される地点をいう。

(注2) 各都道府県によって，その年7月1日現在の価格として公表（公表日は，その年の10月中旬ごろ）される地点をいう。

(注3) 類似地域とは，近隣地域の地域の特性と類似する特性を有する地域であり，その地域に属する不動産は，特定の用途に供されることを中心として地域的にまとまりを持つものである。この地域のまとまりは，近隣地域の特性との類似性を前提として判定されるものである。

② 上記 参考資料 では，評価対象地の付近の標準的使用に基づく宅地の平均的な地積を判断の基礎とすることが示されており，かつ，その標準的使用とはその地域における一般的な宅地の使用方法をいうものとされているが，納税者側においてこれらを検証するためには，実務上，次に掲げるような資料の検討が重要になる。

(イ) 都市計画法29条（開発行為の許可）に規定する開発行為の申請内容を納税義務者側で確認することも重要と考える。すなわち，同法46条及び47条（開発登録簿）の規定では，都道府県知事は，開発許可の年月日，予定建築物の用途，開発行為の内容等が登録された開発登録簿を調整し保管するとともに，常に公衆の縦覧の用に供する状態を保ち，請求があればその写しを交付しなければならないとされている。

(ロ) 戸建住宅の建築及び販売を行う不動産業者（又はその仲介業者）が作成している不動産販売に関する宣伝資料（チラシ広告等）又は当該業者の開設したホームページ上の物件案内等を確認することで，市場性を有する不動産（いわゆる「売れ筋」）の確認が容易となる。

(2) 確認を必要とする事例数について

上記 参考資料 に掲げる標準的な宅地の地積について，上記(1)に掲げる確認方法に基づいて判断することになるが，その際に留意したいのが，その判断の基礎材料として確認した事例（実際の開発事例等）の数である。すなわち，上記 Ⅳ ❸(2)に掲げる＿＿部分で国税不服審判所の判断として示されているとおり，「本件土地（評価対象地）が所在する地域における開発事例のうち，一部の区画のみの面積に基づき標準的な宅地の地積を判定する等，標準的な宅地の地積の判断基準となる開発事例の選択が合理的ではないもの」は，事例として適切ではないとしてその証拠力を否定しており，開発事例にはある程度の事例数から導き出される総合的な検討結果としての合理性が求められることになる。

❹ 「公共公益的施設用地」の負担の必要性

本件裁決事例における国税不服審判所の判断において注視されるのは，上記 Ⅳ ❷（認定事実）に掲げる「その地域」における近年の開発事例に，(1)道路を開設する開発事例，(2)路地状開発による開発事例が混在している場合における評価対象地自体に対する最有効使用の開発方法の考え方（公共公益的施設用地の負担の有無）を明示した点である。

すなわち，上記Ⅳ❷において，下記に示すとおりの認定事実がなされている。

(1) 道路を開発する開発事例
① 道路を開発する開発事例の5事例は，開発面積が約500㎡ないし約1,800㎡の土地において行われたものであり，宅地の区画数は4区画ないし11区画の開発事例であること（上記Ⅳ❷(2)④(X)部分）
② 本件隣接地は，東西に細長い長方形の土地であり，平成15年に戸建住宅用地として道路を開設した開発が行われ，宅地の区画は4区画であること（上記Ⅳ❷(3)__部分）。
　（注）本件隣接地の開発事例は，上記①に掲げる5事例のうちの一つに含まれている。

(2) 路地状開発による開発事例
① 路地状開発による開発事例の4事例は，いずれも一路線の公道に面した土地であり，また，そのほとんどが間口距離が短く間口距離に比べて奥行距離が長大である細長い形状の土地の事例であること（上記Ⅳ❷(2)④(Y)部分）。
② 上記①の4事例は，開発された土地全体の面積が約280㎡ないし約400㎡の比較的小規模の面積の土地の事例であり，路地状開発により区画された区画数は路地状敷地を含めていずれも2区画又は3区画の開発であること（上記Ⅳ❷(2)④(Z)部分）。

上記の認定事実を開発方法の別にまとめると，図表－8のとおりとなる。

そして，上記の認定事実を基にして，本件土地（地積528㎡（間口距離19.10m，奥行距離27.83m））に対する最有効使用の原則に立脚した経済的に最も合理的な開発方法として，下記に掲げる判断事由のもとに，道路の新設（公共公益的施設用地の負担）を必要とする方法を支持している。この国税不服審判所の判断は，その過程及び結果の相当性のいずれにおいても高く評価されるべきものであると考えられる。

判断事由
(イ) 路地状開発による事例は，比較的小規模な面積（約280㎡ないし約400㎡）で間口距離に比し奥行距離が長大な細長い形状の土地や，土地の形状と公道との接続状況及び面積から見て路地状開発（区画数も2区画ないし3区画）によらざるを得ない，道路の開設による開発がもとより困難な土地の事例であること（上記Ⅳ❸(3)③(ア)及び(イ)部分）
(ロ) 本件土地（地積528㎡）と地積が同規模又はそれ以上の土地で，土地の形状や公道との接続状況が本件土地と類似する土地での原処分庁が主張するような路地状開発の

図表－8 「その地域」における近年の開発事例（道路新設・路地状開発）

区　分	件数	開発面積	造成区画数	備考（各開発事例の対象地の形状等）
道路を開発する開発事例	5事例	約500㎡ 〜 約1,800㎡	4区画 〜 18区画	本件隣接地（東西に細長い長方形の土地（地積526.86㎡））の開発事例が含まれる。
路地状開発による開発事例	4事例	約280㎡ 〜 約400㎡	2区画又は3区画	(1) 4事例は全て，一路線の公道に面した土地 (2) ほとんどが間口距離が短く，間口距離に比して奥行距離が長大な細長い形状地 (3) 4事例は全て，比較的小規模な面積の土地

事例は見受けられないこと（上記Ⅳ❸(3)③(ウ)部分）

　そうすると，評価対象地が評価通達24－4（広大地の評価）に定める広大地に該当するか否かの判定に当たって，当該評価対象地が所在するその地域内における近年の開発事例が道路開発を伴うもの及び路地状開発によるものの双方からなる場合（開発方法の混在化）であっても，おおむね，下記に掲げるような判断基準に基づいて，当該評価対象地に係る最有効使用の開発方法を検証すればその結果の合理性が担保されるものと考えられる。

判断基準
(1) 評価対象地の地積（その地域における標準的な宅地の地積と比較して著しく地積が広大であることは当然であるが，開発面積という観点から判断した場合における地積としてどのような規模を有しているのか）
(2) 評価対象地の形状（特に，下記に掲げる観点からの考察が重要となる）
　① 間口距離（間口距離（「開口部」とも称する）がある程度確保されていることが土地が宅地として利用されるための最低限の条件となる。筆者の経験では一方路線の宅地に道路を新設する方法により開発を行う場合には，間口距離として10mは少なくとも確保されている必要があるものと考える）
　② 間口距離と奥行距離との比率（当該比率（奥行長大性）がある程度の範囲内であれば路地状開発の合理性が主張されるが，あまりにも大きな数値になれば二重，三重以上の路地状開発によらざるを得なくなり，そのような多重の路地状開発の選択の有効

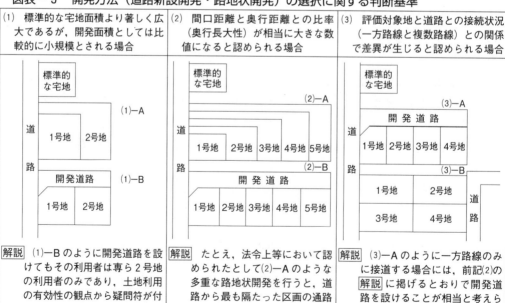

図表－9　開発方法（道路新設開発・路地状開発）の選択に関する判断基準

性は都心圏のベッドタウンの一部を除いては認め難いものと考えられる)

(3) 道路との接続状況（評価対象地と接する道路が複数存在する場合には，道路を新設することなく宅地の区画を創出させる可能性（例 「田の字型開発」による宅地造成）が高まることになる)

(4) その他の項目（地域性の考慮等）

本件裁決事例において請求人（納税者）が主張している項目（「本件土地は，A市という県内でも有数の高級住宅地というイメージの地域に所在するから，多少の潰れ地ができても，道路を開設して全区画が道路に接面する開発の方が路地状敷地よりも市場の需要の観点から見ても合理性がある」（前掲図表－4の(1)③欄を参照))，すなわち，地域における土地の選好性（一種の地域ブランド力，地域における売れ筋となる土地の条件）を確認しておくことも重要となる。

上記に掲げる 判断基準 をイメージ化すると，図表－9に掲げるとおりになる。

図表－10 同一面積の土地であっても開発方法が異なる事例

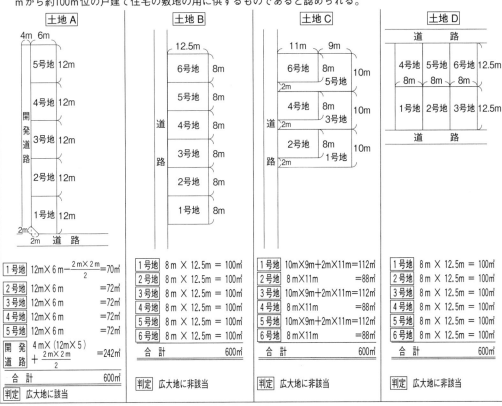

また，上記に掲げる判断基準の(2)及び(3)において，評価対象地の開発方法の選定（道路の新設を伴う開発又は路地状開発）に当たっては，評価対象地の形状及び道路との接続状況が重要なウエイトを占める旨の解説を行ったが，これを面積が同一の土地をもってイメージ化すると，図表－10に掲げるとおりとなる。

❺　本件隣接地の開発状況を本件土地評価に反映させることの可否

(1)　本件裁決事例における取扱い

　本件隣接地について，本件裁決事例から判明するデータを抽出し，これを本件土地と比較する形式でまとめると，図表－11のとおりとなる。

　そうすると，本件隣接地と本件土地は地積はほぼ同一であり，形状についても非常に近似しているものと推定(注)される。また，その他の比較項目（接道状況等，法令上の制限）についても近似性が推定される。

>　（注）　本件隣接地は間口距離及び奥行距離の具体的な記載はないが，東西に細長い長方形の土地とあり，また，本件土地も
>　「$\frac{27.83\text{m（奥行距離）}}{19.10\text{m（間口距離）}} \fallingdotseq 1.5$倍」と東西に細長い長方形の土地であると認められる。

　そして，国税不服審判所の判断においても，「『本件土地と地積が同規模又はそれ以上の土地で土地の形状や公道との接続状況が本件土地と類似する土地』（筆者注　真に，本件隣接地のことを指すものと思われる）での路地状開発の事例は見受けられない」として，原処分庁（課税庁）の主張を排斥している。

　したがって，このように同一価額需給圏内に存すると考えられる地積，形状等の諸条件（地価形成要因に影響を与えると認められるものに限る）が近似していると認められる土地の課税時期以前（例　課税時期後ではないことに留意）のある程度の期間内に行われた開発状況（道路を新設する宅地開発，路地状敷地による宅地開発の区分）は，本件土地（評価対象地）の最有効使用（経済的に最も合理性があると認められる土地の使用方法）の判断に当たって，多大な影響を与えることが理解される。

図表－11　本件隣接地と本件土地の対比比較

比較項目	本件隣接地	本件土地
地　　積	526.86㎡	528㎡
形　　状	東西に細長い長方形の土地（具体的な間口距離及び奥行距離は不明）	間口距離が19.10m，奥行距離が27.83mのほぼ長方形の形状である土地（前掲図表－1を参照）
接道状況等	不明（何らの根拠も有しない単なる推定であるが，本件土地の接道状況等と同様であると思われる）	一方路線（東側道路）による接道で，当該路線の路線価は470千円
法令上の制限	不明（何らの根拠も有しない単なる推定であるが，本件土地に対する法令上の制限と同様であると思われる）	・用途地域……第一種低層住居専用地域 ・容積率……100％ ・建ぺい率……50％
利用状況	平成15年に戸建住宅用地として道路を開設した開発（宅地の区画数は4区画）が行われている。	被相続人に係る相続開始日（平成19年）において，同人の自宅の敷地の用に供されている。

(2) 原処分庁（課税庁）の主張について

　原処分庁（課税庁）は，その主張において「本件隣接地が道路を開設する開発によったとしても，その地積の約16％が潰れ地（位置指定道路）となり，建ぺい率及び容積率の点からも路地状開発に比べて不利であるから当該開発は経済的に最も合理性のある戸建住宅用地の開発には該当しない」として，課税時期以前（約5年前）に実際に行われた本件隣接地の開発事例を重要視することを否定する。

　しかしながら，評価対象地が評価通達24－4（広大地の評価）に定める広大地に該当するか否かが争点とされた別件の国税不服審判所裁決事例（平19.7.9裁決，関裁（諸）平19－4，平成17年相続開始分，以下「別件裁決事例」といい，その概要は，下記 Ⅵ ❷(1)に掲げるものとする）では，評価対象地（地積940㎡の側方路線を有する長方形状の角地）について，その隣接地（地積813㎡の側方路線を有する長方形状の角地）が道路を開設することなく路地状開発により戸建住宅分譲用地として開発されていることを認定事実として，評価対象地とその隣接地の形状及び接道状況等の類似性から評価対象地についても路地状開発による戸建分譲を行うことが経済的に最も合理性のある開発に当たるとして，広大地に該当しないとの判断（すなわち，評価対象地との類似性が認められる隣接地又は近隣地の課税時期以前における実際の開発事例は，きわめて重要な判断上の証拠となることが理解される）がなされている。

　そうすると，本件裁決事例における原処分庁（課税庁）の主張は，別件裁決事例における国税不服審判所が示した判断との整合性の観点から，さらに一層の検証がなされるべきものと考えられる。

　なお，本件裁決事例において原処分庁（課税庁）が路地状開発によることを主張しているのは，別件裁決事例において国税不服審判所から示された「公共公益的施設用地（道路）の負担の必要性〔路地状開発の経済的合理性とその判断基準〕」（下記に要旨を掲載）が相当な影響を与えているものと推察される。

判断基準

① 路地状部分を組み合わせることによって「その地域」における標準的な宅地の地積に分割できること
② 都市計画法等の法令に反しないこと
③ 容積率（建築基準法52条）及び建ぺい率（同53条）の計算上有利であること
④ 評価対象地を含む周辺地域において路地状開発による戸建分譲が一般的に行われていること
　筆者注　上記④の　　　部分は，筆者が付設した。

　すなわち，上記に掲げる 判断基準 ③の項目を原処分庁（課税庁）は重視した（上記　　部分を参照）ものと考えられる（ただし，路地状開発によった場合の路地状（開設された通路）部分は，建築基準法上の容積率及び建ぺい率の計算の基礎に算入されるので，③の

要件は常時成立していると考えられ，これを条件として挙げることの合理性について説明がなされるべきである）。

また，上記に掲げる 判断基準 ④の項目についても原処分庁（課税庁）は，「本件地域内に路地状部分を有する敷地が複数存在していること」（前掲図表－4の原処分庁（課税庁）の主張欄(1)③㊁）を理由の一つとして路地状開発の相当性を主張している。

しかしながら，当該主張の相当性が担保されるためには，上記に掲げる 判断基準 ④において示されているとおり，「路地状開発による戸建分譲が一般的に行われている」（上記 判断基準 ④の 部分）ことが必要とされていることに留意しなければならない。この点につき，国税不服審判所では，「本件地域においては，路地状開発による事例も見られるものの，当該事例は，比較的小規模な面積で間口距離に比し奥行距離が長大な細長い形状の土地や，土地の形状と公道との接続状況及び面積から見て路地状開発によらざるを得ない，道路の開設による開発がもとより困難な土地の事例であり，本件土地は上記各事例（ 筆者注 原処分庁が示した路地状開発による開発事例）とは条件を異にする」（上記 Ⅳ ❸(3)③を参照）と判断して，原処分庁（課税庁）の主張を排斥している。

そうすると，本件裁決事例から「路地状開発による戸建分譲」の相当性の判断は下記に掲げる事項が先訓となることを学び取り入れたいところである。

> 先訓 評価対象地に路地状開発による戸建分譲を行うことの相当性を判断する場合の基準
>
> 　評価対象地を路地状開発による戸建分譲地として開発することが最も経済的に合理性のあるものとして認定するためには，単に，評価対象地の属するその地域（同一需給圏内）において課税時期以前の相当の期間内に路地状開発による開発事例があることのみを立証挙証するのみでは足りず，当該路地状開発による戸建分譲が「一般的」に行われていることを示す必要があるものと考えられる。ここに，一般的とは，評価対象地と路地状開発による戸建分譲地との間に，下記に掲げる諸項目が一致又はきわめて酷似していることを立証挙証する必要があるものと考える。
> ① 面積
> ② 間口距離及び奥行距離（特に，間口距離を奥行距離で除して計算した奥行長大の比率）
> ③ 土地の形状と公道との接続状況（接続する道路の数等）

❶ 参考法令通達等

・評価通達14－2（地区）
・評価通達22－2（大規模工場用地）

- 評価通達24−4（広大地の評価）（筆者注 平成29年12月31日をもって廃止）
- 国税庁質疑応答事例（「その地域」について）
- 国税庁質疑応答事例（「標準的な宅地の地積」について）
- 都市計画法4条（定義）12項，14項
- 都市計画法8条（地域地区）1項1号
- 都市計画法29条（開発行為の許可）
- 都市計画法46条（開発登録簿）
- 都市計画法47条（開発登録簿）
- 都市計画法施行令27条（開発許可の基準）
- A市小規模宅地開発指導要綱5条（宅地面積等）

❷ 類似判例・裁決事例の確認

(1) 路地状開発の経済的合理性及び隣接地の開発方法のしんしゃくが判断ポイントとされた裁決事例

評価対象地が評価通達24−4（広大地の評価）に定める広大地に該当するか否かの判定に当たって，路地状開発により戸建分譲を行うことの経済的合理性及び評価対象地の隣接地の開発方法をどのようにしんしゃくするのかがポイントとされた下記に掲げる国税不服審判所の裁決事例（平19.7.9裁決，関裁（諸）平19−4，平成17年相続開始分）がある。

事例

被相続人の所有する評価対象地（以下「本件土地」という）及び当該本件土地に隣接する土地（以下「本件隣接地」という。ただし，本件隣接地は相続財産には該当しない）の形状等は図表−12のとおりであった。

本件土地を図表−13のように開発道路（公共公益的施設用地に該当する）を設置して造成すれば開発行為に該当し広大地の評価の定めが適用されることになる。また，図表−14のように開発道路を設けず，いわゆる「路地状開発」で造成すれば開発行為には該当せず

図表−12　本件土地の概要図

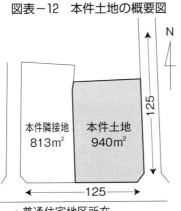

- 普通住宅地区所在
- 南側道路の間口距離は約26m
- 東側道路の間口距離は約36m

図表-13 開発道路を設置して造成する場合

図表-14 いわゆる「路地状開発」で造成する場合

広大地の評価の定めの適用はないこととなる。

(注) 路地状開発の路地（通路）部分は，法律上の道路には該当せず，公共公益的施設用地としては取り扱われないことに留意する必要がある。

このような事案において，いずれの方法で宅地造成を行うことが選択されるべきなのか。また，図表-14の路地状開発による宅地造成を選択するとした場合における当該選択の経済的合理性とその判断基準については，どのようになっているのか。

＜法令解釈等＞

公共公益的施設用地（道路）の負担の必要性〔路地状開発の経済的合理性〕

公共公益的施設用地の負担の必要性については，経済的に最も合理性のある戸建住宅の分譲を行った場合においてその負担が必要となるか否かによって判断するのが相当と解されるところ，路地状開発により戸建分譲を行うことが経済的に最も合理性のある開発に当たるかどうかについては，①路地状部分を組み合わせることによって「その地域」における標準的な宅地の地積に分割できること，②都市計画法等の法令に反しないこと，③容積率（建築基準法52条（容積率））及び建ぺい率（同法53条（建ぺい率））の計算上有利であること，④評価対象地を含む周辺地域において路地状開発による戸建分譲が一般的に行われていること，といった点を基に判断すべきと解される。

＜認定事実＞

① 本件土地の存する周辺地域は，中小規模の一般住宅と中層の共同住宅が混在し，空地も見られる住宅地域であり，本件隣接地は，二方路に面する角地で，形状及び接道状況などが本件土地に類似する土地であり，道路を開設することなく路地状開発により6区画の戸建住宅分譲用地として開発されている。

② 本件土地の存する周辺地域内において，平成12年に敷地面積165㎡，同面積183㎡の戸建住宅用の土地の売買が行われている。

③ ＊＊県建築基準法施行条例第＊条（路地状敷地）は，建築物の敷地が路地状部分のみによって道路に接する場合に，その敷地の路地状部分の長さが15m以上20m未満のものについては，その路地状部分の幅員を3m以上としなければならない旨定めている。

<当てはめ>

路地状開発により戸建分譲を行うことが経済的に最も合理性のある開発に該当するかどうかについては，本件土地に関して，下記に掲げる各事実が認められることから，この各事実を上記<法令解釈等>に掲げる①ないし④の判断基準に当てはめると，本件土地については，路地状開発により戸建分譲を行うことが経済的に最も合理性のある開発に当たると認めるのが相当である。

① 本件土地が，路地状開発により，本件地域における標準的な宅地の地積に分割することが可能であること

　　（ 筆者注 図表－14に掲げる1号地ないし5号地の地積は，187㎡から189㎡までである）

② 図表－14による路地状開発が，上記<認定事実>に掲げる③のとおりの路地状部分の幅員を満たすなど都市計画法等の法令などに反していないこと

　　（ 筆者注 図表－14に掲げる5号地については，路地状部分の長さが16m，その幅員は4mである）

③ 容積率及び建ぺい率の算定に当たって，路地状部分の地積もその基礎とされること

④ 本件隣接地が，上記<認定事実>に掲げる①のとおり，道路を開設することなく路地状開発されていること

<結　論>

以上より，本件土地は，公共公益的施設用地（道路）の負担が必要と認められるものには該当しないことから，本件土地について評価通達24－4（広大地の評価）の定めの適用はない。

　 筆者注 　なお，詳細については，『難解事例から探る財産評価のキーポイント〔第1集〕』**CASE 5**に収録済みであるので併せて参照されたい。

(2) 路地状開発による開発事例があったとしても，評価対象地の面積，形状及び他の道路との接続状況等を総合勘案して評価対象地に対する経済的に合理的な開発方法の判断がなされるべきであるとされた裁決事例

本件裁決事例の論点と同様に題記に掲げる判断が示された下記に掲げる国税不服審判所の裁決事例（平23.4.1裁決，東裁（諸）平22－180，平成18年相続開始分）がある。

事 例

被相続人の所有する評価対象地（市街地農地（畑）で地積2,534.25㎡，以下「本件土地」という）の評価方法（経済的に最も合理的な開発方法の選択）について，請求人（納税者）と原処分庁（課税庁）との間で，下記に掲げるとおり，その主張が異なっている。

① 請求人（納税者）の主張

本件土地は，都市計画法4条（定義）12項に規定する開発行為（以下「開発行為」という）を行う場合には，図表－15のとおり，セットバックが必要なほか，道路を開設する必要があり，公共公益的施設用地の負担が生じることになる。

したがって，本件土地が宅地であるとして評価した場合には広大地に該当するから，評

図表－15 請求人（納税者）が主張する開発想定図

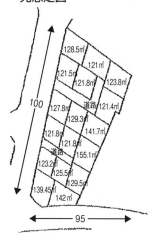

図表－16 原処分庁（課税庁）が主張する開発想定図

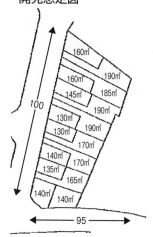

価通達40－2（広大な市街地農地等の評価）に定める広大な市街地農地として評価すべきである。

② 原処分庁（課税庁）の主張

　本件土地において路地状部分を有する宅地（以下「路地状敷地」という）を組み合わせた開発（以下「路地状開発」という）を行った場合，これを行わなかった場合と比して建ぺい率や容積率及び駐車場のスペースの点から有利であり，また，同一用途地域内には路地状開発事例もあることから，本件土地について路地状開発を行うことには経済的に合理性がある。そして，標準的な宅地の地積を基礎として，本件土地について開発想定図を作成すると，図表－16のとおり，公共公益的施設用地の負担が不要となる。

　したがって，本件土地が宅地であるとした場合，評価通達24－4（広大地の評価）に定める広大地には該当しないから，評価通達40－2（広大な市街地農地等の評価）に定める広大な市街地農地として評価することもできない。

＜法令解釈等＞

　評価通達24－4（広大地の評価）は，その地域における標準的な宅地の地積に比して著しく地積が広大な宅地で，開発行為を行うとした場合に公共公益的施設用地の負担が必要と認められるものについて，大規模工場用地，マンション適地等を除き，その評価につき減額の補正を行う旨定めている。

　このような評価通達の定めにかんがみれば，同通達でいう「その地域」とは，①河川や山などの自然的状況，②行政区域，③都市計画法による土地利用の規制など公法上の規制等，④道路，⑤鉄道及び公園など，土地の使用状況の連続性及び地域の一体性を分断する場合がある客観的な状況を総合勘案し，利用状況，環境等がおおむね同一と認められる，ある特定の用途に供されることを中心としたひとまとまりの地域を指すものと解するのが相当である。

図表-17

順　　号	1	2	3	4
番　　号	＊＊＊＊＊	＊＊＊＊＊	＊＊＊＊＊	＊＊＊＊＊
所在地番	A市B町＊＊＊	A市C町＊＊＊	A市B町＊＊＊	A市B町＊＊＊
地　　積	135㎡	136㎡	150㎡	140㎡
周辺の土地の利用状況	中規模一般住宅が多い閑静な住宅地域	中規模一般住宅が建ち並ぶ低地の住宅地域	中規模一般住宅が建ち並ぶ低地の住宅地域	中規模一般住宅が多い郊外の住宅地域

<認定事実>

① 本件土地について
　(イ) 本件土地は，A駅の西約1.5kmに位置している。
　(ロ) 本件土地は，二方が道路に接する土地であり，西側で接面する道路に付された路線価は100,000円，南側で接面する道路に付された路線価は95,000円である。
　(ハ) 本件土地は，南北に細長い形状をした不整形の土地であり，平坦な土地である。
　(ニ) 本件土地は，平成4年11月に生産緑地法2条3号に規定する生産緑地の指定を受けた畑地である。

② 本件土地の周辺の状況等
　(イ) 本件土地は，市道X号線，国道Y号線及び市道Z号線の三道路に囲まれた地域のうち，第一種低層住居専用地域に属しており，建ぺい率は50%，容積率は100%であり，当該地域は住宅地及び農地が混在する地域である。
　(ロ) 本件土地が属する用途地域内には，図表-17の順号1ないし3の公示地及び順号4の基準地が存している。
　(ハ) 審判所の調査結果によれば，平成8年から平成22年にかけて，市道X号線，国道Y号線及び市道Z号線に囲まれた用途地域が第一種低層住居専用地域である地域において，都市計画法29条（開発行為の許可）の開発許可（以下「開発許可」という）を受けて行われた開発行為のうち，戸建住宅用地の開発事例が24件ある。そのうち，新たに道路を開設して開発された事例が19件，既存の道路を拡幅して開発された事例が3件及び路地状開発事例が2件である。また，開発許可を要しないために開発許可を受けないで行われた戸建住宅用地の開発事例は7件あり，それらの開発事例はいずれも路地状開発の事例である。

　　そして，これらの開発事例のうち，開発許可を受けて新たに道路を開設して開発された事例19件及び既存の道路を拡幅して開発された事例3件は，開発面積が約650㎡ないし約5,000㎡のものである。

　　また，路地状開発の事例9件をみると，開発許可を受けて行われた路地状開発の事例2件における開発土地面積は約850㎡ないし約900㎡程度であり，開発許可を受けないで行われた路地状開発の事例7件における開発土地面積は約450㎡ないし約950㎡である。

　　なお，上記の路地状開発の事例においてみられる路地状敷地の区画数は，2区画な

いし4区画である。
　㈡　本件土地が属する用途地域内において，平成8年から平成22年にかけて行われた上記㈥の開発事例における1区画当たりの土地の面積は，約110㎡ないし約350㎡である。

＜当てはめ＞
①　本件土地の属する「その地域」について
　本件土地の所在する地域は，市道X号線，国道Y号線及び市道Z号線を境にして，土地の利用状況及び環境が大きく異なっており，これらの道路内の区域においてはおおむね同一の利用状況及び環境にあると認められるから，本件土地が所在する「その地域」は，これらの道路で囲まれた地域（以下「本件地域」という）であると認めるのが相当である。
②　本件地域における「標準的な宅地の地積」について
　審判所の調査結果によれば，本件相続開始日現在，本件地域は，戸建住宅用地としての開発が進行している地域であると認められ，上記＜認定事実＞②に述べた公示地及び基準地並びに開発事例はいずれも本件地域内に存し，これらの本件地域における公示地及び基準地並びに開発事例における土地の面積から判断すると，本件地域における標準的な宅地の地積は，おおむね135㎡ないし150㎡程度であると認められる。
　したがって，本件土地は，本件地域における標準的な宅地の地積（135㎡ないし150㎡）に比し，著しく地積が広大な土地であると認められる。
③　本件土地に係る公共公益的施設用地の負担の要否について
　㈠　本件土地の区画割りについて
　　本件地域における標準的な宅地の地積は，上記②のとおり，おおむね135㎡ないし150㎡程度であると認められ，また，本件土地の面積が2,534.25㎡であることからすれば，道路を開設しないで戸建住宅用地として開発行為を行う場合には，本件土地は17ないし18の区画割りをした上で戸建住宅用地として開発するのが合理的と認められる。

図表－18　国税不服審判所が認定する本件土地の開発想定図

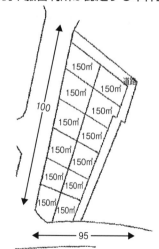

（注）　上記地積はいずれも概算である。

(ロ) 路地状開発の状況について

　本件地域における戸建住宅用地としての開発状況によれば，本件土地と地積が同規模程度の土地における戸建住宅用地としての開発事例で路地状開発の事例は全くなく，他の路地状開発の事例では，路地状敷地の区画数は，2区画ないし4区画で，原処分庁が主張する開発想定図（図表－16）のように七つもの連続した路地状敷地を配置した開発事例はない。

　本件地域における路地状開発の事例は，本件土地に比べてはるかに面積が小さい土地の開発事例や土地の形状，他の道路との接続状況及び面積からみて，路地状開発によらざるを得ない開発事例であることが認められる。

(ハ) 路地状開発の適否について

　本件土地の形状，他の道路との接続状況及び面積及び上記(ロ)の本件地域における戸建住宅用地の開発状況等を総合的に勘案して判断すると，本件土地を標準的な宅地の地積に応じた画地数に区画割りした上で戸建住宅用地として開発する場合，本件土地は，路地状開発よりも道路を開設し戸建住宅用地として開発する方が経済的に合理的な開発方法であると認めるのが相当である。

<結　論>

　以上より，本件土地は図表－18の開発想定図のような区画割り及び道路を開設して開発するのが経済的に最も合理的な開発方法であると認められ，宅地であるとした場合には評価通達24－4（広大地の評価）に定める広大地に該当することから，評価通達40－2（広大な市街地農地等の評価）に定める広大な市街地農地として評価するのが相当である。

追補 地積規模の大きな宅地の評価について

　本件裁決事例に係る相続開始年分は，平成19年である。もし仮に，当該相続開始日が，平成30年１月１日以後である場合（評価通達20－２（地積規模の大きな宅地の評価）の新設等の改正が行われた。以下「新通達適用後」という）としたときの本件土地（前記図表－４に掲げる請求人主張額（本件裁決事例による最終的な確定額）を基に算定）に対する同通達の適用は，次のとおりとなる。

(1) 地積規模の大きな宅地の該当性

　次に掲げる判断基準から本件土地が三大都市圏に所在する場合には，本件土地は評価通達20－２（地積規模の大きな宅地の評価）に定める地積規模の大きな宅地に該当する。しかしながら，本件土地が三大都市圏以外に所在する場合には，同通達に定める地積規模の大きな宅地に該当しない。

判断基準

要件	本件土地				
① 地積要件（注）	三大都市圏に所在する場合	528㎡ ≧ 500㎡ （評価対象地の地積）（三大都市圏に所在する場合の地積要件） ∴地積要件を充足	三大都市圏以外に所在する場合	528㎡ ＜ 1,000㎡ （評価対象地の地積）（三大都市圏以外に所在する場合の地積要件） ∴地積要件を未充足	
② 区域区分要件	本件土地に係る区域区分は明示されていないが，設定されている路線価から判断すると，市街化調整区域以外に所在するものと推定される。 　　∴区域区分要件を充足				
③ 地域区分要件	本件土地は，基礎事実から第一種低層住居専用地域（工業専用地域以外）に所在 　　∴地域区分要件を充足				
④ 容積率要件	本件土地に係る指定容積率は，基礎事実から100％（指定容積率400％未満（東京都の特別区以外の場合）又は同300％未満（東京都の特別区の場合）に該当） 　　∴容積率要件を充足				
⑤ 地区区分要件	本件土地は，認定事実から路線価地域の普通住宅地区に所在 　　∴地区区分要件を充足				
⑥ 判断とその理由	三大都市圏に所在する場合	該　当 （上記①ないし⑤の要件を充足）	三大都市圏以外に所在する場合	非該当 （上記①の要件を未充足）	

（注）　本件土地の所在地は不明である。

(2) 本件土地の価額（相続税評価額）

　新通達適用後の本件土地の価額（相続税評価額）を算定すると，下表のとおりとなる。

CASE6

区　　　　分		本　件　土　地	
		三大都市圏に所在する場合	三大都市圏以外に所在する場合
正面路線価	①	470,000円	470,000円
奥行価格補正率	②	0.97(注1)	0.97(注1)
規模格差補正率	③	0.79(注2)	————
1㎡当たりの価額（①×②×③）	④	360,161円	455,900円
地積	⑤	528㎡	528㎡
相続税評価額（④×⑤）	⑥	190,165,008円	240,715,200円

（注1）　奥行価格補正率
　　　　平成30年1月1日以後は，奥行価格補正率が改正されている。

（注2）　規模格差補正率
$$\frac{528㎡（評価対象地の地積）\times 0.95+25}{528㎡（評価対象地の地積）}\times 0.8=0.797\cdots \Rightarrow 0.79\begin{pmatrix}小数点以下第2\\位未満切捨て\end{pmatrix}$$

CASE7

評価単位 地 目	間口距離 奥行距離	側方加算 二方加算	広大地	農地・山林 ・原野
雑種地	貸 家 建付地	**借地権 貸宅地**	利用価値 の低下地	その他の 評価項目

更地時価買取請求権が付与され地方公共団体に貸し付けられた土地の評価方法（底地価額で評価することの可否）が争点とされた事例

事 例

被相続人甲は，本年11月に相続の開始があった。同人の相続財産である宅地（990.61㎡）は，課税時期の約10年前から下記に掲げる概要に基づいて地方公共団体（P市）に対して，建物（P市記念会館）の所有を目的として期間30年間の約定で貸し付けられていたものである。

概 要　(1) 賃貸借契約に当たって，P市は被相続人に対し権利金その他の一時金は支払わない。

(2) 被相続人はP市に対し，賃貸借契約の期間中であっても当該貸付対象地について請求時における更地時価での買取請求権を行使することが可能であり，当該更地時価買取請求を受けた場合にはP市は異議を唱えることなくこれに応じなければならない。

また，相続財産であるこの宅地の課税時期における状況は，下記のとおりであった。

・自用地としての相続税評価額……2億2,899万9,313円
・借地権割合……60％
・課税時期における地代年額……700万9,140円

この宅地の評価に当たって，P市に借地権が存在することは明白であるので底地価額である9,159万9,725円（2億2,899万9,313円×（1－60％））で評価したいと考えているところ，反対意見として，下記に掲げるような見解も示され，その判断に苦慮している。適切なご教示を願いたい。

見 解　(イ) この宅地は，P市（地方公共団体）に貸し付けられ保護対象とされる民法上（その特別法を含む）借地権の存在は認められるが，上記**概 要**に掲げるとおり，借地契約締結時に借地権利金等の収受は認められず，かつ，土地所有者による更地時価買取請求権の行使が保障されていることから財産権としての借地権の価額認識はされるべきではなく，当該宅地の価額は

自用地価額（2億2,899万9,313円）により評価することが相当である。
　㈢　理論的には上記㈡に掲げるとおりであるとしても、当該宅地の貸借形態は賃貸借契約であり借地人であるP市（地方公共団体）は、民法上の保護の対象とされる借地権（本件では、建物の所有を目的とする土地の貸借権）を有しており、宅地所有者（被相続人）に係る当該宅地の使用収益権に大幅な制約が認められる。この状況は、下記に掲げる態様における宅地評価に類似していると認められるので、本件宅地の価額は自用地価額の80％である1億8,319万9,450円（2億2,899万9,313円×80％）により評価することが相当である。

態様　㈠　「相当の地代の改訂方法に関する届出書」が提出され、相当の地代が改訂されている場合の貸宅地の価額
　　　㈡　「土地の無償返還に関する届出書」が提出され、かつ当該土地の貸借契約が賃貸借とされている場合の貸宅地の価額

（平16.3.5裁決、東裁（諸）平15-207、平成12年相続開始分）

I─基礎事実

❶　平成12年11月25日（以下「本件相続開始日」という）に死亡した被相続人に係る相続により、請求人はP市Q町に所在する宅地（地積990.61㎡）（以下「本件土地」という）を取得した。

❷　本件相続開始日における本件土地の状況は、P市が所有する「M館（以下「M館」という）」の敷地である。

❸　本件土地については、賃貸人を被相続人、賃借人をP市とし、平成2年3月29日付で土地賃貸借契約（以下「本件賃貸借契約」といい、本件賃貸借契約に係る賃貸借契約書を「本件賃貸借契約書」という）が締結されており、契約内容の要旨は次のとおりである。
　㈠　本件土地の使用目的は、（仮称）P市＊＊記念館建設用地とし、使用面積は993.36㎡である。
　㈡　本件賃貸借契約の期間は、平成2年4月1日から平成32年3月31日までの30年間である。
　㈢　本件賃貸借契約の締結に際し、P市は被相続人に対し権利金等に類する一時金は一切支払わない。
　㈣　被相続人はP市に対し、本件賃貸借契約の期間中であっても、本件土地について請求時の更地時価での買取請求（以下「更地時価買取請求」という）をすることができる。
　㈤　P市は更地時価買取請求を受けた場合には、異議なく応じ、また、P市の委任を受

けたＰ市土地開発公社も応じることができる。

（ヘ）賃貸借料は，月額35万2,642円（１㎡当たり355円）とし，経済事情の変動，公租公課の増額，近隣の賃料との比較等により不相当となったときは改訂することができる。

❹ 本件土地の地積990.61㎡は，本件相続開始日の現況における実測面積である。

Ⅱ　争　点

本件事例における具体的な争点は，下記のとおりである。

❶ 本件土地に更地時価買取請求条項が付与されていること等が本件土地の価額の算定にどのような影響を与えることになるのか。

❷ 本件土地の評価額はどのようにして求められることが相当であるのか。

❸ 本件土地の具体的な相続税評価額はいくらになるのか。

Ⅲ　争点に関する双方（請求人・原処分庁）の主張

争点に関する請求人・原処分庁の主張は図表－１のとおりである。

図表－１　争点に関する双方の主張

争　点	請求人（納税者）の主張	原処分庁（課税庁）の主張
(1) 更地時価買取請求条項が本件土地評価に与える影響	① Ｐ市は，被相続人から本件土地を賃借し，本件土地の上に「Ｍ館」という堅固な建物を建築（建築価額15億6,757万円）しているから，借地法上の保護が受けられる借地権者である。 　借地法上，借地権者には，借地権の消滅に際し，更新請求権の行使及び建物買取請求権が与えられているので，Ｐ市が建物買取請求権を行使すると，その売買価格は建物の建築価格からして高額になると思われ，一納税者が負担できる金額ではないので，事実上本件賃貸借契約を解除することはできず，本件土地は地代収受権しかない貸地である。 ② 本件賃貸借契約締結の際，権利金等に類する一時金の収受がないが，権利金の支払がない場合でも借地権が設定される場合もあることから，権利金等に類する一時金の収受がないことと借地権の成否は直接関係がない。 ③ 賃貸人は，本件賃貸借契約の期間中であってもＰ市に対して更地時価買取請求をすることができることになっており，Ｐ市もこれに異議なく応じることになっているが，下記に掲げる事由からすると，本件土地は，貸宅地の評価をすべきであ	① 下記に掲げる事由から，本件土地における経済的価値は何ら損なわれておらず，借地権に相当する減価が生じているとは認められないような特殊な貸宅地についてまで，一般的な借地権相当額を控除するのは相当でない。 （イ）本件土地の地代率が通常地代以下であること（[筆者注]争点(2)の請求人（納税者）の主張欄の①を参照）や借地権に基づき建物買取請求権が認められるとしても，借地権の設定に当たり，権利金等に類する一時金の授受がないこと （ロ）本件賃貸借契約の期間中であっても，Ｐ市に対して更地時価買取請求をすることができること ② 請求人らは，本件賃貸借契約書には更地時価買取請求があった場合にはこれに応じるとの契約条項はあるものの，Ｐ市は予算の関係ですぐに応じるかどうかも分からず，買主はＰ市に限られ更地価額が低く抑えられる危険もある旨主張する。 　しかしながら，相続税法に規定する時価とは課税時期における各財産の現況に応じた価額であることからすれば，請求

	る。 (イ) P市は予算の関係で買取請求にいつ応じるか分からないこと (ロ) 本件土地の買主はP市に限られ、更地としての買取価額が低く抑えられる危険もあること (ハ) 更地時価買取請求に係る契約条項は、実質的に本件賃貸借契約の期間を短縮する定めであり借地権者に不利な契約条件なので、借地法1条（定義）に抵触する恐れがあること	人らの主張は、いずれも不確定要素を前提としたものであり、本件土地の価額の判断を左右するものではない。
(2) 本件土地の評価額の求め方	① 本件土地の年地代率を原処分における本土地の更地価額2億2,899万9,313円を基に算定すると、本件相続開始時点における賃貸借料が年額423万1,704円であることから地代率は1.85％になる。 本件土地における借地権割合は60％で、相当地代は路線価の年6％相当とされているところ、貸宅地の通常地代率は2.4％（6％×（1－0.6））相当と認められるが、本件土地の地代率はそれ以下である。 ② 土地の借受けに際して相当の地代を支払う場合には賃借人に借地権の認定課税をしないのは、換言すると、借地権がないから相当の地代（高い地代）を支払い、借地権があれば低い地代を支払うことを意味する。 本件土地の地代率は通常地代率以下となっているので、本件土地は借地権の目的となっている土地であるともいえることから、貸宅地の評価をすべきである。	上記(1)に掲げるとおり、本件土地の価額の算定に当たって60％の借地権相当額を控除することは認められないが、下記に掲げる事項などとの権衡を考慮し、本件土地の価額は、自用地としての価額から20％相当を控除した価額によるべきである。 ① 本件土地は、本件相続開始日現在において第三者所有の建物に係る敷地として利用され、本件土地の所有者が自由に使用・収益することができないという利用上の制約があること ② 借地権の取引慣行のない地域でも貸宅地の価額は、借地権割合を20％として計算した価額を控除して評価することとしていること ③ 法人に土地を賃貸し土地の無償返還に関する届出書を提出している場合の貸宅地の価額は、自用地としての価額の80％で評価することとしていること
(3) 本件土地の具体的な相続税評価額	上記(1)及び(2)より、本件土地の価額は、自用地としての価額から60％の借地権相当額を控除して評価すべきであり、その価額は下記計算のとおりとなる。 計算 （自用地の価額）（借地権割合）（相続税評価額） 228,999,313円×（1－60％）＝<u>91,599,725円</u>	上記(1)及び(2)より、本件土地の価額は、自用地としての価額の80％相当額で評価すべきであり、その価額は下記計算のとおりとなる 計算 （自用地の価額）（しんしゃく率）（相続税評価額） 228,999,313円×（1－20％）＝<u>183,199,450円</u>

IV ── 国税不服審判所の判断とそのポイント

 認定事実

(1) M館は、P市の所有で、地上2階、地下5階の鉄筋コンクリート造りの建物構造（建築面積250.35㎡、延床面積1,533.72㎡）であり、総事業費は18億5,200万円である。
(2) 本件土地には地上権の登記はされておらず、上記(1)の建物の登記もされていない。

(3) 審判所がP市の担当部課において，本件賃貸借契約の内容を調査したところ，次の事実が認められた。
  ① 更地時価買取請求は，P市が権利金等の一時金を支払っていないことから定められたものであり，更地時価買取請求があった場合には，P市としてはこれに応じる必要があり拒否はできない。
  ② P市が借地する場合の賃借料については，権利金等の一時金の支払の有無にかかわらず，「P市借地料算定要領」に基づき算定されるところ，当該要領では，公共用地に供するための土地の賃借料の額は，その年度の固定資産税及び都市計画税の合計額（以下「固定資産税等の額」という）の3倍の額，若しくは前年度の賃借料の0.9倍の額のいずれか高い額と定められている。
  ③ 本件土地の本件相続開始日に係る年間賃貸借料は，700万9,140円（月額58万4,095円）である。

❷ 解釈（借地権の意義）

借地権とは，建物の所有を目的とする地上権及び賃借権であり，借地権の設定に際し権利金を収受する慣行のある地域においては，借地権それ自体が独立の取引の対象とされ，借地権価額あるいは借地権割合なるものが形成されているのは，主として借地人に帰属している経済的利益を評価したものと解されている。

❸ 本件土地の価額

本件賃貸借契約によると，本件土地は「M館」の用地としてP市に賃貸されたものであるところ，契約締結に際し賃借人であるP市から土地所有者である被相続人に対し権利金等の一時金の授受がないことから，被相続人は本件賃貸借契約の期間中であってもP市に対して更地時価買取請求ができ，P市は当該請求に対し異議なく応じるものとされることは，P市は借地権者としての経済的利益について享受しないものとしたと認められるところであり，一方，土地所有者である被相続人は賃貸した本件土地の底地価額は何ら減損することなく自用地と同額の価額として保障されているものと認められるところである。

加えて，被相続人は，本件賃貸借契約の期間中，P市借地料算定要領により固定資産税等の額の3倍という地代を受領することが保障されている。

そうすると，P市及び被相続人は本件賃貸借契約において，本件土地における借地権の経済的価値を認識しない旨を定めたものというべきであるから，本件土地の評価に当たっては，借地権相当額を何ら減額すべき事由はない。

したがって，本件土地の価額は，自用地としての価額と同額で評価するのが相当であり，その価額は<u>2億2,899万9,313円</u>である。

❹ 請求人の主張について

請求人は，借地権相当額を60％とする根拠について，図表－1の請求人（納税者）の主張欄(1)③(イ)ないし(ハ)のとおりに主張する。

しかしながら，次に掲げるとおり，請求人らの主張にはいずれも理由がない。
(1) 本件賃貸借契約においては，賃貸借料の定めのほかに更地時価買取請求ができる旨が

定められているから，本件土地には地代収受権しかないとの請求人の主張には理由がない。
(2) Ｐ市が更地時価買取請求にいつ応じるか分からず，買取請求の価格がＰ市によって低く抑えられる危険性があるとの請求人の主張は，将来の不確定要素を前提としたものに過ぎず，本件土地の価額の算定には何ら考慮すべき事情ではない。
(3) 本件賃貸借契約はＰ市と被相続人との間の合意により締結されたものであるところ，本件賃貸借契約の締結から現在までの間に，当該契約の内容について疑義等が発生した事実はないのであるから，本件土地の価額の算定に当たっては，本件賃貸借契約が借地法に抵触する恐れがあるか否かを判断するまでもない。
(4) 本件土地の年間賃貸借料はＰ市借地料算定要領により定められたものであるところ，Ｐ市借地料算定要領によると，権利金等の支払の有無にかかわらず固定資産税等の額を基礎として算定されるものであるから，年間賃貸料による地代率をもって借地権相当額を判断することは相当でない。
(5) 請求人は本件相続開始日時点における年間賃貸借料を423万1,704円として地代率を算定しているが，正当な年間賃貸借料は700万9,140円であるから，請求人の主張はその前提において誤りがある。

本件裁決事例のキーポイント

❶ 借地権の本質

借地権を理解するためには，これを「民法（借地借家法）上の本質」と「税法（相続税法）上の本質」に区分して理解することが重要となる。

(1) 民法（借地借家法）上の本質

民法の特別法たる位置付けにある借地借家法2条（定義）において，「借地権とは建物の所有を目的とする地上権又は土地の賃借権をいう」とされている(注)。そうすると，借地借家法の適用対象とされる借地権は，「建物の所有を目的とするもの」に限定される。

(注) 本件裁決事例の土地賃貸借契約は平成2年4月1日に締結されており，借地借家法（平成3年10月4日制定，平成4年8月1日施行）の適用を受けるものではなく，旧借地法の適用対象とされるが，借地権の意義については旧借地法と借地借家法（普通借地権の場合）を比較したときに，双方に何らの本質的な差異は認められない。

民法（借地借家法）において，借地権（普通借地権の場合）の本質は，下記に掲げる借地借家法上の規定（要約のみ記載）から，借地契約の締結時から終了時にいたる全過程を通じて借地上の建物所有者（借地人）に対する手厚い保護配慮にあると指摘できる。

① 借地借家法3条（借地権の存続期間）
借地権の存続期間は，最短でも30年間とすることが可能
② 借地借家法4条（借地権の更新後の期間），借地借家法5条（借地契約の更新請求等）
当初の借地期間の満了時において建物が存続している場合には，原則として当該借地

契約は更新され，その更新後の期間は最短でも10年（最初の更新に限り20年）間とすることが可能
③ 借地借家法10条（借地権の対抗力等）
　土地に係る賃借権の登記がされていない場合であっても，当該土地に存する建物の登記があることをもって借地権の存在を第三者に対して主張することが可能
④ 借地借家法13条（建物買取請求権）
　借地期間の満了時において，借地契約の更新をしないときは，借地権者は地主に対して建物の買取請求権を行使することが可能
⑤ 借地借家法19条（土地の賃借権の譲渡又は転貸の許可）

図表－2　税務上の借地権の分類

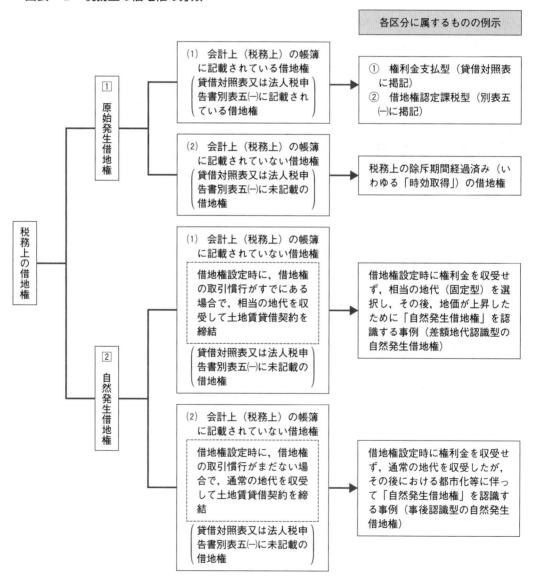

土地の賃借権契約により設定された借地権を第三者に譲渡又は転貸しようとする場合において，地主が当該譲渡又は転貸を承諾しないときには，裁判所に対して地主に代替して譲渡又は転貸の許可を与えるように請求することが可能

(2) 税法上の本質

借地権に係る税務上の議論がされる場合に，「借地権がある（認識される）又はない（認識されない）」という言葉を耳にすることがある。この議論を解決するためには税務上の借地権の本質を理解することが不可欠となる。

税務上の借地権の本質は，大別すると次の2区分に分類され，さらにこれを細別してまとめると，図表－2のとおりとなる。すなわち，税務上の借地権の本質は，その財産としての価値（客観的な交換価値をいい，換言すれば，有償（財貨）性を有すること）が認められることにある。

① 原始発生借地権

土地の貸借に当たって，対価（例 権利金，一時金等）を支払うこと等をもって設定されたもので，当該設定当初から原始発生的に借地人に帰属すると認められる借地権の財産としての価値（客観的交換価値）

② 自然発生借地権

上記①に該当しない土地の賃貸借に当たって，当該賃貸借開始後における土地価額の上昇や当該地域における土地に係る取引慣行の変化（借地権の取引慣行の定着）に伴って，当該賃貸借開始時ではなく事後において自然発生的に借地人に帰属したと認められる借地権の財産としての価値（客観的交換価値）

❷ 借地契約時の態様と税務上の取扱い

借地権に係る税務上の取扱いを理解するためには，地主と借地人で2区分，そして，当該地主と借地人がそれぞれ個人であるのか又は法人であるのかによってさらに細分される。本稿では，本件裁決事例に合わせて，「地主：個人，借地人：法人」である場合における建物所有を目的とする貸借権の設定時の取扱いについて検証する。

税務上における貸借権の設定時の取扱い（設定方法）には種々の態様が考えられるが，税務上の課税問題（トラブル）を生じさせない方法としては，下記(1)から(3)に掲げるものがある。

(1) 権利金支払方式

借地権（建物の所有を目的とする地上権又は土地の賃借権をいう）の設定があった場合において，当該借地権の設定対象地が，借地権の設定に際し，その設定の対価として通常権利金その他の一時金を支払う取引上の慣行がある地域であるときは，貸主である地主は借主である借地人に対して当該権利金の支払を求めることが一般的である。

この権利金の価額は，当該借地権の設定対象地の価額（時価）に，その地区の借地権割合を乗じて計算した金額により算出されるものであり，これを算式で示すと次のとおりとなる。

<算　式>

借地権の設定対象地の価額
（通常の取引価額） × その地区の
借地権割合

(2) 相当の地代支払方式

　相当の地代方式とは，借地権の設定に際し，その設定の対価として通常権利金その他の一時金を支払う取引上の慣行がある地域において，当該権利金の収受に代えて，当該土地の使用の対価として相当な地代を収受している場合には，当該借地取引は正常な条件でなされたものとするという法人税の取扱いに由来している。

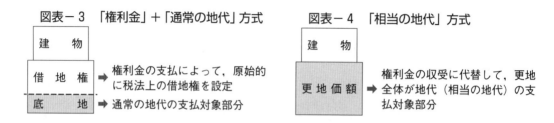

図表－3　「権利金」＋「通常の地代」方式
　建物
　借地権 ⇒ 権利金の支払によって，原始的に税法上の借地権を設定
　底地 ⇒ 通常の地代の支払対象部分

図表－4　「相当の地代」方式
　建物
　更地価額 ⇒ 権利金の収受に代替して，更地全体が地代（相当の地代）の支払対象部分

図表－5　相当の地代（年額）の計算方法

(1)	その年における当該土地の通常の取引価額×6％
(2)	その年における当該土地につき公示価格や標準価格から合理的に算出した価額×6％
(3)	その年における当該土地につき評価通達により算定した価額（相続税評価額）×6％
(4)	（その年における当該土地の相続税評価額＋その年の前年における当該土地の相続税評価額＋その年の前々年における当該土地の相続税評価額）×$\frac{1}{3}$×6％

図表－6　相当の地代の改訂方式と借地権の価額認識

改訂方式	相当の地代の改訂方式	将来の借地権の価額（自然発生借地権）の認識
相当の地代改訂型	その借地権の設定等に係る土地の価額の上昇に応じて，順次その収受する地代の額を相当の地代の額（上昇した後の当該土地の価額を基礎として計算した金額）に改訂する方法	左の態様の場合，借地人は，常に土地の価額（更地価額）に対して適正な運用利回りに相当する地代を支払っていることから，借地人にとっては差額地代(注1)の発生により生じる借り得に係る自然発生の借地権の価額(注2)は生じないことになる。
相当の地代固定型	「相当の地代改訂型」に掲げる方法以外の方法（具体的には，相当の地代を固定する方法，相当の地代を不十分に改訂する方法等が考えられる。）	左の態様の場合，借地人に対して評価時点（課税時期）において差額地代(注1)が生じている場合があり，このときには，借地人にとっては当該差額地代の発生により生じる借り得に係る自然発生の借地権の価額(注2)が生じていることになる。

（注1）　差額地代とは，下記に掲げる算式により計算される。

　（算式）　新規地代の額（課税時期現在において新規に賃貸借契約を締結した場合の適正な運用利回りを確保した理論的な地代）－継続地代の額（借地契約締結時よりの事情に基づいて課税時期現在において実際に支払われている地代）

（注2）　借り得に係る自然発生借地権の価額は，下記に掲げる算式により計算される。

　（算式）　$\dfrac{（注1）で算定した差額地代の額}{資本還元率※}$

　※　相続税法の個別通達では，この資本還元率を6％としている。

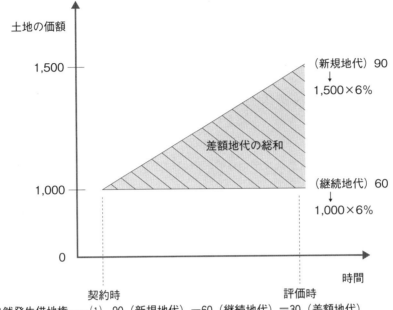

図表-7　差額地代から生じる自然発生借地権の認識モデル

自然発生借地権……(1)　90（新規地代）-60（継続地代）＝30（差額地代）
　　　　　　　　(2)　30（差額地代）÷6％（資本還元率）＝500（借地権の価額）
［参考］1,500（評価時土地価額）-1,000（契約時土地価額）＝500（地価上昇額）

　換言すれば，相当の地代を支払うとは，権利金を支払うこととの代替関係に位置付けられる。すなわち，通常権利金を収受した場合に，まだなお地主が留保している土地の所有権（底地権）に対する使用の対価として地代を支払うことになる（この地代を税務上，「通常の地代」と称する（図表-3を参照））が，これとは異なり，相当の地代方式の場合には，当該権利金を一切収受せずに，土地全体（所有権（底地権）と上地利用権の全部，すなわち更地）を地代の支払対象として，土地の更地価額に対して十分な運用利回りを確保する地代（この地代を税務上，「相当の地代」と称する（図表-4を参照））を収受することにより，その代替にしようとする考え方である。

　現行の課税実務上の取扱いでは，上記に掲げる借地権の設定に際しての相当の地代の計算方法は4通りあり，これを算式で示すと，図表-5のとおりとなる。

　なお，この相当の地代支払方式については，当該地代の改訂方式の差異によって税務上（法基通13-1-8（相当の地代の改訂））の定めとして2通りの方法が認められている。それぞれの内容と借地権設定後の土地価額の上昇に伴う借地権の価額（自然発生借地権）の認識についてまとめると，図表-6のとおりとなる。

　この差額地代から生じる自然発生借地権の認識モデルを図解で示すと，図表-7のとおりとなる。

(3)　無償返還届出書提出方式

　個人間における土地の無償貸与（当該土地の貸借について権利金等の授受がなく，かつ，使用の対価としての地代の支払もない契約）については，昭和48年11月1日付の相続税法

の個別通達（使用貸借に係る土地についての相続税及び贈与税の取扱いについて）において，貸主から借主に対する借地権の価額に相当する利益の贈与はないものとして取り扱うものとされている。

一方，同じ土地の無償貸与であっても，貸借契約の当事者の少なくとも一方が法人である場合には，個人間における土地の無償契約が直ちに使用貸借であるとして容認されるのとは異なり，貸借の当事者の態様に応じて一定の課税上の問題点(注)が生じることになる。

（注） 例えば，土地の貸主を個人，借主を法人として，個人（社長）所有地上に法人（同族会社）が建物を建築した場合には，経済的に高価値を有する借地権を法人は無償で取得したものとして，当該法人に借地権の価額に相当する経済的な利益（受贈益）の認定課税が行われる（下記仕訳を参照）。

　　　　（借）借　地　権　××　　（貸）受　贈　益　××

すなわち，経済的合理性を一義とする法人においては，建物のような相当の投資価値を有する資産を貸借した土地上に建築する場合に，当該土地の貸借を借地借家法に規定する借地に係る保護規定のない使用貸借契約の形態で設定することは当該経済的合理性から逸脱した行為であると考えられる。そして，このような行為は，表面上は使用貸借契約であるが，その実態は賃貸借契約にほかならず，使用貸借契約の形態を採用しているのは賃貸借契約の偽装行為であると認定して，税務上では，原則として上記に掲げるような課税上の取扱い（借地権の認定課税）を旧来においては行っていた。

しかしながら，上記に掲げるような課税上の取扱い（借地権の認定課税）について，下記に掲げる事項を指摘して，その執行の硬直性を問題視することが少なくはなかった。

① 法人が貸借の当事者として介在する土地の貸借契約の形態が使用貸借となっている取引事例は，貸主及び借主との関係が同族関係者（特殊関係者）間である場合には数多く見受けられること

② 上記①に掲げる貸借当事者間においては，当該土地に係る貸借契約の形態は借地借家法（旧借地法）に規定する借地権の保護がないことを十分に承知した上での契約であると認められること

そこで，昭和55年における法人税基本通達の見直しに際して，法人が貸借の当事者となっている土地の貸借取引であっても，その契約形態に税務上の「使用貸借契約」の形態があることを容認することとした。ただし，個人間における土地の使用貸借が無条件で（何ら，課税庁に対する手続を経る必要なく）容認されるのに対して，法人が介在する場合には，当該土地の使用貸借契約が賃貸借契約の偽装行為ではなく，真の使用貸借契約であることを証するために，課税庁に対して「土地の無償返還に関する届出書」（資　料 を参照）を提出するものとされている。

参　考　土地の貸借形態が賃貸借契約である場合の取扱い

法人が貸借の少なくとも一方となっている土地の貸借取引で，賃貸借契約の形態を採用している場合においても，当該借地権の設定に際して，通常の権利金を収受せず，

かつ，使用の対価としての相当の地代も収受していないときには，原則として，下記の算式により計算した借地権の価額に相当する経済的な利益の移転に対する課税（借地権の認定課税）が行われることになる。

＜算　式＞

$$\text{土地の更地価額} \times \left(1 - \frac{\text{実際に収受している地代の年額}}{\text{法基通13－1－2に定める相当の地代の年額}}\right)$$

（注）　上記により計算した金額が通常収受すべき権利金の額を超えることとなる場合には，当該権利金の額にとどめられる。

しかしながら，上記の「土地の無償返還に関する届出書」を提出している場合には，当該土地の貸借契約の形態が賃貸借契約であっても，上記の使用貸借契約の場合と同様に，土地の貸主及び借主の双方に財産的価値としての借地権の価額の認識はないものとして，借地権の価額に相当する経済的な利益の移転に対する課税（借地権の認定課税）は行われないこととされている。

そうすると，無償返還の届出書提出方式とは，土地の貸借取引の一方又はその双方が法人の場合において，当該取引の当事者間において財産的価値認識としての借地権認識を有しないときに，当該貸借取引について，①使用貸借契約や②通常の権利金（又は使用の対価としての相当の地代）を収受しない賃貸借契約を締結したことにより，通常は問題となる借地権の認定課税を回避するための方式であるといえる。

> [資料] 土地の無償返還に関する届出書

土地の無償返還に関する届出書

※整理事項	1 土地所有者 2 借地人等	整理簿	
		番　号	
		確　認	

受付印

令和　年　月　日

　　　国　税　局　長　殿
　　　税　務　署　長

　　土地所有者　_____は、〔借地権の設定等／使用貸借契約〕により下記の土地を令和　年　月　日から_____に使用させることとしましたが、その契約に基づき将来借地人等から無償で土地の返還を受けることになっていますので、その旨を届け出ます。

　　なお、下記の土地の所有又は使用に関する権利等に変動が生じた場合には、速やかにその旨を届け出ることとします。

記

土地の表示

　　所　在　地　_____

　　地目及び面積　_____　_____ ㎡

　　　　　　　　　　（土地所有者）　　　　　　　　（借地人等）
　　　　　　　　　　〒　　　　　　　　　　　　　　〒
住所又は所在地　_____　_____
　　　　　　　　　電話（　）　－　　　　　　電話（　）　－

氏名又は名称　_____㊞　　　_____㊞

代表者氏名　_____㊞　　　_____㊞

　　　　　　　　（土地所有者が連結申告法人の場合）　（借地人等が連結申告法人の場合）
　　　　　　　　〒　　　　　　　　　　　　　　　　〒
連結親法人の
納　税　地　電話（　）　－　　　　　　電話（　）　－

連結親法人名等　_____　_____

連結親法人等
の代表者氏名　_____　_____

　　　　　　　　　　　　　　借地人等と土地　　借地人等又はその連結親法人
　　　　　　　　　　　　　　所有者との関係　　の所轄税務署又は所轄国税局
　　　　　　　　　　　　　　_____　　_____

CASE7

(契約の概要等)

1　契　約　の　種　類　_____

2　土地の使用目的　_____

3　契　約　期　間　令和　　年　月　～　令和　　年　月

4　建　物　等　の　状　況

　(1)　種　　　　　類　_____

　(2)　構　造　及　び　用　途　_____

　(3)　建　築　面　積　等　_____

5　土　地　の　価　額　等

　(1)　土　地　の　価　額　_____円　(財産評価額　　　　円)

　(2)　地　代　の　年　額　_____円

6　特　約　事　項　_____

　　　　　　　　　　　_____

7　土地の形状及び使用状況等を示す略図

8　添　付　書　類　　(1)　契約書の写し　(2)　_____

土地の無償返還に関する届出書の記載要領等

1 この届出書は，法人税基本通達13－1－7《権利金の認定見合せ》又は連結納税基本通達16－1－7《権利金の認定見合せ》に基づいて土地の無償返還の届出をする場合に使用してください。

2 この届出書は，土地所有者（借地権の転貸の場合における借地権者を含みます。以下同じ。）の納税地（土地所有者が連結申告法人である場合には連結親法人の納税地）の所轄税務署長（国税局の調査課所管法人にあっては，所轄国税局長）に2通提出してください。
　（注）1　借地権の転貸の場合には，この届出書の「土地所有者」を「借地権者」と訂正して使用してください。
　　　　2　この届出書は，土地所有者が個人である場合であっても提出することができます。

3 この届出書の提出後において，その届出に係る土地の所有又は使用に関する権利等について次のような変動が生じた場合には，その旨を速やかに借地人等との連名の書面（2通とします。）により届け出てください。
　(1)　合併又は相続等により土地所有者又は借地人等に変更があった場合
　(2)　土地所有者又は借地人等の住所又は所在地（納税地がその住所又は所在地と異なる場合には，その納税地）に変更があった場合
　(3)　契約の更新又は更改があった場合
　(4)　この届出書に係る契約に基づき土地の無償返還が行われた場合

4 各欄の記載は次によります。
　(1)　「｛借地権の設定等／使用貸借契約｝」は，契約の種類に応じ該当するものを○で囲んでください。
　(2)　「地目及び面積」は，その土地の登記簿上の地目又は面積が現況と異なる場合には，その現況により記載してください。
　(3)　「住所又は所在地」には，土地所有者及び借地人等の住所又は所在地を記載しますが，納税地がその住所又は所在地と異なる場合にはその納税地を記載してください。
　(4)　「借地人等の所轄税務署又は所轄国税局」には，借地人等の納税地（借地人等が連結申告法人である場合には，連結親法人の納税地）の所轄税務署（国税局の調査課所管法人にあっては，所轄国税局）を記載してください。
　(5)　「(契約の概要等)」は次により記載してください。
　　イ　「1契約の種類」には，例えば「地上権の設定」，「土地の賃貸借」，「地役権の設定」，「借地権の転貸」，「土地の使用貸借」等のように，その契約の種類を記載してください。
　　ロ　「2土地の使用目的」には，例えば「鉄骨造工場用建物の敷地として使用する」，「鉄筋コンクリート造10階建マンションの建設のため」等のように，借地人等におけるその土地の使用目的を具体的に記載してください。
　　ハ　「4建物等の状況」の各欄は，借地人等がこの届出書に係る土地の上に有している建物等について，次により記載してください。
　　　(イ)　「(1)種類」には，建物，構築物等の別を記載してください。
　　　(ロ)　「(2)構造及び用途」には，その建物等の構造及び用途を，例えば「鉄筋コンクリ

ート造，店舗用」等のように記載してください。

(ハ) 「(3)建築面積等」には，その建物等の建築面積，階数，延床面積等を記載してください。

ニ 「5土地の価額等」の各欄には，その借地権の設定又は使用貸借契約をした時における当該土地の更地価額（借地権の転貸の場合にあっては，その借地権の価額）及び収受することとした地代の年額をそれぞれ記載してください。

なお，「(1)土地の価額」の「(財産評価額　　　円)」には，当該土地の財産評価額を記載してください。

ホ 「6特約事項」には，例えば建物の用途制限，契約の更新等について特約がある場合に，その内容を記載してください。

5 この届出書には，契約書の写しのほか，「(1)土地の価額」に記載した金額の計算の明細その他参考となる事項を記載した書類を添付してください。

6 留意事項

○ 法人課税信託の名称の併記

法人税法第2条第29号の2に規定する法人課税信託の受託者がその法人課税信託について，国税に関する法律に基づき税務署長等に申請書等を提出する場合には，申請書等の「氏名又は名称」及び「連結親法人名等」の欄には，受託者の法人名又は氏名のほか，その法人課税信託の名称を併せて記載してください。

❸ 本件裁決事例に対する検証

借地人である地方公共団体（P市）は，土地所有者である被相続人に対して賃貸借契約に基づいて地代を支払っていたのであるから，P市が民法（借地借家法）上の借地権（土地の賃借人が保護を受ける権利）（上記❶(1)において解説済）を保持していると考えられる。

次に，このP市が有する民法（借地借家法）上の借地権が，税法上の借地権（財産権としての客観的な交換価値）（上記❶(1)において解説済）を保持しているか否かについて検証する。

前掲図表－2（税務上の借地権の分類）を参照されたい。

この図表－2に照らして，P市が税法上の借地権を保持しているか否かを判定すると，下記のとおりとなり，結論として，法形式論的には，借地人である地方公共団体（P市）は，税法上の借地権を保持していないことになる。

(1) 原始発生借地権

① 会計（税務）上の帳簿に記載されている借地権を保持しているか否かの確認

本件裁決事例の場合，土地の賃借人であるP市は本件賃貸借契約締結時に土地所有者である被相続人に対して権利金その他の一時金の名称をもって行う対価の支払がないことから，「権利金支払型」（貸借対照表に掲記）には該当しない。また，本件賃貸借契約に関して，その後の本件相続開始時に至るまでの間に課税庁より借地権価額相当額の認定課税（(借) 借地権××／(貸) 受贈益××）を土地の賃借人であるP市（地方公共団体）は

受けたことがない（注）ことから，「借地権認定課税型」（法人税別表五㈠に掲記）にも該当しない。

　（注）　そもそも，Ｐ市（地方公共団体）は，法人税法２条（定義）１項５号に規定する公共法人（別表第１に掲げる法人をいう）に該当（別表第１に地方公共団体が掲げられている）する。そして，同法４条（納税義務者）の規定では，公共法人は，法人税を納める義務がないものとされている。そうすると，Ｐ市（地方公共団体）が借地権の認定課税を受けることはあり得ないことになる。

　そうすると，結論として，本件土地の賃借人であるＰ市は，会計（税務）上の帳簿に記載されている借地権を保持しているとは認め難いことになる。

②　会計（税務）上の帳簿に記載されていない借地権を保持しているか否かの確認

　原始発生借地権で，かつ，会計（税務）上の帳簿に記載されていない借地権とは，一般的には，「税務上の除斥期間経過済みの借地権」を指すものと考えられる。そうすると，本件裁決事例における土地の賃借人たるＰ市は地方公共団体であることから，上記①（注）に掲げるとおり，借地人の認定課税が行われるという事象そのものが存在せず，その結果として，上記の税務上の除斥期間経過済みの借地権の存在も生じ難いことになる。

　そうすると，上記の論点から考察すると，結論として，本件土地の賃借人であるＰ市は，会計（税務）上の帳簿に記載されていない借地権を保持しているとは認め難いことになる。

　なお，国税不服審判所の判断では，下記に掲げる認定事実に基づいて，「土地の賃借人であるＰ市は借地権者としての経済的利益について享受しないものとしたと認められるところであり，一方，土地所有者である被相続人は賃貸した本件土地の底地価額は何ら減損することなく自用地と同額の価額として保障されているものと認められる」として，借地権相当額の存在を一切，認めていない。

　㈤　本件賃貸借契約締結に際し，賃借人であるＰ市から土地所有者である被相続人に対し権利金等の一時金の授受がないこと

　㈥　被相続人は本件賃貸借契約の期間中であっても，Ｐ市に対して更地時価買取請求ができること

　㈦　Ｐ市は，上記㈥の請求に対し異議なく応じるものとされていること

　すなわち，国税不服審判所の判断では，更地時価買取請求権条項の存在を全面的に支持し，借地人に帰属する経済的利益の不存在を認定するという理論構成が採用されているが，この更地時価買取請求権の法的有効性に関して検証した部分は見受けられない（この「更地時価買取請求権」条項の法的有効性及び当該事項をしんしゃくの対象として相続税法22条（評価の原則）に規定する客観的な交換価値たる財産の価額を求めることの是否については，下記❹(1)で検証する）。そして，筆者が上記で指摘した地方公共団体に対する借地権認定課税との関係で，税務上の借地権の不存在を説明している部分も見受けられない。

　また，法形式論的には，上記に掲げるとおり（地方公共団体であるＰ市には税務上の原始発生借地権は不存在）であったとしても，下記❹(3)で指摘するとおり，地代率（収受

する地代の年額／土地の更地としての価額）との関係で，税務上においては土地の賃借人に原始発生借地権が帰属しているのではないかという指摘も考えられるところであり，該当項部分で詳細に検討したい。

(2) 自然発生借地権

① 土地の賃貸借契約締結時に権利金を収受せず，相当の地代（固定型）を選択し，その後，地価が上昇したために発生する「自然発生借地権」（差額地代認識型の自然発生借地権）を保持しているか否かの確認

本件裁決事例の場合，本件賃貸借契約に基づき，借地人であるＰ市が土地所有者である被相続人に対して支払う地代は，前掲の認定事実のとおり，本件土地に係る固定資産税等の額の３倍ということであるから，このような水準の地代が税務上の相当の地代（土地の価額のおおむね６％相当額）に該当することはない。

そうすると，結論として，本件土地の賃借人であるＰ市に差額地代認識型の自然発生借地権の保持を認識することはできない。

② 土地の賃貸借契約締結時に借地権の取引慣行がまだないため権利金を収受せず，通常の地代を収受したが，その後における都市化等に伴って発生した「自然発生借地権」（事後認識型の自然発生借地権）を保持しているか否かの確認

本件裁決事例の場合，下記に掲げる基礎事実及び認定事実から判断すると，本件土地は，本件賃貸借契約締結時において，借地権の取引慣行（借地契約時に借地権利金の支払を行う等，借地権が経済的な価値を有するものとして客観的交換価値の対象とされる状況をいう）がすでにあるものと考えられる。

(イ) Ｐ市では，更地時価買取請求の条項は同市が権利金等の一時金を支払っていないことから定められたものであるとの認識を持っており，借地権の取引慣行を自認していると考えられること

(ロ) 本件賃貸借契約の締結は平成２年であり，土地所有者である被相続人に係る相続開始時期は平成12年となっており，その時における借地権割合は60％とされている。そうすると，両時期の期間的な隔たりは約10年間と比較的短期間でありこの期間中に当該借地権割合の数値に大きな異動があったとは考え難い。したがって，本件賃貸借契約の締結時においても60％程度の相当高い借地権割合を有していたものと考えられ，このように高い借地権割合の地域は借地権の取引慣行があると一般的には考えられること

そうすると，結論として，本件土地の賃借人であるＰ市に事後認識型の自然発生借地権の保持を認識することはできない。

上記に掲げる法形式論的な結論（借地人であるＰ市には，原始発生及び自然発生の双方の見地から考察した場合における税務上の借地権の不存在）からすると，本件土地の価額は，経済的に何らの減損も認められないことから自用地と同額の価額で評価すべきとの考え方が成立することも一種の正論であり，本件裁決事例における国税不服審判所の今回の判断はこの立場に立脚するものである。

一方，本件土地の価額について原処分庁（課税庁）は，下記に掲げる事項を挙げてその権衡から自用地としての価額の80％相当額で評価（20％相当額の減額）することを主張しているが，前掲のとおり，国税不服審判所の判断（自用地と同額で評価）では，当該主張さえも認めていない。

⑷　本件土地は，賃貸借契約に基づき第三者所有の建物の敷地として利用され，本件土地所有者の自由な使用収益に制約が加えられていること

⑻　借地権の取引慣行のない地域における貸宅地の価額においても，自用地としての価額の20％相当額を控除した金額によって評価していること

⒞　土地の賃貸借契約で土地の無償返還に関する届出書が提出されている場合の貸宅地の価額は，自用地としての価額の80％相当額によって評価していること

　筆者は，国税不服審判所が本件賃貸借契約書に記載されている更地時価買取請求条項を最重要視して下記に掲げる判断を行い，結果として，本件土地の価額を自用地相当額として評価したことに賛同はしない。

　Ⓐ　税務上の借地権（原始発生借地権及び自然発生借地権）が認められないこと

　Ⓑ　本件土地の価額に経済的な減損が認められないことから，一切の減額の必要が認められないこと

　すなわち，Ⓐの指摘に対しては，その基因となっている本件賃貸借契約に係る本件土地の更地時価買取請求条項の法的有効性（適法性）に対する各方面からの検討を加えた上で，最終的な判断が必要になるものと考えられる（この点の検討については，次の❹を参照）。

　また，Ⓑの指摘に対しては，本件裁決事例における本件土地については，更地時価買取請求条項が付与されていることから税務上の借地権の存在が認められないとしても（再度の指摘となるが，この点の検討は次の❹で行う），本件土地賃貸借契約は土地所有者である被相続人と借地人Ｐ市との間で締結された建物の所有を目的とする賃貸借契約であり，借地人であるＰ市には，民法（その特別法を含む）上の借地権（建物所有者が手厚く保護配慮される権利）が付与されている。換言すれば，「『税務上の借地人』は存在しないが，『民法上の借地権』は存在する」という状態にある。

❹　本件裁決事例の検討論点

(1)　更地時価買取請求条項について

①　更地時価買取請求条項の合法性

　上記❶に掲げる基礎事実のうちに，次に掲げる項目が挙げられている。

　㈲　被相続人（土地所有者）はＰ市（借地人）に対し，<u>本件賃貸借契約の期間（平成２年４月１日から平成32年３月31日までの30年間）中であっても，本件土地について請求時</u>の更地時価買取請求をすることができる。

　㈹　Ｐ市（借地人）は，上記㈲の請求を受けた場合には，異議なく応じなければならない。

　そうすると，この更地時価買取請求条項の合法性が検証されなければならない。すなわち，土地所有者である被相続人と借地人であるＰ市との間で締結された本件賃貸借契約

において合意された更地時価買取請求条項について，各種法令との関係で違法性を有していないかどうかの確認が求められることになる。少なくとも，次に掲げる２点の法律との関係において違法性の有無（換言すれば，合法性を担保していること）の確認が必要とされる。

(イ) 借地借家法（本件裁決事例の場合は，旧借地法）から判断した合法性の確認

次に掲げる借地借家法（平成３年10月４日法律第90号）の規定を参照されたい。

○借地借家法（抜粋）

第２章　借　　　地

第１節　借地権の存続期間等

第３条（借地権の存続期間）

借地権の存続期間は，30年とする。ただし，契約でこれより長い期間を定めたときは，その期間とする。

第９条（強行規定）

この節（筆者注 第１節を指す）の規定に反する特約で借地権者に不利なものは，無効とする。

すなわち，借地借家法の規定では，借地人を保護する観点から借地権の存続期間に係る法定事項（30年以上）に反する特約で借地人に不利なもの（存続期間30年未満）は無効と解されている。

そうすると，本件賃貸借契約の規定は，借地権の存続期間を表面上は30年間として借地借家法に抵触しない形態を採用しているものの，更地時価買取請求の行使要件として，上記(イ)（借地契約期間中においても，土地所有者から借地人に対する一方的な権利行使の容認）及び(ロ)（更地時価買取請求に対する借地人側における受忍義務）の取扱いが明記されており，これらを総合的に勘案すると，借地人に対する借地権の存続期間が30年間であるとの保障がなされているとは断じ難い。よって，本件賃貸借契約における契約期間の規定は借地権者に不利な特約付きであるとして，その無効（違法性）を借地人側から主張される恐れも考えられるところである。

これに対して，Ⅳ❹(3)のとおり，国税不服審判所の判断は，下記に掲げる二つの事由を基に，本件賃貸借契約が借地法に抵触する恐れがあるか否かを判断するまでもないとして，その判断自体を回避している（国税不服審判所の審判官が，ある契約行為の違法性を判断するという行為は，その職務権限として，馴染まないものと考えられる）。

(A) 本件賃貸借契約は，Ｐ市（借地人）と被相続人（土地所有者）との間の合意により締結されたものであること

(B) 本件賃貸借契約の締結から現在までの間に，当該契約の内容について疑義等が発生した事実はないこと

しかしながら，上述のとおり，本件賃貸借契約に規定する更地時価買取請求が仮に借

地借家法に規定する強行規定に抵触するのであれば，他に選択肢を求める余地のない(注)当然の無効となり，当該無効行為を前提に本件土地の価額が算定されることに賛意を寄せることはできない。

 （注）「土地の無償返還に関する届出書」も，立退料を収受することなく借地人が土地所有者に対して借地権を無償で返還するという点で，借地借家法9条（強行規定）に反するものでその無効（違法性）が検討される場面もあると考えられる。しかしながら，同届出書の提出は課税庁からその提出を強要されたものではなく，法人税基本通達13－1－7（権利金の認定見合せ）に定める選択肢の一つとして設けられた制度であり，本稿で検証する更地時価買取請求に対する無効（違法性）とは異なる次元のものであることを付言しておきたい（以下，(B)において同じ）。

したがって，本件事例を真に検証するためには，審判官がその判断を留保した本件賃貸借契約が借地法に抵触する恐れがあるか否かの判断が，その前提として必要になるものと思われる。

㋺　地方財政法から判断した合法性の確認

次に掲げる地方財政法（昭和23年7月7日法律第109号）の規定を参照されたい。

○地方財政法（抜粋）

第1条（目的）

 この法律は，地方公共団体の財政（以下地方財政という。）の運営，国の財政と地方財政との関係等に関する基本原則を定め，もって地方財政の健全性を確保し，地方自治の発達に資することを目的とする。

第8条（財産の管理及び運用）

 地方公共団体の財産は，常に良好の状態においてこれを管理し，その所有の目的に応じて最も効率的に，これを運用しなければならない。

上記に掲げる条文規定のみでは非常に抽象的ではあるが，地方公共団体は，地方財政の健全性が要求され，そのためには，地方公共団体の所有財産については良好な状態による管理及び所有目的に応じた効率的な運用が求められている。

そうすると，本件賃貸借契約の規定は，更地時価買取請求の行使要件として，上記㋺（土地所有者による請求時の更地時価買取請求）の取扱いが明記されており，換言すれば，土地所有者は土地所有権移転時期を自己の一方的意思のみで確定可能となる。すなわち，土地所有者は土地の価額が低迷していると判断すればその所有を継続し，逆に，土地の価額が高騰しピーク時に到達したと判断すればP市（借地人）に対して，更地時価買取請求権を行使することにより最大の利潤を確保することが可能となる。

一方，P市（借地人）側においては，本件賃貸借契約に掲げる更地時価買取請求を受けた場合には，たとえ地価高騰期であると認識しているときであってもこれに応じざるを得ないという規定振りとなっている。このような規定の履行を求められることは，上述の地

方財政法を制定した目的及び地方財政法上における財産の管理及び運用指針にも反するものと考えられる。

　（注）　土地所有者による請求時の更地時価買取請求の規定は，上記①で検討した実質的な借地期間の短縮以外にも，土地売買価額の選択決定権を土地所有者が確保しており借地人にないという点で，借地権者に不利なものとして，その有効性が議論されるべきものと考えられる。

　これに対して，上記Ⅳ❹(1)のとおり，「本件賃貸借契約においては，賃貸借料の定めのほかに更地時価買取請求ができる旨が定められているから，本件土地には地代収受権しかないとの請求人の主張には理由がない」と国税不服審判所は判断して，本件賃貸借契約書に規定する更地時価買取請求の存在を重視している。

　しかしながら，上述のとおり，更地時価買取請求が地方財政法に抵触するのであれば，他に選択肢を求める余地のない当然の無効が主張されることも想定されることから，このような事項を前提に本件土地の価額が算定されることに疑念が生じる。

　したがって，本件事例を真に検証するためには，本件賃貸借契約に規定する更地時価買取請求が地方財政法上においてどのように位置付けられるのかを議論することが必要になるものと考えられる。

② 更地時価買取請求条項を合法と仮定した場合の次の議論

　本件賃貸借契約書に規定する更地時価買取請求条項を仮に合法とした場合であっても，本件土地に一定の評価上のしんしゃく配慮が必要になるものと考えられ，当該しんしゃくについては次の(2)で検討を加えることにする。

(2) **本件土地に民法上の借地権が存在することへのしんしゃく配慮**

　仮に，上記(1)で検討した更地時価買取請求が借地借家法，地方財政法等に照らして合法的なものであると認定された場合には，土地所有者はその有する本件土地を請求時の更地時価にて借地人に買い取らせることが適法に認められることになり，その財産価値は常に自用地（更地）価額を担保している。その意味（換言すれば，「税務上の借地権」の不存在）のみに限定して解するのであれば，国税不服審判所の判断（自用地の価額で評価（注））は相当と考えられる。

　（注）　国税不服審判所は，下記に掲げる事項をもって，「Ｐ市（借地人）及び被相続人（土地所有者）は本件賃貸借契約において，本件土地における借地権の経済的価値を認識しない旨を定めたものというべきであるから，本件土地の評価に当たっては，借地権相当額を何ら減額すべき事由はない」と判断している。

　　① 被相続人（土地所有者）は本件賃貸借契約の期間中であってもＰ市（借地人）に対して更地時価買取請求ができ，Ｐ市は当該請求に対し異議なく応じるものとされることは，Ｐ市は借地権者としての経済的利益について享受しないものとしたと認められること

　　② 土地所有者である被相続人は賃貸した本件土地の底地価額が何ら減損することなく自用地と同額の価額として保障されているものと認められること

しかしながら，上記❶(1)のとおり，本件土地の貸借形態が賃貸借契約であることから，借地人（地方公共団体であるＰ市）は，その借地契約継続中の期間においてその有する「民法上の借地権」について手厚い保護の手が差し伸べられていることは否定できない。したがって，土地所有者は本件土地賃貸借契約が継続している限り，本件土地は土地所有者による自由な使用収益権に制限が付されることになる。

　そうすると，本件土地賃貸借契約に基づく本件土地の貸借形態は，「財産権としての『税法上の借地権』は認められないが，借地人に対する手厚い保護を容認する『民法上の借地権』が認められる」ものである。

　このような状態と同態と認識される土地の貸借形態としては，下記に掲げるものがある。

(イ)　土地の賃貸借契約締結時において，借地権の取引慣行がすでにある場合に借地権利金を一切収受せず，相当の地代を収受し，その後の土地価額の上昇に伴って相当の地代を改訂する方法を選択した場合（相当の地代（改訂型）方式）

(ロ)　土地の賃貸借契約締結（貸主又は借主のうち，少なくとも一方が法人であるものに限る）時において，借地権の取引慣行がすでにある場合に借地権利金を一切収受せず，貸主及び借主の連名で課税庁に対して「土地の無償返還に関する届出書」が提出されている場合（土地の無償返還に関する届出書の提出（賃貸借契約型）方式）

(ハ)　土地の賃貸借契約締結時において，借地権の取引慣行が未だ成熟していない場合（借地権の取引慣行がない場合の土地の賃貸借方式）

　そうすると，上記(イ)ないし(ハ)に掲げるこれらの土地の価額は，いずれも，上記に掲げる「『税務上の借地権』は存在しないが，『民法上の借地権』は存在する」との考え方に基づいて，土地所有者の自由な使用収益権に制限が加えられることに配慮して，自用地としての価額の80％相当額で評価（20％相当額の減額）するものとして，評価通達又は個別通達にその定めが設けられている。

　すなわち，国税不服審判所の判断（本件土地は，何らの減価をも行う必要なく自用地相当額で評価）は，更地時価買取請求条項の存在が図表－８に掲げる思考過程となって本件土地の評価に反映したものと考えられる。

　一方，上記(イ)ないし(ハ)に掲げるそれぞれの土地貸借形態とその土地の評価方法の定めを思考過程にまとめると，図表－９のとおりとなる。

　図表－８及び図表－９を比較すると，両者にはともに，「『税務上の借地権』は存在しないが，『民法上の借地権』は存在する」という状態が確認できるのにもかかわらず，結果としての土地の評価方法が異なる（図表－８は自用地の価額で評価，図表－９は自用地の価額の80％相当額で評価）ことになっている（図表－８及び図表－９の□部分を参照）。

　このような事態を招来させたのは，図表－９の（Ｘ）部分の視点（税法上の借地権は不存在でも，民法上の借地権の存在により土地の自由な使用収益権を制約する）が，国税不服審判所の判断形成過程において十分に考慮されていなかったためではないかと推測される。

　すなわち，本件賃貸借契約においては土地所有者（被相続人）による借地人（Ｐ市）に

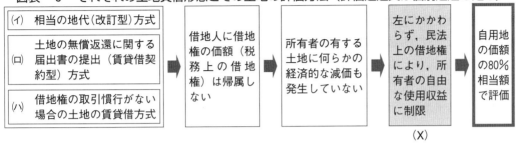

図表－8 更地時価買取請求条項の存在と本件土地の評価（国税不服審判所の考え方）

図表－9 それぞれの土地貸借形態とその土地の評価方法（評価通達又は個別通達の定め）

対する更地時価買取請求条項が付されており，仮にこれを有効なものとして判断する（その結果，税務上の借地権は不存在）としても，本件契約は賃貸借契約の形態を採用していることから借地人の保護をその本質とする民法上の借地権の存在までをも否定することはできないはずである。よって，土地所有者（被相続人）は借地人（P市）の存在によって自己の自由な土地の使用収益権に制限が付されていたものと考えなければならない。

そうすると，図表－8と図表－9の両者は，その本質において同一（「『税務上の借地権』は存在しないが，『民法上の借地権』は存在する）であるにもかかわらず，結果としての土地の評価方法が異なる（図表－8は自用地の価額で評価，図表－9は自用地の価額の80％相当額で評価）ことに理論的整合性を見い出すことは困難であると考える。

その結果，本件裁決事例における本件土地の評価に当たっても，一定の評価上のしんしゃく配慮が必要となることが理解される。現行の評価通達には本件土地のような状況にある財産についての評価方法の定めが設けられていないため，このような財産については評価通達5（評価方法の定めのない財産の評価）の定めを適用して評価することが相当になる。

○評価通達5（評価方法の定めのない財産の評価）
　この通達に評価方法の定めのない財産の価額は，この通達に定める評価方法に準じて評価する。

具体的には，本件裁決事例における本件賃貸借契約は図表－9に掲げる(イ)ないし(ハ)の各土地の貸借形態と比較した場合に，その置かれた法的側面と経済的環境が酷似しているものと考えられる。そうすると，本件裁決事例における本件土地の評価に当たっては，少なくとも，図表－9に掲げる(イ)ないし(ハ)の各土地の貸借形態が採られた場合における評価額である「自用地としての価額の80％相当額」で評価することが必要になるものと考える。

（注）原処分庁（課税庁）の主位的な主張はこの立場を採るものであり，本件更正処分に当

たって，本件土地を自用地としての価額の80％相当額で評価している（前掲図表－1の原処分庁（課税庁）の主張欄の(2)を参照）。

本件土地評価における国税不服審判所の判断（自用地相当額で評価）は，本件土地賃貸借契約書に記載されている更地時価買取請求条項を過度に重視して，本件土地の貸借契約が賃貸借契約であることから招来する民法上の借地権の存在が土地評価に与える影響（評価減の必要性）に考慮が至らなかった嫌いがあるものと考えられる。

(3) 地代率から借地権価額を求めることの可否

不動産鑑定士が不動産鑑定評価を行う場合のバイブルとしている不動産鑑定評価基準の「第1章　価格に関する鑑定評価，第1節　土地，Ⅰ　宅地，3.借地権及び底地」の項目において，「借地権の価格」の意義について，次のとおりに定義している。

○不動産鑑定評価基準に規定する「借地権の価格」の意義

借地権の価格は，借地借家法（廃止前の借地法を含む。）に基づき土地を使用収益することにより借地人に帰属する経済的利益（一時金の授受に基づくものを含む。）を貨幣額で表示したものである。

借地人に帰属する経済的利益とは，土地を使用収益することによる広範な諸利益を基礎とするものであるが，特に次に掲げるものが中心となる。

ア　土地を長期間占有し，独占的に使用収益し得る借地人の安定的利益

イ　借地権の付着している宅地の経済価値に即応した適正な賃料と実際支払賃料の乖離（以下「賃料差額」という。）及びその乖離の持続する期間を基礎にして成り立つ経済的利益の現在価値のうち，慣行的に取引の対象となっている部分

そうすると，上記のイ部分からなる借地人に帰属する経済的利益とは，賃料差額（新規地代－継続地代＝差額地代）を資本還元率をもって利回り還元した元本価値額であるといえる。

また，上記Ⅳ❶に掲げる認定事実等によれば，下記に掲げる事項が確認できる。

① P市借地料算定要領では，公共用地に供するための土地の賃借料の額は，その年度の固定資産税等の額の3倍の額，若しくは前年度の賃借料の0.9倍の額のいずれか高い額と定められていること

② 本件土地の本件相続開始日における自用地としての価額及び年間賃借料に基づき算定した地代利回り（地代率）は，下記計算のとおり，約3％となること

＜計　算＞

$$\frac{7,009,140円（年間賃借料）}{228,999,313円（自用地としての価額）} ≒ 3.06\%$$

以上に基づいて，本件土地に「税務上の借地権」が存在するか否かについて試論をその思考過程に沿って加えると次のとおりである。

(イ)　本件土地の貸借形態

(イ) 本件土地は，借地権（建物の所有を目的とする地上権又は土地の賃借権をいう）の設定に際し，その設定の対価として通常権利金その他の一時金を支払う取引上の慣行（借地権の取引慣行）がある地域であると認められること
　　(注)　本件土地の所在地の借地権割合は60％とされており，このような高い借地権割合が示されている地域は，上記に掲げる借地権の取引慣行のある地域と考えて差し支えない。

(ロ) 本件土地は，借地権の取引慣行のある地域に所在するにもかかわらず，借地権利金等の一時金の支払がなされていないこと（権利金支払方式の不採用）

(ハ) 借地権利金等の一時金を支払う取引上の慣行がある地域において，当該権利金の収受に代えて，当該土地の使用の対価として『相当な地代』（年地代率を6％として算定，具体的な計算方法については図表-5を参照）を収受している場合には，当該借地取引は正常な条件でなされたものとするとの取扱いが規定されているが，上記②に掲げるとおり，本件土地に係る地代率は約3％（ただし，この数値は本件相続開始時のもので本件土地賃貸借契約開始時の割合ではない。しかしながら，合理的に推算（図表-10を参照）すると，本件土地賃貸借契約開始の地代率はこの約3％よりも低くなると考えられる）であり，到底，相当の地代とされる年地代率6％には到達しないと考えられること（相当の地代支払方式の不採用）

(ニ) 昭和55年の法人税基本通達の改正後においては，「貸主：個人，借主：法人」の形態による土地の貸借取引が借地権の取引慣行のある地域において行われた場合において，借地権利金等の一時金の支払及び相当の地代の収受もないときであっても，その借地契約書において将来借地人がその土地を無償で返還することが定められており，かつ，その旨を連名（土地所有者及び借地人）で書面（土地の無償返還に関する届出書）により納税地の所轄税務署長に届け出たときは，当該借地取引に課税上の問題は生じないものとされている。

　　しかしながら，本件土地賃貸借契約の開始時（平成2年4月1日）から本件相続開始時（平成12年11月25日）に至るまでの期間において，上記の土地の無償返還に関する届出書の提出は行われていないこと（無償返還届出書提出方式の不採用）

(ロ)　「税務上の借地権」の存在検討

　上記❸で確認したとおり，本件賃貸借契約に基づく本件土地の貸付けに関して，「税務上の借地権」は存在しないとの考え方が表面的には成立するかもしれない。これをま

図表-10　本件土地賃貸借契約開始時における地代率の推算

前提	本件賃貸借契約開始時（平成2年4月1日，いわゆる「バブル経済期」）と本件相続開始時（平成12年11月25日，バブル崩壊後）との間の諸事情を考慮して，本件土地の価額差は2倍であるものとする。
計算	上記❶❸(ヘ)に掲げる本件土地の月額賃料をもとに，年間賃借料を算定する。 $\dfrac{352,642円 \times 12月 = 4,231,704円（本件賃貸借契約開始時の年間賃借料）}{228,999,313円 \times 2 = 457,998,626円（本件賃貸借契約開始時の自用地の価額）} \fallingdotseq 0.92\%$

図表－11　本件土地と「税務上の借地権」の存在

「税務上の借地権」の分類と該当例示				本件賃貸借契約に係る該当性の判断
① 原始発生借地権	(1) 会計上（税務上）の帳簿に記載されている借地権	① 権利金支払型（貸借対照表に掲記）	→ ×	本件賃貸借契約では、借地権利金等の一時金の支払は行われていない。
		② 借地権認定課税型（法人税別表五（一）に掲記）	→ ×	本件土地の貸借において、課税庁より借地権利金の認定課税は行われていない。
	(2) 会計上（税務上）の帳簿に記載されていない借地権	税務上の除斥期間経過済み（いわゆる「時効取得」）の借地権	→ ×	本件土地に係る借地人Ｐ市は地方公共団体（公共法人）であり、法人税の納税義務を負わないため、除斥期間の成立という概念が生じない。
② 自然発生借地権	(1) 会計上（税務上）の帳簿に記載されていない借地権〔借地権設定時に借地権の取引慣行がすでにある場合〕	借地権設定時に権利金を収受せず、相当の地代（固定型）を選択し、その後、地価が上昇したために「自然発生借地権」を認識する事例（差額地代認識型の自然発生借地権）	→ ×	本件賃貸借契約では、図表－10に掲げるとおり、賃貸借契約開始時における年地代率（0.92％）は、相当の地代の地代率（6％）には到達しておらず、相当の地代（固定型）による土地の賃貸借契約が締結されたとは認められない。
	(2) 会計上（税務上）の帳簿に記載されていない借地権〔借地権設定時に借地権の取引慣行がまだない場合〕	借地権設定時に権利金を収受せず、通常の地代を収受したが、その後における都市化等に伴って「自然発生借地権」を認識する事例（事後認識型の自然発生借地権）	→ ×	上記❶に掲げる基礎事実等から、本件賃貸借契約締結時において、本件土地の所在地はすでに借地権の取引慣行がある地域と考えられるため、前提条件がこれと異なる本形態には該当しない。

（注）　×……本件賃貸借契約が、左欄（「税務上の借地権」の分類と該当例示）に該当しないことを示す。

とめると、図表－11のとおりとなる。

しかしながら、筆者は、図表－11の①(2)に掲げる税務上の借地権（原始発生の帳簿に記載されていない税務上の除斥期間経過済みの借地権）に注目している。

なぜなら、図表－11の①(2)の右欄（判断欄）に示すとおり、本件賃貸借契約に係る借地人は公共法人で法人税の納税義務を負わないことから除斥期間経過済みの借地権の成立を排除しているが、果たして、それが正論であるのか疑念が残る（この点は、次の(4)で検討する）。

また、本件裁決事例における国税不服審判所の判断は、「本件土地賃貸借契約に規定されている更地時価買取請求を最重要視し、借地人及び土地所有者は本件賃貸借契約において本件土地における借地権の経済的価値（換言すれば税務上の借地権）を認識しない旨を定めたものというべきであるから、本件土地には借地権の価額は存在しない」としている。この判断に関する検討は、すでに上記(1)及び(2)で述べたとおりで、その相当性には疑問が残るところである（以下、(3)における検討では、更地時価買取請求は無効（違法性を有する）との前提で行う）。

そうすると，本件賃貸借契約に基づく本件土地の貸借経過から判断すると，本件相続開始時における本件土地の評価については，次に掲げる思考過程に基づいて算定することの相当性が検討されるべきものと考える。

○本件土地の本件相続開始時における相続税評価額の算定（試算）に係る思考過程

(A) 本件土地は，本件賃貸借契約締結時において借地権の取引慣行のある地域にあること

(B) 本件賃貸借契約締結に当たって，借地権利金等の一時金の支払が行われていないこと

(C) 上記(B)に代替するものとして，土地の使用の対価としての相当の地代の収受も行われていないこと

(D) 上記(B)及び(C)に代替するものとして，土地所有者及び借地人との連名による「土地の無償返還に関する届出書」の課税庁に対する提出も行われていないこと

(E) 上記(A)から(D)に掲げる一連の事項の結果として，借地人は本件賃貸借契約の締結の当初から「民法上の借地権（建物の所有を目的とする地上権又は土地の賃借権をいう）」を非常に低廉な地代（契約開始時0.92％（推定），相続開始時3.06％）で確保しており，これを財産権としての借地権（税務上の借地権）に当てはめると，上記「不動産鑑定評価基準に規定する『借地権の価額』の意義」のイに掲げるとおり，不動産鑑定評価基準に規定する借地権の価格の構成要素としての賃料差額を基礎にして成り立つ借地人に帰属する経済的利益が原始発生的に生じていることは明確であること

(F) 以上より，本件相続開始において本件賃貸借契約に係る借地人は当該借地人に係る納税義務者の区分（個人，法人（普通法人，公共法人））にかかわらず，上記(E)に掲げる賃料差額を基礎とする借地権（原始発生の税務上の借地権）の保有を否定することは相当ではなく，財産評価基準制度に基づく相続税等における財産評価においては，少なくとも，下記の計算により算定された借地権の価額（相続税評価額）が借地人に帰属していると認めることが相当と考えられること

計算

（自用地の価額）（借地権割合）　　　　　　（実際の地代）（通常の地代（注2））　　　　　　　　（借地権の価額）
228,999,313円 × 60％ × $\left(1 - \dfrac{7,009,140円 - 5,495,983円}{13,739,958円 - 5,495,983円}\right)$ = 112,180,303円
　　　　　　　　　　　　　　　　　　　（相当の地代（注1））（通常の地代（注2））

（注1）　相当の地代

(228,999,313円 + 228,999,313円 + 228,999,313円) × $\dfrac{1}{3}$ × 6％ = 13,739,958円

（注2）　通常の地代

(228,999,313円 + 228,999,313円 + 228,999,313円) × $\dfrac{1}{3}$ ×（1 − 60％）× 6％ = 5,495,983円

（注）（注1）及び（注2）の計算において，本件土地の課税時期以前3年間における自用地の価額（相続税評価額）は，同一であるものと仮定して計算している。

また，国税不服審判所の判断では，「本件土地の年間地代の算定方法はP市借地料算

定要領により定められ、それによると、権利金等の支払の有無にかかわらず固定資産税等の額を基礎として算定されるものであるから、年間賃貸料による地代率をもって借地権相当額を判断することは相当ではない」としている。しかしながら、この判断は、下記に掲げる事項等をしんしゃくすると再検討されるべきものと考える。

ⓐ 建物の所有を目的とする土地の賃貸借契約においては、土地の無償返還に関する届出書が提出されている場合を除き、支払地代の額と財産権としての借地権の価額は逆相関関係（「支払地代：多額→借地権価額：低額」、「支払地代：少額→借地権価額：高額」）にあるという税務上の理解を全く無視していること

ⓑ 本件賃貸借契約に係る地代はＰ市借地料算定要領により定められたものであるとして、当該算定された地代を税務上の正当なものとして直ちに是認しているが（これに関して、下記ⓒを参照）、Ｐ市は公共法人といえども、一法人格を有する団体に過ぎず、当該団体が定めた要領に基づいて算定された地代をもって直ちに税務上の規範性を有する地代であると理解することは困難であること

ⓒ そもそも、本件賃貸借契約においては借地権利金等の一時金の支払がなく、かつ、土地の無償返還に関する届出書も提出されていないのであるから、税務上において選択されるべき理論的な取引形態は相当の地代の支払方式が選択されるべきであったと考えられること

(4) 税務上の借地権の存在を借地人法人の属性により判断することの可否

「税務上の借地権」（換言すれば、借地人が財産権として認識することができる経済的利益を保有していること）を確保しているか否かの判断は、本来的には前掲図表－2及び図表－11に掲げるとおり、借地人に財産権として認識可能な経済的利益（借地権）が原始発生的又は自然発生的に帰属しているか否かで判定されるべきものと考えられる。

そうすると、本件裁決事例においては、上記(3)で検証したとおり借地人であるＰ市には、本件賃貸借契約に伴う本件土地の貸借に当たって、本件土地が所在する地域が借地権の取引慣行があると認められる地域であるにもかかわらず、①借地権利金等の一時金の支払を行うことなく、②上記①に代替して相当の地代を支払うこともないことから本件賃貸借契約開始時点において賃料差額（理論的な地代－実際の契約地代）を基礎とする経済的な利益たる借地権が原始発生的に認められるのであり、かつ、③税務上の取扱いとしての「土地の無償返還に関する届出書」を課税庁に提出したという事実も認められない本件においては、当該原始的に発生した財産権としての借地権の税務上の存在を両者（土地所有者及び借地人）において否定したものではない。以上より、私見では、この賃料差額に基づいて本件賃貸借契約開始時点から原始的に発生していた財産権としての借地権（税務上の借地権）は、本件相続開始時点においてもその存在を認めざるを得ないものであると考える。

上記の判断に当たって、本来的には借地人が法人である場合に当該法人に係る属性（(イ)国、Ｐ市（地方公共団体）等の公共法人、(ロ)学校法人、社会福祉法人等の公益法人、(ハ)株式会社を代表とする普通法人）のいかんによって左右されるべきものではないと考えられ

る。

　この点，事例の地方公共団体であるＰ市のように法人税の納税義務を負わない（換言すれば，法人税の課税関係に係る除斥期間という概念を持たない）公共法人に法人税の課税関係を生じさせることなく^(注)，財産権としての税務上の借地権（原始発生の賃料差額に基づく借地権）を帰属させ，その一方で，結果として，土地所有者（被相続人）の所有する本件土地の評価額が自用地としての価額より減損する貸宅地の価額として評価されることに課税の公平の観点から異論を唱える向きもあるものと考えられる。

(注)　仮に事例の場合における借地人がＰ市（公共法人）ではなく，法人税の納税義務を負う普通法人（例 甲㈱とする）であるとすると，本件賃貸借契約に係る本件土地の賃貸借開始時点において，下記算式により計算した借地権相当額の経済的な利益を受けたものとして借地権の認定課税が行われることになる。

＜算　式＞

$$\text{本件土地の価額（通常の取引価額）} \times \left(1 - \frac{\text{本件土地に係る実際の支払地代の額}}{\text{本件土地に係る相当の地代の額}}\right)$$

　　また，上記の甲㈱に借地権の認定課税が結果として行われなかった場合には，甲㈱は普通法人であることから除斥期間の経過後には，その段階以後ではもはや課税することができない課税漏れとなる原始発生借地権が甲㈱に帰属するものとして取り扱われることになる。

　しかしながら，土地賃貸借契約が締結された場合において借地人法人に帰属する財産権としての税務上の借地権が存在するか否かの判断は，上述のとおり，借地人法人に当該土地の借受けに係る認識可能な経済的利益が原始発生的又は自然発生的に帰属しているか否かによるのであって，当該借地人法人の属性で判断することを前面に押し出すと，借地権課税の理論的体系を崩壊させるものであり，相当な判断とは思われない。

　もし，どうしても，借地権課税の理論的体系を越えて租税政策の一義である課税の公平の観点から事例の借地人法人（地方公共団体（Ｐ市）である公共法人）に税務上の財産権としての借地権の存在を認めないとするのであれば，それは解釈論の限界を超えており新たな立法政策による対応によってのみ可能になるものと思慮する。

Ⅵ　参考事項等

❶　参考法令通達等

・相続税法22条（評価の原則）
・法人税法2条（定義）1項5号
・法人税法4条（納税義務者）
・評価通達5（評価方法の定めのない財産の評価）
・評価通達25（貸宅地の評価）
・相続税法個別通達（相当の地代を収受している貸宅地の評価について）

- 法人税基本通達13－1－7（権利金の認定見合せ）
- 法人税基本通達13－1－8（相当の地代の改訂）
- 借地借家法2条（定義）
- 借地借家法3条（借地権の存続期間）
- 借地借家法4条（借地権の更新後の期間）
- 借地借家法5条（借地契約の更新請求等）
- 借地借家法9条（強行規定）
- 借地借家法10条（借地権の対抗力等）
- 借地借家法13条（建物買取請求権）
- 借地借家法19条（土地の賃借権の譲渡又は転貸の許可）
- 地方財政法1条（目的）
- 地方財政法8条（財産の管理及び運用）
- 不動産鑑定評価基準　第1章　価格に関する鑑定評価，第1節　土地，Ⅰ　宅地，3．借地権及び底地

❷　類似判例・裁決事例の確認

　土地の貸借契約が締結されている場合において，当該契約土地の借主が通常の土地の取引価額（自用地の価額）で買い取る旨の定めがあるときにおける当該土地評価を自用地評価額によって行うことが必要であるか否かが争点とされた事例として下記のものがある。

(1)　平成23年11月17日裁決，名裁（諸）平23－47，平成20年相続開始分

　請求人は，請求人の父（被相続人）からの相続により取得した土地を本件相続開始の日において，図書館建物及び駐車場施設の敷地としてA市との間で賃貸借契約を締結し，賃貸していたのであるから，本件土地の価額は，評価通達25（貸宅地の評価）の定めに従い，自用地としての価額から借地権の価額を控除した価額で評価すべきである旨主張する。

　しかしながら，確かに，本件賃貸借契約に係る契約書の記載内容及びその解釈並びに本件土地の使用の主目的からすれば，本件土地には，当該図書館建物の所有を目的とする借地権の設定がされたものと認められるものの，下記に掲げる事項などからすると，本件相続開始の日において，借地権が存した本件土地の自用地の価額から控除すべき借地権の価額はなかったと認められる。

① 　本件賃貸借契約書には，本件被相続人が本件土地の譲渡を希望するなどの場合には，賃借人であるA市は更地価格を意味する「適正価格」で買い取る旨が定められていること

② 　本件賃貸借契約における賃借料の額からみて，本件土地上の借地権の価額については何ら考慮されていないこと

③ 　A市が本件土地に係る鑑定評価を依頼した際に，A市は本件土地を買い取るに当たって考慮すべき借地権の価額は存在していなかったと認識していたものと認められること

④ 　実際に，本件土地は鑑定評価額に近似した価額で請求人からA市に譲渡されており，借地権の存在を考慮した価額で譲渡されたものでないことが明らかであること

このような場合には，評価通達を形式的に適用すべきではなく，本件土地の評価に当たり，自用地としての価額から借地権の価額を控除しないこととするのが相当である。

(2) 平成19年5月23日裁決，東裁（諸）平18－251，平成14年相続開始分

請求人は，本件相続開始日において本件評価対象地に一般廃棄物（家庭用ごみ）が埋められている（本件土地を借り受けたB市によって一般廃棄物の処分場として利用）ことによるしんしゃくを行って，本件土地（本件処分場跡地）の価額は自用地としての価額から減額した価額で評価すべきである旨主張する。

しかしながら，下記に掲げる事項からすると，請求人がB市に対して本件相続開始日以後，本件土地の買取請求をすると，B市はこれに対していつでも応じ，その買取価格は，一般廃棄物が埋められていることを考慮しない通常の土地としての取引価額となる状況にあったことが推認される。したがって，本件土地は，一般廃棄物が埋められていることをしんしゃくしないで評価するのが相当である。

① B市は，本件処分場跡地を土地所有者（被相続人）から使用貸借により借り受け，一般廃棄物最終処理場として利用してきたが，一般廃棄物の埋立事業終了後，土地所有者からの買取請求があった場合の本件処分場跡地取得基準を定めていること

② 上記①に係るB市の取得に係る買取価格は，土地所有者に経済的不利益が生ずることを回避するため，一般廃棄物が埋められていることは考慮されておらず，通常の土地の取引価額により買い取ることになっていること

追補 地積規模の大きな宅地の評価について

　本件裁決事例に係る相続開始年分は，平成12年である。もし仮に，当該相続開始日が，平成30年1月1日以後である場合（評価通達20－2（地積規模の大きな宅地の評価）の新設等の改正が行われた。以下「新通達適用後」という）としたときの本件土地に対する同通達の適用は，次のとおりとなる。

(1) 地積規模の大きな宅地の該当性

　次に掲げる 判断基準 から本件土地が三大都市圏に所在する場合には，本件土地は評価通達20－2（地積規模の大きな宅地の評価）に定める地積規模の大きな宅地に該当する可能性がある程度は存するものと推定される。しかしながら，本件土地が三大都市圏以外に所在する場合には，少なくとも地積要件を充足しておらず，同通達に定める地積規模の大きな宅地に該当しない。

判断基準

要件		本　件　土　地		
① 地積要件(注)	三大都市圏に所在する場合	990.61㎡（評価対象地の地積）≧ 500㎡（三大都市圏に所在する場合の地積要件） ∴地積要件を充足	三大都市圏以外に所在する場合	990.61㎡（評価対象地の地積）＜ 1,000㎡（三大都市圏以外に所在する場合の地積要件） ∴地積要件を未充足
② 区域区分要件	本件土地に係る区域区分は明示されていないが，自用地としての相続税評価額が1㎡当たり231,169円（228,999,313円÷990.61㎡）であることから判断すると，市街化調整区域以外に所在するものと推定される。 ∴区域区分要件を充足			
③ 地域区分要件	本件土地に係る地区区分は明示されていないが，本件土地上の建物（P市記念会館）の用途から判断すると，工業専用地域以外に所在するものと推定される。 ∴地域区分要件を充足			
④ 容積率要件	本件土地に係る指定容積率は明示されていないので，判断は困難である。 ∴容積率要件を充足しているか否かは不明			
⑤ 地区区分要件	本件土地に係る地区区分は明示されていないので，判断は困難である。ただし，一般論ではあるが本件土地上の建物（P市記念会館）の用途から判断すると，普通商業・併用住宅地区又は普通住宅地区に所在する可能性がある程度高いと考えられる。 ∴地区区分要件を充足しているか否かは不明（ただし可能性はある程度高い）			
⑥ 判断とその理由	三大都市圏に所在する場合	不明（ただし，該当する可能性がある程度存すると推定される）（上記④及び⑤の要件について未確認）	三大都市圏以外に所在する場合	非該当（上記①の要件を未充足）

（注）　本件土地の所在地は不明である。

(2) 規模格差補正率の算定

本件裁決事例では，本件土地が三大都市圏に所在するものとした場合に評価通達20−2（地積規模の大きな宅地の評価）の適用要件を充足しているか否かは不明であるが，仮に，同通達の適用があるものと仮定して，本件土地に係る規模格差補正率を算定すると，次のとおりとなる。

$$\frac{990.61\text{m}^2(評価対象地の地積) \times 0.95 + 25}{990.61\text{m}^2(評価対象地の地積)} \times 0.8 = 0.780\cdots \Rightarrow 0.78 \begin{pmatrix} 小数点以下第2 \\ 位未満切捨て \end{pmatrix}$$

CASE8

評価単位 地　　目	間口距離 奥行距離	側方加算 二方加算	**広大地**	農地・山林 ・原野
雑種地	貸　家 建付地	借地権 貸宅地	利用価値 の低下地	**その他の 評価項目**

セットバックを必要とする宅地の評価の定めを適用することの可否が争点とされた事例

事　例

　被相続人甲は，本年11月に相続の開始があった。同人の相続財産であるA土地（ただし，A土地については他に共有持分者が存在する）及びB土地（以下，A土地とB土地を併せて呼称する場合「各土地」という）の位置関係，接道状況及び被相続人甲の各土地に係る所有状況等は，図表－1及び図表－2に掲げるとおりである。

　この各土地の相続税評価額を求める場合（各土地は，評価通達7－2（評価単位）の定めにより，A土地及びB土地の2評価単位として評価することが相当であるとする）に，A土地及びB土地のそのいずれの評価においても，その接道する道路の幅員が4m未満(注1)であり，かつ，当該道路を調査した結果，建築基準法42条（道路の定義）2項に規定(注2)するいわゆる「2項道路」であることが確認されたので，評価通達24－6（セットバックを必要とする宅地の評価）の定め(注3)を適用したいと考えている。

（注1）　建築物の敷地等と道路との関係

　　　　建築基準法43条（敷地等と道路との関係）の規定では，建築物の敷地は，<u>道路に2m以上接しなければならない</u>旨（いわゆる「接道義務」）を課している。この場合の道路（上記＿＿部分）とは，法律上（道路法，建築基準法等）の位置付けが定められたものでなければならず，一定の規定による例外（この例外として，下記（注2）を参照）を除き，その幅員は4m以上であることが必要とされている。

（注2）　建築基準法42条2項の規定

　　　　建築基準法42条（道路の種類）2項においては，同法第3章の規定が適用されるに至った際※，現に建築物が立ち並んでいる幅員4m未満の道で，特定行政庁の指定したものは，同法42条1項の規定（建築基準法上の道路と認定されるためには，原則として，幅員が4m以上であることを必要とする旨が規定されている）にもかかわらず，同項の道路とみなし，その中心線からの水平距離2mの線をその道路の境界線とみなす旨をその原則的な取扱いとして規定している。

※ 「同法第3章の規定が適用されるに至った際」とは，建築基準法の施行日（昭和25年11月23日）にすでに都市計画区域であった地区では，その施行日となる。また，当該施行日以後に新たに都市計画区域に指定された地区では，その指定日となる。

(注3) 評価通達24－6の定め

評価通達24－6（セットバックを必要とする宅地の評価）においては，<u>建築基準法42条（道路の定義）2項に規定する道路に面しており，将来，建物の建替え時等に同法の規定に基づき道路敷きとして提供しなければならない部分を有する宅地の</u>価額は，その宅地について道路敷きとして提供する必要のないものとした場合の価額から，その価額に，将来，建物の建替え時等に道路敷きとして提供しなければならない部分の地積を宅地の総地積で除した数値に0.7の割合を乗じて計算した金額を控除した価額で評価する旨を定めている。

この評価通達24－6に定めるセットバックを必要とする宅地とは具体的にどのような要件を充足する宅地をいうのか（換言すれば，上記（注3）の＿＿部分を充足することを確認することで事足りるのか）。また，本件各土地について，評価通達24－6の定めを適用することは認められるのかについて説明されたい。

図表－1　各土地の位置関係，接道状況

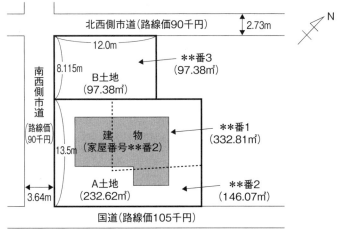

図表－2　被相続人甲の各土地に係る所有状況等

地番	(1) 地積	(2) (1)の内訳（上段……被相続人甲所有／下段……その他の者所有）	各土地の構成
＊＊番1	332.81㎡	86.55㎡（持分33,281分の8,655）	A土地（地積232.62㎡）
		246.26㎡（持分33,281分の24,626）	
＊＊番2	146.07㎡	146.07㎡	
		―	
＊＊番3	97.38㎡	97.38㎡	B土地（地積97.38㎡）
		―	

（平23.12.6裁決，関裁（諸）平23－27，平成19年相続開始分）

基礎事実

❶ 平成19年11月＊日に死亡した被相続人に係る相続開始に伴って，当該被相続人の共同相続人間において，平成20年12月22日に遺産分割協議が成立し，請求人は，図表－2に掲げる＊＊市＊＊町＊＊番1の土地332.81m²の持分33,281分の8,655，同市同町同番2の土地146.07m²の持分全部及び同市同町同番3の土地97.38m²の持分全部を取得した（以下，＊＊番2の土地146.07m²と同土地に隣接する＊＊番1の土地の一部86.55m²（請求人が相続した持分対応部分）の合計232.62m²に係る土地を「A土地」，＊＊番3の土地を「B土地」，A土地とB土地を併せて「各土地」という）。

❷ A土地は，南東側で国道＊＊号（以下「国道」という），南西側で市道＊＊号線（以下「南西側市道」という）にそれぞれ接しており，関東信越国税局長が定めた平成19年分財産評価基準書によれば，国道及び南西側市道に付されている路線価は，それぞれ105,000円及び90,000円である。

なお，A土地が南西側市道に接する距離は13.5mである。

❸ B土地は，南西側で南西側市道，北西側で市道＊＊号線（以下「北西側市道」という）にそれぞれ接しており，関東信越国税局長が定めた平成19年分財産評価基準書によれば，北西側市道に付されている路線価は90,000円である。

なお，B土地が南西側市道に接面する距離は8.115mであり，北西側市道に接する距離は12.0mである。

❹ 各土地の位置関係は，おおむね図表－1のとおりである。また，A土地には，本件相続開始日において，おおむね図表－1の▢部分のとおりの場所に，請求人の配偶者が所有する家屋番号＊＊番2の2階建て建物が建っていた。

#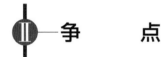

本件では，各土地の評価に当たって，各土地の南西側市道（道路幅員3.64m）に接面する部分は，評価通達24－6に定めるセットバックを必要とする宅地の評価が適用されるか否かが争点となった。

　（注）B土地が北西側市道（道路幅員2.73m）において接面する部分において，評価通達24－6に定めるセットバックを必要とする宅地の評価を適用することについて，請求人（納税者）及び原処分庁（課税庁）ともにこれを認めており争点とはなっていない。

争点に関する双方（請求人・原処分庁）の主張

争点に関する請求人・原処分庁の主張は，図表－3のとおりである。

図表－3　争点に関する双方の主張

争　点	請求人（納税者）の主張	原処分庁（課税庁）の主張
南西側市道に接面する部分に対する評価通達24－6の適用の可否	南西側市道は，建築基準法42条（道路の定義）2項に規定する道路（以下「2項道路」という）であり，将来，建物の建替え時等に建築基準法の規定に基づき各土地の一部を道路敷きとして提供しなければならない。 したがって，各土地の南西側市道に接面する部分は，評価通達24－6に定めるセットバックを必要とする宅地の評価を適用すべきである。	南西側市道は，2項道路に当たるが，将来，建物の建替え時等に建築基準法の規定に基づき各土地の一部を道路敷きとして提供しなければならないか否かについては不知（筆者注）である。 したがって，各土地の南西側市道に接面する部分は，評価通達24－6に定めるセットバックを必要とする宅地の評価の適用は認められない。

筆者注　「不知」とは文字どおりの意味では知らないということになるが，民事訴訟法159条（自白の擬制）2項の規定では，不知は否認と推定されるものとして取り扱われる。

国税不服審判所の判断

❶ 認定事実

南西側市道及び北西側市道の状況について

(1) 南西側市道の幅員は3.64mであり，北西側市道の幅員は2.73mである。

(2) 南西側市道及び北西側市道は，いずれも昭和31年＊＊月＊＊日付＊＊県知事公告により2項道路の指定を受けた。

❷ 法令解釈等

事例の（注2）に掲げるとおり，2項道路に接面する宅地は，その道路の中心線から左右に2mずつ後退した線が道路の境界線とみなされ，将来，建物の建替え等を行う場合にはその境界線まで後退して道路敷きとして提供しなければならないとされている。そのことからすると，評価通達24－6（セットバックを必要とする宅地の評価）で定める「建築基準法42条2項に規定する道路に面しており，将来，建物の建替え時等に同法の規定に基づき道路敷きとして提供しなければならない部分を有する宅地」，いわゆるセットバックを必要とする宅地とは，幅員4m未満の2項道路に接面する宅地をいうと解される。

❸ 当てはめ

上記❷に掲げるとおり，評価通達24－6の定めが適用されるセットバックを必要とする宅地とは，幅員4m未満の2項道路に接面する宅地をいうと解されるところ，各土地が接面する南西側市道は，上記❶に掲げるとおり，2項道路であり，かつ，幅員4m未満の道路であることから，各土地は，セットバックを必要とする宅地であると認められる。そうすると，評価通達24－6の定めに基づいて評価すべきである。

❹ 各土地の相続税評価額

各土地の相続税評価額（評価通達の定めに基づいて算定された価額をいう。以下同じ）は，次のとおりとなる。

(1) A 土 地

上記❸に掲げるとおり，A土地の南西側市道に接面する部分について評価通達24－6の定めを適用すべきであることから，南西側市道についてセットバックを必要とする地積を算定すると，上記❶(1)によれば南西側市道の中心線から2mに不足する幅員距離が0.18m 筆者注1 であり，上記❶❷によれば接面距離が13.5mであるから，その地積は2.43m² 筆者注2 とするのが相当である。

筆者注1 $\left(\overset{(セットバック)}{\underset{後の道路幅員}{4m}} - \overset{(南西側市道)}{\underset{の道路幅員}{3.64m}}\right) \times \dfrac{1}{2} = \overset{(A土地側で不足)}{\underset{する幅員距離}{0.18m}}$

筆者注2 南西側市道についてセットバックを必要とする地積（図表－4を参照）

$\overset{(A土地側で不足)}{\underset{する幅員距離}{0.18m}} \times \overset{(接面距離)}{13.5m} = 2.43m^2$

図表－4　A土地が接面する南西側市道に係るセットバックの概念図

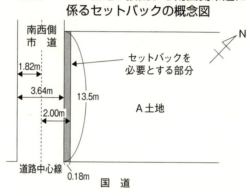

これにより，A土地の相続税評価額を算定すると，1,877万6,147円となり，原処分庁が算定した相続税評価額1,891万4,457円を13万8,310円下回る。

(2) B 土 地

原処分庁は，北西側市道についてセットバックを必要とする地積を7.20m² 筆者注3 とし，南西側市道に接面する部分について評価通達24－6の定めを適用せず相続税評価額を算定しているが，上記❶(1)により求められる北西側市道の中心線から2mに不足する幅員距離0.635m 筆者注4 及び上記❶❸のとおり北西側市道に接面する距離12mを基に，北西側市道についてセットバックを必要とする地積を算定すると7.62m² 筆者注5 となり，また，上記❶(1)により求められる南西側市道の中心線から2mに不足する幅員距離0.18m 筆者注6 及び上記❶❸のとおり南西側市道に接面する距離8.115mから北西側市道に係る分と重複する幅員距離0.635mを差し引いた7.48mを基に，南西側市道についてセットバックを必要とする地積を算定すると1.35m² 筆者注7 となる。よって，B土地のうち，北西側市道及び南西側市道についてセットバックを必要とする地積は，上記合計8.97m² 筆者注8 とするのが相当である。

筆者注3　原処分庁が主張する北西側市道についてセットバックを必要とする宅地の地積に関する計算根拠は、公開されなかった。

筆者注4　$\left(\underset{\substack{(セットバック\\後の道路幅員)}}{4\mathrm{m}} - \underset{\substack{(北西側市道\\の道路幅員)}}{2.73\mathrm{m}}\right) \times \dfrac{1}{2} = \underset{\substack{(B土地側で不足\\する幅員距離)}}{0.635\mathrm{m}}$

筆者注5　北西側市道についてセットバックを必要とする地積（図表－5を参照）

$\underset{\substack{(B土地側で不足\\する幅員距離)}}{0.635\mathrm{m}} \times \underset{(接面距離)}{12\mathrm{m}} = 7.62\mathrm{m}^2$

筆者注6　上記(1)のA土地に係る 筆者注1 を参照

筆者注7　南西側市道についてセットバックを必要とする地積（図表－5を参照）

$\underset{\substack{(B土地側で不足\\する幅員距離)}}{0.18\mathrm{m}} \times \underset{(接面距離)}{(7.48\mathrm{m}(8.115\mathrm{m}-0.635\mathrm{m}))} = 1.35\mathrm{m}^2$

筆者注8　$\underset{\substack{(筆者注5\\より)}}{7.62\mathrm{m}^2} + \underset{\substack{(筆者注7\\より)}}{1.35\mathrm{m}^2} = 8.97\mathrm{m}^2$

図表－5　B土地が接面する北西側市道及び南西側市道に係るセットバックの概念図

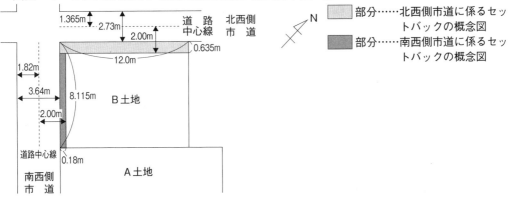

これより、B土地の相続税評価額を算定すると、843万7,683円となり、原処分庁が算定した855万2,439円を11万4,756円下回る。

（注）　本件裁決事例では、請求人が主張する各土地の相続税評価額及びその計算明細並びに原処分庁及び国税不服審判所が主張し又は判断した各土地の相続税評価額に関する計算明細は公開されなかった。

本件裁決事例のキーポイント

❶ セットバックの意義

建築基準法43条（敷地等と道路との関係）1項の規定（資料1を参照）では、新たに建物を建築するためには、原則として幅員4m以上の道路に2m以上接道することを必要としている。

その一方で、経過的措置として、この取扱いが適用される際にすでに建築物が建てられている幅員4m未満の道についても一定の要件下に幅員4mの道路とみなすこととされ

ている。そして，このような道については，その中心線から左右に2mずつ後退した線（注）が道路と宅地の境界線とみなされ，将来，建築物の建替えを行う場合には，その境界線まで後退して道路敷を提供しなければならないこととなる。これらの取扱いは建築基準法42条（道路の定義）2項に規定（ 資料2 を参照）されており，これを通称で「セットバック」と呼んでいる。

（注）　道路の片側が，がけ地，川，線路敷地等に沿う場合は，がけ地等の側の境界線から道の側に4m後退した線となる。

資料1　建築基準法43条（敷地等と道路との関係）

　建築物の敷地は，道路（次に掲げるものを除く。第44条第1項を除き，以下同じ。）に2m以上接しなければならない。
　一　自動車のみの交通の用に供する道路
　二　地区計画の区域（地区整備計画が定められている区域のうち都市計画法第12条の11の規定により建築物その他の工作物の敷地として併せて利用すべき区域として定められている区域に限る。）内の道路
2　前項の規定は，次の各号のいずれかに該当する建築物については，適用しない。
　一　その敷地が幅員4m以上の道（道路に該当するものを除き，避難及び通行の安全上必要な国土交通省令で定める基準に適合するものに限る。）に2m以上接する建築物のうち，利用者が少数であるものとしてその用途及び規模に関し国土交通省令で定める基準に適合するもので，特定行政庁が交通上，安全上，防火上及び衛生上支障がないと認めるもの
　二　その敷地の周囲に広い空地を有する建築物その他の国土交通省令で定める基準に適合する建築物で，特定行政庁が交通上，安全上，防火上及び衛生上支障がないと認めて建築審査会の同意を得て許可したもの
3　地方公共団体は，次の各号のいずれかに該当する建築物について，その用途，規模又は位置の特殊性により，第1項の規定によつては避難又は通行の安全の目的を十分に達成することが困難であると認めるときは，条例で，その敷地が接しなければならない道路の幅員，その敷地が道路に接する部分の長さその他その敷地又は建築物と道路との関係に関して必要な制限を付加することができる。
　一　特殊建築物
　二　階数が3以上である建築物
　三　政令で定める窓その他の開口部を有しない居室を有する建築物
　四　延べ面積（同一敷地内に2以上の建築物がある場合にあつては，その延べ面積の合計。次号，第4節，第7節及び別表第3において同じ。）が1,000㎡を超える建築物
　五　その敷地が袋路状道路（その一端のみが他の道路に接続したものをいう。）に

のみ接する建築物で，延べ面積が150㎡を超えるもの（一戸建ての住宅を除く。）

資料2　建築基準法42条（道路の定義）2項

　この章の規定が適用されるに至った際（筆者注）現に建築物が建ち並んでいる幅員4m未満の道で，特定行政庁の指定したものは，前項の規定にかかわらず，同項の道路とみなし，その中心線からの水平距離2m（前項の規定により指定された区域内においては，3m（特定行政庁が周囲の状況により避難及び通行の安全上支障がないと認める場合は，2m）。以下この項及び次項において同じ。）の線をその道路の境界線とみなす。ただし，当該道がその中心線からの水平距離2m未満でがけ地，川，線路敷地その他これらに類するものに沿う場合においては，当該がけ地等の道の側の境界線及びその境界線から道の側に水平距離4mの線をその道路の境界線とみなす。

筆者注　「この章の規定が適用されるに至った際」の具体的な期日
　　この法律（建築基準法）の施行日（昭和25年11月23日）にすでに都市計画区域であった地区では，その施行日となる。また，当該施行日以後に新たに都市計画区域に指定された地区では，その指定の日となる。

以上の取扱いを図に示すと，図表－6のとおりとなる。

❷　セットバックを必要とする宅地の評価

　評価通達24－6（セットバックを必要とする宅地の評価）の定めでは，建築基準法42条2項に規定する道路に面しており，将来，建物の建替え時等に同法の規定に基づき道路敷きとして提供しなければならない部分を有する宅地の価額は，その宅地について道路敷きとして提供する必要がないものとした場合の価額から，その価額に次の算式により計算した割合を乗じて計算した金額を控除した価額によって評価するものとされている。

＜算　式＞　$\dfrac{\text{将来，建物の建替え時等に道路敷き等として提供しなければならない部分の地積}}{\text{宅地の総地積}} \times 0.7$

図表－6　セットバックの概念図

① 通常の場合（両側セットバックの場合）

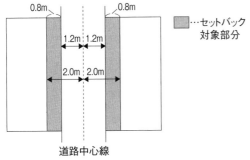

② 道路の片側ががけ地等である場合

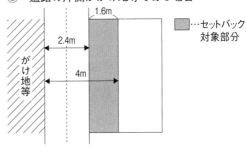

このセットバックを必要とする宅地の評価は，評価対象地である１画地の宅地について，セットバックを必要とする部分の存在による財産価値の減少がないものとして評価した場合の通常の評価額から，将来，建物の建替え時等に道路敷きとして提供しなければならない部分（セットバック部分）に対応する部分について相当の財産価値の減少が生じていることに対するしんしゃく配慮として当該部分の価額の70％相当額を控除（換言すれば，評価割合30％）した価額によって評価することが相当であるとの考え方に基づくものである。この取扱いを算式に示すと次のとおりとなる。

<算　式>　１画地の宅地についてセットバックを必要とする部分の存在による財産価値の減少がないもの－Ⓐ
として評価した場合の通常の評価額（Ⓐ）

$$Ⓐ \times \frac{セットバックを必要とする部分の地積}{１画地の宅地の地積} \times 70\% = Ⓐ \times \left[1 - \frac{セットバックを必要とする部分の地積}{１画地の宅地の地積} \times 70\% \right]$$

❸　具体的な評価計算例

　評価通達24－6に定めるセットバックを必要とする宅地の評価計算例を示すと，図表－7のとおりである。

❹　実務における適用上の留意点

(1)　セットバックを必要とする宅地の意義

　評価通達24－6の定めでは，同通達の適用対象とされるセットバックを必要とする宅地

図表－7　セットバックを必要とする宅地の評価計算例

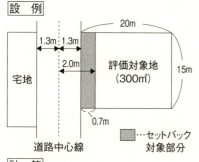

設　例
・正面路線価……200千円
・奥行価格補正率……1.00（普通住宅地区：20m）
・評価対象地の接面する道路は，建築基準法42条２項の規定に該当するものである。

計　算

(1)　通常の評価額（セットバックを考慮する前の評価額）
　　（正面路線価）（奥行価格補正率）（地　積）
　　200,000円 ×　　1.00　　× 300㎡ ＝ 60,000,000円

(2)　セットバックを必要とする部分に対するしんしゃく配慮額
　　（上記(1)の金額）（面積あん分）（減額率）
　　60,000,000円 × $\frac{10.5㎡（注）}{300㎡}$ × 70％ ＝ 1,470,000円

　（注）　セットバックを必要とする部分の地積
　　　　（セットバックを必要とする奥行距離）（接面距離）
　　　　　　0.7m　　×　15m　＝ 10.5㎡

(3)　評価対象地の相続税評価額
　　(1)－(2)＝58,530,000円

として,「建築基準法42条(道路の定義)2項に規定する道路に面しており,将来,建物の建替え時等に同法の規定に基づき道路敷きとして提供しなければならない部分を有する宅地」を挙げている。

一方,原処分庁(課税庁)の主張は,図表-3に掲げるとおりであり,これを要約すると下記のとおりである。

① 南西側市道は,建築基準法42条(道路の定義)2項に規定する道路に該当することは自認する。
② 上記①にかかわらず,将来,建物の建替え時等に建築基準法の規定に基づき各土地の一部を道路敷きとして提供しなければならないか否かについては不知(否認)とする。
③ 上記①及び②より,各土地の南西側市道に接面する部分は,評価通達24-6に定めるセットバックを必要とする宅地の評価の適用対象とされない。

すなわち,原処分庁(課税庁)の主張は,2項道路に該当していてもセットバックを必要としないと判断されるものがあるかもしれないのであるから,直ちに,2項道路に該当していることのみをもって同通達の適用を行うべきではないとの考え方に立脚するものと推察される。

しかしながら,この考え方は正当なものではない。なぜなら,2項道路として特定行政庁の指定を受けた場合には,既存建物の建替え時等において,建替え後の道路幅員が4mとなるようにセットバックを実施することを条件として建築基準法上の道路とみなすものとされており,「2項道路の指定=建替え時等におけるセットバックの実施」の関係が成立するからである。

付言　もし仮に,原処分庁(課税庁)の主張の基因となる考え方が正しいとしたとしても,このような特殊事情の具体的な立証挙証責任は本件裁決事例の場合には原処分庁(課税庁)側にあると考えられることから,本件南西側市道に当該考え方が採用されるべきであると具体的な立証挙証を加えることなく,単にそのような考え方もあるという程度では,原処分の相当性を維持することは困難であると考える。

上記の論点に関して,国税不服審判所では,上記Ⅳ❷に掲げるとおり,建築基準法42条(道路の定義)2項の規定を十分に忖度して,「評価通達24-6で定める『建築基準法42条2項に規定する道路に面しており,将来,建物の建替え時等に同法の規定に基づき道路敷きとして提供しなければならない部分を有する宅地』,<u>いわゆるセットバックを必要とする宅地とは,幅員4m未満の2項道路に接面する宅地をいうと解される</u>」として,その意義を明確(前掲____部分)にしており評価されるべき判断であると考える。

なお,これは筆者の単なる推測に過ぎないが,原処分庁(課税庁)が南西側市道について,2項道路に該当することを自認しながらも,そのセットバックの必要性を不知(否認)としたことに関して,各土地の位置関係及び接道状況(前掲図表-1を参照)から下記に掲げる事項を考慮した場合には,あえて,南西側市道についてセットバックを求めなければならないという必然性が認められないのではないかという独自の判断がなされた可能性があるものと考えられる。

①　A土地は，国道（当然に，幅員4m以上）及び南西側市道に接面する角地であり，当該国道に接面することにより，すでに建築基準法43条（敷地等と道路の関係）1項に規定する接道義務を充足している。

②　B土地は，北西側市道（原処分庁（課税庁）もセットバックの必要性を自認）及び南西側市道に接面する角地であり，当該北西側市道に接面することにより，すでに同法に規定する接道義務を充足している。

　上記のなお書に関する部分の論点（他の道路の存在によりすでに接道義務を充足している場合において，幅員4m未満の道があるときの2項道路の該当性）に関しては，次の(2)で検証することにする。

(2)　**幅員4m未満の道とセットバックの必要性の関係**

　上記(1)のなお書に掲げる論点について検証してみる。図表－8を参照されたい。

　図表－8に掲げるB路線について，2項道路に該当する旨の<u>特定行政庁の指定</u>がなされると，将来において評価対象地上の建物の建替え時等に必ずセットバックを必要とするのかについて検証したい。すなわち，下記のような疑念が生じるかも知れない。

①　評価対象地は，A路線（建築基準法42条1項に規定する道路）に接面することによりすでに建築基準法43条に規定する接道義務を充足しており，たとえ，B路線が2項道路に指定されていたとしても，ことさらに当該B路線に評価対象地が接面する部分について，セットバックを求める必然性があるとは考えられない。

②　仮に，現状においてB路線沿いに連たんする宅地沿いの建物について未だ建替え等が行われておらず，当該B路線の幅員が連続して2mのままであるとしたならば，当該B路線のごく一部分に過ぎない評価対象地の接面する部分（接道間口距離12m）のみを拡幅したところで意味のある行為とは考えられず，セットバックを求める必然性があるとは考えられない。

　しかしながら，上記の疑念は相当性を有しない。現行の建築基準法の規定では，<u>特定行政庁から2項道路の指定を受ける</u>と，必ず，将来における建物等の建替え時等にセットバックが必要とされる。上記①及び②に掲げる事項は考慮の対象とはされていない。すなわち，建築基準法に規定するセットバックとは，同時一勢に行われるのではなく，何十年間という長期サイクルで建物等の建替え等の機会を利用した個別的に実施される道路拡幅行

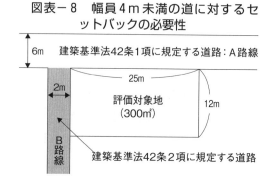

図表－8　幅員4m未満の道に対するセットバックの必要性

為といえよう。

なお，2項道路である旨の「特定行政庁の指定」（上記＿＿部分）については，下記 参考資料 を参照されたい。

参考資料　2項道路に係る「特定行政庁の指定」

> いわゆる2項道路に係る「特定行政庁の指定」については，その指定方法について下記に掲げる2とおりの方法がある。
> (1) 幅員4m未満の個々の道について2項道路に該当するか否かが個別具体的に指定される場合
> (2) 2項道路に該当するか否かにつき，一定の指定基準に従って包括的に指定される場合
>
> このうち，(2)の場合（その採用例として，東京都の場合には，「建築基準法第42条第2項の規定に基づく道路の指定」（昭和30年7月30日東京都告示669号）によって，一定の指定基準を設け包括指定で対応している）には，判定対象とする道が2項道路に該当するか否かの判断が困難とされる事例も少なくはない。
>
> なお，特定行政庁がこの2項道路の指定を行う場合には，その所有者（私道の場合）や通行者その他利害関係者の承認等は必要要件とはされていないことに留意する必要がある。
>
> また，(2)の包括基準に基づく2項道路の指定を受けるか否かの判断事例として，図表－9を参照されたい。

図表－9　包括基準による2項道路の該当性の判断事例

設例

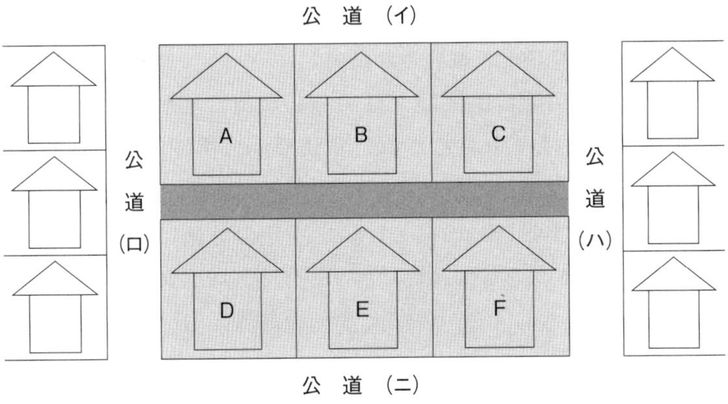

・公道は，いずれも道路幅員が4m以上確保されている。
・建物は全て昭和20年までに建築されている。
・■部分は，私道（幅員2m）であるが該当地域の2項道路の指定はいわゆる包括基準によるため，具体的なセットバックの必要性に係る判断について苦慮している。

判断　設例の私道（■部分）については，建築基準法42条2項の規定が同法43条に規定する接道義務に対する緩和規定であることを前提に考察すると，■部分であるAないしFの既存建物の敷地の用に供されている各宅地は，全ての画地が建築基準法に規定する道路（公道(イ)ないし公道(ニ)）に2m以上接面することによって接道義務を充足していることから，あえて，2項道路に指定されるべき必然性はないものと考えられる。

❶ 参考法令通達等

・評価通達24－6（セットバックを必要とする宅地の評価）
・建築基準法42条（道路の定義）1項，2項
・建築基準法43条（敷地等と道路との関係）
・建築基準法第42条第2項の規定に基づく道路の指定（昭和30年7月30日東京都告示699号）
・民事訴訟法159条（自白の擬制）2項

❷ 類似判例・裁決事例の確認

(1) 横断歩道橋等の存在により接面道路の歩道幅員が狭いことにつき，セットバックの評価手法に準じて評価することの可否が争点とされた**裁決事例**（平18.3.10裁決，仙裁（諸）平17－12）

　請求人は，本件乙土地は，横断歩道橋及び歩行者自転車用柵（ガードレール）により前面車道との連続性が失われており，接面道路の歩道幅員が狭いことから，セットバックの手法に準じた評価方法によって評価すべきである旨主張するが，本件乙土地の接面道路は，建築基準法42条2項に規定する道路には当たらないから，セットバックを必要とする宅地の評価をすることはできず，セットバックの手法に準じた評価方法を適用すべきとの主張は，独自のものであり認めることはできない。

　しかしながら，本件乙土地は，横断歩道橋が設置されていることにより，車両進入の障害となっていること及び有効歩道幅員が狭いことから，著しい利用制限をその全面積に受けているものと認められるので，10％の減額をして評価することが相当である。

　　筆者注　本件裁決事例の詳細については，『難解事例から探る財産評価のキーポイント〔第1集〕』**CASE1**に収録済みであるので併せて参照されたい。

(2) セットバックを必要とする部分はその経済的価値が認められないことからその評価額は零円とすべきである旨の主張の相当性が争点とされた**裁決事例**（平13.4.20裁決，東裁（諸）平12－140）

　請求人は，建築基準法42条2項に規定する道路に接している土地の評価に当たって，建築基準法の公布以後に増改築した建物がある場合には，たとえセットバックしていなくてもセットバックして取り扱うべきであり，そして，請求人は契約書等において当該部分の地代の収受を放棄しているなどのことから，経済的価値が認められないので零とすべきである旨主張する。

　しかしながら，財産の価額は相続開始時における現況に応じて評価するものであり，そして，本件各土地のうち2項道路に接する土地の現況についてみると，未だセットバックされておらず，実際に建物の敷地として有効に利用されており，経済的価値がないとは認められないから評価額を零とすべき旨の更正の請求（申告時には，更地価格の30％を減額

筆者注）には理由がない。

> 筆者注　この裁決事例に係る事案における課税年分においては，セットバックを必要とする宅地の評価は，評価割合70％（減価割合30％）によるものとされていた。

(3) 建築基準法47条（壁面線による建築制限）による土地のセットバックを受ける部分の土地の評価について，評価通達24－6の定めを適用して評価することの可否が争点とされた裁決事例（平13.10.25裁決，沖裁（諸）平13－5）

請求人は，建築基準法47条（壁面線による建築制限）による土地のセットバックを受ける部分の土地の評価については，建築物が建築できず附帯的利用しかできないので，建築基準法42条（道路の定義）2項に規定する将来道路の敷地として提供する土地部分と同様に，更地価額の30％の価額を控除 筆者注 した価額を評価額とすべきであると主張する。

しかしながら，建築物は建築できないとしても，さく，垣の敷地又は庭等としての利用は可能であるから，宅地に便益を与え，一体として宅地の効用が発揮される土地と認められ，さらにセットバックを受ける部分の土地の面積については，容積率及び建ぺい率の算定をする場合の敷地面積にも算入される。そうすると，セットバックを受ける部分の土地の評価については，建築基準法42条2項に規定する将来道路の敷地として提供する土地部分とは同一視することはできず，宅地としての効用が発揮される土地と認められ，さらに評価減をしなければならない特別の理由も認められないので，請求人の主張は採用できない。

> 筆者注　この裁決事例に係る事案における課税年分においては，セットバックを必要とする宅地の評価は，評価割合70％（減価割合30％）によるものとされていた。

追補　地積規模の大きな宅地の評価について

　本件裁決事例に係る相続開始年分は，平成19年である。もし仮に，当該相続開始日が，平成30年1月1日以後である場合（評価通達20－2（地積規模の大きな宅地の評価）の新設等の改正が行われた）としたときA土地及びB土地に対する同通達の適用は，下記に掲げる 判断基準 から少なくとも次に掲げる地積要件を充足しておらず，ないものとされる。

判断基準
- 地積要件(注)

　(1) A土地

　　① A土地が三大都市圏に所在する場合

　　232.62m^2 ＜ 500m^2
　　（評価対象地の地積）　（三大都市圏に所在する場合の地積要件）

　　　∴地積要件を未充足

　　② A土地が三大都市圏以外に所在する場合

　　232.62m^2 ＜ $1,000\text{m}^2$
　　（評価対象地の地積）　（三大都市圏以外に所在する場合の地積要件）

　　　∴地積要件を未充足

　(2) B土地

　　① B土地が三大都市圏に所在する場合

　　97.38m^2 ＜ 500m^2
　　（評価対象地の地積）　（三大都市圏に所在する場合の地積要件）

　　　∴地積要件を未充足

　　② B土地が三大都市圏以外に所在する場合

　　97.38m^2 ＜ $1,000\text{m}^2$
　　（評価対象地の地積）　（三大都市圏以外に所在する場合の地積要件）

　　　∴地積要件を未充足

CASE9

評価単位 地　目	間口距離 奥行距離	側方加算 二方加算	広大地	農地・山林 ・原野
雑種地	貸　家 建付地	借地権 貸宅地	利用価値 の低下地	その他の 評価項目

私道の評価（行止まり私道を評価通達の定めによらないで評価する場合に，これを正当とする特別の事情の有無が争点とされた事例）

事　例

　被相続人は，本年11月に相続の開始があり，当該相続により相続人が取得した土地のうちには図表－１に掲げる私道（以下「本件私道」という）の用に供されている土地（登記簿上の地目：公衆用道路）があり，その実測地積は，177.21㎡である。

　被相続人に係る相続税の期限内申告において，本件私道を取得した相続人は，評価通達24（私道の用に供されている宅地の評価）の定めに基づいて，本件私道が行止まり私道で特定の者の通行の用に供されているものとして，通常の宅地の評価額の30％に相当する価額をもってその評価額（1,600万6,135円）とした。

　相続税の申告書の提出後に，相続税に詳しい知人の助言では，「本件私道は，公道的性格が強く，かつ，その廃止も困難であることから評価通達の定めを適用して評価すると相続税法22条（評価の原則）に規定する時価を上回ることになる。本件私道には，評価通達6（この通達の定めにより難い場合の評価）に定める評価通達の定めによらないことが正当として認められる『特別の事情』があるから，当該事情も加味して算定された不動産鑑定士による鑑定評価額により評価すべきである。今ならば，相続税の更正の請求の手続を採ることで対応することができる」とのことである（そして，鑑定評価額では，150万円となるとのことである）。

　相続人の考え方として，本件私道はその有する公共性の高さや処分困難性を考慮するとその評価額が約1,600万円となることには承服しかねていたところであり，相続税の更正の請求が課税庁から容認されるのであれば，ぜひとも不動産鑑定評価を不動産鑑定士に依頼して手続を進めたいとのことであった。

　本件私道の評価，相続税の更正の請求の手続の可否等について適切な助言を願いたい。

図表-1 本件私道の位置及び状況等

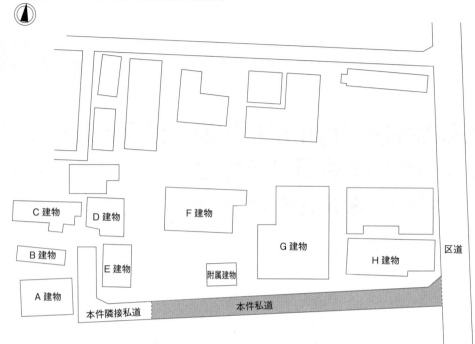

(1) 本件私道は，分岐する区道からの奥行距離が約42m，幅員が約4mである。
(2) 本件私道のうち，区道の分岐点から35mまでの部分は，建築基準法42条（道路の定義）1項5号に規定するいわゆる「位置指定道路」(注)である。
　（注）　建築基準法42条1項は，道路とは同項の1号ないし5号のいずれかに該当する幅員4m以上のものをいう旨，そして，同項5号は，道路法等によらないで築造する道路で，これを築造しようとする者が特定行政庁からその位置の指定を受けたものは道路に該当する旨規定している。
(3) 本件私道の西側に隣接する私道（以下「本件隣接私道」という）は，被相続人の姉が所有している行止まり私道である。

（平23.12.19裁決，東裁（諸）平23-99，平成20年相続開始分）

I 基礎事実

❶　請求人は，平成20年11月9日（以下「本件相続開始日」という）に死亡した被相続人の共同相続人の1人であり，この相続（以下「本件相続」という）に係る相続税について，法定申告期限までに，他の共同相続人とともに申告（財産は未分割）した。

❷　請求人は，平成22年3月8日に遺産分割協議が成立したとして，平成22年3月16日に修正申告書を提出した。

❸　請求人は，平成22年9月3日に，本件相続により取得した本件私道の価額の評価に当たっては，鑑定評価額（以下「本件鑑定評価額」という）により評価すべきであるから，本件私道の価額の評価に誤りがあったとして，更正の請求（以下「本件更正の請求」という）をした。

❹ 上記❸に対し，原処分庁は，平成22年12月2日付で，本件私道には評価通達の定めによらないことが正当と認められる特別の事情はないから，評価通達により評価すべきであるとして，更正をすべき理由がない旨の通知処分（以下「本件通知処分」という）をした。

Ⅱ 争 点

❶ 本件私道の評価に当たり，評価通達の定めによらないことが正当と認められる特別の事情があるか否か。
❷ 本件私道の具体的な相続税評価額はいくらになるのか。

Ⅲ 争点に関する双方（請求人・原処分庁）の主張

争点に関する請求人・原処分庁の主張は，図表－2のとおりである。

図表－2　争点に関する双方の主張

争　点	請求人（納税者）の主張	原処分庁（課税庁）の主張
(1) 本件私道の評価に当たっての特別の事情の有無	① 本件私道は，以下のとおり，宅地化の可能性，資産価値が相当低く，公道的性格が強いから評価通達の定めにより評価すると時価を上回る。 (イ) 本件私道は，その大部分が建築基準法42条1項5号に規定する道路位置の指定を受けた道路（以下「位置指定道路」という）に該当し，通行については特に制約を設けておらず，不特定多数の者が利用できる。 (ロ) 本件隣接私道には，以前歯科医院が沿接しており，不特定多数の者が利用していたことから，本件私道の公共性は高い。 (ハ) 本件隣接私道は行止まりとなっており，本件隣接私道に沿接する宅地に建築されている他人所有の戸建住宅又は共同住宅の各建物の居住者及びその関係者にとっては，本件私道が唯一の通り道である。 (ニ) 本件私道の地下には水道管，下水管，ガス管が埋設されており，また，地上には電気等を供給するための電柱が存し，地域における公共性・公益性が高く，宅地化の可能性はない。 (ホ) 本件私道は位置指定道路に該当し，本件私道に沿接する宅地は，本件私道が存することにより建物の建築が可能	① 相続により取得した財産を，評価通達に定められた評価方法を適用して画一的に評価する方法には合理性があり，同通達に基づき算出された価額が当該財産の時価を上回っている場合のように，同通達の定めによらないことが正当として認められるような特別の事情のある場合を除き，同通達の定めにより評価することが相当である。 ② 本件私道は，以下のとおり，不特定多数の者の通行の用に供される道路ではなく，評価通達の定めによらないことが正当と認められるような特別の事情は認められない。 　そうすると，本件私道の価額は，当初申告のとおり評価通達24（私道の用に供されている宅地の評価）により評価すべきである。 (イ) 本件私道は行止まり道路の一部であり，公道と公道をつなぐ，いわゆる通り抜け道路のような私道又はその一部ではないこと (ロ) 本件私道及び本件隣接私道には，集会所，地域センター，公園などの公共施設や飲食店などの店舗等は存在せず，本件私道及び本件隣接私道に沿接する宅地に存する各建物の関係者の通行の用にのみ供されていると認められるこ

		になっていることから，廃道することはできない。 ② 原処分庁は，右記②㈡のとおり，本件私道が将来宅地となる可能性がある旨主張するが，取得財産の価額は，当該財産を相続により取得した時の時価を基に判断すべきであるから，将来の宅地化の可能性を根拠にすることは違法である。	と ㈢ 本件私道は私有物としての処分の可能性がないとはいえないこと ㈣ 本件私道は宅地として利用される可能性が全くないとはいえないこと
(2) 本件私道の具体的な相続税評価額		上記(1)より，本件私道には，評価通達の定めによらないことが正当として認められる特別の事情があるから，計算－1のとおりの不動産鑑定評価書（以下「本件不動産鑑定評価書」という）に基づいて算定された本件鑑定評価額の<u>150万円</u>により評価すべきである。	上記(1)より，本件私道には，評価通達の定めによらないことが正当と認められるような特別の事情は認められないから，本件私道の価額は当初申告のとおり，同通達24により路線価を基に計算した価額の30％に相当する<u>1,600万6,135円</u>とすべきである。

計算－1　本件不動産鑑定評価書の内容（要旨）

1　依頼条件
　本件は現況（準公道的私道）を所与とした対象不動産の更地価格を求めるものとする。
2　対象不動産の状況
　本件私道はその大部分が位置指定道路に該当し，通行についても特に制約を設けず不特定多数の者が利用できることから，「準公道的私道」と判断する。
3　鑑定評価方式の適用
　(1)　地域の標準的画地（宅地）の価格に私道としての価値率等を考慮して求めた価格
　　イ　標準的画地（宅地）の価格
　　　　標準的画地価格を650,000円／㎡と査定した。
　　ロ　標準的画地（宅地）の価格に私道としての価値率等を乗じた価格
　　　㈠　地区集散道路第2号に含まれるもの(注)
　　　　　650,000円／㎡×10%(注)×15.98㎡＝1,000,000円
　　　　　　（注）　将来，＊＊区が宅地価格の10％相当額で買い取ることを予定している部分。
　　　㈡　地区集散道路第2号に含まれない部分
　　　　　650,000円／㎡×10%(注1)×（1－80%(注2)）×161.23㎡＝2,000,000円
　　　　　　（注1）　標準的な準公道的私道について10％評価を相当と判断。
　　　　　　（注2）　水道管，下水管，ガス管の地下埋設等による減価率を80％と判断。
　　　㈢　㈠＋㈡＝3,000,000円
　(2)　市場における私道の取引実態から求めた価格
　　　取引市場においては，私道部分は零円評価が一般的であり，＊＊区内で収集した私道付宅地の10事例も私道部分に関して零円としていることから零円とした。
　(3)　他の公的評価（固定資産評価）から求めた価格
　　　本件私道の固定資産税評価額は零円であることから判断して零円とした。
4　試算価格の調整及び鑑定評価額の決定
　　上記(1)ないし(3)の試算価格ともに規範性を持つものであるが，将来の＊＊区による一部買取りの可能性等を鑑み，上記(1)の価格（50％）に上記(2)の価格（25％）及び上記(3)の価格（25％）を関連付け，鑑定評価額を1,500,000円（8,460円／㎡）と決定した。

Ⅳ 国税不服審判所の判断

❶ 認定事実

(1) 本件私道の状況について

① 本件相続開始日現在の本件私道の位置、形状及びその周辺土地との接面状況等は、図表－1のとおりである。

② 本件私道は、その東側が区道に間口約7m接面し、当該区道からの奥行距離が約42m、幅員が約4mの土地であり、面積（実測）は177.21㎡である。

③ 本件私道のうち、上記②の区道から35mまでの部分は、位置指定道路である。

④ 本件隣接私道は、被相続人の姉が所有している行止まりの私道である。

⑤ 本件私道及び本件隣接私道の南側には、高さ約1.5mのコンクリート塀が設置されており、本件私道及び本件隣接私道の南側に隣接する土地から本件私道及び本件隣接私道へ出入りすることはできない。

(2) 本件私道に沿接する住宅、施設等の状況について

① 本件隣接私道に沿接する宅地には、戸建住宅又は共同住宅である図表－1記載のA建物ないしE建物が、本件私道に沿接する宅地には、共同住宅である図表－1記載のF建物ないしH建物がそれぞれ建築されている。なお、図表－1記載のH建物の出入口は本件私道ではなく、図表－1記載の区道に面している。

② 図表－1記載のA建物の登記事項証明書の登記記録の「①種類」欄には、平成23年6月21日付で、「平成18年月日不詳」により、「居宅診療所」から「居宅」に変更した旨記載されている。

③ 本件私道及び本件隣接私道には、公園、集会所、地域センターなどの公共的な施設等は沿接していない。

❷ 法令解釈等

(1) 評価通達24（私道の用に供されている宅地の評価）は、下記 資 料 のとおり定めているところ、不特定多数の者の通行の用に供される通り抜け私道については、公道と同様に不特定多数の者の通行の用に供され、公共性が強くなり、私有物としての利用が大きく制限され、私道を廃止して宅地となる可能性はきわめて低くなるから、これを評価せず、袋小路のように専ら特定の者の通行の用に供される行止まり私道については、(A)ある程度の制約はあるが、私有物としての使用、収益、処分は可能であること、特にそのような(B)私道に沿接する土地が同一人の所有に帰属することとなると、私道はその敷地内に包含され宅地になる可能性があり、相応の財産の価値があることから、路線価を基に計算した価額の30％に相当する価額で評価することとしているものと解される。

資　料　評価通達24（私道の用に供されている宅地の評価）

私道の用に供されている宅地の価額は、評価通達11（評価の方式）から同通達21－

> 2（倍率方式による評価）までの定めにより計算した価額の100分の30に相当する価額によって評価する。この場合において，その私道が不特定多数の者の通行の用に供されているときは，その私道の価額は評価しない。

(2) 適正な土地評価のために，不動産鑑定評価基準の理論を基礎に，不動産鑑定士等の実践面における活動の成果を十分取り入れて旧国土庁が作成し，審判所においても相当と認められる基準である土地価格比準表（昭和50年1月20日付国土地第4号　国土庁土地局地価調査課長通達「国土利用計画法の施行に伴う土地価格の評価等について」。ただし，平成6年3月15日付国土地第56号による改正後のものをいう）において，私道の利用状況が共用私道（特定の者に共同で通行の用に供される私道）か準公道的私道（不特定多数の者の通行の用に供される私道）かに応じ，前者の減価率を50％から80％まで（価値率50％から20％まで）とし，後者の減価率を80％以上（価値率20％以内）としている。

(3) 上記(1)及び(2)からすれば，審判所においても，評価通達24（私道の用に供されている宅地の評価）の定めは合理的であると認められる。

❸ 当てはめ

本件私道は，図表－1記載のとおり行止まり私道であり，また，上記❶(2)③のとおり，本件私道及び本件隣接私道には不特定多数の者が出入りする公共施設等が沿接していた事実も認められない。

そして，本件私道及び本件隣接私道に沿接する宅地には，A建物ないしH建物が建築されているが，H建物の出入口は区道に面していることからすれば，本件私道を利用する者は，専ら図表－1記載のA建物ないしG建物の居住者及びその関係者に限られると解するのが相当である。

❹ 請求人の主張について

(1) **本件私道が不特定多数の者の通行の用に供されていた旨の主張**

請求人は以前，本件隣接私道には歯科医院が営まれていた建物が沿接したことから，本件私道は不特定多数の者の通行の用に供されていた旨主張する。

しかしながら，上記❶(2)②のとおり，本件相続開始日には同建物において歯科医院は営まれていなかったと認められ，また，営まれていたとしても，その利用者は当該歯科医院の患者等の関係者に限られるから，これをもって，本件私道が不特定多数の者の通行の用に供される公道に準じた道路とは認められない。

(2) **本件私道の評価に評価通達により難い特別な事情がある旨の主張**

請求人は，本件私道は下記に掲げる事項等により，宅地化の可能性が相当低く公道的性格が強いから，評価通達により難い特別な事情がある旨主張する。

① 本件私道は，位置指定道路に該当すること
② 本件私道の地下には水道管・下水管・ガス管が埋設されており，地上にも電気等を供給するための電柱が存すること

しかしながら，本件私道の利用者は，図表－1記載のA建物ないしG建物の居住者及

びその関係者に限られ，不特定多数の者ではないから，本件私道の地下に水道管が埋設されていること等を考慮しても，<u>当該各建物の敷地が同一人の所有に帰属することになると，本件私道はその敷地内に包含され宅地になると認められるから</u>，宅地化する可能性が相当低く公道的性格が強いとは認められない。

(3) **本件鑑定評価額が本件私道の時価である旨の主張**

　請求人は，計算－1のとおりの本件不動産鑑定評価書に基づいて算定された本件鑑定評価額が本件私道の時価である旨主張する。

　しかしながら，本件不動産鑑定評価書は，次の①から③までの各手法でそれぞれ試算した価額を算出し，これを調整して本件鑑定評価額を求めているところ，本件不動産鑑定評価書の鑑定手法は，以下のとおり，合理性を欠くものである。

① 宅地の価額に対する私道の価値率等を基に試算した価額

　本件不動産鑑定評価書は，本件私道の大部分が位置指定道路であり，通行について特に制約を設けず不特定多数の者が利用できることから準公道的私道であるとして，これを前提に本件私道の価額を求めている。

　しかしながら，上記❸のとおり，本件私道を利用する者は特定の者に限られており，不特定多数の者の通行の用に供される公道に準じた道路とは認められないことから，本件不動産鑑定評価書の試算はその前提を誤っているものである。

② 私道付宅地の取引事例を基に試算した価額

　本件不動産鑑定評価書は，私道及び宅地が一体として取引された複数の事例について，その内訳として私道価格を零円としていることを根拠に本件私道の価額を零円としている。

　しかしながら，一般に，行止まり私道に沿接する宅地は，当該私道の一部の所有権等を有することにより宅地としての有効使用が可能となるから，当該私道について経済的な価値が認められる。

　そして，このような宅地と私道は一体で取引されるのが通常であり，私道の価額は宅地の価額に内含されているものと解すべきであるから，当該各取引事例をもって当然に，本件私道の価額を零円と試算することは相当でない。

③ 固定資産税評価額を基に試算した価額

　本件不動産鑑定書は，本件私道の固定資産税評価額が零円であることをもって，本件私道の価額を零円と試算している。

　しかしながら，固定資産税は，総務大臣の告示する固定資産評価基準によって固定資産の価格を評価することとされているところ，上記基準は，大量の土地について可及的に適正な時価を評価する技術的方法と基準を定めるものであり，土地の価額に影響を及ぼす全ての事項を網羅するものではない。他方，不動産鑑定評価は，不動産鑑定理論に従って，個々の土地の価額について，個別・具体的な評価を実施するものであるから，固定資産税評価額が零円であることをもって，当然に，本件私道の価額を零円とすることは相当でない。

(4) **将来の宅地化を根拠に評価することは違法である旨の主張**

請求人は，将来の宅地化の可能性を根拠に評価することは違法である旨主張する。

しかしながら，土地の時価は，現在の利用形態のみを基礎として形成されるものではなく，将来の利用形態の変化の可能性を内在したものであるから，将来の宅地化の可能性が存する場合に，これを考慮して時価を算定することに違法はない。

❺ 結論（本件通知処分の適法性）

以上のとおり，本件私道の価額を本件鑑定評価額（150万円）により評価すべきとする請求人の主張には理由がなく，評価通達の定めによらないことが正当と認められる特別の事情は認められないから，本件私道は同通達24（私道の用に供されている宅地の評価）の定めにより，路線価を基に計算した価額の30％に相当する価額（1,600万6,135円）によって評価するのが相当である。

したがって，本件更正の請求に対して，更正をすべき理由がないとした本件通知処分は適法である。

本件裁決事例のキーポイント

❶ 私道の意義

評価通達においては私道の定義は明確にされていないが，一般的には，「私道とは，複数の者の通行の用に供される私有地である宅地をいい，当該宅地が道路法（昭和27年6月10日 法律第180号）等の規定による法律上の道路に該当するか否かは問わないものとする」と解されている。

私道には，不特定多数の者が通行の用に供する私道（例 通り抜け私道）のようにきわめて公共性の高いものと，専ら特定の者のみが通行の用に供する私道（例 行止まり私道）のように利用対象者がある程度限定的になるものとの二つにおおむね区分される。

なお，上記＿＿部分の「特定の者」には，その私道の所有者自身は含まれないものと解されている。したがって，図表－3に掲げる路地状敷地の通路部分（░░部分）は，たとえ道路の形状を保持していたとしても，当該土地の所有者のみが通行の用に供しているものであれば，それは当該土地所有者の有する当該土地（宅地）上に存する建物の敷地の一部であり，評価通達24（私道の用に供されている宅地の評価）に定める私道として評価するのではなく，通常の宅地として評価することになる。

図表－3　路地状敷地の通路部分

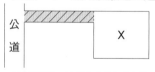

・░░部分は，X部分の所有者と同一の者の所有であり，X部分に至る通路としてのみ利用されている。

❷ 私道の評価方法

相続税等の課税において私道を評価する場合には，評価通達の定めでは当該私道を図表

図表-4 評価通達に定める私道の種類

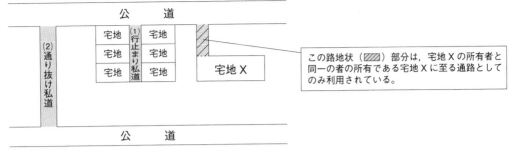

-4に掲げる(1)及び(2)の2種類に区分して、それぞれに掲げる方法により評価するものとされている。

(1) 特定の者の通行の用に供される私道（例 図表-4の(1)部分）

図表-4の(1)に掲げるような行止まり私道をその代表例とする(注1)特定の者の通行の用に供される私道は、原則として、当該私道の用に供されている宅地を自用地として評価した価額の100分の30に相当する価額で評価するものとされている(注2)。

(注1) 「特定の者の通行の用に供される私道」と「行止まり私道」との関係については、下記❻を参照。

(注2) 具体的な評価計算例については、下記❸を参照。

(2) 不特定多数の者の通行の用に供される私道（例 図表-4の(2)部分）

図表-4の(2)に掲げるような通り抜け私道をその代表例とする(注)不特定多数の者の通行の用に供されている私道は、その価額を評価しないものとされている。

(注) 「不特定多数の者の通行の用に供される私道」と「通り抜け私道」との関係については、下記❻を参照。

上記の「不特定多数の者の通行の用に供される私道」とは、図表-4の(2)の通り抜け私道である等、ある程度の公共性が認識されることが必要であると解される。このような私道について、特定の者に帰属する私有物であるにもかかわらず、その価額を評価しないこととしているのは、次に掲げるような理由によるものと考えられる。

① 道路としての用法に応じて利用されることになり、第三者が通行することを容認しなければならないこと
② 道路内建築の制限により、通行を妨害する行為が禁止されること
③ 私道の廃止又は変更が制限されること等から、一定の利用制限が認められること
④ 不特定多数の者の通行の用に供される私道を含む住宅の売買実例や不動産鑑定評価等からみても、私道の減価を100％としている事例が多いこと

参 考 宅地の一部にすぎないとして通常の宅地として評価する場合（例 図表-4の部分）

図表-4の部分に掲げるような特定の宅地（宅地X）の所有者のみが通行の用に供している路地状部分の土地は、これを私道として評価するのではなく通常の宅地として評

価することになる。

このような取扱いとされるのは，当該路地状部分の土地についてはその接続する宅地（宅地X）の所有者のみが通行の用に供し，他に，当該宅地に関する権利（例 借地権，借家人の有する権利）を有する者の通行の用に供されているという事実が認められないことから，その利用や処分に何らの制約も受けないことによるものと考えられる。

❸ 特定の者の通行の用に供されている私道の具体的な評価計算例

下記に掲げる 設 例 に基づいて，特定の者の通行の用に供されている私道Aの具体的な相続税評価額を算出してみることにする。

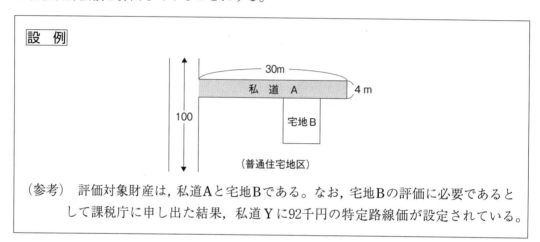

設 例

（参考） 評価対象財産は，私道Aと宅地Bである。なお，宅地Bの評価に必要であるとして課税庁に申し出た結果，私道Yに92千円の特定路線価が設定されている。

回 答　課税実務上の取扱いとして，特定の者の通行の用に供されている私道の主な評価方法には，下記に掲げるものがある。

(1) 原則的な評価方法（私道を1画地の宅地であるとして評価する方法）

評価通達24（私道の用に供されている宅地の評価）の定めでは，特定の者の通行の用に供されている私道は，当該私道を1画地の宅地であるとして取り扱い，路線価方式又は倍率方式によって算定した価額の100分の30に相当する価額によって評価するものとされている。

上記に掲げる方法により評価する場合には，私道はその形状から生じる特徴として，一般的に間口が狭小であり，かつ，奥行が長大であることが多い。そうすると，当該私道を路線価方式によって評価する場合には，当該私道である宅地の評価に使用する正面路線価（設 例 の場合，100千円の路線価）に対して，奥行価格補正率を適用する以外に，「間口狭小補正率」及び「奥行長大補正率」の適用も可能になる事例が多いものと考えられる。この取扱いによる評価方法を算式にまとめると次のとおりになる。

<算 式>

私道を1画地の宅地であるとして評価する場合の正面路線価 × 奥行価格補正率 × 間口狭小補正率 × 奥行長大補正率 × 私道の地積 × $\frac{30}{100}$

以上の取扱いに基づいて， 設 例 の私道Aについて具体的な相続税評価額を求めると，次の 計 算 のとおり，298万4,688円となる。

計 算

$$100千円 \underset{\substack{(正面)\\(路線価)}}{} \times \underset{\substack{(奥行価格補正率)\\普通住宅地区:30m}}{0.98} \times \underset{\substack{(間口狭小補正率)\\普通住宅地区:4m}}{0.94} \times \underset{\substack{(奥行長大補正率)\\普通住宅地区:\frac{30m}{4m}>6}}{0.90} \times \underset{\substack{(私道の\\地積)}}{120m^2} \times \underset{\substack{(評価\\割合)}}{\frac{30}{100}} = \underline{2,984,688円} \; (相続税評価額)$$

(2) **簡便的な評価方法（私道に設定された特定路線価を基に評価する方法）**

　課税実務上の取扱いとして，上記(1)に掲げる当該私道自体を１画地の宅地であるものとして評価する方法に代替して，当該私道に設定された特定路線価(注1)を基に計算した宅地の価額(注2)の100分の30に相当する価額によって評価することも行われている。

　(注1)　特定路線価とは，路線価方式により評価する場合において評価対象地が路線価の設定されていない道路（設例の場合，私道Ａ）のみに接しているときに，当該宅地（設例の場合，宅地Ｂ）の評価計算を行うために必要であるとして，評価通達14－3（特定路線価）（下記資料を参照）の定めに従って，当該私道の所在地の所轄税務署に対して特定路線価設定依頼の申請を行い※1，当該申請に基づき設定された路線価※2をいう。なお，課税庁より行われた特定路線価の回答は，税法に規定する処分に係る通知には該当しないので，当該回答に不服がある場合であってもこれに対して，異議申立て又は審査請求を行うことは認められない。

　※1　実務上では，特定路線価の設定依頼は，図表－5に掲げる「令和＿＿年分　特定路線価設定申出書」によって行うことになる。

　※2　実務上では，特定路線価の設定（回答）は，図表－6に掲げる「令和＿＿年分　特定路線価回答書」をもって，課税庁より納税者に対して連絡されることになる。

資　料　評価通達14－3（特定路線価）

> 　路線価地域内において，相続税，贈与税又は地価税の課税上，路線価の設定されていない道路のみに接している宅地を評価する必要がある場合には，当該道路を路線とみなして当該宅地を評価するための路線価（以下「特定路線価」という。）を納税義務者からの申出等に基づき設定することができる。
>
> 　特定路線価は，その特定路線価を設定しようとする道路に接続する路線及び当該道路の付近の路線に設定されている路線価を基に，当該道路の状況，前項（筆者注　評価通達14－2（地区）を示している）に定める地区の別等を考慮して税務署長が評定した１m²当たりの価額とする。

　(注2)　この場合には，特定路線価に直接，宅地の地積を乗じるものとし，奥行価格補正率等の各種画地補正率の適用はないことに留意する必要がある。

　上記の取扱いによる評価方式を算式にまとめると次のとおりになる。

＜算　式＞

$$\text{評価対象地である私道に付された特定路線価} \times \text{私道の地積} \times \frac{30}{100}$$

図表-5　令和＿＿年分　特定路線価設定申出書

整理簿
※

令和＿＿年分　特定路線価設定申出書

（税務署受付印）

＿＿＿＿＿＿＿＿税務署長

令和＿＿年＿＿月＿＿日　　申出者　住所(所在地)　〒＿＿＿＿＿＿＿＿＿＿＿＿＿
（納税義務者）

　　　　　　　　　　　　　　　氏名(名称)＿＿＿＿＿＿＿＿＿＿＿＿＿印

　　　　　　　　　　　　　　　職業(業種)＿＿＿＿＿＿電話番号＿＿＿＿＿＿

※印欄は記入しないでください。

　相続税等の申告のため、路線価の設定されていない道路のみに接している土地等を評価する必要があるので、特定路線価の設定について、次のとおり申し出ます。

1　特定路線価の設定を必要とする理由	□　相続税申告のため（相続開始日＿＿年＿＿月＿＿日） 被相続人　住所＿＿＿＿＿＿＿＿＿＿＿＿＿＿＿＿ 　　　　　　氏名＿＿＿＿＿＿＿＿＿＿＿＿＿＿＿＿ 　　　　　　職業＿＿＿＿＿＿＿＿＿＿＿＿＿＿＿＿ □　贈与税申告のため（受贈日＿＿年＿＿月＿＿日）
2　評価する土地等及び特定路線価を設定する道路の所在地、状況等	「別紙　特定路線価により評価する土地等及び特定路線価を設定する道路の所在地、状況等の明細書」のとおり
3　添付資料	(1)　物件案内図（住宅地図の写し） (2)　地形図（公図、実測図の写し） (3)　写真　　　撮影日＿＿年＿＿月＿＿日 (4)　その他　〔　　　　　　　　　　　　　　　　〕
4　連絡先	〒 住　所＿＿＿＿＿＿＿＿＿＿＿＿＿＿＿＿＿＿＿＿＿＿ 氏　名＿＿＿＿＿＿＿＿＿＿＿＿＿＿＿＿＿＿＿＿＿＿ 職　業＿＿＿＿＿＿＿＿＿電話番号＿＿＿＿＿＿＿＿
5　送付先	□　申出者に送付 □　連絡先に送付

＊　□欄には、該当するものにレ点を付してください。

別紙　特定路線価により評価する土地等及び特定路線価を設定する道路の所在地，状況等の明細書

土地等の所在地 （住居表示）	[　　　　　　　　　　]	[　　　　　　　　　　]
土地等の利用者名、利用状況及び地積	（利用者名） （利用状況）　　　　　㎡	（利用者名） （利用状況）　　　　　㎡
道路の所在地		
道路の幅員及び奥行	（幅員）　　m　（奥行）　　m	（幅員）　　m　（奥行）　　m
舗装の状況	□舗装済　・　□未舗装	□舗装済　・　□未舗装
道路の連続性	□通抜け可能 　（□車の進入可能・□不可能） □行止まり 　（□車の進入可能・□不可能）	□通抜け可能 　（□車の進入可能・□不可能） □行止まり 　（□車の進入可能・□不可能）
道路のこう配	度	度
上　水　道	□有 □無（□引込み可能・□不可能）	□有 □無（□引込み可能・□不可能）
下　水　道	□有 □無（□引込み可能・□不可能）	□有 □無（□引込み可能・□不可能）
都　市　ガ　ス	□有 □無（□引込み可能・□不可能）	□有 □無（□引込み可能・□不可能）
用途地域等の制限	（　　　　　　　　）地域 建ぺい率（　　　　）％ 容積率（　　　　）％	（　　　　　　　　）地域 建ぺい率（　　　　）％ 容積率（　　　　）％
その他（参考事項）		

図表-6　令和___年分　特定路線価回答書

<h2 style="text-align:center">令和___年分　特定路線価回答書</h2>

_____第_____号
令和___年___月___日

〒
住　所
（所在地）_____

氏　名　　　　　　　　　　御中
（名称）_____様

_____税務署長　㊞

　令和___年___月___日付けで申出のありました_____税に係る令和___年分の特定路線価について下記のとおり回答します。

記

道　路　の　所　在　地		
特　定　路　線　価 （1平方メートル当たり）	円	円
（参考） 地　区　区　分	地区	地区
借　地　権　割　合	％	％

　申告書を提出する際には、この回答書の写しの添付をお願いします。

資産課税（担当）部門
担　当　者_____
電話番号_____（　　）_____内線_____

（注）　この回答書による回答は、税法に規定する処分の通知ではありません。したがって、この回答については、異議申立て又は審査請求の対象となりませんから、ご留意ください。

以上の取扱いに基づいて，設例の私道Aについて具体的な相続税評価額を求めると，次の計算のとおり，331万2,000円となる。

計算

$$\underset{\text{(特定路線価)}}{92\text{千円}} \times \underset{\text{(私道の地積)}}{120\text{m}^2} \times \underset{\text{(評価割合)}}{\frac{30}{100}} = \underset{\text{(相続税評価額)}}{3,312,000\text{円}}$$

(3) 比較検討

本件設例では，上記に掲げる二つの評価方法に基づいて私道Aの具体的な相続税評価額を試算した結果，「上記(1)に掲げる評価方法（298万4,688円）＜上記(2)に掲げる評価方法（331万2,000円）」となり，私道を評価する場合の原則的な取扱いである1画地の宅地であるとして評価する方法を選択する方が有利になることが理解される。

❹ 特定の者の通行の用に供される私道の評価方法について（その相当性の検討）

上記❸で確認したとおり，特定の者の通行の用に供される私道は，宅地としての自用地評価額の30％相当額で評価するものとされている。次に，この評価方法について検討を加えてみたい。

上記Ⅳ❷(1)に掲げるとおり，国税不服審判所が示した法令解釈等では，袋小路のように専ら特定の者の通行の用に供される私道について，路線価を基に計算した価額の30％に相当する価額で評価することとしているのは，当該私道については下記に掲げる事由に基づいて相応の財産的価値があることによるものであるとしている。

(1) 私道として使用されることによって，ある程度の制約はあるが，私有物としての使用，収益，処分は可能であること
(2) 当該私道に沿接する土地が同一人の所有に帰属することとなると，私道はその敷地内に包含され宅地になる可能性があること

本稿では，上記に掲げる事由のうち，特に(2)に掲げる事由（これを概念図として示したものとして，図表－7を参照）とその評価割合（30％）の相当性について下記に掲げる論点から検討を加えてみることにする。

(1) 評価を必要とする事由に対する検討

相続税法22条（評価の原則）において，「相続により取得した財産の価額は，特別の定めのあるものを除き，当該財産の取得の時における時価による」旨を規定している。また，時価の意義については，評価通達1（評価の原則）の(2)において，「時価とは(X)課税時期において，(Y)それぞれの財産の現況に応じ，不特定多数の当事者間で自由な取引が行われる場合に通常成立すると認められる価額をいう」旨が定められている。

そうすると，財産の時価評価を行うに当たって留意すべき事項は，下記に掲げるとおりとなる。

① ある事項（事象）が，しんしゃくの対象とすべきものであるか否かの判断時点は課税時期とすること（上記(X)部分）
② 評価対象財産の現況に基づくものであること（上記(Y)部分）

図表－7　私道に沿接する土地が同一人の所有に帰属する場合（概念図）

(1) 当　初

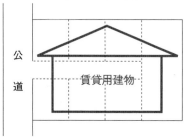

・(所有者)・私道及び宅地G
　　　　　X氏
　・宅地A～宅地F
　　他人（X氏と特殊な関係は無）

(2) X氏による私道沿接地の買収

・X氏が宅地Aないし宅地Fをその所有者
　から買収したため，公道を除いて，私道
　に接道する全ての宅地の所有者はX氏と
　なった。

(3) 私道の廃止（私道の宅地化）

・X氏は土地の有効活用を図るため私道を
　廃止して宅地化を図り，賃貸用建物の敷
　地として一体利用することにした。

　一方，専ら特定の者の通行の用に供される私道について，宅地としての評価額に対してその評価割合を30％として評価する趣旨は，図表－7に掲げるとおり，当該私道に沿接する土地を同一人が全て買収することによって結果的に私道はその敷地内に包含され宅地化される可能性があることをしんしゃくしたものであるとされている。

　しかしながら，上記の考え方は，下記に掲げる指摘事項から，その相当性が再検討されるべきものと考えられる。

(ｲ)　上記①及び②に掲げるとおり，財産の評価は課税時期における当該財産の現況によるものとされているところ，課税時期現在において，当該私道に沿接する宅地の全てが同一人（当該私道所有者）によって買収されるという客観的な事実は，一般的に，確認できないこと

(ﾛ)　財産評価通達の定めでは，「市街地農地（市街地周辺農地を含む），市街地山林及び市街地原野」（以下「市街地農地等」という）は，宅地比準方式で評価する方式を採用しており，課税時期において市街地農地等であり宅地に該当しないものを宅地であるとして評価するが，これは当該市街地農地等が置かれた課税時期における社会・経済的な環境からの判断（最有効使用の原則からの判断）が現況の市街地農地等として

の利用ではなく，宅地への転換にあると考えられているためである。

　一方，専ら特定の者の通行の用に供される私道（行止まり私道）の評価は，評価通達の定めでは当該私道が宅地であるものとした場合の価額の30％相当額とする旨を定めているものの，この定めは，当該私道の課税時期における最有効使用の原則を，常に当該私道に沿接する土地を当該私道所有者が買収し，当該私道を廃止して一体として活用（買収地及び廃道とした私道跡地を一体として宅地開発）することにあると判断して定められたものではないと考える。

　すなわち，上記(イ)及び(ロ)より，課税時期における当該私道の現況から判断して，当該私道沿接地の全てが同一人に買収されることにより当該私道の廃止が客観的に近い将来確実であるとされる具体的な事実が確認できず，かつ，その最有効使用の原則の観点による当該私道の利用方法が沿接地の買収による一体の宅地化であると立証挙証されない限り（本件は，課税庁における立証挙証責任を伴うものと考えられる），現行の評価通達の定めとして，専ら特定の者の通行の用に供される私道の評価を宅地化を前提とした評価に求めることに再検討の余地があろう。

　なお，上記の指摘に対して，評価通達に定める専ら特定の者の通行の用に供される私道の評価は宅地化を前提とした評価ではあるものの，その評価割合は30％と相当低く抑えられていることに配意すべきであるとの考え方が表明されることも想定されるが，この点については，下記❺で検証したい。

(2) 私道沿接土地の買収可能性の検討

　専ら特定の者の通行の用に供される私道の評価を沿接土地の買収を前提とした一体の宅地化を想定して求めることに対する疑問は，上記(1)で摘示したとおりであるが，本項では，予備的な検討として，当該私道沿接土地の買収を前提とはするものの，当該沿接土地の買収可能性について検討したい。なお，具体的な検討に当たっては， 事 例 に掲げる本件私道を用いることにする。

　事 例 に掲げる本件私道及び本件私道に沿接する土地の状況等は，図表－1及び上記Ⅳ❶に示すとおりであるが，このうち主要事項をまとめると，図表－8のとおりとなる。また，主な認定事実及び合理的に推定される事項（一部は仮定に基づく）も併せて掲記しておく。

① 私道沿接土地等の所有者の売却に対する同意

　本件私道に沿接する土地を全て買収し，本件私道をその買収地内に包含することによって本件私道を廃止しその宅地化が図れるという考え方は，その相当性を完全に否定するものではないが，この考え方が成立するためには，少なくとも課税時期において判断して，本件私道に沿接する全ての土地の所有者は当該所有する土地を本件私道の所有者（被相続人）に対して売却するに当たって何らの障害もないという事項が確認されているという要件事実が必要になるものと考える（なお， 事 例 の場合には，本件私道に接続して行止まりとなっている本件隣接私道が存在するため，本件私道の宅地化を検討するに当たっては，本件隣接私道及び当該私道のみに沿接する土地の被相続人に対する売却に関して支障

図表-8　本件私道及び本件私道沿接土地の状況等

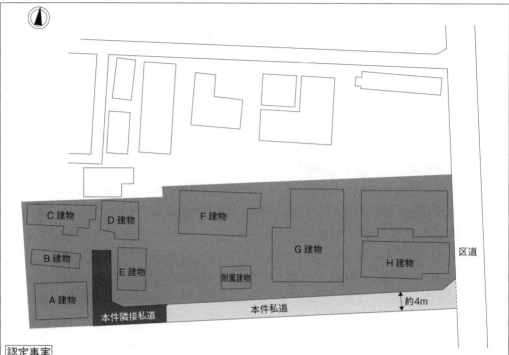

|認定事実|
(1) 本件私道は，その分岐する東側に存する区道からの奥行距離は約42m，幅員は約4mで，面積（実測）は177.21㎡である。
(2) 本件私道及び本件隣接私道の南側に隣接する土地は，本件私道及び本件隣接私道を利用することなく，使用が可能である。
(3) 本件私道及び本件隣接私道の北側に沿接する土地（■部分）及びその上に存する建物は，次のとおりである。
　① 本件私道及び本件隣接私道の双方を利用しているもの
　　A建物，B建物，C建物，D建物及びE建物
　② 本件私道のみを利用している建物
　　F建物，G建物及び附属建物
　（注）H建物の出入口は区道側にあり，本件私道を必ず利用しなければならないという必然性は認められない。

|推定事項|
(1) 本件私道（■部分）の実測面積から推定して，本隣隣接私道（■部分）及びこれらの両私道の北側に沿接する土地（■部分）の面積は，下記のとおりとする（図表-8の縮尺から算定）。
　① 本件隣接私道（■部分）……80㎡
　② 両私道の北側に沿接する土地（■部分）……1,700㎡
(2) 原処分庁が主張し，国税不服審判所も容認した本件私道の価額（路線価を基に計算した価額の30％に相当する金額）が1,600万6,135円であることから，本件相続開始年分における区道の路線価を下記計算により求め，400千円とした（各種画地補正率は，普通住宅地区に所在するものとして計算している）。
（計　算）

$$\underset{\text{(路線価)}}{x\text{円}} \times \underset{\substack{\text{(奥行価格}\\\text{補正率)}}}{0.92} \times \underset{\substack{\text{(間口狭小}\\\text{補正率)}}}{0.90} \times \underset{\substack{\text{(奥行長大}\\\text{補正率)}}}{0.90} \times \underset{\text{(面　積)}}{177.21㎡} \times \underset{\text{(評価割合)}}{\frac{30}{100}} = \underset{\text{(相続税評価額)}}{16,006,135\text{円}}$$

「x=404,021円」となるが，路線価に千円未満は存在せず，かつ，概観性を重視して，万円未満を切り捨てるものとし，x=400千円とした。

がない点も確認されていることが合わせて必要になると考える）。

　具体的には，本件私道を廃止して宅地化するためには，少なくとも下記に掲げる土地の所有者がその所有する土地を本件私道の所有者（被相続人）に対して売却する意思を保有していることが必要となる。

(イ)　本件隣接私道（図表－8　■部分，推定地積80㎡）

(ロ)　本件私道及び本件隣接私道に沿接する土地（図表－7　■部分，推定面積1,700㎡），具体的には，A建物ないしH建物及び附属建物の敷地等

　そうすると，上記(イ)及び(ロ)に掲げる土地の所有者は当然に複数人に及ぶものであり，これらの者が全員，課税時期において，本件私道の所有者（被相続人）にその所有する各土地を売却するに当たって障害は何ら認められなかったと認定することは，通常では想定されないものと考えられる。

② 私道沿接土地等の買収金額から判断した合理性

　事例の場合，本件私道を廃止して宅地化を図るためには，上記①の(イ)及び(ロ)に掲げる各土地を買収する必要があるが，次に，当該買収に必要な資金について検討を加えてみる。計算の前提は，次に掲げるとおりとする。

前提

(イ)　買収する土地の面積は，図表－8に掲げる 推定事項 (1)に示された数値（下記に再掲）とする。

　　㋑　本件隣接私道（■部分）の面積……80㎡

　　㋺　本件私道及び本件隣接私道の北側に沿接する土地（■部分）の面積……1,700㎡

(ロ)　買収単価は，図表－8に掲げる 推定事項 (2)に示された本件相続開始日における区道の合理的な推定路線価（400千円/㎡）と同一額になるものと仮定する。

　上記に掲げる 前提 に基づいて算定すると，事例の場合には，本件私道を廃止して宅地化を図るために必要とされる土地の買収資金は，下記に掲げる 計算 のとおり，7億1,200万円となり，本件私道の宅地化を図る目的のためにこれだけ多額の資本投下を行うことに経済的合理性を認めることは困難と考える。

計算

（1㎡当たりの買収単価）　（本件私道を廃止するために必要とされる買収土地の面積）

400千円×(80㎡+1,700㎡)＝712,000,000円

③ 本件私道の公益性を考慮する必要性

　本件裁決事例における国税不服審判所の判断では，上記Ⅳ❹(2)に掲げるとおり，請求人が「本件私道は位置指定道路に該当すること（建築基準法上の制限の確立），本件私道の地下には水道管・下水管・ガス管が埋設されており，地上にも電気等を供給するための電柱が存すること（公共公益的用途への供用）等により，宅地化の可能性が相当低く公道的性格が強い」との主張に対して，「本件私道の利用者は，A建物ないしG建物の居住者及びその関係者に限られ，不特定多数の者ではないから，本件私道の地下に水道管が埋設

されていること等を考慮しても，当該各建物の敷地が同一人の所有に帰属することになると，本件私道はその敷地内に包含され宅地になると認められるから，宅地化する可能性が相当低く公道的性格が強いとは認められない」としている。すなわち，本件私道の評価に当たって，当該私道に建築基準法上の制限（当該土地を通行の目的のみに利用し，その通行を妨害したり，当該土地上に建築物を築造する行為は禁止される）があることや，本件私道を利用して公共公益的設備（上下水道管，ガス管，電柱）が設けられていることは，最終的な判断に影響しないとしている。そして，その判断理由として，上記____部分に示すとおり，本件私道沿接土地を全て買収し私道を廃止することによる宅地化を挙げている。

しかしながら，**事例**の本件私道の場合には，下記に掲げる事項もしんしゃくして判断すると，直ちに上記____部分で示された国税不服審判所の判断理由のみで，その結果の相当性が担保されていると理解することには困難を覚える。

(イ) 本件私道を宅地化するために必要な本件私道に沿接する土地の買収範囲（本件隣接私道及び両私道に沿接する土地）が広く，相当数の地権者の存在が想定され，これらの者全員から売却の同意を取り付けることは容易ではないこと（上記①を参照）

(ロ) (イ)に掲げるとおり，買収する土地の面積が広く，その買収に当たって必要とされる資金は相当に高額になることが想定され，そのような資本投下に経済的合理性を見い出すことは一般的に困難であること（上記②を参照）

(ハ) 本件私道を廃止するに当たっては，たとえ，上記(イ)及び(ロ)に掲げる事項を克服したとしても，建築基準法等に掲げる諸手続の履践及び本件私道に存する各種の公共公益的設備の移設が必要とされることが想定され，これを履行するための諸手続（許認可事項を含む）及び費用負担面を考慮した場合に，その実現性が疑問視されることも考えられること

❺ 土地価格比準表について

上記 Ⅳ ❷(2)に掲げるとおり，国税不服審判所は，評価通達24（私道の用に供されている宅地の評価）の定め（特定の者の通行の用に供されている私道の評価割合を30％と定めた取扱い）に合理性が認められる根拠として，旧国土庁が作成した土地価格比準表（平成6年3月15日付国土地第56号による改正後のもの）において，私道をその利用状況に応じて共用私道と準公道的私道に区分してそれぞれに応じた減価率（価値率）を定めたものに基づいていることを挙げている（図表－9を参照）。

参考までに，この土地価格比準表における私道減価の考え方については，同表において，「私道の価格は，道路の敷地の用に供するために生ずる価値の減少分を，図表－9の率の範囲内で当該私道の系統，幅員，建築線の指定の有無等の事情に応じて判断し，当該私道に接する各画地の価格の平均価格を減価して求めるものとする」と解説している。

上記の土地価格比準表は，上述のとおり旧国土庁によって平成6年に最後の見直しが行われて以来，少なくとも本件裁決事例に係る課税時期（平成20年）までその見直しが行われていない[注1]。そうすると，図表に掲げる各私道の種類ごとに定められた価値率（本件裁決事例の場合には，共用私道として50％〜20％）は，その算定の基礎とされた資料（私

図表－9　土地価格比準表に定める私道の区分と減価率（価値率）

私道の種類	定　　義	減価率	価値率
共用私道	特定の者に共同で通行の用に供される私道	▲50％～▲80％	50％～20％
準公道的私道	不特定多数の者の通行の用に供される私道	▲80％以上	20％以内

道の取引事例等）は，いわゆる「バブル経済期」の土地価額高騰期の数値が使用されているのではないかと思われる。これは単なる側聞で資料的な裏付けはないが，筆者が懇意にしている不動産鑑定士は，「バブル経済期であれば，私道のみを単独で購入し当該私道周辺地との併合により広範囲な宅地開発を行うことを目的としての私道の取引事例（一種の限定価額としての形成）も認められたが，バブル経済崩壊後の今日においては，私道付宅地の取引事例はあっても，私道のみを開発を目的として取引(注2)するというような事例は，ほとんど耳にしたことがない」と発言している。

(注1)　土地価格比準表は，平成28年に見直しが行われたが，私道の区分と減価率（価値率）部分については従前どおりとされている。

(注2)　共有持分私道につき，他の共有者の持分をその者の要請により買い取るというような取引ではない。

　そうすると，上記の土地価格比準表に掲げる私道の価値率について，バブル経済崩壊後の現行の社会・経済等の諸情勢下において再度の見直しが行われることが求められているものと考えられ，その上で，今なお，適正水準を担保しているのであれば，本件裁決事例における国税不服審判所の判断は相当となろう。しかしながら，もし仮に不担保であれば，国税不服審判所の判断は，当該判断根拠とされた基礎資料の課税時期における適正性の欠如を理由に評価通達の課税時期における定立性を十分に立証したとは認められないから，容認されないことになる。

❻　評価通達上の私道の評価区分と私道の形態

　評価通達24（私道の用に供されている宅地の評価）の定めは，評価対象たる私道が特定の者の通行の用に供されているのか，又は，不特定多数の者の通行の用に供されているのかによって区分されており，当該私道が行止まり私道であるのか，又は，通り抜け私道であるのかによって区分されているものではない。

　ただし，当該私道の利用者（通行者）と当該私道の形態との間には，通常密接な関係が認められ，一般的には，特定の者の通行の用に供される私道（30％評価の対象）は行止まり私道である場合が大部分であり(注)，また，不特定多数の者の通行の用に供される私道（評価額0）は通り抜け私道である場合が大部分である。

(注)　本件裁決事例でも，原処分庁（課税庁）は，「本件私道は，行き止まり道路の一部であり，公道と公道をつなぐいわゆる通り抜け道路のような私道又はその一部ではない」ことを理由に挙げ，本件私道は，不特定多数の者の通行の用に供される道路ではない旨を主張している。

　上記に掲げる私道の利用者（通行者）と当該私道の形態（行止まり私道・通り抜け私道）

図表－10　私道の利用者と当該私道の形態との関係

		私道の形態			
		行止まり私道		通り抜け私道	
私道の利用者（通行者）	特定の者の通行の用	評価割合 30%	（受益者が一定範囲内で，かつ，私道の処分可能性があることに配慮）	評価割合 30%	（特例的な組合せ②（下記(2)で取扱いを検討））
	不特定多数の者の通行の用	評価割合 0%	（特例的な組合せ①（下記(1)で取扱いを検討））	評価割合 0%	（受益者が相当広範囲で，かつ，私道の処分可能性がないことに配慮）

（注）　□部分が，私道の評価において一般的に認識されている原則的な組合せである。

との関係をまとめると，図表－10のとおりとなる。
　次に，図表－10に掲げる二つの特例的な組合せの部分について検討してみたい。
(1)　行止まり私道ではあるが不特定多数の者の通行の用に供される場合（図表－10の特例的な組合せ①部分）
　評価通達24の定めでは，評価対象である私道が不特定多数の者の通行の用に供されているときは，その私道の価額は評価しないものとされている。また，この「不特定多数の者の通行の用に供されている」（上記＿＿部分）とは，現に当該私道が不特定多数の者の通行の用に供されているのであれば，当該私道の形態がいわゆる通り抜け私道であるのか行止まり私道であるのかは問われないものと解されている。
　そうすると，図表－11に掲げるような状況にある私道A及び私道Bについては，たとえ行止まり私道であったとしても相続税等の財産評価基準制度の取扱いにおいては評価の対象とする必要性はないものと考える。
(2)　通り抜け私道ではあるが特定の者の通行の用に供される場合（図表－10の特例的な組合せ②部分）
　通り抜け私道は，一般的には図表－12に掲げる私道Xのとおり，公道と他の公道とを

図表－11　評価の必要性がないものと考えられる行止まり私道の例

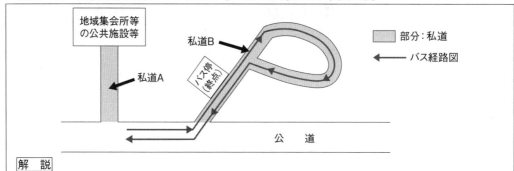

解　説
①　私道Aは，行止まりの私道ではあるが，当該私道を通行して不特定多数の者が地域集会所，地域センター及び公園などの公共施設や商店街等に出入りしていることが認められる。
②　私道Bは，その一部に公共交通機関であるバスの停留所及び転回場が設けられており，不特定多数の者が利用していることが認められる。

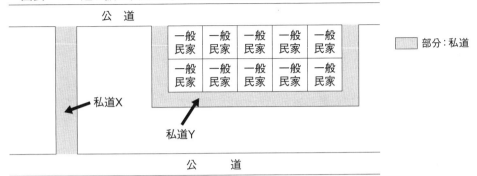

図表-12 通り抜け私道に対する評価の必要性の判断例

接続するものであることが多く，通常は不特定多数の者の通行の用に供される場合が大部分であり，その結果，評価の必要性がないものと判断されたものと考えられる。

一方，図表-12に掲げる私道Yも通り抜け私道に該当するものの，その形状は凹型であり，当該私道の分岐点である公道とその合流点である公道が同一であり，かつ，当該私道Yのみに接道する土地の利用状況は一般民家の敷地の用に供される宅地であると認められることから判断すると，当該私道Yを不特定多数の者の通行の用に供されている私道であると解するのは困難である（近道にもならず，また，当該私道沿いに特定の目的物も存在しない凹型形状の私道を不特定多数の者が通行するとは考え難い）。

(3) **本件裁決事例における検討**

上記 Ⅳ ❹(1)及び(2)に掲げるとおり，国税不服審判所の判断では本件隣接私道（本件私道の延長線沿いに存する行止まり私道）沿いに存する建物において仮に歯科医院が営まれていたとしても，また，本件私道が位置指定道路に該当し地下に水道管・下水管・ガス管が埋設されており，地上にも電柱が存在することにより宅地化の可能性が相当低く公道的性格が強いとしても，<u>本件私道の利用者は当該歯科医院の患者等の関係者並びに前掲図表-1のA建物ないしG建物の居住者及びその関係者に限られることから</u>，本件私道が不特定多数の者の通行の用に供される公道に準じた道路とは認められないとしている。

一方，図表-11に掲げるように，行止まり私道に沿接して公園，集会所，地域センター等の公共的施設等が存在するのであれば，行止まり私道であっても不特定多数の者の通行の用に供されている私道として相続税等における評価の必要性はないものとされている。

そうすると，上記に掲げる国税不服審判所の判断根拠（特に，歯科医院の存在を前提にしたとしても，当該患者等の関係者に限る（上記＿＿＿部分）という部分）と上記に掲げる公共的施設等の存在による不特定多数の者の通行供用性との整合点を確認しておく必要性が生じることになろう。

すなわち，具体的な事例を示すと，本件私道沿いに下記に掲げる建物が仮に存在したとした場合における本件私道の評価区分（①不特定多数の者の通行の用に供用として評価対象としない，②特定の者の通行の用に供用として評価対象とする）の判断が問題とされる。

事例A　大規模な総合病院（診療科目は，歯科のみならず多岐に及ぶものである）

(掲記理由)　大規模な総合病院であったとしても，本件私道の利用者は当該総合病院の患者等の関係者に限られる点で，国税不服審判所の判断たる歯科医院の場合とその判断が異なるのか。

事例B　常に行列のできる人気店であるラーメン店，ケーキ店等
(掲記理由)　当該店舗には公共的施設の要素は認められないが，当該店舗の利用を目的とした不特定多数の者の通行の用に供用される場合（＿＿部分から公共性を有しない一種の条件付不特定多数の者の通行の用）にどのように判断されるのか。

事例C　地域社会の中核店として利用されているスーパーマーケット
(掲記理由)　当該店舗に完全なる公共性は認められない（あくまでも，民間営利施設）が，事例B に掲げる店舗（ラーメン店等）と比較するとより高い公共性が認められる場合の当該スーパーマーケットの店舗の利用を目的とした不特定多数の者の通行の用に供用される場合（＿＿部分から準公共性が認められる条件付不特定多数の者の通行の用）にどのように判断されるのか。

❼ 本件不動産鑑定書について

(1) 私道付宅地の取引事例を基に算定した試算価額

上記 Ⅳ ❹(3)②のとおり，国税不服審判所では，私道付宅地の取引事例は，私道と宅地の両者が融合して一体として取引されるものであることから，私道の価額は宅地の価額に内含されていると解されるから，当該取引事例における内訳として私道価額を零円と定めたことを根拠に本件私道の価額を零円とすることは相当でないと判断されている。この指摘事項は実務上の重要項目として十分に留意しておきたい。

本件私道（特定の者の通行の用に供される私道）の価額（時価）の算定に当たって取引事例比較法による場合の採用すべき取引事例は，単独で私道のみの取引が行われた場合における当該私道単独での取引となる（そのような取引事例を収集可能であるかどうか，別途の疑問が生じるが……）。

(2) 固定資産税評価額を基に算定した試算価額

上記 Ⅳ ❹(3)③のとおり，国税不服審判所では，本件私道の固定資産税評価額が零円であったとしても，当該価額は総務大臣の告示する固定資産評価基準によって大量の土地につき可及的に適正な時価を算定する一種の簡便的な方法であり，個々の土地について，個別・具体的な評価を実施したものではないから，固定資産税評価額が零円であることをもって本件私道の価額（時価）を零円とすることは相当ではないと判断されている。

上記の指摘事項は，私道の固定資産税評価額と相続税評価額との関係においても同様のことが指摘される。

例えば，図表－12の私道を例にまとめると図表－13のとおりとなり，私道の固定資産税評価額が零円とされる場合でも，相続税評価額が付される事例もあることに留意する必要がある。

図表－13　図表－12に係る私道の固定資産税評価額と相続税評価額

私道の区分	固定資産税評価額		相続税評価額	
私道 X	結果	評価不要（固定資産税評価額は零円）	結果	評価不要（相続税評価額は零円）
	理由	所有者及び所有者以外の通行の用に供用	理由	不特定多数の者の通行の用に供用
私道 Y	結果	評価不要（固定資産税評価額は零円）	結果	評価必要（相続税評価額は宅地価額×30％）
	理由	所有者及び所有者以外の通行の用に供用	理由	特定の者の通行の用に供用

Ⅵ　参考事項等

❶　参考法令通達等

・相続税法22条（評価の原則）
・評価通達6（この通達の定めにより難い場合の評価）
・評価通達14－3（特定路線価）
・評価通達24（私道の用に供されている宅地の評価）
・令和___年分　特定路線価設定申出書
・令和___年分　特定路線価回答書
・固定資産評価基準
・土地価格比準表（昭和50年1月20日付国土地第4号　国土庁土地局地価調査課長通達「国土利用計画法の施行に伴う土地価格の評価等について」）
・建築基準法42条（道路の定義）1項5号
・道路法

❷　類似判例・裁決事例の確認

(1) 通り抜けができない私道の性格（特定の者の通行の用に供用又は不特定多数の者の通行の用に供用）が争点とされた裁決事例として，下記に掲げるものがある。

① 行止まり私道は不特定多数の者の通行の用に供されている私道には該当しないとされた裁決事例（平23.12.6裁決，関裁（諸）平23－28）

請求人は，本件A土地は不特定多数の者の通行の用に供されている私道である旨主張する。

しかしながら，本件A土地は，行止まりの私道である位置指定道路の一部であり，本件相続開始日における利用状況は，専ら位置指定道路に隣接する土地上の数軒の家屋の居住者及び月極め駐車場の利用者の通行の用に供されているものと認められることからすれば，不特定多数の者の通行の用に供されている私道であるとは認められない。

② 行止まり私道ではあるものの不特定多数の者の通行の用に供されている道路に含まれるとされた裁決事例（平17.7.1裁決，沖裁（諸）平17－1）

本件私道は，市道に接し，全長85mで，途中から二股に分かれた行止まり私道ではあ

るが，車両の折り返しが可能な私道であり，かつ，建築基準法42条1項3号に該当する道路であることなどから下記に掲げる事項が認められるため，不特定多数の者の通行の用に供されている道路に含まれると解される。

　(イ)　道路としての用法に応じて利用されることにより，第三者が通行することも容認せざるを得ないものであること
　(ロ)　道路内建築の制限により，通行を妨害する行為が禁止されること
　(ハ)　他の用途に変更又は廃止することが禁止又は制限されること

(2)　固定資産税が非課税とされていることから私道の相続税評価額も算定されるべきではないという主張の是非が争点とされた裁決事例として，下記に掲げるものがある。

①　その1（平9.2.28裁決，大裁（諸）平8－71）

　請求人は，本件土地は固定資産税が非課税となっており，不特定多数の者の通行の用に供される私道であることから，当該土地を評価すべきでない旨主張する。

　しかしながら，本件土地は，相続開始時において，通り抜けができる道路ではなく，専ら隣接居住者の通行の用に供されていることから，不特定多数の者の通行の用に供されているものとは認められず，本件土地を評価すべきでないとの請求人の主張は採用できない。

　また，固定資産税と相続税とではその課税主体，課税客体，課税の趣旨及び目的が異なるから，固定資産税が非課税であることをもって，当然に相続税においても当該土地を評価すべきではないとする合理的な理由はない。

②　その2（平16.6.16裁決，関裁（諸）平15－73）

　請求人らは，本件私道は道路位置の指定を受けており，自由に処分したり道路以外に使用することができないから財産的な価値がなく，また，A市が固定資産税を非課税としていることからも，課税価格の計算上，評価すべきでないと主張する。

　しかしながら，私道はその処分や使用収益にはある程度の制約があるものの，私人の所有物である以上これを処分等することは可能であり，本件私道は請求人宅や貸付地から公道に通ずるための道路として現に使用収益されているから，財産的価値がないということはできない。

　また，固定資産税と相続税とでは課税の趣旨及び目的が異なるから，固定資産税が非課税であることをもって本件私道を評価すべきでないとする請求人の主張には理由がない。

CASE9

追補1　本件裁決事例に係る上級審の取扱い

　本件裁決事例において，その主張が棄却された請求人（納税者）は，これを不服として，その後，東京地裁に提訴した（事件名については，下記を参照）。

事件名　東京地方裁判所（平成26年10月15日判決，平成24年（行ウ）第382号，更正の請求に理由がない旨の通知処分取消請求事件）

　上記の裁判においても，原告（納税者）の主張には理由がないものと判断され，請求は棄却された。

　その後，原告（納税者）は，下記のとおりに東京高裁に控訴し，さらに最高裁に上告したが，いずれもその主張は認められなかった（最高裁では，上告不受理とされた）。

事件名　・東京高等裁判所（平成27年7月8日判決，平成26年（行コ）第428号，更正の請求に理由がない旨の通知処分取消請求控訴事件）

　　　　・最高裁判所第一小法廷（平成27年12月17日決定，平成27年（行ツ）第403号，更正の請求に理由がない旨の通知処分取消請求上告事件）

追補2　地積規模の大きな宅地の評価について

　本件裁決事例に係る相続開始年分は，平成20年である。もし仮に，当該相続開始日が，平成30年1月1日以後である場合（評価通達20－2（地積規模の大きな宅地の評価）の新設等の改正が行われた）としたときにおける本件私道に対する同通達の適用は，下記に掲げる 判断基準 から少なくとも次に掲げる地積要件を充足しておらず，ないものとされる。

判断基準

- 地積要件

　　$\underset{\text{（評価対象地の地積）}}{177.21\text{m}^2}$ ＜ $\underset{\text{（三大都市圏に所在する場合の地積要件）}}{500\text{m}^2}$

　　∴地積要件を未充足

（注）　本件私道は，東京都＊＊区（三大都市圏に該当）に所在することが確認されている。

CASE10

評価単位 地目	間口距離 奥行距離	側方加算 二方加算	広大地	**農地・山林・原野**
雑種地	貸家建付地	借地権 貸宅地	利用価値の低下地	**その他の評価項目**

無道路地の評価に当たって控除される道路開設費用の価額の算定方法が争点とされた事例（その１）

事例

被相続人甲の相続財産である＊＊所在の土地（本件土地：地積422㎡）は，都市計画法に規定する市街化区域内の農地（畑）であり，その形状及び公道等との接続状況は図表－１のとおりである。

図表－１　本件土地の形状及び公道等との接続状況

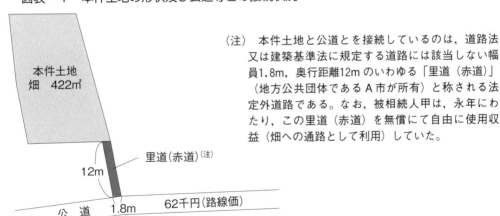

（注）本件土地と公道とを接続しているのは，道路法又は建築基準法に規定する道路には該当しない幅員1.8m，奥行距離12mのいわゆる「里道（赤道）」（地方公共団体であるＡ市が所有）と称される法定外道路である。なお，被相続人甲は，永年にわたり，この里道（赤道）を無償にて自由に使用収益（畑への通路として利用）していた。

評価通達20－２（無道路地の評価）の定めでは，無道路地とは道路に接しない宅地をいうものとされ，また，この場合には，接道義務を満たしていない宅地が含まれるものとされている。そうすると，本件土地はこの接道義務を満たしていない土地に該当し無道路地に準じて評価することが相当となる。

同通達の定めでは，無道路地として評価する際にしんしゃく額として控除する通路に相当する価額は，原則として，建物の建築に必要な通路（本件土地の場合には，幅員２mとされる）を確保するための当該費用相当額（正面路線価×本件土地の接道義務を満たすために必要な通路に相当する地積）とされている。

そこで，上記に掲げる通路確保のための費用相当額を具体的に計算しようとしたところ，その計算方法について下記に掲げる2通りの見解が示され，その判断に苦慮している。

(1) 本件里道（赤道）を被相続人甲が無償で自由に使用収益していた事実が認定されるのであるから，当該事項を考慮した上で，接道義務を充足させる上で足りない幅員は0.2m（2m－1.8m）として，下記算式により通路確保のための費用相当額（<u>14万8,800円</u>）を計算すべきである。

（算　式）

$\underset{\text{(正面路線価)}}{62,000円} \times \underset{\text{(地積)}}{2.4m^2} (\underset{\text{(未充足幅員)}}{0.2m} \times \underset{\text{(奥行距離)}}{12m}) = \underline{148,800円}$

(2) 無道路地のしんしゃく額の算定はあくまでも自己所有地としての取得を前提としているのであるから，本件里道（赤道）を被相続人甲が無償で自由に使用収益していたという事実が認定されたとしても当該事項は考慮の対象とすべきではなく，接道義務を充足させる上で足りない幅員は2m（2m－0m）として，下記算式により通路確保のための費用相当額（<u>148万8,000円</u>）を計算すべきである。

（算　式）

$\underset{\text{(正面路線価)}}{62,000円} \times \underset{\text{(地積)}}{24m^2} (\underset{\text{(未充足幅員)}}{2m} \times \underset{\text{(奥行距離)}}{12m}) = \underline{1,488,000円}$

（平17.10.28裁決，名裁（諸）平17－23，平成14年相続開始分）

基礎事実

❶　請求人は，平成14年＊＊月＊＊日（以下「本件相続開始日」という）に開始した相続（以下「本件相続」という）により，事例に掲げる本件土地を取得した。

❷　本件土地は，無道路地であるが，本件相続開始日現在，＊＊＊＊（筆者注 地方公共団体）が所有，管理する公共用物である道路法又は建築基準法に規定する道路ではない長さ12mの道路（以下「本件法定外道路」という）に接しており，本件法定外道路を通路として，＊＊＊＊号線（以下「本件公道」という）と連絡している。

❸　本件法定外道路は，接道義務(注1)を満たしておらず，本件土地に建物を建築する場合には，＊＊＊＊県建築基準法条例（以下「本件県条例」という）6条(注2)の定めにより幅員2m以上の通路を開設し，本件公道に直接連絡する必要がある。

（注1）　建築基準法43条（敷地等と道路との関係）1項において，建築物の敷地は，道路に2m以上接しなければならない旨が規定されている。

（注2）　本件県条例6条（路地状部分の敷地と道路との関係）において，建築物の敷地が路地状部分のみによって道路に接する場合におけるその路地状部分の幅は，路地状部分の長さが15m未満の場合には2m以上と定められている。

❹ 本件土地は，本件相続開始日において，都市計画法7条（区域区分）1項の市街化区域と定められた区域内の農地であり，不動産登記簿上の地目及び現況は，いずれも畑である。

❺ 評価通達の定めによると，本件土地は，評価通達40（市街地農地の評価）に基づき，同通達13（路線価方式）に定める路線価方式で評価する土地であり，名古屋国税局長が定めた平成14年分財産評価基準書によれば，本件公道の路線価は，1㎡当たり62,000円であり，評価通達7－2（評価単位）に定める利用の単位は，一団の農地である。

図表－2　争点に関する双方の主張

争点	請求人（納税者）の主張	原処分庁（課税庁）の主張
(1) 通路拡幅部分の地積の算定方法	① 本件土地と本件法定外道路を一体として評価すべきとする評価通達の定めはなく，****県の建築基準によれば，建物（建築物の敷地）は，間口2m以上の自己所有地によって市道に接している必要がある。 ② 上記①より，本件土地を宅地にする場合，本件法定外道路の有無にかかわらず，間口2mの自己所有地を確保して，本件土地と市道とが接続するようにしなければならないから，通路拡幅地積は，幅員2mに長さ12mを乗じた24㎡となる。	① 本件土地は無道路地であるが，公共用物である本件法定外道路を通路として本件公道に接しており，本件土地の利用に当たって，本件法定外道路の通行に制限はなく，請求人は，本件法定外道路を通路として利用していると認められるから，本件土地と本件法定外道路は，一体として評価した上で，接道義務を満たしていない宅地の評価の例により無道路地に準じて評価すべきである。 ② 上記①より，本件法定外道路は，幅員1.8m長さ12mであるから，本件県条例6条の定めによる路地状部分の幅2m以上を0.2m満たしていないこととなり，通路拡幅地積は，幅員0.2mに長さ12mを乗じた2.4㎡となる。
(2) 本件土地の具体的な相続税評価額	① 想定整形地及び前面土地の地積 (イ) 本件土地を評価する場合の評価通達20（不整形地の評価）の(2)の注書にいう想定整形地は，本件法定外道路と路線価が付された道路を結んだ直線を基準に，本件土地，本件法定外道路及び本件公道に接する想定整形地（以下「本件想定整形地」という）を包含する画地全体を囲んだ形の土地であるとすると，本件想定整形地の地積は，680㎡（40m×17m）であり，その形状は，図表－3のとおりである。 (ロ) 本件土地を評価する場合の本件土地に隣接する整形地（以下「本件前面土地」という）の地積は，図表－4の原処分庁の作図によれば，(17m＋17.5m)×11m÷2≒190㎡である。 ② 本件土地の相続税評価額 本件土地の相続税評価額は，計算－1のとおり，1,646万3,908円となる。	① 想定整形地及び前面土地の地積 (イ) 本件土地を評価する場合の本件想定整形地の地積は，図表－4のとおり，680㎡（40m×17m）となり，その形状は請求人が主張する図（図表－3）と同じとなる。 (ロ) 本件土地を評価する場合の本件前面土地は，図表－4のとおりであり，その地積は201.25㎡である。 ② 本件土地の相続税評価額 本件土地の相続税評価額は，計算－2のとおり，1,775万164円となる。

Ⅱ 争　　点

 本件土地を評価通達20－2（無道路地の評価）の定めに準じて評価する場合に，無道路地であることのしんしゃく額の計算の基礎となる通路拡幅部分の地積はどのように算定することが相当であるのか。

 本件土地の具体的な相続税評価額はいくらになるのか。

Ⅲ 争点に関する双方（請求人・原処分庁）の主張

争点に関する請求人・原処分庁の主張は，図表－2のとおりである。

Ⅳ 国税不服審判所の判断

❶ 認定事実

(1) 本件土地を農地として利用する場合には，本件法定外道路を利用することに何ら問題はないものの，建物を建築しようとする場合には，本件県条例6条の定めにより，本件法定外道路の払下げを受け自己所有地にした後，幅員2m以上の通路を開設し，本件土地が本件公道に直接接するようにしなければならない。

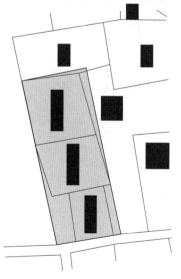

図表－3　請求人が主張する本件想定整形地の形状

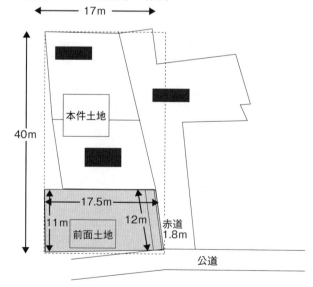

図表－4　原処分庁の作図

　想定整形地の地積　680.00㎡（17m×40m）
　前面土地の地積　201.25㎡（(11m＋12m)÷2×17.5m）
（注）　公図に基づき距離を測定した。

(2) 本件土地は，本件相続開始日において，みかんの木が植栽されていた農地であり，近隣の市道より高い所に位置することから，本件土地を宅地に転用する場合には，伐採・伐根と整地が必要であって，それらに要する金額は，名古屋国税局長が定めた平成14年分財産評価基準書によれば，整地を要する面積1㎡当たりの金額が500円であり，伐採・

計算－1　請求人が主張する本件土地の相続税評価額

1　本件土地の地積等

所在地番	****			
現況地目	畑	地　積	①	422.00㎡
間口距離	2.00m	地区区分	普通住宅地区	
奥行距離	40.00m			

2　自用地1㎡当たりの価額

本件想定整形地の価額		
（正面路線価）　（奥行価格補正率）　（本件想定整形地の地積） 62,000円 ×　　0.92　　×　② 680.00㎡	38,787,200円	A
本件前面土地の価額		
（正面路線価）　（奥行価格補正率）　（本件前面土地の地積） 62,000円 ×　　1.00　　×　③ 190㎡	11,780,000円	B
不整形地及び無道路地計算前の本件土地の価額（A－B）×（①÷（②－③））		
A　　　　　　　　B　　　　　　　①　　　　　②　　　③ (38,787,200円－11,780,000円)×(422.00㎡÷(680.00㎡－190㎡))	23,259,262円	C
1㎡当たりのCの価額		
C　　　　　① 23,259,262円÷422.00㎡	55,116円	D
不整形地の計算		
D　　　　（不整形地補正率） 55,116円 ×　　0.79 ※　不整形地補正率の計算 （不整形地補正率表の補正率）　（間口狭小補正率） 　　0.88　　×　　0.90　　＝0.79（小数点第2位未満切捨て）	43,541円	E
無道路地の計算		
E　　　　　　　※ 43,541円 ×（1－0.0810） ※の割合の計算 （正面路線価）　（通路部分の地積）　　　　E　　　　　① (62,000円 ×　24㎡)　÷(43,541円×422.00㎡)＝0.0810	40,014円	F

3　宅地造成費の計算

宅地造成費の計算	整地費	（整地費を要する地積）　（1㎡当たりの整地費） 422.00㎡　×　　500円	④	211,000円
	伐採・伐根費	（伐採・伐根を要する地積）　（1㎡当たりの伐採・伐根費） 422.00㎡　×　　500円	⑤	211,000円
	合　計	④＋⑤	⑥	422,000円
	1㎡当たりの計算	⑥÷①	⑦	1,000円

4　市街地農地としての評価額

（自用地1㎡当たりの価額） F	（宅地造成費） ⑦	地　積 ①	評価額
40,014円	－ 1,000円	422.00㎡	16,463,908円

伐根を要する面積1㎡当たりの金額が500円である。

❷ 当てはめ

(1) 本件法定外道路等の取扱い（通路拡幅地積の算定）

原処分庁は，本件土地の評価について，請求人が本件法定外道路を通路として利用する

計算－2　原処分庁が主張する本件土地の相続税評価額

1　本件土地の地積等

所在地番	＊＊＊＊		
現況地目	畑	地　積	①　422.00㎡
間口距離	1.80m	地区区分	普通住宅地区
奥行距離	40.00m		

2　自用地1㎡当たりの価額

本件想定整形地の価額		
（正面路線価）（奥行価格補正率）（本件想定整形地の地積） 62,000円 × 0.92 × ② 680.00㎡	38,787,200円	A
本件前面土地の価額		
（正面路線価）（奥行価格補正率）（本件前面土地の地積） 62,000円 × 1.00 × ③ 201.25㎡	12,477,500円	B
不整形地及び無道路地計算前の本件土地の価額（A－B）×（①÷（②－③））		
A　　　　　　B　　　　　　①　　　　②　　　　③ (38,787,200円－12,477,500円)×(422.00㎡÷(680.00㎡－201.25㎡))	23,191,004円	C
1㎡当たりのCの価額		
C　　　　　① 23,191,004円÷422.00㎡	54,955円	D
不整形地の計算		
D　　　　（不整形地補正率） 54,955円× 0.79 ※　不整形地補正率の計算 （不整形地補正率表の補正率）（間口狭小補正率） 　　0.88　　　　×　　0.90　　＝0.79（小数点第2位未満切捨て）	43,414円	E
無道路地の計算		
E　　　　　※ 43,414円×（1－0.0081） ※の割合の計算 （正面路線価）（通路部分の地積）　　　　　E　　　　　① （62,000円× 2.4㎡ ）÷(43,414円×422.00㎡)＝0.0081	43,062円	F

3　宅地造成費の計算

宅地造成費の計算	整地費	（整地費を要する地積）（1㎡当たりの整地費） 422.00㎡　×　　500円	④	211,000円
	伐採・伐根費	（伐採・伐根を要する地積）（1㎡当たりの伐採・伐根費） 422.00㎡　×　　500円	⑤	211,000円
	合　計	④＋⑤	⑥	422,000円
	1㎡当たりの計算	⑥÷①	⑦	1,000円

4　市街地農地としての評価額

（自用地1㎡当たりの価額） F	（宅地造成費） ⑦	地　積 ①	評価額
43,062円	－　1,000円	422.00㎡	<u>17,750,164円</u>

ことに何ら支障がないことを理由に，接道義務を満たしていない宅地の評価の例により無道路地に準じて評価する旨主張する。

しかしながら，この取扱いは，評価対象地が道路に接している場合のものであるところ，上記❶❷のとおり，本件土地は，通路として使用可能な本件法定外道路に接しているものの無道路地であるから，原処分庁の上記主張は，前提において当を得ていない。

そして，上記❶(1)のとおり，本件土地に建物を建築しようとする場合には，本件法定外道路の払下げを受け自己所有地とした後，幅員2m以上の通路を開設し，本件土地が本件公道に直接接するようにしなければならないというのであるから，本件法定外道路の存在は，本件土地の評価に何ら影響を及ぼすものではないというべきである。

したがって，本件土地の通路拡幅地積は，本件県条例6条の定めにより，2mに長さ12mを乗じた24㎡となる。

(2) **本件土地評価上のしんしゃく事項**

① 本件想定整形地の求め方及びその地積

(イ) 屈折路に面する不整形地に係る想定は，いずれかの路線からの垂線によって又は路線に接する両端を結ぶ直線によって，評価しようとする土地の全域を囲む形又は正方形のうち最も面積の小さいものと解されている。

(ロ) 本件土地は，上記❶❷のとおり無道路地であることから，上記(イ)に準じて本件想定整形地を求めるのが相当であるから，本件想定整形地は，本件公道と＊＊＊＊との接線からの垂線によって本件土地の全域を囲む形で，形状は図表－3（請求人が主張する本件想定整形地の形状）の作図と同じであるが，その地積は，図表－5のとおり，656㎡（16m×41m）となる。

② 本件前面土地の形状及びその地積

本件前面土地の形状は，上記①の想定整形地を基に，図表－6の作図が相当と認められ，

図表－5　本件想定整形地の形状等　　図表－6　本件前面土地の形状等

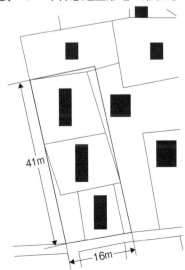
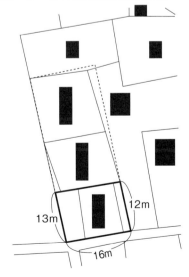

その地積は，200㎡（(12m＋13m)×16m÷2）となる。

③ 本件土地の通路拡幅地積の価額

本件土地の通路拡幅地積は，上記(1)のとおり24㎡であり，その価額は，本件公道の路線価62,000円（上記❶❺を参照）に当該通路の地積を乗じた価額である148万8,000円となる。

計算－3　国税不服審判所が認定した本件土地の相続税評価額

1　本件土地の地積等

所在地番	＊＊＊＊		
現況地目	畑	地積	① 422㎡
間口距離	2m	地区区分	普通住宅地区
奥行距離	41m		

2　自用地1㎡当たりの価額

本件想定整形地の価額		
（正面路線価）　（奥行価格補正率）　（本件想定整形地の地積） 62,000円×　0.92　×　② 656㎡	37,418,240円	A
本件前面土地の価額		
（正面路線価）　（奥行価格補正率）　（本件前面土地の地積） 62,000円×　1.00　×　③ 200㎡	12,400,000円	B
不整形地及び無道路地計算前の本件土地の価額（A－B）×（①÷（②－③））		
A　　　　　　　B　　　　　　①　　　②　　　③ (37,418,240円－12,400,000円)×(422㎡÷(656㎡－200㎡))	23,152,844円	C
1㎡当たりのCの価額		
C　　　　　　① 23,152,844円÷422㎡	54,864円	D
不整形地の計算		
D　　　（不整形地補正率） 54,864円×　0.79 ※　不整形地補正率の計算 （不整形地補正率表の補正率）　（間口狭小補正率） 　　0.88　　×　　0.90　＝0.79（小数点第2位未満切捨て）	43,342円	E
無道路地の計算		
E　　　　　　※ 43,342円×（1－0.0814） ※の割合の計算 （正面路線価）　（通路部分の地積）　　　　　　　E　　　　　① (62,000円×　24㎡)　÷(43,342円×422㎡)＝0.0814	39,813円	F

3　宅地造成費の計算

宅地造成費の計算	整地費	（整地費を要する地積）　（1㎡当たりの整地費） 　　422㎡　×　　500円	④	211,000円
	伐採・伐根費	（伐採・伐根を要する地積）　（1㎡当たりの伐採・伐根費） 　　422㎡　×　　500円	⑤	211,000円
	合　計	④＋⑤	⑥	422,000円
	1㎡当たりの計算	⑥÷①	⑦	1,000円

4　市街地農地としての評価額

（自用地1㎡当たりの価額） F	（宅地造成費） ⑦	地積 ①	評価額
39,813円	－　1,000円	422㎡	<u>16,379,086円</u>

そして、評価通達20－2（無道路地の評価）は、無道路地として評価する際に控除する通路に相当する価額は、評価通達20（不整形地の価額）の定めによって計算した価額の100分の40の範囲内の金額とされているところ、本件土地を不整形地として補正した後の価額1,829万324円（43,342円×422㎡）の100分の40に相当する金額は、731万6,129円であるので、上記金額は、この範囲内であるから相当と認められる。

④　本件土地における宅地造成費

上記 **Ⅳ ❶**(2)のとおり、整地を要する面積1㎡当たりの金額が500円であり、伐採・伐根を要する面積1㎡当たりの金額が500円であるので、本件土地における宅地造成費を計算すると1㎡当たり1,000円となる。

❸　本件土地の相続税評価額

上記❶及び❷より、本件土地の相続税評価額は、計算－3のとおり、<u>1,637万9,086円</u>となる。

（注）　請求人（納税者）が主張する本件土地の相続税評価額は1,646万3,908円（計算－1を参照）であり、また一方、課税庁（原処分庁）が主張する本件土地の相続税評価額は1,775万164円（計算－2を参照）とされているところ、国税不服審判所の認定額は、そのいずれをも下回ることから、結果として、請求人の主張が容認され原処分はその全部が取り消されることになった。

　本件裁決事例のキーポイント

❶　無道路地の評価

(1)　無道路地の定義

無道路地とは、一般的には道路（「路線価の付設されていない道路」（注）も含まれる）に直接には接しない土地のことをいうものと解されている。また、民法210条（公道に至るための他の土地の通行権）1項の規定では、「<u>ある土地が他の土地に囲繞されていて公路に通じないときは、その土地の所有者は公路にいたるため囲繞地を通行することができる</u>」とされており、民法においては、上記＿＿部分の要件を充足する土地を無道路地と定義付けしている。

（注）　評価通達14（路線価）の定めでは、路線価を設定することができる路線とは、不特定多数の者の通行の用に供されている道路をいうものとされていることから、「路線価の付設されていない道路」とは、不特定多数の者の通行の用には供されていない道路を指すものと考えられる。

ただし、上記に掲げる無道路地に該当し他人の土地に取り囲まれていても、当該他人の土地に対して囲繞地通行権以外の権利（地役権、賃借権等）を設定してその通行の用に供している場合には、当該評価対象地を評価通達上の無道路地として取り扱うことにはならない。

上記以外に、評価通達上の無道路地に該当するか否かの判断において留意すべき事項を

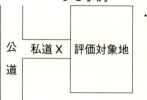
図表-7 間口が狭小な宅地等として評価する事例
・私道Xは、評価対象地の所有者以外の者が所有する建築基準法上の道路に該当するものである。

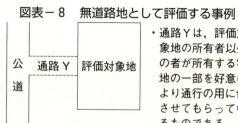
図表-8 無道路地として評価する事例
・通路Yは、評価対象地の所有者以外の者が所有する宅地の一部を好意により通行の用に供させてもらっているものである。

掲げると、下記のとおりである。
① 評価通達において、私道を介して公路に通ずることが可能な土地を間口が狭小な宅地等として取り扱い（図表-7を参照）、これに該当しないものを無道路地として取り扱うこととしている（図表-8を参照）。
② 道路に接していても、その接する間口距離（接道距離）が建築基準法等に規定する接道義務(注)を満たしていない宅地についても、その価値効用（原則として、建築物の建築は禁止）が無道路地と同様に著しく低下するものと考えられることから、無道路地と同様に評価するものとされている。
（注） 建築基準法等に規定する接道義務の代表的な規定として、次の 参考資料 に掲げる建築基準法43条（敷地等と道路の関係）の取扱いが挙げられる。

参考資料 建築基準法43条（敷地等と道路の関係）

> 建築物の敷地は、道路(次に掲げるものを除く。第44条第1項を除き、以下同じ。)に2m以上接しなければならない。
>   一 自動車のみの交通の用に供する道路
>   二 地区計画の区域（地区整備計画が定められている区域のうち都市計画法第12条の11の規定により建築物その他の工作物の敷地として併せて利用すべき区域として定められている区域に限る。）内の道路
> 2 前項の規定は、次の各号のいずれかに該当する建築物については、適用しない。
>   一 その敷地が幅員4m以上の道（道路に該当するものを除き、避難及び通行の安全上必要な国土交通省令で定める基準に適合するものに限る。）に2m以上接する建築物のうち、利用者が少数であるものとしてその用途及び規模に関し国土交通省令で定める基準に適合するもので、特定行政庁が交通上、安全上、防火上及び衛生上支障がないと認めるもの
>   二 その敷地の周囲に広い空地を有する建築物その他の国土交通省令で定める基準に適合する建築物で、特定行政庁が交通上、安全上、防火上及び衛生上支障がないと認めて建築審査会の同意を得て許可したもの
> 3 地方公共団体は、次の各号のいずれかに該当する建築物について、その用途、規模又は位置の特殊性により、第1項の規定によつては避難又は通行の安全の目的を

十分に達成することが困難であると認めるときは，条例で，その敷地が接しなければならない道路の幅員，その敷地が道路に接する部分の長さその他その敷地又は建築物と道路との関係に関して必要な制限を付加することができる。

一　特殊建築物
二　階数が3以上である建築物
三　政令で定める窓その他の開口部を有しない居室を有する建築物
四　延べ面積（同一敷地内に2以上の建築物がある場合にあつては，その延べ面積の合計。次号，第4節，第7節及び別表第3において同じ。）が1,000㎡を超える建築物
五　その敷地が袋路状道路（その一端のみが他の道路に接続したものをいう。）にのみ接する建築物で，延べ面積が150㎡を超えるもの（一戸建ての住宅を除く。）

(2)　無道路地の評価方法

　無道路地〔道路（路線価の付設されていない道路を含む）に接しない宅地（接道義務を満たしていない宅地を含む（下記①を参照））をいう〕の価額は，実際に利用している路線の路線価に基づいて，評価通達20（不整形地の評価）の定めによって計算した価額（不整形地補正後の価額(注)）から，<u>無道路地であることのしんしゃくとして，その価額の100分の40の範囲内において相当と認められる金額</u>（下記②を参照）を控除した価額により評価するものとされている。

　　(注)　不整形地補正後の価額を「不整形地補正率表」を用いて算定する場合における間口狭小補正率の適用上の間口距離は，当該評価対象地である無道路地が接道義務に基づく最小限度の間口距離を必要とするとした場合の当該距離をいうものとされている。

　上記の取扱いを算式で示すと，次のとおりになる。

（無道路地の評価方法）

当該評価対象地である無道路地について求めた不整形地補正後の価額(Ⓐ) － （無道路地であることのしんしゃく額（下記(イ)及び(ロ)のうち，いずれか少ない金額）
(イ)　相当と認められる金額（下記②を参照）
(ロ)　Ⓐ×40%）

①　接道義務を充足していない宅地の取扱い

　上記に掲げるとおり，現行の評価通達では，接道義務を満たしていない宅地についても無道路地の評価方法に準じて評価する旨が定められている。このような取扱いが設けられている理由は，下記に掲げるような事情が考慮されたものであると考えられる。

(イ)　路線価は路線に接する宅地で，その路線に面する宅地の標準的な間口距離及び奥行距離を有するく形又は正方形の画地を前提として定められているが，間口の狭小な宅地については，宅地としての利用効率が低下することから宅地としての利用効率の低下の程度に応じた減額調整措置が必要とされ，評価通達による取扱いでは，これを間口狭小補正率表に定める間口狭小補正率により調整するものとされていること

図表-9　無道路地の形態別の評価過程

区分	(A) 評価対象地	(B) 想定整形地	(C) かげ地	(D) 通路部分
無道路地の場合 (❷(1)に該当)	無道路地／路線	無道路地／路線	無道路地／路線	無道路地／※接道義務に基づく通路開設部分／延長距離／路線
接道義務を満たしていない場合 (❷(2)に該当)	評価対象地／路線	評価対象地／路線	評価対象地／路線	評価対象地／※接道義務に基づく通路開設部分／延長距離／路線

　(ロ)　上記(イ)に定める間口狭小補正率は，間口距離が4m未満である場合には，その補正率は全て一律（間口距離が3mである場合（接道義務を充足している場合）と1mである場合（接道義務を充足していない場合）とで，同一の補正率が適用されることになる）とされているが，たとえ，路線に接道していても上記(1)に掲げる建築基準法等に規定する接道義務を満たしていない宅地については，建物の建築に著しい制限を受ける等の点で，道路に直接接していない無道路地と比較してその価値効用に大きな差異は認められないこと

② 無道路地であることのしんしゃく額

　上記＿＿部分に掲げる「無道路地であることのしんしゃくとして，その価額の100分の40の範囲内において相当と認められる金額」は，評価通達20-2（無道路地の評価）において，評価対象地である無道路地について，建築基準法その他の法令において規定されている建築物を建築するために必要な道路に接すべき最小限の間口距離の要件（接道義務）に基づき，最小限度の通路を開設する場合のその通路に相当する部分の価額によるものと定められている。

　また，この「通路に相当する部分の価額」（上記＿＿部分）は，実際に利用している路線の路線価に通路に相当する部分の地積を乗じた価額として下記算式により求めるものとされている。そして，その計算に当たっては，奥行価格補正率，間口狭小補正率及び奥行長大補正率等の画地調整率の適用は行わないものとされている。

　（算　式）

評価対象地である無道路地につき実際に利用している路線の路線価 × 通路に相当する部分の地積（間口距離 × 奥行距離）

❷ **本件土地に係る無道路地評価上の区分（本件土地は無道路地か，接道義務未充足地か）**

　評価通達20-2（無道路地の評価）の定めでは，当該通達を適用して評価する無道路地に該当するものとして，下記に掲げる二つの形態があることが示されている。

CASE10

図表－10　国税不服審判所による認定事実及び判断とその理解ポイント

国税不服審判所	理解ポイント
認定事実：本件土地を農地として使用する場合には、本件法定外道路を利用することに何ら問題はないものの、建物を建築しようとする場合には、本件県条例6条の定めにより、本件法定外道路の払下げを受け自己所有地にした後、幅員2m以上の通路を開設し、本件土地が本件公道に直接接するようにしなければならない。	本件土地の課税時期における現況はみかんの木が植栽されていた農地（畑）であるものの、その所在地の地区区分が市街化区域内とされていることから、当該農地の価額形成要因は宅地化を前提としたものとなる。そうすると、現況の利用状況にかかわらず、宅地化（家屋の建築）を前提とした評価の思考過程が採用されることが相当となる。
判断：原処分庁は、本件土地の評価について、請求人が本件法定外道路を通路として利用することに何ら支障がないことを理由に、接道義務を満たしていない宅地の評価の例により無道路地に準じて評価する旨主張している。しかしながら、この取扱いは、評価対象地が道路に接している場合のものであるところ、本件土地は、通路として使用可能な本件法定外道路に接しているものの無道路地であるから、原処分庁の主張は、前提において当を得ていない。	評価通達に定める無道路地とは、道路に接しない宅地をいう。また、道路とは本件事例の場合、少なくとも複数の者（本件土地及び本件土地以外の所有者）の通行の用に供されることが必要であると解されるところ、本件赤道（里道）は、事実上、本件土地所有者の専用通路としての機能のみを有した法定外道路であり、その存在を前提として接道義務未充足地の取扱い（2.4㎡部分の土地買収）では接道義務を満たさないこととなる。本件土地は、完全な無道路地であり、本件法定外道路も含めて接道義務を充足するための対処（24㎡部分の土地買収）が必要と解することが相当となる。

(1) 無道路地（補言すれば、全く道路に接道していない形状の土地（完全な無道路地）である場合

(2) 道路に接道はしているものの建築基準法等に規定する接道義務を充足していない場合（接道義務未充足地）

上記(1)及び(2)に掲げるそれぞれの無道路地について、その評価の過程を示すと図表－9のとおりとなる。

本件裁決事例における本件土地（無道路地であることに請求人及び原処分庁はともに争いはない）の評価に当たって、本件土地は上記(1)又は(2)のいずれの形態に属する無道路地に該当するのかを確認しておく必要がある。この点につき、請求人は(1)の完全な無道路地である旨を主張し、一方、原処分庁は(2)の接道義務未充足地に該当する旨を主張している（前掲図表－2の(1)を参照）。

そして、当該争点につき、国税不服審判所は図表－10に掲げる認定事実及び判断によって、請求人の主張を容認して、本件土地（無道路地である市街地農地）を上記(1)の完全な無道路地に該当すると結論付けを行っている。この結論は相当であると考えられ、本件裁決事例は無道路地評価に係る貴重な先例になるものと考えられる。

❸　本件土地の通路拡幅地積

上記❷で確認したとおり、国税不服審判所の判断では、本件土地は通路として使用可能な本件法定外道路に接しているものの完全な無道路地である（換言すれば、接道義務未充

足地ではない）と判断している。

そして，上記の判断を前提に，「本件土地に建物を建築しようとする場合には，本件法定外道路の払下げを受け自己所有地とした後，幅員2m以上の通路を開設し，本件土地が本件公道に直接接するようにしなければならないというのであるから，本件法定外道路の存在は，本件土地の評価に何ら影響を及ぼすものではない」との解釈を示している。

一見すると，本件土地に係る本件赤道（里道）は，事実上は本件土地に係る専用通路とされ，その存在を前提とした評価方法を採用（2.4㎡部分の土地買収）することも思考過程に入るかもしれない。しかしながら，下記に掲げる事項を基に判断した場合には当該評価方法は相当でないことを教示したものとして，本件裁決事例は非常に有意義な先例といえる。

(1) 本件土地（みかん畑）は市街化区域内に存することから，その課税時期の実際の利用状況にかかわらず「宅地比準方式」によって評価されることになり（ここには，不動産鑑定評価基準に定める「最有効使用の原則」の考え方が入っているものと考えられる），宅地化（建物の建築）を前提とした評価方法が採用されることが相当と考えられること（上記____部分を参照）
(2) 上記(1)より，宅地化（建物の建築）に当たっては，建築基準法等に規定する接道義務を充足する必要があり，本件赤道（里道）は法定外道路に該当し，この接道義務要件を充足するか否かの判断対象とされる道路に該当しないこと

 参考事項等

❶ 参考法令通達等
・評価通達7−2（評価単位）
・評価通達13（路線価方式）
・評価通達14（路線価）
・評価通達20（不整形地の評価）
・評価通達20−2（無道路地の評価）（筆者注 平成30年1月1日以後は，評価通達20−3）
・評価通達40（市街地農地の評価）
・平成14年分財産評価基準書（名古屋国税局）
・建築基準法43条（敷地等と道路の関係）
・都市計画法7条（区域区分）1項
・民法210条（公道に至るための他の土地の通行権）
・不動産鑑定評価基準（最有効使用の原則）
・本件県条例6条（路地状部分の敷地と道路との関係）

❷ 類似判例・裁決事例の確認
(1) 接道義務を充足するか否かの判断の基礎とされる道路に該当するか否かが争点とされ

た事例
① 位置指定道路に接道する場合（その１）（平15.5.21裁決，関裁（諸）平14－101）

請求人らは相続により取得した土地について，無道路地として評価すべきである旨主張する。

しかしながら，本件土地は，請求人も自認するとおり，位置指定道路（建築基準法42条（道路の定義）１項５号に規定する土地を建築物の敷地として利用するために，道路法及び都市計画法等によらないで築造する一定の基準に適合する道で，これを築造しようとする者が特定行政庁からその位置の指定を受けたもの）に，間口4.2mの長さで接しており，位置指定道路の敷地所有者は，その位置指定道路について所有権の移転，抵当権の設定・移転のほかは，一般の交通を阻害するような方法で私権を行使できないのであるから，評価通達に定める無道路地に該当しないことは明らかである。

② 位置指定道路に接道する場合（その２）（平23.12.6裁決，関裁（諸）平23－28）

請求人は本件土地は，評価通達に定める無道路地に該当する旨主張する。

しかしながら，評価通達にいう無道路地とは，「道路」に面しない土地をいうところ，位置指定道路は，道路交通法上，一般の交通の用に供するその他の場所に該当し，他の道路と等しく同法の適用を受け，各種の規制を受けるとともに，道路法の規定に準じて道路敷きである土地について，一般の交通を阻害する方法で私権を行使することができないというべきであることからすると，評価通達にいう「道路」に含まれると解される。したがって，本件土地は，位置指定道路に接面する土地であると認められるから評価通達に定める無道路地に該当しない。

③ 都市計画法による道路に接道する場合（平19.5.16裁決，沖裁（諸）平18－７）

請求人らは，原処分庁が本件土地の接する道路（以下「本件側道」という）に特定路線価を設定して評価していることに対して，本件側道は，境界未確定の私有地で周辺所有者が協力して設置した道路であり，現実に建築基準法で道路として利用できるかどうか不明瞭であるから本件土地を無道路地として評価すべきである旨主張する。

しかしながら，本件側道は都市計画法33条（開発許可の基準）１項２号に規定する開発行為を行う区域内の道路であることから，建築基準法42条（道路の定義）に規定する道路に該当し，そして同条１項に規定する道路は，公道であるか私道であるかを問わず，その間に建築基準法上の道路としての効果に何ら差異はないと解されることから，請求人の主張は採用できない。

(2) 接道義務に基づく最小限度の通路開設費用の算定方法が争点とされた事例

● 平18.5.8裁決，沖裁（諸）平17－17

評価通達20－２（無道路地の評価）に定める通路開設費用は，接道義務に基づき最小限度の通路を開設する場合のその通路に相当する部分の価額とする旨定めており，その具体的な解釈に当たっては，それぞれ下記に掲げるとおりであると解するのが相当である。

① 無道路地において実際に利用している路線が二つある場合には，開設通路の価額の低い方の路線が利用路線となる。

②　無道路地に最小限度の通路を開設する場合に，当該無道路地と利用路線との間に第三者の家屋が存するときは，当該家屋を含んだ通路を開設通路とすることは現実的ではない。

（注）　上記の裁決事例（平18.5.8裁決，沖裁（諸）平17−17）は次問 **CASE11** で検討する。

追補 地積規模の大きな宅地の評価について

　本件裁決事例に係る相続開始年分は，平成14年である。もし仮に，当該相続開始日が，平成30年1月1日以後である場合（評価通達20－2（地積規模の大きな宅地の評価）の新設等の改正が行われた）としたときの本件土地に対する同通達の適用は，下記に掲げる判断基準から本件土地が三大都市圏に所在する場合又は三大都市圏以外に所在する場合のいずれにおいても，少なくとも次に掲げる地積要件を充足しておらず，ないものとされる。

判断基準

- 地積要件(注)

　(1)　本件土地が三大都市圏に所在する場合

$$\underset{\substack{(評価対象\\地の地積)}}{422\,\text{m}^2} < \underset{\substack{(三大都市圏に所\\在する場合の地\\積要件)}}{500\,\text{m}^2}$$

　　∴地積要件を未充足

　(2)　本件土地が三大都市圏以外に所在する場合

$$\underset{\substack{(評価対象\\地の地積)}}{422\,\text{m}^2} < \underset{\substack{(三大都市圏以外\\に所在する場合\\の地積要件)}}{1,000\,\text{m}^2}$$

CASE11

評価単位 地目	間口距離 奥行距離	側方加算 二方加算	**広大地**	農地・山林・原野
雑種地	貸家建付地	借地権 貸宅地	利用価値の低下地	その他の評価項目

無道路地の評価に当たって控除される道路開設費用の価額の算定方法が争点とされた事例（その2）

事例

被相続人甲は，本年2月に相続の開始があった。同人の相続財産であるA土地（宅地，地積795㎡）及びB土地（農地，地積452㎡）は，それぞれ，図表－1及び図表－2に掲げる形状の土地であり，都市計画法に規定する市街化区域内に存するものの道路に接していないため，評価通達20－2（無道路地の評価）に定める無道路地として評価するものに該当する。

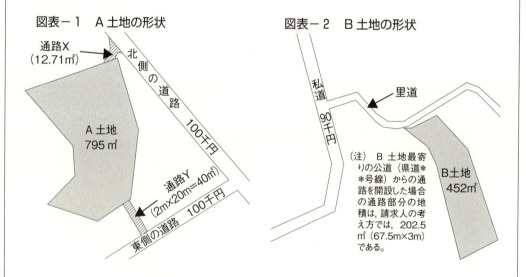

図表－1 A土地の形状

通路X（12.71㎡）
北側の道路 100千円
A土地 795㎡
通路Y（2m×20m=40㎡）
東側の道路 100千円

図表－2 B土地の形状

私道 90千円
里道
B土地 452㎡

（注）B土地最寄りの公道（県道＊＊号線）からの通路を開設した場合の通路部分の地積は，請求人の考え方では，202.5㎡（67.5m×3m）である。

同通達の定めでは，無道路地であることのしんしゃく額は，当該評価対象地である無道路地について，建築基準法その他の法令において規定されている建築物を建築するために必要な道路に接すべき最小限の間口距離の要件（接道義務）に基づき，<u>最小限度の通路を開設する場合のその通路に相当する部分</u>の価額によることを原則的な取扱いとしている。

ところで，図表－1のA土地及び図表－2のB土地については，それぞれ，下記に掲げる固有の事情が認められ，無道路地の減価額に相当する「最小限度の通路を開設する場合のその通路に相当する部分」(上記＿＿部分)の算定に当たって，当該固有の事情を考慮の対象とすべきであるか又は単なる主観的な事情で考慮対象外とすべきかで，その判断に苦慮している。

> 固有の事情
>
> A土地……無道路地であるA土地を利用するに当たって，公道(道路)に進出するために実際に利用している路線は東側通路である場合が多いので，評価通達20－2(無道路地の評価)に定める「無道路地の価額は，実際に利用している路線の路線価に基づき……」の文言から，東側道路に接道させるための通路Y部分の買収価額である400万円(100,000円(路線価)×40㎡(地積))を無道路地の減価相当額としたい。
>
> B土地……私道は路線価(90,000円)が付されているものの，私人の所有物であり所有権が不安定であること，また，本件私道は道路幅員が狭く車両の通行が不可能であるためその利便性が著しく劣ると認められること等から，B土地最寄りの公道である県道(路線価105,000円)を実際に利用している路線として評価すべきである。
>
> この場合には，県道に接道させるための通路部分の買収価額である2,126万2,500円(105,000円(路線価)×202.5㎡(地積))を基礎として，無道路地の減価相当額を算定したい。

(平18.5.8裁決，沖裁(諸)平17－17，平成13年相続開始分)

I 基礎事実

❶ A土地及びB土地(以下「本件各土地」という)は，市街化区域内に位置し，評価通達が定める路線価方式によりその相続税評価額を計算する地域に存する。

❷ 市街化区域内に存する地積が1,000㎡以上の土地に対し都市計画法4条(定義)12項に規定する開発行為を行う者は，同法29条(開発行為の許可)1項の規定により県知事の許可を受ける必要がある。同法33条(開発許可の基準)等の規定を受け，＊＊県は，平成13年当時，都市計画法に基づく開発行為に関する指導要綱(昭和＊＊年＊＊月＊＊日決定，以下「開発指導要綱」という)において開発行為の許可に関して必要な事項を定めていた。

開発指導要綱の要旨は，次のとおりである。

＊＊県の開発指導要綱（要旨）

2 《住区・街区の構成》
 (2) 《街区の規模》
  イ　一画地の地積は，200㎡から250㎡程度の規模を有するものを標準とし，狭小又は細長な画地割とならないよう考慮すること
3 《道路》
 (3) 《道路の幅員》
  開発区域内の道路（本文及び以下において「開発区域内道路」という）及び開発区域外の道路と開発区域内道路とを接続する道路（本文及び以下において「接続道路」といい，開発区域内道路と併せて「開発道路」という）の幅員は，予定建築物の用途及び開発区域の規模に応じ，表－1によらなければならない。

   表－1（抜粋）
                   1.0ha 未満
     住居　一般区画通路　6.0m 以上

3(10) 《袋路状況道路》
  開発区域内の道路を袋路状とするときは，次の各号に適合しなければならない。
  イ　幅員は6m以上で，延長は50m以下とすること
  ロ　先端部に，半径6m以上の転回広場又は一定規模以上の転回広場が設けられ，かつ幅員2m以上の避難通路が設けられていること

3(11) 《道路のすみ切長さ》
  開発区域内道路の交差はできる限り直角に近い角度で交差させることとし，交差することによってできる街角は，相互道路の幅員により表－3に定める長さの二等辺三角形ですみ切りをしなければならない。

   表－3（抜粋）
   道路幅員　4m　6m
         6m　3m　5m

4 《公園等》(2)　《公園の種別及び規模》
  公園の種別及び規模は，表－4（筆者注 略），表－5に掲げるものを標準とする。
  表－5（抜粋）
  開発区域の面積（単位ヘクタール）　0.3以上1.0未満
  開発区域の面積に対する公園の総面積（％）　5以上
  内容　ただし1箇所の面積を150㎡以上

争　　点

❶　A土地を無道路地として評価する場合にしんしゃく（減価）の対象とされる通路開設費用の価額算定に当たって，実際に利用している路線に接道するために必要な通路開設

部分の面積とすることが認められるのか。

❷ B土地を無道路地として評価する場合にしんしゃく（減価）の対象とされる通路開設費用の価額算定に当たって、利用路線を幅員が狭く車両の通行が不可能な本件私道ではなく、最寄りの公道（県道）とすることは認められるのか。

❸ 本件各土地の相続税評価額はいくらになるのか。

Ⅲ 争点に関する双方（請求人・原処分庁）の主張

争点に関する請求人・原処分庁の主張は、図表－3及び図表－4のとおりである。

図表－3　争点に関する双方の主張（A土地について）

争　点	請求人（納税者）の主張	原処分庁（課税庁）の主張
(1) A土地に係る利用路線の判定及び通路開設費用の算定	① 利用路線について 　評価通達20－2（無道路地の評価）は、「無道路地の価額は、実際に利用している路線の路線価に基づき」と定めていること及び評価基準書で路線価が定められていることから、利用路線はA土地の東側の私道である。 ② 無道路地補正について 　通路開設費用相当額は、400万円（100,000円×40㎡）である。なお、40㎡は原処分庁が認定した地積である。	① 利用路線について 　評価通達20－2（無道路地の評価）は、「無道路地の価額は、実際に利用している路線の路線価に基づき」と定めているところ、利用路線はA土地の東側の私道である。 ② 無道路地補正について 　通路部分の面積は40㎡（2m×20m）であるから、通路開設費用相当額は400万円（100,000円×40㎡）である。
	便宜上、A土地に係る利用路線の判定及び通路開設費用の算定を争点欄に記載したが、上掲のとおり、請求人及び原処分庁はともに同一内容を主張しており、この段階では論点とはなっていない。→この点につき、後掲Ⅳ❶(2)に掲げる国税不服審判所の判断欄を参照されたい。	
(2) 上記(1)以外のA土地に係る評価上のしんしゃく事項	① 奥行価格補正率又は広大地補正率について 　下記に掲げる理由から、原処分庁の主張は認められない。 (イ) A土地にX自治会所有の建物が建っているにすぎず、マンションの敷地のように開発を了していないこと (ロ) A土地の周辺は建売業者によって開発された街区であり、その地域における平均的な地積は165㎡程度であることよって、道路部分の地積は159㎡となるから、広大地補正率は、0.80（下記 算式 を参照）となる。 算式　$\dfrac{795㎡-159㎡}{795㎡}=0.80$ ② 不整形地補正率について 　A土地に係る想定整形地の面積は、2,002.5㎡であるから、不整形補正率は、0.70（下記 算式 を参照）となる。	① 奥行価格補正率又は広大地補正率について 　奥行距離が42mであるから、奥行価格補正率は0.92となる。 なお、請求人は広大地に該当する旨主張するが、下記に掲げる理由から、請求人の主張は認められない。 (イ) A土地はX自治会の建物及び敷地として使用されており、すでに開発を了していること (ロ) 隣接地と比較しても著しく広大な面積とは認められないこと ② 不整形地補正率について 　A土地に係る想定整形地の面積は、1,596㎡であるから、不整形地補正率は、0.78（下記 算式 を参照）となる。

		[算式] 地区区分……普通住宅地区 地積区分……C（普通住宅地区，750㎡以上） かげ地割合…$\frac{2,002.5㎡-795㎡}{2002.5㎡}$≒0.60 不整形地補正率表による割合→0.78 適用する不整形地補正率 　　　　（不整形地補正率　　　（奥行長大 　　　　　表による割合）　　　補正率） (イ)　　0.78　　×　　0.90 　　　　　　　　　　　（小数点以下2位未満切捨て） 　　　＝0.702→　　　0.70 　　　（適用下限割合） (ロ)　　0.60 (ハ)　(イ)＞(ロ)　∴(イ)（0.70） ③　利用価値の著しい低下について 　A土地は，道路より1.5m低い位置にあり相当の造成費が見込まれるから，10％の評価減が認められるべきである。	[算式] 地区区分……普通住宅地区 地積区分……C（普通住宅地区，750㎡以上） かげ地割合…$\frac{1,596㎡-795㎡}{1,596㎡}$≒0.50 不整形地補正率表による割合→0.87 適用する不整形地補正率 　　　　（不整形地補正率　　　（奥行長大 　　　　　表による割合）　　　補正率） (イ)　　0.87　　×　　0.90 　　　　　　　　　　　（小数点以下2位未満切捨て） 　　　＝0.783→　　　0.78 　　　（適用下限割合） (ロ)　　0.60 (ハ)　(イ)＞(ロ)　∴(イ)（0.78） ③　利用価値の著しい低下について 　A土地は，宅地として不都合なく利用されており，付近の住宅と比較して著しく利用価値が低下しているとは認められない。
(3) A土地の具体的な相続税評価額		A土地の相続税評価額は，下記に掲げる計算より，<u>2,552万7,600円</u>となる。 　　（正面路線価）　（広大地補正率）　（不整形地補正率） ①　100,000円×　0.80　×　0.70 　　　　　　　　　　　　＝56,000円 　　（上記①）　（地積） ②　56,000円×795㎡＝44,520,000円 　　（上記②）　（無道路地としてのしんしゃく額） ③　44,520,000円－4,000,000円 　　　　　　　　　　＝40,520,000円 　　（上記③）　　　（借地権割合） ④　40,520,000円×（1－30％） 　　　　　　　　　　＝28,364,000円 　　（上記④）　（利用価値の著しく低下している宅地のしんしゃく割合） ⑤　28,364,000円×（1－10％） 　　　　　　　　　（相続税評価額） 　　　　　　　　　＝25,527,600円	A土地の相続税評価額は，下記に掲げる計算より，<u>3,713万4,132円</u>となる。 　　（正面路線価）　（奥行価格補正率）　（不整形地補正率） ①　100,000円×　0.92　×　0.78 　　　　　　　　　　　　＝71,760円 　　（上記①）　（無道路地補正率（注）） ②　71,760円×（1－0.07011）＝66,728円 　　　　　　　（通路開設費用） （注）$\frac{4,000,000円}{71,760円×795㎡}$≒0.07011 　　　　（上記①）　（地積） 　　（上記②）　（地積） ③　66,728円×795㎡＝53,048,760円 　　（上記③）　　　（借地権割合） ④　53,048,760円×（1－30％） 　　　　　　　　　（相続税評価額） 　　　　　　　　　＝37,134,132円

（注）　本件裁決事例に係る相続開始年分は平成13年であるため，当時の評価通達24－4（広大地の評価）に定める広大地に該当し広大地補正率（有効宅地化率：（広大地の地積－公共公益的施設用部分の地積）／広大地の地積）を適用した場合には，当該広大地補正率は評価通達15（奥行価格補正）に代替して適用するものとされていた。

なお，平成16年の評価通達の改正によって改正後の広大地補正率（0.6－0.05×広大地地積／1,000㎡）が適用されることとなったが，この改正後の広大地補正率を適用した場合には，下記に掲げる各種の画地調整率の定めは適用されないものとされている。

・評価通達15（奥行価格補正），・評価通達16（側方路線影響加算），・評価通達17（二方路線影響加算），・評価通達18（三方又は四方路線影響加算），・評価通達20（不整形地の評価），・評価通達20－2（無道路地の評価），・評価通達20－3（間口が狭小な宅地等の評価），・評価通達20－4（がけ地等を有する宅地の評価），・評価通達20－5（容積率の異なる2以上の地域にわたる宅地の評価）

そして，平成30年の評価通達の改正によって，平成29年12月31日をもって上記の改正後の広大地補正率も廃止とされた。

図表-4　争点に関する双方の主張（B土地について）

争　点	請求人（納税者）の主張	原処分庁（課税庁）の主張
(1) B土地に係る利用路線の判定及び通路開設費用の算定	① 利用路線について 　区画整理区域内で車両の進入が禁止されている路線には路線価が設定されていないこととの整合性から考慮すると、車両が通行できない私道に路線価を設定すべきではないから、公道（県道○号線）を利用路線とすべきである。 ② 無道路地補正について 　通路部分の地積は202.5㎡（67.5m×3m）であるから、通路開設費用相当額は2,126万2,500円（105,000円×202.5㎡）となるが、評価通達20-2（無道路地の評価）は100分の40の範囲内と定めているから、限度額である911万2,320円となる。	① 利用路線について 　実際に利用している私道が利用路線となる。 　なお、評価通達14（路線価）は、路線とは不特定多数の者の通行の用に供されている道路と定めており、車両通行の可否及び公道・私道の別が判断基準とされていないから、請求人の主張には理由がない。 ② 無道路地補正について 　通路部分の地積は44㎡（$\frac{22.5m+21.5m}{2}$×2m）であるから、通路開設費用相当額は396万円（90,000円×44㎡）となる。
(2) 上記(1)以外のB土地に係る評価上のしんしゃく事項	① 奥行価格補正率について 　B土地に係る奥行距離は、公道から109.5mあるから、奥行価格補正率は0.80となる。 ② 造成費について 　B土地については、整地費＊＊＊＊円/㎡の控除が認められる。 ③ 利用価値の著しい低下について 　B土地は他人の墓に囲まれており、忌み等による利用価値の低下により、10％の評価減が認められるべきである。	① 奥行価格補正率について 　B土地に係る奥行距離は、利用路線から36.2mあるから、奥行価格補正率は0.94である。 ② 造成費について 　B土地については、整地費＊＊＊＊円/㎡の控除が認められる。 ③ 利用価値の著しい低下について 　B土地に係る正面路線価（筆者注 路線価90,000円の路線）は接続する路線の路線価と格差があり、不整形地補正、無道路地補正、造成費等を控除した場合は、近傍宅地の利用状況と比較して著しく低下しているとは認められない。
(3) B土地の具体的な相続税評価額	B土地の相続税評価額は、下記に掲げる計算より、1,197万6,192円となる。 　　（正面路線価）（奥行価格補正率）（不整形地補正率） ① 105,000円× 0.80 × 0.＊＊ 　　　　　　　　　　　　　　　＝＊＊＊＊円 　　（上記①）　（地　積） ② ＊＊＊＊円×452㎡＝＊＊＊＊円 　　　　　　　　　（無道路地としてのしんしゃく額限度額の40％とした。） 　　（上記②） ③ ＊＊＊＊円－＊＊＊＊円 　　　　　　　　　　＝＊＊＊＊円 　　（上記③）　（造成費） ④ ＊＊＊＊円－＊＊＊＊円 　　　　　　　　　　＝13,306,880円 　　（上記④）　（利用価値の著しく低下している宅地のしんしゃく割合） ⑤ 13,306,880円×（1－ 10％ ） 　　　　　　　　　（相続税評価額） 　　　　　　　　　＝11,976,192円	B土地の相続税評価額は、下記に掲げる計算より、1,862万1,496円となる。 　　（正面路線価）（奥行価格補正率）（不整形地補正率） ① 90,000円× 0.94 × 0.60 　　　　　　　　　　　　　　　＝50,760円 　　（上記①）　（無道路地補正率） ② 50,760円×（1－ 0.＊＊ ） 　　　　　　　　　　＝＊＊＊＊円 　　（上記②）　（造成費） ③ ＊＊＊＊円－＊＊＊＊円＝41,198円 　　（上記③）　（地　積）　（相続税評価額） ④ 41,198円×452㎡＝18,621,496円

Ⅳ 国税不服審判所の判断

❶ A土地について

(1) 認定事実

① A土地は不整形な無道路地で、半分以上は空閑地である。また、A土地には北側と東側で道路に通じる二つの通路があり、A土地の北側は道路より1.9m低く、東側は道路より1.2m低い。なお、北側及び東側の道路に付された路線価はいずれも100,000円である。

② 正面路線を北側の道路とした場合の開発想定図兼想定整形図は図表－5のとおりであり、1区画当たりの地積を同等にした場合の開発道路の距離は34.8m、開発区域内道路の地積は129.23m²、北側に接続道路を開設した場合の通路の地積は12.71m²、東側に接続道路を開設した場合の通路の地積は請求人及び原処分庁が主張する40m²である。また、想定整形地の間口距離は41.3m、奥行距離は42.2mである。

③ 当該地域内の標準的な宅地の地積は151m²である。

(2) 無道路地の評価

図表－5　A土地に係る開発想定図兼想定整形図

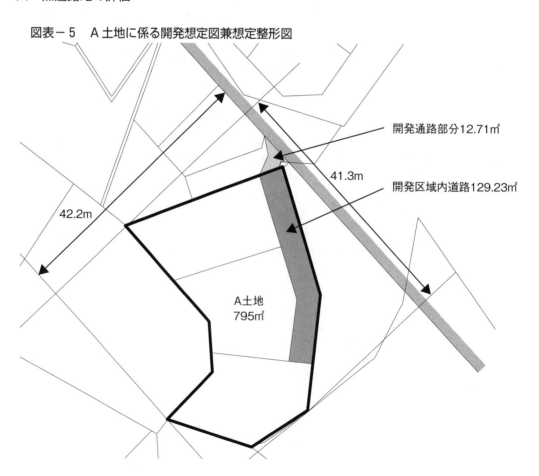

① 利用路線の判定

請求人及び原処分庁の双方とも，A土地の東側の道路が実際に利用している路線である旨主張する。

ところで，評価通達20－2（無道路地の評価）は，無道路地の価額は実際に利用している路線（以下「利用路線」という）の路線価（以下「利用路線価」という）に基づき評価し，通路開設費用は接道義務に基づき最小限度の通路を開設する場合のその通路に相当する部分の価額とする旨定めているから，利用路線が二つある場合は，開設する通路に相当する部分の価額の少ない方の路線が利用路線であると解される。

A土地は，上記(1)①のとおり北側の道路も東側の道路も実際に利用されているが，上記(1)②によれば北側の道路を利用路線とする方が必要となる地積が少ない結果，接続道路の価額が少ないこととなるので北側の道路が利用路線となる。

したがって，A土地の東側の道路を利用路線として通路開設費用を算定している請求人及び原処分庁の主張には理由がない。

② 通路開設費用の算定

上記(1)②のとおり，開設通路の地積は12.71㎡であるから，通路開設費用相当額は127万1,000円（100,000円／㎡×12.71㎡）となる。

(3) **無道路地補正以外のしんしゃくの必要性**

① 広大地補正率について

(イ) 原処分庁は，A土地はX自治会の建物及び敷地として使用されすでに開発を了しており，また，隣接地と比較しても著しく広大な地積とは認められないから，広大地補正の適用は認められない旨主張する。

ところで，原処分庁の主張する開発を了しているか否かについては，評価対象地がその地域の土地の標準的な使用に供されているといえるかどうかで判定し，また著しく広大な地積とは近隣の標準的な宅地の地積を基に判定するものと解されている。

A土地は，下記に掲げる事項からすれば，広大地に該当するものと解するのが相当であり，原処分庁の主張には理由がない。

㋐ A土地はX自治会の集会所敷地として利用されているものの，当該地域の標準的な使用は戸建住宅地と認められるところ，A土地の半分以上が空閑地となっていることからすれば標準的な使用に供されているとはいえないので開発を了しているとはいい難いこと

㋑ A土地（地積795㎡）は，上記(1)③のとおり当該地域内の標準的な宅地（地積151㎡）の5倍程度の地積を有し，また，戸建住宅とする場合には都市計画法4条（定義）14号に規定する道路の負担が必要と認められること

(ロ) 上記(イ)のとおり，土地Aが広大地に該当することは請求人主張のとおりであるが，請求人の開発想定図によれば，請求人は幅員4mの開発区域内道路の地積を袋路状道路とせずに159㎡と算定している。しかしながら，建築基準法施行令144条の4（道に関する基準）1項1号イは道路の延長が35m以下の場合は幅員を4mとすれば袋

計算-1　広大地補正率の算定

$$\frac{795㎡\text{(評価対象地の面積)} - 129.23㎡\text{(公共公益的施設用地の面積)}}{795㎡\text{(評価対象地の地積)}} \fallingdotseq 0.837 \rightarrow 0.84\text{(小数点以下第3位を四捨五入)}$$

計算-2　不整形地補正率の計算

地区区分……普通住宅地区
地積区分……C（普通住宅地区，750㎡以上）

かげ地割合…$\frac{1,742.86㎡\text{(想定整形地の地積)} - 795㎡\text{(評価対象地の地積)}}{1,742.86㎡(41.3m×42.2m)\text{(想定整形地の地積)}} \fallingdotseq 0.54$

不整形地補正率表による割合→0.87

適用する不整形地補正率

(イ)　0.87(不整形地補正率表による割合)　×　0.94(間口狭小補正率)　＝0.8178→　0.81(小数点以下2位未満切捨て)

(ロ)　0.60(適用下限割合)

(ハ)　(イ)＞(ロ)　∴(イ)(0.81)

路状道路とすることができる旨規定しているから図表-5の開発想定図によるのが相当である。この場合の公共公益的施設用地の地積は，上記(1)②のとおり129.23㎡となる。

　(ハ)　上記(ハ)を基に，広大地補正率を求めると計算-1のとおり，0.84となる。

② 不整形地補正率について

　請求人及び原処分庁は，利用路線を東側の道路として想定整形図を作成しているが，評価通達20（不整形地の評価）の(2)は想定整形地を正面路線に面するく形又は正方形とする旨定めているので，無道路地の場合は利用路線を正面路線として取り扱うのが相当であり，利用路線は上記(2)①のとおり北側の道路であるから，請求人及び原処分庁の想定整形図は相当でない。

　よって，土地Aの想定整形地は図表-5のとおりであり，間口距離は41.3m，奥行距離は42.2mであるから，不整形地補正率は計算-2のとおり，0.81となる。

③ 利用価値の著しい低下について

　原処分庁は，A土地は宅地として不都合なく利用されているから，著しく利用価値が低下しているとは認められない旨主張する。

　しかしながら，A土地は上記(1)①のとおり利用路線より1.9m低く，付近にある宅地に比し著しく高低差があり，課税実務上の取扱い（10％減額）の対象とされる「道路より高い位置にある宅地又は低い位置にある宅地で，その付近にある宅地に比し著しく高低差のあるもの」に該当すると認められるから，宅地としての価額の10％相当額を控除した価額によって評価することが相当である。

　したがって，この点に関する原処分庁の主張には理由がない。

計算－3　A土地の相続税評価額（審判所認定額）

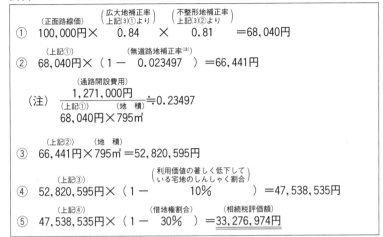

(4) 具体的な相続税評価額

　A土地の評価額（相続税評価額）は，上記(2)及び(3)により計算すると，計算－3のとおり，3,327万6,974円となる。

❷ B土地について

(1) 認定事実

① B土地は農地で不整形な無道路地であり，南側は北側より1m高く，南北の長さは43mである。また，実際に利用している路線は里道を通じてB土地の西側にある道路（私道）である。

② 原処分庁の想定整形図によれば，開設する通路に第三者の家屋が存する。

③ 上記②に掲げる第三者の家屋を含まずに通路を開設する場合の想定整形図は図表－6のとおりであり，想定整形地の間口距離は59.9m，奥行距離は41.8m，接続道路の地積は66.82㎡である。

④ B土地の北側を除く三方には，墓が存する。

(2) 無道路地の評価

① 利用路線の判定

　請求人は，利用路線は私道である上，車両の通行もできないため，当該私道に路線価を設定することは実体にそぐわないから，最寄りの公道（県道＊＊号線）を利用路線とすべきである旨主張する。

　しかしながら，下記に掲げる事項から判断すると，請求人の主張には理由がない。

(イ) 評価通達14（路線価）は，路線価は路線ごとに設定することとし，この場合の路線とは，不特定多数の者の通行の用に供されている道路をいう旨定めているから，公道私道の区別及び車両の通行の可否は路線価の判定要素となっていないこと

(ロ) 上記(1)①のとおり，里道を通じてB土地の西側にある道路（私道）を利用しているため当該道路（私道）が利用路線となること

図表-6　B土地に係る想定整形図

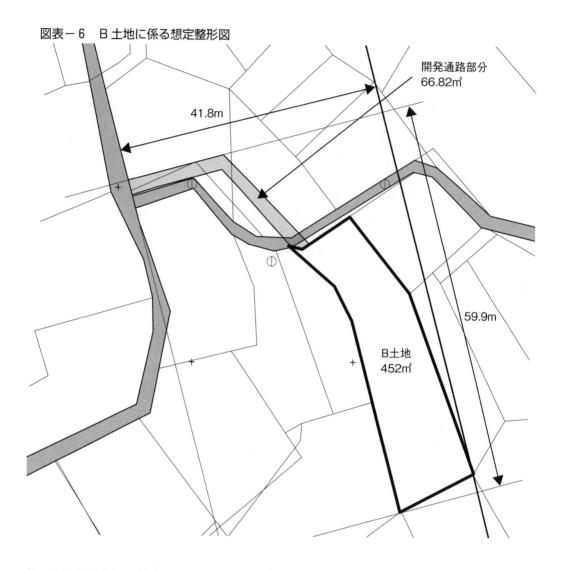

② 道路開設費用の算定

(イ) 請求人は，利用路線を県道＊＊号線とし，通路開設費用相当額は評価通達20-2（無道路地の評価）に定める限度額である911万2,320円である旨主張する。

しかしながら，上記①に掲げるとおり，請求人の主張には理由がない。

(ロ) 原処分庁は，接続道路の地積は44㎡であるから通路開設費用相当額は396万円である旨主張する。

しかしながら，評価対象地と利用路線との間に第三者の家屋が存する場合は当該家屋を含めて通路を開設するのは現実的ではないところ，原処分庁の想定整形図によれば開設する通路には，上記(1)②のとおり第三者の家屋が存するため相当ではなく，原処分庁の主張にも理由がない。

(ハ) 上記(イ)及び(ロ)より，接続道路の地積は上記(1)③のとおり66.82㎡であるから，通路開設費用相当額は601万3,800円（90,000円／㎡×66.82㎡）となる。

計算-4　B土地の相続税評価額（審判所認定額）

　　　　（正面路線価）（奥行価格補正率）（不整形地補正率）
① 90,000円× 0.92 × 0.60 ＝49,680円

　　　（上記①）　　　　　（無道路地補正率(注)）
② 49,680円×（1－ 0.267811 ）＝36,375円

　　　　　　　　　（通路開設費用）
　　　　　　　　　6,013,800円
（注）　―――――――――――――――≒0.267811
　　　　（上記①）　（地　積）
　　　　49,680円× 452㎡

　　　（上記②）　（造成費）
③ 36,375円－5,449円＝30,926円

　　　（上記③）　（地　積）
④ 30,926円×452㎡＝13,978,552円

　　　　　　　　　　　　　　　（利用価値の著しく低下して）
　　　（上記④）　　　　　　　　（いる宅地のしんしゃく割合）　　　　（相続税評価額）
⑤ 13,978,552円×（1－ 10% ）＝12,580,696円

(3) 無道路地補正以外のしんしゃくの必要性
① 奥行価格補正率について
　上記(2)①のとおり，利用路線は里道が通じる土地Bの西側の道路（私道）であり，想定整形地の奥行距離は上記(1)③のとおり41.8mであるから，奥行価格補正率は0.92となる。
② 造成費について
　請求人及び原処分庁とも造成費のうち整地費のみを控除しているが，B土地は上記(1)①のとおり南側が北側より1.0m高い傾斜地であるため，宅地転用するには土止費及び土盛費も必要であるから，造成費は5,449円／㎡（計算明細は略）と認められる。
③ 利用価値の著しい低下について
　原処分庁は，B土地は近傍宅地の利用状況と比較して著しく低下しているとは認められない旨主張する。
　しかしながら，B土地は上記(1)④のとおり造成後においても三方が墓地に囲まれており，課税実務上の取扱い（10％減額）の対象とされる「騒音，日照阻害，臭気，忌み等によりその取引金額に影響を受けると認められるもの」に該当すると認められるから，宅地としての価額の10％相当額を控除した価額によって評価することが相当である。
　したがって，この点に関する原処分庁の主張には理由がない。
(4) 具体的な相続税評価額
　B土地の評価額（相続税評価額）は，上記(2)及び(3)により計算すると，計算-4のとおり，1,258万696円となる。

本件裁決事例のキーポイント

❶ 無道路地であることのしんしゃく（減価額）を通路開設費用に求める考え方（趣旨）

評価通達20－2（無道路地の評価）の定めでは，評価対象地である無道路地を不整形地であるものとみなして評価通達20（不整形地の評価）に定める評価をした後に，<u>実際に利用している路線に対して接道義務に基づき最小限度の通路を買収取得することとした場合の通路開設費用相当額</u>（路線価に画地調整をしないで面積を乗じた価額より算定することを原則とし，不整形地補正後の価額の40％を限度額とする）を控除して評価するものとされている。評価通達において無道路地の評価方法を上記のとおり定めたのは，次に掲げるような理由によるものであると考えられる。

　理　由

(1) 評価対象とされる現実の無道路地の形状等は一様ではなく，不整形地としての補正を必要とするものがある場合が認められること

(2) 無道路地であることのしんしゃくとして，接道義務に基づく通路開設費用相当額とされたのは，当該無道路地がその所有権の属性として囲繞地通行権を有しており，そこに通路が開設され，袋地（旗竿状の画地）となったことを想定して評価することにより，通路開設費用相当額を控除額（しんしゃくの対象）とすることが最も合理的であると考えられること

(3) 不動産鑑定士等による不動産鑑定評価実務においても，無道路地の鑑定評価におけるしんしゃくとして，この通路開設費用相当額を基にする事例を採用するのが一般的であること

　また，この無道路地としてのしんしゃく（減価額）は，当該評価対象地である無道路地に係る不整形地補正後の価額の40％相当額を限度（控除する上限額）とするものとされているが，このような取扱いが設けられた理由は下記のとおりであると考えられる。

　理　由

　無道路地に係る通路開設費用は，当該通路部分の延長が著しく長くなるとその費用の額も多額となり，計算上では無道路地の価額（不整形地補正後の価額）を超えることが考えられる一方で，宅地について接道義務がある地域は都市計画区域内の市街化区域内であることを考慮すると，当該通路開設部分に係る奥行距離はある程度の限度があるものと考えられること

❷ 通路開設費用相当額を算定する場合の実務留意事例

　評価通達20－2（無道路地の評価）に定める無道路地としてのしんしゃく額（減価額）は，原則として，当該無道路地に係る通路開設費用相当額とされている。そして，当該通路開設費用相当額は，原則として，実際に利用している路線に対して接道義務に基づき最小限度の通路を買取取得することとした場合の当該買収価額（上記❶の＿＿部分）とされている。本件裁決事例は，この＿＿部分中の「実際に利用している路線」及び「接道義務に基づき最小限度の通路を買取取得」の意義が論点とされたものであり，無道路地評価の具体的な実務留意事例として注目されるものである。

(1) 実際に利用している路線（道路）が2以上ある場合

　本件裁決事例におけるＡ土地の形状は，前掲図表－1のとおりであり，無道路地であ

るA土地は通路X（通路部分の地積12.71㎡）を介して北側の道路（路線価100,000円）に，また，通路Y（通路部分の地積40㎡）を介して東側の道路（路線価100,000円）に接続し，実際に利用している路線が2以上ある場合に該当している。

このような事例では，無道路地としてのしんしゃく額（減価額）を算定するに当たって通路開設費用相当額の算定をいずれの路線（北側道路又は東側道路）を基礎に求めるのかが疑問点とされる（本件裁決事例では，理由は明示されていないが，請求人及び原処分庁ともに東側の道路が実際に利用している路線であると主張している）。

この論点に対して，国税不服審判所では，上記 Ⅳ ❶(2)①に掲げる____部分のとおり，「通路開設費用は接道義務に基づき最小限度の通路を開設する場合のその通路に相当する部分の価額とする旨定めているから，利用路線が二つある場合は，開設する通路に相当する部分の価額の少ない方の路線が利用路線である」との解釈を示し，通路部分の地積が少なくなる北側の道路（北側道路に係る通路部分の地積12.71㎡＜東側道路に係る通路部分の地積40㎡）が利用路線となると判断している。

本件裁決事例は，評価対象地である無道路地に係る実際の利用路線が2以上ある場合の利用路線（これが，評価対象地である無道路地に係る不整形地補正後の価額を算定する場合に基礎となる正面路線となる）の判定に当たって，先例となる実務留意事例である。

(2) 接道義務に基づき最小限度の通路を買取取得する場合の留意事項
① 利用路線（道路）に係る制約条件（法的区分，車両通行の可能性に係るしんしゃく）

上記❶の____部分に掲げるとおり，評価通達20－2（無道路地の評価）の定めでは，評価対象地が無道路地であることに対するしんしゃく（減価額）は，原則として，「実際に利用している路線（道路）に対して接道義務に基づき最小限度の通路を買取取得することとした場合の通路開設費用相当額」とされている。そうすると，この「実際に利用している路線（道路）」の解釈を行うことが重要となる。

本件裁決事例では，この点に関して請求人は，実際に利用している路線が私道であり，かつ，車両の通行もできないような道路幅員の場合には，当該路線ではなく最寄りの公道（県道＊＊号線）を実際に利用している路線（道路）とすべきである旨を主張したものの，国税不服審判所の判断では当該主張は理由がないものとして採用されていない。そうすると，「実際に利用している路線（道路）」の解釈に当たって，下記の点に留意する必要がある。

(イ) 公道であるか私道であるかの区別は問われないこと
(ロ) 車両通行の可否（換言すれば，道路幅員の広狭）は問われないこと
(ハ) 不特定多数の者の通行の用に供されている道路に該当するか否かが判断基準とされること

② 評価対象地と利用路線との間に第三者の家屋が存する場合

評価通達の定めでは，無道路地であることに対するしんしゃく（減価額）は，原則として，「実際に利用している（道路）に対して接道義務に基づき最小限度の通路を買取取得することとした場合の通路開設費用相当額」とされており，この「最小限度の通路を買取

取得することとした場合」の解釈を行うことも重要となる。

　本件裁決事例では，この点に関して原処分庁は，接続道路の地積が最少となることを主眼に算定（44㎡）した通路開設費用相当額（396万円）の控除をすべきである旨主張している。しかしながら，国税不服審判所の判断では，評価対象地と利用路線（道路）との間に通路を開設する場合において，当該通路の開設予定部分に第三者所有の家屋が存するときには，当該家屋部分の敷地をも含めて通路開設を行うことは相当ではないとして，当該主張は採用されていない（結果的に，接続道路の地積は66.82㎡，通路開設費用相当額は601万3,800円としている）。そうすると，「最小限度の通路を買取取得することとした場合」の解釈に当たって，下記の点に留意する必要がある。

　㈲　評価対象地と利用路線（道路）との間の通路開設に当たっては，原則として，当該通路開設部分の地積が最小とされること

　㈹　上記㈲の判断に当たって，当該通路開設部分に第三者所有の家屋が存する等，当該通路開設部分の買取取得を困難とする客観的な事由が存する場合には，当該事由を考慮の対象とすること

　　（注）　上記㈹の解釈に当たって，客観的な事由（例 通路開設部分に第三者所有の家屋が存する）は考慮の対象とされるべきであるが，これに対して，主観的な事由（例 通路開設部分は更地ではあるものの，評価対象地の所有者と当該通路開設部分の所有者は対立関係にあり，通路開設部分の買取取得の実現性が低いと考えられる）は，考慮の対象とされないことに留意する必要がある。その理由として，次に掲げる評価通達1（評価の原則）の「⑶財産の評価」の定めの解釈の帰結であると考えられる。

　参考　評価通達1（評価の原則）の「⑶　財産の評価」

> ⑶　財産の評価
> 　財産の評価に当たっては，その財産の価額に影響を及ぼすべきすべての事情を考慮する。

❸　無道路地の評価以外の評価留意事項

　本件裁決事例は，主として無道路地の評価に関する諸項目が争点とされたが，無道路地の評価以外にも種々の実務上において参考とされるべき論点が見受けられる。これらの点を本件各土地（A土地及びB土地）の区分ごとに確認してみることにする。

⑴　A土地について

①　広大地評価の適用可否判断（その1：すでに開発行為を了しているマンション・ビル等の敷地用地）

　評価通達24－4（広大地の評価）の定めでは，広大地とは次に掲げる㈲から㈱までの要件を全て充足しているものをいうものとされている。

　㈲　その地域における標準的な宅地の地積に比して著しく地積が広大な宅地であること

　㈹　都市計画法に規定する開発行為を行うとした場合に公共公益的施設用地の負担が必

要と認められるものであること
(ハ) 評価対象地が下記に掲げるもの（広大地評価の適用除外地）に該当していないこと
　イ　評価通達22－2（大規模工場用地）に定める大規模工場用地に該当するもの
　ロ　中高層の集合住宅等の敷地用地に適しているもの（その宅地について，経済的に最も合理的であると認められる開発行為が中高層の集合住宅等を建築することを目的とするものであると認められるものをいう）

また，平成16年6月29日付の「「財産評価基本通達の一部改正について」通達のあらましについて（情報）」（資産評価企画官情報第2号）（以下「情報」という）において，「広大地に該当するもの，しないもの」の条件が例示的に示されている。このなかで，広大地に該当しない条件の例示として，「(X)現に宅地として有効利用されている建築物等の敷地（例えば，大規模店舗，ファミリーレストラン等）」が掲げられている。

この点に関して，本件裁決事例では原処分庁が「A土地はX自治会の建物及び敷地として使用され既に開発を了している」旨を主張し，広大地評価の適用を否認したのに対して，国税不服審判所の判断では下記に掲げる法令解釈及び当てはめから，A土地は評価通達に定める広大地に該当するとした。この判断は適正な判断であると考えられ，実務上の先例としたいものである。

[法令解釈]
　開発を了しているか否かについては，評価対象地が(Y)その地域の土地の標準的な使用に供されているといえるかどうかで判断することが相当である（[筆者注]「その地域の土地の標準的な使用」とは，その地域における土地の一般的な使用方法と解することになる）。

[当てはめ]
　A土地はX自治会の集会所敷地として利用されているものの，当該地域の標準的な使用は戸建住宅地と認められるところ，A土地の半分以上が空閑地となっていることからすれば標準的な使用に供されているとはいえないので開発を了しているとはいい難い。

そうすると，評価対象地につき，たとえ，課税時期の現況判断で宅地（建物の敷地及びその維持効用を果たすために必要な土地）に該当する場合でも，当該宅地の利用方法がその地域の土地の標準的な使用（上記(Y)部分）に該当せず，当該宅地に対する標準的な使用を想定した場合に，都市計画法に規定する開発行為（主として建築物の建築又は特定工作物の建設の用に供する目的で行う土地の区画形質の変更をいう）が未了であるときには，他の適用要件の該当性にも配慮して判定した上で，一定の要件を充足すれば当該土地について評価通達24－4（広大地の評価）に定める広大地に該当する事例も想定されることに留意する必要がある。

なお，前掲の情報では，「現に宅地として有効利用されている建築物等の敷地」（上記(X)部分）に関して，下記に掲げる解釈基準を示している。

●情報に定める「現に宅地として有効利用されている建築物等の敷地」の解釈基準

> 情報第2号「2 広大地の評価」のとおり，「大規模店舗，ファミリーレストラン等」は，「現に宅地として有効利用されている建築物等の敷地」であることから，広大地に該当しないこととしている。
> 　これは，比較的規模の大きい土地の有効利用の一形態として大規模店舗等を例示的に示したものである。したがって，大規模店舗等の敷地がその地域において有効利用されているといえるかどうか，言い換えれば，それらの敷地がその地域の土地の標準的使用（筆者注 上記(Y)部分）といえるかどうかで判定するということであり，いわゆる「郊外路線商業地域」（都市の郊外の幹線道路（国道，都道府県道等）沿いにおいて，店舗，営業所等が連たんしているような地域）に存する大規模店舗等の敷地が，この「現に宅地として有効利用されている建築物等の敷地」（筆者注 (X)部分）に該当する。
> 　一方，例えば，戸建住宅が連たんする住宅街に存する大規模店舗やファミリーレストラン，ゴルフ練習場などは，その地域の土地の標準的使用（筆者注 上記(Y)部分）とはいえないことから，「現に宅地として有効利用されている建築物等の敷地」（筆者注 上記(X)部分）には該当しない。

② 広大地評価の適用可否判断（その2：無道路地に広大地の評価の定めを適用することの可否）

　前掲計算－3に掲げる「A土地の相続税評価額（審判所認定額）」によれば，評価対象地であるA土地について広大地補正率及び無道路地補正率を重複適用（注 下記 参考 において，平成16年以後（平成29年まで）の取扱いとの整合性を摘示するので参考にされたい）していることが確認できる（計算－3の主要項目を下記に記しておくことにする）。

●A土地の相続税評価額（審判所認定額）

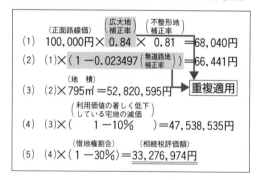

　すなわち，国税不服審判所においても，無道路地に対して評価通達24－4（広大地の評価）に定める広大地の要件を充足する限り，広大地の評価の定めを適用することを容認していることが理解される。

　その一方で，評価通達20－2（無道路地の評価）の定めは，たとえ評価対象地自体が建物を建築することが可能な地域（例 市街化区域内）に所在していたとしても，建築基準

法43条（敷地等と道路の関係）に規定するいわゆる接道義務を充足しないことから現状では建物建築が認められず，当該評価対象地に建物建築が許可されるための要件（接道義務）を充足させるために必要なコスト（前面地の最小限度における買収）を算定し，これを控除（減額）することによって，建物建築可能地としての価額を求めようとするものである。

そうすると，評価通達24－4に定める広大地の評価の定めは，一定の要件を充足した評価対象地に対して開発行為（主として建築物の建築又は特定工作物の建設の用に供する目的で行う土地の区画形質の変更をいう）を行うことを前提とするものであるから，たとえ市街化区域内に所在しても現状では接道義務を充足せず開発行為が許可されない無道路地についてはその適用がないのではないかと危惧する声も，今なお多いように聞く。

しかしながら，評価対象地（無道路地）について，最小限度の範囲内で他人所有地である前面所在地を買い取ることによって無道路地を解消すれば，市街化区域内に所在する宅地に対しては建築が可能とされる。したがって，評価対象地が課税時期において無道路地であることのみを理由として，直ちに，当該評価対象地（無道路地）に評価通達に定める広大地の評価の取扱いが適用されないという考え方は成立しない。

参　考　平成16年以後（平成29年まで）における無道路地に対する広大地補正率の適用の可否と広大地補正率及び無道路地補正率の重複適用について

平成16年の評価通達の改正により，課税時期が平成16年1月1日以後（平成29年12月31日まで）である場合における評価対象地に係る広大地補正率の適用に当たっては，評価通達15（奥行価格補正）から同通達20－5（容積率の異なる2以上の地域にわたる宅地の評価）までに定める各種の画地補正率の適用はなく，広大地の評価に当たっては，次の算式に掲げるとおり，正面路線価，広大地補正率及び地積の三要素のみで一律に評価するものとされている。

＜算　式＞

$$\text{その広大地の面する路線の路線価} \times \text{広大地補正率}\left(0.6 - 0.05 \times \frac{\text{地積}}{1,000\text{m}^2}\right) \times \text{地積}$$

上掲のA土地の相続税評価額の算定に当たっては，広大地補正率と無道路地補正率（評価通達20－2に定められている）との重複適用が行われているが，これはA土地の所有者に係る相続開始年分（課税時期）が平成13年となっているからであり，もし，これが平成16年分以後であるのであれば両者の重複適用は認められないことになる（さらに，不整形地補正率との重複適用も同様となる）。

しかしながら，平成16年分以後に課税時期が到来した場合に，広大地補正率を適用した場合に無道路地補正率の適用が容認されなくなったことはあくまでも，広大地補正率$\left(0.6 - 0.05 \times \frac{\text{地積}}{1,000\text{m}^2}\right)$の算出過程における構造上の問題であって，無道路地に対して，広大地の評価の定めが認められなくなったとの意に解することは相当ではない。

なお，上記の解釈（評価通達に定める広大地の評価は，無道路地に対しても適用を

排除するものではないとする解釈）は，上記____部分に掲げるとおり，広大地補正率を適用すると評価通達15（奥行価格補正）から同通達20－5（容積率の異なる2以上の地域にわたる宅地の評価）までの定めに代わるものとされており，当該代替範囲に含まれるものとして評価通達20－2（無道路地の評価）の定めが設けられていることからも理解される（注）。

 （注） もし仮に，当該代替範囲に評価通達20－2（無道路地の評価）の定めが含まれていない（換言すれば，無道路地には広大地の評価の定めが適用できない）とすれば，評価通達24－4（広大地の評価）の上記____部分の定めは下記のとおりの通達表現として定められる必要があるが，もちろん，そのようにはなっていない。

  （仮定論に基づいた場合の通達の表現）

  その広大地の面する路線価に評価通達15（奥行価格補正）から同通達20（不整形地の評価）まで及び同通達20－3（間口が狭小な宅地等の評価）から同通達20－5（容積率の異なる2以上の地域にわたる宅地の評価）までの定めに代わるものとして，広大地補正率を乗じて計算した価額

参考までに，本件裁決事例におけるA土地の所有者に係る相続開始日が平成16年1月1日以後であると仮定した場合における評価通達24－4（広大地の評価）の定めを適用したA土地の相続税評価額は，次に掲げる計算－5のとおり，<u>2,806万120円</u>となる。

計算－5 相続開始日を平成16年1月1日以後（平成29年12月31日まで）とした場合のA土地の相続税評価額

① （正面路線価） （広大地補正率：注） （地積）
  100,000円 × 0.56025 × 795㎡ ＝ 44,539,875円

 （注） $0.6 - 0.05 \times \dfrac{795㎡}{1,000㎡} = 0.56025$

② （上記①） （利用価値が著しく低下している宅地のしんしゃく割合）
  44,539,875円 × （1 － 10%）＝ 40,085,887円

③ （上記②） （借地権割合） （相続税評価額）
  40,085,887円 × （1 － 30%）＝ <u>28,060,120円</u>

なお，被相続人から相続により取得した評価対象地（市街化区域内に所在する地積1,949.31㎡の無道路地である農地（市街地農地）につき，評価通達24－4（広大地の評価）の定めがあることを前提に（この点に関しては，請求人及び原処分庁ともに争いがなく，本件裁決事例と同様に，無道路地に対する広大地の評価の適用可否に関して参考となるものである），その具体的な相続税評価額の算定方法が争点とされた裁決事例（平成17年7月1日裁決，沖裁（諸）平17－1，平成12年相続開始分）があり，また別の機会にその内容については検討を加えてみたい。

③ 不整形地補正率を適用する場合の想定整形地のとり方（評価対象地が無道路地である場合）

図表－7 計算上の奥行距離を基に評価する不整形地

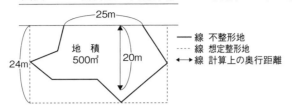

　評価通達20（不整形地の評価）の定めでは，不整形地の価額は，評価通達15（奥行価格補正）から同通達18（三方又は四方路線影響加算）までの定めによって計算した価額に，その不整形の程度，位置及び地積の大小に応じ，「地積区分表」に掲げる地区区分及び地積区分に応じた「不整形地補正率表」に定める補正率（以下「不整形地補正率」という）を乗じて計算した価額により評価するものとされている。

　また，同通達20(2)においては，図表－7に掲げる不整形地の価額については，当該不整形地の地積を間口距離で除して算出した計算上の奥行距離を基として求めた整形地により計算する方法を示し，その注書において，当該計算上の奥行距離は，不整形地の全域を囲む，正面路線に面するく形又は正方形の土地（以下「想定整形地」という）の奥行距離を限度とする旨を定めている。この想定整形地の取り方の具体例を示すと，図表－8のとおりとなる。

　図表－7のように奥行距離が一様でない不整形地を評価する場合には，当該不整形地の地積を間口距離で除して求めた数値を計算上の奥行距離とする。ただし，当該計算上の奥行距離は，当該不整形地に係る想定整形地の奥行距離を限度とする。したがって，図表－7に掲げる不整形地の奥行距離は，次に掲げる計算により，20mとなる。

[計　算]
　(イ)　計算上の奥行距離……500m²（地積）÷ 25m（間口距離） ＝20m
　(ロ)　想定整形地の奥行距離……24m
　(ハ)　(イ)と(ロ)いずれか短い方∴20m（上記(イ)）

　本件裁決事例では，前掲図表－1に掲げるA土地について，図表－3に掲げる争点に関する双方の主張において請求人（納税者）及び原処分庁（課税庁）はともに，利用路線の東側の道路として想定整形地を作図している（この点に関しては，双方に争いがないことになる）。これに対して，国税不服審判所の判断は，上記Ⅳ❶(3)②に掲げるとおり，評価通達20（不整形地の評価）の(2)の定め（不整形地に係る想定整形地は，<u>当該不整形地の全域を囲む正面路線に面するく形又は正方形の土地</u>とする）から，無道路地の場合は利用路線を正面路線として取り扱うのが相当であり，本件では，利用路線（正面路線）は北側の道路であるから，請求人及び原処分庁の想定整形地の作図は相当ではないと判断し，国税不服審判所の判断に基づく想定整形地を作図（図表－5を参照）している。

　そうすると，評価対象地である不整形地に係る想定整形地を作図する場合の留意点である上記＿＿部分を理解（具体的には，図表－8を認識）することが重要となる。

図表－8　想定整形地の取り方の具体例

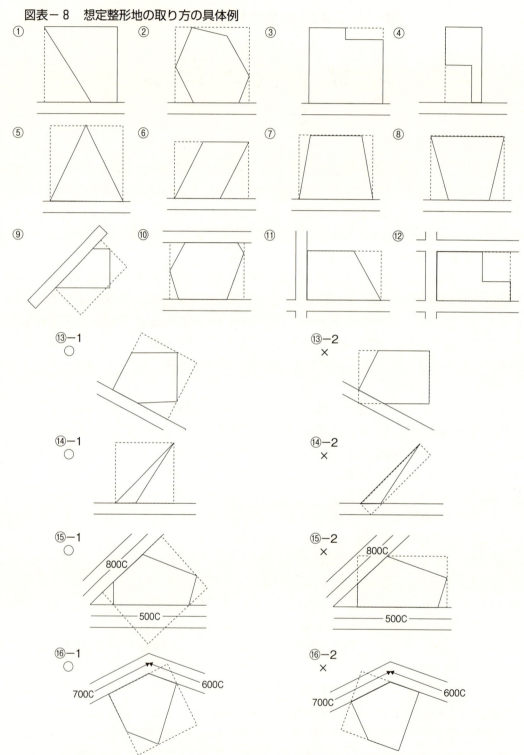

（注）上記の⑬～⑯までに掲げる各事例については，－1の例（○）が相当であり，－2の例（×）は不相当とされる。すなわち，正面路線に面するく形又は正方形の土地を想定しているか否かで相当又は不相当かが判断されることになる。

④ 利用価値の著しい低下のしんしゃくの可否

A土地に関する利用価値の著しい低下（A土地の場合は，著しい高低差に該当するか否か）に関するしんしゃくの取扱い（10％減）の可否については，B土地と併せて，下記(2)②において検討することにする。

(2) B 土 地

① 宅地造成費の控除

B土地は農地であり，その所在区分（都市計画法に規定する市街化区域内に所在）から市街地農地として評価されるものである。評価通達40（市街地農地の評価）の定めでは，市街地農地の価額は，原則として，その農地が宅地であるとした場合の1㎡当たりの価額からその農地を宅地に転用する場合において通常必要と認められる1㎡当たりの造成費に相当する金額として，整地，土盛り又は土止めに要する費用の額がおおむね同一と認められる地域ごとに国税局長の定める金額を控除した金額に，その農地の地積を乗じて計算した金額によって評価するものとされている。これを算式で示すと次のとおりとなる。

＜算　式＞

$$\left(\begin{array}{l}\text{その農地が宅地であるとした場合}\\\text{の1㎡当たりの価額}\end{array} - \begin{array}{l}1㎡当たりの\\\text{造成費}\end{array}\right) \times \begin{array}{l}\text{その農地}\\\text{の地積}\end{array}$$

そして，1㎡当たりの造成費は国税局長が定めるものとされ，毎年公開される財産評価基準書に「平坦地の宅地造成費」と「傾斜地の宅地造成費」に区分して示されている。このうち，「平坦地の宅地造成費」の記載例を示すと，図表－9のとおりとなる。

そして，認定事実によれば，B土地は南北方向に長さ43mを有し，南側は北側より1m

図表－9　平坦地の宅地造成費（記載例）

工事費目		造　成　区　分	金　額
整地費	整　地　費	整地を必要とする面積1平方メートル当たり	400円
	伐採・抜根費	伐採・抜根を必要とする面積1平方メートル当たり	500円
	地盤改良費	地盤改良を必要とする面積1平方メートル当たり	1,300円
土　盛　費		他から土砂を搬入して土盛りを必要とする場合の土盛り体積1立方メートル当たり	3,900円
土　止　費		土止めを必要とする場合の擁壁の面積1平方メートル当たり	39,600円

（留意事項）
(1) 「整地費」とは，①凹凸がある土地の地面を地ならしするための工事費又は②土盛工事を要する土地について，土盛工事をした後の地ならしするための工事費をいいます。
(2) 「伐採・抜根費」とは，樹木が生育している土地について，樹木を伐採し，根等を除去するための工事費をいいます。したがって，整地工事によって樹木を除去できる場合には，造成費に本工事費を含めません。
(3) 「地盤改良費」とは，湿田など軟弱な表土で覆われた土地の宅地造成に当たり，地盤を安定させるための工事費をいいます。
(4) 「土盛費」とは，道路よりも低い位置にある土地について，宅地として利用できる高さ（原則として道路面）まで搬入した土砂で埋め立て，地上げする場合の工事費をいいます。
(5) 「土止費」とは，道路よりも低い位置にある土地について，宅地として利用できる高さ（原則として道路面）まで地上げする場合に，土盛りした土砂の流出や崩壊を防止するために構築する擁壁工事費をいいます。

図表-10　B土地（農地）の高低差

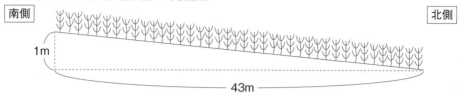

高い農地とされている。これを表すと，図表-10のとおりとなる。

　このB土地（農地）について，請求人（納税者）及び原処分庁（課税庁）はともに造成費のうち「整地費」（図表-9に掲げる（留意事項）(1)を参照）のみを控除している。これに対して，国税不服審判所の判断では，B土地（農地）は南側が北側より1.0m高い傾斜地であるため，宅地転用するためには土盛費及び土止費（図表-9に掲げる（留意事項）(4)及び(5)を参照）も必要であるとして，国税不服審判所において独自に造成費を再計算していることが確認できる。

　課税実務上において，宅地比準方式によって農地等（この等のなかには，山林，原野，雑種地が含まれる）を評価する場合には，必ず現地を確認して，当該農地等を宅地転用するに当たって通常必要と認められる物理的な較差を補正するための造成費を算定することが求められる。本件裁決事例は，当該事項を認識させる重要事例である。

② 利用価値の著しい低下について

　土地の評価は，大別して路線価を基礎（路線価×各種補正率）に算定する路線価方式又は固定資産税評価額に倍率を乗じて算定する倍率方式のいずれかによって評価するものとされており，原則として，これらの要素（路線価，各種補正率，固定資産税評価額，倍率）には，当該土地の評価に当たって必要とされる事情は織り込み済みであるとされている。

　しかしながら，事例によっては個別性が強く，当該評価対象地に係る固有の事情として一定の事由が存することによる利用価値の著しい低下が上記に掲げる要素に適正に反映されていないことが想定される。

　現行の評価通達にはこのような利用価値の著しく低下している宅地の評価に関する定めは設けられていないが，課税実務上の取扱いでは，国税庁のホームページ上で公開されているタックスアンサーにおいて，「利用価値が著しく低下している宅地の評価」として，次に掲げる 参考資料 のとおりの取扱いが示されている。

参考資料 利用価値が著しく低下している宅地の評価

　次のようにその利用価値が付近にある他の宅地の利用状況からみて，著しく低下していると認められるものの価額は，その宅地について利用価値が低下していないものとして評価した場合の価額から，利用価値が低下していると認められる部分の面積に対応する価額に10％を乗じて計算した金額を控除した価額によって評価することができます。

　1　道路より高い位置にある宅地又は低い位置にある宅地で，その付近にある宅地

に比べて著しく高低差のあるもの
2 地盤に甚だしい凹凸のある宅地
3 震動の甚だしい宅地
4 1から3までの宅地以外の宅地で，騒音，日照阻害（建築基準法第56条の2に定める日影時間を超える時間の日照阻害のあるものとします。），臭気，忌み等により，その取引金額に影響を受けると認められるもの

また，宅地比準方式によって評価する農地又は山林について，その農地又は山林を宅地に転用する場合において，造成費用を投下してもなお宅地としての利用価値が著しく低下していると認められる部分を有するものについても同様です。

ただし，路線価又は倍率が，利用価値の著しく低下している状況を考慮して付されている場合にはしんしゃくしません。

筆者注 ＿＿＿部分は，筆者が付線したものである。

そして，本件裁決事例ではA土地（宅地）及びB土地（市街地農地）について，いずれも原処分庁（課税庁）が利用価値の著しい低下は認められないと主張したことに対し，国税不服審判所の判断では当該主張を排斥し，利用価値が著しく低下している宅地に対するしんしゃく（10％減額）の適用を認めている。これをまとめると，図表－11のとおりとなる。

これは筆者の個人的な考えであるが，上記 参考資料 に掲げる課税実務上の取扱い（10％減額）の国税不服審判所の適用可否判断につき，A土地に対する適用可能の指摘は相当であるとしても，B土地についてはさらなる検討すべき論点があるように思われる。これらを順次，検討してみることにする。

(イ) A土地（宅地）

A土地に係る利用価値の低下は，次に掲げる事項からすると，当該評価対象地である

図表－11 A土地及びB土地に対する利用価値の著しい低下の該当性（原処分庁の主張・国税不服審判所の判断）

争点	原処分庁の主張	国税不服審判所の判断
A土地（宅地）	A土地は，宅地として不都合なく利用されているから，著しく利用価値が低下しているとは認められない。	A土地は，利用路線より1.9m低く，付近にある宅地に比し著しく高低差があり，課税実務上の取扱い（10％減額）の対象とされる「道路より高い位置にある宅地又は低い位置にある宅地で，その付近にある宅地に比し著しく高低差のあるもの」に該当すると認められるから，宅地としての価額の10％相当額を控除した価額によって評価することが相当である。
B土地（市街地農地）	B土地は，近傍宅地の利用状況と比較して著しく低下しているとは認められない。	B土地は，(X)造成後においても三方が墓地に囲まれており，課税実務上の取扱い（10％減額）の対象とされる「騒音，日照阻害，臭気，忌み等により(Y)その取引金額に影響を受けると認められるもの」に該当すると認められるから，宅地としての価額の10％相当額を控除した価額によって評価することが相当である。

A土地に係る固有の事情であり，付近に所在する土地と等質等量性をもって，評価対象地の近隣地域における地価形成要因となる共通の事情ではなく，このようなA土地に係る固有の事情は，A土地を評価する場合に必要な路線価等にすでに織り込み済みでしんしゃくされているとは考えられない。

　㋑　A土地は，利用路線より1.9m低いこと（絶対的な利用価値の低下要因の存在）
　㋺　A土地は，付近にある宅地に比し著しく高低差があること（等質等量でないA土地固有の利用価値の低下要因の存在）

　そうすると，A土地に対して利用価値が著しく低下している宅地に対するしんしゃく（10％減額）の適用を国税不服審判所が容認したことは相当であると考えられる。

㈦　B土地（市街地農地）

　B土地に係る利用価値の低下に関して，確かにB土地は市街地農地の造成後においても三方が墓地に囲まれているということは，B土地に対する絶対的な利用価値の低下要因に該当するものと考えられる。しかしながら，その一方でB土地の三方に墓地が存するということは，この地域に所在する土地については，たとえ宅地としての利用を前提とした場合であっても当該宅地の隣接地又は周辺地に墓地が存在することが想定され，忌み地（墓地は，通常ではこれに該当するものと認識されている）であることの利用価値の低下は，当該墓地周辺に所在する土地について等質等量のものであり，何もB土地固有の事情であるとは認められない。

　そして，上記 参考資料 に示されている課税実務上の取扱い（利用価値が著しく低下している宅地の評価）に掲げる利用価値の低下の例示の4において，「騒音，日照阻害，臭気，忌み等により，その取引金額に影響を受けると認められるもの」とされている（上記 参考資料 の＿＿部分）。そうすると，利用価値の低下の要因が騒音，日照阻害，臭気，忌み等にある場合における課税実務上の取扱いについては，単に当該事象が発生しているということだけでは事足らず，当該事象が発生により当該評価対象地の取引価額がその周辺の当該事象が発生していない土地の取引価額と比較して低下していることが認められるものでなければ，利用価値が著しく低下している宅地の評価の定めの適用要件を充足していないことになる。

　これに対して，本件裁決事例における国税不服審判所の判断では，B土地は造成後においても三方が墓地に囲まれている（図表－11の(X)の部分）という事象のみで忌み地に当たり，その取引金額に影響を受けるものに該当すると認められる（図表－11の(Y)の部分）と判断して，10％相当額のしんしゃく（減額）を認めている。すなわち，B土地の周囲に墓地が存在するという事象（これは，B土地の絶対的な利用価値の低下に該当）だけで，課税実務上の取扱いの適用を認めているが，本来的には，当該事象がB土地固有の事象で，その周囲の土地はその影響が生じていないこと（受ける影響が等質等量でないB土地固有の利用価値の低下に該当）から，B土地の取引価額がその周囲の土地の取引価額と比較して，当該事象の生じていることによる影響部分だけその価額が低下していることが確認されなければ，この課税実務上の取扱いの適用対象とされないこ

とになる。

　本件裁決事例における国税不服審判所の判断は，結果的には，納税者有利となっているが，財産評価基準制度のもとで，課税要件事実を確認し，納税者間の公平を確保したうえでの租税実務が執行されるべきであるという立場から判断した場合には，なお一層の論点があるように考えられる。

　次に掲げる国税不服審判所裁決事例（平15.11.4裁決，東裁（諸）平15-95）は，鉄道の走行による騒音振動がある土地について，その影響を土地の評価に当たってしんしゃくすることの可否が争点とされたものであるが，当該事案における国税不服審判所の判断では，「騒音における影響については，取引金額に影響を受けるものと定めていることからすると，騒音の程度をもってその適用判断を求めているものとは解されない」として，評価対象地の取引金額に与える固有の事情を確認して，10％相当額の減額を容認している。

国税不服審判所の判断

(1) 法令解釈等

　課税実務上の取扱いによれば，騒音などによりその取引金額に影響を受けると認められる土地については，その影響を考慮して路線価が付されている場合を除き，利用価値が著しく低下している土地として，その影響を受ける部分について10％の金額を控除することとなる。

(2) 当てはめ

　本件の場合，次に掲げる事項からして，鉄道沿線土地については，課税実務上の取扱いにおける騒音によりその取引金額に影響を受けると認められる土地に該当すると解するのが相当である。

① 鉄道沿線土地の評価に採用されている路線価は，原処分庁の答述 筆者注 のとおり，電車走行における騒音・振動の要因が斟酌されていないこと，あるいは，その大部分がそもそも騒音振動を考慮する必要のない道路に付された路線価であること

　　筆者注　原処分庁は，鉄道沿線土地における路線価について，＊＊線沿いに道路がなく路線価評定のための標準地もないことから，その決定に当たって鉄道による騒音振動等の環境要因が考慮されていない旨の答述をしている。

② 鉄道沿線土地の鉄道沿線から20m以内においては，電車運行による騒音が，環境省の騒音対策における指針である昼間の基準60デシベル，夜間の基準55デシベルの同程度を超えていること

③ ＊＊分譲地において分譲価額における開差が10％を超える取引事例 筆者注 が存在すること

　　筆者注　＊＊分譲地は，＊＊線沿線にある＊＊に所在し，その分譲価額によれば，線路沿いの区画と線路から離れた区画とでは，11.6％から13.4％の開差（価額差）

が生じていることが確認されている。
(3) 原処分庁の主張について
　原処分庁は，＊＊線の走行する電車の通過所要時間（1日で合計15分45秒）が非常に短時間であり，居住環境がことさら劣悪とまでいうことができず売買価額に影響を及ぼすものでない旨主張する。
　しかしながら，鉄道沿線土地は普通住宅地区であり，＊＊線の走行は平日の通勤時が上下線合わせて24本の2分30秒間隔であり，昼間の間隔でも上下線合わせて4分間隔となっており，その騒音の大きさを考えると単に合計通過時間で居住環境を論ずることは妥当ではない。
　しかも，課税実務上の取扱いによれば，騒音以外の事由については著しい又は甚だしいとの表現を適用の判断に使用しているが，騒音における影響については，取引金額に影響を受けるものと定めていることからすると，騒音の程度をもってその適用判断を求めているものとは解されない。
　したがって，＊＊線の合計通過時間をもって判断した原処分庁の主張は採用できない。

Ⅵ 参考事項等

❶ 参考法令通達等
・評価通達1（評価の原則）
・評価通達14（路線価）
・評価通達20（不整形地の評価）
・評価通達20-2（無道路地の評価）（筆者注 平成30年1月1日以後は，評価通達20-3）
・評価通達24-4（広大地の評価）（筆者注 平成29年12月31日をもって廃止）
・利用価値の著しく低下している宅地の評価（国税庁タックスアンサー）
・「「財産評価基本通達の一部改正について」通達のあらましについて（情報）」（平成16年6月29日付，資産評価企画官情報第2号）
・財産評価基準書に定める「平坦地の宅地造成費」
・都市計画法4条（定義）
・都市計画法29条（開発行為の許可）
・都市計画法33条（開発許可の基準）
・建築基準法43条（敷地等と道路の関係）
・建築基準法施行令144条の4（道に関する基準）

❷ 類似判例・裁決事例の確認
(1) 無道路地に係る通路開設の可否判断に当たって隣地所有者との関係等をしんしゃくす

ることの可否が争点とされた事例（平18.6.30裁決，沖裁（諸）平17－20）

　請求人は，無道路地に囲繞地通行権が内蔵されているといっても隣地所有者の関係等により建築基準法に規定する接道義務を満たす道路の確保及びその道路を路線に基づく価格で取得できる保証がないことから評価通達20－2（無道路地の評価）に定める方式（以下「通路開設方式」という）に基づく評価額は，相続税法22条（評価の原則）に規定する時価を適正に表示するものではない旨主張する。

　しかしながら，無道路地を解消し一般的な宅地として利用するためには，前面の土地を買収する方法，又は公道への取付道路を開設する方法があるが，無道路地はその所有権の属性として囲繞地通行権を内蔵しているため，無道路地の評価に当たっては，囲繞地に通路が開設され袋地（旗竿状の画地）となったことを想定して，その通路開設費用相当額を控除することが最も現実的であることからすれば，通路開設方式が合理的であると認められるのであり，また，時価の算定に当たり考慮すべき事情は，相続税法22条に規定する時価が客観的交換価値であるために客観的に認められるものであることが必要であるが，隣地所有者との関係等は，個別的な事情で主観的な事情と認められることから時価の算定に当たり考慮すべき事情には当たらない。

(2) 無道路地で広大地に該当する土地の開発想定図の作成に当たって当該無道路地解消のための通路開設（他人所有の隣接地）の買収困難性をしんしゃくすることの必要性が争点とされた事例（平21.6.26裁決，沖裁（諸）平20－12）

　請求人は，原処分庁は評価対象地が広大地で無道路地に該当するとして，開発想定図を作成しそれに基づき評価額を算定しているが，原処分庁の開発想定図における開発区域外の道路と開発区域内道路とを接続する道路（以下「接続道路」という）は，当該道路を設定した後の隣接地の北東側の残地が住宅地として利用できないように設定しており，当該隣接地の所有者は，そのような区分での売却には応じず実現不可能なものである旨主張する。

　ところで，広大地を評価する場合には，評価通達24－4（広大地の評価）に基づき行うべきところ，同通達の趣旨は，未開発な土地を宅地として活用する場合や広大な宅地を再開発する場合には，都市計画法による開発行為が必要となり，その結果，道路，公園等の公共公益的施設用地としてかなりの提供用地が生ずることから，その土地の評価に当たって提供用地となる部分の地積を考慮することとしたものであり，この取扱いは相当であると認められる。そして，広大地補正率の基になる公共公益的施設用地については，経済的に最も合理的であると認められる開発行為を行うとした場合の公共公益的施設用地の地積をいう旨定めている。

　これを本件についてみると，評価対象地は，広大地に該当するため，広大地補正率の基となる公共公益的施設用地，すなわち開発区域内道路について経済的に最も合理的に設定して面積の算定を行うべきところ，原処分庁の開発想定図は，区画数の多寡，道路の設置状況及び各画地の形状等を総合勘案すると，経済的に合理的であると認められるところであり，当該開発想定図における開発区域内道路からの接続道路の設定は相当と認められる。

追補　地積規模の大きな宅地の評価について

　本件裁決事例に係る相続開始年分は，平成13年である。もし仮に，当該相続開始日が，平成30年１月１日以後である場合（評価通達20－２（地積規模の大きな宅地の評価）の新設等の改正が行われた）としたときにおけるＡ土地及びＢ土地に対する同通達の適用は，下記に掲げる 判断基準 から少なくとも次に掲げる地積要件を充足しておらず，ないものとされる。

判断基準

- 地積要件(注)

　（1）　Ａ土地

　　　　795m^2 ＜ $1{,}000\text{m}^2$
　　　　（評価対象地の地積）　（三大都市圏以外に所在する場合の地積要件）

　　　∴地積要件を未充足

　（2）　Ｂ土地

　　　　452m^2 ＜ $1{,}000\text{m}^2$
　　　　（評価対象地の地積）　（三大都市圏以外に所在する場合の地積要件）

　　　∴地積要件を未充足

　（注）　Ａ土地及びＢ土地は，いずれも三大都市圏以外に所在することが確認されている。

CASE 12

| 評価単位 地　目 | 間口距離 奥行距離 | 側方加算 二方加算 | 広大地 | **農地・山林 ・原　野** |
| 雑種地 | 貸　家 建付地 | 借地権 貸宅地 | 利用価値 の低下地 | その他の 評価項目 |

生産緑地の評価に当たって「主たる従事者」に該当するか否かが争点とされた事例

事　例

　被相続人甲は本年8月に相続の開始があった。同人の相続財産である農地（地積3,697.21㎡）は，平成3年12月に被相続人甲がA市長（当該農地所在地の特定行政庁の長）に対し生産緑地地区指定申出書を提出し，平成4年11月に生産緑地として告示されたものであり，被相続人甲の長男Xが相続により取得した。

　被相続人甲及び長男Xの農業への従事状況等及びそれに関連する項目は下記のとおりである。

(1) 被相続人甲

① 昭和52年ころまでは被相続人甲が主体的に農業経営を行い，農業所得について所得税の確定申告を行っていた。

② 昭和53年ころから昭和63年までは被相続人甲が農業所得について所得税の確定申告を行っていたものの，同人の高齢化に伴って農作業の相当大部分は長男Xが担当するようになった。

③ 平成元年（昭和64年）に被相続人甲は，長男Xに対して農業経営の移譲を行った。

④ 農業経営移譲後の被相続人甲の農業従事状況（関与度合）は徐々に減少し，平成7年当時で長男Xの農作業従事時間の10％程度であった。また，平成9年に病気で入院した後は農業への従事（農作業に関する指示を含む）は一切認められない状況であった。

(2) 長　男　X

① 昭和53年ころから長男Xは，被相続人甲及びその妻である乙とともに農業に従事していた（長男Xの農業従事状況（関与度合）は年々，高まっていった）。

② 平成元年に被相続人甲から長男Xに対して農業経営の移譲が行われた後は，農業所得についての所得税の確定申告を長男Xの名義で行っている。

③ 長男Xは、被相続人甲に係る相続開始後にそれぞれ下記に掲げる者（交付者）から租税特別措置法70条の6（農地等についての相続税の納税猶予等）に規定する相続税の納税猶予の特例の適用を受けるために必要な書類（証明書）の交付を受けている。

交　付　者	交付書類（証明書）
A　市	納税猶予の特例適用の農地等該当証明書
A市農業委員会会長	納税猶予の適格者証明書

④ 長男Xは、A市農業委員会会長に対して、生産緑地の買取申出を行う場合に必要とされる「生産緑地に係る農業の主たる従事者についての証明願」を提出していない（長男Xは農業経営を継続する意思を有しており、この相続財産たる農地（生産緑地）を譲渡する予定はない）。

評価通達40－3（生産緑地の評価）の定めでは、評価対象地である生産緑地が生産緑地でないものとして評価した価額から、その価額に当該生産緑地が課税時期において市町村長に対し買取りの申出をすることができるものに該当するか否かの別に定められた一定の割合を乗じて計算した金額を控除した金額によって評価するものとされている（下記算式を参照）。

＜算　式＞

評価対象地である生産緑地が生産緑地でないものとした場合の価額(Ⓐ) − Ⓐ × 課税時期における市町村長に対する買取り可能性の別に定められた一定のしんしゃく割合

＝ 評価対象地である生産緑地が生産緑地でないものとした場合の価額 ×（1 − 課税時期における市町村長に対する買取り可能性の別に定められた一定のしんしゃく割合）

そうすると、本件の評価対象地である農地（生産緑地）については、課税時期においてA市の市長に対して買取りの申出をすることができる生産緑地に該当するのか、又は買取りの申出をすることができない生産緑地に該当するのか、その判断についてご教示されたい。

（平14.4.19裁決、東裁（諸）平13－226、平成10年相続開始分）

基礎事実

❶ 請求人は、平成10年8月9日（以下「本件相続開始日」という）に死亡した被相続人甲（以下「本件被相続人」という）の共同相続人の1人であるが、この相続（以下「本件相続」という）に係る相続税について、請求人が取得した＊＊＊＊に所在する各土地（地積3,697.21m²）（以下「本件生産緑地」という）は本件相続開始日である課税時期において市町村長に対して買取りの申出をすることができない生産緑地であるとして、評価通達40－3（生産緑地の評価）の(1)の定めにより、生産緑地でないものとして評価

した価額から，その価額に100分の30の割合を乗じて計算した金額を控除した金額を評価額として記載した申告書を法定申告期限までに提出した。

❷ 原処分庁は，本件生産緑地は課税時期において市町村長に対して買取りの申出をすることができる生産緑地であるとして，評価通達40－3の(2)の定めにより，生産緑地でないものとして評価した価額から，その価額に100分の5の割合を乗じて計算した金額を控除した金額を評価額として，平成11年12月27日付で更正処分をした。

❸ 本件生産緑地は，平成3年12月18日に本件被相続人がA市長に対し，生産緑地地区指定申出書を提出し，平成4年11月13日に生産緑地として告示された。

❹ 請求人は，平成10年11月25日にA市長に対し，租税特別措置法70条の6（農地等についての相続税の納税猶予等）1項に規定する特例（以下「納税猶予の特例」という）の適用を受けるために必要な「納税猶予の特例適用の農地等該当証明書」の証明願を提出し，同日付で同市長（A市長）は本件生産緑地は生産緑地地区内の農地である旨の証明書を発行した。

❺ 請求人は，平成11年1月19日にA市＊＊農業委員会会長（以下「本件農業委員会会長」という）に対し，同人及び本件被相続人が納税猶予の特例の適用を受けるための適格者である旨の証明書（以下「納税猶予の適格者証明書」という）の証明願を申請し，同年3月1日付で同会長は納税猶予の適格者証明書を発行した。

❻ 請求人は，本件農業委員会会長に対して生産緑地法施行規則5条(買取申出書の様式)に規定する買取申出書の様式の備考1に記載されている「生産緑地に係る農業の主たる従事者についての証明願」（以下「主たる従事者証明願」という）を提出していない。

❼ 請求人は，昭和53年4月から本件被相続人及びその妻乙とともに農業に従事し，農業についての所得税の確定申告を，平成元年分から行っている。

争　　点

❶ 買取りの申出をすることができる生産緑地であるか否かの判断において，主たる従事者証明書の交付の有無を判断の基とすべきか。

❷ 本件被相続人は，生産緑地法に規定する農業の主たる従事者に該当するか否か。

❸ 本件生産緑地の相続税評価額はいくらになるのか。

争点に関する双方（請求人・原処分庁）の主張

争点に関する請求人・原処分庁の主張は，図表－1のとおりである。

図表－1　争点に関する双方の主張

争　点	請求人（納税者）の主張	原処分庁（課税庁）の主張
(1) 買取りの申出が可能な生産緑地であるかの判断において主たる従事者証明書の交付の有無は判断の基になるか	① 評価通達40－3（生産緑地の評価）の(2)に定める買取りの申出をすることができる生産緑地について，生産緑地法10条（生産緑地の買取りの申出）は，生産緑地の所有者は，当該生産緑地に係る農業の主たる従事者が死亡したときは，市町村長に対し，所定の書面により時価で買い取るべき旨を申し出ることができる旨規定しているが，このことは，次のとおり，生産緑地の所有者が農業委員会会長に主たる従事者証明願を申請し，同会長からこれに該当する旨の証明書（以下「主たる従事者証明書」という）の交付を受け，買取りの申出ができる状態になった生産緑地をいうものであるところ，請求人は，主たる従事者証明願を同会長に対して申請していない。 ㋑ 評価通達40－3の趣旨は，相続された生産緑地の利用形態が農地に制限されているか否か，すなわち，生産緑地の財産的価値に応じて課税しようとするものである。財産的価値が低い場合に，同通達40－3の(1)の定めを適用し，財産的価値が高い場合に，同通達40－3の(2)の定めを適用するものである。 　財産的価値が高い場合とは，生産緑地の所有者が買取りを希望し，かつ，現実に買取りが認められる場合でなければならないが，請求人は，本件生産緑地の買取りを希望していないし，また，引き続き農業を行うのであるから，今後も生産緑地としての行為制限を受けることになる。 ㋺ 生産緑地法は，生産緑地の維持，存続を目的としており，生産緑地に指定されると利用形態は著しく制限されることから，生産緑地法10条による買取りの申出を，生産緑地の所有者の権利救済の観点からの例外規定と位置付けている以上，評価通達40－3の(2)に定める買取りの申出をすることができる生産緑地の解釈は厳格にし，生産緑地の所有者の意思を反映させなければならない。 ㋩ 請求人は，平成12年1月17日付でA市長に対し，農業委員会会長に主たる従事者証明願を申請していない状況において「生産緑地買取申出書」の提出が可能か否かについての照会を行った。その結果，A市長から平成12年1月31	① 請求人は，市町村長に対し買取りの申出をすることができる生産緑地とは，生産緑地の所有者が買取りの申出に必要な農業委員会の主たる従事者証明書の交付を受けた生産緑地をいうと主張する。 　しかしながら，生産緑地法10条は，農業の主たる従事者が死亡したときは，生産緑地の所有者は市町村長に対し当該生産緑地法の買取りを申し出ることができる旨規定しており，また，評価通達40－3の(2)の定めは，現実に買取りの申出をするか否かにかかわらず，買取りの申出をすることができる場合を予定したものと解される。 　したがって，本件においては，生産緑地に係る農業の主たる従事者が死亡したのであるから，本件生産緑地は，「買取りの申出をすることができる生産緑地」に該当する。 ② 主たる従事者証明書の発行の申請は，相続人個々の判断にゆだねられているところ，被相続人が生産緑地に係る農業の主たる従事者に該当する場合において，買取りの申出をすることができる生産緑地であるか否かについて主たる従事者証明書の交付の有無により判断することとなると，生産緑地法には，買取りの申出をすることができる期間について特に定めがないことから，納税者の判断により当該証明書の交付申請がなされる場合となされない場合で，生産緑地の評価額が異なる結果となり，課税の公平を損なうこととなる。 ③ 上記①及び②より，買取りの申出をすることができる生産緑地であるか否かの判断において，主たる従事者証明書の交付の有無を判断の基とすべきではない。

			CASE12

		日付で「生産緑地地区の買取りの申出をする場合には，主たる従事者証明書の添附が必要になります」旨の回答を受けた。 　この回答は，買取りの申出をするためには，権利救済を希望する相続人が農業委員会会長から主たる従事者証明書の交付を受けることが必要ということである。 ②　上記①より，買取りの申出をすることができる生産緑地とは，生産緑地の所有者が市長に対して買い取るべき旨を申し出るために，農業委員会会長へ主たる従事者証明願を申請し，これに該当する旨の主たる従事者証明書の交付を受けた場合をいうものである。	
(2)	本件被相続人は生産緑地法に規定する農業の主たる従事者に該当するか	下記に掲げるとおり，本件被相続人は，生産緑地法10条に規定する農業の主たる従事者に該当しない。 ①　建設省都市局都市計画課・公園緑地課監修の『生産緑地法の解説と運用』（ぎょうせい，平成4年2月20日）の書籍には，生産緑地法10条に規定する農業の主たる従事者とは，中心となって農業に従事している者で，その者が農業に従事できなくなったために，生産緑地における農業経営が客観的に不可能となる場合における当該者をいうと解説している。このことを踏まえて，次の事実からすれば，農業の主たる従事者は本件被相続人ではなく，請求人であることは明らかである。 (イ)　本件被相続人は，高齢，体力低下とともに，後継者の農業意欲，経営意識等を高めるため平成元年より農業経営を請求人に移譲し，その後は，請求人が中心となって農業経営を行ってきた。 (ロ)　本件生産緑地の名義人は，本件被相続人であったが，請求人は，農業経営の中心者として，生産緑地からの収益すなわち農業所得は一貫として請求人の名前で申告している。このことはとりもなおさず，請求人が農業の主たる従事者にほかならないということを証明している。 (ハ)　本件被相続人は，＊＊，＊＊，＊＊等の疾患で，平成9年7月29日から平成10年8月9日までの間，ほとんど入院しており，また，発症時より労働能力は欠如していた。このような客観的事情があるにもかかわらず，原処分庁は，本件被相続人を農業の主たる従事者と誤って認定している。	請求人は，本件被相続人は生産緑地法10条に規定する主たる従事者に該当しない旨主張するが，次のとおり請求人の主張には理由がない。 ①　生産緑地法10条に規定する農業の主たる従事者とは，中心となって農業に従事している者で，その者が農業に従事できなくなったために，生産緑地における農業が客観的に不可能となる場合における当該従事者をいうものと解される。 ②　A市＊＊局＊＊部＊＊事務所（兼＊＊農業委員会事務局）及びA市＊＊局＊＊部＊＊課の各担当者は，異議審理庁の調査担当職員に対し，要旨次のとおり申述している。 (イ)　生産緑地の買取りの申出は，生産緑地の指定から30年を経過したとき，又は農業の主たる従事者が死亡等したときはいつでもできるのであり，その申出後1か月以内にA市から回答が通知され，市等が買取りをしない場合には，申出日から起算して3か月後に生産緑地に係る行為制限が解除される。 (ロ)　農業の主たる従事者とは，生産緑地に係る農業経営に欠くことのできない所有権又は経営権を有する者，農業経営の中で主要な働き手である者，又は小作人で主要な働き手である者であり，その判定は農業所得の申告の有無等に関係がなく実質で判断することになる。 (ハ)　生産緑地の所有者が死亡した場合においては，当該所有者が何らかの形で耕作に携わっていれば農業の主たる従事者に該当するから，小作人がいる場合以外は農業の主たる従事者の証明が可能である。

② 原処分庁は，請求人が本件農業委員会会長から，平成11年3月1日付で納税猶予の適格者証明書の交付を受けたことをもって，本件被相続人が農業を営んでいた個人であり，農業の主たる従事者であると主張する。

しかしながら，租税特別措置法70条の6第1項に規定する農業を営んでいた個人と生産緑地法10条に規定する農業の主たる従事者とは，文言から明らかなように，同一のものではなく，農業を営んでいた個人のうち，経営の中心を担って初めて農業の主たる従事者といえるものである。

また，租税特別措置法70条の6は，農地の細分化防止と農業後継者の育成を税制面から助成する趣旨の規定であり，「農地等に係る贈与税及び相続税の納税猶予の適用に関する取扱いについて」（昭和50年11月4日付直資2－224ほか国税庁長官通達）（以下「本件国税庁長官通達」という）46（被相続人が死亡の日まで農業を営んでいない場合の取扱い）の定めにより，農業を営んでいた個人の認定を緩やかに行っているから，同条1条に規定する農業を営んでいた個人に該当することをもって，生産緑地法10条に規定する農業の主たる従事者に該当するとはいえない。

本件の場合，請求人が本件農業委員会会長から交付を受けた納税猶予の適格証明書には，被相続人が農業経営者でない場合の「農業経営者の氏名」欄に請求人の氏名が記載されており，また，相続人に関する事項の「今後引続き農業経営を行うことに関する事項」欄に，「（相続人は）平成元年より農業経営を承継し，その後は主たる従事者として農業経営を行ってきたものであり，今後も引き続き農業経営を行います」との記載がある。このことから，本件においては，請求人が，従前より農業の主たる従事者として農業経営を行ってきたことは明らかであるから，原処分庁の認定が誤りであることは明白である。

③ 原処分庁は，平成12年4月6日付で，本件農業委員会会長へ本件被相続人が農業の主たる従事者に該当するか否かについて照会し，同会長から，本件被相続人は，農業の主たる従事者に該当する旨の回答を得たことから，本件被相続人が農業の主たる従事者であると主張している。

しかしながら，この回答は，平成4年当時の生産緑地指定の申請をもって本件

(ニ) 納税猶予の適格者証明書の発行をもって，一般的には，生産緑地の所有者である被相続人が，死亡の日まで農業を営んでいたということはいえる。

③ 原処分庁が，平成12年4月6日付で，本件農業委員会会長へ本件被相続人が本件相続開始日において生産緑地法10条に規定する農業の主たる従事者に該当するか否かについての照会をしたところ，同会長から，本件被相続人は，農業の主たる従事者に該当する旨の回答がされた。

④ 上記①から③に基づいて判断すると，下記に掲げるところから，本件被相続人は，本件相続開始日において農業の主たる従事者に当たると認められる。

(イ) 本件被相続人は，本件生産緑地の所有者であり耕作に携わっていること

(ロ) 同人は，租税特別措置法70条の6第1項に規定する納税猶予の適格者であること

(ハ) 上記③の本件農業委員会会長の回答では，本件被相続人は，本件相続開始日において農業の主たる従事者に当たるとされていること

		被相続人の死亡時における農業従事を推認しており，死亡時の事情を調査ないし考慮した事実は何ら窺えないことから，判断の基礎となる事実認定に問題がある。 本件被相続人は，死亡時72歳と高齢かつ病身で，中心となって農業に従事することは不可能であった事実を原処分庁は何ら考慮していないことからも明らかである。	
(3)	本件生産緑地の相続税評価額	本件生産緑地は，買取りの申出をすることができない生産緑地として，評価通達40－3の(1)に定める評価方法により評価すべきであり，その評価額は，計算－1のとおり，<u>3億5,429万9,146円</u>となる。	本件生産緑地は，農業の主たる従事者である本件被相続人の死亡により，生産緑地法10条の規定に基づき，買取りの申出をすることができる生産緑地に該当することとなるので，本件生産緑地の評価額は，評価通達40－3の(2)に定める評価方法による価額となり，その価額は計算－2のとおり，<u>4億8,083万4,555円</u>となる。

計算－1　請求人（納税者）が主張する相続税評価額

(1)　生産緑地であることによる減額金額

506,141,636円 ×（生産緑地が生産緑地でないものとして評価した価額）×（生産緑地であることによる減価割合）$\frac{30}{100}$ ＝151,842,490円

(2)　相続税評価額

506,141,636円 －(1)＝ <u>354,299,146円</u>

計算－2　原処分庁（課税庁）が主張する相続税評価額

(1)　生産緑地であることによる減額金額

506,141,636円 × $\frac{5}{100}$ ＝25,307,081円

(2)　相続税評価額

506,141,636円 －(1)＝ <u>480,834,555円</u>

Ⅳ 国税不服審判所の判断

❶ 認定事実

(1) 請求人は，遅くとも本件被相続人から経営が移譲された平成元年以降において，中心となって農業に従事していた。

(2) 本件被相続人の農業の従事状況については，遅くとも平成8年までには，請求人の従事日数の8割未満になっていたことは確実であり，平成9年7月ころから死亡時まで病気のため農業に従事できなかったことが認められる。

(3) 本件相続開始日の前後における請求人の農業所得に係る収入金額は次のとおりであり，極端な開差は見られない。

年分	平成8年分	平成9年分	平成10年分	平成11年分
収入金額	5,618,670円	5,163,960円	3,377,295円	4,097,150円

❷ 関係者の答述

(1) 生産緑地に係る事務を担当しているＡ市＊＊局＊＊部＊＊課＊＊係の担当者の答述

① 生産緑地の買取りの申出について，これに関する法令・通達として生産緑地法，生産緑地法施行規則及び「生産緑地の一部改正について」（平成3年9月10日付建設省都公緑発第77号各都道府県知事，各指定都市の長あて建設省都市局長通達。以下，この通達を「本件都市局長通達」といい，生産緑地法及び生産緑地法施行規則と併せて，「本件法令・通達」という）がある。これ以外に部内の取扱いとして，平成4年8月14日付で全国農業委員会都市農政対策協議会で作成した「生産緑地法における農業従事者の証明事務について」（以下「本件取扱い」という）があるが，一般には公表されていないと思われる。

　本件取扱いでは，主たる従事者とは，「専業・兼業従事者を問わずその者が従事できなくなったことによって，買取り申出があった当該生産緑地の農業経営が客観的に不可能となるような場合における当該者をいい，かつ，次に該当する者とする。『農業経営の中心的な働き手，もしくは農業経営に欠くことのできない者』」と定義されている。

② 平成3年10月に「農業と調和したまちづくり（改正された生産緑地地区制度と農地税制の要点）」が作成され，当時の全ての農家に配布されたはずであるが，この中で，主たる従事者とは，「中心となって農業に従事している者のほか，その者が65歳未満の場合はその従事日数の8割以上，65歳以上の場合は7割以上従事している者を含み，それらの者が従事できなくなったために生産緑地における農業経営が客観的に不可能となる場合における当該者をいう」と記載されている。

③ 生産緑地の指定申出に当たり，買取りの申出がどのような場合にできるか，つまり主たる従事者とはだれか，は非常に重要なことであるが，平成3年の第1回目の指定申出当時は件数が多かった（約2,000件）こともあり，また，担当者の理解や意思の統一も不十分で，申請者に対し買取りの申出ができる場合についての十分な説明はされていなかったと思われる。

④ 平成6年にA市に対して初めて生産緑地の買取りの申出があったことから，平成6年以降については，指定申出者等に対し，主たる従事者とは，生産緑地に係る農業経営に欠くことのできない者（所有権又は経営権を有する者），若しくは農業経営の中で主要な働き手である者と説明している。

⑤ A市としては，生産緑地の所有者が死亡した場合には多額の相続税が発生することが多いから，所有者が死亡した場合に買取りの申出ができなければ，所有者が生産緑地の指定申出に応じず，そうすると，生産緑地制度そのものが立ち行かなくなる可能性があるので，所有者が死亡した場合に主たる従事者に該当する旨の証明願が提出され，生産緑地の指定以後において所有者が何らかの形で農業に従事していたことが確認されれば，小作人がいる場合等の特別の場合を除き，主たる従事者に該当するとして証明すべきと考えている。

⑥ 上記⑤にかかわらず，本件法令・通達の規定からは，主たる従事者は，上記②の「農業と調和したまちづくり」に記載されているように解される。

⑦ 生産緑地の買取りの申出ができる時期についての法律の規定はない。

(2) 農業の主たる従事者についての証明事務及び相続税の納税猶予に関する適格者証明事務を担当しているA市＊＊農業委員会の事務局長の答述
① 農業委員会は，定期的な農家の実情調査は行っていないし，農家からの報告もないので，個々の農家の従事者の従事日数等は把握していない。
② 主たる従事者の証明願が提出されればその時点で必要な調査を行うが，生産緑地の所有者が死亡した場合には，農業への従事状況等を調査して何らかの形で農業に従事していると判断できれば，従事日数が少なくても主たる従事者であるとして証明している。
③ 平成12年4月28日付で本件農業委員会会長名で原処分庁に対し，「本件被相続人が農業の主たる従事者に該当」の回答（以下「本件回答」という）をしたことについては，以下のとおりである。
　(イ) 本件回答の根拠は，平成12年4月26日のA市＊＊農業委員会の第9回農地部会議事録に添附されている第5号議案「生産緑地に係る農業の主たる従事者に関する照会文書の回答について」に記載のとおりである。
　　　すなわち，主たる従事者証明願が出された場合との前提条件の下での回答である。
　(ロ) 本件回答には，非該当の場合にはその理由を記載する欄があったが，該当の場合にはその理由を記載する欄がなかったのでこのような回答になっている。
　(ハ) 本件回答の根拠には「同人は平成4年の生産緑地指定から死亡時まで農業の経営に参画していたと思われる」と記載しているが，これは平成11年3月1日付で納税猶予の適格者証明書を発行していることからこのような記載となっている。
④ 納税猶予の適用が受けられる場合の被相続人は，租税特別措置法70条の6第1項及び租税特別措置法施行令40条の7（農地等についての相続税の納税猶予等）1項は「死亡の日まで農業を営んでいた個人」と規定しているが，本件国税庁長官通達によりその取扱いが緩やかになっている。そのため，平成12年3月10日に原処分庁の調査担当職員の「納税猶予に適格証明が出るということは，本件被相続人が死亡の日まで農業を営んでいたといえるのではないか」との質問に，「確かにそうはいえる。多少の違いはあるが」と答えたところである。
⑤ 農業委員会で担当している主たる従事者についての証明事務は，当該証明願が提出されることが前提であり，当該証明願が提出されていない場合には正式な回答をする立場にはない。

(3) 請求人の答述
① 請求人は，平成元年に，本件被相続人の高齢，体力の低下とともに，請求人の農業意欲，経営意識を高めるため，本件被相続人から経営移譲を受け，その後は，請求人が中心となって農業経営を行ってきた。経営移譲のかなり前から，請求人は，農地の草取りや近くの団地内での農作物販売（以下「販売」という）を除くほとんどの作業をし，本件被相続人は，農業の軽作業程度，具体的には販売のために収穫物を洗ったり，袋詰めをし，たまに収穫をしていた。なお，農地の草取り・販売は，本件被相続人の妻乙が担当していた。

② 本件被相続人は，入院する3年ぐらい前まで，経営移譲前とほぼ同じ内容の農作業をしていたが，農業の従事量は徐々に減少していた。その後，夏，冬場の繁忙時に袋詰め等の出荷の手伝いをしていた。農業の従事状況を記載した作業日誌等がないので正確な従事日数は分からないが，平成7ないし8年当時で請求人の従事日数の1割程度であり，1日の従事時間は1時間から2時間程度であった。

③ 請求人は，肥料・種苗等の仕入れ，工具等の購入，また，これらの記帳，書類の保存・管理等，さらには，農作業の準備・段取りについても，経営移譲のかなり前から行っていた。

④ 本件被相続人は，たまに，肥料は足りているかというような口出し程度の話を65歳ぐらいまではしていたが，平成9年7月に風邪をこじらせて入院後は農業に従事しておらず，また，農作業についての指示もなかった。

❸ 法令等の解釈

(1) 評価通達40-3（生産緑地の評価）に定める買取りの申出をすることができる生産緑地とは，生産緑地法10条の規定により買取りの申出をすることができる生産緑地であるところ，同条の規定振りから，主たる従事者証明書の添付は手続的要件であって，同通達に定める買取りの申出ができる生産緑地であるか否かは，当該生産緑地に係る農業の主たる従事者が死亡した場合であるか否かで判断されるものであると解される。

(2) 生産緑地法10条に規定する農業の主たる従事者とは，死亡によって農業継続が困難となる事態が招来した場合，生産緑地が行為制限が付されているため，その譲渡性に欠けていることにかんがみて，市町村長に対し，時価での買取りの申出をすることができるものとして権利救済を図ることに同条の趣旨があるのであり，その趣旨に照らして，本件都市局長通達の「第5　生産緑地の買取りについて」の1の(1)のとおり「その者が従事できなくなったために生産緑地における農業経営が客観的に不可能となる場合における当該者」と解するのが相当と認められる。

❹ 当てはめ

(1) 主たる従事者の判断

本件被相続人が主たる従事者に該当するか否かについて検討すると，上記❸②のとおり，農業の主たる従事者とは，「その者が従事できなくなったために生産緑地における農業経営が客観的に不可能となる場合における当該者（生産緑地法施行規則2条の規定により，その者が65歳未満の場合はその従事日数の8割以上，65歳以上の場合はその従事日数の7割以上従事している者を含む）」であるところ，本件の場合，上記❶のとおり，下記に掲げる事項が認められることから，本件被相続人は主たる従事者には該当しない。

① 平成元年以降，中心となって農業に従事してきたのは請求人であって，同人が農業に従事できなくなった場合には，本件生産緑地における農業経営は客観的に不可能であると認められることから，請求人が主たる従事者に該当すること

② 審判所の調査の結果によれば，本件相続開始日における請求人の年齢は65歳未満であるところ，本件被相続人の農業の従事状況は，主たる従事者である請求人の従事日数の

8割未満であることは確実であると認められること
③ 本件生産緑地の所有者である本件被相続人の死亡により同人が農業に従事できなくなったために、当該生産緑地における農業経営が客観的に不可能となった場合とは認められないこと

(2) 請求人の主張について

　請求人は、A市長から平成12年1月31日付で「生産緑地の買取りの申出をする場合には、農業の主たる従事者の証明添附が必要になります」旨の回答を受けたことから、評価通達40－3の(2)に定める買取りの申出をすることができる生産緑地とは、農業委員会会長へ主たる従事者証明願を申請し、これに該当する旨の主たる従事者証明書の交付を受けた場合の生産緑地で、生産緑地の所有者の買取りの申出の意思が反映された生産緑地をいい、請求人は、主たる従事者証明願を本件農業委員会会長に対して申請していないのであるから、本件生産緑地は、同通達40－3の(1)に定める買取りの申出をすることができない生産緑地として評価すべきであると主張する。

　しかしながら、請求人が主張するA市の回答は、実際に買取りの申出をする場合の手続規定を説明したものであり、上記❸①のとおり、主たる従事者証明書の交付の有無が買取りの申出をすることができる生産緑地に該当するかどうかの判断基準となるものではないから、買取りの申出をしていないことをもって、買取りの申出をすることができない生産緑地であるということはできない。したがって、この点に関する請求人の主張には理由がない。

(3) 原処分庁の主張について

　原処分庁は、主たる従事者につき、「中心となって農業に従事している者で、その者が農業に従事できなくなったために、生産緑地における農業が客観的に不可能となる場合」と解した上で、下記に掲げる事項から、本件被相続人が主たる従事者に該当する旨主張する。
① 本件被相続人が本件生産緑地の所有者で耕作に携わっていること
② 本件被相続人が租税特別措置法70条の6第1項に規定する納税猶予の適格者であること
③ 本件農業委員会会長の回答結果（本件被相続人が農業の主たる従事者に該当）があること

　しかしながら、同主張は、図表－1の争点(2)に関する原処分庁（課税庁）の主張欄の②記載の申述に依拠するものであるところ、同申述は、上記❷(2)の答述を踏まえても、生産緑地法10条に規定する主たる従事者である「その者が従事できなくなったために生産緑地における農業経営が客観的に不可能となる場合における当該者（その者が65歳未満の場合はその従事日数の8割以上、65歳以上の場合はその従事日数の7割以上従事している者を含む）」を具体的に満たすものではないので、この点に関する原処分庁の主張は採用することができない。

❺ 本件生産緑地の相続税評価額

以上のとおり，本件相続開始日において，本件生産緑地に係る農業の主たる従事者は請求人であり，本件被相続人は主たる従事者に該当しないと認められ，請求人のその他の主張を判断するまでもなく，本件生産緑地の評価に当たっては，買取りの申出をすることができない生産緑地として，評価通達40－3の(1)の定めにより評価することが相当である。

　したがって，本件生産緑地の告示は上記❶❸のとおり，平成4年11月13日で，本件相続開始日において5年8か月が経過しており，評価通達40－3の(1)の定める割合は100分の30となるから，本件生産緑地の評価額は，請求人の主張額と同額の3億5,429万9,146円となる。

（注）　本件裁決事例における本件生産緑地の相続税評価額の算定については，請求人の主張する方法が全面的に支持されることになった。

　本件裁決事例のキーポイント

❶　生産緑地制度の概要

(1)　生産緑地法の改正

　生産緑地法の一部を改正する法律（平成3年法律第39号）が平成3年9月10日から施行されている。この改正は，下記に掲げる点に主眼が置かれたものである。

① 東京，大阪等の大都市地域の市街化区域内農地については，生産緑地地区等都市計画において，宅地化するものと保全するものとの区分の明確化を図ること

② 保全すべき農地については，市街化調整区域への逆線引きを行うほか，生産緑地地区制度を見直し，生産緑地地区の指定を行うことにより，都市計画上の位置付けの明確化を図ること

③ 生産緑地地区制度を見直すに当たって，指定要件を見直すほか，生産緑地地区に指定する農地については，転用制限の強化，転用する場合には地方公共団体が優先的に先買いできる制度の整備等の措置を講ずること

(2)　生産緑地地区の指定

　生産緑地法3条（生産緑地地区に関する都市計画）の規定では，都市計画法に規定する市街化区域内にある(A)農地等で，次に掲げる条件に該当する一団のものの区域については，都市計画に生産緑地地区を定めることができるものとされている。

① 公害又は災害の防止，農林漁業と調和した都市環境の保全等良好な(B)生活環境の確保に相当の効用があり，かつ，(C)公共施設等の敷地の用に供する土地として適しているものであること

② (D)500㎡以上の規模の区域であること

　　筆者注　平成29年の生産緑地法の改正により，上記の「500㎡以上の規模の区域」と規定されていた面積要件は，地方自治体が条例を制定することで，300㎡まで引き下げることが可能となった。

③ 用排水その他の状況を勘案して(E)農林漁業の継続が可能な条件を備えていると認めら

れるものであること

上記の解釈に当たっては，次の点に留意する必要がある。

(イ) 農地等の定義

　生産緑地地区に指定される農地等（上記(A)部分）とは，生産緑地法2条（定義）1項1号の規定では，「現に農業の用に供されている農地若しくは採草放牧地，現に林業の用に供されている森林又は現に漁業の用に供されている池沼（これに隣接し，かつ，これらと一体となって農林漁業の用に供されている農業用道路その他の土地を含む。）をいう」ものとされている。

(注)　「その他の土地」には，ビニールハウスや農機具の収納施設などの敷地の用に供されている土地が含まれるものと解される。

　また，生産緑地地区に指定される農地等に該当するか否かの判断に当たっては，併せて次の点にも留意することになる。

　　④　いわゆる休耕地（何らかの事情で，一時的に耕作されていない状態の土地であっても，耕作する心積りになればいつでも簡単に耕地として復旧できる状況にあるもの）であっても，生産緑地地区の対象となる「農地等」に該当する。

　　㊨　現況が農地等であっても，農地転用の届出が行われているものは，営農の意思がないものとみなされ，生産緑地に指定することはできない。

　　㊂　1筆の土地のうち，一部が耕作の用に供されているときは，その部分のみを農地として取り扱う。

(ロ)　「生活環境の確保」の意義

　生活環境の確保（上記(B)部分）とは，農林漁業が営まれていることにより，公害や災害を防止したり，都市の環境を守る役割を果たしていることをいうものとされている。

(ハ)　「公共施設等の敷地の用に供する土地として適している」の意義

　公共施設等の敷地の用に供する土地として適している（上記(C)部分）とは，現時点で公共施設等の予定地として位置が特定しているものだけに限定されるものでなく，将来，公園緑地等の公共施設に活用することが可能であればよいものと解されている。

(ニ)　「500㎡以上の規模の区域」の意義

　500㎡以上の規模の区域（上記(D)部分）とは，面積が一団で500㎡以上の農地等であることを意味するが，この面積は，他者の所有する農地等と合わせて500㎡以上である場合でも差し支えない。また，「一団」の判定に当たっては，次の点に留意する必要がある。

　　④　一団とは，物理的に一体的な地形的なまとまりを有している農地等の区域をいう。

　　㊨　道路，水路等（農業用道路，農業用水路等を除く）が農地等を分断している場合には，一団とみなされない。

　　㊂　道路，水路等（農業用道路，農業用水路等を除く）が農地等を分断している場合でも，これらの道路，水路等が幅員6m程度以下の小規模で，かつ，これらの道路，水路等及び農地等が物理的に一体性を有していると認められるものであれば，

一団の農地等として取り扱うことができる。
　　（注）　この場合，介在する道路，水路等は生産緑地地区の面積には含まれない。
　筆者注　平成29年の生産緑地法の改正により，上記の「500㎡以上の規模の区域」と規定されていた面積要件は，地方自治体が条例を制定することで，300㎡まで引き下げることが可能となった。

　(ホ)　「農林漁業の継続が可能な条件を備えていると認められる」の意義
　　農林漁業の継続が可能な条件を備えていると認められる（上記(E)部分）とは，営農の継続に必要な水路等があるなど，客観的にみて農林漁業の継続が可能であることをいうものと解されている。

(3)　**生産緑地地区内における行為制限**

　生産緑地法8条（生産緑地地区内における行為の制限）1項の規定では，次の①から③に掲げる行為は市町村長の許可を受けなければ，原則として，行うことができないものとされている。
① 　建築物その他の工作物の新築，改築又は増築
② 　宅地の造成，土石の採取その他の土地の形質の変更
③ 　水面の埋立て又は干拓

　そして，同条2項において，市町村長は，上記の許可の申請があった場合には，次に掲げる施設で当該生産緑地において農林漁業を営むために必要とされるものの設置又は管理に係る行為で生活環境の悪化をもたらすおそれがないと認めるものに限り，許可をすることができる旨が規定されている。

　(イ)　農産物，林産物又は水産物の生産又は集荷の用に供する施設
　　（例）　ビニールハウス，温室，畜舎，集果施設等
　(ロ)　農林漁業の生産資材の貯蔵又は保管の用に供する施設
　　（例）　サイロ，種苗貯蔵施設，農機具等の収納施設等
　(ハ)　農産物，林産物又は水産物の処理又は貯蔵に必要な共同施設
　　（例）　選果場，ライスセンター等
　(ニ)　農林漁業に従事する者の休憩施設
　　（例）　休憩所，あずまや等
　(ホ)　市民農園のための講習施設，管理施設
　　（例）　市民農園利用者を対象とした講習室，植物展示室，教材園等，市民農園のための管理事務所，管理人詰所，管理用具置き場，ごみ置き場，駐車場等

　そうすると，市街化区域内にある農地等が生産緑地に指定されると，農地等以外への利用（例えば，宅地への転用）は原則的にはできないこととなり，市街化区域内に存する農地等であっても相当の利用制限を受けることになる。

(4)　**生産緑地の買取りの申出制度**

　生産緑地法10条（生産緑地の買取りの申出）の規定では，生産緑地の所有者は，次に掲げる①から③のいずれかの事由が生じた場合には，市町村長に対し，一定の様式の書面（生

産緑地買取申出書）をもって，当該生産緑地を時価で買い取るべき旨を申し出ることができるとされている。
① 当該生産緑地に係る生産緑地地区に関する都市計画についての都市計画法20条（都市計画の告示等）1項（同法21条（都市計画の変更）2項において準用する場合を含む）の規定による告示の日から起算して30年を経過したとき
② 上記①の告示後に当該生産緑地に係る^(A)農林漁業の主たる従事者（当該生産緑地に係る農林漁業の業務に，当該業務につき^(B)一定の割合以上従事している者を含む。下記③において同じ）が死亡したとき
③ 上記①の告示後に当該生産緑地に係る^(A)農林漁業の主たる従事者が^(C)農林漁業に従事することを不可能にさせる故障として一定のものを有するに至ったとき
なお，上記の解釈に当たっては，次の点に留意する必要がある。
(イ) 「農林漁業の主たる従事者」の意義
　農林漁業の主たる従事者（上記(A)の部分）とは，中心となって農林漁業に従事している者で，その者が農林漁業に従事できなくなったため，当該生産緑地における農林漁業経営が客観的に不可能となる場合における当該者をいうものとされている。なお，当該者の判定に当たっては，専業従事者であるか兼業従事者であるか，世帯主であるか否かの別は問われないものと解されている。
(ロ) 「一定の割合以上従事している者」の意義
　生産緑地法施行規則2条（国土交通省令で定めるところにより算定した割合）の規定では，生産緑地法10条の規定による生産緑地の買取りの申出があった日における主たる従事者の下記に掲げる年齢の区分に応じて，それぞれに掲げる割合以上従事している者（一定の割合以上従事している者，上記(B)部分）も，「農林漁業の主たる従事者」に含まれるものとされている。
　　④ 主たる従事者の年齢が65歳未満である場合
　　　当該者が生産緑地に係る農林漁業の業務に1年間に従事した日数の8割
　　⑤ 主たる従事者の年齢が65歳以上である場合
　　　当該者が生産緑地に係る農林漁業の業務に1年間に従事した日数の7割
　したがって，事案によっては，「農林漁業の主たる従事者」が2名以上となる場合もあることに留意する必要がある。
(ハ) 「農林漁業に従事することを不可能にさせる故障として一定のもの」の意義
　生産緑地法施行規則4条（農林漁業に従事することを不可能にさせる故障）の規定では，生産緑地法10条に規定する農林漁業に従事することを不可能にさせる故障として一定のもの（上記(C)部分）を次に掲げるとおり，示している（限定列挙）。
　　④ 次に掲げる障害により農林漁業に従事することができなくなる故障として市町村長が認定したもの
　　　(A) 両眼の失明
　　　(B) 精神の著しい障害

(C) 神経系統の機能の著しい障害
(D) 胸腹部臓器の機能の著しい障害
(E) 上肢若しくは下肢の全部若しくは一部の喪失又はその機能の著しい障害
(F) 両手の手指若しくは両足の足指の全部若しくは一部の喪失又はその機能の著しい障害

図表－2　生産緑地買取申出書

生産緑地買取申出書

年　月　日

　　　　　　殿

申出をする者	住　所	
	氏　名	印

生産緑地法第10条の規定に基づき，下記により，生産緑地の買取りを申し出ます。

記

1　買取り申出の理由
2　生産緑地に関する事項

所在及び地番	地　目	地　積	当該生産緑地に存する所有権以外の権利		
			種　類	内　容	当該権利を有する者の氏名及び住所
		㎡			

3　参考事項
(1)　当該生産緑地に存する建築物その他の工作物に関する事項

所在及び地番	用　途	構造の概要	延べ面積	当該工作物の所有者の氏名及び住所	当該工作物に存する所有権以外の権利		
					種　類	内　容	当該権利を有する者の氏名及び住所
			㎡				

(2)　買取り希望価額
(3)　その他参考となるべき事項

備考
1　「買取りの申出の理由」については，生産緑地の指定の告示の日から起算して30年を経過した旨又は当該生産緑地に係る農林漁業の主たる従事者（当該生産緑地に係る農林漁業の業務に，当該業務につき生産緑地法施行規則第2条の規定により算定した割合以上従事している者を含む。）が死亡し，若しくは農林漁業に従事することを不可能にさせる故障を有するに至った旨を明らかにすること。
　なお，生産緑地に係る農業の主たる従事者（当該生産緑地に係る農業の業務に，当該業務につき同令第2条の規定により算定した割合以上従事している者を含む。以下同じ。）については，当該生産緑地（農地又は採草放牧地に限る。）の所在地を管轄する農業委員会によるその者が主たる従事者に該当することについての証明書を添付し，農林漁業に従事することを不可能にさせる故障については，医師の診断書その他同令第4条に掲げる障害又は事由に該当することを証明する書類を添付すること。
2　「生産緑地に関する事項」については，買取申出に係る生産緑地が土地区画整理法第98条第1項（大都市地域における住宅及び住宅地の供給の促進に関する特別措置法第83条において準用する場合を含む。）の規定により仮換地として指定された土地にあっては，「所在及び地番」，「地目」及び「地積」の欄には，当該生産緑地に対応する従前の土地の所在及び地番，地目並びに地積と併せて仮換地として指定された土地の所在及び地番，地目並びに地積をかっこ書で記載し，「当該生産緑地に存する所有権以外の権利」の欄には，当該生産緑地に対応する従前の土地に存する所有権以外の権利を記載すること。
3　「地目」の欄には，田，畑等の区分により，その現況を記載すること。
4　「地積」の欄には，土地登記簿に登記された地積を記載すること。実測地積が知れているときは，当該実測地積を「地積」の欄にかっこ書で記載すること。
5　「内容」の欄には，存続期間，地代等当該権利の内容をできる限り詳細に記載すること。
6　申出をする者，生産緑地に存する所有権以外の権利を有する者又は当該生産緑地に存する建築物その他の工作物に関し所有権若しくは所有権以外の権利を有する者が法人である場合においては，氏名は，その法人の名称及び代表者の氏名を記載すること。

(G) (A)から(F)までに掲げる障害に準ずる障害
ロ　１年以上の期間を要する入院その他の事由により農林漁業に従事することができなくなる故障として市町村長が認定したもの

(ニ)　「時価」の意義

生産緑地法10条に規定する生産緑地の市町村長に対する買取りの申出は，時価により行うものとされている。

この場合における「時価」とは，不動産鑑定士，官公署等の公正な鑑定評価を経た近傍類地の取引価額等や公示価格を考慮して算定することとなる。また，この買取りは生産緑地の所有者に対する権利救済として措置されている趣旨からすると，制限が付加された土地としての価額ではなく，市街化区域内に存する農地としての評価（宅地見込地としての評価）によることが相当と考えられる。

(ホ)　生産緑地買取申出書

生産緑地法10条に規定する生産緑地の市町村長に対する買取りの申出は，一定の様式の書面をもって行うものとされているが，この書面（生産緑地買取申出書）の様式は，生産緑地法施行規則５条（買取申出書の様式）として規定されている。この様式を示すと図表－２のとおりとなる。

なお，上記により買取りの申出を行った生産緑地については，買取りの申出の日から起算して３か月以内にその生産緑地の所有権が移転しない場合には，生産緑地法14条（生産緑地地区内における行為の制限の解除）の規定により，生産緑地法に基づく生産緑地に係る行為の制限は解除され，宅地への転用等が可能となる。

❷　生産緑地の評価方法

評価通達40－３（生産緑地の評価）の定めでは，生産緑地の価額は，評価対象地である生産緑地について下記に掲げる区分に応じて，それぞれに掲げる方法により評価するものとされている。

(1)　下記(2)に掲げる生産緑地以外の生産緑地

その生産緑地が生産緑地でないものとして評価した価額から，その価額に図表－３に掲げる生産緑地の別にそれぞれに掲げる割合を乗じて計算した金額を控除した金額によって評価するものとされている。

図表－３の取扱いを算式に示すと，次のとおりとなる。

＜算　式＞

評価対象地である生産緑地が生産緑地でないものとした場合の価額（Ⓐ） － Ⓐ × 課税時期における市町村長に対する買取り可能性の別に定められた図表－３に掲げる減額割合

$$= 評価対象地である生産緑地が生産緑地でないものとした場合の価額 \times \left(1 - 課税時期における市町村長に対する買取り可能性の別に定められた図表－３に掲げる減額割合\right)$$

参考　図表－３に掲げる生産緑地の区分とその減額割合との関係については，次のよう

図表－3　生産緑地の区分と減額割合

区　　　　分	減　額　割　合		備　　　　考
課税時期において市町村長に対し買取りの申出をすることができない生産緑地	課税時期から買取りの申出をすることができることとなる日までの期間	割合	・評価通達40－3の(1)に定める部分 ・本件裁決事例において請求人（納税者）の主張する評価方法
	5年以下のもの	100分の10	
	5年を超え10年以下のもの	100分の15	
	10年を超え15年以下のもの	100分の20	
	15年を超え20年以下のもの	100分の25	
	20年を超え25年以下のもの	100分の30	
	25年を超え30年以下のもの	100分の35	
課税時期において市町村長に対し買取りの申出が行われていた生産緑地又は買取りの申出をすることができる生産緑地	100分の5		・評価通達40－3の(2)に定める部分 ・本件裁決事例において原処分庁（課税庁）の主張する評価方法

な考え方が基礎とされている。

① 生産緑地に指定されても，指定後一定期間を経過すれば，利用制限がないものとした時価（上記❶(4)(ニ)を参照）で当該生産緑地を市町村長に買い取ってもらう旨の申出ができることから，当該買取りの申出が可能となる期間に係る減価割合を最大30％（買取可能とされるまでの年数が25年を超え30年以下である場合）とした。

② 市町村長に生産緑地の買取り申出を行って買い取ってもらう場合でも，一定の手続やある程度の期間を要するなど，一般の土地と比べればそれなりの手数を要することになるので，その点を評価に反映させるものとして，上記①とは別に5％の減価割合を設けるものとした。

③ 上記①及び②より，生産緑地に係る減価割合は，「買取り申出が可能となる期間の長短に係る減価割合（上記①）＋買取りに係る手続等一定の手数に配慮した減価割合（上記②）」の二つの構成要素からなるものとした。

(2) 課税時期において生産緑地法10条（生産緑地の買取りの申出）の規定により市町村長に対し生産緑地を時価で買い取るべき旨の申出を行った日から起算して3月（生産緑地法の一部を改正する法律（平成3年法律39号）附則2条（生産緑地に関する経過措置）3項の規定の適用を受ける同項に規定する旧第二種生産緑地地区にある旧生産緑地（旧第二種生産緑地）にあっては1月）を経過しているもの

その生産緑地が生産緑地でないものとした場合の価額により評価する（生産緑地としての評価減額の適用はない）。

上記のような取扱いが設けられたのは，生産緑地法に規定する行為制限が解除されている生産緑地は，一般の市街地農地等と同様にその使用収益に何らの制限も受けないことになることから，生産緑地であることについての評価上のしんしゃくは一切不要であることによるものと考えられる。

❸ 生産緑地の評価上の留意点

(1) 「その生産緑地が生産緑地でないものとして評価した価額」の算定方法

上記❷に掲げる生産緑地の評価においては，「その生産緑地が生産緑地でないものとして評価した価額」を算定することが重要となる。具体的には，次に掲げるとおりとなる。

① その生産緑地が宅地比準方式により評価すべき地域に存する場合

通常の宅地比準の方法により，下記算式によって評価した価額による。

＜算　式＞

$\left(\begin{array}{l}\text{その農地が宅地であるとした場合の}\\\text{1 m}^2\text{当たりの価額}\end{array} - \text{1 m}^2\text{当たりの造成費}\right) \times \text{地積}$

② その生産緑地が倍率方式により評価すべき地域に存する場合

評価対象地である生産緑地の近傍類似の生産緑地でない土地の評価額を算出し，その価額を基として評価対象地である生産緑地との較差条件を宅地比準方式に準じて計算することになる。この取扱いを算式で示すと次のとおりとなる。

＜算　式＞

$\left(\begin{array}{l}\text{近傍類似土地1 m}^2\text{当たりの}\\\text{固定資産税評価額}^{(注1)}\end{array} \times \text{宅地の評価倍率}\right.$

$\left. \times \begin{array}{l}\text{評価対象地と近傍類似土地との位置，}\\\text{形状等の物理的な条件の格差}^{(注2)}\end{array} - \text{1 m}^2\text{当たりの造成費}\right) \times \text{地積}$

（注1）　評価対象地である生産緑地は都市計画法に規定する市街化区域内に存することから，近傍類似土地の地目は「宅地」とされることが一般的であると考えられる。

（注2）　評価対象地である生産緑地が倍率地域に存する場合には，当該倍率地域には地区区分の定めは設けられていないものの，当該評価対象地である生産緑地が路線価地域の普通住宅地区にあるものとした場合の各種の画地調整率（奥行価格補正率等）を参考に計算することも一つの対応方法であると考えられる。

上記のような取扱いが定められたのは，生産緑地（例 農地の場合）の指定を受けると，当該農地の固定資産税評価額は宅地並みの評価額から純農地並みの評価額へ相当の減額改訂が行われることとなり，評価対象地（生産緑地）の固定資産税評価額（純農地並みの評価額）に農地（田又は畑）の評価倍率を乗じても，当該評価対象地である生産緑地について，「生産緑地でないものとして評価した価額」を適正に算定することが困難であることによる。

なお，上記①及び②による取扱い（「その生産緑地が生産緑地でないものとして評価した価額」の算定上の留意点）は，上記❷の(1)又は(2)の区分（課税時期における生産緑地の買取りの申出の区分別に応ずる生産緑地の評価態様）にかかわらず，同一とされることに留意する。

(2)　農地（田・畑）以外の土地に対する生産緑地の評価適用

上記❶(2)③(イ)に掲げるとおり，生産緑地法2条（定義）1項1号において農地の定義を「現に農業の用に供されている農地若しくは採草放牧地，(A)現に林業の用に供されている森林又は(B)現に漁業の用に供されている池沼（これらに隣接し，かつ，これらと一体となって農林漁業の用に供されている農業用道路その他の土地を含む。）をいう」としている。

したがって，上記❷に掲げる生産緑地の評価方法は，生産緑地として指定されているのであれば，評価通達上の評価地目が農地のみならず，山林（上記(A)部分）や池沼（上記(B)部分）である場合についてもその適用がなされることに留意する。

❹ 「買取りの申出が可能な生産緑地」・「主たる従事者」の実務上の判定

(1) 生産緑地法10条の規定

上記❶(4)に掲げるとおり，生産緑地法10条（生産緑地の買取りの申出）において，生産緑地の所有者は，当該生産緑地に係る農林漁業の主たる従事者（<u>当該生産緑地に係る農林漁業の業務に，当該業務につき一定の割合以上従事している者を含む</u>）が死亡したときは，市町村長に対し，書面をもって，当該生産緑地を時価で買い取るべき旨を申し出ることができる旨を規定している。

また，上記＿＿部分に掲げる一定の割合についても，生産緑地法施行規則2条（国土交通省令で定めるところにより算定した割合）において，生産緑地法10条の規定による生産緑地の買取りの申出があった日において判定した主たる従事者の年齢の別に応じて区分された下記に掲げる割合である旨が規定されている。

① 主たる従事者の年齢が65歳未満である場合

　当該者が生産緑地に係る農林漁業の業務に1年間従事した日数の8割

② 主たる従事者の年齢が65歳以上である場合

　当該者が生産緑地に係る農林漁業の業務に1年間従事した日数の7割

　（注）本件都市局長通達（上記Ⅳ❷(1)①を参照）の「第5　生産緑地の買取りについて」の1の(1)においても，「農林漁業の主たる従事者」に係る上記＿＿部分に掲げる一定の割合について，上記①又は②に掲げる区分に応ずる割合によって判断する旨の定めが設けられている。

(2) 主たる従事者証明書の交付の有無と買取申出可能な生産緑地の関係

本件裁決事例において，請求人は，買取りの申出が可能な生産緑地とは図表－4に掲げる手続を経たものをいい，この手続を経ることによって生産緑地の所有者の買取りの申出の意思が反映されることとなり，そして，その手続として必要な「主たる従事者証明書」の交付を農業委員会に対して申請していないことから，買取りの申出をする意思がなく，買取りの申出ができない生産緑地として評価すべき旨を主張している。

これに対して，国税不服審判所の判断では，生産緑地の買取りの申出に必要な主たる従事者証明書の添付は単なる手続的要件（当該適用を受けようとする場合には，当該手続を採ることが必要とされること）であり，当該手続を採らなかったことをもって，直ちに当該適用を受けるための実体的要件を充足していないことまでをも表明するものではないとし，評価通達に定める買取りの申出ができる生産緑地であるか否かは，当該生産緑地に係る農業の主たる従事者が死亡したか否かで判断する旨を明示している。

(3) 相続税の納税猶予を受けることと被相続人が農業の主たる従事者に該当するかの関係

本件裁決事例において，原処分庁は，請求人が本件被相続人に係る相続開始後にA市長から相続税の納税猶予の特例の適用を受けるために必要な「納税猶予の特例適用の農地

図表－4　生産緑地の買取り申出（生産緑地に係る農林漁業の主たる従事者の死亡の場合）の手続

第1段階	生産緑地の買取り事由（生産緑地に係る農林漁業の主たる従事者の死亡）の発生
第2段階	農業委員会会長へ当該生産緑地に係る「主たる従事者証明願」を申請
第3段階	農業委員会会長から主たる従事者に該当する旨が記載された「主たる従事者証明書」を受領
第4段階	「生産緑地買取申出書」（図表－2を参照）に第3段階で交付を受けた「主たる従事者証明書」を添付して，当該生産緑地所在地の市町村長に対して生産緑地の買取りを申出

等当該証明書」の交付を受けたことから，本件被相続人は，租税特別措置法70条の6（農地等についての相続税の納税猶予等）1項に規定する「死亡の日まで農業を営んでいた個人」に該当し，納税猶予の適格者であることから本件相続開始日において農業の主たる従事者に該当し，当該者が死亡したのであるから本件生産緑地は買取りの申出が可能な生産緑地として評価すべき旨を主張している。

これに対して，国税不服審判所の判断では，農業の主たる従事者の判断に当たって，生産緑地法10条に規定する主たる従事者の概念である「その者が従事できなくなったために生産緑地における農業経営が客観的に不可能となる場合における当該者（その者が65歳未満の場合はその従事日数の8割以上，65歳以上の場合はその従事日数の7割以上従事している者を含む）」によるものであることを明確にしている。

したがって，本件生産緑地の所有者である本件被相続人が租税特別措置法に規定する農地等についての相続税の納税猶予等の特例の適用対象とされる「死亡の日まで農業を営んでいた個人」に該当することと生産緑地の買取りの申出が可能とされる「主たる従事者の死亡」との間には，直ちに，両者が対等なイコールの関係になるわけではない。なお，両者の関係を理解するに当たって，前掲図表－1の争点(2)において請求人（納税者）の主張欄の②に掲げるとおり，本件国税庁長官通達46（被相続人が死亡の日まで農業を営んでいない場合の取扱い）（現行においては，措置法通達70の6－6（被相続人が死亡の日まで農業を営んでいない場合の取扱い）とされている。下記 参考資料 を参照))の定めを理解することが重要となる。

参考資料　措置法通達70の6－6（被相続人が死亡の日まで農業を営んでいない場合の取扱い）

措置法第70条の6第1項に規定する「農業を営んでいた個人として政令で定める者」とは，措置法令第40条の7第1項に規定する者をいうのであるが，同項第1号に規定する「その生前において有していた法第70条の6第1項に規定する農地及び採草放牧地につきその死亡の日まで農業を営んでいた個人」には，被相続人が，死亡の日まで農業を営んでいなかった場合においても既往において相当の期間農業を営んでおり，かつ，次の(1)又は(2)に

掲げる事実があるときは，当該死亡の日前に，当該被相続人の親族に農業経営が移譲されている場合において，当該被相続人が所有する農地のうちに，利用意向調査に係る農地で農地法第36条第1項各号に該当するときにおける当該農地について措置法第70条の6第1項の規定の適用を受けようとする場合を除き，当該被相続人もこれに含まれるものとして取り扱う。

(1) 被相続人が老齢又は病弱のため，生前において，その者と住居及び生計を一にする親族並びにその者が行っていた耕作又は養畜の事業に従事していたその他の二親等内の親族に農業経営を移譲していたこと。

(注) 被相続人とその親族が住居又は生計を一にしない場合であっても，その住居又は生計を一にしない理由が農地法第2条第2項に掲げる事由に該当するときには，当該事由に基づき住居又は生計を一にしない期間は，なお，住居又は生計を一にしているものとして取り扱うものとする。

(2) 被相続人が独立行政法人農業者年金基金法第18条第2号に規定する特例付加年金又は同法附則第6条第3項の規定によりなおその効力を有するものとされる農業者年金基金法の一部を改正する法律附則第8条第1項に規定する経営移譲年金の支給を受けるため，相続開始の日前に，その者の親族に農業経営を移譲していたこと。

(4) A市の担当者の答述等について

本件裁決事例において，原処分庁は，下記に掲げるA市の担当者の答述及び本件農業委員会会長からの照会回答（本件回答）を基に，本件被相続人が生産緑地法10条に規定する本件生産緑地に係る主たる従事者に該当する旨を主張している。

① A市の担当者の答述

(イ) 生産緑地の所有者が死亡した場合においては，当該所有者が何らかの形で耕作に携わっていれば農業の主たる従事者に該当するから，小作人がいる場合以外は農業の主たる従事者の証明が可能である。

(ロ) 納税猶予の適格者証明書の発行をもって，一般的には，生産緑地の所有者である被相続人が，死亡の日まで農業を営んでいたということはいえる。

② 本件農業委員会会長からの照会回答（本件回答）

原処分庁が，平成12年4月6日付で，本件農業委員会会長へ本件被相続人が本件相続開始日において生産緑地法10条に規定する農業の主たる従事者に該当するか否かについて照会をしたところ，同会長から，本件被相続人は，農業の主たる従事者に該当する旨の回答がされた。

しかしながら，上記①及び②に掲げる答述及び照会回答（本件回答）は，いずれも上記 **Ⅳ❷**(1)から(3)に掲げるとおり，「主たる従事者証明書」及び「相続税の納税猶予に関する適格者証明書」の発行事務に関する実務現場における運用基準又は形式的な一般論を基礎前提に述べているにとどまる感が強い（下記参照）。

(イ) 生産緑地制度の普及促進を図るために，実務現場においては本来の理論的な取扱い

とは異なるところで主たる従事者の判定が行われている旨のA市の担当者の答述（上記Ⅳ❷⑴⑤及び⑥）が認められること
  (ロ) 農業委員会では，定期的な実情調査等を行っていないので，個々の農家の従事者の従事日数等は把握していない旨の農業委員会の事務局長の答述（上記Ⅳ❷⑵①）が認められること
  (ハ) 農業委員会会長名で原処分庁に提出された照会回答（本件回答）には，下記に掲げる事項が認められる（上記Ⅳ❷⑵③）こと
    ④ 本件回答は，主たる従事者証明願が出された場合との前提条件の下での回答である（筆者注 本件裁決事例の事案においては，農業委員会会長へ本件生産緑地に係る「主たる従事者証明願」の提出は行われておらず，前提条件が成立していないことになる）。
    ㊥ 「相続税の納税猶予に関する適格者証明書」が発行されていることから，本件回答の根拠に「本件被相続人は平成4年の生産緑地指定から死亡時まで農業の経営に参画していたと思われる」との記載となっている（筆者注 本件被相続人は，平成9年7月以後，相続開始時（平成10年）まで一切，農業に従事していないことが認実事実となっており，本件回答の記載は明らかに誤認であると考えられる）。

国税不服審判所の判断では，上記(3)に掲げるとおり，農業の主たる従事者の判定に当たっては，生産緑地法10条に規定する主たる従事者の概念（上記(3)の＿＿部分を参照）によるべきであるとし，本件裁決事例の事案においては，農業の主たる従事者は本件被相続人ではなく，請求人であるとの実質判断をしている。

本件裁決事例は，生産緑地に係る農業の主たる従事者の判定に当たって評価対象地の市町村長又は農業委員会の担当者等に確認又は必要事項の聴取を行う場合には，その回答に係る根拠，前提条件等を十分に確認しておく必要があることを示唆する重要な事例の位置付けにあるものと考えられる。

(5) **農業所得の申告者名義と農業の主たる従事者の判定の関係**

本件裁決事例では，原処分庁（課税庁）は，前掲図表−1の争点(2)において原処分庁（課税庁）の主張欄の②ロに掲げるとおり，「農業の主たる従事者とは，生産緑地に係る農業経営に欠くことのできない所有権又は経営権を有する者，農業経営の中で主要な働き手である者，又は小作人で主要な働き手である者であり，その判定は農業所得の申告の有無等に関係がなく実質で判定することになる」との主張をしており，農業所得の申告者名義と農業の主たる従事者の判定結果とが必ずしも一致するものではない事例があることを示唆したものであり，注目されるものである。

また，所得税法上における農業所得の申告者名義は所得税法12条（実質所得者課税の原則）の規定（資産又は事業から生ずる収益の法律上帰属するとみられる者が単なる名義人であって，その収益を享受せず，その者以外の者がその収益を享受する場合には，その収益は，これを享受する者に帰属するものとして，この法律の規定を適用する）とされているが，その具体的な判定として，生計を一にする親子間での農業の事業主の判断基準とし

て，下記に掲げる所得税基本通達12－4（親子間における農業の事業主の判定）が参考となる。

参考資料 所得税基本通達12－4（親子間における農業の事業主の判定）

> 生計を一にしている親子間における農業の事業主がだれであるかの判定をする場合には，両者の年齢，農耕能力，耕地の所有権の所在等を総合勘案して，その農業の経営方針の決定につき支配的影響力を有すると認められる者が当該農業の事業主に該当するものと推定する。この場合において，当該支配的影響力を有すると認められる者がだれであるかが明らかでないときには，次に掲げる場合に該当する場合はそれぞれ次に掲げる者が事業主に該当するものと推定し，その他の場合は生計を主宰している者が事業主に該当するものと推定する。
>
> (1) 親と子が共に農耕に従事している場合　当該従事している農業の事業主は，親。ただし，子が相当の年齢に達し，生計を主宰するに至ったと認められるときは，子
>
> (2) 生計を主宰している親が会社，官公庁等に勤務するなど他に主たる職業を有し，子が主として農耕に従事している場合　当該従事している農業の事業主は，子。ただし，子が若年であるとき，又は親が本務の傍ら農耕に従事しているなど親を事業主とみることを相当とする事情があると認められるときは，親
>
> (3) 生計を主宰している子が会社，官公庁等に勤務するなど他に主たる職業を有し，親が主として農耕に従事している場合　当該従事している農業の事業主は，12－3のただし書に準じて判定した者

なお，本件裁決事例では，上記に掲げる所得税基本通達を基に判断すると，本件生産緑地における農業所得の申告者名義は，本件被相続人ではなく，請求人（長男X）名義で行われるべきものであると考えられる。

(6) この裁決事例から学ぶ実務上の取扱い

① 主たる従事者の判定（実質基準と形式基準）

生産緑地に係る「農林漁業の主たる従事者」の判定に当たっては，生産緑地に係る各種の証明書の発行状況，生産緑地所在地の市町村の担当者等の答述のみに依拠して判断されるものではなく，次に掲げる実質基準及び形式基準の双方の観点から総合的に判断されることが重要であると理解される。

(イ) 実質基準

その者が従事できなくなったために生産緑地における農業経営が客観的に不可能となる場合における当該者が「農林漁業の主たる従事者」に該当する。

(ロ) 形式基準

上記(イ)に掲げる者の年齢が65歳未満である場合には当該者が生産緑地に係る農林漁業の業務に1年間従事した日数の8割以上，65歳以上である場合には当該者が生産緑地に係る農林漁業の業務に1年間従事した日数の7割以上従事している者も「農林漁業の主

●図表－5　「業務従事日誌」のモデル

たる従事者」に該当する。

② 納税義務者側における「農林漁業の主たる従事者」の立証挙証資料

生産緑地に係る「農林漁業の主たる従事者」の判定に当たっては，上記①に掲げる基準に拠るところが大であることが理解されるが，特定の者の農林漁業の従事状況を課税庁はもちろんのこと，生産緑地に係る市町村長の担当者や農業委員会等でもこれを具体的に掌握している事実はない。

そうすると，納税義務者側において特定の者の農林漁業の従事状況を証明することが将来における有利な取扱いを受けるために必要になると考えられる場合には，図表－5に掲げるような「業務従事日誌」を作成しておくことも重要になると考えられる。

Ⅵ　参考事項等

❶　参考法令通達等

・評価通達40－3（生産緑地の評価）
・租税特別措置法70条の6（農地等についての相続税の納税猶予等）
・租税特別措置法施行令40条の7（農地等についての相続税の納税猶予等）
・農地等に係る贈与税及び相続税の納税猶予の適用に関する取扱いについて（昭和50年11月4日付直資2－224ほか　国税庁長官通達）46（被相続人が死亡の日まで農業を営んでいない場合の取扱い）
・措置法通達70の6－6（被相続人が死亡の日まで農業を営んでいない場合の取扱い）
・所得税基本通達12－4（親子間における農業の事業主の判定）

- 生産緑地法2条（定義）
- 生産緑地法8条（生産緑地地区内における行為の制限）
- 生産緑地法10条（生産緑地の買取り申出）
- 生産緑地法14条（生産緑地地区内における行為の制限の解除）
- 生産緑地法の一部を改正する法律附則2条（生産緑地に関する経過措置）
- 生産緑地法施行規則2条（国土交通省令で定めるところにより算定した割合）
- 生産緑地法施行規則5条（買取申出書の様式）
- 生産緑地の一部改正について（平成3年9月10日付建設省都公緑発第77号各都道府県知事，各指定都市の長あて建設省都市局長通達）
- 生産緑地法における農業従事者の証明事務について（平成4年8月14日付全国農業委員会都市農政対策協議会作成）
- 農業と調和したまちづくり（改正された生産緑地地区制度と農地税制の要点）（平成3年10月）
- 生産緑地に係る農業の主たる従事者についての証明願
- 生産緑地に係る農業の主たる従事者についての証明書
- 生産緑地買取申出書
- 相続税の納税猶予に関する適格者証明願
- 『生産緑地法の解説と運用』（平成4年2月20日，ぎょうせい）
- 都市計画法20条（都市計画の告示等）
- 都市計画法21条（都市計画の変更）

❷ 類似判例・裁決事例の確認

(1) 生産緑地に係る主たる従事者の認定がポイントとなり課税時期において買取り申出が可能とされる生産緑地に該当するか否かが争点とされた裁決事例

① 平15.3.29裁決，名裁（諸）平15－63

　請求人は，下記に掲げる事項から，本件生産緑地は，評価通達40－3（生産緑地の評価）の(1)で定める買取り申出ができない生産緑地として評価すべきである旨主張する。

　(イ) 本件生産緑地については，本件課税時期において農業委員会から生産緑地に係る主たる従事者の証明書の交付を受けていないこと

　(ロ) 生産緑地法10条の規定は買取り申出ができるとした選択規定であって，本件課税時期においてその選択をしていないこと

　(ハ) 主たる従事者の認定は，農業委員会が行うものであり課税庁が行うことは違法であること

　確かに，生産緑地買取申出書には，農業委員会による主たる従事者の証明書等を添付すべきことが記載されているが，これは買取り申出をする場合の手続を定めたものにすぎない。また，評価通達40－3は買取り申出の有無及びその手続規定に触れてない上，課税時期に買取り申出の手続が行われていない場合でも，客観的に生産緑地に係る主たる従事者が死亡している事実が認められれば，時価による買取り申出をすることができ，生産緑地

として告示の日から30年の経過を待たずに行為制限を解除することが可能であることからすると，かかる場合にも最大100分の35の割合に相当する額を控除して評価するというのは，評価通達40－3が定められた趣旨に照らして相当ではない。

そうすると，生産緑地の買取り申出をすることができるかどうかは，その手続を行ったかどうかで判断するのではなく，買取り申出をすることができる状態にあるか否かで判断すべきものであると解すべきである。

また，相続税の課税のため評価通達40－3を適用する場合には，被相続人が主たる従事者であるか否かの判断は，課税庁がその職責の範囲において判断しなければならないと解するのが相当である。

② 平9.2.17裁決，名裁（諸）平8－37

請求人は，相続で取得した生産緑地である本件土地の価額は，被相続人が市町村長に対し買取りの申出をしておらず，また，市町村長に対し買取りの申出をする手続中に死亡したものであることから，評価通達40－3（生産緑地の評価）の(1)の定めにより，課税時期において市町村長に対して買取りの申出をすることができない生産緑地に該当し，生産緑地でないものとして評価した価額から，その価額に100分の35の割合を乗じて計算した金額を控除した価額である旨主張する。

しかしながら，本件土地は，請求人が生産緑地法10条の規定により市町村長に対し買取りの申出をすることができる生産緑地に当たるから，評価通達40－3の(2)に定める課税時期において市町村長に対して買取りの申出をすることができる生産緑地に該当し，本件土地の価額は，生産緑地でないものとして評価した価額から，その価額に100分の5の割合を乗じて計算した金額を控除した価額とするのが相当である。

③ 平24.1.27裁決，東裁（諸）平23－117

請求人は，本件被相続人は農作業に従事しておらず，経営にも関わっていなかったから，主たる従事者に該当せず，本件生産緑地は本件被相続人の死亡を原因として直ちに市町村長に対し買取りの申出をすることができる土地になったとはいえないとして，評価通達40－3（生産緑地の評価）の(1)により35％の減額をして評価すべきである旨主張する。

しかしながら，原処分関係資料，請求人提出資料を精査しても，本件被相続人が本件生産緑地に係る農業の主たる従事者に該当しないとは直ちに認められない。また，請求人が，更正処分前に農業委員会会長に対し，本件被相続人の死亡を買取り申出事由として「生産緑地に係る主たる従事者についての証明願」を申請し，同会長より，「生産緑地に係る主たる従事者についての証明書」が交付され，相続開始後に請求人からの買取りの申出を経て本件生産緑地に係る行為制限が解除されていることからすれば，本件生産緑地が買取りの申出をすることができない生産緑地であるとする請求人の主張を認めることはできない。

したがって，本件生産緑地は評価通達40－3の(2)により，課税時期において市町村長に対し買取りの申出をすることができる生産緑地として評価すべきである。

(2) 評価対象地である農地が生産緑地地区内に存する土地であるか否かが争点とされた裁決事例

○平16.6.22裁決,東裁(諸)平15-339

　請求人は,本件農地について評価通達40-3(生産緑地の評価)に定める生産緑地の評価を適用すべきである旨を主張する。

　しかしながら,同通達は課税時期において生産緑地法に規定する生産緑地である農地についての評価方法を定めており生産緑地とは同法に規定する生産緑地地区内の土地であるところ,本件農地は,相続開始日後において生産緑地地区の決定の効力の生じた土地であり,課税時期(相続開始日)では未だ生産緑地地区の区域内の土地ではないから,本件農地については生産緑地の評価を適用することはできない。

(3)　生産緑地の不動産鑑定評価の合理性の判断につき,主たる農業従事者の死亡をしんしゃくの対象とすべきであると判断した裁決事例

○平18.11.28裁決,大裁(諸)平18-35

　請求人らは,不動産鑑定士による鑑定評価額により相続税法22条に規定する時価を評価すべきである旨を主張する。

　しかしながら,請求人らが提出した鑑定評価書には,比準価格算定の基となった標準化補正の修正率及び地域要因の格差率等や収益価格算定の基となった資料に多くの誤りが認められるほか,生産緑地の鑑定評価において,主たる農業従事者が死亡しているにもかかわらず,相続人が買取りの申出を行っていないことを理由に相続開始後20年間使用が制限される土地として鑑定しており,解釈上の誤りがあり,その鑑定評価に合理性が認められないから,請求人の主張は採用できない。

CASE12

追補 地積規模の大きな宅地の評価について

　本件裁決事例に係る相続開始年分は，平成10年である。もし仮に，当該相続開始日が，平成30年1月1日以後である場合（評価通達20-2（地積規模の大きな宅地の評価）の新設等の改正が行われた。以下「新通達適用後」という）としたときの本件生産緑地に対する同通達の適用は，次のとおりとなる。

　（注）　評価通達20-2（地積規模の大きな宅地の評価）の定めは，その適用要件を充足するのであれば，生産緑地の評価に対しても適用は可能とされる。

(1)　地積規模の大きな宅地の該当性

　次に掲げる判断基準から本件生産緑地が三大都市圏に所在する場合又は三大都市圏以外に所在する場合のいずれにおいても，本件生産緑地は評価通達20-2（地積規模の大きな宅地の評価）に定める地積規模の大きな宅地に該当する可能性が高いと推定される。

判断基準

要件	本件生産緑地				
① 地積要件(注)	三大都市圏に所在する場合	3,697.21㎡≧（評価対象地の地積）　500㎡（三大都市圏に所在する場合の地積要件） ∴地積要件を充足	三大都市圏以外に所在する場合	3,697.21㎡≧（評価対象地の地積）　1,000㎡（三大都市圏以外に所在する場合の地積要件） ∴地積要件を充足	
② 区域区分要件	本件生産緑地は，その特性から市街化区域（市街化調整区域以外）に所在 　∴区域区分要件を充足				
③ 地域区分要件	本件生産緑地に係る地域区分は明示されていないが，その用途から判断すると，工業専用地域以外に所在 　∴地域区分要件を充足				
④ 容積率要件	本件生産緑地に係る指定容積率は明示されていないが，その用途から判断すると，指定容積率400％未満（東京都の特別区以外の場合）又は同300％未満（東京都の特別区の場合）に該当する可能性が高い 　∴容積率要件を充足する可能性が高い				
⑤ 地区区分要件	本件生産緑地に係る地区区分は明示されていないが，その用途から判断すると，普通商業・併用住宅地区又は普通住宅地区に所在する可能性が高い 　∴地区区分要件を充足する可能性が高い				
⑥ 判断とその理由	三大都市圏に所在する場合	該当する可能性が高い（上記④及び⑤の要件につき，要確認）	三大都市圏以外に所在する場合	該当する可能性が高い（上記④及び⑤の要件につき，要確認）	

　（注）　本件生産緑地の所在地は不明である。

(2)　規模格差補正率の算定

　本件裁決事例では，本件生産緑地が評価通達20-2（地積規模の大きな宅地の評価）の適用要件を充足している可能性が高いと推定される。そこで，本件生産緑地に同通達の適用があるものと仮定して，本件生産緑地に適用されるべき規模格差補正率を算定すると，次のとおりとなる。

① 本件生産緑地が三大都市圏に所在する場合

$$\frac{3,697.21\text{m}^2(評価対象地の地積)\times 0.85+225}{991.60\text{m}^2（評価対象地の地積）}\times 0.8=0.728\cdots \Rightarrow 0.72 \begin{pmatrix} 小数点以下第2 \\ 位未満切捨て \end{pmatrix}$$

② 本件生産緑地が三大都市圏以外に所在する場合

$$\frac{3,697.21\text{m}^2(評価対象地の地積)\times 0.85+250}{3,697.21\text{m}^2（評価対象地の地積）}\times 0.8=0.734\cdots \Rightarrow 0.73 \begin{pmatrix} 小数点以下第2 \\ 位未満切捨て \end{pmatrix}$$

CASE13

| 評価単位 地目 | 間口距離 奥行距離 | 側方加算 二方加算 | **広大地** | 農地・山林・原野 |
| 雑種地 | 貸家建付地 | 借地権 貸宅地 | 利用価値の低下地 | その他の評価項目 |

市街化調整区域内に存する宅地（被相続人の居住用宅地）について，広大地評価の可否及び利用価値の著しい低下地（騒音・振動）に対する補正の適用が論点とされた事例

事例

　被相続人甲は，本年9月に相続の開始があった。同人が居住の用に供している家屋の敷地である宅地（以下「本件宅地」という）は，幅員31mもある交通量の多い県道沿いに接面しており，地積が1,208.21㎡あり，都市計画法7条（区域区分）に規定する市街化調整区域内に存するものとされている。

　本件宅地は，評価通達に基づいて評価する場合には倍率地域に所在し，その適用倍率は1.1倍とされている。被相続人甲に係る相続人らは，本件宅地の地積がその地域における標準的な宅地の地積と比較して著しく広大であり，また，その所在が市街化調整区域内であることから，その利用には著しい制約が付されているものであるとして通常の倍率方式（本件宅地の固定資産税評価額×宅地の評価倍率（1.1倍））によって評価することは不相当であると考えており，不動産鑑定士に依頼した鑑定評価額（5,023万7,000円）によるいわゆる時価申告を行いたいと考えている。

　このような状況にある市街化調整区域内に存する倍率地域の宅地で比較的地積が広大な本件宅地について，どのような評価が行われるべきか，ご教示いただきたい。

　なお，本件宅地は，幹線道路沿いにあり，その騒音，振動の程度が騒音規制法17条（測定に基づく要請及び意見）1項に定める基準を超えていることが確認されている。

（平19.12.14裁決，東裁（諸）平19―85，平成16年相続開始分）

I 基礎事実

❶ 本件土地は，幅員31mの県道＊＊（以下「本件県道」という）に接面した宅地で，市街化調整区域に所在し，本件相続開始日において被相続人の居住の用に供されていた。

❷ 本件土地は，評価通達に基づき東京国税局長が定めた平成16年分財産評価基準（以下

「評価基準」といい，評価通達と併せて「評価通達等」という）によれば，倍率地域に所在し，その倍率は1.1倍である。

❸ 請求人らは，本件相続に係る相続税の期限内申告において，本件土地の価額を不動産鑑定士＊＊＊＊が作成した平成16年11月19日付の不動産鑑定評価書（以下「本件鑑定書」という）による鑑定評価額5,023万7,000円（以下「本件鑑定評価額」という）とした。

❹ 本件鑑定書は，要旨次のとおり鑑定評価額を決定した。

(1) 評価の対象不動産は本件土地で，価格時点は平成16年＊＊月＊＊日，鑑定評価額は

図表－1　本件鑑定評価額の算定の概要

		取引事例A	取引事例B	取引事例C	取引事例D	県基準地
所在地		＊＊＊＊＊＊	＊＊＊＊＊＊	＊＊＊＊＊＊	＊＊＊＊＊＊	＊＊＊＊＊＊
地積形状等		170.97㎡ 長方形	125.95㎡ ほぼ長方形	332.00㎡ 不整形	1,130.00㎡ 台形	196㎡ 長方形
取引時点		平成＊＊年＊＊月＊＊日	平成＊＊年＊＊月＊＊日	平成＊＊年＊＊月＊＊日	平成＊＊年＊＊月＊＊日	平成＊＊年＊＊月＊＊日
①取引価格（1㎡当たり）		75,685円	69,575円	43,633円	18,584円	135,000円
②事情補正		100/100	100/100	100/100	100/100	
③時点修正(注1)		97.2/100	102.9/100	93.0/100	95.4/100	102.1/100
④標準化補正（内訳）		100/100	100/116 面小 ＋20 宅造法△3	100/98 形状 △5 間口大＋3	100/80 面大地△20	100/100
⑤地域要因の比較	A 街路条件	100/97	100/95	100/100	100/96	100/98
	B 交通条件	100/95	100/102	100/97	100/97	100/98
	C 環境条件	100/140	100/120	100/100	100/45	100/135
	D 行政的条件	100/100	100/100	100/80（農転要）	100/100	100/200
	E その他	100/100	100/100	100/100	100/100	100/100
	総合 AからEの相乗積	100/129	100/116	100/78	100/42	100/259
⑥個別的要因の比較		100/100				100/100
試算値（1㎡当たり）（①に②～⑥を乗じて算出）		57,000円	53,200円	53,100円	52,800円	53,200円
比準価格		54,000円（試算値の中庸値を採用）				
基準地価格						53,200円
標準画地の更地価格（1㎡当たり）		54,000円	比準価格は近隣地域の取引事例を中心に周辺類似地域における規範性のある取引事例を基に補修正を行っており，地域の実情を反映した実証的な価格であるといえる。したがって，比準価格を標準として，基準地価格を規準とした意義を踏まえ，設定標準地の更地価格を決定した。			
鑑定評価額		50,237,000円	54,000円（標準画地の更地価格）×100/100（建付減価）×77/100（個別性評点(注2)）×1,208.21㎡≒50,237,000円			

（注1）　地価公示，地価調査の地価変動率を参考に，年率＊＊とした。
（注2）　個別性評点の内訳は，角地＋2(1.02)，不整形地△5(0.95)及び面大地△20の計△23(0.77)である。

5,023万7,000円である。
(2) 本件鑑定評価額は，図表－1のとおり決定した。
(3) 本件土地は市街化調整区域に存しており，分譲業者等が建物を建築する場合には，都市計画法29条（開発行為の許可）に規定する開発許可が必要となるが，その許可を得る資料も具体性も存せず，安易に開発分譲建築等が可能な土地としての評価ができないため，菜園，資材置場等の市街化調整区域の一般的な用途を考慮して評価する。
(4) 上記(3)の評価条件から，本件土地の最有効使用は，資材置場，菜園等と判定した。

II ─ 争　　点

❶ 本件宅地（市街化調整区域内に所在）に都市計画法に規定する開発行為は可能か。また，本件宅地の最有効使用は何か。
❷ 本件宅地は，相続税評価額が時価を上回っており，相続税評価額によって評価しないことを正当とする特別な事情の存在が認められるのか。
❸ 本件宅地の具体的な評価額はいくらになるのか。

III ─ 争点に関する双方（請求人・原処分庁）の主張

争点に関する請求人・原処分庁の主張は，図表－2のとおりである。

IV ─ 国税不服審判所の判断

❶ 認定事実

(1) 本件土地の所在する地域が，市街化調整区域に指定されたのは，昭和45年6月10日である。
(2) 本件宅地の不動産登記簿に係る全部事項証明書及び閉鎖登記簿謄本によれば本件宅地の登記上の地目は，被相続人の所有権保存登記がされた昭和39年8月31日から本件相続開始日まで宅地である。
(3) ＊＊（筆者注 本件宅地所在地の地方自治体）における開発許可に関する事項
＊＊（筆者注 本件宅地所在地の地方自治体）は，道路，公園及び給排水施設等について一定の基準を設け，この基準に適合したものに限り開発行為を認めることによって，都市基盤の整備された良好な市街地の形成を誘導しようとする制度（開発許可制度）の基準や必要な手続に係るあらましを「＊＊」（筆者注 地方自治体が制定した宅地開発指導要綱と推定される）として取りまとめ，公表しているところ，この手引きには，開発区域内の道路延長が60m以下の小区間で通行上支障がない道路の幅員は，戸建住宅の敷地として開発する場合，4.5m以上とすることができる旨の記載がある。
(4) ＊＊（筆者注 地方自治体の土地開発に係る担当部局と推定される）の職員は，審判

図表－2

争　点	請求人（納税者）の主張	原処分庁（課税庁）の主張
(1) 本件宅地に開発行為は可能か，また，その最有効使用の方法は何か	① 本件宅地は，市街化調整区域に存するため，開発行為を行う場合，都市計画法29条に規定する開発許可を要するところ，本件相続開始日において本件宅地の開発行為に係る具体的計画及び資料も存在しないことから，本件相続開始日において開発行為が許可されるか不明である。 ② 上記①より，本件鑑定書では，本件宅地の最有効使用は，開発行為が不可能であるとの前提により資材置場，菜園等と想定した。	① 本件宅地における開発行為は可能であり，また，近隣地域及び同一需給圏内の用途的に類似すると認められる取引事例において開発許可を受けている土地が存在する。 ② 上記①より，本件宅地の最有効使用の判定に当たっては，開発行為が可能な宅地を前提とすべきである。
(2) 本件宅地に相続税評価額によらないことが正当とされる特別な事情が存在するのか	① 本件宅地における相続税法22条（評価の原則）に規定する時価は，本件鑑定評価額5,023万7,000円であり，原処分庁が算定した本件宅地に係る評価通達等に基づき評価した価額7,649万4,426円（以下「原処分庁評価額」という）は，著しく時価を上回った妥当性に欠けるものである。 ② 上記①より，本件宅地は，評価通達等に基づき評価した価額（以下「相続税評価額」という）が時価を上回っている特別な事情があるから，相続税の課税価格に算入すべき本件宅地の価額は，相続税評価額によらず本件鑑定評価額によるべきである。	① 上記(1)で主張するとおり，本件鑑定書は，誤った前提条件に基づいていることから，本件鑑定評価額は，本件相続開始日における本件宅地の適正な時価を反映しているとは認められない。 ② 原処分庁評価額は，計算－1のとおり7,649万4,426円であるところ，本件宅地の時価は，図表－3のとおり，本件宅地の類似地域に存し，本件宅地と類似すると想定される4件の取引事例の価格と＊＊に係る基準地の標準価格とを基に算定した1㎡当たり9万5,700円，総額1億1,562万5,697円と認められる。 ③ 上記②より，本件宅地の相続税評価額は，本件相続開始日における本件宅地の時価を上回っていないから，本件宅地について相続税評価額によらないことが是認されるような特別な事情があるとは認められない。
(3) 本件宅地の具体的な評価額	上記(1)及び(2)より，本件宅地は，本件鑑定評価額である<u>5,023万7,000円</u>によって評価すべきである。	上記(1)及び(2)より，本件宅地は，原処分庁評価額である<u>7,649万4,426円</u>によって評価すべきである。

計算－1　原処分庁算定による本件宅地の相続税評価額

評価額	算定根拠
76,494,426円	117,334円(A)×0.5395895(B)×1,208.21㎡（本件宅地の地積）＝<u>76,494,426円</u> (A) 標準的な間口距離及び奥行距離を有する宅地であるとした場合の1㎡当たりの価額 　　本件固定資産税路線価116,000円に平成15年度の時点修正率0.97及び平成16年度の時点修正率0.948を乗じた金額に評価倍率1.1を乗じて算出した。 　　116,000円×0.97×0.948＝106,668円 　　106,668円×1.1＝117,334円 (B) 広大地補正率 　　$0.6 - 0.05 \times \dfrac{1,208.21㎡}{1,000㎡} = 0.5395895$

図表－3　原処分庁試算の本件宅地の時価

	取引事例Ⅰ	取引事例Ｊ	取引事例Ｋ	取引事例Ｌ	県基準地（＊＊）
所在地	＊＊＊＊＊＊	＊＊＊＊＊＊	＊＊＊＊＊＊	＊＊＊＊＊＊	＊＊＊＊＊＊
面積	258.51㎡	1,074.30㎡	209.17㎡	959.12㎡	196.34㎡
取引時点等	平成＊＊年＊＊月＊＊日	平成＊＊年＊＊月＊＊日	平成＊＊年＊＊月＊＊日	平成＊＊年＊＊月＊＊日	平成＊＊年＊＊月＊＊日
類型	開発可能	開発可能	開発可能	開発許可済	開発可能
①取引価額等（1㎡当たり）	154,733円	122,725円	157,766円	136,286円	142,000円
②事情補正	100/100	100/100	100/100	100/100	100/100
③時点修正(注1)	95.3/100	100/100	99.2/100	94.9/100	97.1/100
④標準化補正(注2)	100/102.2	100/54.6	100/94.0	100/55.2	100/100
⑤地域格差(注3)	100/95.1	100/89.9	100/97.4	100/98.3	100/90.7
⑥個別的格差	0.53958950(注4)				0.53958950(注4)
基準価格（1㎡当たり）					82,028円
比準価格（1㎡当たり）	81,866円	134,910円	92,236円	128,614円	
	109,406円（各比準価格の平均値）				
試算額（1㎡当たり）	95,700円(注5)				

（注1）　時点修正
　　　上記県基準地の下落率（＊＊（筆者注　下落率の計算過程））により計算した。
　　　なお，時点修正率の算定に当たっての月数は，取引時点が15日以前のものは当月を含め，それ以降のものはその月を含めないものとした。

（注2）　標準化補正の内訳

区　分	内　　訳
取引事例Ⅰ	＋　2.2（側方路1.043×不整形0.980）
取引事例Ｊ	△45.4（広大地0.546）
取引事例Ｋ	△　6.0（不整形0.940）
取引事例Ｌ	△44.8（広大地0.552）

※評価通達により算出した画地補正率による。

（注3）　地域格差
　　　本件宅地，上記各取引事例及び上記県基準地の固定資産税の各路線価に，当該各路線価に適用される平成15年度及び平成16年度の各時点修正率を乗じて算出した各価額を基に，本件宅地に係る当該価額を100として，上記各取引事例及び上記県基準地に係る当該価額の格差率を算出し，当該格差率により補正した。

（注4）　個別格差
　　　本件宅地は，広大地であることから，本件宅地について評価通達により算出した広大地補正率を採用した。

（注5）　試算額
　　　基準価格（8万2,028円）と比準価格の平均値（10万9,406円）との中庸値とした。

所に対して，要旨次のとおり答述した。
(イ) ＊＊（筆者注 本件宅地所在地の地方自治体）は，市街化調整区域内にある土地の開発行為については，都市計画法34条10号ロに規定する開発審査会の提案基準（審査会提案基準）を定め，当該基準に基づき許可している。
(ロ) 本件宅地において都市計画法に規定する開発行為を行う場合は，同法29条に規定する＊＊（筆者注 地方自治体の長と推定される）の許可が必要である。
(ハ) 本件宅地は，住宅地図上で見たところ，審査会提案基準第＊号（図表－4の(2)を参照）が定める基準を満たしている。
(ニ) 本件宅地は，審査会提案基準第＊号の適用対象及び立地基準（図表－4の(1)イ及びロ）を満たすと認められることから，開発行為で計画される建築物及びその敷地が，審査会提案基準第＊号の施設基準及び敷地規模基準（図表－4の(1)ハ及びニ）を満たすものであれば，開発行為は許可されると認められる。
⑤ 平成16年度の本件宅地の固定資産税評価額は，本件宅地の面する部分の本件県道に付

図表－4　＊＊（本件宅地所在地の地方自治体）における市街化調整区域内での立地規制

(1) ＊＊＊＊＊＊＊＊＊＊＊＊（以下「審査会提案基準」という）第＊号（平成＊＊年＊＊月＊＊日施行）は，要旨次のとおり定めている。
　イ　適用対象
　　　申請地が市街化調整区域となった時点において，土地登記簿における地目が（市街化調整区域となる以前の登記の日付で）宅地であるもので，引き続き同一の土地利用状況にあること。
　ロ　立地基準
　　　申請地は，「＊＊＊＊＊＊＊＊＊＊＊＊＊」に該当すること。
　ハ　施設基準
　　　申請に係る建築物の用途及び形態が次の各号に該当すること。
　　(イ)　建築物の用途は第1種低層住居専用地域の基準に適合するものとする。
　　(ロ)　建築物の形態は「＊＊＊＊＊＊＊＊＊＊＊＊＊＊」に適合するものとする。
　ニ　敷地規模基準
　　　1敷地の面積は125㎡以上とすること。ただし，敷地の過半が「＊＊＊＊＊＊＊＊＊＊＊＊＊＊」における「幹線街路沿いの形態緩和」の対象地であり，1敷地面積が100㎡以上である場合はこの限りではない。
(2) ＊＊＊＊＊＊＊＊＊＊＊＊＊＊（平成＊＊年＊＊月＊＊日施行）は，要旨次のとおり定めている。申請に係る建築物の敷地周囲の状況が次のいずれかに該当すること。
　イ　予定建築物の敷地を含む半径100mの円内に「おおむね50以上の建築物」があること。
　ロ　隣棟間隔（敷地相互の距離）が50m以内で「50以上の建築物」が連たんしていること。この場合，高速道路，鉄道，河川等によって通行上明らかに分断されていれば，隣棟間隔が50m以内であっても連たんしているとは判断しない。
(3) ＊＊＊＊＊＊＊＊＊＊＊＊＊＊＊＊（平成＊＊年＊＊月＊＊日施行）は，要旨次のとおり定めている。
　イ　市街化調整区域において許可する際の申請に係る建築物の形態に対しては，次の各号を満足するものとする。
　　(イ)　第1種高度地区の規定
　　(ロ)　第1種低層住居専用地域に適用する日影規制の規定
　　(ハ)　建ぺい率50％，容積率80％の範囲
　ロ　幹線街路沿いの形態緩和
　　　都市計画決定された幹線道路のうち，幅員18m以上で原則として供用開始されたものから50m以内の敷地については，形態規制の緩和ができる敷地とする。

設された固定資産税の路線価である１㎡当たり11万6,000円（以下「本件固定資産税路線価」という）に，平成15年度の時点修正率0.97及び平成16年度の時点修正率0.948を乗じた金額を基に算定している。

⑥ ＊＊（筆者注 本件宅地所在地の地方自治体）が固定資産税評価額の算定のために定めた＊＊（筆者注 固定資産税評価額を算定するために地方自治体が独自に制定した評価条例と推定される）は，宅地の評価における幹線道路の騒音，振動に係る補正率を定めており，この補正率が適用される幹線道路は，幹線道路のうち騒音，振動の程度が騒音規制法17条（測定に基づく要請及び意見）１項に定める基準を超える道路をいう旨定めている。

⑦ ＊＊（筆者注 地方自治体の固定資産税に係る担当部局と推定される）の職員は，審判所に対して，要旨次のとおり答述した。

(イ) 本件県道は，＊＊（筆者注 上記⑥に掲げる評価条例と推定される）に定める騒音，振動に係る補正を行う幹線道路に該当する。

(ロ) 市街化調整区域では，宅地，畑及び資材置場等が混在することから，固定資産税の路線価に，幹線道路の騒音，振動に係る補正率を反映させることはできないため，宅地の評価額の算定の際に補正を行っている。したがって，本件固定資産税路線価には，本件県道の騒音，振動に係る減価は反映されていない。

❷ 法令解釈等

(1) 評価対象財産が土地である場合，その適正な時価，すなわち客観的交換価値というものは，その土地の地積，形状，地域的要因等の各個別の事情や需要と供給のバランスなどさまざまな要素により変動するものであって，理論的には一義的に観念できるとしても，実際問題として一義的に把握することは困難であり，不動産鑑定士による鑑定評価額も，それが公正妥当な不動産鑑定評価理論に従っていたとしても，なお不動産鑑定士個人の主観的な判断や資料の選択過程の介在が免れないのであって，不動産鑑定士が異なれば，同一の土地であっても，異なる評価額が算出されることは避けられないことである。土地の客観的交換価値には，この意味で，ある程度の幅があるとみなければならない。

(2) 上記(1)からすれば，評価通達等の定めに基づいた評価額が時価とみるべき合理的な範囲内にあれば，相続税法22条違反の問題は生じないと解するのが相当であり，したがって，評価通達等の定めに基づいた評価額が客観的交換価値を超えているといえるためには，当該評価額を下回る鑑定評価額が存在し，その鑑定評価が一応公正妥当な不動産鑑定評価理論に従っているというのみでは足りず，同一の土地についての他の不動産鑑定評価があればその比較において，また，周辺の地価公示価格や都道府県地価調査に係る基準地の標準価格の状況，近隣における取引事例等の諸事情に照らして，評価通達等の定めに基づいた評価額が客観的な交換価値を上回ることが明らかであると認められることを要するものというべきである。

❸ 本件宅地の相続税評価額

(1) 開発行為の可否

① ＊＊（筆者注 本件宅地所在地の地方自治体）は，市街化調整区域内における開発行為について，都市計画法34条（開発許可の基準）10号ロの規定に基づき審査会提案基準を定めており，上記❶④の(イ)の答述内容からすれば，当該基準に基づき開発行為の許可に係る審査を行っている事実が認められる。そして，市街化調整区域に指定された時点で宅地であり，引き続き宅地である土地については，審査会提案基準第＊号により特例措置を定めており，その要件は図表－4の(1)のとおりである。

これを本件宅地についてみると，本件宅地は，市街化調整区域に所在することから，開発行為を行う場合には＊＊（筆者注 地方自治体の長と推定される）の許可が必要である。

② また，本件土地の登記地目は，本件土地の所在する地域が市街化調整区域に指定された昭和45年6月10日以前から宅地であり，本件相続開始日においても登記地目が宅地であることから，審査会提案基準第＊号の適用対象に該当し，上記❶④(ハ)の答述内容からすると，同基準の立地基準にも該当すると認められる。

③ そうすると，上記❶④(ニ)の答述内容のとおり，本件宅地の開発行為に係る開発計画が，審査会提案基準第＊号の施設基準及び敷地規模基準を満たすものであれば，本件宅地に係る開発行為は許可されるものと認められる。

(2) 相続税評価額の算定

① 広大地評価の適用について

本件宅地は，上記(1)のとおり，戸建分譲を目的とした開発行為が可能であると認められるが，その場合，図表－5に掲げる本件計画図にも記載のとおり敷地内に公共公益的施設用地となる道路（開発道路）の設置が必要と認められることから，評価通達24－4（広大地の評

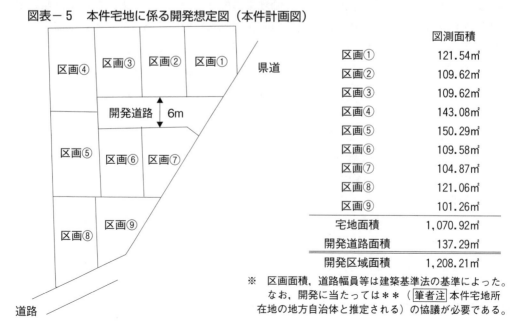

図表－5　本件宅地に係る開発想定図（本件計画図）

	図測面積
区画①	121.54㎡
区画②	109.62㎡
区画③	109.62㎡
区画④	143.08㎡
区画⑤	150.29㎡
区画⑥	109.58㎡
区画⑦	104.87㎡
区画⑧	121.06㎡
区画⑨	101.26㎡
宅地面積	1,070.92㎡
開発道路面積	137.29㎡
開発区域面積	1,208.21㎡

※ 区画面積，道路幅員等は建築基準法の基準によった。なお，開発に当たっては＊＊（筆者注 本件宅地所在地の地方自治体と推定される）の協議が必要である。

価）に定める広大地に該当すると認められる。

　また，評価通達24－4は，その広大地が倍率地域に所在する場合，その広大地が標準的な間口距離及び奥行距離を有する宅地であるとした場合の1㎡当たりの価額を基に計算する旨定めているところ，固定資産税の路線価は，固定資産税の評価上，標準的な間口距離及び奥行距離を有する宅地であるとした場合の1㎡当たりの金額とされることから，時点修正した本件固定資産税路線価に評価基準が定める倍率を乗じた価格をもって，同通達の定める標準的な間口距離及び奥行距離を有する宅地であるとした場合の1㎡当たりの金額とした原処分庁の計算は相当と認められる。

② 利用価値の著しく低下している宅地の取扱い（10％減額）の適用について

　課税実務上，騒音，日照阻害，臭気等により，その取引金額に影響を受けると認められる宅地のように，その利用価値が，付近にある他の宅地の利用状況から見て著しく低下していると認められる宅地の価額は，その宅地について利用価値が低下していないものとして評価した場合の価額から，利用価値が低下していると認められる部分の面積に対応する価額に10％を乗じて計算した金額を控除した価額によって評価して差し支えない旨取り扱われており，この取扱いは，上記のような状況にある宅地とそうでない宅地を比較して，そのような状況にある宅地の価値に減価が生じることを考慮する趣旨からして相当と認められる。

　そうすると，本件県道は，上記❶⑥の定め及び同⑦(イ)の答述内容からすれば，騒音，振動が認められる幹線道路に該当すると認められることから，これに接面する本件宅地の相続税評価額の算定に当たっては，上記の著しく利用価値の低下が認められる場合の取扱いの例による減価をするのが相当である。

③ 本件宅地の相続税評価額

　本件固定資産税路線価は，上記❶⑦(ロ)のとおり騒音，振動に係る減価を考慮していないことから，本件固定資産税路線価を基礎とした上で利用価値の低下した宅地として本件土地の相続税評価額を算定すると，計算－2のとおり6,884万4,983円となる。

計算－2　審判所算定による本件土地の相続税評価額

評　価　額	算　定　根　拠
68,844,983円	117,334円(A)×0.5395895(B)×1,208.21㎡（本件宅地の地積）＝76,494,426円 76,494,426円×（1－0.1(C)）＝68,844,983円 (A)　標準的な間口距離及び奥行距離を有する宅地であるとした場合の1㎡当たりの価額 　　本件固定資産税路線価116,000円に平成15年度の時点修正率0.97及び平成16年度の時点修正率0.948を乗じて算出した。 　　　116,000円×0.97×0.948＝106,668円 　　時点修正後の本件固定資産税路線価に評価倍率を乗じて算出した。 　　　106,668円×1.1＝117,334円 (B)　広大地補正率 　　　$0.6-0.05\times\dfrac{1,208.21㎡}{1,000㎡}=0.5395895$ (C)　利用価値の著しい低下（騒音，振動）による減価10％

❹ 本件宅地の時価（客観的な交換価値）

(1) 請求人らの主張額

評価通達等の定めに基づいた本件宅地の相続税評価額にかかわらず，請求人らは，本件宅地の時価について，本件鑑定評価額である旨主張するので，請求人らの主張額が，本件相続開始日における本件宅地の適正な時価を示しているものか否かについて検討したところ，次のとおりである。

● 本件鑑定評価額

都市計画法29条（開発行為の許可）1項は，市街化調整区域において開発行為を行う場合には，あらかじめ都道府県知事の許可を受けなければならない旨規定し，上記❸(1)③の

図表－6　国税不服審判所が算定した本件宅地の時価

		取引事例A	取引事例B
①	価格時点	平成＊＊年＊＊月＊＊日	平成＊＊年＊＊月＊＊日
②	取引単価（1㎡当たり）	135,000円	111,000円
③	事情補正	100/100	100/100
④	時点修正(注2)	93.6/100	94.0/100
⑤	標準化補正（内訳の相乗積）	100/94.5	100/76.8
⑤の内訳	街路条件	(100/100)	(100/100)
	交通接近条件	(100/100)	(100/100)
	環境条件	(100/100)	(100/100)
	画地条件	(100/105) 地積やや優＋5	(100/90.3) 間口狭小△5 奥行長大△5
	行政的条件	(100/100)	(100/100)
	その他	(100/90) 潰れ地△10	(100/85) 潰れ地△15
⑥	地域格差（内訳の相乗積）	100/100	100/105
⑥の内訳	街路条件	(100/100)	(100/100)
	交通条件	(100/100)	(100/105) 駅への接近性＋3.0 商店街への接近性＋2
	環境条件	(100/100)	(100/100)
	行政的条件	(100/100)	(100/100)
比準価格（②×③×④×⑤×⑥）		133,714円/㎡	129,389円/㎡
標準価格		131,551円/㎡（各取引事例の平均値）	
個別格差		82.9/100 （系統連続性＋1，不整形地△5，騒音等△5，潰れ地△9(注3)）	
1㎡当たりの価額		109,055円/㎡（131,551×82.9/100）	
本件土地の時価		<u>131,761,341円</u>（109,055円/㎡×1,208.21㎡）	

（注1） 幅員8mの通り抜け道路に等高に接面する地積1,200㎡（間口距離40m，奥行距離30m）の長方形の平坦地を標準的な画地と想定した。

（注2） 県基準地（＊＊＊＊）の価格変動率を基に，＊＊＊＊＊＊＊＊＊＊＊として算定した。
なお，時点修正率の算定に当たっての月数は，16日以上は1月とし，15日以下は0月とした。

（注3） 本件土地内に幅員4.5mの開発道路105㎡の開設を想定した。

とおり，本件宅地に係る開発行為は許可されるものと見込まれるが，本件鑑定書は，本件宅地に係る同項の開発許可が得られないことを前提として鑑定評価額を算定したものであって適切なものとはいえないから，本件相続開始日において相続税評価額がその財産の時価を上回っているような特別な事情を示しているものとは認められない。

(2) 国税不服審判所が算定した時価

① 土地の時価（客観的な交換価値）の認定については，不動産鑑定士による鑑定評価等によるほか，評価対象地の取引に関して時間的，場所的，物件的及び用途的同一性等の点で可及的に類似する物件の取引事例に依拠し，それを比準して算定する方法である取引事例比較法があり，この取引事例比較法には合理性があり，また相当な方法であると解されている。

そして，取引事例比較法による場合，依拠する取引事例については，評価対象地と取引事例の土地との間における位置，形状，地積，地勢，接面道路，供給処理施設，公法規制等の諸条件及び取引時点の相違に係る修正や補正の幅を狭め，恣意的要素を排除するため，当該事案に即したところで可能な限り，評価対象地に諸条件が合致し，取引時点が近接し，かつ，個別的事情が価格決定に寄与した度合いの小さいものとすることが相当である。

② 上記①に基づき，審判所において，本件宅地の近隣で，本件宅地の存する地域と状況が類似する地域に存し，地積，形状等の画地条件の格差が最小限となるような取引事例を調査したところ，図表－7の取引事例A及びBが認められた。

図表－7　国税不服審判所が採用した取引事例

		本件宅地	取引事例A	取引事例B
所　　在　　地		＊＊＊＊	＊＊＊＊	＊＊＊＊
価　格　時　点		平成＊＊年＊＊月＊＊日	平成＊＊年＊＊月＊＊日	平成＊＊年＊＊月＊＊日
地　　　　　積		1,208.21㎡	959.12㎡	1,710.04㎡
交通接近条件 （最寄り駅からの距離）		南東約1,200m	南東約1,100m	南東約900m
地域要因	街路条件	幅員31mの県道（本件県道）沿いの系統の良好な地域	幅員約4mないし7mの市道が雑然と配置されている地域	幅員約8mの市道が雑然と配置されている地域
	環境条件	一般住宅が散在し，畑が混在する地域	一般住宅，空地及び畑が散在する地域	一般住宅，空地及び畑が散在する地域
個　別　要　因		東側で本件県道に約36m，南東側で約4m幅の市道に約18m接面 平均奥行き約30mのやや不整形地	東側で幅員約7mの市道に約28m接面 平均奥行き約34mの台形	南側で幅員約8mの市道に約19m接面 平均奥行き約56mの不整形地
行政的要因 （建ぺい率容積率等）		市街化調整区域 建ぺい率60% 容積率200% 上下水道完備	市街化調整区域 建ぺい率50% 容積率80% 上下水道完備	市街化調整区域 建ぺい率50% 容積率80% 上下水道完備

これらの取引事例の価格時点，地積，交通接近条件，街路条件，環境条件，形状等の個別的要因及び行政的条件等は，図表－7のとおりであり，これらの取引事例には，譲渡人と譲受人との間に縁故関係がある等の特殊事情も認められない。
　そこで，各取引事例の1㎡当たりの取引価格を基に，審判所も相当と認める土地価格比準表に準じて，図表－6のとおり，時点修正等の補正を行って本件相続開始日における本件土地の時価を算定したところ，同表の「本件土地の時価」欄のとおり1億3,176万1,341円となる。

❺　まとめ（相続税の課税価格に算入すべき本件宅地の価額）

　本件宅地の相続税評価額は，上記❸(2)③のとおり6,884万4,983円であるところ，本件土地の時価は，上記❹(2)②のとおり1億3,176万1,341円であり，本件宅地の相続税評価額が本件相続開始日における本件宅地の時価を上回るような特別な事情があるとは認められないことから，原処分庁の算定した本件宅地の時価について判断するまでもなく，課税価格に算入すべき本件宅地の価額は，相続税評価額6,884万4,983円によることが相当である。

Ⅴ　本件裁決事例のキーポイント

❶　広大地の評価について

(1)　広大地の意義

　評価通達24－4（広大地の評価）の定めでは，広大地とは，次に掲げる①から③までの要件の全てを充足している宅地をいうものとされている。
① その地域における標準的な宅地の地積に比して，著しく地積が広大な宅地であること
② 都市計画法4条（定義）12項に規定する開発行為（以下「開発行為」という）(注)を行うとした場合に公共公益的施設用地の負担が必要と認められること
　（注）　都市計画法4条12項に規定する「開発行為」とは，主として建築物の建築又は特定工作物の建設の用に供する目的で行う土地の区画形質の変更をいう。
③ 下記(イ)又は(ロ)に掲げる広大地に該当しない適用除外地以外のものであること
　(イ)　評価通達22－2（大規模工場用地）に定める大規模工場用地に該当するもの
　(ロ)　中高層の集合住宅等の敷地用地に適しているもの(注)，いわゆる「マンション適地」に該当するもの
　　（注）　その宅地について，経済的に最も合理的であると認められる開発行為が中高層の集合住宅等を建築することを目的とするものであると認められるものをいう。
　なお，上記③に掲げる大規模工場用地及びマンション適地が評価通達に定める広大地から除外される理由は，それぞれ，下記に掲げるとおりである。
　(イ)　大規模工場用地については，その評価方法自体が地積がきわめて大きいことを前提として求めるものとされており，当該評価に対して，さらに広大地の評価方法を重複適用することは不合理な結果を招くものと考えられること
　(ロ)　マンションとして開発が行われる場合には，当該開発完了後に建築される建築物の

敷地内に存することとなる公園，緑地等その建築物の敷地を構成する部分の地積及び当該開発完了後に有償譲渡することができると見込まれる購買施設等の用に供される土地の地積は，いわゆる「潰れ地」には該当しない。そうすると，これらは，上記②に掲げる公共公益的施設用地の範囲には含まれず，結果的に，広大な地積を有する宅地であっても，評価通達に定める広大地の要件を充足しないことになること

(2) 市街化調整区域内に存する宅地と広大地評価との関係
① 原則的な取扱い

都市計画法5条（都市計画区域）の規定では，都道府県は，市又は人口，就業者数その他の事項が一定の要件に該当する町村の中心の市街地を含み，かつ，自然的及び社会的条件並びに人口，土地利用，交通量その他一定の事項に関する現況及び推移を勘案して，一体の都市として総合的に整備し，開発し，及び保全する必要がある区域を<u>都市計画区域</u>として指定するものとしている。

そして，同法7条（区域区分）において，上記____部分の都市計画区域については，その無秩序な市街化を防止し，計画的な市街化を図るため必要があるときは，都市計画に，市街化区域と市街化調整区域との区分（区域区分）を定めることができるものとされている。なお，市街化区域及び市街化調整区域の意義は，それぞれ，下記に掲げるとおりである。

|市街化区域| 市街化区域は，すでに市街地を形成している区域及びおおむね10年以内に優先的かつ計画的に市街化を図るべき区域とする。

|市街化調整区域| 市街化調整区域は，市街化を抑制すべき区域とする。

上記に掲げる市街化調整区域内に存する土地については，その開発行為に当たっては，都市計画法29条（開発行為の許可）の規定（|資料－1|を参照）によると当該開発面積の大小にかかわらず，都道府県知事の開発許可が原則として必要とされている。この開発行為の許可がない場合には，原則として，建築物及び特定工作物（建物等）の建築は認められないものとされている。

|資料－1| 都市計画法29条（開発行為の許可）

（開発行為の許可）
第29条 都市計画区域又は準都市計画区域内において開発行為をしようとする者は，あらかじめ，国土交通省令で定めるところにより，都道府県知事（地方自治法（昭和22年法律67号）第252条の19第1項の指定都市，同法第252条の22第1項の中核市又は同法第252条の26の3第1項の特例市（以下「指定都市等」という。）の区域内にあつては，当該指定都市等の長。以下この節において同じ。）の許可を受けなければならない。ただし，次に掲げる開発行為については，この限りでない。
一 市街化区域，区域区分が定められていない都市計画区域又は準都市計画区域内において行う開発行為で，その規模が，それぞれの区域の区分に応じて政令で定める規模未満であるもの

> 二 市街化調整区域，区域区分が定められていない都市計画区域又は準都市計画区域内において行う開発行為で，農業，林業若しくは漁業の用に供する政令で定める建築物又はこれらの業務を営む者の居住の用に供する建築物の建築の用に供する目的で行うもの
> 三 駅舎その他の鉄道の施設，図書館，公民館，変電所その他これらに類する公益上必要な建築物のうち開発区域及びその周辺の地域における適正かつ合理的な土地利用及び環境の保全を図る上で支障がないものとして政令で定める建築物の建築の用に供する目的で行う開発行為
> 四 都市計画事業の施行として行う開発行為
> 五 土地区画整理事業の施行として行う開発行為
> 六 市街地再開発事業の施行として行う開発行為
> 七 住宅街区整備事業の施行として行う開発行為
> 八 防災街区整備事業の施行として行う開発行為
> 九 公有水面埋立法（大正10年法律第57号）第2条第1項の免許を受けた埋立地であって，まだ同法第22条第2項の告示がないものにおいて行う開発行為
> 十 非常災害のため必要な応急措置として行う開発行為
> 十一 通常の管理行為，軽易な行為その他の行為で政令で定めるもの
> 2 都市計画区域及び準都市計画区域外の区域内において，それにより一定の市街地を形成すると見込まれる規模として政令で定める規模以上の開発行為をしようとする者は，あらかじめ，国土交通省令で定めるところにより，都道府県知事の許可を受けなければならない。ただし，次に掲げる開発行為については，この限りでない。
> 一 農業，林業若しくは漁業の用に供する政令で定める建築物又はこれらの業務を営む者の居住の用に供する建築物の建築の用に供する目的で行う開発行為
> 二 前項第3号，第4号及び第9号から第11号までに掲げる開発行為
> 3 開発区域が，市街化区域，区域区分が定められていない都市計画区域，準都市計画区域又は都市計画区域及び準都市計画区域外の区域のうち二以上の区域にわたる場合における第1項第1号及び前項の規定の適用については，政令で定める。

（注）市街化調整区域内に存する土地であっても，例外的に都道府県知事の開発行為の許可が不要とされる場合があるが，当該取扱いについては，次の②で検証するものとする。

　そうすると，上記(1)で確認したとおり，評価通達に定める広大地は，都市計画法に規定する開発行為を通じて宅地化を図ることを前提とした評価体系であり，本来的に市街化（宅地化）を抑制すべき区域として指定されている市街化調整区域には一般的になじまないものと考えられる。よって，市街化調整区域内に存する土地については，原則として，評価通達に定める広大地の評価の適用は困難であると考えられる。

　しかしながら，上記（注）に掲げるとおり，市街化調整区域内に存する土地であっても例外的に都道府県知事の開発行為の許可が不要とされるものについては開発行為が認めら

れることになる。したがって，「市街化調整区域内に存する地積の広大な土地＝評価通達24－4（広大地の評価）に定める広大地の不適用」の関係式が常時成立するという解釈にはならないことに留意する必要がある（この点について，次の②で検証する）。

② 特例的な取扱い

上記①に掲げるとおり，市街化調整区域内に存する土地については，その開発行為に当たり都道府県知事の開発許可が原則的に必要とされているが，一方，これに対する特例的な取扱い（都道府県知事の開発許可が不要とされる場合）として，都市計画法29条（開発行為の許可）1項に掲げるただし書（資料－1を参照）及び同法43条（開発許可を受けた土地以外の土地における建築等の制限）1項（資料－2を参照）に掲げるただし書の規定が設けられている。

資料－2　都市計画法43条（開発許可を受けた土地以外の土地における建築等の制限）1項

（開発許可を受けた土地以外の土地における建築等の制限）

第43条　何人も，市街化調整区域のうち開発許可を受けた開発区域以外の区域内においては，都道府県知事の許可を受けなければ，第29条第1項第2号若しくは第3号に規定する建築物以外の建築物を新築し，又は第一種特定工作物を新設してはならず，また，建築物を改築し，又はその用途を変更して同項第2号若しくは第3号に規定する建築物以外の建築物としてはならない。ただし，次に掲げる建築物の新築，改築若しくは用途の変更又は第一種特定工作物の新設については，この限りでない。

一　都市計画事業の施行として行う建築物の新築，改築若しくは用途の変更又は第一種特定工作物の新設

二　非常災害のため必要な応急措置として行う建築物の新築，改築若しくは用途の変更又は第一種特定工作物の新設

三　仮設建築物の新築

四　第29条第1項第9号に掲げる開発行為その他の政令で定める開発行為が行われた土地の区域内において行う建築物の新築，改築若しくは用途の変更又は第一種特定工作物の新設

五　通常の管理行為，軽易な行為その他の行為で政令で定めるもの

上記の市街化調整区域内に存する土地に係る都道府県知事の開発許可に係る具体的な認定基準は，都市計画法34条（開発許可の基準）1項各号（そのうちの主要なものについて，資料－3を参照）に限定列挙されている。この都道府県知事による開発許可に係る認定基準を形態別にまとめると，おおむね，次に掲げる二区分に分類される。

　(イ)　同法34条1項1号に掲げる市街化調整区域の周辺地域居住者が利用する公益上の必要な建築物又は日常生活を営むために必要とされる利便施設の建築のための開発行為

　(ロ)　同法34条1項11号に掲げるいわゆる「条例指定区域内の土地」における開発行為で，

予定建築物の用途が開発区域等の環境の保全上支障がないと認められるもの

資料－3　都市計画法34条（開発許可の基準）1項（主要部分のみ掲記）

（開発許可の基準）
第34条　前条の規定にかかわらず，市街化調整区域に係る開発行為（主として第二種特定工作物の建設の用に供する目的で行う開発行為を除く。）については，当該申請に係る開発行為及びその申請の手続が同条に定める要件に該当するほか，当該申請に係る開発行為が次の各号のいずれかに該当すると認める場合でなければ，都道府県知事は，開発許可をしてはならない。
一　主として当該開発区域の周辺の地域において居住している者の利用に供する政令で定める公益上必要な建築物又はこれらの者の日常生活のため必要な物品の販売，加工若しくは修理その他の業務を営む店舗，事業場その他これらに類する建築物の建築の用に供する目的で行う開発行為
（二～十（略））
十一　市街化区域に隣接し，又は近接し，かつ，自然的社会的諸条件から市街化区域と一体的な日常生活圏を構成していると認められる地域であっておおむね50以上の建築物（市街化区域内に存するものを含む。）が連たんしている地域のうち，政令で定める基準（筆者注）に従い，都道府県（指定都市等又は事務処理市町村の区域内にあっては，当該指定都市等又は事務処理市町村。以下この号及び次号において同じ。）の条例で指定する土地の区域内において行う開発行為で，予定建築物等の用途が，開発区域及びその周辺の地域における環境の保全上支障があると認められる用途として都道府県の条例で定めるものに該当しないもの
（以下（略））

筆者注　政令（都市計画法施行令29条の8）で定める基準とは，同号（11号）の条例で指定する土地の区域に，原則として下記に掲げる土地の区域を含まないものとされています。
(1) 溢水（イッスイ）（水があふれ出ること），湛水（タンスイ）（水をたたえること），津波，高潮等による災害の発生のおそれのある土地の区域
(2) 優良な集団農地その他長期にわたり農用地として保存すべき土地の区域
(3) 優れた自然の風景を維持し，都市の環境を保持し，水源を涵養し，土砂の流出を防備する等のため保全すべき土地の区域

　そうすると，上記(イ)に掲げるような市街化調整区域の周辺地域居住者のための公益上必要な建物又は日常生活上の利便施設の建築のための開発行為の容認のように，この市街化調整区域内に存する土地に係る都道府県知事の開発許可に係る認定基準は一般的には狭範囲なものであると考えられる。そうすると，市街化調整区域内に存する土地に対する開発行為について，都道府県知事の開発許可が認められる事例は限定的なものであると従来は

考えられていた。

しかしながら，近年における規制緩和及び地方自治体に対する権限移譲の推進の流れから平成12年の「都市計画法及び建築基準法の一部を改正する法律」によって，上記(ロ)に掲げるように市街化調整区域内に存する土地であっても，一定の要件を充足している場合(上記(ロ)の場合には，いわゆる条例指定区域内の土地に対する開発行為で，環境保全上支障がないもの)には，当該開発行為が認められるものとされるようになった。

したがって，市街化調整区域内に存する土地であっても，開発行為が認められる事例が従前以上に増加しているものと推定され，実務上においては，開発行為の許可の可能性の有無を個別に確認する必要性があることに留意すべきである。

③ 本件裁決事例の場合

本件裁決事例における本件宅地（地積1,208.21㎡，市街化調整区域内に所在）は，上記 Ⅳ ❸(1)より，都市計画法34条（開発許可の基準）1項10号ロの規定に基づく審査会提案基準による施設基準及び敷地規模基準を満たす開発行為に係る開発計画であれば，本件宅地に係る開発行為は許可されるものとされている。

そうすると，本件裁決事例における本件宅地については，次に掲げる判断基準から総合的に判断して，評価通達24－4（広大地の評価）に定める広大地に該当するものと判断して差し支えないものと考えられる(注)。

(注) 原処分庁（課税庁）及び国税不服審判所は，本件宅地を評価通達に定める広大地に該当するものとして処理しているが，何故に広大地に該当するとしたのかという判断事由については明確にしていない。

判断基準

(イ) 評価対象地である本件宅地は，上記____部分に該当するとされていることから，戸建住宅の建設を目的とした開発行為を行うことが認められると考えられること

(ロ) 本件裁決事例において示された基礎事実及び認定事実等（以下「事実等」という）から判断すると，本件宅地は下記に掲げる要件を充足している可能性が高いと考えられること

① 要件　その地域における標準的な宅地の地積に比して著しく地積が広大な宅地であること

事実等　前掲図表－1に掲げる本件鑑定評価額の算定及び図表－3に掲げる原処分庁試算の本件宅地の時価を求める場合の計算の基礎とされた取引事例比較法における規準価格の計算の対象地とされた県基準地の地積は196㎡であること(注)から，本件宅地の地積（1,208.21㎡）はこれに比して著しく地積が広大な宅地であると考えられる。

(注) 地価公示地及び都道府県基準地は，近隣地域（地価公示等を含む区域で，住宅地，商業地等の地価公示地等の用途と土地の用途が同質と認められるまとまりのある地域）内において，土地の利用状況，環境，地積，形状等が中庸である画地が選定される（「標準地の選定要領」の第3　標準地の選定の原則（昭和57年6月

　　　　　16日土地鑑定委員会決定）より）ものとなっている。
　ロ 要　件　都市計画法に規定する開発行為を行うとした場合に公共公益的施設用地の
　　　　　負担が必要と認められるものであること
　　　事実等　国税不服審判所から示された前掲図表－5に掲げる本件宅地に係る開発想
　　　　　定図（本件計画図）によると，評価対象地である本件宅地に公共公益的施設用地
　　　　　（図表－5の場合には，建築基準法42条（道路の定義）1項2号に規定する都市
　　　　　計画法による道路（いわゆる「開発道路」）用地（地積137.29㎡））の負担が必要
　　　　　であると認められる。
　ハ 要　件　次の(A)又は(B)に掲げる広大地に該当しない適用除外地以外のものであるこ
　　　　　と
　　　　(A)　評価通達22－2（大規模工場用地）に定める大規模工場用地に該当するもの
　　　　(B)　中高層の集合住宅等の敷地用地に適しているもの（いわゆる「マンション適
　　　　　地」）
　　　事実等　事実等から判断すると，上記の要件は充足しているものと考えられる。
　なお，上記に掲げるように，市街化調整区域内に存する一定の要件を充足した宅地が評
価通達24－4（広大地の評価）に定める広大地に該当するか否かを判定する場合の考え方
の統一性を図るために，平成17年6月17日付けで「広大地の判定に当たり留意すべき事項
（情報）」（資産評価企画官情報第1号）（以下「平成17年情報」という）が公開されてい
る。この平成17年情報のなかで，「市街化調整区域内の土地に係る広大地の評価について」
の取扱い（(1)市街化調整区域内の土地の分類，(2)広大地に該当するかどうかの判定）につ
いて，下記 資料－4 に掲げるとおりの解釈基準が示されている。

　資料－4　平成17年情報に定める「市街化調整区域内の土地に係る広大地の評価について」

(1)　市街化調整区域内の土地の分類
　　平成12年の「都市計画法及び建築基準法の一部を改正する法律」により，開発許可制度は，地域の実情に応じた土地利用規制を実現するために柔軟な規制が行える体系に整備されることとなった。具体的には，旧「既存宅地」制度を，経過措置を設けて廃止することとし，都道府県（指定都市等又は事務処理市町村の区域内にあっては，当該指定都市等又は事務処理市町村。以下同じ。）が条例で区域を定め，その区域においては周辺環境の保全上支障がない用途の建築物の建築等を目的とする開発行為を許可対象とした（都市計画法第34条第8号の3 筆者注）。
(注)　旧「既存宅地」制度とは，改正前の都市計画法第43条第1項第6号に基づく制度で，市街化区域に近接し50戸以上の建築物が連たんするなどの地域に存し，市街化区域及び市街化調整区域の線引き前からの宅地であったとして，都道府県知事等の確認を受けた宅地を通常，既存宅地という。
　　上記の法律改正に伴い，市街化調整区域内の土地については，「条例指定区域内の

土地」及び「それ以外の区域内の土地」の2つに分類することができる。
　イ　条例指定区域内の土地
　　「条例指定区域内の土地」とは，上記の都市計画法の定めにより開発行為を許可することができることとされた区域内の土地であり，具体的には，「市街化区域に隣接し，又は近接し，かつ，自然的社会的諸条件から市街化区域と一体的な日常生活圏を構成していると認められる地域であっておおむね50以上の建築物が連たんしている地域」のうち，都道府県の条例で指定する区域内の土地をいう。
　　当該区域内の土地については，都道府県知事は，開発区域及びその周辺の地域の環境の保全上支障があると認められる用途として都道府県の条例で定めるものに該当しないものについて，開発を許可することができることとされている。したがって，その区域内のすべての土地について，都市計画法上の規制は一律となる一方，許可対象とされる区域の詳細や建築物の用途等は，都道府県の条例により定められることとなるため，それぞれの地域によってその内容が異なることとなる。
　ロ　それ以外の区域内の土地
　　上記イ以外の区域内の土地については，原則として，周辺地域住民の日常生活用品や店舗や農林漁業用の一定の建築物などの建築の用に供する目的など，一定のもの以外は開発行為を行うことができない。
(2)　広大地に該当するかどうかの判定
　　上記(1)より，市街化調整区域内の宅地が広大地に該当するかどうかについては，「条例指定区域内の宅地」であり，都道府県の条例の内容により，戸建分譲を目的とした開発行為を行うことができる場合には広大地に該当するが，それ以外の区域内に存するものについては，広大地に該当しない。
　　また，市街化調整区域内の雑種地で，宅地に比準して評価する場合については，宅地の場合と同様に取り扱うことが相当である。
　筆者注　この情報が定められた当時の条文番号である。

　なお，本件裁決事例における本件宅地は課税時期における評価上の地目は宅地（被相続人が居住の用に供している家屋の敷地）であったが，もし仮に，当該評価対象地の地目が駐車場又は資材置場の用に供されているような地目が雑種地に分類される土地であれば，どのように取り扱われるのかという点についても確認をしておきたい。このような場合には，上記に掲げる情報では，「市街化調整区域内の雑種地で，宅地に比準して評価する場合については，宅地の場合と同様に取り扱うことが相当である」と定められており，当該評価対象地である雑種地に係る近傍比準地目が宅地と認定される場合には，宅地と同様に一定の要件下において広大地に該当する旨が定められている点にも，併せて留意しておきたい。

(3)　倍率地域に所在する広大地の評価方法
　　評価対象地である広大地が評価通達21（倍率方式）に定める倍率地域に所在する場合の

評価方法についても，評価通達24－4（広大地の評価）において定められている。

同通達の定めによれば，評価対象地である広大地が倍率地域に所在する場合には，その広大地が標準的な間口距離及び奥行距離を有する宅地であるとした場合の1㎡当たりの価額を評価通達14（路線価）に定める路線価として，これを基にして，当該広大地が路線価地域に所在するものとした場合の取扱いを準用して評価するものとされている。この取扱いを算式に示すと下記のとおりとなる。

＜算　式＞

評価対象地である広大地について標準化補正して求めた1㎡当たりの価額 × 下記(注)により求めた「広大地補正率」 × 広大地の地積

（注）広大地補正率 $= 0.6 - 0.05 \times \dfrac{広大地の地積}{1{,}000㎡}$ （※端数処理はなし）

この場合において，「標準的な間口距離及び奥行距離を有する宅地であるとした場合の1㎡当たりの価額」については，当該評価対象地である広大地が存する付近にある標準（中庸）的な画地規模を有する宅地の価額との均衡を考慮して算定することに留意する必要がある。課税実務上においては，具体的に，下記に掲げる方法のなかから最も適切なものを選択することになろう。

① 固定資産税評価額算定上の路線価が付されている場合

評価対象地である広大地の前面道路に宅地としての固定資産税評価額を算定するための基礎として，固定資産税評価基準に基づいて路線価が設定される場合がある。このような場合には，財産評価基準書に記載されている宅地の評価倍率を適用して，下記に掲げる算式により計算した金額をもって，標準的な間口距離及び奥行距離を有する宅地であるとした場合の1㎡当たりの価額（相続税評価額）とする。

＜算　式＞

評価対象地の前面道路に付された固定資産税評価額算定上の路線価(注) × 財産評価基準書に掲げる宅地の評価倍率

（注）課税時期（相続等があった日の属する年分）が固定資産税評価額の評価替えの実施される年（基準年度）の前年以外の年分である場合には，当該固定資産税評価額算定上の路線価に時点修正率を乗じて算定することが評価実務上では一般的に行われている。

本件裁決事例においては，上記に掲げる方法が採用されており，前掲図表－2によれば，本件宅地に係る「標準的な間口距離及び奥行距離を有する宅地であるとした場合の1㎡当たりの価額」を下記計算のとおりに算定していることが注視される。

＜計　算＞

(イ) $\underset{\substack{\text{本件宅地に係る}\\\text{固定資産税の路線価}}}{116{,}000円} \times \underset{\substack{\text{平成15年度の}\\\text{時点修正率}}}{0.97} \times \underset{\substack{\text{平成16年度の}\\\text{時点修正率}}}{0.948} = \underset{\substack{\text{平成16年分の修正}\\\text{固定資産税の路線価}}}{106{,}668円}$

(ロ) $\underset{\text{上記(イ)}}{106{,}668円} \times \underset{\text{宅地の評価倍率}}{1.1} = \underline{117{,}334円}$

② 近傍標準宅地の具体的な固定資産税評価額が判明する場合

　評価対象地である広大地の近隣に近傍標準宅地と認定できる具体的な宅地が存在（地番が判明）し，かつ，当該宅地に係る固定資産税評価額等の資料数値が確認可能な場合（例えば，評価対象地である広大地と当該宅地の所有者が同一の者である場合が考えられる）がある。このような場合には，下記に掲げる算式により計算した金額をもって，標準的な間口距離及び奥行距離を有する宅地であるとした場合の1㎡当たりの価額（相続税評価額）とする。

＜算　式＞

近傍標準宅地と認定される宅地の固定資産税評価額 ÷ 当該宅地の地積 × 財産評価基準書に掲げる宅地の評価倍率

　上記の取扱いに係る計算例を示すと下記のとおりとなる。

＜設　例＞
・評価対象地所在地において近傍標準宅地と認定される宅地に係る資料
　　固定資産税評価額……7,328,000円
　　地積……160㎡
・財産評価基準書に掲げる宅地の評価倍率
　　1.1倍

＜計　算＞

（近傍標準宅地の固定資産税評価額）　（近傍標準宅地の地積）　（宅地の評価倍率）
　7,328,000円　÷　160㎡　×　1.1　＝50,380円

③ 近傍標準宅地の1㎡当たりの固定資産税評価額を証明してもらう場合

　上記①及び②の方法が採用できない場合には，評価対象地である広大地の所在地における近傍標準宅地の1㎡当たりの固定資産税評価額を当該評価対象地所在地の市区町村役場で証明（一般的に，「近傍標準宅地証明」と称している。モデル例として，資料－5 を参照）してもらうことを検討する必要がある。この証明が入手可能であれば，下記に掲げる算式により計算した金額をもって，標準的な間口距離及び奥行距離を有する宅地であるとした場合の1㎡当たりの価額（相続税評価額）とする。

＜算　式＞

評価対象地である広大地所在地の市区町村役場で証明された近傍標準宅地の1㎡当たりの固定資産税評価額 × 財産評価基準書に掲げる宅地の評価倍率

　上記の取扱いに係る計算例を示すと下記のとおりとなる。

＜設　例＞
・地方自治体から証明された近傍標準宅地の1㎡当たりの固定資産税評価額……42,000円
・財産評価基準書に掲げる宅地の評価倍率……1.2倍

＜計　算＞

（近傍標準宅地の1㎡当たりの固定資産税評価額）　（宅地の評価倍率）
　42,000円　×　1.2　＝50,400円

資料-5 近傍標準宅地（1㎡当たり）の価額が記載された固定資産評価証明書の例

固定資産評価証明書　土　地

令和　　年度　　　　　　　　　　　　　　　　＊課資証第　　1516　号

所有者	住所	＊＊＊＊＊＊＊＊＊＊
	氏名	＊＊＊＊
納税管理人等	住所	
	氏名	

| 所在地番 | ＊＊＊＊＊＊＊＊＊＊ |

地積（㎡）				地目			
登記	15.00	現況	15.00	登記	山林	現況	用悪水路

| 評価額(円) | 0 | 共有持分 | ＊＊＊＊＊＊＊＊　＊　＊＊＊＊＊＊＊＊ |

摘要欄　近傍宅地平米当たり価格 39,529 円

上記の事項は平成　　年度固定資産課税台帳に登録されていることを証明します。

令和　　年11月21日　　　　　　　＊＊府＊＊市長　＊＊＊＊＊＊＊＊＊

ポイント　上記に掲げる固定資産評価証明書の『摘要欄』上記＿＿部分において，「近傍宅地平米当たり価格39,529円」と記載されている。

　そうすると，評価対象地である広大地が倍率地域に所在する場合において，「広大地補正率」及び「地積」を乗ずる対象となる固定資産税評価額（1㎡当たり）は，当該評価対象地そのものの価額ではなく，当該評価対象地（広大地）が標準的な間口距離及び奥行距離を有する宅地であるとした場合の価額であることから，下記に掲げる算式によって，評価対象地である広大地の相続税評価額を求めることに相当性は認められない。

＜算　式＞
評価対象地である広大地の固定資産税評価額Ⓐ×宅地の評価倍率×広大地補正率Ⓑ

考え方　上記の算式を適用して評価対象地（広大地）の相続税評価額を算出すると，広大地であることに対する評価上のしんしゃく配慮が固定資産税評価額の段階で考慮（上記Ⓐ）され，かつ，相続税評価額の算定においても広大地補正率を通じて再度考慮（上記Ⓑ）され，結果的に二重のしんしゃく配慮が行われたことになる。

　本件裁決事例は，筆者の知る範囲内においてではあるが，倍率地域に所在する評価対象地（宅地）が平成16年における改正後の評価通達24-4（広大地の評価）に定める広大地に該当するか否か，また，広大地に該当した場合の評価方法が論点とされた初の裁決事例であり，広大地評価の実務上，非常に有益な事例であると考える。

(4) 倍率地域に所在する広大地の評価計算事例
① 評価対象地が宅地である場合
＜設　例＞
　評価対象地たる市街化調整区域内に存する宅地（倍率地域内に所在する未利用である宅地，地積4,000㎡）は，いわゆる条例指定区域内の土地として開発が可能であり，評価通達に定める広大地の要件を充足しているものである。
・評価対象地（宅地）の固定資産税評価額……124,640,000円
・財産評価基準書に記載された宅地の評価倍率……1.1倍
・近傍標準宅地の1㎡当たりの固定資産税評価額……38,950円

＜計　算＞

$$(\underset{\substack{\text{近傍標準宅地の1㎡当たり}\\\text{の固定資産税評価額}}}{38{,}950\text{円}} \times \underset{\substack{\text{宅地の}\\\text{評価倍率}}}{1.1}) \times \underset{\text{(広大地補正率)}}{0.4^{(注)}} \times \underset{\text{(地　積)}}{4{,}000\text{㎡}} = \underset{\text{(相続税評価額)}}{68{,}552{,}000\text{円}}$$

（注）　広大地補正率

$$0.6 - 0.05 \times \frac{4{,}000\text{㎡}}{1{,}000\text{㎡}} = 0.4$$

② 評価対象地が雑種地である場合
＜設　例＞
　評価対象地たる市街化調整区域内に存する雑種地（倍率地域に所在する駐車場用地，地積4,000㎡，近傍比準土地の地目として宅地が相当）は，いわゆる条例指定区域内の土地として開発が可能であり，評価通達に定める広大地の要件を充足しているものである。
・評価対象地（雑種地）の固定資産税評価額……99,712,000円
・財産評価基準書に記載された宅地の評価倍率……1.1倍
・近傍標準宅地の1㎡当たりの固定資産税評価額……38,950円
・1㎡当たりの宅地造成費（整地費）……400円

＜計　算＞

$$(\underset{\substack{\text{近傍標準宅地の1㎡当たり}\\\text{の固定資産税評価額}}}{38{,}950\text{円}} \times \underset{\substack{\text{宅地の}\\\text{評価倍率}}}{1.1}) \times \underset{\text{(広大地補正率)}}{0.4^{(注)}} \times \underset{\text{(地　積)}}{4{,}000\text{㎡}} = \underset{\text{(相続税評価額)}}{68{,}552{,}000\text{円}}$$

（注）　広大地補正率

$$0.6 - 0.05 \times \frac{4{,}000\text{㎡}}{1{,}000\text{㎡}} = 0.4$$

③ ま と め
　評価対象地に広大地補正率を適用して評価する場合，広大地補正率と併用して宅地化に必要な宅地造成費を別途に控除することはできないものとされていることから，上記①に掲げる宅地の評価額と②に掲げる雑種地の評価額は，いずれも同一の価額（6,855万2,000円）となっていることに留意する必要がある。

❷ 利用価値の著しく低下している宅地の評価方法

(1) 評 価 方 法

課税実務上の取扱いでは，評価しようとする宅地の利用価値が，付近の宅地の利用状況に比較して，例えば下記のような状況にあるため著しく低下していると認められる場合には，その宅地の価額は，その宅地について利用価値が低下していないものとした場合の価額から，利用価値が低下していると認められる部分の面積に対応する価額に10%を乗じて計算した金額を控除した金額により評価するものとされている。この取扱いを算式で示すと次のとおりとなる。

＜算　式＞

評価対象地について利用価値の低下がないものとした場合の評価額（Ⓐ） $- Ⓐ \times \dfrac{\text{分母のうち，利用価値が低下していると認められる部分の面積}}{\text{評価対象地の地積}} \times 10\%$

$= Ⓐ \times \left(1 - \dfrac{\text{分母のうち，利用価値が低下していると認められる部分の地積}}{\text{評価対象地の地積}} \times 10\%\right)$

① 道路より高い位置にある宅地又は低い位置にある宅地で，その付近にある宅地に比し著しく高低差のあるもの

　（注）上記の取扱いは，道路との高低差があれば全て評価減の対象となるものではない。住宅地としては，やや道路より高い位置にある宅地が最も利用価値が高いことになると考えられることから，あくまでも付近の宅地に比較して著しく利用価値が低下している状況にあるために，個別事情をしんしゃく配慮する必要があることが前提となる。

② 地盤に甚だしい凸凹がある宅地

③ 震動の甚だしい宅地

④ ①から③までに掲げる宅地以外の宅地で，騒音，日照阻害（建築基準法56条の2（日影による中高層の建築物の高さの制限）に規定する日影時間を超える時間の日照阻害のあるものとする），臭気，忌み等により，その取引金額に影響を受けると認められるもの

　（注）日照阻害については，中高層ビル等の連たんする地域は，宅地が高度利用されることを前提として取引価額の形成がなされると考えられる。そのため，格別，日照阻害による減価要素を考慮する必要はないと考えられることから，その適用はないことになる。

(2) **本件裁決事例の場合**

　本件裁決事例では，上記**Ⅳ❶**⑦に掲げるとおり，下記のとおりの認定事実がある。

① 本件県道は，評価対象地所在の地方自治体が制定した固定資産資産評価に係る評価条例に定める騒音，振動に係る補正を行う幹線道路に該当する。

② 市街化調整区域では，宅地，畑及び資材置場等が混在することから，固定資産税の路線価に，幹線道路の騒音，振動に係る補正率を反映させることはできないため，宅地の評価額の算定の際に補正を行っている。

　したがって，本件固定資産税路線価には，本件県道の騒音，振動に係る減価は反映されていない。

　そして，国税不服審判所の判断は，「本件県道は，認定事実（ 筆者注 上記①及び②の

認定事実をいう）からすれば、騒音、振動が認められる幹線道路に該当すると認められることから、これに接面する本件宅地の相続税評価額の算定に当たっては、課税実務上の取扱いである利用価値の著しい低下が認められる場合の取扱いの例による減価（10％減）をするのが相当である」（上記**Ⅳ**❸(2)②）としている。

　上記②に掲げる事項は、市街化調整区域内に存し、宅地以外の利用用途も含めて多用途の利用が想定可能な（換言すれば、宅地としての利用が最有効使用の利用であると確定しきれない）土地に対する固定資産税の路線価の設定は、通常、宅地として利用することを前提とした場合に減価要因となる騒音、振動等に係る補正要素を折り込んで設定しているものではないことを示す一例であり、実務上において留意しておきたい部分である。相続税等の土地評価であっても、その事前調査として、固定資産税評価額（その算定の基礎となる固定資産税の路線価を含む）の評定過程を確認しておくことも重要となることが理解される。

❸　広大地の評価方法と利用価値の著しく低下している宅地の評価方法の併用適用の可否

　評価通達24－4（広大地の評価）の定めによれば、広大地（路線価地域に所在する場合）の価額は、原則として、その広大地の面する路線価に、評価通達15（奥行価格補正）から同20－5（容積率の異なる2以上の地域にわたる宅地の評価）までの定めに代わるものとして、広大地補正率（$0.6-0.05\times\frac{広大地の地積}{1,000\text{m}^2}$）を乗じて計算した価額にその広大地の地積を乗じて計算した金額によって評価するものとされている。

　すなわち、評価通達24－4に定める広大地補正率を適用した場合には、同通達の定めでは、下記に掲げる各種補正率の定めは適用されないものとされている。

・評価通達15（奥行価格補正）
・評価通達16（側方路線影響加算）
・評価通達17（二方路線影響加算）
・評価通達18（三方又は四方路線影響加算）
・評価通達20（不整形地の評価）
・評価通達20－2（無道路地の評価）
・評価通達20－3（間口が狭小な宅地等の評価）
・評価通達20－4（がけ地等を有する宅地の評価）
・評価通達20－5（容積率の異なる2以上の地域にわたる宅地の評価）
　（注）　評価通達19の定めは、現在削除されている。

　また、下記に掲げる補正率との重複適用関係についても、それぞれに掲げる評価通達等の取扱いのなかで定められている。

① セットバックを必要とする宅地の評価

　評価通達24－6（セットバックを必要とする宅地の評価）において、「セットバックを必要とする宅地を評価通達24－4（広大地の評価）（筆者注　広大地補正率を適用した場合）により計算した金額によって評価する場合には、セットバックを必要とする宅地の評価の定めは適用しないものとする」と定められている。したがって、広大地補正率とセッ

トバックを必要とする宅地の評価の定めとの重複適用は認められないものとされている。
② 都市計画道路予定地の区域内にある宅地の評価
　平成16年6月29日付けで公開された「『財産評価基本通達の一部改正について』通達のあらましについて（情報）」（資産評価企画官情報第2号）（以下「平成16年情報」という）において、評価対象地である広大地が都市計画道路予定地の区域内にある場合における広大地補正率と都市計画道路予定地の区域内にある宅地の評価の定めの重複適用が容認される旨が明示（下記 資料－6 を参照）されている。

資料－6　平成16年情報に定める広大地補正率と都市計画道路予定地の区域内にある宅地の評価の定めの重複適用関係

> 　都市計画道路予定地となる区域内においては、通常2階建ての建物しか建築できないなどの土地の利用制限を受けることになる。この利用制限については、評価通達上の他の利用制限（例えば、特別高圧線下の土地等）と同様、個々にしんしゃくするのが相当と考えられることから、広大地が都市計画道路予定地内にある場合には、広大地補正率により評価した後、評価通達24－7（都市計画道路予定地の区域内にある宅地の評価）を適用できることとした。

　上記に掲げるような差異（評価通達15から同通達20－5までの各定め及びセットバックを必要とする宅地の評価の定めの適用は広大地補正率を適用した場合には重複適用されないのに対し、都市計画道路予定地の区域内にある宅地の評価の定めは広大地補正率と重複適用が可能）が生じたのは、下記に掲げる理由によるものと考えられる。

(イ) 平成16年に改正された評価通達24－4（広大地の評価）により新たに導入された広大地補正率 $(0.6-0.05\times\frac{広大地の地積}{1,000㎡})$ は、広大地に係る最近の鑑定の評価事例を基に、1㎡当たりの鑑定評価額が評価対象地の正面路線価に占める割合と評価対象地の地積との関係を統計学等の手法に基づいて算定しようとするものであること

(ロ) 上記(イ)に掲げる鑑定評価における開発法では、広大地にセットバック部分がある場合、セットバック部分を潰れ地として有効宅地化率を計算していることから、広大地補正率にはセットバック部分のしんしゃくは織り込み済みと考えることができる。換言すれば、奥行価格補正等の基礎的な画地調整率以外の個別応用的なしんしゃく配慮項目の限界としてセットバック部分のしんしゃくの定めが示されたものと考えられること

(ハ) 都市計画道路予定地の区域内にある宅地の評価の定めは、セットバック部分のしんしゃくの定めに比較して事例的には少なく、上記(イ)に掲げる鑑定の評価事例のうちに都市計画道路予定地の区域内にある宅地であるものは統計学上の有効数に至るまで収集できなかったものと考えられ、当該項目を織り込んで広大地補正率を決定することはできなかったこと

　そうすると、本件裁決事例において国税不服審判所がその適用を容認した利用価値が著

しく低下している宅地に対する課税実務上の取扱い（10％減額）は，都市計画道路予定地の区域内にある宅地の評価の定め以上にきわめて個別的な対応が求められるものであり，当該取扱いを事前にしんしゃくして広大地補正率が定められていると説明することは理論的ではないと筆者は従前から考えていた。

　本件裁決事例は，上記の考え方を実践面から国税不服審判所が認めたもの（前掲計算－2を参照）であり，広大地補正率と利用価値の著しく低下している宅地の評価（10％減額）との重複適用が可能であることを示した貴重な実務先例であると考えられる。

　参考事項等

❶　参考法令通達等

・相続税法22条（評価の原則）
・評価通達15（奥行価格補正）
・評価通達16（側方路線影響加算）
・評価通達17（二方路線影響加算）
・評価通達18（三方又は四方路線影響加算）
・評価通達20（不整形地の評価）
・評価通達20－2（無道路地の評価）（筆者注 平成30年1月1日以後は，評価通達20－3）
・評価通達20－3（間口が狭小な宅地等の評価）（筆者注 平成30年1月1日以後は，評価通達20－4）
・評価通達20－4（がけ地等を有する宅地の評価）（筆者注 平成30年1月1日以後は，評価通達20－5）
・評価通達20－5（容積率の異なる2以上の地域にわたる宅地の評価）（筆者注 平成31年1月1日以後は，評価通達20－7）
・評価通達21（倍率方式）
・評価通達24－4（広大地の評価）（筆者注 平成29年12月31日をもって廃止）
・評価通達24－6（セットバックを必要とする宅地の評価）
・評価通達24－7（都市計画道路予定地の区域内にある宅地の評価）
・利用価値が著しく低下している宅地の評価（課税実務上の取扱い：国税庁タックスアンサー）
・「『財産評価基本通達の一部改正について』通達のあらましについて（情報）」（平成16年6月29日付，資産評価企画官情報第2号）
・「広大地の判定に当たり留意すべき事項（情報）」（平成17年6月17日付，資産評価企画官情報第1号）
・都市計画法5条（都市計画区域）
・都市計画法7条（区域区分）

- 都市計画法29条（開発行為の許可）
- 都市計画法34条（開発許可の基準）
- 都市計画法43条（開発許可を受けた土地以外の土地における建築等の制限）
- 騒音規制法17条（測定に基づく要請及び意見）
- 『標準地の選定要領』の第3　標準地の選定の原則（昭和57年6月16日土地鑑定委員会決定）

❷　類似判例・裁決事例の確認

(1) 市街化調整区域内に所在する雑種地について広大地評価の可否が争点とされた裁決事例（平22.11.9裁決，東裁（諸）平22－102）

　請求人らは，市街化調整区域内に所在する雑種地である本件各土地について，評価通達24－4（広大地の評価）に定める広大地の評価を適用すべきである旨主張する。

　しかしながら，評価通達24－4に定める広大地とは，その地域における標準的な宅地の地積に比して著しく地積が広大な土地で，都市計画法に規定する開発行為を行うとした場合に，公共公益的施設用地として潰れ地が生じる土地を前提としている。そうすると，市街化調整区域内の開発が許可される条例指定区域内に所在しない本件各土地は，開発行為を行うことができない土地であることから，評価通達24－4に定める広大地として評価することはできない。

(2) 倍率地域に所在する雑種地の相続税評価額の算定に当たって，宅地の評価倍率を乗じて算定することの可否が争点とされた裁決事例（平16.3.31裁決，東裁（諸）平15－258）

　請求人らは，倍率地域にある地目が雑種地の本件甲土地の相続税評価額は，固定資産税評価額に評価基準書に定める宅地の倍率1.1を乗じ算出すべきと主張する。

　しかしながら，評価基準書に定める倍率は，固定資産税評価額が地目により差異があるので，それぞれの地目に応じた適正な価額を算出するために定めているのであって，雑種地を宅地に準ずる土地として評価する場合には，雑種地が宅地であるとした場合の価額に宅地の倍率を乗じて評価するのが相当である。

追補1　現行の都市計画法34条（開発許可の基準）

現行における都市計画法34条（開発許可の基準）の規定は，下記のとおりである。

（開発許可の基準）
第三十四条　前条の規定にかかわらず，市街化調整区域に係る開発行為（主として第二種特定工作物の建設の用に供する目的で行う開発行為を除く。）については，当該申請に係る開発行為及びその申請の手続が同条に定める要件に該当するほか，当該申請に係る開発行為が次の各号のいずれかに該当すると認める場合でなければ，都道府県知事は，開発許可をしてはならない。
　一　主として当該開発区域の周辺の地域においては居住している者の利用に供する政令で定める公益上必要な建築物又はこれらの者の日常生活のため必要な物品の販売，加工若しくは修理その他の業務を営む店舗，事業場その他これらに類する建築物の建築の用に供する目的で行う開発行為
　二　市街化調整区域内に存する鉱物資源，観光資源その他の資源の有効な利用上必要な建築物又は第一種特定工作物の建築又は建設の用に供する目的で行う開発行為
　三　温度，湿度，空気等について特別の条件を必要とする政令で定める事業の用に供する建築物又は第一種特定工作物で，当該特別の条件を必要とするため市街化区域内において建築し，又は建設することが困難なものの建築又は建設の用に供する目的で行う開発行為
　四　農業，林業若しくは漁業の用に供する建築物で第二十九条第一項第二号の政令で定める建築物以外のものの建築又は市街化調整区域内において生産される農作物，林産物若しくは水産物の処理，貯蔵若しくは加工に必要な建築物若しくは第一種特定工作物の建築若しくは建設の用に供する目的で行う開発行為
　五　特定農山村地域における農林業等の活性化のための基盤整備の促進に関する法律（平成五年法律第七十二号）第九条第一項の規定による公告があつた所有権移転等促進計画の定めるところによつて設定され，又は移転された同法第二条第三項第三号の権利に係る土地において当該所有権移転等促進計画に定める利用目的（同項第二号に規定する農林業等活性化基盤施設である建築物の建築の用に供するためのものに限る。）に従つて行う開発行為
　六　都道府県が国又は独立行政法人中小企業基盤整備機構と一体となつて助成する中小企業者の行う他の事業者との連携若しくは事業の共同化又は中小企業の集積の活性化に寄与する事業の用に供する建築物又は第一種特定工作物の建築又は建設の用に供する目的で行う開発行為
　七　市街化調整区域内において現に工業の用に供されている工場施設における事業

と密接な関連を有する事業の用に供する建築物又は第一種特定工作物で，これらの事業活動の効率化を図るため市街化調整区域内において建築し，又は建設することが必要なものの建築又は建設の用に供する目的で行う開発行為

八　政令で定める危険物の貯蔵又は処理に供する建築物又は第一種特定工作物で，市街化区域内において建築し，又は建設することが不適当なものとして政令で定めるものの建築又は建設の用に供する目的で行う開発行為

九　前各号に規定する建築物又は第一種特定工作物のほか，市街化区域内において建築し，又は建設することが困難又は不適当なものとして政令で定める建築物又は第一種特定工作物の建築又は建設の用に供する目的で行う開発行為

十　地区計画又は集落地区計画の区域（地区整備計画又は集落地区整備計画が定められている区域に限る。）内において，当該地区計画又は集落地区計画に定められた内容に適合する建築物又は第一種特定工作物の建築又は建設の用に供する目的で行う開発行為

十一　市街化区域に隣接し，又は近接し，かつ，自然的社会的諸条件から市街化区域と一体的な日常生活圏を構成していると認められる地域であつておおむね五十以上の建築物（市街化区域内に存するものを含む。）が連たんしている地域のうち，政令で定める基準に従い，都道府県（指定都市等又は事務処理市町村の区域内にあつては，当該指定都市等又は事務処理市町村。以下この号及び次号において同じ。）の条例で指定する土地の区域内において行う開発行為で，予定建築物等の用途が，開発区域及びその周辺の地域における環境の保全上支障があると認められる用途として都道府県の条例で定めるものに該当しないもの

十二　開発区域の周辺における市街化を促進するおそれがないと認められ，かつ，市街化区域内において行うことが困難又は著しく不適当と認められる開発行為として，政令で定める基準に従い，都道府県の条例で区域，目的又は予定建築物等の用途を限り定められたもの

十三　区域区分に関する都市計画が決定され，又は当該都市計画を変更して市街化調整区域が拡張された際，自己の居住若しくは業務の用に供する建築物を建築し，又は自己の業務の用に供する第一種特定工作物を建設する目的で土地又は土地の利用に関する所有権以外の権利を有していた者で，当該都市計画の決定又は変更の日から起算して六月以内に国土交通省令で定める事項を都道府県知事に届け出たものが，当該目的に従つて，当該土地に関する権利の行使として行う開発行為（政令で定める期間内に行うものに限る。）

十四　前各号に掲げるもののほか，都道府県知事が開発審査会の議を経て，開発区域の周辺における市街化を促進するおそれがなく，かつ，市街化区域内において行うことが困難又は著しく不適当と認める開発行為

追補2　地積規模の大きな宅地の評価について

本件裁決事例に係る相続開始年分は，平成16年である。もし仮に，当該相続開始日が，平成30年１月１日以後である場合（評価通達20－２（地積規模の大きな宅地の評価）の新設等の改正が行われた。以下「新通達適用後」という）としたときの本件宅地（前記計算－２に掲げる国税不服審判所認定額（本件裁決事例による最終的な確定額）を基に算定）に対する同通達の適用は，次のとおりとなる。

(1) 地積規模の大きな宅地の該当性

次に掲げる判断基準から本件宅地が三大都市圏に所在する場合又は三大都市圏以外に所在する場合のいずれにおいても，本件宅地は評価通達20－２（地積規模の大きな宅地の評価）に定める地積規模の大きな宅地に該当する可能性があるものと推定される。

判断基準

要　件	本　件　宅　地				
① 地積要件(注)	三大都市圏に所在する場合	1,208.21㎡≧（評価対象地の地積）　500㎡（三大都市圏に所在する場合の地積要件）∴地積要件を充足		三大都市圏以外に所在する場合	1,208.21㎡≧（評価対象地の地積）　1,000㎡（三大都市圏以外に所在する場合の地積要件）∴地積要件を充足
② 区域区分要件	本件宅地は，基礎事実から市街化調整区域に所在している。しかしながら，認定事実に掲げる本件宅地に対する本件裁決事例に係る相続開始年分（平成16年）当時の開発許可の基準が現行の都市計画法34条（開発許可の基準）10号又は11号に該当するものであるならば，この区域区分要件を充足していることになる。				
③ 地域区分要件	本件宅地に係る地域区分は明示されていないが，本件宅地が被相続人の居住用家屋の敷地に供用されていることから判断すると，工業専用地域以外に所在　∴地域区分要件を充足				
④ 容積率要件	本件宅地に係る指定容積率は，前述図表－７から200％（指定容積率400％未満（東京都の特別区以外の場合）又は同300％未満（東京都の特別区の場合）に該当）　∴容積率要件を充足				
⑤ 大規模工場用地非該当要件	本件宅地は，基礎事実及び認定事実から判断すると，評価通達22－２（大規模工場用地）に定める大規模工場用地には非該当　∴大規模工場用地非該当要件を充足				
⑥ 判断とその理由	三大都市圏に所在する場合	該当する可能性がある（上記③の要件につき，要確認）		三大都市圏以外に所在する場合	該当する可能性がある（上記③の要件につき，要確認）

(注)　本件宅地の所在地は不明である。

(2) 本件宅地の価額（相続税評価額）

本件裁決事例では，本件宅地が評価通達20－２（地積規模の大きな宅地の評価）の適用要件を充足している可能性も考えられる。そこで，本件宅地に同通達の適用があるものと仮定して，本件宅地の価額（相続税評価額）（一部推定値を含む）を算定されると，次のとおりとなる。

区分		本件宅地	
		三大都市圏に所在する場合	三大都市圏以外に所在する場合
標準的な間口距離及び奥行距離を有する宅地であるとした場合の1㎡当たりの価額	①	117,334円	117,334円
奥行価格補正率	②	0.95 (注1)	0.95 (注1)
1㎡当たりの価額（①×②）	③	111,467円	111,467円
不整形地補正率	④	0.95 (注2)	0.95 (注2)
1㎡当たりの価額（③×④）	⑤	105,893円	105,893円
規模格差補正率	⑥	0.76 (注3(イ))	0.78 (注3(ロ))
1㎡当たりの価額（⑤×⑥）	⑦	80,478円	82,596円
地積	⑧	1,208.21㎡	1,208.21㎡
利用価値の著しい低下による減価前の価額（⑦×⑧）	⑨	97,234,324円	99,793,313円
利用価値の著しい低下による減価割合	⑩	0.1	0.1
相続税評価額（⑨×（1－⑩））	⑪	<u>87,510,891円</u>	<u>89,813,981円</u>

(注1) 奥行価格補正率
　　　図表－7において、本件宅地につき「平均奥行き約30m」と表示されているので、奥行距離30m（普通住宅地区）に係る奥行価格補正率を適用している。
(注2) 不整形地補正率
　　　図表－7において、本件宅地につき「やや不整形地」とされ、かつ、図表－6において、個別格差として「不整形地△5」とされていることから、不整形地補正率0.95と仮定した。
(注3) 規模格差補正率
　　(イ) 本件宅地が三大都市圏に所在する場合
$$\frac{1,208.21㎡（評価対象地の地積）\times 0.90+75}{1,208.21㎡（評価対象地の地積）}\times 0.8=0.769 \cdots \Rightarrow 0.76 \left(\substack{\text{小数点以下第2}\\\text{位未満切捨て}}\right)$$
　　(ロ) 本件宅地が三大都市圏以外に所在する場合
$$\frac{1,208.21㎡（評価対象地の地積）\times 0.90+100}{1,208.21㎡（評価対象地の地積）}\times 0.8=0.786 \cdots \Rightarrow 0.78 \left(\substack{\text{小数点以下第2}\\\text{位未満切捨て}}\right)$$

CASE14

評価単位 地目	間口距離 奥行距離	側方加算 二方加算	広大地	農地・山林・原野
雑種地	貸家建付地	借地権 貸宅地	利用価値の低下地	その他の評価項目

土地を評価する場合に地積の求め方（登記簿上の面積、実測図等の面積）及び広大地の判定単位等が争点とされた事例

事例

　被相続人に係る相続開始により、相続人Xが取得した甲土地（3筆から構成され被相続人の自宅敷地に供用）及び乙土地（2筆から構成され被相続人及び相続人Xの趣味であるゲートボール場の用地として利用）（以下、甲土地及び乙土地を併わせて「本件各土地」という）の状況は、図表－1のとおりである。

　また、本件各土地は被相続人に係る相続開始時においては、不動産の登記簿上の地積しか判明していなかったので、より明確な相続財産の掌握を目的として相続開始後（相続税の期限内申告前）に土地家屋調査士に依頼して簡易な（正式な法的手続に基づく隣接地所有者の立会い確認を行っていないとの意味）実測図を作成させている。当該項目も含めて、本件各土地の地目及び地積を一覧表にすると、図表－2のとおりとなる。

　本件各土地の相続税評価額の算定に当たって、相続税に詳しい知人のアドバイスは、次に掲げる3点のとおりとなっているが、このアドバイスを本当に信じてよいのか迷っている。適切な判断を教示していただきたい。

(1) **本件各土地の評価に当たって採用すべき面積の基準**

　土地の評価に当たって、評価通達8（地積）の定めでは全ての土地について実測を要求しているものではなく、また、本件各土地に係る実測図は上掲のとおりきわめて簡易な方法によって作成されたもので、真実の正確な地積を反映しているものとも考えられないので、正式な手続を経て届け出られ、公開されている不動産登記簿上の地積を採用することが最も合理的である。

(2) **本件各土地に係る評価単位**

　本件各土地の課税時期における利用状況（甲土地は被相続人の自宅敷地の用、乙土地は自用のゲートボール場の用地）からすると、本件各土地は自用地として一体利用されているものであり、また、相続人Xが一括して取得していることから1評価単

位として評価すべきである。

(3) 広大地評価の適用

上記(2)より判断すると，本件各土地所在地における都市計画法29条（開発行為の許可）に規定する開発許可面積が1,000㎡以上とされていることから，本件各土地の地積はこの要件に該当し，本件各土地の評価に当たっては，評価通達24－4（広大地の評価）に定める広大地として評価することができる。

図表－1　本件各土地の状況

図表－2　本件各土地の地目及び地積

区分	所在・地番	地目		地積	
		登記簿上	現況	登記簿上	実測図上
甲土地	＊＊＊＊ ＊＊＊＊ ＊＊＊＊	宅地 宅地 宅地	宅地 宅地 宅地	416.52㎡ 209.00㎡ 294.21㎡	地番ごとには，求積していない。
	（合計）	──	──	919.73㎡	942.75㎡
乙土地	＊＊＊＊ ＊＊＊＊	田 田	雑種地 雑種地	507.00㎡ 714.00㎡	地番ごとには，求積していない。
	（合計）	──	──	1,221.00㎡	1,318.95㎡

（平23.6.6裁決，熊裁（諸）平22－13，平成19年相続開始分）

Ⅰ 基礎事実

❶ 請求人は，被相続人に係る相続により，図表－2に掲げる「区分」欄に記載された各土地を取得した（以下，甲土地及び乙土地を併わせて「本件各土地」という）。

なお，本件各土地の位置関係及び接面道路等は，図表－1及び図表－2に掲げるとおりである。

❷ 本件各土地に共通する事項

(1) 本件各土地は，いずれも市街化区域内に所在している。
(2) 本件各土地は，いずれも評価通達11（評価の方式）に定める同通達13（路線価方式）により評価する地域内に所在し，また，同通達14－2（地区）に定める普通住宅地区に属している。

❸ 本件各土地に関する個別事項
(1) 甲　土　地
① 図表－1のとおり，北側市道に面しており，熊本国税局長が定めた平成19年分財産評価基準書（以下「平成19年分評価基準書」という）において，63,000円の路線価（評価通達14（路線価）に定める価額をいう。以下同じ）が付されている。
② 間口距離は41.30m，奥行距離は33.40mの不整形地である。
③ 本件相続開始時において，被相続人が居住する家屋の敷地に供されている。
(2) 乙　土　地
① 図表－1のとおり，二方が市道に面しており，平成19年分評価基準書において，東側市道には58,000円の路線価が付されている。
② 本件相続開始時において，図表－1のとおり，甲土地とは地続きであり，ゲートボール場として使用されている。

❹ ＊＊（筆者注 本件各土地所在地の地方自治体）の市街化区域内において，都市計画法4条（定義）12項に規定する開発行為を行うに当たって，同法29条（開発行為の許可）に規定する開発許可を受けなければならない開発行為の面積（以下「開発許可面積」という）は，1,000m²以上である。

図表－3　争点に関する双方の主張

争　点	請求人（納税者）の主張	原処分庁（課税庁）の主張
(1) 本件各土地の地積は登記簿上の地積か又は本件実測図の面積か	下記に掲げる事由から，本件各土地の地積については，登記簿上の地積によるべきである。 ① 請求人の申告時におけるA調査士への依頼目的は，本件各土地の間口距離及び奥行距離の測定であり，その結果作成された平成19年10月15日付の図面には面積が一切記載されていない。 ② 国税庁のホームページにおいて，全ての土地について実測を要求しているものではない旨の見解が公表されており，申告時において実測面積が判明していないのであるから，調査において当該図面に面積を入れさせ，当該面積を本件各土地の地積として評価することは誤りである。 ③ 相続税の課税に当たっては，隣接地所有者の立会いの下に行われた実測面積に基づき課税するのが相当であるところ，本件各土地の測量にお	下記に掲げる事由から，本件相続開始時における本件各土地の地積は，本件実測図により算出された面積とみることが合理的である。 ① 本件実測図は，請求人及び請求人の二女の立会いの下，正当な資格を有する土地家屋調査士が現地踏査の上で作成し，作成者欄に署名押印しているものであること ② 本件相続開始の前後を通じて，本件各土地の位置及び形状等に変動の事実も認められないことから，隣接地との境界について隣接地所有者の同意がないからといって，本件実測図の客観性が失われるものではないこと

		いては，隣接地所有者の立会いがなされておらず，本件実測図の面積は法務局に登記申請できないものであるから，確定した実測面積とはいえない。	
(2) 本件各土地の評価単位及び広大地評価の可否	① 本件各土地の評価単位 (イ) 土地の地目は全て課税時期の現況によって判定することとし，地目の区分は不動産登記事務取扱手続準則68条（地目）及び同69条（地目の認定）に準じて判定されることとされている。そして，同69条において，テニスコート又はプールについては，宅地に接続するものは地目が宅地に該当する旨定められている。 (ロ) 上記(イ)より，乙土地はゲートボール場として使用されている土地であり，かつ，宅地と接続していることから，テニスコート等と同様に宅地として評価すべきである。 (ハ) 甲土地及び乙土地ともに自用の宅地であるので，他人の権利による制約がなく，その全体を一体として利用することが可能である。 (ニ) 上記より，甲土地及び乙土地は，その全体を1画地の宅地として評価すべきである。 ② 広大地評価の可否 　甲土地及び乙土地の合計地積は2,140.73㎡であり，開発許可面積（1,000㎡）以上であるから，評価通達24－4（広大地の評価）の定めを適用できる。	① 本件各土地の評価単位 (イ) 甲土地及び乙土地の状況についてみると，下記に掲げる事項が認められる。 　㋑ 甲土地は，被相続人の居住用家屋の敷地として利用され，当該敷地の周囲をブロック塀で囲まれた宅地であること 　㋺ 乙土地は，被相続人の生前からゲートボール場として近隣住民も利用し，地区大会の会場としても使用され，また，菜園や庭木が点在している土地であること 　㋩ 両土地の北側において接する市道を経由しなければ両土地相互間において直接出入りすることはできないこと 　㋥ ＊＊（筆者注　本件各土地所在地の地方自治体）の平成19年度固定資産証明書における乙土地の地目は雑種地であること (ロ) 甲土地及び乙土地は，本件相続開始時のおいて，外形上明白に区分された土地として利用されているものと認められ，乙土地は，土地全体としての状況，使用実態等からみて客観的に建物の敷地及びその維持若しくは効用を果たすために必要な土地とは認められないことから，雑種地に該当するものと認められる。 (ハ) 甲土地及び乙土地は，評価通達7（土地の評価上の区分）が例外的に定める「複数地目からなる一体として利用されている一団の土地の場合」に該当するものとは認められない。 (ニ) 上記より，評価上の区分については，甲土地及び乙土地をそれぞれ地目別に区分して評価することが相当であるから，甲土地については1画地の宅地として，また，乙土地については一団の雑種地として評価することが相当である。 ② 広大地評価の可否 　甲土地については，その地積が942.75㎡であり，開発許可面積（1,000㎡）未満であることから，評価通達24－4（広大地の評価）の定めを適用できない。	
(3) 本件各土地の相続税評価額	本件各土地の相続税評価額は，図表－4のとおり，甲土地及び乙土地を1評価単位として算定し，<u>6,052万1,124円</u>（小規模宅地等の計算の特例適用後の価額）となる。	本件裁決事例においては，本件各土地の相続税評価額について原処分庁の主張額は示されていないが，請求人の主張額を超える価額を主張したものと推定される。	

図表－4　本件各土地の相続税評価額（請求人主張額）

土地	相続税評価額	算定根拠
甲土地及び乙土地	60,521,124円	63,000円（正面路線価）×（0.6－0.05×2,140.73㎡/1,000㎡）（広大地補正率）×2,140.73㎡（地積）＝66,484,010円 66,484,010円－［(66,484,010円×919.73㎡/2,140.73㎡)×240㎡/919.73㎡×0.8］＝60,521,124円（小規模宅地等の計算の特例適用後の価額）

❺　A土地家屋調査士（以下「A調査士」という）は，平成19年10月15日（筆者注　相続開始後に該当）付の甲土地及び乙土地を併せたところの実測図を作成した。なお，これらの図面には，本件各土地の面積は記載されていない。

❻　原処分庁は，A調査士が作成した平成21年9月10日付の甲土地及び乙土地の実測図（以下「本件実測図」という）に記載された面積（甲土地942.75㎡，乙土地1,318.95㎡）を本件各土地の面積として評価額を算定した。

II ─ 争　　　点

❶　本件各土地の地積は，登記簿上の地積によるべきか，本件実測図の面積によるべきか。
❷　甲土地及び乙土地は，その全体を1画地の宅地として評価通達24－4（広大地の評価）の定めを適用して評価することができるか否か。
❸　本件各土地の具体的な相続税評価額はいくらになるのか。

III ─ 争点に関する双方（請求人・原処分庁）の主張

争点に関する請求人・原処分庁の主張は，図表－3のとおりである。

IV ─ 国税不服審判所の判断

❶　**争点**(1)（本件各土地の地積は登記簿上の地積か又は本件実測図の面積か）について
(1)　認 定 事 実
①　本件各土地の隣接地の状況
　(イ)　甲土地及び乙土地と北側市道，乙土地と東側市道の間には，境界標が設置されており，その内側にブロック塀が敷設されている。
　(ロ)　甲土地と乙土地の間には，高さ1mのブロック塀が敷設されている。
　(ハ)　甲土地と西側及び南側隣接地の間には，ブロック塀が敷設されている。
　(ニ)　乙土地と西側及び南側隣接地との間には，ブロック塀が敷設されている。
②　A調査士の答述等に基づく本件実測図の作成状況
　(イ)　A調査士は，平成19年10月12日に請求人から依頼を受け，同月14日に本件各土地を測量した。

(ロ)　甲土地及び乙土地については，請求人及び請求人の二女の立会いの下，同人らの指示に基づき測量した。
　(ハ)　甲土地及び乙土地と市道との境界は境界標とし，他の隣接地との境界は，ブロック塀の内側とした。
　(ニ)　平成19年10月14日の測量データに基づき，同月15日付の甲土地及び乙土地を併せたところの実測図を作成し，請求人に交付した。
　(ホ)　上記に掲げる実測図の交付後，請求人から本件各土地の面積が分かる書類が欲しいとの依頼があり，平成19年10月14日のデータに基づき，平成21年9月8日付の甲土地及び乙土地を併せたところの求積図を作成し，請求人に交付した。
　(ヘ)　上記(ホ)の後，請求人から甲土地及び乙土地のそれぞれの面積を表示したものが欲しいとの依頼を受け，平成19年10月14日のデータに基づき，平成21年9月10日付の甲土地及び乙土地の実測図を作成し，請求人に交付した。なお，甲土地と乙土地の境については，請求人からブロック塀とするよう指示を受けた。また，当該ブロック塀は自宅建築の際に敷設したと聞いたので，甲土地の部分に当該ブロック塀を含めて面積を算出した。
③　請求人の二女の答述
　(イ)　甲土地及び乙土地の測量には，請求人と二女が立ち会った。また，本件各土地と隣接地との境界については，隣接地所有者が敷設したブロック塀を境界とし，甲土地と乙土地との境は，昭和43年に自宅を建築した際に水田であった乙土地との境に土留めのためブロック塀を敷設したので，これを境とするようA調査士に指示した。
　(ロ)　本件各土地について，これまで隣接地所有者と境界争いが生じたことはない。
(2)　**法令解釈等**
　評価通達8（地積）は，地積は，課税時期における実際の面積による旨定めているところ，(A)評価の対象となった土地について測量が行われ，実際の地積が明らかである場合には，その実際の地積を基として評価し，(B)測量が行われていない場合には，公簿面積を基として評価するのが相当であると解される。
(3)　**判　　　断**
①　本件実測図における境界は，下記に掲げる事項からすれば，いずれも合理的である。
　(イ)　本件各土地と市道との関係では，境界標の設置及び市道擁壁が敷設されていることから，当該境界標及び擁壁を境界としていること
　(ロ)　本件各土地と他の隣接地との間は，ブロック塀等で画されているところ，当該ブロック塀等は隣接地所有者が敷設したものであり，当該隣接地所有者との間において係争があった事実はなく，当該ブロック塀等を境界としていること
　(ハ)　甲土地及び乙土地の実測図における両土地の境は，被相続人が自宅建築の際に敷設したブロック塀で画され，これを両土地の境としていること
　　そうすると，本件実測図の本件各土地の範囲は，各隣接地所有者との間で事実上争いのないものであることが認められる。

②　本件実測図は，被相続人死亡後の平成19年10月14日の測量に基づき作成されていることが認められるから，本件実測図に記載の本件各土地の面積は，課税時期における実際の面積であると認められる。

③　上記①及び②より，本件各土地の地積は，本件実測図の面積によるべきである。

(4)　請求人の主張について

①　国税庁のホームページの取扱いについて

請求人は，国税庁のホームページにおいて，全ての土地について，実測を要求しているものではない旨の見解が公表されているところ，平成19年10月15日付の図面には面積が一切記載されておらず，申告時において実測面積は判明していないにもかかわらず，調査において当該図面に面積を入れさせ，当該面積を本件各土地の地積として評価することは誤りであるから，本件各土地の地積については，登記簿上の地積によるべきである旨主張する。

しかしながら，請求人は，本件相続に係る相続税の申告前に，A調査士に本件各土地の測量等を依頼し，平成19年10月14日に本件各土地の測量が実施され，本件実測図は，当該測量に基づき作成されているのであるから，登記簿上の地積によるべきとの請求人の主張は採用できない。

②　本件実測図について

(x)請求人は，本件各土地の測量においては，隣接地所有者の立会いがなされておらず，本件実測図の面積は法務局に登記申請できないものであるから，確定した実測面積とはいえず，本件各土地の地積については，登記簿上の地積によるべきである旨主張する。

しかしながら，(y)本件実測図の本件各土地の範囲については，各隣接地所有者との間で事実上争いがないものと認められるから，請求人の主張は採用できない。

❷　争点(2)（本件各土地の評価単位及び広大地評価の可否）について

(1)　認 定 事 実

①　乙土地の出入口は，北側市道1か所（幅約4m）のみである。

②　請求人の二女の審判所に対する答述によれば，乙土地は，被相続人や請求人のゲートボールの友人が集える場所として農地（田）を造成した土地で，近隣住民のゲートボールの練習や地区大会の会場として利用されていた。

(2)　法令解釈等

①　評価通達7（土地の評価上の区分）は，土地の価額は，原則として，課税時期の現況によって判定した地目別に評価するものとし，地目の判定は，不動産登記事務取扱手続準則68条（地目）及び同69条（地目の認定）に準じて行う旨定めている。

また，一体として利用されている一団の土地が2以上の地目からなる場合には，その一団の土地は，そのうちの主たる地目からなるものとして，その一団の土地ごとに評価する旨定めている。

②　不動産登記事務取扱手続準則68条（地目）は，宅地とは，建物の敷地及びその維持若しくは効用を果たすために必要な土地をいう旨定めており，ここでいう建物の維持若し

くは効用を果たすために必要な土地とは，建物の風致又は風水防に要する樹木の生育地及び建物に付随する庭園又は通路等のように，それ自体単独では効用を果たせず，建物の敷地に接続し，建物若しくはその敷地に便益を与え，又はその効用に必要な土地をいうものと解される。

また，建物の維持若しくは効用を果たすために必要な土地に当たるか否かは，その土地の利用目的及び土地全体の現況に応じて判断することが相当であると解される。

③ 雑種地とは，不動産登記事務取扱手続準則68条（地目）の「⑴田」から「㉒公園」までのいずれの地目にも該当しない土地をいう旨定めている。

(3) 判　　断
① 本件各土地の評価単位
　(イ) 不動産登記事務取扱手続準則68条（地目）は，宅地とは建物の敷地及びその維持若しくは効用を果たすために必要な土地と定めているところ，下記に掲げる事項からすると，甲土地と乙土地の利用目的はそれぞれ異なっており，乙土地が同条に定める甲土地上の家屋の維持若しくは効用を果たすために必要な土地と認めることは相当ではないから，乙土地は宅地ではなく，また，同条に定める「⑴田」から「㉒公園」までのいずれの地目にも該当しないことから，雑種地と認められる。
　　㋑ 甲土地と乙土地とは，本件相続開始時において，高さ約1mのブロック塀で明確に区分され，かつ，乙土地の出入口は，北側市道側1か所（幅約4m）のみであり，甲土地と乙土地とは当該市道を経由しなければ，両土地相互間において直接出入りすることはできないこと
　　㋺ 甲土地は，被相続人が居住する家屋の敷地として利用されており，乙土地は，被相続人や請求人のほか，近隣住民もゲートボールの練習場として利用し，また，地区大会の会場としても利用していること
　(ロ) 上記(イ)より，本件相続開始時において，甲土地と乙土地は地続きであるものの，甲土地の地目は宅地であるが，乙土地の地目は雑種地で，地目はそれぞれ異なっており，また，甲土地は被相続人が居住する家屋の敷地として，乙土地はゲートボール場としてそれぞれが別個に利用されており，両土地が一体として利用されていた事実も認められないことから，甲土地及び乙土地の評価に当たっては，土地の価額は，地目の別に評価するという原則を適用して，甲土地及び乙土地は，それぞれ別に評価するのが相当である。
　(ハ) 上記(イ)及び(ロ)より，甲土地及び乙土地は，その全体を1画地の宅地として評価通達24−4（広大地の評価）の定めを適用することはできない。
② 広大地評価の可否
　評価通達24−4（広大地の評価）に定める広大地に該当するというためには，評価対象地が，開発許可面積（1,000㎡）以上の土地であることを要するところ，甲土地の面積は942.75㎡であることから，甲土地については同通達を適用することはできない。
(4) 請求人の主張について

図表－5　本件各土地の相続税評価額（国税不服審判所認定額）

土地	相続税評価額	算　定　根　拠
甲土地	43,588,545円	63,000円（正面路線価）×0.96（※奥行価格補正率）＝60,480円 ［※奥行距離33.40mの奥行価格補正率　0.96］ 60,480円×0.96（※不整形地補正率）＝58,060円 ［※0.96（不整形地補正率表の補正率）×1.00（間口狭小補正率）］ 58,060円×942.75㎡（地積）＝54,736,065円 54,736,065円－（54,736,065円×240㎡/942.75㎡×0.8）＝43,588,545円（小規模宅地等の計算の特例適用後の価額）
乙土地	44,376,478円	63,000円（正面路線価）×（0.6－0.05×1,318.95㎡/1,000㎡）（広大地補正率） ×1,318.95㎡（地積）＝44,376,478円

　請求人は，不動産登記事務取扱手続準則69条（地目の認定）において，テニスコート又はプールについては，宅地に接続するものは地目が宅地に該当する旨定められていることからすれば，乙土地はゲートボール場として使用されている土地であり，かつ，宅地と接続していることから，テニスコート等と同様に宅地として評価し，甲土地及び乙土地の全体を1画地の宅地として評価すべきである旨主張する。

　しかしながら，甲土地及び乙土地が地続きの土地であったとしても，上記のテニスコートやプールと宅地の例のように両土地が接続しているというためには，両土地が物理的に接続しているというだけではなく，両土地間に仕切りがなく，自由に往来でき，双方を一体的に利用している場合をいうものと認められるところ，乙土地は，甲土地と高さ約1mのブロック塀で明確に区分され，甲土地と乙土地相互間においては直接出入りをすることができず，両土地が一体として利用されていた事実が認められないのであるから，請求人の主張は採用できない。

❸　本件各土地の価額について

　上記❶及び❷のとおり，本件相続における本件各土地の課税価格の算定に際しては，地積は本件実測図の面積により，また，甲土地及び乙土地はそれぞれ宅地及び雑種地として別々に評価することとなる。これにより本件各土地の相続税評価額を計算すると，図表－5のとおり，甲土地は4,358万8,545円（小規模宅地等の計算の特例適用後の価額），乙土地は4,437万6,478円(注)となる。

（注）　国税不服審判所が判断したこれらの本件各土地の価額は，原処分庁が主張する価額を上回っており，結果として，本件裁決事例においては，請求人の主張は理由がないものとして棄却された。

本件裁決事例のキーポイント

❶　地積（「実際の面積」の解釈）

(1) 評価通達8（地積）の定めとその解釈

　評価通達8（地積）において，「地積は，課税時期における実際の面積による」と定め

られている。ここで留意しておきたいのは，土地評価において適用すべき地積は，「実際の面積」であり，「実測による面積」という表現がなされていないということである。

上記に掲げる実際の面積と実測による面積の違い及び実務適用上の解釈として，課税庁担当者の執筆による定評ある実務啓蒙書として位置付けられている谷口裕之編『財産評価基本通達逐条解説』（大蔵財務協会）の平成25年版において，次のとおりの解説をしている。

> 解　説
> ① 評価通達8（地積）において，土地の地積を「実際の面積」によることとしているのは，固定資産税の土地課税台帳地積と実際地積が異なるものについては，実際地積によることとする基本的な考え方を打ち出したものであって，すべての土地について，実測を要求しているものではない。
> ② 実務上の取扱いとしては，特に縄延の多い山林等について，航空写真による地積の測定，その地域における平均的な縄延割合の適用等の方法によって，実際地積を把握することとし，それらの方法によっても，その把握ができないもので，台帳地積によることが他の土地との評価の均衡を著しく失すると認められるものについて，実測を行うことになる。

また，現在はその適用が停止（平成9年分から当分の間，停止）されている地価税における土地評価（地価税の課税対象とされる土地の価額は，相続税，贈与税の場合と同様に評価通達の定めを適用して算定するものとされている）に係る「地積」の解釈についても，地価税の運用当時に，「土地等の面積については正しい面積により申告しなければならないのはもちろんであるが，だからといって改めて保有地の全部について測量士による実測を求めるものではなく，取得の際の資料を参考とするなど，何らかの方法で適正な申告がなされればよいと考える」（地価税一問一答集：国税庁）との見解を示している。

本件裁決事例においても，国税不服審判所は法令解釈等として，評価の対象となった土地について測量が行われ，実際の地積が明らかである場合には，その実際の地積を基として評する（上記Ⅳ❶(2)(A)部分）としている。

ところで，本件裁決事例においては，本件実測図（本件各土地の測量に当たって，隣接地所有者の立会いがなされておらず法務局に適法に登記申請できない精度に留まる確定した実測面積が算定されたとは認定し難い実測図）の作成水準をもって，その有効性を否認し登記簿上の地積によるべきことを請求人は主張（上記Ⅳ❶(4)②(X)部分）している。

しかしながら，当該主張は，本件実測図の本件各土地の範囲（隣接関係）において，各隣接地所有者との間で境界等の問題が生じることなく事実上の争いがないことをもって排斥（上記Ⅳ❶(4)②(Y)部分）されている。そうすると，本件実測図のような簡易な（少なくとも，法務局に登記申請を行う水準に達していない）測量図面をもって実際の面積とする場合には，当該簡易な測量図面より土地の境界を定めるとしたならば，各隣接地所有者との間で争いが生じないことが推定されるものである必要があろう。

なお，本件裁決事例において，国税不服審判所は法令解等として，測量が行われていない場合には，公簿面積を基として評価するのが相当である（上記Ⅳ❶(2)(B)部分）としている。しかしながら，上記に掲げる課税庁担当者による実務書の 解　説 ②にも示されているとおり，実際の面積をまずは把握するものとし，当該把握が不能な場合において，台帳地積によることが他の土地との評価の均衡を著しく失すると認められるものについては実測を行うことが相当であると考えられる。

したがって，測量が行われていない場合には直ちに公簿面積によることが相当とされるのではなく，台帳地積による評価を行うことの合理性の担保が確認されることが必要と考えられ，この部分に関しては，筆者は国税不服審判所の法令解釈等に賛意を寄せることはできない。

　　(注)　公簿面積を基としての文章中の「基として」の用語が縄延割合等を使用して適切に調整を図るという意であれば，筆者の上記の指摘は当てはまらないことになることを念のために申し添えておく。

(2)　地積に関する実務上の留意点
① 　実測による地積が確認できると考えられる場合

次に掲げるような土地については，実測による当該土地の地積が比較的容易に確認できる（理由　当該土地の実測図を作成する必然性が生じる）ことから，当該土地の評価に当たっての実際の面積の解釈は，実測による地積となる。

　(イ)　分筆したことがある土地（ただし，当該分筆が相当以前に行われた場合の残地である土地が評価対象地である場合を除く）
　(ロ)　実測精算により取得した土地
　(ハ)　資産価額の査定や隣地との境界確認のため最近測量した土地
　(ニ)　実測精算により譲渡した土地
　(ホ)　相続税を納税するために物納をした土地

② 　地積の測定方法（水平面積と傾斜面積）

土地の面積の測定方法には水平面積を求める方法と傾斜面積を求める方法とがある。不動産登記法における土地の地積及び建物の床面積並びに建築基準法上の敷地面積及び建物の床面積については水平面積（対象地である土地を真上から見たときの面積を指す）によるものとされている。

なお，山林の地積についても，その地上に存する立木は地上から垂線的に生育するものであること，また，植樹の密度は一般的に傾斜面積の多寡に関係しないことからも，水平面積によることが相当であると考えられる。

③ 　台帳地積と実際地積が異なる場合の倍率方式による評価

土地を倍率方式で評価する場合において，台帳地積と実際地積とが異なるときには，原則として，当該評価対象である土地の実際の地積に対応する固定資産税評価額を仮に算定し，当該仮の固定資産税評価額に当該評価対象である土地の地目に応ずる評価倍率を乗じて評価額を算出するものとされている。これを算式で示すと次のとおりとなる。

<算　式>

$$\begin{array}{c}\text{評価対象地の固定資産税評価額が実際地積に}\\\text{応じて改訂されたものとした場合の価額}\end{array} \times \begin{array}{c}\text{評価対象地の地目に}\\\text{応ずる評価倍率}\end{array}$$

ただし，特段の支障がない限り，評価の簡便性の観点から上記に掲げる原則的な評価方法に代えて，次に掲げる算式によって算定した価額によって評価することも認められるべきものと考えられる。

<算　式>

$$\begin{array}{c}\text{評価対象地の}\\\text{固定資産税評価額}\end{array} \times \dfrac{\text{実際の地積}}{\text{土地課税台帳上の地積}} \times \begin{array}{c}\text{評価対象地の地目}\\\text{に応ずる評価倍率}\end{array}$$

(注)　土地の固定資産税評価額は，原則として，土地課税台帳に登録されている地積（台帳上の地積）に基づいて算定されるものとなっている。

❷　土地の評価上の区分

評価通達7（土地の評価上の区分）の定めでは，土地の価額は下記に掲げる区分（一つの原則的な取扱いと二つの特例的な取扱いの合計3区分）に応じて評価するものとされている。

(1)　原則的な取扱い

土地の価額は，次に掲げる地目の別に評価するものとされている。

---

①宅地，②田，③畑，④山林，⑤原野，⑥牧場，⑦池沼，⑧鉱泉地，⑨雑種地

なお，具体的な地目の判定は，原則として，不動産登記事務取扱手続準則68条（地目）及び同69条（地目の認定）（下記 参考資料 を参照）に準じて行うものとされている。

参考資料　不動産登記事務取扱手続準則68条（地目）及び同69条（地目の認定）

（地目）

第68条　次の各号に掲げる地目は，当該各号に定める土地について定めるものとする。この場合には，土地の現況及び利用目的に重点を置き，部分的にわずかな差異の存するときでも，土地全体としての状況を観察して定めるものとする。

(1)　田　　農耕地で用水を利用して耕作する土地
(2)　畑　　農耕地で用水を利用しないで耕作する土地
(3)　宅地　建物の敷地及びその維持若しくは効用を果すために必要な土地
(4)　学校用地　校舎，附属施設の敷地及び運動場
(5)　鉄道用地　鉄道の駅舎，附属施設及び路線の敷地
(6)　塩田　海水を引き入れて塩を採取する土地
(7)　鉱泉地　鉱泉（温泉を含む。）の涌出口及びその維持に必要な土地
(8)　池沼　かんがい用水でない水の貯留池
(9)　山林　耕作の方法によらないで竹木の生育する土地

⑽　牧場　家畜を放牧する土地
⑾　原野　耕作の方法によらないで雑草，かん木類の生育する土地
⑿　墓地　人の遺体又は遺骨を埋葬する土地
⒀　境内地　境内に属する土地であって，宗教法人法（昭和26年法律第126号）第3条第2号及び第3号に掲げる土地（宗教法人の所有に属しないものを含む。）
⒁　運河用地　運河法（大正2年法律第16号）第12条第1項第1号又は第2号に掲げる土地
⒂　水道用地　専ら給水の目的で敷設する水道の水源地，貯水池，ろ水場又は水道線路に要する土地
⒃　用悪水路　かんがい用又は悪水はいせつ用の水路
⒄　ため池　耕地かんがい用の用水貯留池
⒅　堤　防水のために築造した堤防
⒆　井溝　田畝又は村落の間にある通水路
⒇　保安林　森林法（昭和26年法律第249号）に基づき農林水産大臣が保安林として指定した土地
(21)　公衆用道路　一般交通の用に供する道路（道路法（昭和27年法律第180号）による道路であるかどうかを問わない。）
(22)　公園　公衆の遊楽のために供する土地
(23)　雑種地　以上のいずれにも該当しない土地

（地目の認定）
第69条　土地の地目は，次に掲げるところによって定めるものとする。
⑴　牧草栽培地は，畑とする。
⑵　海産物を乾燥する場所の区域内に永久的設備と認められる建物がある場合には，その敷地の区域に属する部分だけを宅地とする。
⑶　耕作地の区域内にある農具小屋等の敷地は，その建物が永久的設備と認められるものに限り，宅地とする。
⑷　牧畜のために使用する建物の敷地，牧草栽培地及び林地等で牧場地域内にあるものは，すべて牧場とする。
⑸　水力発電のための水路又は排水路は，雑種地とする。
⑹　遊園地，運動場，ゴルフ場又は飛行場において，建物の利用を主とする建物敷地以外の部分が建物に附随する庭園に過ぎないと認められる場合には，その全部を一団として宅地とする。
⑺　遊園地，運動場，ゴルフ場又は飛行場において，一部に建物がある場合でも，建物敷地以外の土地の利用を主とし，建物はその附随的なものに過ぎないと認められるときは，その全部を一団として雑種地とする。ただし，道路，溝，堀その他により建物敷地として判然区分することができる状況にあるものは，これを区分して宅地としても差し支えない。

(8) 競技場内の土地については，事務所，観覧席及びきゅう舎等永久的設備と認められる建物の敷地及びその附属する土地は宅地とし，馬場は雑種地とし，その他の土地は現況に応じてその地目を定める。

(9) テニスコート又はプールについては，宅地に接続するものは宅地とし，その他は雑種地とする。

(10) ガスタンク敷地又は石油タンク敷地は，宅地とする。

(11) 工場又は営業場に接続する物干場又はさらし場は，宅地とする。

(12) 火葬場については，その構内に建物の設備があるときは構内全部を宅地とし，建物の設備のないときは雑種地とする。

(13) 高圧線の下の土地で他の目的に使用することができない区域は，雑種地とする。

(14) 鉄塔敷地又は変電所敷地は，雑種地とする。

(15) 坑口又はやぐら敷地は，雑種地とする。

(16) 製錬所の煙道敷地は，雑種地とする。

(17) 陶器かまどの設けられた土地については，永久的設備と認められる雨覆いがあるときは宅地とし，その設備がないときは雑種地とする。

(18) 木場（木ぼり）区域内の土地は，建物がない限り，雑種地とする。

(2) 特例的な取扱い

① 一体利用の一団の土地が2以上の地目からなる場合

一体として利用されている一団の土地が2以上の地目からなる場合には，その一団の土地は，そのうちの主たる地目からなるものとして，その一団の土地ごとに評価するものとされている。この取扱いを例示すると，図表－6のとおりとなる。

図表－6の事例のゴルフ練習場用地等のように一体として利用されている一団の土地が2以上の地目からなる場合に，土地の評価原則である上記(1)に掲げる地目別評価に固執すると，その一団の土地をそれぞれの地目（事例の場合には，宅地と雑種地）ごとに区分して評価することとなる。そうすると，一体として利用されていることによる効用が評価額に反映しなくなり，かえって不合理な結果が生じることが考えられる。

|考え方| 芝生部分（雑種地）と建物部分（宅地）の存する土地の地目は異なるものの，ゴルフ練習場の場合には，芝生部分の利用が主で，建物部分の利用が従であると考えられることから，全体を雑種地とする一団の土地として評価することが相当とされる。

② 隣接する2以上の地目の土地を一団地として評価する場合

市街化調整区域以外の都市計画区域で市街地的形態を形成する地域（参考資料として，図表－7を参照）において，次に掲げる土地の評価区分（地目）について，いずれか2以上の地目の土地が隣接しており，その形状，地積の大小，位置等から判断してこれらを一団として評価することが合理的と認められる場合には，その一団の土地ごとに評価するものとされている。

図表－6 一体利用の一団の土地が2以上の地目からなる場合（例示）

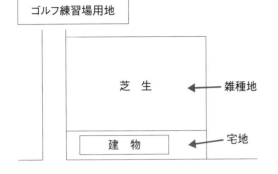

図表－7 市街化調整区域以外の都市計画区域で市街地的形態を形成する地域（簡略なイメージ）

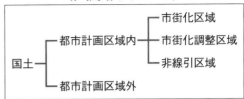

(イ) 評価通達40（市街地農地の評価）の定めにより評価する市街地農地（ただし，評価通達40－3（生産緑地の評価）に定める生産緑地に該当するものを除く。下記(ロ)において同じ）
(ロ) 評価通達40－2（広大な市街地農地等の評価）の定めにより評価する市街地農地
(ハ) 評価通達49（市街地山林の評価）の定めにより評価する市街地山林
(ニ) 評価通達49－2（広大な市街地山林の評価）の定めにより評価する市街地山林
(ホ) 評価通達58－3（市街地原野の評価）の定めにより評価する市街地原野
(ヘ) 評価通達58－4（広大な市街地原野の評価）の定めにより評価する市街地原野
(ト) 評価通達82（雑種地の評価）の定めにより評価する宅地と状況が類似する雑種地

上記に掲げる取扱いが定められた理由は，次に示すとおりと考えられる。

(A) 宅地化が進展している地域のうちに介在する市街地農地等，市街地山林及び市街地原野並びに宅地と状況が類似する雑種地（これらの土地は一般に，「宅地見込地」又は「宅地予備地」と称される）が隣接している場合，その規模，形状，位置関係等から判断して，これらの土地を一団の土地としてその価額が形成される事例があること
(B) 上記(A)に掲げる土地は，近隣に所在する宅地の価額の影響を強く受けるため，その評価は，原則として，宅地比準価額方式によるものとされており，評価通達に定める評価方法がいずれも同一であること

なお，上記に掲げる隣接する2以上の地目の土地を一団地として評価する場合の取扱いの適用に当たっては，当該取扱いの適用対象地目が，一定の要件を充足した農地，山林，原野及び雑種地であることを前提としており，宅地（建物の敷地及びその維持若しくは効用を果たすために必要な土地）は，この取扱いの対象とされていないことに留意する必要がある。その理由としては，上記に掲げる一定の要件を充足した農地，山林，原野及び雑種地のような宅地見込地（又は宅地予備地）とすでに宅地として造成完了している土地との間には，当然に土地の取引価額に関して価額形成要因に差異が生じ，かつ，評価通達上における評価方法にも差異（宅地は路線価方式又は倍率方式により評価，宅地見込地（又は宅地予備地）は原則として宅地比準価額方式により評価）があることに配慮したものと

●図表－8　本件各土地に対する評価区分について特例的な取扱いの適用の有無

特例的な取扱いの区分	適用の有無	判断の理由
一体利用の一団の土地が2以上の地目からなる場合の特例	無	被相続人の居住用家屋の敷地である宅地（甲土地）とゲートボール場用地として使用されている雑種地（乙土地）とは，それぞれが別個のものとして利用されているから，一体利用とは認められない。
隣接する2以上の地目の土地を一団地として評価する場合の特例	無	この特例の適用対象地目から宅地は除外されている。そうすると，甲土地の地目は宅地とされることから，この取扱いの適用はない。

考えられる。

(3) 本件裁決事例の場合

本件裁決事例の場合，甲土地は被相続人の自宅敷地の用に供されていることから宅地，乙土地は被相続人及び相続人X達が利用するゲートボール場の用に供されているとのことであるから，建物の敷地及びその維持若しくは効用を果たすために必要な土地には該当せず，地目として雑種地として取り扱われることが相当と考えられる。

そうすると，上記(1)に掲げる原則的な取扱い（地目別の評価）を適用するのであれば，本件各土地は，たとえ同一人（相続人X）が取得したとしても，甲土地（宅地）及び乙土地（雑種地）は地目が異なることから2評価単位となる。

次に，上記(2)に掲げる特例的な取扱い（地目別評価の例外的な取扱い）の適用の有無についても検討する必要があるが，これに関しては図表－8に掲げるとおり，その適用がないことが理解される。

したがって，本件各土地については，上記(1)に掲げる原則的な取扱いたる「地目別の評価」を適用することが相当とされ，甲土地及び乙土地は，それぞれ異なる評価単位の土地として評価することが相当とされる。

❸ 広大地評価の適用可否

(1) 広大地の判定単位と土地の評価単位との関係

広大地の評価に関する最近の論点として急速にクローズアップされているものに，評価対象地が評価通達に定める広大地に該当するか否かを判定するに当たって，当該判定単位を評価通達に定める評価単位と一致させる必要性があるのかという論点がある。この点について，評価通達及び資産評価企画官情報等においてこれを明確化した定めは設けられていないが，本件裁決事例において，上記 Ⅳ ❷(3)②に掲げるとおり，甲土地の面積（942.75 m²）と開発行為の許可面積（1,000m²以上）とを比較して，甲土地は広大地に該当しないと判断している。すなわち，「評価通達に定める広大地に該当するか否かの判定単位＝評価通達に定める土地（宅地）の評価単位」という関係式が成立していることに留意する必要がある（同旨の裁決として，平22.11.12裁決，熊裁（諸）平22－5（**CASE3**において紹介済み）があるので，併せて参照されたい）。

(2) 甲土地の評価に関する論点

前掲図表－5によれば，甲土地（面積942.75m²）の相続税評価額（国税不服審判所認定

計算-1　面積942.75㎡で広大地に該当しない場合

　　（正面路線価）　（奥行価格補正率）
・63,000円 ×　　0.96　　＝60,480円
　　　　　　　　（不整形地補正率）
・60,480円×　　　0.96　　＝58,060円
　　　　　　　（地　積）　（相続税評価額）
・58,060×942.75㎡＝<u>54,736,065円</u>

計算-2　面積1,000㎡で広大地に該当する場合

　（正面路線価）（広大地補正率）　（地　積）　（相続税評価額）
・63,000円 ×　0.55(注)　×1,000㎡＝<u>34,650,000円</u>

　（注）　広大地補正率
　　　　　$0.6 - 0.05 \times \dfrac{1,000㎡}{1,000㎡} = 0.55$

額，小規模宅地等の課税特例適用前）は，<u>5,473万6,065円</u>（計算-1を参照）となっている。もし仮に，甲土地の地積が1,000㎡で評価通達に定める広大地の評価が可能であればその評価額は，<u>3,465万円</u>（計算-2を参照）となる。

　そうすると，面積が1,000㎡の場合には広大地の評価が認められるとの前提に立つと，面積が942.75㎡の場合と比較して，面積が増加したにもかかわらず，その評価額は相当低くなることが理解される。この論点には非常に興味深いものがある。

Ⅵ　参考事項等

❶　参考法令通達等

・評価通達7（土地の評価上の区分）
・評価通達8（地積）
・評価通達24-4（広大地の評価）　筆者注 平成29年12月31日をもって廃止）
・国税庁ホームページ（質疑応答事例（財産の評価））「実際の地積」によることの意義
・地価税一問一答集（国税庁）
・谷口裕之編『財産評価基本通達逐条解説』〔平成25年版〕（大蔵財務協会）
・国税不服審判所裁決事例（平22.11.12裁決，熊裁（諸）平22-5）
・都市計画法4条（定義）12項
・都市計画法29条（開発行為の許可）
・不動産登記事務取扱手続準則68条（地目）
・不動産登記事務取扱手続準則69条（地目の認定）

❷　類似判例・裁決事例の確認

(1)　土地売却検討時に地積確認のために実際に測量した図面の地積を実際の面積とすることの可否が争点とされた事例（平23.9.5裁決，福裁（諸）平23-3）

　請求人は，本件土地の評価に当たり，登記簿上の地積によるべきである旨主張する。
　しかしながら，土地の価額を決定する場合の地積は，課税時期における実際の面積によるところ，本件土地の登記簿地積は，それぞれ異なる時期に作成された地積測量図に基づくものであるのに対し，本件土地の評価に係る資料として相続税の申告書に添付された「区画参考図」（本件参考図）は，請求人が平成13年ころに本件土地の一部の売却を検討していた際に，地積の確認のために実際に測量した際に作成されたものであり，審判所におい

て，本件土地を実際に検分し，本件参考図における測点を確認したところ，本件参考図における測点と同じ場所に隣接する土地との境界杭又は測量標が確認され，その測点の位置からすると土地の形状もほぼ本件参考図の形状に一致したことからすると，本件土地の実際の面積は，課税時期に最も近い時点の実測面積である本件参考図の地積が正しいものと確認されるから，本件土地の評価は本件参考図の地積によるのが相当である。

(2) 評価対象地の地積について国土調査法に基づく土地の測量により求められた数値を採用することの可否が争点とされた事例（平23.8.10, 東裁（諸）平23－33）

請求人らは，本件土地の評価に当たっては，固定資産税評価証明書に記載されている課税地積354.51㎡を採用すべきである旨主張する。

しかしながら，相続税法22条（評価の原則）の規定は，取得された財産の客観的交換価値に基づいて課税する趣旨を明らかにしたものと解すべきであり，評価通達8（地積）が取得された土地の実際の地積によりその評価額を算定すべきであるとするのも同様の趣旨によると考えられる。したがって，相続，遺贈又は贈与により取得された土地の実際の面積（実測面積）が把握できる以上，課税庁はその面積に基づいて当該土地の価額を算出し，課税をなすべきである。

そして，本件は，本件贈与日の時点では，すでに，国土調査法に基づく地積調査事業として行われた本件測量により，本件土地の実際の地積は450.73㎡であることが明らかとなっていたのであるから，本件土地の評価に当たって基礎とすべき地積は450.73㎡であり，原処分庁が本件土地の実測面積に基づいて本件更正処分を行ったことに違法はない。

追補　地積規模の大きな宅地の評価について

本件裁決事例に係る相続開始年分は，平成19年である。もし仮に，当該相続開始日が，平成30年1月1日以後である場合（評価通達20－2（地積規模の大きな宅地の評価）の新設等の改正が行われた）としたときの甲土地及び乙土地に対する適用は，次のとおりとなる。

(1) 地積規模の大きな宅地の該当性

次に掲げる 判断基準 から甲土地（三大都市圏以外に所在）については，評価通達20－2（地積規模の大きな宅地の評価）に定める地積規模の大きな宅地に該当しない。しかしながら，乙土地（三大都市圏以外に所在）については，同通達に定める地積規模の大きな宅地に該当する可能性が極めて高いものと推定される。

判断基準

要件	甲土地	乙土地
① 地積要件(注)	942.75㎡（評価対象地の地積） < 1,000㎡（三大都市圏以外に所在する場合の地積要件） ∴地積要件を未充足	1,318.95㎡（評価対象地の地積） ≧ 1,000㎡（三大都市圏以外に所在する場合の地積要件） ∴地積要件を充足
② 区域区分要件	甲土地及び乙土地は，基礎事実から市街化区域（市街化調整区域以外）に所在 ∴区域区分要件を充足	
③ 地域区分要件	甲土地及び乙土地に係る区域区分は明示されていないが，甲土地が被相続人の自宅敷地の用に供されていることから判断すると工業専用地域以外に所在 ∴地域区分要件を充足	
④ 容積率要件	甲土地及び乙土地に係る指定容積率は明示されていないが，基礎事実から判断すると指定容積率400％未満（東京都の特別区の場合以外）に該当するものと推定される。 ∴容積率要件を充足しているものと推定	
⑤ 地区区分要件	甲土地及び乙土地は，基礎事実から普通住宅地区に所在 ∴地区区分要件を充足	
⑥ 判断とその理由	非該当 （上記①の要件を未充足）	該当可能性が極めて高いと推定 （上記④に掲げる容積率要件について要確認）

(注) 甲土地及び乙土地については，三大都市圏以外に所在することが確認されている。

(2) 規模格差補正率の算定

本件裁決事例では，乙土地の価額の計算に必要な奥行価格補正率等の数値資料が不明であるため，新通達適用後の価額（相続税評価額）を算定することはできない。そこで，参考までに規模格差補正率を求めると，次のとおりとなる。

$$\frac{1,318.95㎡（評価対象地の地積）\times 0.90 + 100}{1,318.95㎡（評価対象地の地積）} \times 0.8 = 0.780 \cdots \Rightarrow 0.78 \begin{pmatrix} 小数点以下第2 \\ 位未満切捨て \end{pmatrix}$$

CASE15

| 評価単位 地目 | 間口距離 奥行距離 | 側方加算 二方加算 | 広大地 | 農地・山林・原野 |
| 雑種地 | 貸家建付地 | 借地権 貸宅地 | 利用価値の低下地 | その他の評価項目 |

評価対象財産の種類（不動産，不動産取得資金）及びその評価方法（評価通達の適用，取得価額相当額で評価）等が争点とされた事例

事 例

　被相続人甲は，平成B年9月＊日に相続の開始があった。同人の相続開始に至る経過は下記のとおりである。

- 平成A年6月頃……身体的には健康であったが，加齢に伴って認知症の症状が認められるようになった。
- 平成B年7月4日……＊＊の病気（生命に関わる重大な疾病）を治療するため，α病院に入院した。
- 平成B年7月18日……上記のα病院において，手術を受けた。
- 平成B年9月3日……上記のα病院から，他のβ病院に転院したが，その後退院することはなかった。
- 平成B年9月＊日……β病院にて，被相続人甲は死亡した。

　被相続人甲に係る唯一の推定相続人である相続人乙（被相続人甲の養子）は，平成B年7月に被相続人甲が生命に関わる重大な疾病で入院した頃から，近い将来，相当な資産家である被相続人甲に係る相続開始に伴って高額な相続税負担が生じる可能性が高いことに危惧を抱くようになった。

　そこで，このことを相続税に詳しいと称する知人に相談したところ，被相続人甲名義の預金をもって同人名義で不動産を購入し，相続開始時までに相続税の課税対象財産を預金（預入高を基礎に100％課税される財産）から不動産（評価の安全性を考慮して，路線価方式又は倍率方式によって時価よりも低目に課税される財産）に転換しておけば，相当の相続税対策になるとの助言を受けた。

　そこで，相続人乙は，平成B年8月4日付で次に掲げる内容の不動産（マンション）の購入契約を被相続人甲名義で締結（被相続人甲に係る病状は上記に掲げるとおりであるから，実際の購入契約は，被相続人甲が相続人乙に対して，当該購入契約に必要とされる全ての権限を委任する旨の委任状（ただし，当該委任状も相続人乙が作

成したもの）をもって行われている）した。

- 不動産（マンション）購入価額……2億9,300万円
- 手付金……3,000万円（購入契約締結時に支払う旨約定されており、実際に被相続人甲名義の預金口座より出金し、支払われている）
- 残代金……2億6,300万円（残代金は平成B年8月24日までに支払う旨約定されており、当該残代金の支払と引換えに買主に所有権が移転するものとされている）

そして、平成B年8月16日には、被相続人名義の預金口座よりの引出金をもって上記に掲げる残代金の支払が行われたため、本件購入不動産（マンション）の名義を被相続人甲とする所有権移転登記が行われた。

被相続人甲に係る相続開始（平成B年9月＊日）によって、当該マンションは相続人乙が相続により取得したが、同人はマンションの所有に何らの関心もなく、また、本来的には被相続人甲に係る相続税対策の目的をもって一時的に被相続人甲名義で取得することが主眼であり、当該目的が遂行された後には、もはや不要物であるとして、平成C年7月23日付で他者に2億8,500万円で譲渡してしまった。

このような経過のもとで、被相続人甲に係る相続税の課税関係を考慮する場合の各種の留意点（(1)評価対象財産は不動産そのもの（現物）か又は不動産取得資金であるのか。(2)不動産取得資金であるのであれば贈与により取得したものとみなされることになるのか。(3)不動産そのもの（現物）であるのであればその評価方法は評価通達の定めを適用して評価すればよいのか又は評価通達の定めによらない特別な評価方法を採用することが必要とされるのか）について教示されたい。

なお、本件購入不動産（マンション）の購入価額は2億9,300万円であるが、これを被相続人甲に係る相続開始年分である平成B年分に適用される評価通達に基づいて評価すると、5,801万8,224円（内訳 土地4,118万1,124円、建物1,683万7,100円）となる。

（平23.7.1裁決、東裁（諸）平23－1、平成19年相続開始分）

（注1） 本件裁決事例は相当範囲にわたって不開示とされた部分があるため、一部、筆者の推定によって記載した箇所があることを了知されたい。

（注2） 上記に掲げる年分と当該裁決事例に示されている年分との対応関係は、下記のとおりである。

- 平成A年 ➡ 平成18年
- 平成B年 ➡ 平成19年
- 平成C年 ➡ 平成20年

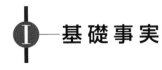

I 基礎事実

❶ 被相続人甲の状況及び相続関係等

(1) 平成19年7月4日，被相続人甲は，＊＊，＊＊及び＊＊の診断名で，α病院に入院した。

(2) 平成19年7月18日，被相続人甲は，α病院において＊＊（筆者注 手術と推定される）を受けた。

(3) 平成19年9月3日，被相続人甲は，β病院に転院したが，その後退院することなく，平成19年9月＊日に死亡した。

(4) 被相続人甲に係る相続人は，請求人（被相続人の養子である相続人乙）のみである。

❷ 本件マンション取得の経緯

(1) 平成19年8月4日付で，被相続人甲名義で，＊＊（筆者注 売主）との間で，図表－1記載のマンション（以下「本件マンション」という）につき，図表－2に掲げるとおりの売買契約（以下「本件売買契約」という）が締結された。

(2) 平成19年8月15日，＊＊（筆者注 金融機関名）の被相続人甲名義の普通預金口座から，918万1,746円（筆者注 仲介手数料と推定される）が振込みにより，＊＊（筆者注 仲介業者と推定される）に支払われた。

(3) 平成19年8月16日，本件マンションにつき，被相続人甲への所有権移転登記が経由された。なお，同日，＊＊（筆者注 金融機関名）の被相続人甲名義の普通預金口座から残代金等の金額合計2億6,320万1,614円(注)が＊＊（筆者注 売主）等に支払われた。

(注) 本件売買契約に規定された残代金との間の差額20万1,614円（2億6,320万1,614円－2億6,300万円）は，固定資産税等相当額の売主及び買主間の約定の基づく精算金と推定される（366頁 参考資料 を参照）。

❸ 本件マンションの相続登記

平成19年11月13日，請求人は，本件マンションにつき，相続を原因とする所有権移転登記を行った。

❹ 本件マンションの売却の経緯

(1) 平成20年2月2日付で，請求人と＊＊（筆者注 仲介業者）との間で，媒介価額を3億2,800万円とする，本件マンションの一般媒介契約が締結された。

(2) 平成20年7月23日付で，請求人と＊＊（筆者注 買主）との間で，本件マンションを買主に対して代金2億8,500万円で売却する旨の売買契約が締結された。

図表－1　購入契約したマンション（物件目録）

〔土地〕		〔建物〕	
所　　在	＊＊＊＊	所　　在	＊＊＊＊
地　　番	＊＊＊＊	家屋番号	＊＊＊＊
地　　目	宅地	建物の名称	＊＊＊＊
地　　積	16,649.47㎡	種　　類	居宅
共有持分	1億分の102452	構　　造	鉄骨造1階建
		床 面 積	30階部分 91.59㎡

図表－2　本件売買契約の要旨

売買金額：	293,000,000円
手付金：	30,000,000円(注)
残代金：	263,000,000円
	（平成19年8月24日支払）

(注) 手付金は，本件売買契約において本件売買契約締結時に支払うものと定められており，実際に，平成19年8月2日，＊＊（筆者注 金融機関名）の被相続人甲名義の定期預金口座から，額面3,000万円の持参人払式小切手が振り出され，当該小切手により支払われている。

(3) 平成20年7月24日，上記(2)に掲げる買主は，本件マンションにつき，売買を原因とする所有権移転登記を行った。

II 争　点

❶ 本件において相続税の課税対象とされるものは何か（(1)本件マンション（現物）そのものが相続財産とされるのか，(2)本件マンション取得資金の贈与があったとみなされて生前贈与加算の対象とされるのか）。

❷ 仮に，本件マンション（現物）が相続財産であるとされた場合の評価方法（(1)評価通達の定めによって評価するのか，(2)評価通達によらないことが正当として是認されるような特別な事情があるのか）

❸ 上記❷を前提とした場合に具体的な相続税評価額はいくらになるのか。

III 争点に関する双方（請求人・原処分庁）の主張

争点に関する請求人・原処分庁の主張は，図表－3のとおりである。

図表－3　争点に関する双方の主張

争　点	請求人（納税者）の主張	原処分庁（課税庁）の主張
(1) 本件において相続税の課税対象とされるものは何か	下記に掲げる事項からすると，本件において相続税の課税対象とされる財産は，本件マンションである。 ① 被相続人甲は，入院前から入院中にかけて，請求人に対し，本件マンションの購入を指示し，請求人は，被相続人甲の指示に基づき，被相続人甲の手足となって本件マンションを購入したのであるから，本件マンションの購入の効果は被相続人甲に帰属する。 ② 仮に，上記①に該当しないとしても，請求人は，被相続人甲から本件マンションの購入につき委任を受けている。そして，以下の理由から被相続人甲に意思能力があったことは明らかであり，上記委任契約は有効に成立しているから，本件売買契約の効力は被相続人甲に帰属する。 (イ) 被相続人甲は，平成19年9月8日夕方，最後の遺言をしており，その時まで意思能力があった。 (ロ) ＊＊（筆者注 診療内科系の疾病名と推定される）の患者の意思能力の有無は精神科医等の専門医が行うものであり，素人が判断で	下記に掲げる事項からすると，請求人は，相続税法9条（贈与又は遺贈により取得したものとみなす場合）に規定する利益を受けたというべきである（筆者注 上記の利益は，相続税法9条（相続開始前3年以内に贈与があった場合の相続税額）の規定により，相続税の課税価格に加算されることになる）。 ① 被相続人甲が，＊＊，＊＊，＊＊，＊＊，＊＊，＊＊，＊＊，＊＊（筆者注 被相続人甲に係る疾病の状況と推定される）からすれば，平成18年10月6日以降，被相続人甲には意思能力が欠缺していたと認められる。 ② 上記①により，請求人を被相続人甲の代理人とする旨の平成19年7月20日付の委任状（以下「本件委任状」という）や関係者の申述の信ぴょう性には疑問があるから，被相続人甲から請求人に対し本件マンション購入の委任があったとは認められない。 ③ 請求人は，被相続人甲にあたかも本件マンションの購入意思があったかのように本件委任状を作成し，これに基づき，本件相続税の節税を意図して被相続人甲の財産を現金から本件マンションに化体させたものと認められる。 したがって，被相続人甲の相続財産中，本件マンションの相続税評価額の部分について

	きるものではない。	は，本件マンションの取得に充当した現金として評価するのが相当である。 ④ 請求人が本件マンションの取得資金に充てるため被相続人甲名義の預金から払い戻した金員については，当該金員は当該口座から払い戻された時点で被相続人甲の支配下から完全に離れ，請求人が自由に費消できる状態にあったと認められることから，相続税法9条に規定する請求人が受けた利益に当たるというべきである。
(2) 仮に本件マンションが相続財産であるとされた場合の評価方法	本件は，租税負担の公平を著しく害することが明らかであるとして評価通達によらないことが相当と認められる場合には該当しないから，本件マンションの評価はあくまでも評価通達に基づいて行われるべきである。 　仮に，本件マンションについて評価通達に基づかない評価が行われるとすれば，マンションを相続した他の納税者と異なる方法によって評価されることとなり，公平ではない。	被相続人甲の相続財産中，本件マンションについては，本件マンションを取得した経緯から評価通達の定めによって評価することは相当でない。 　したがって，<u>本件マンションの取得に充当した現金として評価するのが相当である</u>。
(3) 本件マンションの具体的な相続税評価額	相続財産は本件マンションであり，その評価額は評価通達に基づき評価した価額である<u>5,801万8,224円</u>（筆者注 内訳：土地4,118万1,124円，建物1,683万7,100円）とすべきである。	筆者注 　課税庁は，上記(2)の___部分のとおり主張しているが，本件裁決書ではその具体的な金額の記載はない。ちなみに，被相続人甲名義の口座から出金された上記(2)の___部分に該当すると推定される金額を揚げると下記のとおり， 　3億238万3,360円となる。 　①H19.8/2 出金　30,000,000円（手付金） 　②H19.8/15出金　9,181,746円（仲介手数料） 　③H19.8/16出金　263,201,614円（残代金等） 　　　（合計）　　302,383,360円

国税不服審判所の判断

❶ 争点(1)（本件において相続税の課税対象とされるものは何か）について

(1) 認 定 事 実

① 被相続人甲は，平成18年6月ころからは，＊＊（筆者注 初期段階の認知症と推定される）（以下Ⅳにおいて，＊＊の後の（　）書きは，筆者の推定によるものである）の症状が認められるようになった。

② 被相続人甲は，平成19年4月ころ，自宅で転倒し，＊＊（歩行困難）となったことから，主治医の紹介を受け，平成19年7月4日に，＊＊（機能回復）目的で，α病院に入院したところ，＊＊（生命に関わる重大な疾病）が見つかった。

③ 被相続人甲は，平成19年7月18日，α病院において，＊＊（手術）を受けた。

④ 被相続人甲は，平成19年9月3日，α病院からβ病院に転院した。

⑤ 被相続人甲は，平成19年＊月＊日（9月某日），β病院において死亡した。

> 留意点
>
> 本件裁決事例は，国税不服審判所よりの情報開示文書に基づいているが非公開とされた部分が多く判読が困難な部分が多岐にわたる。推定となるが，被相続人甲は，平成18年6月ころには認知症の発症が認められ，少なくとも平成19年においては意思能力（認識能力，判断能力）を喪失していたものと考えられる。

(2) 解　釈

意思能力とは，自己の行為の法的な結果を認識・判断することができる能力をいい，意思能力の有無は，個々の具体的な法律行為について，当該事実関係のもとに，行為者の年齢，知能などの個人差その他の状況を考慮して，実質的・個別的に判断するのが相当である。

(3) 当てはめ

① 被相続人甲の請求人に対する本件マンション購入に関する委任の有無について

　(イ) 判　断

　　上記(1)に掲げるとおり，被相続人甲は，平成18年6月ころからは＊＊（初期段階の認知症）が認められ，そして，遅くとも，本件売買契約の話が始まったと請求人が主張する平成19年初めの時点ではすでに，＊＊（症状の進行により重度の認知症となり意思能力を喪失していた）と認めるのが相当である。

　　したがって，請求人が被相続人甲の本件マンションの購入の意思を確認した上で，本件委任状を作成し，本件マンションの購入に至ったという事実があったとは認められない。

　(ロ) 請求人の主張について

　　㋑ 請求人は，被相続人甲は，平成19年9月8日夕方，最後の遺言をしており，その時まで意思決定をすることができた，被相続人甲は，入院前から入院中にかけて請求人に対し本件マンションの購入を指示していた等と主張する。

　　　しかしながら，被相続人甲は，平成18年6月ころより＊＊（認知症）の症状が認められ，平成19年4月ころからは，＊＊（認知症の症状が悪化したことを示す事項）にかんがみれば，被相続人甲が平成19年春に請求人に不動産購入の指示をすることができたとは考え難く，請求人の主張は信用できない。

　　㋺ 請求人は，本件売買契約締結に関し，本件委任状があることからも被相続人甲が請求人に本件マンションの購入を委任したことは明らかである旨主張する。そして，本件委任状における被相続人甲の署名は，請求人の記載によるものであり，同委任状の末尾に，手書きで「司法書士＊＊（氏名）立会の元で，確認，署名す」と記載されており，請求人は，＊＊（司法書士）が被相続人甲に「本件マンション購入に当たって私に登記を委任されますか」と聞いたところ，被相続人甲は任せる旨返事をし，その後の件について話そうとしたら＊＊（司法書士）の言葉をさえぎって「あ

とは＊＊（君）に任せるから」とはっきり態度を示した旨，本件被相続人の病室で＊＊（仲介業者）を立会わせて請求人を代理人とする趣旨の本件委任状を作成した旨申述する。

しかしながら，＊＊（仲介業者）の申述によれば，＊＊（仲介業者）が＊＊（日付）に被相続人甲を訪れた際は被相続人甲に説明できるような状況ではなかったこと，＊＊（仲介業者）は，本件委任状については知らず内容も分からないことが認められ，そうすると，請求人が被相続人甲の病室で＊＊（仲介業者）を立ち合わせて本件委任状を作成したとする請求人の申述は信用できない。

ⓒ 請求人は，平成19年８月１日に，＊＊（仲介業者）が来て被相続人甲に重要事項の説明をしたが，同日付の重要事項説明書には，被相続人甲名義の署名，押印がなされていることからも，被相続人甲が請求人に対し，本件マンション購入を委任していたことは明らかである旨主張し，＊＊（仲介業者）も，被相続人甲に重要事項説明を行ったところ，被相続人甲は，「うん」とか「はい」といった旨申述する。

しかしながら，被相続人甲の＊＊（認知症）の症状に照らすと，平成19年８月１日当時，被相続人甲が重要事項の説明を受けて＊＊（内容を理解した事実）があったとは認め難い。さらに，被相続人甲は平成19年７月の時点で，＊＊（自署が不可能な状況）にあったこと，重要事項説明書の被相続人名義の署名の筆跡が請求人の筆跡に酷似すること，被相続人甲の印として押印された印影が，請求人が平成20年２月２日に＊＊（仲介業者）との間で締結した一般媒介契約書に請求人の印として押印された印影と同一であることにかんがみれば，被相続人甲が，重要事項の内容を理解し，自ら重要事項説明書に署名押印したとは考え難く，請求人の申述は信用できない。

② 本件売却契約の効力について

(ｲ) 判　　断

上記①のとおり，被相続人甲が請求人に対し，本件マンションの購入に関する委任をした事実は認められず，本件委任状が作成されているとしても，被相続人甲は意思無能力者であったから，当該委任契約は無効である。

そうすると，請求人が被相続人甲の代理人として行った本件売買契約は無権代理行為となる。

しかしながら，請求人は，上記❶❶(4)のとおり，被相続人甲の唯一の推定相続人であるところ，無権代理人である請求人は，本人である被相続人甲の資格において無権代理行為の追認拒絶権を行使することは信義則上認められないから，無権代理行為は当然有効となり，本人である被相続人甲が自ら本件売買契約をしたのと同様の法律上の地位を生じることとなる。

したがって本件マンションは，本件相続の相続財産となるから，本件マンションの取得に充当した現金を相続財産であるとする原処分庁の主張は，その前提において誤っているものといわざるを得ない。

(ロ) 原処分庁の主張について

　原処分庁は，本件マンションの購入に当たり，請求人が被相続人甲から相続税法9条（贈与又は遺贈により取得したものとみなす場合）に規定する利益を受けたと主張する。

　しかしながら，原処分庁が，請求人が本件被相続人から贈与を受けたと主張する金員は，前記❶❷のとおり，全て被相続人甲名義での本件マンションの購入及び仲介手数料等の付帯費用の支払に充てられており，被相続人甲の預金が被相続人甲名義の本件マンションの購入代金等に充てられたものにすぎないから，本件マンションの購入に当たり，請求人が被相続人甲から相続税法9条に規定する利益を受けた事実はなく，この点に関する原処分庁の主張には理由がない。

❷　争点(2)（仮に本件マンションが相続財産であるとした場合の評価方法）

(1)　認定事実

①　本件マンションの購入目的は，相続税の節税のためである。

②　本件マンションの購入価額は2億9,300万円であり，本件マンションを評価通達に基づいて評価すると，土地4,118万1,124円，建物1,683万7,100円の合計5,801万8,224円である。

③　被相続人甲名義で本件マンションを購入してから，請求人が＊＊（買主）に本件マンションを譲渡するまでの間，被相続人甲が本件マンションを訪れたことはなく，請求人がたまに窓を開け，水を流しに行く程度で本件マンションを利用した事実は一切ない。

④　請求人は，被相続人甲死亡の約4か月後には本件マンションの売却を依頼する一般媒介契約を締結した。

⑤　請求人は，本件マンションをなかなか売却できず，本件マンションを＊＊（買主）に2億8,500万円で売却した。

⑥　本件マンションの近傍に所在する国土利用計画法施行令9条（基準地の標準価格）1項に規定する基準地の価格動向は，平成19年7月1日ないし平成20年7月1日の間において，対前年比プラス3.03％ないしマイナス1.96％であり，ほぼ横ばいの状況にある。

(2)　法令解釈等

　相続税法22条（評価の原則）は，相続財産の価額は，特別に定める場合を除き，当該財産の取得の時における時価によるものと規定しており，ここでいう時価とは，相続開始時における財産の現況に応じ，不特定多数の当事者間で自由な取引が行われる場合に通常成立すると認められる価額，すなわち客観的な交換価値をいう。

　しかしながら，財産の客観的交換価値は必ずしも容易に把握されるものではないから，課税実務上は，財産評価の一般的基準が評価通達によって定められ，原則として，これに定められた画一的な評価方式によって相続財産を評価することとされている。

　そして，上記通達に定められた評価方式が合理的なものである限り，これが形式的に全ての納税者に適用されることによって租税負担の実質的な公平をも実現することができる。しかし，課税手続における形式的平等を貫くことにより，かえって納税者間の実質的な租税負担の公平を害することとなる場合には，形式的平等を犠牲にしても，実質的な税負担

の平等の実現を図るべきであり，具体的な相続財産の価額の評価について，評価通達によらないことが正当として是認されるような特別な事情がある場合には，評価通達によらず，他の合理的な方式によってこれを評価することが相続税法22条の法意に照らして当然に許されるものというべきである。

(3) 当てはめ

① 判　断

上記❶の基礎事実及び上記(1)の認定事実が認められることからすれば，請求人は，評価通達による不動産評価額が実勢価格よりも低く，本件マンションの購入価額（2億9,300万円）と本件マンションの評価額（5,801万8,224円）との差額が多額であることを認識しながら，当該差額2億3,498万1,776円について，本件相続税の課税価格を圧縮し相続税の負担を回避するために，＊＊（認知症のために），自己の行為の結果を認識するに足る能力を欠いていた被相続人甲の名義を無断で使用し，本件売却契約に及んだものであることは，これを優に認めることができる。

そして，このような場合に，評価通達に基づき本件マンションを評価することは，相続開始日前後の短期間に一時的に財産の所有形態がマンションであるにすぎない財産について実際の価値とは大きく乖離して過少に財産を評価することとなり，納税者間の実質的な租税負担の平等を害することとなるから，上記の事情は，評価通達によらないことが正当として是認されるような特別の事情に該当するというべきである。

上記のとおり，本件マンションは評価通達の定めによらず，他の合理的な方法による評価が許されるものと解するのが相当である。

② 請求人の主張について

請求人は，本件につき，評価通達によらずに評価することは，他の納税者との公平を害する旨主張する。

しかしながら，上記(2)のとおり，課税手続における形式的平等を貫くことにより，かえって納税者間の実質的な租税負担の公平を害することとなる場合には，実質的な租税負担の平等の実現のために，評価通達によらないでこれを評価することが正当として是認されるような特別な事情があると判断されるのであるから，請求人の主張には理由がない。

❸ 争点(3)（本件マンションの相続税評価額）

下記に掲げる事項からすると，本件相続開始時における本件マンションの時価は，取得価額とほぼ同等と考えられるから，本件マンションは<u>2億9,300万円</u>と評価するのが相当である。

(1) 被相続人甲の本件マンション取得時（平成19年8月）と本件相続開始時（平成19年9月）が近接していること
(2) 被相続人甲の本件マンションの取得時の金額が2億9,300万円であること
(3) 請求人から本件マンションを取得した＊＊（買主）が売却を依頼した時点（平成20年7月及び同年8月）の媒介価額は，3億1,500万円であること

筆者注　＊＊（買主）は，請求人から本件マンションを取得するとほぼ同時に転売を目的と

して不動産業者に売却を依頼している。
(4) 本件マンションの近隣における＊＊（基準地の表示）の基準地の価格は，上記❷(1)⑥のとおり，本件相続開始日の前後においてほぼ横ばいであること

■本件裁決事例に附帯する論点（重加算税の賦課決定処分の可否）

本書は，財産（主に土地）評価に関する項目を検討しているが，本件裁決事例においてはこれに関連し附帯する争点項目として，重加算税賦課決定処分の適否がある。当該争点についても併せて検討してみたい。

❶ 概　要

本件裁決事例における請求人の行為（被相続人甲の名義を用いて請求人の行為により被相続人名義の預金口座から出金し，被相続人甲名義で本件マンションを取得し結果的に相続財産の価額の圧縮効果が得られた一連の事実関係）が，国税通則法68条（重加算税）に規定する隠ぺい又は仮装行為に該当するとして請求人に重加算税を賦課決定したことの可否が争点とされた。

参考資料　国税通則法68条（重加算税）の規定の概要

> 国税通則法68条（重加算税）1項は，同法65条（過少申告加算税）1項の規定に該当する場合において，納税者がその国税の課税標準等又は税額等の計算の基礎となるべき事実の全部又は一部を隠ぺいし，又は仮装し，その隠ぺいし，又は仮装したところに基づき納税申告書を提出していたときは，当該納税者に対し，政令で定めるところにより，過少申告加算税の額の計算の基礎となるべき税額に係る過少申告加算税に代え，当該基礎となるべき税額に100分の35の割合を乗じて計算した金額に相当する重加算税を課す旨規定している。

❷ 重加算税の賦課決定処分に対する双方（請求人・原処分庁）の主張

争点に関する請求人・原処分庁の主張は，図表－4のとおりである。

❸ 国税不服審判所の判断

(1) 法令解釈等

国税通則法68条（重加算税）1項は，納税者がその国税の課税標準等又は税額等の計算の基礎となるべき事実の全部又は一部を隠ぺいし，又は仮装し，その隠ぺいし，又は仮装したところに基づき納税申告書を提出していたときに，当該納税者に対し，重加算税を賦課する旨規定している。

そして，重加算税を賦課するためには，納税者が課税標準等又は税額等の計算の基礎となる事実の全部又は一部を隠ぺいし，又は仮装し，その隠ぺい，仮装行為を原因として過少申告の結果が発生したものであることを要する。

(2) 当てはめ

請求人は，相続税の軽減を目的として，被相続人甲の有効な委任がないまま被相続人甲

図表－4　争点に関する双方の主張

争点	請求人（納税者）の主張	原処分庁（課税庁）の主張
重加算税賦課決定処分の可否	請求人は，本件被相続人の指示に基づいて本件マンションの購入手続を行ったものであり，国税通則法68条（重加算税）1項に規定する「国税の課税標準等又は税額等の計算の基礎となるべき事実の全部又は一部を隠ぺいし，又は仮装した」事実はないことから，重加算税を賦課した本件賦課決定処分は違法である。	請求人は，あたかも被相続人甲が本件マンションを取得する意思があったものとして，本件委任状を請求人自身が作成の上，被相続人甲名義で本件マンションを取得することにより，被相続人甲の財産を現金から本件マンションに化体させ相続財産の価額を圧縮したものであり，請求人の当該行為は，国税通則法68条（重加算税）1項に規定する「納税者がその国税の課税標準又は税額等の計算の基礎となるべき事実の全部又は一部を隠ぺいし，又は仮装し，その隠ぺいし，又は仮装したところに基づいて納税申告書を提出していたとき」に該当するから，重加算税の賦課は相当であり，本件賦課決定処分は適法である。

名義の預金を払い戻し，被相続人甲名義で本件マンションを購入したものである。

しかしながら，相続税の申告において，請求人の納付すべき税額が過少となったのは本件マンションの評価通達に基づく評価額とその実勢価額に開差があることにより生じたものであり，請求人の上記行為によって直ちに生じたものではない。

(3) 結　論

上記(1)及び(2)より，上記請求人の行為をもって課税標準等又は税額等の計算の基礎となるべき事実を隠ぺい又は仮装したとまで評価することはできず，請求人に対する重加算税賦課決定処分は，違法であるといわざるを得ない。

他方，本件マンションの評価額が過少であったことに相当する本件相続税に係る増加税額については，国税通則法65条（過少申告加算税）4項に規定する正当な理由があるとは認められないので，本件賦課決定処分は，過少申告加算税相当額を超える部分の金額について取り消すのが相当である。

参考資料　資産の譲渡対価（本体価額）以外に収受する固定資産税等相当額の精算金の取扱い

民間における不動産取引では，売主に納税義務が課されている固定資産税等に係る課税対象期間（その年4月1日から翌年3月31日までを計算期間とする年度基準を採用する場合が多い）のうち，実質的には新所有者である買主が負担することが相当とされる期間に対応する金額（下記算式により算定）を譲渡資産の譲渡対価とは別個に収受する事例を数多く見受けられる。

＜算　式＞

売主に課税された資産の譲渡年分の固定資産税等の額 × (資産の譲渡の日の翌日から課税対象期間の末日までの期間に対応する日数) / (課税対象期間の日数（365日又は366日）)

固定資産税等相当額の精算金の税務上の取扱い

(1) 売主（旧所有者）

取扱い　譲渡不動産に係る譲渡所得の総収入金額に算入

参考裁決　不動産の譲渡に際して収受した未経過固定資産税等相当額は，譲渡所得の金額の計算上総収入金額に算入することが相当と判断された事例（平14.8.29裁決）

　　譲渡所得の課税は，資産の値上がりによりその資産の所有者に帰属することとなった増加益を，当該資産が譲渡される機会をとらえて所得として把握しようとするものであり，その資産の価値ないし値上がり益は，その際に得られた対価によって顕現したものと見ることができるから，それに基づき算定するのが相当である。そして，ここにいう「対価」は，その名称のいかんにかかわらず，資産の譲渡に基因し，それと因果関係のある給付であれば足りるものと解するのが相当であるから，請求人の主張する未経過固定資産税等相当額も，本件土地の売却に基づいて受領したものである以上，形式的に総収入金額に該当することは明らかである。

(2) 買主（新所有者）

取扱い　取得不動産に係る取得価額に算入

参考裁決　土地の取得に際して売主に支払った固定資産税等に相当する金額は当該土地の取得価額に算入することが相当と判断された事例（平13.9.3裁決）

　　不動産売買契約書には，本件土地の対価のほか，本件土地の引渡し後の固定資産税等についても買主が負担する旨記載されているが，買主である請求人は地方税法上の納税義務者ではないから，固定資産税等として市町村に納付するのではなく，固定資産税等の負担なしに本件土地を所有することができる対価として，固定資産税等に相当する金額を売主に支払うものといえる。したがって，請求人が負担すべき本件土地に係る固定資産税等に相当する金額は，本件土地の取得のために実質的に欠かせない費用であるから，これを「資産の購入のために要した費用」として購入の代価に加算するのが相当である。

本件裁決事例のキーポイント

❶ 本件マンションの購入主体者の認定

　本件裁決事例における時間的な経過と被相続人甲の病状及び相続人乙の行動をまとめると，図表－5のとおりとなる。

　本件マンションは，確かに，被相続人甲名義で売買契約が締結（被相続人甲は買主の立場）され，かつ，被相続人甲名義の普通預金口座から取得に必要な資金（本件マンション本体の取得対価，仲介手数料）が捻出されているが，国税不服審判所の判断では，被相続

図表－5　本件裁決事例のあらまし（主要なもの）

		平成18年	平成19年						平成20年		
被相続人甲	時期	6月頃	7月4日	7月18日			9月3日	9月*日			
	病状等	加齢に伴う認知症の症状が発生	＊＊等の診断名でα病院に入院	α病院において手術(推定)を受ける			α病院からβ病院へ転院	β病院において相続開始			
相続人乙	時期				8月4日	8月15日	8月16日		11月13日	2月2日	7月23日	7月24日
	行動等				被相続人甲名義で本件マンションの売買契約を締結	被相続人甲名義の普通預金口座から仲介手数料を支払	本件マンションの名義を被相続人甲に移転（代金支払）		本件マンションにつき相続を原因とする所有権移転登記	媒介価額3億2,800万円とする一般媒介契約を締結	代金2億8,500万円で売却する旨の売買契約を締結	買主は本件マンションにつき売買を原因とする所有権移転登記

　人甲は，平成18年6月ころは認知症の発症が認められ，少なくとも平成19年初めの時点（本件マンションの売買契約が被相続人甲名義により締結され，被相続人甲名義の普通預金口座から購入資金が出金されたのは平成19年8月であることから，この時点よりも後のこととなる）ではすでに，意思能力（認識能力・判断能力）を喪失していたと認めるのが相当であるとされている。

　そして，請求人（相続人乙）が被相続人甲の本件マンションの購入の意思を確認した上で，本件委任状を作成し，本件マンションの購入に至ったという事実があったとは認められないとして，本件マンションの第一義的な購入主体者として，被相続人甲が存在することはあり得ないものと判断されている。

　そうすると，本件裁決事例のように，被相続人名義で不動産の売買契約（取得契約）が締結され，かつ，被相続人名義（厳密にいえば，被相続人に帰属する）預金口座から資金が拠出されている場合であっても，当該不動産の取得契約時における被相続人の健康状態次第では，当該不動産の購入主体が被相続人と認定されないこともあり得るとの認識が必要とされる。したがって，事例への適切な対応に当たっては，図表－5に掲げるように時系列的に被相続人の病状等と相続人の行動等を一覧形式でまとめて確認することも重要な手法の一つであると考えられる。

> 補足
>
> 　そもそも，本件裁決事例においては，被相続人甲名義の不動産（本件マンション）が存在することを確認すること自体，容易なものではないと考えられる。すなわち，図表－5に掲げるとおり，被相続人甲名義（登記名義）による本件マンションの所有期間は，平成19年8月16日から同年11月12日までであり，図表－6に掲げるとおり，固定資産税の課税台帳（名寄帳）には，結果として一度も被相続人甲の名義は記載されないことになる。

図表－6　本件マンションに対する固定資産税課税台帳の記載

年　分	固定資産税課税台帳の記載	備　考
平成19年分	平成19年8月4日付の本件マンションの売買契約に係る売主（被相続人甲にはならない）名義	固定資産税の納税義務者は，その年1月1日現在における固定資産税の課税台帳（土地建物の登記簿に従って作成される）上の所有者に課税されるのが原則である。
平成20年分	平成19年11月13日付で相続登記により所有権を取得した相続人乙（被相続人甲にはならない）名義	

　したがって，本件マンションの財産認識に当たっては，(1)相続人等の関係者に対する事情聴取，(2)被相続人の相続財産とされる金融資産（預金，有価証券等）の相続開始前における資金異動の状況　等を分析することによってのみ可能であり，相続実務における相続財産の発見能力が問われるところでもある。

❷　相続税法9条(みなし贈与)の適用の可否

　本件裁決事例において原処分庁は，「請求人が本件マンションの取得資金に充てるため被相続人甲名義の預金から払い戻した金員については，<u>(x)当該金員は当該口座から払い戻された時点で被相続人甲の支配下から完全に離れ，請求人が自由に費消できる状態にあったと認められる</u>ことから，<u>(Y)相続税法9条に規定する請求人が受けた利益に当たるというべきである</u>」（前掲図表－3の原処分庁（課税庁）の主張欄(1)④）と主張している。

　これを検討するに，相続税法9条（贈与又は遺贈により取得したものとみなす場合）は，要旨として，「同法4条から8条までを除くほか，<u>(Z)対価を支払わないで，又は著しく低い価額の対価で利益を受けた場合</u>においては，当該利益を受けた時において，当該利益を受けた者が，当該利益を受けた時における当該利益の価額に相当する金額を当該利益を受けさせた者から贈与により取得したものとみなす」と規定している。

　そうすると，本件裁決事例において請求人（相続人乙）に相続税法9条のみなし贈与の規定を適用するための課税要件事実として，請求人（相続人乙）が「対価を支払わないで，又は著しく低い価額の対価で利益を受けた場合」（上記(Z)部分）に該当することが必要とされるところ，本件マンションの取得資金に充てるために被相続人甲名義の預金から払い戻された金員は，全て被相続人甲名義での本件マンションの購入代金及び仲介手数料等の付帯費用の支払に充てられており，被相続人甲の預金をもって被相続人甲名義で本件マンションの購入がされたにすぎないこととなる。

　したがって，本件マンションの購入に当たって，請求人が被相続人甲から相続税法9条に規定する利益を受けた（上記(Y)部分）事実は認められず，相続税法9条の規定を適用するための課税要件事実は成立していないこととなり，この点を指摘して原処分庁の主張を排除した国税不服審判所の判断は相当性を有するものとして評価されるべきものである。

　なお，原処分庁はその主張において，当該金員は当該口座から払い戻された時点で被相続人甲の支配下から完全に離れ，請求人が自由に費消できる状態にあったと認められる（上記(X)部分）として，請求人が受けた利益に該当する（上記(Y)部分）としているが，当該主

張は下記に掲げる事項を基に総合勘案すると，その相当性は担保されていないものと考えられる。

(1) 相続税法9条（贈与又は遺贈により取得したものとみなす場合）の規定を適用して，相続税の更正処分を行う場合に，当該課税処分を行うことの相当性に関する立証挙証責任は原処分庁（課税庁）にあること

(2) 相続税法9条の規定の適用が相当性を有するためには，課税要件事実として，結果的な受益（課税対象者とされる者が贈与の意思表示の有無及び贈与契約の有無にかかわらず，結果として利益を受けることをいう）を立証挙証する責任が原処分庁（課税庁）にあること

(3) 原処分庁（課税庁）の上記(x)部分の主張では，被相続人甲名義の預金を請求人が払戻しただけで結果的な受益が成立していることになるが，当該払い戻された金員が被相続人甲のためのみに費消される（例えば，被相続人甲の入院費の支払）ことも想定されることから，当該払い戻された金員の具体的な費途を立証挙証することなく，被相続人甲名義の預金管理者である請求人の結果的な受益を認定することは困難であると考えられること

❸ 本件マンションが相続財産とされたことについて

(1) 意 思 能 力

本件裁決事例では，本件マンションの購入時における被相続人甲の意思能力の有無が争点（課税庁は意思能力が欠缺していたと主張し，一方，請求人は意思能力があったことは明らかであるとそれぞれ主張している）とされている。

そして，国税不服審判所においては，意思能力の意義及び意思能力の有無の判断基準に関して図表－7のとおりの解釈基準を示し，結果として，課税庁の主張を容認する判断を示している。

本件裁決事例では，国税不服審判所は被相続人甲の意思能力が本件マンションの購入時にはないものと判断しているが，当該判断を支える基礎事実及び認定事実として，被相続人甲の病状を時系列的に確認することが重要となり，必要に応じて医療従事者に対する聴取を行うことも検討されよう。

(2) 無 権 代 理

本件裁決事例では，一義的には被相続人甲による請求人に対する本件マンション購入に関する委任の事実を否定し，さらに，本件委任状が作成されている事実に対しても，被相続人甲に意思能力がないことから当該委任契約を無効とし，その結果，請求人が被相続人甲の代理人として行った本件売買契約は無権代理行為に該当すると判断している。

図表－7 意思能力の意義及び意思能力の有無の判断基準

意 義	意思能力とは，自己の行為の法的な結果を認識・判断することができる能力をいう。
判断基準	意思能力の有無は，個々の具体的な法律行為について，当該事実関係のもとに，行為者の年齢・知能などの個人差その他の状況を考慮して，実質的・個別的に判断するのが相当である。

無権代理（上記＿＿部分）とは，本人を代理する法律上の権利（代理権）を付与されていないにもかかわらず，本人以外の任意の者（ある者）が本人の代理人としてあたかも代理権を保持しているかのようにして振る舞うことをいう。

　そして，民法113条（無権代理）1項において，「代理権を有しない者が他人の代理人としてした契約は，本人がその追認をしなければ，本人に対してその効力を生じない」と規定している。

　そうすると，民法の規定を原則どおり当てはめると，本件マンション購入に当たって締結された本件売買契約は，本人（被相続人甲）によるその追認がない限り，無権代理行為となり本人（被相続人甲）に対して効力が生じないものとされる。

(3) 無権代理行為の追認・拒絶とその相続性

　民法113条（無権代理）2項において，「追認又はその拒絶は，相手方に対してしなければ，その相手方に対抗することができない。ただし，相手方がその事実を知ったときは，この限りでない」と規定している。

　そうすると，無権代理行為の結果（本件マンションの購入）を本人（被相続人甲）に対抗力のあるものとして帰属させるためには本人（被相続人甲）による「追認」を行う必要があり，また，当該帰属を拒む場合には本人（被相続人甲）による「拒絶」を行う必要があるが，被相続人甲は承前のとおりすでに本件売買契約締結時において意思能力を有しない者であり，同人に係る相続開始時までにその状況に格別の変化は認められないことから，本件売買契約締結後，被相続人甲に係る相続開始時までに被相続人甲による追認又は拒絶が相手方（本件マンションの売主）に対して行われた事実は認められない。すなわち，被相続人甲は本件売買契約に関して，追認権又は拒絶権の各権利を留保したまま相続開始があったことになる。

　被相続人に係る相続開始に伴って，上記に掲げる追認権又は拒絶権の各権利の相続性に関して民法に明文化された規定は設けられていないが，判例上の取扱い（要旨のみ）を示すと，図表－8のとおりとなる。

　なお，本件裁決事例のパターン（無権代理人（請求人）が本人（被相続人甲）を相続した場合）には該当しないが，無権代理行為の追認・拒絶とその相続性に関して下記の点にも留意しておきたい。

(1) 本人が追認を拒絶した場合

　本人（被相続人）が無権代理行為の追認を拒絶した場合には，たとえその後において無権代理人が本人を相続したとしても，当該無権代理行為を有効と解することはできない（最高裁判所，平成10年7月17日判決）。

(2) 本人が無権代理人（被相続人）を相続した場合（無権代理人に相続開始があった場合）

　① 相続人たる本人が被相続人が行った無権代理行為の追認を拒絶したとしても何ら信義則に反しないから，被相続人の無権代理行為は，本人（相続人）が相続したことにより当然有効になると解することはできない（最高裁判所，昭和37年4月20日判決）。

　② 無権代理人が民法117条（無権代理人の責任）の規定により相手方に債務を負担し

図表－8　無権代理行為の発生後に無権代理人が本人（被相続人）を相続した場合

区　分	無権代理行為の有効性	判例（要旨を掲記）
(1)単独相続の場合	有　効	無権代理人が本人を相続し，本人と代理人との資格が同一人に帰するにいたった場合においては，本人自ら法律行為をしたのと同様な法律上の地位を生じたものと解するのが相当であり，この理は，無権代理人が本人の共同相続人の1人であって他の相続人の相続放棄により単独で本人を相続した場合においても妥当すると解すべきである（最高裁判所，昭和40年6月18日判決）。
(2)共同相続の場合	条件付有効	無権代理人が本人を他の相続人とともに共同相続した場合において，無権代理行為を追認する権利は，その性質上相続人全員に不可分的に帰属するところ，無権代理行為の追認は，本人に対して効力を生じていなかった法律行為を本人に対する関係において有効なものにするという効果を生じさせるものであるから，共同相続人全員が共同してこれを行使しない限り，無権代理行為が有効となるものではないと解すべきである。 　そうすると，他の共同相続人全員が無権代理行為の追認をしている場合に無権代理人が追認を拒絶することは信義則上許されないとしても，他の共同相続人全員の追認がない限り，無権代理行為は，無権代理人の相続分に相当する部分においても，当然に有効となるものではない（最高裁判所，平成5年1月21日判決）。

ている場合，本人（相続人）は相続により無権代理人（被相続人）の当該債務を承継するのであり，本人として無権代理行為の追認を拒絶できる地位にあったからといって，当該債務を免れることはできない（最高裁判所，昭和48年7月3日判決）。

(4)　無権代理行為の追認拒絶権

　上記❶❶(4)に掲げるとおり，本件裁決事例では，被相続人甲に係る相続人は，請求人（被相続人甲の養子である相続人乙）のみであるとされている。そうすると，上記(3)に掲げる被相続人の相続開始による無権代理行為の追認権又は拒絶権の各権利に係る相続性については，共同相続人が1人しか存在しない本件裁決事例においては，当該唯一の相続人である請求人は遺産分割協議を経ることなく自動的に当該無権代理行為について追認権を行使することになり(注)，その効果は，上記(3)に掲げる図表－8の(1)（単独相続の場合）の取扱いとなり，無権代理人（請求人）が本人（被相続人甲）を相続した場合，本人（被相続人甲）自ら法律行為をしたのと同様な法律上の地位を生じるものとされているから，当該無権代理行為は当然に有効と解釈されることになる。

　（注）　請求人に採用すべきもう一つの選択肢として，拒絶権を挙げるかもしれないが，無権代理人である請求人は，本人たる本件被相続人の相続継承人の資格において，無権代理行為の追認拒絶権を行使することは信義則上認められない（無権代理行為を主導した請求人が，唯一の相続人として本人（被相続人甲）の相続継承を行うに当たって，無権代理行為の主導者であることを忘却して，当該無権代理行為に関して追認拒絶権を行使することは一般社会における法規範として許容されるものではないことを意味する）。

　そして，民法116条（無権代理行為の追認）において，追認は，別段の意思表示がないときは，契約の時に遡ってその効力を生じる旨規定し，ただし，第三者の権利を害することはできない旨規定している。そうすると，本件裁決事例においては，請求人が追認する

●図表－9　本件裁決事例における無権代理行為の取扱い

本件売買契約の締結（無権代理人：請求人，本人：被相続人甲）
　→本件売買契約は無権代理行為であるから，本人が追認しない限り無効（民法113条（無権代理））

⇩

本人（被相続人甲）に係る相続開始（この時点で，本人による追認はされていない）

⇩

本人（被相続人甲）に係る唯一の相続人である請求人が無権代理行為を追認
留意点　相続人である請求人は，本件売買契約の締結に関して無権代理人であることから，無権代理行為に係る追認拒絶権を行使することは，信義則上認められない。

⇩

無権代理行為は当然に有効となる（その効力は，契約の時にさかのぼる（民法116（無権代理行為の追認）））。

⇩

結論　本人である被相続人甲が自ら本件売買契約を締結したのと同様の法律上の地位を得ることになり，本件マンションは，被相続人甲に帰属する相続財産となる。

ことにより，その効力は契約の時に遡って生じることとなり，結果として，本人（被相続人甲）が自ら本件売買契約を行ったのと同様の法律上の地位を得ることになり，本件マンションは，被相続人甲に帰属する相続財産に該当することになる。

以上の判断過程を図示すると，図表－9のとおりになる。

本件裁決事例において理解すべき特徴的な事項は，下記に掲げるとおりである。

① 被相続人甲に係る唯一（ただ1人）の相続人が請求人であること
② 上記①に掲げる請求人が，本件売買契約の締結に当たって無権代理人であること

そうすると，上記①及び②より，請求人は，被相続人甲に係る相続開始時（課税時期）において，無権代理行為を追認することが客観的に確定的であると認められることから，民法に規定する追認の効果から請求人による無権代理行為は有効となり，その結果，本件マンションが被相続人甲に帰属する相続財産と判断されることになった。

本件裁決事例には該当しないが，もしも，被相続人Ｘに係る共同相続人が複数人存在（しかも，相続人Ａは被相続人Ｘを本人とする不動産売買契約に係る無権代理人に該当し，一方，相続人Ｂは当該不動産売買契約に関して無関与であるものとする）する事例についても比較検討の観点から確認してみたい。

この場合，図表－8の(2)（共同相続の場合）の取扱いとなり，無権代理人（相続人Ａ）が本人（被相続人Ｘ）を他の共同相続人（相続人Ｂ）とともに共同相続した場合，共同相続人全員（相続人Ａ及び相続人Ｂ）が共同して追認しない限り，無権代理行為が有効となるものではないと解釈される。

そうすると，被相続人Ｘに係る相続開始時（課税時期）においては，共同相続人全員が共同して追認することが客観的に確定的であるとまでは認められないこと（注）から，相続人Ａによる当該無権代理行為が有効と解釈されることはなく，その結果，当該不動産が課税時期において被相続人Ｘに帰属する相続財産と判断されることにはならない。

（注）　相続人Ａは無権代理人であるから無権代理行為に係る追認拒絶権を行使することは信

義則上認められないが，相続人Bは無権代理人ではないから相続人Aと異なり追認拒絶権を行使することに何らの問題も生じない。

本件裁決事例は，①本人（被相続人甲）に係る無権代理人（相続人乙）が，当該本人に係る相続人に該当すること，②当該本人に係る相続人が1人しか存在しないこと，という二つの条件を充足した場合に成立する限定要件下における民法の解釈から適正な判断が求められる事例であり，改めて，相続実務における民法学習の必要性を痛感させられるものである。

❹ 本件マンションの評価方法

(1) 法令解釈等と立証挙証責任

相続税法22条（評価の原則）では，相続税法において特別の定めのあるものを除いては，相続等により取得した財産の価額は，当該財産の取得の時における時価により評価する旨を規定している。時価とは，理論的には客観的な交換価値をいうものと解されているところ，課税実務上では財産評価における一般的基準として，評価通達1（評価の原則）の(2)において，「時価とは，課税時期において，それぞれの財産の現況に応じ，不特定多数の当事者間で自由な取引が行われる場合に通常成立すると認められる価額をいい，その価額は，この通達の定めによって評価した価額による」と定められている。

すなわち，評価通達に定められた評価方式を画一的に適用することにより，租税負担の実質的公平が実現するという考え方が用いられているのであるが，この考え方に固執すると，かえって納税者間の実質的な租税負担の公平を害することとなる場合（換言すれば，評価通達によらないことが正当として是認されるような特別な事情がある場合）も考えられる。そこで，このような場合には，評価通達によらない他の合理的な評価方式によって評価することも相続税法22条の射程の範囲内にあるものとして許容されると解釈されている。

ただし，相続財産等の価額につき評価通達の定めを適用しないで評価するための要件として，下記に掲げる2点を充足していることが必要とされよう。

① 評価通達によらないことが正当として是認されるような特別な事情があること(注)

　（注）　上記①は，換言すれば，評価通達の定めにより評価した金額は，当該評価対象財産の時価（客観的な交換価値）を適正に反映しないということを意味する。

② 評価通達によらない他の評価方式が合理的なものであると認められること

なお，評価通達の定めを適用しないで評価することを相当とする要件を充足していることを証明することの必要性（これを立証挙証責任という）は，当該事案において当該評価方法を主張するものにあると解することが相当であり，本件裁決事例の場合では，相続税の更正処分において当該評価方法（本件マンションの取得に充当した現金として評価する方法）を主張した原処分庁（課税庁）にあることになる。

(2) 特別な事情の認定

本件裁決事例における国税不服審判所の判断は，下記に掲げる事項を理由として本件マンションを評価通達に基づき評価することは，納税者間における実質的な租税負担の平等を害することから，評価通達によらない評価を行うことが正当として是認されるような特

別な事情に該当するとし，結果として原処分庁（課税庁）の主張（本件マンションを取得価額相当額で評価）を支持している。

① 本件マンションの購入目的が相続税の節税のためであること
② 本件マンションの購入価額（２億9,300万円）に対して，評価通達に基づく評価額（5,801万8,224円）との格差が多額であること
③ 本件マンションを被相続人甲が購入し，請求人が相続承継し，同人が譲渡するまでの間において，実際に利用した事実がないこと
④ 請求人は，本件マンションの売却に関する一般媒介契約を被相続人甲の死亡時の約４か月後に締結し，同約10か月後に譲渡したこと
⑤ 本件マンションの近傍に所在する基準地の地価動向は，本件マンションの被相続人甲による購入時から相続人による譲渡時までの間（約１年間），ほぼ横ばいの状況にあること

確かに，被相続人甲に帰属するものと判断された本件マンションを評価通達の定めにより評価すると，約２億3,500万円（２億9,300万円－5,801万8,224円）の評価差額が発生し，相当に多額の相続税の負担が回避されることになる。当該事実は，国民感情論的には，一般に「うまくやっているが，ズルイ。許せない」ということになるのかもしれない。

しかしながら，原処分庁（課税庁）が主張し，国税不服審判所がその考え方を支持した本件マンションの取得につき，評価通達によらない評価を行うことが正当として是認される特別な事情を主張するための要件として，上記①から⑤に掲げる事項を指摘することのみで，原処分庁側にあるとされる立証挙証責任が果たされたのか，また，それを妥当とした国税不服審判所の判断を次に検証してみることにする。

(イ) 本件マンションの購入目的・評価差額の発生を指摘することについて

上記①において，本件マンションの購入目的を被相続人甲に係る(A)相続税の節税対策のためであると認定し，また上記②において，本件マンションの購入価額（２億9,300万円）と評価通達に定める評価額（約5,800万円）との(B)差額（約２億3,500万円）が多額であることを認識しながら，相続税の課税価額を圧縮し相続税負担を回避したと判断した。そして，これが評価通達によらない評価を行うことが正当として是認される特別な事情に該当するとしている。

本件マンションの購入目的が，①相続税の節税対策のためである（上記(A)部分）とか，②評価差額が多額であることを認識しながら（上記(B)部分）という要因を根拠に「特別な事情」を立証挙証することの可否について検討したい。

最高裁平成23年２月18日第二小法廷判決，平成20年（行ヒ）第139号，贈与税決定処分取消等請求事件，いわゆる「武富士事件」（在外財産の贈与と受贈者の住所の認定が争点とされた事例）においては，「原審（筆者注 東京高裁）は，上告人（筆者注 受贈者）が贈与税回避を可能にする状況を整えるために香港に出国するものであることを認識し，国内滞在日数を調整していたことをもって，住所の判断に当たって香港と国内における滞在日数の多寡を主要な要素として考慮することを否定する理由として説示するが，一定の場

所が住所に当たるか否かは，客観的に生活の本拠たる実態を具備しているか否かによって決すべきものであり，(x)主観的に贈与税回避の目的があったとしても，客観的な生活の実態が消滅するものではないから，滞在日数を調整していたことをもって，現に香港での滞在日数が本件期間中の約3分の2に及んでいる上告人について，(x)本件香港居宅に生活の本拠たる実体があることを否定する理由とすることはできない」と判断し，また，「（上告人の事例のように）贈与税回避を可能にする状況を整えるためにあえて国外に長期の滞在をするという行為が課税実務上想定されていなかった事態であり，このような方法による贈与税回避を容易にすることが適当でないというのであれば，(Y)法の解釈では限界があるので，そのような事態に対応できるような立法によって対処すべきものである」との見解を示している。

　すなわち，本件裁決事例における本件マンションの取得についても，たとえ，その目的に相続税負担の回避目的があったとしても被相続人甲による本件マンションの取得（帰属認定）の事実が客観的に認められる場合（本件は，無権代理人（請求人）が本人（被相続人甲）を相続しているので，本人（被相続人甲）が自ら法律行為（本件マンションの取得行為）をしたのと同様な法律上の地位が生じる）に該当し，これを不用意に否定することはできない（上記最高裁判例(x)部分に該当）。

　また，相続税法22条（評価の原則）に規定する時価評価（客観的な交換価値の算定）を行うための解釈基準として設けられた評価通達は，あらかじめ定められた評価方式により画一的に評価する方式が採用されているが，当該評価方式を採用することは，㋑納税者間の公平，㋺納税者の便宜，㋩徴税費用の節減の見地から一般的には合理的であるとされている。この考え方は，実務界で広く普遍的なものとして取り扱われており判例等においても支持されているものである。

　そうすると，本件裁決事例では，被相続人甲が相続財産として取得した本件マンション（この認定の正当性については，上述のとおり）の評価方法が問題とされるが，上記のとおり，相続財産の評価は評価通達に基づいて行われるものと一般的に解釈されているところ，評価通達の定めでは本件マンションの評価額は約5,800万円とされる。原処分庁の主張及び国税不服審判所の判断では，本件マンションの購入価額（2億9,300万円）と当該評価額（約5,800万円）との差額が巨額になることを「特別な事情」を形成する一つの要因として指摘している。

　しかしながら，筆者は当該指摘は下記に掲げる事由に照らして再検討されるべきものであると考える。

(A)　一定の所在地に存する一定要件を充足したマンション（本件マンションのような都心に存するタワーマンションの高層階部分がその例として挙げられる）の時価（客観的交換価値）と評価通達に定める価額との間に相当の開差が生じていることは，不動産販売等の業務従事者であれば周知の事実であり，本件マンションのみに認められる限定的かつ固有の特異な事情であるとは認識し難いこと

　　追記　本件マンションの評価に当たり，特別な事情を主張するのであれば，本件マン

ションと同種同様の事情にある他のマンションにおいてはその事象の発生は認識できず，本件マンションにおいてのみ当該事象の発生が認識されるという事情の固有性を立証挙証する必要があるものと考えられる。
(B) 本件マンションの評価通達に定める評価額は約5,800万円であるところ，当該評価通達を定めたのは原処分庁であり，当該評価通達に定める評価額（約5,800万円）は請求人が何らかの意図をもって恣意的に算定したものではない（換言すれば，本件マンションの相続等による取得者が請求人以外の者であっても，本件マンションの評価通達に定める評価額は約5,800万円となり，請求人が取得した場合と同額となる）こと

なお，上記(A)及び(B)に掲げる事由を考慮しても，本件マンションを評価通達に定める評価額（約5,800万円）で評価することにより相続税回避を容易にし，適当でないというのであれば，相続税法22条（評価の原則）(注)及び評価通達による解釈では限界（適用限界）があることになり，そのような事態への対応を可能とする立法措置を講じる必要があると理解されるべきである（上記最高裁判例(Y)部分に該当）。

(注) 請求人が本件マンションを相続取得後に売却した（売却価額2億8,500万円）ことから，本件マンションの取得時から売却時点までの全期間において，ほぼ，取得価額（2億9,300万円）相当額の客観的交換価値の存在を主張することについては，次の(ロ)を参照されたい。

(ロ) 本件マンションにつき相続開始後に譲渡した事実を指摘することについて

上記④において，請求人は本件マンションを被相続人甲に係る相続開始の約10か月後に譲渡し，また，上記⑤において，本件マンション所在地周辺の不動産価額が本件マンションの取得時から相続人による譲渡時までの約1年間においてほぼ横ばいの水準にあったことを理由に，<u>相続開始日前後の短期間に一時的に財産の所有形態がマンションであるにすぎない財産</u>に評価通達の定めを適用することは，納税者間の実質的な租税負担の平等を害すると判断した。そして，これが評価通達によらない評価を行うことが正当として是認される特別な事情に該当するとしている。

本件マンションを相続開始後に譲渡したという要因を根拠に「特別な事情」を立証挙証することの可否について検討したい。

評価通達1（評価の原則）の(2)において，「時価とは，課税時期（相続，遺贈若しくは贈与により財産を取得した日をいう）において，それぞれの財産の現況に応じ，不特定多数の当事者間で自由な取引が行われる場合に通常成立すると認められる価額をいい，（以下略）」と定められており，時価の判断時点（いつの時価かという論点）については，課税時期であり，その現況に応じて判断するものとされている。

そして，その考え方を支持するものとして，係争（要旨 相続人が相続財産の大部分を占める被相続人が経営していた会社（複数）に対する貸付金債権について，その会社が破綻状態にあったなどとして，その時価を額面額よりも相当程度低い価額と評価したところ，税務署長が上記貸付金債権の時価は額面額であると判断して相続税の更正処分等を行った

ため，原告がその取消しを求めた事案）に係る判決（神戸地方裁判所，平成22年9月14日判決，平成21年（行ウ）第26号，相続税更正処分等取消請求事件））では，「本件各法人は，本件相続開始時より後に解散し，清算結了時において債務超過になっているが，債権の回収可能性はそもそも将来にわたる継続的な回収の可能性も考慮されなければならないし，会社の営業は，動的要素が大きいので，(Z)ある時点（筆者注 本件相続開始後の清算結了時）において債務超過であるといっても，そのことのみで本件相続開始時において本件各貸付金の回収可能性がないことが客観的に確実であるということはできない。したがって，本件各貸付金について，評価通達205（貸付金債権等の元本価額の範囲）に定める「その他その回収が不可能又は著しく困難であると見込まれるとき」に該当する状態にあることを前提とした評価をするべきものではなく，本件各貸付金は，その額面どおり評価すべきものと認められる」と判断している。

したがって，相続財産等の評価を評価通達の定めに従って算定する場合には，上記判例においても明示されているとおり下記に掲げる2点に留意して行う必要がある。

> ㋑ 時価の判断時点は，課税時期（通常は，相続開始日）であること
> ㋺ 財産の価額は，課税時期におけるそれぞれの財産の現況によること

そうすると，本件裁決事例において請求人が本件マンションを被相続人甲から相続承継したものの，その後（本件相続開始後，約10か月後）に譲渡し，ほぼ，取得資金相当額に近い資金を譲渡対価によって回収できたとしても，このことをもって評価通達によらない評価を行うことが正当として是認される特別な事情を形成する要因とされるべきではないと思慮する。その根拠は，下記に掲げるとおりである。

(A) 課税時期（被相続人甲に係る相続開始時）において，本件マンションを譲渡することは客観的に確実なものであるとは認定し難いこと
(B) 上記(A)より，課税時期において，本件マンションの譲渡対価も未確定であること
(C) 課税時期において，譲渡対価も確定した上で本件マンションの譲渡が客観的に確実であった（換言すれば，引渡しだけが諸般の事情により相続開始後に行われた）と認定される事例を除いては，相続開始後に行われた行為（本件マンションの譲渡）を相続財産等の評価に当たり，過度にしんしゃくすべきではないこと
(D) 相続財産等の評価は課税時期における現況によると判断されていることから，相続開始後に当該相続財産等を譲渡した者と譲渡を行うことなく継続所有している者との間で評価額に差異が生じることに合理性を見い出すのは困難と考えられること

すなわち，評価通達1（評価の原則）の(2)において，時価評価に係る解釈指針（課税時期における現況）が示された以上，課税予測性を確保するという観点から，課税時期後に当該財産の取得資金に近似する価額で譲渡があったとしても，そのことのみを過度に重視して，課税時期においても，当該財産が同等価額以上で処分可能であった（客観的に確実であった）と解することには検討の余地があるように思えてならない（上記神戸地判(Z)部

(3) 本件マンションのあるべき評価方法（私見）
① 考　え　方

　上記(2)に掲げるとおり、原処分庁が主張し当該主張を国税不服審判所も相当と判断したものとして、本件裁決事例における本件マンションの評価に当たっては、評価通達によらない評価を行うことが正当として是認されるような特別な事情があるとして、本件マンションの取得価額相当額で評価すべきものであるとしている。

　そして、この特別な事情の存在を認定するものとして、(イ)本件マンションの購入目的及び購入により生じた著しく多大な評価差額（購入価額－評価通達による評価額）の発生（上記(2)①及び②）、(ロ)本件マンションの利用実態（上記(2)③）、(ハ)本件マンションを相続税の申告期限の前後位に処分したことによる取得資金の回収事実（前記(2)④及び⑤）が挙げられている。

　しかしながら、上記(イ)ないし(ハ)を過度に主張して特別な事情を主張することに対する疑問点はすでに上記(2)において検討したとおりであり、特に、一般的な納税者から「相続税の申告期限の前後位までに処分した者とそうでない者に取扱いの差異が生じるのは不公平だ」とか、「節税（評価差額の活用）目的のみで購入したので、全く利用する予定はない。直ちに処分する心積りはない（本件裁決事例のような取扱いを受けると大変だと考えるから）が、さりとて長期間の所有を前提としているものではない。適切な時期に転売したい」のような話があったときに、当該財産の評価方法（評価通達の定めにより評価するのか、それとも、特別な事情があるとして他の合理的な評価方法により評価するのか）をめぐって、苦慮することも考えられる。

　そこで、筆者が注目しているのが、上記(ロ)に掲げられているマンションの利用実態である。上記Ⅳ❷(1)③によれば、「被相続人甲名義で本件マンションを購入してから、請求人が＊＊（買主）に本件マンションを譲渡するまでの間、被相続人甲が本件マンションを訪れたことはなく、請求人がたまに窓を開け、水を流しに行く程度で本件マンションを利用した事実は一切ない」との認定事実が示されている。そうすると、本件マンションは、その資産の所有目的（所有者等が使用収益することを前提として所有するのではなく、一種の投資（投機）を目的として所有している）から判断すると、固定資産(注1)として保有しているのではなく、棚卸資産（又は棚卸資産に準ずるものを含む）(注2)として保有しているものと認定するのが相当であると考えられる。

（注1）　所得税法2条（定義）1項18号において、固定資産の定義を次のとおりに規定している。

　　「固定資産　土地（土地の上に存する権利を含む。）、減価償却資産、電話加入権その他の資産（山林を除く。）で政令で定めるものをいう。」

　　また、所得税法施行令5条（固定資産の範囲）において、上記に掲げる政令で定める資産は、「たな卸資産、有価証券及び繰延資産以外の資産のうち次に掲げるものとする。

　一　土地（土地の上に権利を含む。）

二　次条各号（筆者注 所得税法施行令6条（減価償却資産の範囲））に掲げる資産
　　三　電話加入権
　　四　前三号に掲げる資産に準ずるもの」
　と規定している

（注2）　所得税法2条（定義）16号において，棚卸資産の定義を次のとおりに規定している。
　「棚卸資産　事業所得を生ずべき事業に係る商品，製品，半製品，仕掛品，原材料その他の資産（有価証券及び山林を除く。）で棚卸しをすべきものとして政令で定めるものをいう。」

　また，所得税法施行令3条（棚卸資産の範囲）において，上記に掲げる政令で定める資産は，次に掲げる資産とすると規定している。
　「一　商品又は製品（副産物及び作業くずを含む。）
　　二　半製品
　　三　仕掛品（半成工事を含む。）
　　四　主要原材料
　　五　補助原材料
　　六　消耗品で貯蔵中のもの
　　七　前各号に掲げる資産に準ずるもの」

② たな卸資産の評価方法

　評価通達4－2（不動産のうちたな卸資産に該当するものの評価）の定めでは，土地，家屋その他の不動産のうちたな卸資産に該当するものの価額は，評価通達6章2節（たな卸商品等）の定めに準じて評価するものとされている。この取扱いは，たな卸資産である不動産は自由な経済取引の対象となっている資産であることや，日常の取引のなかでその価額（時価）が明らかであることを考慮して定められたものと考えられる。

　また，評価通達133（たな卸商品等の評価）の(1)において，たな卸商品の原則的な評価方法を定めており，それによると，商品の価額は，その商品の販売業者が課税時期において販売する場合の価額から，その価額のうちに含まれる販売業者に帰属すべき適正利潤の額，課税時期後販売の時までにその販売業者が負担すると認められる経費（予定経費）の額及びその販売業者がその商品につき納付すべき消費税額（地方消費税額を含む）を控除した金額によって評価するものとされている。この取扱いを算式に示すと次のとおりとなる。

＜算　式＞
　販売価額－適正利潤の額－予定経費の額－消費税額（地方消費税額を含む）

③ 本件裁決事例の場合

　上記①及び②に掲げる取扱いから，本件裁決事例における本件マンションをたな卸資産（又はたな卸資産に準ずるもの）として評価することが相当であるとしたならば，原処分庁が主張し，国税不服審判所がその判断において支持した本件マンションの取得価額相当額による評価も妥当なものであると考えられる。

❺ 本件裁決事例の先例である判例の確認

　本件裁決事例において，国税不服審判所はその判断（本件マンションを特別な事情が存在することから取得価額相当額で評価）のなかで，特に引用したものとして掲記はしていないが，先例として相当の影響を受けたと考えられる判例（最高裁判所（平成5年10月28日判決，平成5年（行ツ）第78号））がある。

　すなわち，評価通達に基づく評価によらないことが正当として是認されるような特別な事情がある場合には，評価通達6（この通達の定めにより難い場合の評価）の定めを適用して，他の合理的な時価の評価方式を採用することも相当であり，例えば，相続開始直前に取得した不動産（マンション）について，相続開始直後に直ちに売却して単に相続開始の一時点において形式的に被相続人の所有財産の形態を評価の安全性が配慮されている不動産に置き換えて当該不動産の時価（通常の取引価額）と相続税評価額との差額のみを不当に享受することを目的としていると認められる場合には，同通達6の定めを適用して評価（当該マンションの取得価額相当額で評価）すべきであるとの被上告人（課税庁）の主張が支持されたものである。この判例をもう少し詳しくご紹介すると次のとおりとなる。

◎最高裁判所（平成5年10月28日判決，平成5年（行ツ）第78号（評価通達6に定める特別な事情の有無が争点とされた事例））

＜基礎事実＞
(1) 相続人が被相続人の代理人として，相続開始の約2か月前の昭和62年10月に全額借入金により不動産（マンション）を取得した（不動産の購入価額は7億5,850万円）。
(2) 昭和62年12月19日に被相続人が死亡し，上記(1)の不動産（マンション）については相続人4人が各人4分の1ずつの共有持分により相続（遺産分割協議の成立日：昭和63年1月22日）した（評価通達に基づき評価した価額1億3,170万円）。
(3) 昭和63年4月から7月にかけて，上記(2)により相続した不動産（マンション）を7億7,400万円で他に売却した。なお，当該売却代金をもって上記(1)の借入金を返済している。

＜双方の主張＞
(1) 上告人（納税者）の主張
　被相続人に係る相続財産の申告に当たって，本件不動産（マンション）の価額を評価通達に基づいて評価（1億3,170万7,319円）相続財産に計上し，その一方でその購入資金である借入金をそのまま債務控除すべき債務として計上すべきである。
(2) 被上告人（課税庁）の主張
　この一連の行為は本件不動産（マンション）の取得価額と評価通達に基づく評価額との差額を利用することによる相続税の課税価格の圧縮効果を得る目的のためのみになされたものであり，当該不動産（マンション）の評価は，評価通達に基づく評価額ではなく，当該取得価額（7億5,850万円）によるべきである。

<判　　　断>
　上記に掲げる双方の主張に対し，次に掲げる解釈を示した上で，被上告人（課税庁）の主張を支持して，当該不動産（マンション）の評価は当該取得価額（7億5,850万円）によるべきであると判断した。

(1) 相続財産の評価に当たっては，別段の定めのある場合を除き，評価通達の定めにより評価することが原則であるが，当該評価通達によらないことが相当と認められるような<u>特別な事情のある場合</u>には，他の合理的な時価の評価方式により評価することが認められるものと解すべきである。

(2) 本件事案の場合においては，被相続人（実際には，実務の大部分を相続人が代行）が相続開始直前に借り入れた資金で不動産を購入し，相続開始直後に当該不動産が相続人により売却（当時の市場価額で第三者に譲渡）され，当該売却代金によってその借入金が返済されている。
　このような事態は，当該不動産と借入金との対応関係が明確なものにまで画一的に評価通達に基づいて評価することが当該不動産を客観的な市場における不動産の交換価値によって評価したときの比較において，実質的な租税負担の公平を著しく損なうもので容認し難いものであると考えられる。
　このような事態が，上記(1)に掲げる「特別な事情のある場合」（筆者注 上記(1)の___部分）に該当するものと解されるものである。

参考事項等

❶ 参考法令通達等

・相続税法9条（贈与又は遺贈により取得したものとみなす場合）
・相続税法19条（相続開始前3年以内に贈与があった場合の相続税額）
・相続税法22条（評価の原則）
・評価通達1（評価の原則）
・評価通達4-2（不動産のうちたな卸資産に該当するものの評価）
・評価通達6（この通達の定めにより難い場合の評価）
・評価通達133（たな卸商品等の評価）
・評価通達205（貸付金債権等の元本価額の範囲）
・国税通則法65条（過少申告加算税）
・国税通則法68条（重加算税）
・所得税法2条（定義）
・所得税法施行令3条（棚卸資産の範囲）
・所得税法施行令5条（固定資産の範囲）
・民法113条（無権代理）

・民法116条（無権代理行為の追認）
・民法117条（無権代理人の責任）
・国土利用計画法施行令9条（基準地の標準価格）
・判例（民法関係）最高裁判所，昭和37年4月20日判決
・判例（民法関係）最高裁判所，昭和40年6月18日判決
・判例（民法関係）最高裁判所，昭和48年7月3日判決
・判例（民法関係）最高裁判所，平成5年1月21日判決
・判例（租税関係）最高裁判所，平成5年10月28日判決
・判例（民法関係）最高裁判所，平成10年7月17日判決
・判例（租税関係）神戸地方裁判所，平成22年9月14日判決
・判例（租税関係）最高裁判所，平成23年2月18日判決

❷ 類似判例・裁決事例の確認

(1) 被相続人名義で取得した不動産及び当該不動産の取得資金に充てられた借入金が，被相続人に帰属する相続財産及び被相続人の債務に該当するか否かが争点とされた裁決事例（昭62.7.2裁決）

請求人は，本件不動産の取得及び銀行借入れ等は被相続人の委任により行ったものであると主張する。

しかしながら，当該委任の事実を立証する具体的証拠はなく，本件不動産の取得は，不動産の実勢価額と相続税評価額とに開差があることに着目し，被相続人が生前に取得したという事実を形式的に作り上げ，請求人らが被相続人の名義を利用して，不当に相続財産の圧縮を図ることを目的としたものであると認めるのが相当であり，本件不動産及び本件借入金債務等は被相続人の相続財産・債務とは認められない。

(2) 評価通達の定めにより難い「特別な事情」を認めた裁決事例

① マンションの評価に当たり，相続税評価額が時価を上回っているので評価通達により難い特別の事情があるとして評価通達によらない評価が相当であるとされた事例（平22.9.27裁決，東裁（諸）平22第67号）

＜判　断＞

本件マンションは，種々の固有の事情が認められるところ，A不動産販売による価格の査定，同社との媒介契約の状況及び売買契約に至るまでの経緯やその状況等からすれば，本件マンションの売買価額3,800万円はこれらの事情を十分考慮した上で決定された価額であると認められる。

そして，請求人らの売り申込みにより売却したことが，例えばいわゆる売り急ぎに該当し，これを理由としてその売却価額が下落したといえる事情に該当するとも認められず，また，請求人らと買受人との間に親族等の特別な関係が認められないことなどの事情から判断すると，その売却価額に恣意的な要素が入る余地はなく，本件マンションの売却価額は売却時における本件マンションの適正な時期を反映しているものと認められる。

そうすると，本件マンションの売却価額を基に時点修正を行って本件マンションの相続

開始日の時価を算定することには合理性があると認められる。

　筆者注　上記の裁決事例については，**CASE2**を参照されたい。
② 借地権付分譲マンションの敷地として貸し付けている土地（底地）の評価に当たって，特別な事情があり路線価に基づく評価が不適当とされた事例(平9.12.11裁決, 東裁(諸)平9−86)

＜判　断＞

㈲底地と借地権とが併合されて完全所有権が復活する可能性が著しく低く，また，㈹契約更新等に係る一時金の取得の可能性がないなど，底地が，地代徴収権に加えて将来底地と借地権とが併合されて完全所有権となる潜在的価値に着目して価格形成されていると認め難い特別の事情があることにより，借地権価額控除方式（自用地価額−借地権価額）によって評価することが著しく不適当と認められる場合には，相続税法22条の時価を算定するために他の合理的な方式によることも相当と解される。

本件底地は，借地権の登記及び区分所有建物の敷地としての借地権登記のある借地権付のマンションに対応するものであり，多数の借地権者が存在するので，借地権と底地とが併合される可能性は著しく低く，また，名義変更料の授受も期待できないこと及び借地権と底地は別個の市場を有していること等から，更地価額から借地権価額を控除した残余の部分が底地価額となるとは限らないことになる。

したがって，これらのことを総合勘案すれば，割合方式による価格と収益還元方式による価格の双方を調整の上評価した不動産研究所鑑定評価額は相当と認められるので，同鑑定評価額に基づき，本件宅地の相続開始日の価額と認めるのが相当である。

参　考
・請求人（納税者）主張額……2億円（請求人の主張する不動産鑑定評価額）
・原処分庁（課税庁）主張額……7億2,494万4,665円（評価通達の定めによる貸宅地の評価額）
・国税不服審判所判断額……6,000万円（不動産研究所鑑定評価額）

(3) 評価通達の定めにより難い「特別な事情」を認めた判例
　・最高裁判所（平成5年10月28日判決，平成5年（行ツ）第78号）
　本判決の概要については，上記Ⅴ❺を参照。

CASE 16

| 評価単位 地目 | 間口距離 奥行距離 | 側方加算 二方加算 | 広大地 | 農地・山林・原野 |
| 雑種地 | 貸家建付地 | 借地権 貸宅地 | 利用価値の低下地 | その他の評価項目 |

評価対象地の前面道路に特定路線価が適正に設定されている場合に当該特定路線価を使用せず他の評価方法によって評価することの合理性の有無が争点とされた事例

事例

　被相続人甲は，平成A年12月に相続の開始があった。同人の相続財産のうちには，図表－1に掲げる不動産があった。

　この図表－1に掲げる本件各土地及び本件位置指定道路等の評価に当たって必要になるとして，被相続人甲に係る相続人は，平成B年8月12日に，本件5A土地について特定路線価の設定を求める申出を所轄税務署長に対して行った。

　上記の申し出に対して，平成B年9月9日付で，本件5A土地に対して平成A年分の特定路線価170,000円（1㎡当たり）（以下「本件特定路線価」という）とする旨の回答が当該所轄税務署長から相続人に対して行われた。

　本件特定路線価に基づいて，本件各土地及び本件位置指定道路等を評価通達の定めにより算定したところ，意外と高額となり納得できないものであったので，土地評価に詳しい知人に相談したところ不動産鑑定士を紹介された。その不動産鑑定士の話では，不動産鑑定士による鑑定評価額は，本件特定路線価に基づき評価通達の定めを適用して算定した価額よりも低い価額を提示することができ，当該鑑定評価額をもって相続税法22条（評価の原則）に規定する当該財産の取得の時（相続開始の時）における時価を示すことになるとのことであった。

　また，その一方で別の知人の話では，路線価の設定されていない道路のみに接する宅地を評価する場合において，当該道路に特定路線価が設定されているときは，当該特定路線価の評定方法に不合理と認められる特段の事情がない限り，(1)不動産鑑定士による不動産鑑定評価額によって評価する方法，及び(2)当該道路（特定路線価が認定されている道路）と接続する路線に設定されている路線価を正面路線として評価する方法のいずれの評価方法よりも当該特定路線価を正面路線価として評価する方法が合理的であるとのことであった。

　被相続人甲に係る相続財産である本件各土地及び本件位置指定道路等の評価に当た

って，どのような対応により行うことが相当であるのか教示されたい。

図表－1　本件土地及び本件位置指定道路等の形状・接道状況等

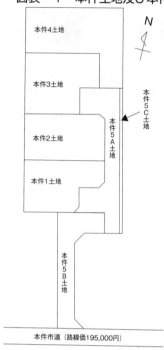

【説　明】
(1) 本件1土地，本件2土地，本件3土地及び本件4土地につき，これらを併せて，「本件各土地」という。
(2) 本件各土地上には，それぞれ建物1棟（以下，これらの建物を併せて「本件各建物」という）が所在しており，本件各建物は，被相続人甲の死亡により開始した相続（以下「本件相続」という）の開始時において，共同住宅として貸付けの用に供されていた。
(3) 本件5A土地及び本件5B土地につき，判明している事項は次のとおりである。
① 本件5A土地は，本件5B土地を経て＊＊市道＊＊号線（以下「本件市道」という）に接続しており，本件相続の開始時において，公衆用道路として使用されている私道であった。
② 本件5A土地及び本件5B土地は，建築基準法42条（道路の定義）1項5号に規定する位置指定道路（以下，本件5A土地及び本件5B土地を併せて「本件位置指定道路」といい，本件5C土地と併せて「本件位置指定道路等」という）に指定されている。
(4) 本件各土地は，本件位置指定道路にのみ接道している。

（平24.11.13裁決，関裁（諸）平24－16，平成20年相続開始分）
（注）上記に掲げる年分と当該裁決事例に示されている年分との対応関係は，下記のとおりである。

・平成A年分　➡　平成20年
・平成B年分　➡　平成21年

I　基礎事実

❶ 本件相続に係る共同相続人は，被相続人甲の子である審査請求人X及び同Y（以下，両名を併せて「請求人ら」という）2名である。

❷ 請求人らは，本件各土地，本件各建物及び本件位置指定道路（以下，これらを併せて「本件不動産」という）等を本件相続により取得した。

❸ 関東信越国税局長が定めた平成20年分の財産評価基準書によれば，本件市道に付された路線価は，1㎡当たり195,000円（以下「本件路線価」という）である。

❹ 請求人らは，平成21年4月26日に，本件不動産を売買代金1億2,100万円で譲渡した。

❺ 審査請求人Xは，平成21年8月12日に，＊＊税務署長に対し，本件相続に係る相続税の申告に必要であるとして，本件5A土地について特定路線価の設定を求める申出を

した。

❻ 上記❺の申出に対し，＊＊税務署長は，平成21年9月9日付で，本件5A土地を路線とみなし，平成20年分の特定路線価を1㎡当たり170,000円と設定して，審査請求人X宛に回答した。

❼ 請求人らは，平成21年10月26日に，本件各土地の価額を不動産鑑定士による鑑定評価額とするなどして，本件相続により取得した財産の価額を算定して(注)，相続税の申告をした。

(注) 本件裁決事例では，個々の財産に係る具体的な相続税評価額は示されていない。

❽ 請求人らは，平成22年10月8日，それぞれ本件相続に係る相続税の更正の請求（以下「本件各更正の請求」という）をした。本件各更正の請求は，本件相続により取得した土地(注)の中に評価通達24－4（広大地の評価）に定める広大地の評価を適用すべきものがあるとして更正することを求めるものであった。

(注) 本件各更正の請求の対象とされた土地は，本件不動産に属する土地以外のものである。

❾ 上記❽の本件各更正の請求に対し，原処分庁は，平成23年7月29日付で，請求人らに対し，それぞれ各更正処分（以下「本件各更正処分」という）を行った。本件各更正処分は，下記に掲げる内容のものである。

(1) 本件各更正の請求に係る土地の評価額につき，その請求を認める（広大地の評価を認める）。

(2) 上記(1)とは別途に，請求人の申告に係る本件各土地及び本件位置指定道路等の鑑定評価額が時価よりも低いとして，下記に掲げる価額に基づいて行う。

① 本件各土地については，本件特定路線価により算定した価額
② 本件位置指定道路等については，本件路線価により算定した価額

❿ 請求人らは，上記❾の本件各更正処分を不服として，平成23年9月27日に異議申立てをしたところ，異議審理庁は，平成23年12月20日付で，当該申立てをいずれも棄却する異議決定をした。

⓫ 請求人らは，上記❿の異議決定を経た後の原処分に不服があるとして，平成24年1月20日に審査請求(注)を行った。

(注) 審査請求においては，本件各土地の価額の算定方法に争点が絞られた。

本件裁決事例においては，本件各土地の価額は，本件特定路線価により算定すべきか否かが論点とされた。具体的な争点は，下記に掲げるとおりである。

❶ 本件各土地の価額について本件路線価（1㎡当たり195,000円）を正面路線価として画地調整を行って評価することは認められるのか。

❷ 本件各土地の価額を特定路線価を設定して評価するとしても，本件特定路線価（1㎡当たり170,000円）の設定は適切か。

図表－2　争点に関する双方の主張

争点	請求人（納税者）の主張	原処分庁（課税庁）の主張
(1) 本件各土地につき本件路線価を正面路線価として評価することの可否	下記に掲げる事由から判断すると，本件各土地の価額については，本件路線価を正面路線価として画地調整を行って算定した方が，より課税の安全性及び公平性を反映した妥当な価額となるから，この方法により評価すべきである。 ① 請求人らは，相続開始の4か月後に本件不動産を売買代金1億2,100万円で譲渡しており，当該譲渡について，売り急ぎや買い進みなどの特殊事情は存せず，当該売買代金は実勢価格と大きく異なるところはない。 ② 上記①にかかわらず，原処分庁の本件不動産に係る相続税評価額は，この金額を大きく上回っている。 ③ 相続税評価額は，一般的には固定資産税評価額より1割高い水準であるところ，原処分庁が算定した本件各土地に係る相続税評価額は，固定資産税評価額より約3割高い水準であり格段に高い。	① 下記に掲げるような本件各土地及び本件位置指定道路の利用状況並びに地区の別等を併せ考慮すれば，本件位置指定道路に平成20年分の路線価が付されていないことを理由に，本件路線価を正面路線価として画地調整を行って評価することは，必ずしもその実情に即しているとはいえず，このような評価方式を採用してまで本件各土地の間に価格差があると評価する合理的な理由も見当たらない。 (イ) 本件位置指定道路は，本件各建物を建築するため，建築基準法の規定により位置指定道路として指定された私道であり，本件各建物の賃借人の通行の用に供されていることが認められること (ロ) 本件各土地に係る平成20年度の1㎡当たりの固定資産税評価額は，ほぼ同水準であることが認められること ② 上記①より，本件各土地の価額は，本件5A土地を路線とみなして設定された本件特定路線価を正面路線価として評価するのが相当である。
(2) 本件特定路線価（170,000円／㎡）の設定は適切か	仮に，本件各土地の価額の算定に当たり，特定路線価を設定すべきであるとしても（筆者注 これは，請求人の予備的主張に該当する），本件特定路線価は，本件位置指定道路に付された＊＊市長が定めた平成20年度の固定資産税の路線価124,000円に比し，かなり割高であるから，本件5A土地を路線とみなして設定される特定路線価は，路線価と＊＊市長が定めた平成20年度の固定資産税の路線価（以下「固定資産税路線価」という）の一般的な格差水準からみて，140,000円程度が妥当である。	評価通達14－3（特定路線価）で，特定路線価は，その特定路線価を設定しようとする道路に接続する路線及びその道路の付近に設定されている路線価を基に，その道路の状況，地区の別等を考慮して税務署長が評定することとされている。 そして，特定路線価の存する地域の路線価と固定資産税路線価の均衡が取れている場合には，固定資産税路線価との較差によって評定することが妥当であると認められるところ，本件各土地のある地区はこの均衡が取れていることから，本件特定路線価は，本件市道と本件位置指定道路との固定資産税路線価の格差によって評定しており，妥当な額である。

争点に関する双方（請求人・原処分庁）の主張

争点に関する請求人・原処分庁の主張は，図表－2のとおりである。

国税不服審判所の判断

❶ 認定事実

(1) 本件位置指定道路の固定資産税路線価は，1㎡当たり124,000円である。

図表－3　本件位置指定道路に付された本件特定路線価の算定過程（原処分庁の計算）

区　分	路線価（相続税）	固定資産税路線価
本件市道	195,000円	142,000円
本件位置指定道路	本件特定路線価(x)	124,000円

・本件特定路線価(x)＝ 195,000円（本件市道の路線価（相続税））

　　× $\dfrac{124,000円（本件位置指定道路の固定資産税路線価）}{142,000円（本件市道の固定資産税路線価）}$ ＝ 170,281円 ⇒ 170,000円

(2) 本件各土地の周辺に位置する道路（本件市道を含めて以下「本件各道路」という）の路線価及び固定資産税路線価は，＊＊のとおりである。

(3) 原処分庁は，本件市道及び本件位置指定道路に付された各固定資産税路線価の割合に本件路線価を乗じる方法により本件特定路線価を算定した。

　筆者注　上記(3)に掲げる原処分庁による本件特定路線価の算定過程を示すと，図表－3のとおりとなる（その一部に推定を含むことに留意されたい）。

❷　**法令解釈等**

(1) 路線価の設定されていない路線のみに接している宅地については，その道路に接続する路線に設定された路線価（評価通達14（路線価））を基に画地調整を行って評価することができるが，このように評価することが実情に則さない場合には，当該路線価の設定されていない道路のみに接している宅地を評価するために，評価通達14－3（特定路線価）の定めにより，税務署長は納税義務者からの申出等に基づき，特定路線価を設定することができることとされている。

(2) 上記(1)に掲げる特定路線価を設定して評価する趣旨は，評価対象地が，路線価の設定されていない道路のみに接している場合であっても，評価対象地の価額をその道路と状況が類似する付近の路線価の設定された路線に接する宅地とのバランスを失することのないように評価しようとするものであって，この評価方法は，審判所においても相当と認められる。

(3) 上記(2)に掲げる趣旨からすると，特定路線価は，路線価の設定されていない道路に接続する路線及び当該道路付近の路線に設定されている路線価を基にその道路の状況，評価しようとする宅地の所在する地区の別等を考慮して評価されるものであるから，その評定において不合理と認められる特段の事情がない限り，当該特定路線価に基づく評価方法は，路線価の設定されていない道路にのみ接続する路線に設定された路線価を基に画地調整を行って評価する方法より合理的であると認められる。

❸　**本件各土地の価額（算定方法）**

　本件各土地は，図表－1に掲げるとおり，路線価が付されていない道路のみに接してお

り，本件各土地が接する本件位置指定道路には，上記❶❺及び❻のとおり特定路線価が設定されていることから，その価額の評価方法は上記❷(3)に示したとおり，本件位置指定道路に設定された特定路線価がその評定において不合理と認められる特段の事情がない限り当該特定路線価を正面路線価として評価するのが相当である。

そこで，本件特定路線価の評定についてみると，本件各道路の各路線価及び各固定資産税路線価については＊＊のとおりであり，本件位置指定道路の路線価及び固定資産税路線価とのバランスが取れていることから，上記❶のとおり算定されている本件特定路線価の評定において不合理とみられる特段の事情は見当たらない。

したがって，本件各土地の価額は，本件特定路線価を正面路線価として算定するのが相当である。

❹ 請求人らの主張について

請求人らは，本件各土地の価額については，本件路線価を正面路線価として画地調整を行って算定した方がより課税の安全性及び公平性を反映した妥当な価額となるから，この方法により評価すべき旨，そして，予備的主張として，本件各土地の価額の算定に当たり特定路線価を設定すべきであるとしても，本件特定路線価は，本件位置指定道路に付された固定資産税路線価124,000円に比し，かなり割高であるから，本件5A土地を路線とみなして設定される特定路線価は，路線価と固定資産税路線価の一般的な格差水準からみて，140,000円程度が妥当である旨主張する。

しかしながら，上記❸で判断したとおり，本件特定路線価の評定において不合理とみられる特段の事情はないのであるから，本件路線価を正面路線価として算定した価額の方が妥当であるという請求人らの主張は採用できず，また，仮に特定路線価を設定するにしても設定すべき特定路線価は140,000円程度が妥当であるという請求人らの主張も理由がない。

本件裁決事例のキーポイント

❶ 特定路線価の意義

評価通達14－3（特定路線価）においては，「路線価地域内において，相続税，贈与税又は地価税の課税上，<u>路線価の設定されていない道路のみに接している宅地</u>を評価する必要がある場合には，当該道路を路線とみなして当該宅地を評価するための路線価（以下「特定路線価」という）を納税義務者からの申出等に基づき設定することができる。特定路線価は，その特定路線価を設定しようとする道路に接続する路線及び当該道路の付近の路線に設定されている路線価を基に，当該道路の状況，前項（筆者注 評価通達14－2（地区））に定める地区の別等を考慮して税務署長が評定した1㎡当たりの価額とする」旨が定められている。

評価通達14（路線価）の定めでは，路線とは不特定多数の者の通行の用に供されている道路をいい，また，路線価は宅地の価額がおおむね同一と認められる一連の宅地が面して

いる路線ごとに設定するものとされている。そうすると，上記の評価通達14－3中に掲げる___部分の「路線価の設定されていない道路」とは，換言すると，本来，路線価の設定対象とされない特定の者の通行の用に供されている道路を意味するものと解釈される。

そして，このような路線価の設定されていない道路のみに接している宅地については，実務上，納税義務者からの申出等により，路線価の設定されていない道路を路線とみなして，その道路に評価の便宜上の措置として路線価（特定路線価）を設定し，これを正面路線とみなして評価対象地の相続税評価額を算定することが財産評価基準制度内における運用として相当であるとの考え方からこの特定路線価の定めが設けられたものと考えられる(注)。

> （注）この特定路線価の取扱いは，平成12年6月13日付の評価通達の改正により新設されたもので，平成12年1月1日以後に開始した相続，遺贈又は贈与により取得した財産の評価について適用するものとされている。ただし，実務上では，従来（平成12年1月1日前）においては，評価通達には明記されていなかったもののこの特定路線価と同様の取扱いとして，「仮路線価」を設定するものとして同様の対応が行われていた。

❷ 特定路線価の設定手続

(1) 設定の申請

上記❶に掲げる特定路線価を設定して，路線価の設定されていない道路のみに接している土地等を評価する場合には，当該特定路線価の設定を必要とする納税義務者からの申出等の設定申請手続を行うことが必要とされる。

この特定路線価の設定申請は，実務上では書面（令和___年分　特定路線価設定申出書（資料－1を参照））に下記に掲げる所定の事項を記載し，かつ，一定の資料(注1)を添付して，税務署長(注2)に申し出る必要があるものとされている。

特定路線価設定申出書の記載事項

① 特定路線価の設定を必要とする理由
② 評価する土地等及び特定路線価を設定する道路の所在地，状況等(注3)
③ 連　絡　先
④ 特定路線価の回答書の送付先

> （注1）上記に掲げる「令和___年分　特定路線価設定申出書」に添付する資料は，下記に掲げるとおりである。
>   (イ) 物件案内図（住宅地図の写し）
>   (ロ) 地形図（公図，実測図の写し）
>   (ハ) 写真（撮影日（＊＊年＊＊月＊＊日）の記載のあるもの）
>   (ニ) その他特定路線価の評定の参考となる資料
>
> （注2）評価通達14－3（特定路線価）の本文の定めとして，書面（特定路線価設定申出書）の提出先の税務署の具体的な明示はされていないが，後掲の資料－3（特定路線価設定申出書等の記載方法等）の2において，「原則として，納税地を所轄する税務署」に提出する旨の記載がなされている。

(注3) 特定路線価設定申出書の記載事項である「評価する土地等及び特定路線価を設定する道路の所在地，状況等」に関して，実務上必要とされる項目を記載するために，「別紙 特定路線価により評価する土地等及び特定路線価を設定する道路の所在地，状況等の明細書」（ 資料－2 を参照）が用意されている。

(注4) 資料－1 に掲げる申出書及び 資料－2 に掲げる明細書の記載等に当たって，その具体的な記載要領及び留意すべき事項を示したものとして，併せて， 資料－3 （特定路線価設定申出書等の記載方法等）も参考にする必要がある。

なお， 資料－3 の末尾の注書に示されているとおり，この特定路線価設定申出書を提出した場合でも，路線価（特定路線価を設定する道路に接続する路線価の設定されている路線の意である）を基に課税の対象となる土地等を評価することができるときには，特定路線価を設定しない取扱いとされていることに留意する必要がある。この取扱いの具体的な検討については，下記❸(1)②の項を参照されたい。

(2) 設定作業（具体的な手順）

特定路線価は，納税義務者から提出された特定路線価設定申出書等に基づいて，次に掲げる手順により，評定されるものと考えられる。

① 特定路線価の申請目的，当該申請により評価する宅地等の評価単位等を検討して，特定路線価設定の必要性の有無について判定する。

② 特定路線価の設定を必要とする場合には，原則として現地調査を行い，特定路線価を設定する道路と状況が類似する近隣の道路に付された路線価を基に，両方の道路に係る格差割合等を比準させて計算する（注）。

（注） 上記に掲げる格差割合等の比準要素として，次に掲げるような事項がある。

　　(イ) 路線の幅員及び奥行

　　(ロ) 舗装の状況

　　(ハ) 路線の連続性（通り抜けの可否，車の進入可否）

　　(ニ) 道路のこう配

　　(ホ) 上水道，下水道及び都市ガスの付設状況

　　(ヘ) 用途地域等の制限（都市計画法に規定する用途地域，建ぺい率，容積率）

　　(ト) (イ)から(ヘ)に掲げる事項以外で，土地の価格に影響を及ぼすと認められる事項

(3) 回　　答

上記により特定路線価が設定されると，課税庁より納税義務者等に対して特定路線価の設定通知が行われる（実務上では，「令和＿＿年分　特定路線価回答書」（ 資料－4 を参照）が納税義務者等に交付される）。

なお，この課税庁より交付される特定路線価の設定通知は，税法（法律）に規定する処分の通知には該当しないことから，この通知に対して不服がある場合においても，これを異議申立て又は審査請求の対象とすることは認められないものとされていることに留意する必要がある（ 資料－4 の末尾の注書を参照）。

❸ 路線価の設定されていない道路のみに接する宅地の評価方法

CASE16

資料－1　令和＿＿年分　特定路線価設定申出書

	整理簿 ※

令和＿＿年分　特定路線価設定申出書

(税務署受付印)

＿＿＿＿＿＿＿＿税務署長

令和＿＿年＿＿月＿＿日　　申出者　住所(所在地)　〒＿＿＿＿＿＿＿＿＿＿＿＿＿
　　　　　　　　　　　　（納税義務者）

　　　　　　　　　　　　　　　　氏名(名称)＿＿＿＿＿＿＿＿＿＿＿＿＿印

　　　　　　　　　　　　　　　　職業(業種)＿＿＿＿＿電話番号＿＿＿＿＿＿

※印欄は記入しないでください。

相続税等の申告のため、路線価の設定されていない道路のみに接している土地等を評価する必要があるので、特定路線価の設定について、次のとおり申し出ます。

1　特定路線価の設定を必要とする理由	□　相続税申告のため（相続開始日＿＿年＿＿月＿＿日） 被相続人｛住所＿＿＿＿＿＿＿＿＿＿＿＿＿＿ 　　　　　氏名＿＿＿＿＿＿＿＿＿＿＿＿＿＿ 　　　　　職業＿＿＿＿＿＿＿＿＿＿＿＿＿＿｝ □　贈与税申告のため（受贈日＿＿年＿＿月＿＿日）
2　評価する土地等及び特定路線価を設定する道路の所在地、状況等	「別紙　特定路線価により評価する土地等及び特定路線価を設定する道路の所在地、状況等の明細書」のとおり
3　添付資料	(1)　物件案内図（住宅地図の写し） (2)　地形図（公図、実測図の写し） (3)　写真　　撮影日＿＿年＿＿月＿＿日 (4)　その他〔　　　　　　　　　　　　　〕
4　連絡先	〒 住　所＿＿＿＿＿＿＿＿＿＿＿＿＿＿＿＿＿＿＿ 氏　名＿＿＿＿＿＿＿＿＿＿＿＿＿＿＿＿＿＿＿ 職　業＿＿＿＿＿＿＿電話番号＿＿＿＿＿＿＿
5　送付先	□　申出者に送付 □　連絡先に送付
＊　□欄には、該当するものにレ点を付してください。	

資料−2　別紙　特定路線価により評価する土地等及び特定路線価を設定する道路の所在地，状況等の明細書

土地等の所在地 （住居表示）	[　　　　　　　]	[　　　　　　　]
土地等の利用者名、利用状況及び地積	（利用者名） （利用状況）　　　　　　　㎡	（利用者名） （利用状況）　　　　　　　㎡
道路の所在地		
道路の幅員及び奥行	（幅員）　　　m　（奥行）　　　m	（幅員）　　　m　（奥行）　　　m
舗装の状況	□舗装済　・　□未舗装	□舗装済　・　□未舗装
道路の連続性	□通抜け可能 　（□車の進入可能・□不可能） □行止まり 　（□車の進入可能・□不可能）	□通抜け可能 　（□車の進入可能・□不可能） □行止まり 　（□車の進入可能・□不可能）
道路のこう配	度	度
上　水　道	□有 □無（□引込み可能・□不可能）	□有 □無（□引込み可能・□不可能）
下　水　道	□有 □無（□引込み可能・□不可能）	□有 □無（□引込み可能・□不可能）
都　市　ガ　ス	□有 □無（□引込み可能・□不可能）	□有 □無（□引込み可能・□不可能）
用途地域等の制限	（　　　　　　　）地域 建ぺい率（　　　　）％ 容積率（　　　　）％	（　　　　　　　）地域 建ぺい率（　　　　）％ 容積率（　　　　）％
その他（参考事項）		

資料－3 特定路線価設定申出書等の記載方法等

　この申出書は、課税の対象となる路線価地域内に存する土地等について、その土地等に接している道路に路線価が設定されていないため、路線価を基に評価することができない場合に、その土地等を評価するための路線価（特定路線価）の設定を申し出るときに使用します。

1　この申出書は、相続税、贈与税の申告のため、路線価の設定されていない道路のみに接している土地等を評価することが必要な場合に提出してください。
2　この申出書は、原則として、納税地を所轄する税務署に提出してください。
3　「特定路線価により評価する土地等」、「特定路線価を設定する道路」及び「特定路線価を設定する道路に接続する路線価の設定されている路線」の状況等がわかる資料（物件案内図、地形図、写真等）を添付してください。

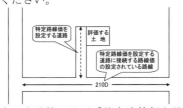

4　「特定路線価により評価する土地等」及び「特定路線価を設定する道路」の所在地、状況等については、「別紙　特定路線価により評価する土地等及び特定路線価を設定する道路の所在地、状況等の明細書」に記載してください。
　(1)　「土地等の所在地（住居表示）」欄には、「特定路線価により評価する土地等」の所在地を画地ごとに記載してください。
　(2)　「土地等の利用者名、利用状況及び地積」欄には、その土地等の利用者名、利用状況及び地積を記載してください。土地等の利用状況については、「宅地（自用地）」、「宅地（貸地）」などと記載してください。
　(3)　「道路の所在地」欄は、「特定路線価を設定する道路」の所在地の地番を記載してください。
　(4)　「道路の幅員及び奥行」欄には、「特定路線価を設定する道路」の幅員及び「特定路線価を設定する道路に接続する路線価の設定されている路線」からその土地等の最も奥までの奥行距離を記載してください。
　(5)　「舗装の状況」欄は、該当するものにレ点を付してください。
　(6)　「道路の連続性」欄は、該当するものにレ点を付してください。
　(7)　「道路のこう配」欄には、傾斜度を記載してください。
　(8)　「上水道」、「下水道」、「都市ガス」欄は、該当するものにレ点を付してください。各欄の「引込み可能」とは、「特定路線価を設定する道路」に上下水道、都市ガスが敷設されている場合及び「特定路線価を設定する道路」にはないが、引込距離約50m程度のもので、容易に引込み可能な場合をいいます。
　(9)　「用途地域等の制限」欄には、その土地等の存する地域の都市計画法による用途地域（例えば、第1種低層住居専用地域等）、建ぺい率及び容積率を記載してください。
　(10)　「その他（参考事項）」欄には、上記以外に土地の価格に影響を及ぼすと認められる事項がある場合に記載してください。
　　（注）この申出書を提出した場合でも、路線価を基に課税の対象となる土地等を評価することができるときには、特定路線価を設定しないことになりますので留意してください。

図表−4 路線価の設定されていない道路
のみに接する宅地

・普通住宅地区
・奥行価格補正率……1.00（10m）
　　　　　　　　……0.88（54m（36m＋18m））
　　　　　　　　……0.92（36m）
・奥行長大補正率……0.92（$\frac{54m}{10m}$＝5〜6）
　　　　　　　　　0.96（$\frac{36m}{10m}$＝3〜4）
・道路Yは，建築基準法42条（道路の定義）
　1項5号に規定するいわゆる位置指定道路に
　該当している。

(1) 考え方

図表−4に掲げる評価対象地を参照されたい。この評価対象地は路線価地域（普通住宅地区）内において，相続税又は贈与税の課税上，路線価の設定されていない道路のみに接している宅地である。

この図表−4に掲げる評価対象地の評価に当たっては，一般的に実務上では，次に掲げる二つの評価方式があるといわれている。それぞれの評価方法及びその方法による場合の具体的な相続税評価額を算定すると下記のとおりとなる。

① 特定路線価を設定して評価する方法

方法　路線価の設定されていない道路Yのみに接している評価対象地を評価するために必要であるとして，道路Yに特定路線価の設定申請を行い，当該特定路線価の設定が相当であると判断された場合に税務署長から回答のあった特定路線価をもって，道路Yの路線価（特定路線価）とみなして評価する方法

計算　（前提）図表−4の事例において，道路Yに88,000円の特定路線価が設定されたものとする。

(イ)　　(特定路線価)　（奥行距離10mに応じる奥行価格補正率）
　　　88,000円　×　　　1.00　　　＝88,000円

(ロ)　　　　(地積)　　(相続税評価額)
　　　(イ)×180㎡＝15,840,000円

② 正面路線価を基に評価する方法

方法　路線価がすでに設定されている道路Xに係る路線価（100,000円）を評価対象地

|資料－4| 令和＿＿年分　特定路線価回答書

令和＿＿年分　特定路線価回答書

＿＿＿＿第＿＿＿＿＿号
令和＿＿年＿＿月＿＿日

〒
住　所
(所在地)＿＿＿＿＿＿＿＿＿＿＿＿＿＿

氏　名　　　　　　　　　御中
(名称)＿＿＿＿＿＿＿＿＿＿＿＿＿＿様

＿＿＿＿＿＿税務署長　印

　令和＿＿年＿＿月＿＿日付けで申出のありました＿＿＿＿＿＿税に係る令和＿＿年分の特定路線価について下記のとおり回答します。

記

道　路　の　所　在　地		
特　定　路　線　価 （１平方メートル当たり）	円	円
（参考） 地　区　区　分	地区	地区
借　地　権　割　合	％	％

　申告書を提出する際には、この回答書の写しの添付をお願いします。

資産課税（担当）部門
担　当　者＿＿＿＿＿＿＿＿＿＿＿＿＿＿
電話番号＿＿＿＿（　　）＿＿＿内線＿＿＿＿

(注)　この回答書による回答は、税法に規定する処分の通知ではありません。したがって、この回答については、異議申立て又は審査請求の対象となりませんから、ご留意ください。

に係る正面路線として，奥行価格補正率等の画地調整補正率を適用して評価する方法

計算

(イ) 評価対象地と他人所有地とを一体として評価した場合の価額

　㋑ 100,000円（正面路線価）× 0.88（奥行距離54mに応じる奥行価格補正率）× 0.92（奥行長大補正率）＝80,960円

　㋺ ㋑×（180㎡＋360㎡）（一体とした場合の地積）＝43,718,400円

(ロ) 他人所有地を単独地として評価した場合の価額

　㋑ 100,000円（正面路線価）× 0.92（奥行距離36mに応じる奥行価格補正率）× 0.96（奥行長大補正率）＝88,320円

　㋺ ㋑× 360㎡（他人所有地の地積）＝31,795,200円

(ハ) 評価対象地の相続税評価額

　(イ)－(ロ)＝<u>11,923,200円</u>（相続税評価額）

参考 評価対象地の1㎡当たりの相続税評価額

　11,923,200円（上記(ハ)の金額）÷180㎡（地積）＝66,240円

(注) 図表－4に掲げる評価対象地が接道する道路（道路Y）が建築基準法に規定する位置指定道路に該当することから，評価対象地の評価につき，正面路線価を基に評価する方法を採用する場合であっても，評価通達に定める無道路地の評価の定めを適用することは相当でないと考えられる。

(2) 上記(1)に掲げる評価方法の選択の可否

　再掲となるが，評価通達14－3（特定路線価）の前段において，「路線価地域内において，相続税，贈与税又は地価税の課税上，路線価の設定されていない道路のみに接している宅地を評価する必要がある場合には，当該道路を路線とみなして当該宅地を評価するための路線価（特定路線価）を納税義務者からの申出等に基づき設定することが<u>できる</u>」と定められている。そうすると，この特定路線価の設定は，同通達の定めでは，「設定することが<u>できる</u>」（上記＿＿部分）とされていることから，あくまでも任意であり，路線価の設定されていない道路のみに接している宅地に当たっては，上記(1)に掲げる評価方法のなかから，納税義務者等が自由に選択することが可能とされるのではないかという解釈を保持することも想定される。

　しかしながら，本件裁決事例において国税不服審判所が示した法令解釈等によると，「特定路線価は，路線価の設定されていない道路に接続する路線及び当該道路付近の路線に設定されている路線価を基にその道路の状況，評価しようとする宅地の所在する地区の別等を考慮して評定されるものであるから，<u>その設定において不合理と認められる特段の事情がない限り</u>，当該特定路線価に基づく評価方法は，路線価の設定されていない道路にのみ接続する路線に設定された路線価を基に画地調整を行って評価する方法より合理的である

と認められる」（上記Ⅳ❷(3)より）とされている。

　そうすると，本件裁決事例は，路線価の設定されていない道路のみに接している宅地を評価する場合の評価方針（当該特定路線価の評定方法に不合理とみられる特段の事情がない限り，当該道路と接続する路線に設定されている路線価を正面路線価として評価する方法よりも，当該特定路線価を正面路線とみなして評価する方法が合理的である）を初めて明確にした画期的なものであり，実務上の注目が集まるものである。

(3)　図表－4及び本件裁決事例の場合

　本件裁決事例に掲げる判断基準により図表－4の評価対象地の相続税評価額を検討すると，路線価の設定されていない道路（道路Y）に設定された特定路線価88,000円について，その設定に不合理と認められる特段の事情が主張立証されない限り，上記(1)①に掲げる評価方法（この場合の評価対象地の相続税評価額1,584万円）が支持されることになる。

　また，本件裁決事例においても，「本件特定路線価の評定についてみると，本件各道路の各路線価及び各固定資産税路線価については＊＊のとおりであり，本件位置指定道路の路線価及び固定資産税路線価とのバランスが取れていることから，本件特定路線価の評定において不合理とみられる特段の事情は見当たらない」（上記Ⅳ❸より）と判断され，その結果，本件各土地の価額は，本件特定路線価を正面路線価として算定するのが相当であるとされている。

❹　特定路線価の設定が不合理と認められる特段の事情の有無

　上記❸で摘示したとおり，本件裁決事例は，路線価の設定されていない道路のみに接している宅地を評価する場合の評価方針を示した先例の位置付けにあるが，当該評価方針の相当性を担保する要件として，「当該特定路線価の設定に不合理と認められる特段の事情がないこと」（上記❸(2)＿＿部分）が挙げられている。次に，この特段の事情の有無について検討したい。

(1)　比準道路との比較における格差割合等の算定からの判断

　上記❷(2)②に掲げるとおり，特定路線価の設定は，当該特定路線価を設定する道路と状況が類似する近隣の道路に付された路線価を基に，両方の道路に係る格差割合等（具体的には，同欄の注書を参照）を比準させて計算するものとされている。そうすると，この方法による場合には，次に掲げる事項が認められるものについては，その算定された特定路線価には結果としての妥当性が認められないことになる。

①　特定路線価を設定するために選定された近隣の道路が，当該特定路線価を設定する道路と状況が類似するものであると認められなかった場合

②　特定路線価を設定する道路と状況が類似する近隣の道路の両方の道路に係る格差割合等の比準に当たって，比準数値の選択が適切に求められなかった場合

(2)　（相続税の）路線価と固定資産税路線価との関係から判断

　特定路線価の設定の妥当性の判断は，上記(1)に基づいて行われるべきであることが原則と考える。その一方，本件裁決事例では，本件各道路の各路線価及び各固定資産税路線価とのバランスが取れている場合には，本件位置指定道路（特定路線価を設定する道路）に

図表-5 特定路線価の算定方法（（相続税の）路線価と固定資産税路線価を利用する方式）

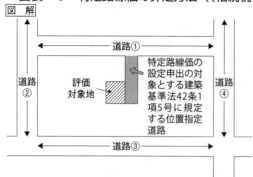

	①（相続税の）路線価	②固定資産税路線価	倍　数（①÷②）
特定路線価の設定対象とする位置指定道路	x	137,500円	—
道　路　①	180,000円	150,000円	1.2
道　路　②	186,000円	155,000円	1.2
道　路　③	198,000円	165,000円	1.2
道　路　④	189,000円	157,500円	1.2

算式　特定路線価(x)＝特定路線価の設定対象とした道路に係る固定資産税路線価×倍率$\left(\dfrac{近隣道路の（相続税の）路線価}{近隣道路の固定資産税路線価}\right)$

計算　特定路線は，下記より165,000円になるものと考えられる。

$\left(\begin{array}{c}\text{位置指定道路に係る}\\\text{固定資産税路線価}\end{array}\right)$　（倍数）
　137,500円　×　1.2　＝165,000円

について，（相続税の）各路線価のうちに固定資産税路線価の占める割合を基にして算定したとしても，不合理とみられる特段の事情は見当たらないとして，一定条件付きで一種の簡便的な特定路線価の算定方法を示している。これを図解，算式及び計算にしてまとめると，図表-5のとおりとなる。本件裁決事例は，このような特定路線価の算定方法に合理性を認めたものとして，注目されるべきものとなる。

(3)　路線価の設定されていない道路の法律上の区分からの判断

　本件裁決事例，図表-4及び図表-5に掲げる評価対象地については，今から検討する事項には該当しないが，もし仮に，路線価の設定されていない道路のみに接している宅地を評価する必要がある場合において，当該道路が建築基準法42条（道路の種類）を代表とする法律上の道路に該当していないときという事例を考えてみたい（上掲の各評価対象地

図表-6　路線価の設定されていない道路（法律上のものでない）のみに接する宅地

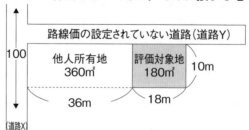

（注）　道路Yについて，所在地の特定行政庁で確認したところ，法律上の道路には一切該当しない（いわゆる法定外路）とのことであり，評価対象地に建物を建築することは，建築基準法43条（敷地等と道路との関係）の規定により認められないことが確認されている。

は，いずれも同条1項5号に規定する位置指定道路であることから，法律上の道路に該当する）。この場合の概念図として，図表－6を参照されたい。

　図表－6に掲げるような事例にまで，道路Yに特定路線価を設定して評価することに合理性を求めることは困難であると考えられ，このような場合が上掲の「特定路線価の設定に不合理とみられる特段の事情」に該当するものと考えられる。図表－6の事例の評価対象地の評価に当たっては，路線価がすでに設定されている道路Xに係る路線価（100,000円）の評価対象地に係る正面路線として，奥行価格補正率等の画地調整補正率（事例の場合には，評価通達に定める無道路地の評価の定めを適用することも可能と考えられる）を適用して評価することが相当であると考えられる。

Ⅵ 参考事項等

❶ 参考法令通達等
・相続税法22条（評価の原則）
・評価通達14（路線価）
・評価通達14－2（地区）
・評価通達14－3（特定路線価）
・建築基準法42条（道路の定義）
・建築基準法43条（敷地等と道路との関係）
・令和＿＿年分　特定路線価設定申出書
・別紙　特定路線価により評価する土地等及び特定路線価を設定する道路の所在地，状況等の明細書
・令和＿＿年分　特定路線価回答書

❷ 類似判例・裁決事例の確認
(1) 相続により取得した借地権について，私道に仮路線価を設定して評価するのが相当であるとされた事例（昭63.5.27裁決）

　本件借地権の設定された土地（図表－7及び図表－8）は，路線価の付されていない私道に面しているところ，その評価に当たっては，本件私道と状況が類似する付近の路線に付された路線価に比準して仮路線価を設定し，その仮路線価に基づいて評価するのが相当であるから，原処分庁が本件私道に面する公道に付された路線価によって評価したことは相当とは認められない。

(2) 路線価の付されていない私道に接する宅地の価額は，その私道と状況が類似する付近の道路に付された路線価に比準してその私道の仮路線価を評定し，その仮路線価に基づき計算した価額によって評価するのが相当であるとした事例（平3.12.18裁決）

　請求人は，本件私道に付される仮路線価は，いわゆる「基準価額」と同額とすべきである旨主張するが，この「基準価額」は，本件私道そのものが宅地であるとした場合の1㎡当たりの価額であるから本件私道の仮路線価とすることは相当ではない。

図表－7　本件借地権の形状（単位：㎡）

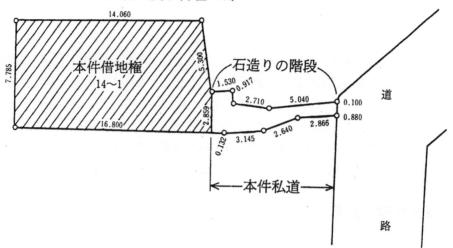

図表－8　昭和58年分路線価図（部分図）（C：借地権割合70%）

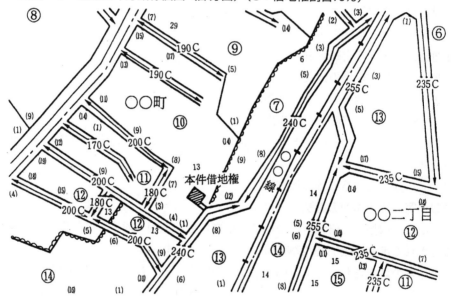

　そこで，本件私道の仮路線価は，本件私道と状況が類似する本件私道の北側に位置する道路に付された路線価を基として，道路の幅員，舗装の状況などの物理的状況及び上下水道，都市ガスの付設の有無などの経済的状況等を比較検討して求めるのが相当と認められる。

　したがって，本件宅地の価額は，以上の方法によって求められた仮路線価を基に算定すべきである。

CASE17

評価単位 地目	間口距離 奥行距離	側方加算 二方加算	広大地	農地・山林・原野
雑種地	貸家 建付地	借地権 貸宅地	利用価値 の低下地	その他の 評価項目

不整形地の評価に当たって想定整形地の作定方法等が争点とされた事例

事例

　被相続人甲は，本年12月に相続の開始があった。同人の相続財産のうちには，図表－1に掲げる各土地（本件A土地，本件B土地，本件C土地及び本件D土地）並びに本件A建物があった。

　上記に掲げる各土地のうち，本件A土地及び本件D土地につき，評価通達20（不整形地の評価）の定めを適用して評価したいと考えている。

　同通達の定めでは，不整形地の価額は，不整形地の地積を間口距離で除して算出した計算上の奥行距離を基として求めた整形地により計算する方法等の一定の方法により，評価通達15（奥行価格補正）から同通達18（三方又は四方路線影響加算）までの定めによって計算した価額に，その不整形の程度，位置及び地積の大小に応じ，「地積区分表」に掲げる地区区分及び地積区分に応じた「不整形地補正率表」に定める補正率を乗じて計算した価額により評価するものとされている。なお，「不整形地補正率表」において，かげ地割合は，次の算式により計算した割合による旨が定められている。

＜算　式＞

$$\frac{想定整形地の地積　-　不整形地の地積}{想定整形地の地積}$$

　上記に掲げる評価通達20（不整形地の評価）の定めを適用して，実務として不整形地である本件A土地及び本件D土地の評価を行おうとしたところ，下記に掲げる疑義が生じてしまった。これらの疑義に対してどのように処理することが相当であるのか教示してほしい。

(1)　本件A土地

　本件A土地について，「かげ地割合」を求める方法は次のいずれによる方法が相当であるのか。

① 本件A土地の公簿面積により，かげ地割合を求める方法
② 本件A土地の公図上の長さを基礎として，cm単位で計算する方法により，想定整形地及び本件A土地の地積を算出して，当該数値を基にかげ地割合を求める方法

(2) **本件D土地**

本件D土地について，「想定整形地」の作定方法は次のいずれによることが相当であるのか。

① 正面路線（本件D土地の場合，公道Y号線）からの垂線によって本件D土地を囲むく形（長方形）の土地を作定して想定整形地とすべきである。
② 想定整形地の面積は最少とすることが合理的であるから，本件D土地の路線に接する両端を結ぶ直線によって本件D土地の全域を囲むく形（長方形）の土地を作定して想定整形地とすべきである。

図表－1　相続財産である土地及び建物の状況

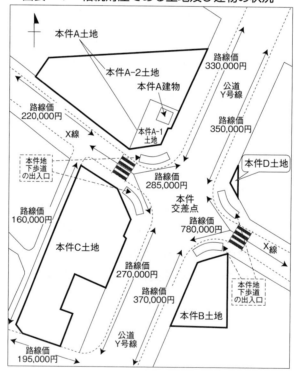

（平24.10.10裁決，東裁（諸）平24－71，平成20年相続開始分）

基 礎 事 実

❶ 被相続人甲に係る相続開始

被相続人甲は，本件相続開始日である平成20年12月＊日に死亡した。

図表−2　不動産目録

順号	名　　称		所在・地番	地　目（種類）	地積・床面積	備　　考
1	本件A建物		a市b町○丁目○番○	事務所	52.44㎡（未登記）	
2	本件A土地	本件A−1土地	a市b町○丁目○番○	宅　地	224.50㎡	
3		本件A−2土地	a市b町○丁目○番○，○	宅　地	1,311.62㎡	
4	本件B土地		a市g町○丁目○番○，○	山林，宅地	414.52㎡	
5	本件C土地		a市b町○丁目○番○	山　林	1,407㎡	本件被相続人の持分4分の2
6	本件D土地		a市h町○番○	山　林	6.37㎡	本件被相続人の持分12分の4

❷　**本件各土地の状況等**

(1) 被相続人甲の相続財産の中には、図表−2（不動産目録）記載の建物及び各土地があった（図表−2に掲げる本件A土地ないし本件D土地を併せて「本件各土地」という）。

(2) 本件各土地は、いずれも、＊＊鉄道＊＊線＊＊駅＊＊口（以下「＊＊駅＊＊口」という）から北西に約200m先に位置しており、同駅から通ずる公道（以下「X線」という）と公道Y号線とが交差する＊＊駅＊＊口交差点（以下「本件交差点」という）に接する平坦な土地であり、形状、接面する道路との位置関係及び当該道路に付されている平成20年分の路線価（評価通達14（路線価）に定める路線価をいう。以下同じ）等については、図表−1のとおりである。

(3) 本件交差点の各隅切り部分の歩道上には、いずれも、公道Y号線を横断するための地下歩道（以下「本件地下歩道」という）の出入口が配置されている。

(4) 本件地下歩道の出入口は、いずれも、約80cmの土台の上に金属性の枠組みと透明のポリカーボネート板（プラスチック）によってドーム型に覆われており、その設備は地上からの高さが最高部で約4m、最低部で約2.5m、出入口の間口が約3mの緩やかに孤を描いた長さ約11mの構築物である（当該構築物を以下「本件地下歩道施設」という）。

　争　　　点

❶　本件A土地に評価通達20（不整形地の評価）の定めを適用する場合に、「かげ地割合」をどのようにして求めることが合理的であると認められるのか。

❷　本件D土地に評価通達20（不整形地の評価）の定めを適用する場合に、「想定整形地」の作定をどのように行うことが合理的であると認められるのか。

❸　本件A土地及び本件D土地の具体的な相続税評価額はいくらになるのか。
　（注）　本件裁決事例では、上記に掲げる争点以外にも種々の項目が争点とされているが、紙

図表－3　争点に関する双方の主張

争　点	請求人（納税者）の主張	原処分庁（課税庁）の主張
(1) 本件A土地に係る「かげ地割合」の求め方	本件A土地は、形状がほぼ三角地であることから、かげ地割合（評価通達20（不整形地の評価）に係る不整形地補正率表に定めるもの。以下同じ）が限りなく50％に近い数値が算定されるべきであるところ、航空写真、住宅地図、公図及び現地確認の結果、公図の地形が現状を的確に表わしていたことから、最適で合理的である公図上の長さを基礎としてcm単位で計算する方法により、想定整形地及び本件A土地の地積を算出した結果、限りなく50％に近い43.37％と算定され、本件A土地の形状の実態に沿う数値となった。 したがって、当該計算結果により不整形地補正率0.97を適用すべきである。	請求人らが主張する公図に基づき計算した本件A土地の地積によりかげ地割合を求める方法が、請求人ら自身が期限内申告において採用した本件A土地の公簿面積によりかげ地割合を求める方法（注）よりも合理的であるとする根拠は見当たらず、また、当該申告における算定方法が本件A土地の状況に符合しない不合理なものであるとする根拠も見当たらないから、本件において、不整形地補正率が過大に計算されているとはいえない。 したがって、当該申告において採用した不整形地補正率0.98を適用すべきである。 （注）本件争点は、更正の請求段階で請求人が新たに主張したものであり、期限内申告においては、請求人と原処分庁との双方で主張した事項に差異は生じていなかった。
(2) 本件D土地に係る「想定整形地」の求め方	図表－4の(1)に掲げるとおり、路線価350,000円の路線（公道Y号線）からの垂線によって本件D土地を囲む形を想定整形地とすべきである。 したがって、不整形地補正率は0.70とすべきである。	屈折路に面する不整形地に係る想定整形地の取り方は、いずれかの路線からの垂線によって又は路線に接する両端を結ぶ直線によって、評価しようとする宅地の全域を囲むく形又は正方形のうち最も面積の小さいものを想定整形地とすることが合理的であると認められる。 そうすると、図表－4の(2)に掲げるとおり、本件D土地の全域を囲むく形を想定整形地とすべきである。 したがって、不整形地補正率は0.84とすべきである。
(3) 本件A土地及び本件D土地の相続税評価額	本件A土地及び本件D土地の相続税評価額は、それぞれ、下記に掲げるとおりとなる。 　本件A土地……349,546,563円（計算－1の(1)を参照） 　本件D土地……605,441円（計算－2の(1)を参照）	本件A土地及び本件D土地の相続税評価額は、それぞれ、下記に掲げるとおりとなる。 　本件A土地……451,529,524円（計算－1の(2)を参照） 　本件D土地……726,529円（計算－2の(2)を参照）

幅の関係で本稿では不整形地の評価に関する論点のみを検証する。

争点に関する双方（請求人・原処分庁）の主張

争点に関する請求人・原処分庁の主張は、図表－3のとおりである。

国税不服審判所の判断

❶　本件A土地に係る争点（「かげ地割合」の求め方）について

図表-4　本件D土地に係る想定整形地
(1) 請求人が想定した整形地　　(2) 原処分庁が想定した整形地
　　（点線部分）　　　　　　　　　（点線部分）

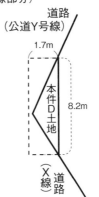

(1) 認定事実

　本件A土地は，東側で公道Y号線に約40.00m，南側でX線に約54.50m接面する地積1,536.12㎡の三角形に近い形状の土地である。

(2) 法令解釈等

① 評価通達20（不整形地の評価）は，不整形地の価額は，その不整形の程度，位置及び地積の大小に応じ，地区区分及び地積区分に応じた「不整形地補正率」を用いて評価する旨定めており，その不整形の程度については，想定整形地（不整形地の全域を囲む，正面路線に面するく形又は正方形の土地をいう）の地積により評価対象地である不整形地の地積がどれだけ少ないかという地積比により算出することとしている。

② 上記①に掲げる取扱いの趣旨は，評価対象地が不整形の場合はその画地全部を宅地として十分に機能させることができず，整形地に比して利用価値が減少することを考慮して，利用価値が減少していると認められる範囲内で補正するというものであり，審判所もかかる取扱いは合理的であると認められる。

(3) 当てはめ

　請求人は，本件A土地のかげ地割合の計算は，想定整形地及び本件A土地の地積を公図上の長さを基礎としてcm単位で計算する方法によるべきである旨主張する。

　しかしながら，かげ地割合の計算において請求人が公図上の長さを基礎として算出した本件A土地の地積39.16c㎡（㎡単位の面積に換算すると1,409.90㎡）は，地積が1,536.12㎡（公簿面積）であることを前提とする本件A土地の評価の基礎として不適当であるし，地積1,536.12㎡の本件A土地について，かげ地割合の計算に限って地積を上記の39.16c㎡（1,409.90㎡）であるとすべきとの主張に合理性も見い出せない。

　したがって，請求人の主張は採用しない。

(4) 本件A土地の相続税評価額

　請求人の主張は，本件A-1土地について貸家建付地として評価すべきとする部分には

計算－1　本件A土地に係る相続税評価額
(1) 請求人が主張する本件A土地の相続税評価額
　(正面路線価)(注1)　(奥行価格補正率)
　　327,030円　×　　0.96　　＝313,948円……①
　　①　　　　(側方路線価)(注2)　(奥行価格補正率)　(二方路線影響加算率)
　313,948円＋（　254,587円　×　1.00　×　0.05　）＝326,677円……②
　　②　　　　(不整形地補正率)(注3)
　326,677円×　　0.97　　＝316,876円……③
　　③　　　　(評価通達20-5の定めによる割合)(注4)　(自用地1㎡当たりの価額)
　316,876円×（1－　　0.091　　）＝　　288,040円　　……④
　　④　　　　(地積)　　(自用地の評価額)
　288,040円×1,536.12㎡＝442,464,004円……⑤
　　⑤　　　　　　　　　　　　　　　　　　　　(賃貸割合)
　　　　　　　(借地権割合)(借家権割合)　52.44㎡
　442,464,004円×（1－　0.7　×　0.3　×　―――――　）＝349,546,563円（本件A土地の評価額）
　　　　　　　　　　　　　　　　　　　　52.44㎡

　(注1)　接道距離40mのうち3.6mに交通障害が生じていることから，当該交通障害が生じている接道距離部分の路線価を，利用価値の著しく低下している宅地の評価の取扱いに準じて10％を減じた価額とするため，本件A土地の正面路線価を，一つの路線に2以上の路線価が付されている場合の各路線価に接道する距離の加重平均計算の方法に準じて算定した金額
　　　　330,000円×（1－0.1）×3.6m＋330,000円×（40m－3.6m）
　　　　――――――――――――――――――――――――――― ＝ 327,030円
　　　　　　　　　　　　　　　　40m
　(注2)　一つの路線に2以上の路線価が付されているため，各路線価に接道する距離の加重平均計算により算定
　　　　220,000円×25.5m＋285,000円×29m
　　　　――――――――――――――――― ＝ 254,587円
　　　　　　　　　25.5m＋29m
　(注3)　不整形地補正率（各距離及び各面積は公図の図面上の長さを基に算定した数値である）
　　　　(想定間口距離)　(想定奥行距離)　(想定整形地の地積)
　　　　　7.6㎝　　×　　9.1㎝　　＝　　69.16㎡
　　　　(想定整形地の地積)　(不整形地の地積)　(想定整形地の地積)　(かげ地割合)
　　　　（　69.16㎡　－　39.16㎡　）÷　69.16㎡　＝　43.37％
　　　　地区区分：普通商業・併用住宅地区，地積区分：C，不整形地補正率：0.97
　(注4)　容積率の格差に基づく減額率
　　　　　　　200％×560.50㎡＋400％×975.62㎡
　　　　（1－―――――――――――――――――）×0.5（影響度）＝0.091
　　　　　　　　　　400％×1,536.12㎡

(2) 原処分庁が主張する本件A土地の相続税評価額
(イ) 本件A－1土地
　(正面路線価)　(奥行価格補正率)
　330,000円　×　　0.96　　＝316,800円……①
　　①　　　　(側方路線価)(注1)　(奥行価格補正率)　(側方路線影響加算率)
　316,800円＋（　254,587円　×　1.00　×　0.08　）＝337,166円……②
　　②　　　　(不整形地補正率)(注2)
　337,166円×　　0.98　　＝330,422円……③
　　③　　　　(評価通達20-5の定めによる割合)(注3)　(自用地1㎡当たりの価額)
　330,422円×（1－　　0.091　　）＝　　300,353円　　……④
　　④　　　　(自用地の地積)(注4)
　300,353円×　　224.50㎡　　＝67,429,248円（本件A－1土地の評価額）
　(注1)　一つの路線に2以上の路線価が付されているため，各路線価に接道する距離の加重平均計算により算定（本件A土地）
　　　　220,000円×25.5m＋285,000円×29m
　　　　――――――――――――――――― ＝ 254,587円
　　　　　　　　　25.5m＋29m
　(注2)　不整形地補正率
　　　　(想定間口距離)　(想定奥行距離)　(想定整形地の地積)
　　　　　41.25m　×　　54.5m　　＝　　2,248.12㎡
　　　　(想定整形地の地積)　(不整形地の地積)　(想定整形地の地積)　(かげ地割合)
　　　　（　2,248.12㎡　－　1,536.12㎡　）÷　2,248.12㎡　＝　31.67％
　　　　地区区分：普通商業・併用住宅地区，地積区分：C，不整形地補正率：0.98
　(注3)　容積率の格差に基づく減額率
　　　　　　　200％×560.50㎡＋400％×975.62㎡
　　　　（1－―――――――――――――――――）×0.5（影響度）＝0.091
　　　　　　　　　　400％×1,536.12㎡
　(注4)　地積測量図による地積
(ロ) 本件A－2土地
　((イ)の④)　　(賃借権の目的となっている土地の地積)
　300,353円×　　1,311.62㎡　　＝393,949,001円……⑤
　　⑤　　　　(賃借権の割合)　(賃借権の価額)
　393,949,001円×　2.5/100　＝9,848,725円……⑥
　　⑤　　　　⑥
　393,949,001円－9,848,725円＝384,100,276円（本件A－2土地の評価額）
(ハ) 本件A土地の評価額
　(本件A－1土地の評価額)　(本件A－2土地の評価額)　(本件A土地の評価額)
　　67,429,248円　　＋　　384,100,276円　　＝　451,529,524円

計算－2 本件D土地に係る相続税評価額

(1) 請求人が主張する本件D土地の相続税評価額

(正面路線価)(注1) (奥行価格補正率)
502,888円 × 0.90 ＝452,599円……①

(①) (不整形地補正率)(注2) (自用地1㎡当たりの価額)
452,599円× 0.7 ＝ 316,819円 ……②

(②) (地積) (自用地の評価額)
316,819円×6.37㎡＝ 2,018,137円 ……③

(③) (補正割合)(注3)
2,018,137円× 0.9 ＝1,816,323円……④

(④) (共有持分) (本件D土地の価額)
1,816,323円× 4/12 ＝ 605,441円

(注1) 一つの路線に2以上の路線価が付されているため、各路線価に接道する距離の加重平均計算により算定
$$\frac{780,000円×3.2m+350,000円×5.8m}{3.2m+5.8m} = 502,888円$$

(注2) 不整形地補正率
(想定間口距離) (想定奥行距離) (想定整形地の地積)
7.9m × 2.4m ＝ 18.96㎡
(想定整形地の地積) (不整形地の地積) (想定整形地の地積) (かげ地割合)
(18.96㎡ － 6.37㎡) ÷ 18.96㎡ ＝ 66.40%
地区区分：高度商業地区、地積区分：A、不整形地補正率：0.7

(注3) 著しく狭あいな土地であることにより、利用価値が著しく低下している宅地の評価の取扱いによる、10%のしんしゃく後の割合

(2) 原処分庁が主張する本件D土地の相続税評価額

(正面路線価)(注1) (奥行価格補正率)
502,888円 × 0.90 ＝452,599円……①

(①) (不整形地補正率)(注2) (自用地1㎡当たりの価額)
452,599円× 0.84 ＝ 380,183円 ……②

(②) (地積)
380,183円×6.37㎡＝2,421,765円……③

(③) (補正割合)(注3)
2,421,765円× 0.1 ＝242,176円……④

(③) (④)
2,421,765円－242,176円＝2,179,589円……⑤

(⑤) (共有持分) (本件D土地の価額)
2,179,589円× 4/12 ＝ 726,529円

(注1) 一つの路線に2以上の路線価が付されているため、各路線価に接道する距離の加重平均計算により算定
$$\frac{780,000円×3.2m+350,000円×5.8m}{3.2m+5.8m} = 502,888円$$

(注2) 不整形地補正率
(想定間口距離) (想定奥行距離) (想定整形地の地積)
8.2m × 1.7m ＝ 13.94㎡
(想定整形地の地積) (不整形地の地積) (想定整形地の地積) (かげ地割合)
(13.94㎡ － 6.37㎡) ÷ 13.94㎡ ＝ 54.30%
地区区分：高度商業地区、地積区分：A、不整形地補正率：0.84

(注3) 著しく狭あいな土地であることにより、利用価値が著しく低下している宅地の評価の取扱いによる、10%のしんしゃく割合

理由がある(注1)ものの、その他の部分には理由がない(注2)から、本件A土地の相続税評価額は、評価通達7（土地の評価上の区分）のただし書(注3)の定めにより、その全体を一団の土地として求めた自用地としての1㎡当たりの価額を基礎として、①本件A－1土地部分の価額は評価通達26（貸家建付地の評価）の定めにより、②本件A－2土地部分の価額は評価通達86（貸し付けられている雑種地の評価）(1)(ロ)の定めにより、計算－3のとおり評価した価額（4億3,736万9,381円）とすることが相当である。

(注1) 本件裁決事例において、請求人は本件A－1土地及び本件A－2土地の全体を評価通達26に定める貸家建付地として評価することを主張し、また、原処分庁は本件A－1土地を自用地として評価し、本件A－2土地を評価通達86(1)(ロ)に定める地上権に準ずる権利として評価することが相当と認められる賃借権以外の賃借権の目的とされている雑種地として評価することを主張していた。

> **計算-3　国税不服審判所が算定した本件A土地の相続税評価額**
>
> (イ)　本件A-1土地
>
> (正面路線価)　(奥行価格補正率)
> 330,000円 × 　0.96　 = 316,800円……①
>
> 　　①　　　　　(側方路線価)(注1)　(奥行価格補正率)　(側方路線影響加算率)
> 316,800円 + (254,587円 × 　1.00　 × 　0.08　) = 337,166円……②
>
> 　　②　　(不整形地補正率)(注2)
> 337,166円 × 　0.98　 = 330,422円……③
>
> 　　③　　　　　(評価通達20-5の定めによる割合)(注3)　　　(自用地1m²当たりの価額)
> 330,422円 × (1 - 　　　0.091　　　) = 　300,353円　……④
>
> 　　④　　(地積)(注4)　(自用地の評価額)
> 300,353円 × 224.50m² = 67,429,248円……⑤
>
> 　　⑤　　　　(借地権割合)　(借家権割合)　(賃貸割合)
> 67,429,248円 × (1 - 0.7 × 0.3 × 52.44m²/52.44m²) = 53,269,105円 (本件A-1土地の評価額)
>
> (注1)　一つの路線に2以上の路線価が付されているため、各路線価に接道する距離の加重平均計算により算定 (本件A土地)
> $$\frac{220,000円 \times 25.5m + 285,000円 \times 29m}{25.5m + 29m} = 254,587円$$
>
> (注2)　不整形地補正率
> (想定間口距離)　(想定奥行距離)　(想定整形地の地積)
> 　41.25m　 × 　54.5m　 = 　2,248.12m²
>
> (想定整形地の地積)　(不整形地の地積)　(想定整形地の地積)　(かげ地割合)
> (2,248.12m² - 1,536.12m²) ÷ 2,248.12m² = 31.67%
>
> 地区区分：普通商業・併用住宅地区、地積区分：C、不整形地補正率：0.98
>
> (注3)　容積率の格差に基づく減額率
> $$\left(1 - \frac{200\% \times 560.50m² + 400\% \times 975.62m²}{400\% \times 1,536.12m²}\right) \times 0.5 (影響度) = 0.091$$
>
> (注4)　地積測量図による地積
>
> (ロ)　本件A-2土地
>
> (イ)の④　(賃借権の目的となっている土地の地積)
> 300,353円 × 　1,311.62m²　 = 393,949,001円……⑤
>
> 　　⑤　　(賃借権の割合)　(賃借権の価額)
> 393,949,001円 × 　2.5/100　 = 9,848,725円……⑥
>
> 　　⑤　　　　⑥
> 393,949,001円 - 9,848,725円 = 384,100,276円 (本件A-2土地の評価額)
>
> (ハ)　本件A土地の評価額
> (本件A-1土地の評価額)　(本件A-2土地の評価額)　(本件A土地の評価額)
> 　53,269,105円　 + 　384,100,276円　 = <u>437,369,381円</u>

(注2)　請求人の主張に理由がないとして請求が棄却された項目として、本稿で検証した不整形地に関する論点（「かげ地割合」の求め方）以外に、本件地下歩道施設が存在することにより発生すると認められる価値低下に対するしんしゃく（(イ)正面路線の間口のうち3.6m部分について、正面路線を1割減算、(ロ)側方路線影響加算に代えて二方路線影響加算を適用）の採用があった。

(注3)　評価通達7（土地の評価上の区分）においては、土地の価額は、地目の別に評価する旨定め、ただし、一体として利用されている一団の土地が2以上の地目からなる場合には、その一団の土地は、そのうちの主たる地目からなるものとして、その一団の土地ごとに評価する旨が定められている。

❷ 本件D土地に係る争点（「想定整形地」の作定方法）について

(1) 認定事実

① 本件D土地は、西側で公道Y号線に約5.8m、南側でX線に約3.2m接する地積6.37m²の三角形の土地である。

② 請求人は、本件D土地に係る計算-2の(1)に掲げる不整形地補正率（0.70）の算定において、公道Y号線からの垂線によって評価対象地の全域を囲むく形を想定整形地

③ 原処分庁は，本件D土地に係る計算－2の(2)に掲げる不整形地補正率（0.84）の算定において，次の(イ)ないし(ハ)による想定整形地を検討し，最も地積の小さい(ハ)のく形を想定整形地としている。

(イ) 公道Y号線からの垂線によって評価対象地の全域を囲むく形

(ロ) X線からの垂線によって評価対象地の全域を囲むく形

(ハ) 公道Y号線及びX線に接する両端を結ぶ直線に対する垂線によって評価対象地の全域を囲むく形

(2) **法令解釈等**

上記❶(2)と同じ。

(3) **当てはめ**

① 評価通達20（不整形地の評価）に定める評価をするに当たって，正面路線と評価対象地の位置関係や同対象地の形状によっては，想定整形地が複数ある場合も生じ得るところ，上記(2)に掲げる同通達の趣旨からすれば，その想定方法自体が不合理なものでない限り，その想定されたもののうち，最も小さい面積のものを想定整形地として上記評価を行うのが合理的である。

② 本件D土地についてみると，上記(2)に掲げるとおり想定整形地とは，評価対象地の全域を囲む，正面路線に面する最小面積のく形となっているものをいうことからすると，請求人の主張する本件D土地の想定整形地のとり方に不合理な点は認められない。

他方，原処分庁の主張する上記(1)③(ハ)の方法による想定整形地は，正面路線に面したく形ではないことから，評価通達20（不整形地の評価）に定める想定整形地そのものには当たらない（なお，上記(1)③(ロ)の方法による想定整形地は，請求人が主張する想定整形地（上記(1)③(イ)の方法によるもの）より地積が大きいため採用できない）。

(4) **本件D土地の相続税評価額**

上記より，本件D土地の整形地の想定方法は，請求人が主張する方法（上記(1)③(イ)に掲げる方法）によるべきであるから，本件D土地の相続税評価額は，60万5,441円とするのが相当である。

(注) 国税不服審判所が判断した本件D土地の相続税評価額（60万5,441円）は，請求人が主張する価額と一致している（計算－2の(1)を参照）。

本件裁決事例のキーポイント

❶ 不整形地の評価

(1) **評価通達の定め**

評価通達20（不整形地の評価）の定めでは，不整形地（三角地を含む。以下同じ）の価額は，次に掲げる(2)①(イ)ないし(ニ)までのいずれかの方法により計算した価額（以下「近似整形地等の価額」という）に，その不整形の程度，位置及び地積の大小に応じ，次の(2)に

示されている「地積区分表」(後掲図表－11) 及び地区区分に応じた「不整形地補正率表」(後掲図表－12) に定める補正率 (不整形地補正率) を乗じて計算した価額によって評価するものとされている。この不整形地の評価方法を手順に示すと、図表－5のとおりであり、三段階に区分されていることが理解される。

図表－5　評価通達に定める不整形地の評価手順

手順：その1	近似整形地等（Ⓐ）の価額を計算
手順：その2	不整形地補正率（Ⓑ）を算定
手順：その3	ⒶにⒷを乗じて不整形地の相続税評価額を計算

(2) 具体的な評価手順
① 近似整形地等の価額の求め方

近似整形地等の価額の求め方には、下記(イ)ないし(ニ)に掲げる4通りの方法があり、この中から、評価対象地の事情に応じて最も適切な方法が選択されることになる。

(イ) 不整形地を区分して求めた整形地を基として評価する方法

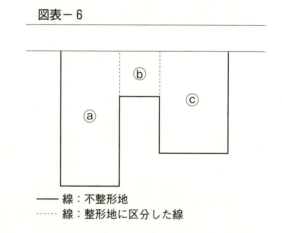

図表－6

―――線：不整形地
・・・・線：整形地に区分した線

　図表－6のように不整形地を区分して整形地が得られる場合には、その区分して得られる整形地ごとに評価した価額を合計して近似整形地等の価額とする。この場合において、区分して得られた個々の整形地を対象として間口狭小補正率、奥行長大補正率を適用することは認められないので留意する必要がある。

(ロ) 奥行距離が一様でない場合に計算上の奥行距離を算出して評価する方法

図表－7

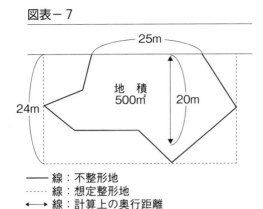

── 線：不整形地
‥‥‥ 線：想定整形地
←→ 線：計算上の奥行距離

　図表－7のように奥行距離が一様でない場合には，その宅地の地積をその間口距離で除して求めた数値を計算上の奥行距離とする。ただし，当該計算上の奥行距離が，その不整形地に係る想定整形地の奥行距離を超える場合には，その想定整形地の奥行距離をもって計算上の奥行距離とし，当該計算上の奥行距離も基にして計算した価額をもって近似整形地等の価額とする。
　図表－7の場合には，具体的な計算上の奥行距離は次に掲げる計算のとおり，20mとなる。

＜計　算＞
　　イ　500㎡（地積）÷25m（間口距離）＝20m
　　ロ　想定整形地の奥行距離…24m
　　ハ　イ＜ロ　∴いずれか短い方（20m）

(ハ) 近似整形地（不整形地に近似する整形地をいう。以下同じ）を求め，その設定した近似整形地を基として評価する方法

図表－8

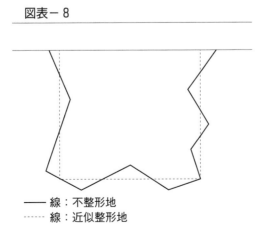

── 線：不整形地
‥‥‥ 線：近似整形地

図表－８のような場合は，これに近似する整形地を求めて，その整形地について計算した価額をもって近似整形地等の価額とする。

(ニ)　近似整形地と隣接する整形地とを合わせた後の全体の整形地を基として評価する方法

図表－９

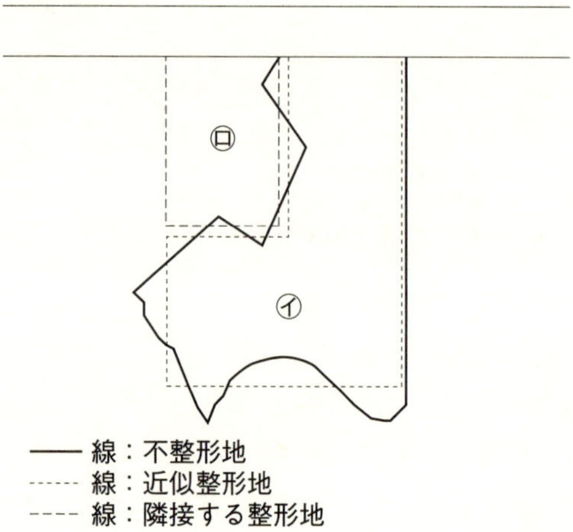

図表－９のような場合は，近似整形地（㋑）を求め，隣接する整形地（㋺）の価額を差し引いた価額をもって近似整形地等の価額とする。

なお，上記(ハ)及び(ニ)に掲げる近似整形地を求める場合には，下記に掲げる点に留意する必要がある。

(A)　図表－10に掲げるとおり，近似整形地からはみ出す不整形地の部分（▨部分）の面積と近似整形地に含まれる不整形地以外の部分（■部分）の面積とがおおむね等しいこと及びその両者の合計した面積が最小となること

図表－10　近似整形地の求め方

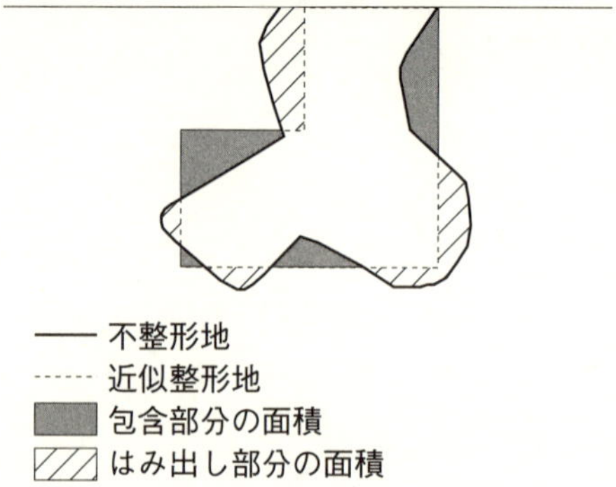

(B)　近似整形地は，可能な限りその不整形地に対応するような画地を求めるものとし，その作図に際しては，本来の整形地である正方形やく形地のみならず，L形地，平

行四辺形地又は台形地等の奥行距離の測定その他画地計算が比較的容易な形状のものを求めること

② 不整形地補正率の求め方

不整形地補正率は，次に掲げる方法により求めるものとされている。

(イ) 評価する不整形地（以下「評価対象地」という）の地区区分及び地積の別に応じて定められた図表－11に掲げる「地積区分表」に当てはめ，「A」，「B」又は「C」のいずれの地積区分に該当するかを判定する。

(ロ) 想定整形地の地積を算出し，次に掲げる算式により「かげ地割合」を求める。

図表－11　地積区分表（平成19年1月1日以後適用分）

地区区分＼地積区分	A	B	C
高度商業地区	1,000㎡未満	1,000㎡以上 1,500㎡未満	1,500㎡以上
繁華街地区	450㎡未満	450㎡以上 700㎡未満	700㎡以上
普通商業・併用住宅地区	650㎡未満	650㎡以上 1,000㎡未満	1,000㎡以上
普通住宅地区	500㎡未満	500㎡以上 750㎡未満	750㎡以上
中小工場地区	3,500㎡未満	3,500㎡以上 5,000㎡未満	5,000㎡以上

図表－12　不整形地補正率（平成19年1月1日以後適用分）

かげ地割合＼地区区分・地積区分	高度商業地区，繁華街地区，普通商業・併用住宅地区，中小工場地区			普通住宅地区		
	A	B	C	A	B	C
10%以上	0.99	0.99	1.00	0.98	0.99	0.99
15% 〃	0.98	0.99	0.99	0.96	0.98	0.99
20% 〃	0.97	0.98	0.99	0.94	0.97	0.98
25% 〃	0.96	0.98	0.99	0.92	0.95	0.97
30% 〃	0.94	0.97	0.98	0.90	0.93	0.96
35% 〃	0.92	0.95	0.98	0.88	0.91	0.94
40% 〃	0.90	0.93	0.97	0.85	0.88	0.92
45% 〃	0.87	0.91	0.95	0.82	0.85	0.90
50% 〃	0.84	0.89	0.93	0.79	0.82	0.87
55% 〃	0.80	0.87	0.90	0.75	0.78	0.83
60% 〃	0.76	0.84	0.86	0.70	0.73	0.78
65% 〃	0.70	0.75	0.80	0.60	0.65	0.70

＜算　式＞

$$\frac{想定整形地の地積　-　評価対象地の地積}{想定整形地の地積}$$

(ハ)　上記(イ)に掲げる「地積区分」と(ロ)に掲げる「かげ地割合」を図表－12に掲げる「不整形地補正率表」に当てはめ，不整形地補正率を求める。

(3)　不整形地補正率の算定例

　　上記に掲げる不整形地補正率の算定例を示すと，次のとおりであり，この 設例 の場合，不整形地補正率は0.90となる。

設例

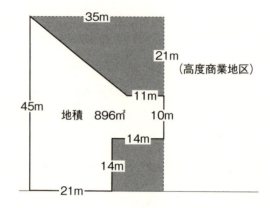

算定

（想定整形地の地積）

(間口)　(奥行)
35m × 45m ＝ 1,575m²

（かげ地割合）

$$\frac{\underset{1,575m^2}{(想定整形地の地積)} - \underset{896m^2}{(評価対象地の地積)}}{\underset{1,575m^2}{(想定整形地の地積)}} = \frac{679m^2}{1,575m^2} ≒ 43.11\%$$

（不整形地補正率）　0.90

$$\left[\begin{array}{l}地積区分　A（高度商業地区）\\ かげ地割合　43.11\%\end{array}\right]$$

(4)　想定整形地の取り方

　　本件裁決事例における本件D土地の評価に当たって争点とされたものであるが，不整形地の評価に当たっては想定整形地の取り方に留意する必要がある。想定整形地としての妥当性は，正面路線に面する正方形又はく形の土地を想定しているか否かで相当か不相当であるかの判断基準とされる。

　　この想定整形地の取り方の具体例を示すと，図表－13のとおりとなる。

図表-13 想定整形地の取り方の具体例

①

②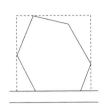

③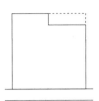

④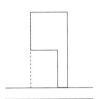

⑤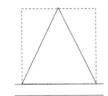

⑥

⑦

⑧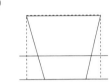

⑨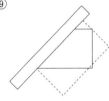

⑩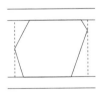

⑪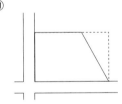

⑫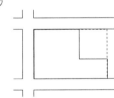

⑬-1 ○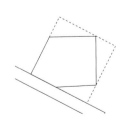

⑬-2 ×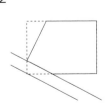

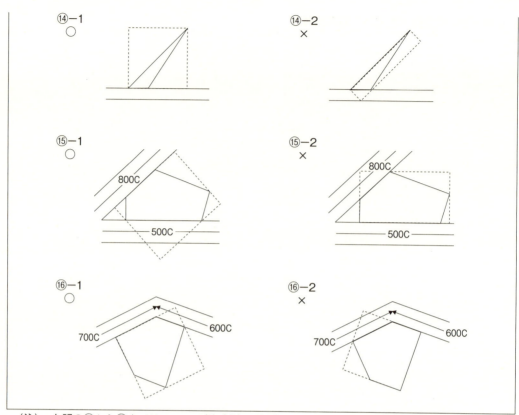

（注） 上記の⑬から⑯までは，－1の例（○）が相当，－2の例（×）は不相当と判断される。

❷ 公図を基に不整形地補正率を算定することの可否（本件Ａ土地に係る論点）

　評価通達20（不整形地の評価）に定める不整形地補正率を算定する場合（換言すれば，「かげ地割合」を計算する場合）に限り，その計算の基礎とされる想定整形地及び評価対象地の地積を実務における簡便性の観点から公図上の長さ（cm単位）を基にして計算することもあると側聞する（本件裁決事例では，請求人は本件Ａ土地に係る不整形地補正率の算定に当たって，当該方法によることを主張している）。

　しかしながら，上記に掲げる一種の簡便法的な計算が容認されるためには，少なくとも，評価対象地である不整形地につき，下記に掲げる要件が充足されていることが必要であると考えられる。

(1)　評価対象地の実際の地形と公図の形状が同一（又はきわめて酷似）の状況にあると認められること

(2)　公図に縮尺率が明示されており，当該縮尺率を基に公図に示されている形状の土地について求積した場合に，評価対象地の実際の面積と同一（又はきわめて酷似）の面積が算定されること

　そうすると，本件裁決事例における本件Ａ土地の場合には，公図上の長さを基礎として算出した本件Ａ土地の地積39.16㎠（㎡単位の面積に換算すると1,409.90㎡）は，地積

が1,536.12㎡であることを前提とする本件Ａ土地の評価の基礎として不適当であると国税不服審判所は判断しているが、当該判断は、本件Ａ土地に係る公図が上記に掲げる要件を充足するほどの正確性を担保するものではなかったことに基因するものと考えられる。

❸ 想定整形地の取り方と想定整形地を面積最小とすることとの関係（本件Ｄ土地に係る論点）

(1) 国税不服審判所の解釈及び判断

本件裁決事例において国税不服審判所は、評価通達20（不整形地の評価）の趣旨、本件Ｄ土地のように屈接路に内接する不整形地に係る想定整形地の取り方について、次のとおりの解釈及び判断を示している。

|解 釈| 評価通達の趣旨は、評価対象地が不整形地の場合はその画地全部を宅地として十分に機能させることができず、整形地に比して利用価値が減少することを考慮して、利用価値が減少していると認められる範囲で補正するというものである。

|判 断| 上記に掲げる|解 釈|からすれば、その想定方法自体が不合理なものでない限り、その想定されたもののうち、最も小さい面積のものを想定整形地（不整形地の全域を囲む、<u>正面路線に面するく形又は正方形の土地</u>）として上記評価を行うのが合理的である。

そして、この判断を基にして、本件裁決事例では原処分庁が採用した想定整形地はこれに該当しない（|理由|正面路線に面したく形（上記____部分）とはなっていない。前掲図表－４の(2)を参照）として、その主張を排斥している。本件裁決事例は、筆者の知る限りでは、評価対象地が屈接路に内接する不整形地である場合の想定整形地の取り方に関する

図表－14　屈接路に内接する不整形地に係る想定整形地の取り方

評価対象地である不整形地

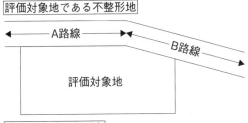

（注）評価対象地は、一方路線（屈接路に内接）する宅地であり、角地に該当するものではない。

想定整形地の取り方

下記①又は②のうち、いずれか地積（地積αまたは地積β）の小さい方を想定整形地とする。

① Ａ路線からの垂線によって想定整形地を作定する方法

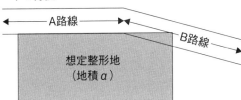

② Ｂ路線からの垂線によって想定整形地を作定する方法

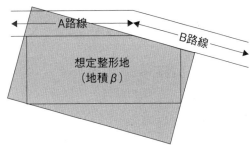

判断基準（これをまとめると，図表－14のとおり）を明確に示したものとして，実務上，注目されるものである。

(2) 原処分庁の主張について

本件裁決事例において，原処分庁の主張する本件D土地に係る想定整形地（前掲図表－4の(2)を参照）は，正面路線に面したく形ではないことから，評価通達20（不整形地の評価）に定める想定整形地そのものには当たらないと国税不服審判所において判断されている。改めて，想定整形地の意義（不整形地の全域を囲む，正面路線に面するく形又は正方形の土地をいう。上記❶(4)の＿＿＿部分も併せて参照）を再確認することの重要性に気付かされる。

❹ その他の評価項目

紙幅の関係で項目の指摘のみとなるが，本件A土地及び本件D土地の評価については本稿で確認した不整形地の評価に関する争点以外にも，次に掲げるとおりの種々の評価上の留意項目が認められる。

(1) 本件A土地（計算－1及び計算－3より）

① 本件地下歩道施設が存在することにより正面路線価の一部を10％減額調整して評価することの可否

② 一つの路線に2以上の路線価が付されているため，各路線に接道する間口距離で加重平均計算する評価方法の採用

③ 本件地下歩道施設が存在することを理由に側方路線影響加算率に代えて二方路線影響加算率を適用することの可否

④ 評価通達20－5（容積率の異なる2以上の地域にわたる宅地の評価）の定めの適用による容積率の格差に基づく減額調整の適用

(2) 本件D土地（計算－2より）

① 一つの路線に2以上の路線価が付されているため，各路線に接道する間口距離で加重平均計算する評価方法の採用（筆者注 本件D土地を角地として取り扱っていないことに留意する必要がある）。

② 著しく狭あいな土地であることを理由に，利用価値が著しく低下している宅地の評価の取扱い（課税実務上の取扱い）による10％減額の適用（筆者注 著しく狭あいな土地であることを理由とすることは，この取扱いの適用の例示にはないが，本件D土地の評価に当たってはその適用が認められていることに注目が集まる）。

Ⅵ 参考事項等

❶ 参考法令通達等

・評価通達7（土地の評価上の区分）
・評価通達20（不整形地の評価）
・評価通達20－5（容積率の異なる2以上の地域にわたる宅地の評価）（筆者注 平成31

年1月1日以後は，評価通達20－7）
・評価通達26（貸家建付地の評価）
・評価通達86（貸し付けられている雑種地の評価）
・課税実務上の取扱い（利用価値が著しく低下している宅地の評価）

❷ 類似判例・裁決事例の確認

現行の評価通達20（不整形地の評価）の定め（かげ地割合を求めて不整形地補正率を求める方法）の前身である資産評価企画官情報（平成4年3月3日付）により不整形地の評価を行うことの相当性が争点とされた裁決事例として，次に掲げるものがある。

● 平成15年3月25日裁決，仙裁（諸）平14－26

請求人らは，不整形地の評価に当たり，平成4年3月3日付資産評価企画官情報第1号（以下「本件情報」という）を評価通達とみなして本件更正処分（筆者注 相続税の更正処分）を行ったことは不当である旨主張する。

しかしながら，本件情報による減価補正の方法は，不整形地である評価対象地に対応する整形地を想定して，当該想定整形地に占める想定整形地と評価対象地との地積の差の割合を基に，評価対象地が所在する地区区分及び評価対象地の地積の大小に応じて減価補正する率を求めるというもので，減価補正の方法としては，評価上勘案すべき不整形地の程度，その地域の最有効使用，標準的な画地という要素が考慮されており，合理的な減価補正の一基準であると認めることができる。

追補 地積規模の大きな宅地の評価について

　本件裁決事例に係る相続開始年分は，平成20年である。もし仮に，当該相続開始日が，平成30年1月1日以後である場合（評価通達20－2（地積規模の大きな宅地の評価）の新設等の改正が行われた。以下「新通達適用後」という）としたときの本件A土地及び本件D土地（前記計算－3及び計算－2の(1)に掲げる金額（本件裁決事例による最終的な確定額）を基に算定）に対する同通達の適用は，次のとおりとなる。

(1) 地積規模の大きな宅地の該当性

　次に掲げる 判断基準 から本件A土地については，同土地が東京都の特別区に所在する場合を除き，三大都市圏に所在する場合又は三大都市圏以外に所在する場合の区分にかかわらず，評価通達20－2（地積規模の大きな宅地の評価）に定める地積規模の大きな宅地に該当する。しかしながら，本件D土地については，同土地が三大都市圏に所在する場合又は三大都市圏以外に所在する場合のいずれにおいても，少なくとも地積要件及び地区区分要件を充足しておらず同通達に定める地積規模の大きな宅地に該当するものではない。

判断基準

要件		本件A土地	本件D土地
① 地積要件(注)	三大都市圏に所在する場合	1,536.12㎡ ≧ 500㎡ （評価対象地の地積）（三大都市圏に所在する場合の地積要件） ∴地積要件を充足	6.37㎡ < 500㎡ （評価対象地の地積）（三大都市圏に所在する場合の地積要件） ∴地積要件を未充足
	三大都市圏以外に所在する場合	1,536.12㎡ ≧ 1,000㎡ （評価対象地の地積）（三大都市圏以外に所在する場合の地積要件） ∴地積要件を充足	6.37㎡ < 1,000㎡ （評価対象地の地積）（三大都市圏以外に所在する場合の地積要件） ∴地積要件を未充足
② 区域区分要件		本件A土地及び本件D土地に係る区域区分は明示されていないが，路線価及び容積率から判断すると市街化調整区域以外に所在 ∴区域区分要件を充足	
③ 地域区分要件		本件A土地及び本件D土地に係る地域区分は明示されていないが，全般的状況から判断すると工業専用地域以外に所在 ∴地域区分要件を充足	
④ 容積率要件		本件A土地に指定容積率を前記計算－3（注3）に掲げる数値を基に算定すると，下記 計算 のとおり，約327％（加重平均容積率）となる。 計算　$\dfrac{200\% \times 560.50㎡ + 400\% \times 975.62㎡}{1,536.12㎡} ≒ 327\%$ そうすると，指定容積率400％未満（東京都の特別区以外の場合）に該当するが，同300％未満（東京都の特別区の場合）には該当しない。 なお，本件D土地に係る指定容積率については不明である。 ∴本件A土地につき，東京都の特別区以外に所在する場合には容積率要件を充足	
⑤ 地区区分要件		本件A土地に係る地区区分は，前記計算－3から路線価地域の普通商業・併用住宅地区に所在	本件D土地に係る地区区分は，前記計算－2から路線価地域の高度商業地区（普通商業・併用住宅地区及び普通住宅

			∴地区区分要件を充足	地区以外）に所在 ∴地区区分要件を未充足
⑥ 判断と その理由	三大都市圏 に所在する 場合	(イ) 東京都の特別区以外に所在する場合 該当（上記①ないし⑤の要件を充足） (ロ) 東京都の特別区に所在する場合 非該当（上記④の要件を未充足）	非　該　当 （少なくとも，上記①及び⑤の要件を未充足）	
	三大都市圏 以外に所在 する場合	該　当 （上記①ないし⑤の要件を充足）	非　該　当 （少なくとも，上記①及び⑤の要件を未充足）	

（注）　本件A土地及び本件D土地の所在地は不明である。

(2) 本件A土地の価額（相続税評価額）

新通達適用後の本件A土地の価額（相続税評価額）を算定すると，下表のとおりとなる。

区　分		本件 A 土 地		
		三大都市圏に所在する場合		三大都市圏以外に 所在する場合
		東京都の特別区以 外に所在する場合	東京都の特別区に 所在する場合	
正面路線価	①	330,000円	330,000円	330,000円
奥行価格補正率	②	0.95	0.95	0.95
側方路線価	③	254,587円	254,587円	254,587円
奥行価格補正率	④	1.00(注1)	1.00(注1)	1.00(注1)
側方路線影響加算率	⑤	0.08	0.08	0.08
1㎡当たりの価額 ((①×②)＋(③×④×⑤))	⑥	333,886円	333,886円	333,886円
不整形地補正率	⑦	0.98	0.98	0.98
1㎡当たりの価額（⑥×⑦）	⑧	327,188円	327,188円	327,188円
規模格差補正率	⑨	0.75(注2(イ))	————	0.77(注2(ロ))
1㎡当たりの価額（⑧×⑨）	⑩	245,391円	327,188円	251,934円
本件 A-1 土地	地積 ⑪	224.50㎡	224.50㎡	224.50㎡
	自用地としての価額（⑩×⑪） ⑫	55,090,279円	73,453,706円	56,559,183円
	借地権割合 ⑬	0.7	0.7	0.7
	借家権割合 ⑭	0.3	0.3	0.3
	賃貸割合 ⑮	1.00	1.00	1.00
	本件A-1土地の価額 （⑫×（1－⑬×⑭×⑮）） ⑯	43,521,320円	58,028,427円	44,681,754円
本件 A-2 土地	地積 ⑰	1,311.62㎡	1,311.62㎡	1,311.62㎡
	自用地としての価額（⑩×⑰） ⑱	321,859,743円	429,146,324円	330,441,673円
	賃借権割合 ⑲	0.025	0.025	0.025
	本件A-2土地の価額 （⑱×（1－⑲）） ⑳	313,813,249円	418,417,665円	322,180,631円
本件A土地の価額（⑯＋⑳）	㉑	<u>357,334,569円</u>	476,446,092円	<u>366,862,385円</u>

(注1) 奥行価格補正率
　　　平成30年1月1日以後は，奥行価格補正率が改正されている。
(注2) 規模格差補正率
　　(イ) 本件A土地が東京都の特別区以外の三大都市圏に所在する場合
　　　　$\dfrac{1,536.12㎡（評価対象地の地積）\times 0.90+75}{1,536.12㎡（評価対象地の地積）}\times 0.8=0.759\cdots \Rightarrow 0.75$ （小数点以下第2位未満切捨て）
　　(ロ) 本件A土地が三大都市圏以外に所在する場合
　　　　$\dfrac{1,536.12㎡（評価対象地の地積）\times 0.90+100}{1,536.12㎡（評価対象地の地積）}\times 0.8=0.772\cdots \Rightarrow 0.77$ （小数点以下第2位未満切捨て）

CASE 18

評価単位 地 目	間口距離 奥行距離	側方加算 二方加算	広大地	農地・山林 ・原 野
雑種地	貸 家 建付地	**借地権 貸宅地**	利用価値 の低下地	その他の 評価項目

親子間の土地貸借につき借地権を贈与により取得し使用貸借契約から賃貸借契約に移行したと認められる時期がいつであるのかが争点とされた事例

事例

　会社役員であるA（以下「借主A」という）は，同人の母B（以下「貸主B」という）が所有する宅地（地積2,231.40㎡）（以下「本件土地」という）を昭和54年から借り受けて，同宅地を建物の敷地の用に供していた。本件土地の貸借に関して判明している事項は次に掲げるとおりである。

(1) 本件土地の貸借に関して，借主Aは貸主Bに対して権利金その他の一時金の支払は行っていない。

(2) 本件土地の貸借に関して，借主Aが貸主Bに対してその使用の対価であるとして地代の名目で支払った金員及び本件土地に課された公租公課（固定資産税及び都市計画税）等に関する資料は，図表－1に掲げるとおりである。

(3) 本件土地の貸借に関して，借主Aは貸主Bから借地権（建物の所有を目的とする地上権又は土地の賃借権をいう）について贈与を受けたとして，課税庁に対して贈与税の申告を行ったという事実はない。

　上記のような状況にある本件土地の貸借に関して，借地権の評価に詳しいとする精通者から下記に掲げる三つの見解が示されている。これらのうち，どの見解によって処理することが相当であるのか教示されたい。

A説　本件土地の貸借関係は貸付開始当初（昭和54年5月）より賃貸借にあるとして処理することが相当であるとする見解

　図表－1に掲げる「倍数(C)」欄のとおり，昭和54年5月の貸付当初より1倍を超えており（換言すれば，地代の年額が本件土地に係る公租公課の額を上回っており），建物の所有を目的とする賃貸借契約であることは貸付開始当初より明白である。

B説　本件土地の貸借関係は昭和57年4月より賃貸借に移行したとして処理することが相当であるとする見解

　図表－1に掲げる「倍数(C)」欄のとおり，昭和57年4月に地代の月額が上昇改訂（月

額21万5,000円から月額33万8,200円）され，その結果として，昭和57年から当該数値が1.34倍と上昇し，公租公課を上回る地代を収受し，その後においても当該数値は上昇の一途を示している。したがって，本件土地の貸借関係は，昭和57年4月より賃貸借に移行したものであると理解することが相当である。

C説 本件土地の貸借関係は昭和63年10月より賃貸借に移行したとして処理することが相当であるとする見解

図表－1に掲げる「倍数(C)」欄のとおり，昭和63年10月に地代の月額が上昇改訂（月額47万1,150円から月額162万5,400円）され，その結果として，平成元年から当該数値が4.31倍となっており，本件土地が収受する地代の年額はその使用及び収益に対する相当の対価と認められる。したがって，本件土地の貸借関係は，昭和63年10月より賃貸借に移行したものであると理解することが相当である。

図表－1　本件土地の貸付けによる受取地代と公租公課との関係

年　　　月	地代の月額	地代の年額(A)	公租公課(B)	差　額 (A)－(B)	倍　数 (A)÷(B)＝(C)
昭和54年 5月〜12月	215,000円	1,720,000円	1,634,156円	85,844円	1.05倍
昭和55年 1月〜12月	215,000円	2,580,000円	2,494,252円	85,748円	1.03倍
昭和56年 1月〜12月	215,000円	2,580,000円	2,494,252円	85,748円	1.03倍
昭和57年 1月〜3月 4月〜12月	215,000円 338,200円	3,688,800円	2,743,674円	945,126円	1.34倍
昭和58年 1月〜3月 4月〜12月	338,200円 371,925円	4,361,925円	3,018,037円	1,343,888円	1.44倍
昭和59年 1月〜3月 4月〜12月	371,925円 378,000円	4,517,775円	3,067,022円	1,450,753円	1.47倍
昭和60年 1月〜3月 4月〜12月	378,000円 471,150円	5,374,350円	3,373,722円	2,000,628円	1.59倍
昭和61年 1月〜12月	471,150円	5,653,800円	3,440,942円	2,212,858円	1.64倍
昭和62年 1月〜12月	471,150円	5,653,800円	3,440,942円	2,212,858円	1.64倍
昭和63年 1月〜9月 10月〜12月	471,150円 1,625,400円	9,116,550円	3,957,079円	5,159,471円	2.30倍
平成元年 1月〜12月	1,625,400円	19,504,800円	4,519,482円	14,985,318円	4.31倍

（平8.6.24裁決，札裁（諸）平7－28，昭和63年分贈与税）

CASE18

I 基礎事実

❶ 本件土地の貸借関係

(1) 借主Aは会社役員であるが，父＊＊（以下「亡父」という）の死亡により昭和53年10月29日に開始した相続（以下「本件相続」という）によって，借主Aの母である貸主Bが＊＊市＊＊区＊＊丁目＊＊番，＊＊番＊＊，＊＊番＊＊，＊＊番所在の土地2,231.40㎡（本件土地）を取得し，借主A及び貸主Bが居住する本件土地上の建物（以下「本件建物」という）を借主Aが取得した。

(2) 借主Aは，上記(1)により貸主Bに本件土地の地代（以下「本件地代」という）を支払うこととし，昭和54年5月から図表－1の「地代の月額」欄記載の金額を貸主Bに支払っていた。

(3) 借主Aは，本件土地の賃借に係る権利金等の支払はしておらず，また本件土地に係る借地権（以下「本件借地権」という）について，贈与があったとする申告もしていない。

❷ 原処分庁による処分

上記❶に対し，原処分庁は，本件土地の貸借関係につき，昭和54年5月から昭和63年9月までの間は，民法593条（使用貸借）に規定する使用貸借（以下「使用貸借」という）であり，昭和63年10月より民法601条（賃貸借）に規定する賃貸借（以下「賃貸借」という）に移行したものであるから，同時に相続税法9条（贈与又は遺贈により取得したものとみなす場合－その他の利益の享受）の規定により貸主Bから借主Aに対して本件借地権の贈与があったとみなされるとして，平成6年1月17日付で昭和63年分の贈与税の課税価格を8億6,740万965円，納付すべき税額を5億9,882万5,000円とする決定処分（以下「本件決定処分」という）及び無申告加算税の額を8,982万3,000円とする賦課決定処分をした。

II 争点

❶ 借主Aが貸主Bより本件借地権を取得したとされる時期はいつであると理解することが相当か。

❷ 上記❶に連動して，本件決定処分の適法性は担保されているか否か。

III 争点に関する双方（請求人・原処分庁）の主張

争点に関する請求人・原処分庁の主張は，図表－2のとおりである。

IV 国税不服審判所の判断

図表－2　争点に関する双方の主張

争　　点	請求人（納税者）の主張	原処分庁（課税庁）の主張
(1) 借主Ａの本件借地権の取得時期	原処分庁は、請求人（借主Ａ）が昭和63年に貸主Ｂから本件借地権を相続税法9条に規定する贈与により取得したものであるとして本件決定処分をした。 しかしながら、次に掲げるとおり、本件土地については、昭和54年5月に借主Ａと貸主Ｂとの口頭により、本件建物の所有を目的とする借地契約（以下「本件借地契約」という）を締結し本件地代を支払っており、昭和57年4月1日には、土地賃借証（以下「本件土地賃借証」という）も作成しているから、賃貸借に当たることは明らかである。 ① 本件借地契約について 　次のとおり、本件土地の貸借は、昭和54年5月から建物の所有を目的として締結された賃貸借である。 　(イ) 昭和54年4月27日に本件相続に係る遺産分割協議が整い、貸主Ｂが本件土地を、借主Ａが本件建物を各々取得し、土地所有者と建物所有者が異なることとなったため、借主Ａを賃借人として本件借地契約を締結した。 　(ロ) 使用貸借とは、当事者の一方（借主）が無償で使用及び収益をした後に返還することを約して相手方（貸主）からある物を受け取ることにより成立する契約のことであるところ、本件の場合、本件借地契約に基づき借主Ａと貸主Ｂとの間で本件地代の授受がされていることから、賃貸借に当たる。 　(ハ) 土地の賃貸借契約におけるその内容は、借地法、借家法等の法規に反しない限り、民法の契約自由の原則によって、当事者が自由に定めることができるから、仮に本件借地契約において、借主Ａと貸主Ｂとの間で取り決めた本件地代が、貸主Ｂの借主Ａ以外の者に対する地代（以下「その他の地代」という）の額に比較して低額であったとしても、それが親子関係その他特別の関係に起因するものである場合は、むしろ、本件地代を低額に定めたことの合理的な根拠となるのであって、賃貸借	請求人（借主Ａ）は、本件土地については、昭和54年5月に借主Ａと貸主Ｂとの間で口頭による借地契約を締結し本件地代を支払っており、昭和57年4月1日には本件土地賃借証も作成しているから、賃貸借に該当し、昭和54年5月に借主Ａが本件借地権を取得したと主張するが、次のとおり、借主Ａの主張には理由がなく、昭和63年10月に実質的な賃貸借に移行したと認められ、同時に貸主Ｂから借主Ａに、相続税法9条（贈与又は遺贈により取得したものとみなす場合－その他の利益の享受）に規定する本件借地権相当分の利益の贈与があったとみなすのが相当である。 ① 本件借地契約について 　(イ) 原処分庁が調査したところによる事実 　　㋑ 借主Ａが本件地代を支払ったのは、昭和54年11月12日であり、借主Ａが口頭により本件借地契約を締結したと主張する同年5月とは時期が異なること 　　㋺ 本件土地賃借証は、契約日を昭和57年4月1日として、本件地代の月額を本件土地の固定資産税課税標準額（以下「本件課税標準額」という）の3.4％の12分の1と定めているが、同日付で作成された念書（以下「甲念書」という）により、本件地代の月額を本件課税標準額の3.0％の12分の1から10％の12分の1まで、遅くとも昭和63年度中までに漸時増額していく旨の変更をしていること 　　㋩ 昭和54年から昭和63年9月までの間の本件地代について 　　　(A) 昭和54年4月から昭和63年9月までの間における本件地代の月額は、本件課税標準額に対して、昭和57年4月から昭和60年3月までは3.0％の12分の1相当額、昭和60年4月から昭和63年9月までの間は3.4％の12分の1相当額であること 　　　(B) 固定資産税課税標準額は、同一の土地であっても、使用状況によって特例による減額がなされるが、その課税標準額の基礎となる固定資産税評価額には、使用状況による変動がないことから、本件地代の額の検討については、固定資産税評価額との対比がより妥当であると認められるところ、本件土地の固定資産税評価額（以下「本件固定資産税評価額」という）に対する本件地代の平均割合は、昭和54年から昭和63年9月までは1.3％であり、貸主Ｂ

の成立に何ら影響を及ぼすものではない。
　㊁　本件地代の額は、昭和54年5月から一貫して本件土地に係る固定資産税及び都市計画税（以下、これらを併せて「本件公租公課」という）の額を超えており、本件土地の使用の対価としての性質を有している。
②　使用貸借通達について
　相続税法9条（贈与又は遺贈により取得したものとみなす場合―その他の利益の享受）の取扱いに関する昭和48年11月1日の国税庁長官通達、直資2―189他2課共同「使用貸借に係る土地についての相続税及び贈与税の取扱いについて」（以下「使用貸借通達」という）は、個人間の土地の使用貸借に係る経済的利益の課税上の取扱いについて明らかにしたものであるが、原処分庁は次のとおり通達の解釈及び適用を誤っている。
　㈠　使用貸借通達1（使用貸借による土地の借受けがあった場合）は、次のとおり使用貸借の判断基準を明示している。
　　㋑　公租公課に相当する金額以下の地代の授受があるにすぎないものは使用貸借に該当する。
　　㋺　地代の授受がなくても権利金その他経済的利益の授受があるものは使用貸借に該当しない。
　㈡　本件土地の貸借に当たり、借主Aから貸主に対し、権利金その他経済的利益の供与はないが、本件公租公課の額を超える本件地代の授受がなされているのであるから、本件土地の貸借関係が使用貸借であるか否かは上記㈠㋑の基準により判断すべきところ、原処分庁は、本件地代はその他の地代の額に比較して低額であるという、使用貸借通達の判断基準に示されていない全く無関係な理由を持ち出して恣意的に判断しており、使用貸借通達の趣旨に反する。
　㈢　借主Aは、図表一1のとおり、本件地代の年額と本件公租公課との差額は年により変動はあるものの、昭和54年5月から本件公租公課の額を超える本件地代を支払っているから、本件土地の貸借関係

が借主A以外の者に賃貸している＊＊市＊＊の他の土地の固定資産税評価額に対する地代の平均割合9.2％と比較してきわめて低いこと
　㈢　昭和63年10月以降の本件地代について
　　(A)　昭和63年10月以降の本件地代の月額は、本件課税標準額の10％の12分の1相当額とされ、それまでの本件地代の月額である47万1,150円から162万5,400円と3.4倍以上となっており、本件固定資産税評価額に対する増額後の本件地代の割合はおおむね4.2％であること
　　(B)　上記(A)の増額後の本件地代は、貸主Bが借主A以外の者に賃貸している＊＊市＊＊の他の土地の固定資産税評価額に対する地代の平均割合10.9％及び借主Aが他の者に賃貸している＊＊市＊＊の土地の固定資産税評価額に対する地代の平均割合7.2％と比較してもなお低額であること
　　(C)　上記(B)にかかわらず、上記(A)の増額後の本件地代は、本件公租公課のおおむね4.9倍となっていること
　㈣　借主Aと貸主Bとの間で本件借地権の対価の授受はなされていないこと
　㈤　借主Aと貸主Bは同居の親子関係にあること
　㈡　実質的な賃貸借契約への移行時期
　上記㈠に掲げる事実を総合すると、下記に掲げる事項から本件土地の貸借関係についてみれば、昭和54年5月から昭和63年9月までの間は借主Aと貸主Bとの親子の信頼関係を基礎とする使用貸借であり、昭和63年10月に実質的な賃貸借へ移行したと認められる。
　㈠　借主Aは、貸主Bに対して本件借地契約で定めている比率どおりの地代の支払をしておらず、土地の賃貸借契約においてきわめて重要な要素である地代の額が不明瞭で、通常の賃貸借契約に比し不自然であること
　㈡　上記㈠の㈠ないし㈢の事実は借主Aと貸主Bは同居の親子という特殊な関係にあるからこそできる事柄であり、それ以外に合理的と認められる特別な事情は認められないこと
　㈢　昭和54年5月から昭和63年9月までの間の本件地代は、その他の地代に比較してきわめて低額であり、借主Aは、本件借地権の対価の支払もしていないことから使用及び収益に対する相当の対価とは認められないこと

429

	は上記(イ)④に該当せず，使用貸借ではないにもかかわらず，原処分庁は，昭和54年5月から昭和63年9月までの間は使用貸借，同年10月からは賃貸借であると判断しているが，その判断基準及び理由がきわめて不明確である。	㈢　昭和63年10月以降の本件地代は，本件公租公課のおおむね4.9倍となっているので，本件土地の使用及び収益に対する相当の対価と認められること ②　使用貸借について 借主Aは，次のとおり，使用貸借通達の判断基準を誤っている。 (イ)　使用貸借通達1（使用貸借による土地の借受けがあった場合）は，使用貸借となるものを例示的に示したものであり，賃料が公租公課を若干でも超えていれば賃貸借であるという判断基準ではない。 (ロ)　賃貸借は当事者の一方（賃借人）が対価を支払い，他人の物を使用及び収益することを目的とする契約であると解されるところ，賃貸借が使用貸借であるかは対価の支払の有無によるものであるが，その判断に当たっては事実関係，契約の趣旨等に則して行われるべきものである。
(2)　本件決定処分の適法性	上記(1)より，本件土地の貸借関係は借地法1条に規定する建物の所有を目的とするとの要件を充足している賃貸借契約であり，借主Aは，昭和54年5月に本件借地権を取得したものである。 　したがって，本件決定処分は，国税通則法70条（国税の更正，決定等の期間制限）3項（筆者注 当時，現行では4項）の規定に抵触する違法なものである。	上記(1)より，本件土地の貸借関係は昭和63年10月に実質的な賃貸借に移行したと認められ，同時に貸主Bから借主Aに，相続税法9条（贈与又は遺贈により取得したものとみなす場合―その他の利益の享受）に規定する本件借地権相当分の利益の贈与があったとみなすのが相当である。 　したがって，国税通則法70条（国税の更正，決定等の期間制限）3項（筆者注 当時，現行法では4項）の規定に抵触するものではなく，本件決定処分は適法に行われている。

❶　認定事実

(1)　本件土地賃借証について

　本件土地賃借証は，昭和57年4月1日付で賃借人を借主Aとし，連帯保証人を＊＊として，おのおのが署名押印の上，貸主Bに差し入れるものとなっており，その内容は次の①～⑤のとおりである。

①　賃借の対象の土地は，675坪（2,231.40㎡）とする。

②　賃借の期間は，昭和57年4月1日から昭和87年3月31日までの30年間とする。

③　地代は，本件課税標準額の3.4％の12分の1の金額をその年度中の1か月分の金額とする。

④　賃借人が，公租公課の増加，土地の価格高騰，比隣賃料の増率等により地代が低額と認めて増額の通知をした場合，賃借人は，これを支払うものとする。

⑤　土地の使用目的は，現存する木造家屋及び堅固な建物の敷地とする。

(2)　甲念書について

　甲念書は，賃貸人を貸主B，賃借人を借主Aとして，本件土地賃借証と同日付で作成

されているが，本件地代につき，本件課税標準額の3.0％の12分の1とし，遅くとも昭和63年度中までに10％の12分の1の額まで漸次増額する旨記載されており，上記(1)③の内容を変更するものである。

(3) 乙念書について

平成元年4月1日付の念書（以下「乙念書」という）は，賃貸人を貸主B，賃借人を借主Aとして作成されており，その内容は次のとおりである。

① 昨今の地価高騰による本件課税標準額の大幅な上昇から，本件地代につき，本件課税標準額に対する比率10％を平成元年4月1日以降3.4％に変更する。

② 上記①の変更後の比率で計算した地代の月額が，昭和63年10月からの本件地代の月額である162万5,400円になるまでは，162万5,400円を据え置く。

(4) その他の事項

① 評価通達の定めるところにより，昭和63年分の本件土地の相続税評価額を算定すると，本件土地の自用地としての価額は，11億5,653万4,620円であり，借地権割合は75％，借地権の価額は8億6,740万965円である。

② 借主Aが本件地代を最初に支払ったのは昭和54年11月12日であり，総額129万円であるが，これは，昭和54年5月から同年10月までの6か月分をまとめて支払ったものである。

③ 借主Aが，昭和54年5月以降，貸主Bに支払った本件地代と本件公租公課を対比すると，図表－1に記載のとおりとなる。

④ 本件土地に係る通常の必要費は，本件公租公課以外にはない。

❷ 請求人（借主A）の答述

(1) 本件土地の使用状況は，本件相続の開始前後において何ら変化しておらず，また，本件建物には，借主A，借主Aの妻，借主Aの子供1人及び貸主Bが同居していたが，亡父死亡後においてもその同居の状況に変化はない。

(2) 本件相続によって，貸主Bが本件土地を，借主Aが本件建物を取得したが，貸主Bが本件公租公課の支払に困らないよう，昭和54年に口頭による契約により本件土地を賃借することとした。

(3) 本件地代は，本件公租公課より多く支払う，すなわち固定資産税と都市計画税の合計税額を少しでも上回ればよいと考えていた。なお，本件地代の額は，借主Aと貸主Bの2人で話し合って決めた。

(4) 本件土地賃借証で定めた本件地代の額を算定する上での比率は，＊＊市の固定資産税が固定資産税課税標準額の1.4％，都市計画税が都市計画税課税標準額の0.3％で，合計1.7％になるので，この2倍の3.4％とした。

(5) 本件土地賃借証で本件地代を本件課税標準額の3.4％としながら，同日付の甲念書で3.0％としたのは，原則は3.4％であるが，これだけの金額を支払える状態になかったため，貸主Bと話し合って3.0％にしてもらったものである。

(6) 本件地代は，甲念書のとおり漸次増額していくつもりでいたが，相続税の納税で資金

に余裕がなく，あまり増額できない状況で昭和63年9月まできた。しかし，甲念書で遅くとも昭和63年度中までには本件課税標準額の10％にするという約束もあったので，それを実行するため昭和63年10月に10％に増額した。

(7) 乙念書で平成元年4月1日以降の本件地代を本件課税標準額の3.4％に変更したのは，平成元年になって地価高騰の兆しが見え始め，これに伴い本件課税標準額は大幅な上昇が見込まれたことから，貸主Bと話し合って決めたものである。しかし，これにより貸主Bの収入が大幅に減少することになるので，変更後の地代月額がそれまでの本件地代の月額である162万5,400円になるまでは，162万5,400円をそのまま据え置くこととした。

(8) 貸主Bとの契約は賃貸借であるから，口頭による契約の時点から借主Aに借地権があると認識していた。

(9) 贈与税の申告をしなかったのは，当時，相続税の納税に窮していたことと原処分庁の調査指導がなかったからであり，原処分庁から指導があれば当然申告していた。

❸ 法令解釈等

(1) 相続税法9条（贈与又は遺贈により取得したものとみなす場合－その他の利益の享受）は，対価を支払わないで又は著しく低い価額の対価で利益を受けた場合において，当該利益を受けた者は，その時に当該利益の価額に相当する金額を贈与により取得したものとみなす旨規定しており，その趣旨は，法律的に贈与により取得した財産でなくても，その取得した事実によって実質的にこれらと同様の経済的効果が生ずる場合においては，税負担の公平の見地から，その取得した財産を贈与により取得したものとみなして贈与税を課税することとしたものと解される。

(2) 賃貸借とは，民法601条（賃貸借）によれば，当事者の一方が相手方にある物を使用及び収益させることを約し，相手方がこれに対して賃料を支払うことを約することにより成立する契約である。

(3) 使用貸借とは，民法593条（使用貸借）によれば，当事者の一方が無償で相手方からある物を使用及び収益した後にその物を返還することを約し，その物を受け取ることにより成立する契約であるが，借主は目的物の保管に要する費用につき，通常の必要費については負担する義務があるものであり，その負担が使用及び収益に対する対価的意義を持たない程度であるものは，使用貸借に含まれると解される。

(4) 借地法1条（定義）によれば，借地権とは，建物の所有を目的とする地上権及び賃借権である旨規定されている。

(5) 上記(1)ないし(4)から，土地の賃借が賃貸借に当たるとすれば，そこに借地法1条に規定する借地権が発生することとなり，借地権の対価として，権利金その他の一時金等を支払う取引上の慣行がある地域において，借地権の対価の授受がされないで借地権という経済的利益を受けたとみなされる場合には，相続税法9条の規定により，土地の貸主から借主へ借地権の対価に相当する経済的利益の贈与があったとみなし課税されることとなる。

❹ 当てはめ

(1) 請求人（借主A）の主張について

請求人（借主A）は本件土地の貸借関係は借地法1条に規定する建物の所有を目的とするとの要件を充足している賃貸借であるから，昭和54年5月に本件借地権が発生し，同時に借主Aが本件借地権を取得した旨主張する。

しかしながら，昭和54年5月から昭和57年3月までの本件土地の貸借についてみると，下記に掲げる事項から，昭和54年5月に賃貸借が開始したとする借主Aの主張は直ちに採用し難い。

① 上記❶(4)④の事実及び図表－1に記載のとおり，本件地代の額は本件土地に係る必要費である本件公租公課の金額をわずかに上回るにすぎず，使用及び収益に対する対価的意義を持つことが明らかであるとは認め難いこと

② 借主Aが答述しているように，貸主Bが本件公租公課の支払に困らないよう，本件公租公課を少しでも上回ればよいと考え本件地代の額を決めたとする本件借地契約の経緯が認められること

(2) 原処分庁の主張について

原処分庁は，下記に掲げる事項から，昭和54年5月から昭和63年9月までの間の本件土地の貸借は同居の親子という特殊な関係を基盤とする使用貸借であり，昭和63年10月に実質的に賃貸借に移行した旨主張する。

① 借主Aは貸主Bに対し，本件借地契約どおりに本件地代の支払をしておらず，土地の賃貸借契約においてきわめて重要な要素である地代の額の定めが不明瞭で，通常の賃貸借契約に比し不自然であること

② 昭和54年5月から昭和63年9月までの間の本件地代の額は，その他の地代と比較してきわめて定額であり，使用及び収益に対する相当の対価と認められないこと

③ 賃貸借か否かは単に賃料と公租公課との差額の多寡を形式的にとらえて判断するのではなく，事実関係契約の趣旨等に則して実質的に判断すべきものであること

たしかに，本件借地契約についてみると原処分庁主張のとおり，次のような他人間における賃貸借では通常あり得ない事実が認められる。

(イ) 本件借地契約は，借主Aの答述のとおり，昭和54年5月の口頭による契約により，賃貸借とも使用貸借とも明確に区分し難いあいまいな地代の定めから始まっていること

(ロ) 本件土地賃借証において，本件地代の月額を本件課税標準額の3.4％の12分の1と定めていながら，それだけの金額を支払える状態でなかったことを理由に，同日付の甲念書において，3.0％の12分の1に引き下げていること

(ハ) 甲念書では，本件地代の月額を昭和63年度中までに，本件課税標準額の10％の12分の1まで漸次増額すると取り決めていながら，資金に余裕がなかったとして，図表－1に記載のとおり，昭和63年9月までの間は少額の増額に止まっていること

(ニ) 乙念書では，本件課税標準額の上昇が見込まれたことを理由に，本件地代の月額を当面据え置くとはしているものの，本件地代を本件課税標準額の10％から3.4％に減額変

更していること

　しかしながら，本件土地の貸借は，下記に掲げる事項から，昭和63年9月までは使用貸借であり，昭和63年10月に賃貸借に移行したとする原処分庁の主張は採用できず，昭和57年4月に賃貸借に移行したものと認めるのが相当である。

㈲　昭和57年4月1日付の本件土地賃借証により，①賃借の対象物，㈹賃借の期間，㈥地代の額　等が明示されていること

㈹　上記❶(4)④の事実及び図表－1に記載のとおり，昭和57年4月以降の本件地代は，本件土地に係る通常の必要費である本件公租公課の金額を相当上回る金額が貸主Bに支払われることからすれば，昭和57年4月以降の本件地代の額が本件土地の使用及び収益に対する対価的意義をもたない程度であるとは認められないこと

㈥　親子間における賃貸借が，他人間における賃貸借では通常あり得ない条件及び内容等によってなされていた事実があったとしても，そのことから直ちにその賃貸借契約の成立が否定されるものではないこと

(3)　結　　論

①　借主Aの本件借地権の取得時期

　上記(1)及び(2)より，本件土地の貸借関係は昭和57年4月には賃貸借に移行したものと認められ，同時に借主Aは本件借地権を取得していたと認めるのが相当である。

②　本件決定処分について

　上記①より，昭和63年10月に賃貸借に移行し，本件借地権の価額に相当する経済的利益の贈与があったとする原処分には理由がなく，本件決定処分の全部を取り消すべきである。

> 筆者注　国税不服審判所の判断では，個人間（貸主：個人，借主：個人）における本件土地の貸借関係が賃貸借に移行し，結果として税務上，本件借地権が借主Aに移転したと認められた時期（相続税法9条に規定するみなし贈与に該当）は，昭和57年4月であるとされている。そうすると，昭和57年分の贈与税の申告期限は昭和58年3月15日とされることから，平成6年（昭和に換算すると，昭和69年に該当）1月17日に行われた本件決定処分は，仮に課税年分を昭和57年分とすべきであることを前提とした場合（理由の差替え）であっても，昭和57年分の贈与税の決定処分の期限を徒過しており，違法となる。

本件裁決事例のキーポイント

❶　使用貸借・賃貸借の判断基準

　本件裁決事例のように，親子間（本件裁決事例はこれに該当する），夫婦間又は兄弟間等の特殊関係者間における土地の貸借関係が使用貸借であるのか，それとも，賃貸借であるのかの判断については相当な困難を覚える事例も少なくない。また，世間一般的な俗説として，当該貸借の目的である宅地の固定資産税額及び都市計画税額の合計年税額（通常の必要費）の3倍程度の地代収入（年間）がなければ，賃貸借契約とは認定されない等の話（以下，このような考え方を以下「3倍説」という）もよく耳にするところである（こ

図表－3　年分別の受取地代と公租公課の関係（倍数）

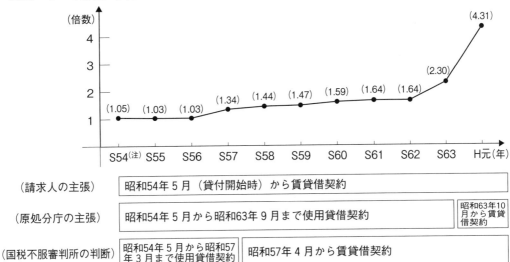

（注）　昭和54年分の倍数は、本件土地の貸付契約が開始された昭和54年5月から同年12月までの期間に係るものを計算期間として算定したものである。

の3倍説については、次の❷で、その詳細について検討を加えてみることにする）。

　図表－3を参照されたい。この図表－3は、図表－1（本件宅地の貸付けによる受取地代と公租公課との関係）につき、縦軸に倍数（地代の年額を公租公課の額で除したもの）、横軸に年分としてグラフ化したものに、請求人及び原処分庁の主張、そして国税不服審判所が判断したところによる本件土地に係る使用貸借又は賃貸借の区分を重ね合わせたものである。

　本件裁決事例において、原処分庁（課税庁）は、昭和63年10月以降の本件地代は、本件公租公課のおおむね4.9倍（図表－1より推定した計算根拠を下記に記載）となっているので、本件土地の使用及び収益に対する相当の対価と認められると主張している（図表－2に係る原処分庁（課税庁）の主張欄を参照）。

計算根拠

(1)　昭和63年10月以降の月額地代を基礎とした場合の年間地代の額

　1,625,400円（月額地代）×12月＝19,504,800円

(2)　公租公課（固定資産税及び都市計画税）の額

　3,957,079円（昭和63年分）

(3)　倍　数

　(1)÷(2)＝4.92…倍 ➡ 4.9倍（小数点以下第2位を四捨五入）

　一方、国税不服審判所の判断では、本件土地の貸借は、昭和57年4月には賃貸借に移行したものとされている。

　この時点における倍数（受取地代の年額÷公租公課の額）を図表－1より推定計算すると次のとおりとなる。

[計算]

(1) 昭和57年4月改訂の月額地代を基礎とした場合の年間地代の額
　　338,200円（月額地代）×12月＝4,058,400円
(2) 公租公課（固定資産税及び都市計画税）の額
　　① 昭和56年分を基準とした場合　2,580,000円
　　② 昭和57年分を基準とした場合　3,688,800円
(3) 倍　数
　　① 公租公課の金額を昭和56年分のものによった場合
　　　(1)÷(2)①＝1.57…倍　➡　1.6倍（小数点以下第2位を四捨五入）
　　② 公租公課の金額を昭和57年分のものによった場合
　　　(1)÷(2)②＝1.10…倍　➡　1.1倍（小数点以下第2位を四捨五入）

そうすると，本件裁決事例は貸付地に係る地代収入と固定資産税額等の関係において語られることの多い俗説（地代収入は，固定資産税額等の3倍程度の水準を維持していることが当該土地の貸付契約が賃貸借契約と認定されるために必要と考えられる）とは異なり，本件事例における基礎事実及び認定事実から昭和57年4月以降の本件地代の額が本件土地の使用及び収益に対する対価的意義を持たない程度であるとは認められない（ただし，地代収入は固定資産税額等の1.5倍前後位である）として，同月以降の本件土地の貸借関係を賃貸借契約に移行したものとして，本件借地権の価額に相当する経済的利益の贈与（みなし贈与）を同時点で認定している。実務上，注視すべき裁決事例であると考えられる。

❷　いわゆる「3倍説」について

　この「3倍説」を推挙する解説として，仮に貸付地に係る固定資産税等の税額を100とし，年間の受取地代を300（100×3倍），貸付けに係る所得に対する税率を50％とすると，図表－4に掲げるとおり，この土地の貸付けに関係する三者がそれぞれ平等に100ずつの財貨を得ることが可能であり，これが賃貸借契約の基礎概念に合致するとするものがある。

　しかしながら，筆者は，上記に掲げる関係三者がおのおの平等の財貨を得たことと当該土地の貸借契約を賃貸借契約として認定することとの因果関係を説明することは困難であるものと考える。

　もちろん，以下に掲げる解説も単なる推測に過ぎないのであるが，いわゆる「3倍説」

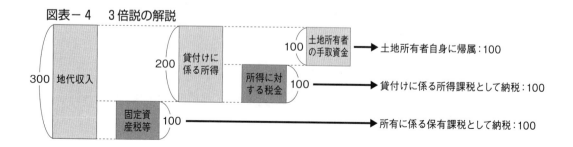

図表－4　3倍説の解説

は，下記 解説 に示されている公益法人等に係る収益事業の取扱い（下記 解説 の＝＝部分）が曲解されてしまったものではないかと考えると説明がつくのではないかと思われる。

解説　法人税法4条（納税義務者）の規定において，公益法人等又は人格のない社団等は収益事業を行う場合には法人税を納める義務があるとされている。また，法人税法2条（定義）13号において，収益事業の定義として，販売業，製造業その他の<u>(X)政令で定める事業</u>で，継続して事業場を設けて行われるものをいうと規定している。

そして，政令で定める事業（上記(X)部分）（換言すれば，収益事業に該当する要件を充足する事業）に当たらないものの一つとして，法人税法施行令5条（収益事業の範囲）1項5号ヘにおいて，主として住宅の用に供される土地の貸付業で，その貸付けの対価の額が低廉であることその他の<u>(Y)財務省令で定める要件を満たす</u>ものが挙げられている。

この財務省令で定める要件（上記(Y)部分）として，法人税法施行規則4条（住宅用土地の貸付業で収益事業に該当しないものの要件）では，<u>貸付業の貸付けの対価の額のうち，当該事業年度の貸付期間に係る収入金額の合計額が，当該貸付けに係る土地に課される固定資産税額及び都市計画税額で当該貸付期間に係るものの合計額に3を乗じて計算した金額以下であることとする</u>と規定している。

すなわち，上記＿＿＿部分に該当する土地の貸付け（略言すれば，固定資産税等の3倍以下の賃料による貸付け）は，公益法人等又は人格のない社団等に対する納税義務の範囲である収益事業には該当しないということになる。

❸ その他の留意事項

上記❶及び❷以外にも，本件裁決事例（個人（親子）間における土地の貸借）から学ぶべきものとして，下記に掲げる項目にも留意しておきたい。

(1) 使用貸借契約に係る通常の必要費の負担

借主は目的物の保管に要する費用につき，通常の必要費については負担する義務があるものとされている。そうすると，その負担が目的物（本件の場合は，土地）を使用及び収益することに対する対価的意義を持たない程度であると認められるものは，使用貸借の範囲に含まれることになる。

(2) 借地法に規定する借地権の発生と借地権課税の関係

① 土地の貸借が賃貸借に当たるとすれば，そこに借地法1条（筆者注 現行の規定では，借地借家法2条）（定義）に規定する借地権が発生することとなる。

② 借地権の対価として，権利金その他の一時金等を支払う取引上の慣行がある地域において，借地権の対価の授受がされないで借地権という経済的利益を受けたとみなされる場合には，相続税法9条の規定により，土地の貸主から借主へ借地権の対価に相当する経済的利益の贈与があったとみなして贈与税等が課税されることとなる。

(3) 親子間における賃貸借契約における特異条項

親子間における賃貸借が，他人間における賃貸借では通常あり得ない条件及び内容等に

よってなされていた事実があったとしても，そのことから直ちにその賃貸借契約の成立が否定されるものではない。

❶ 参考法令通達等

・相続税法9条（贈与又は遺贈により取得したものとみなす場合—その他の利益の享受）
・相続税法個別通達（使用貸借に係る土地についての相続税及び贈与税の取扱いについて）
・国税通則法70条（国税の更正，決定等の期間制限）
・法人税法2条（定義）
・法人税法4条（納税義務者）
・法人税法施行令5条（収益事業の範囲）
・法人税法施行規則4条（住宅用土地の貸付業で収益事業に該当しないものの要件）
・民法593条（使用貸借）
・民法601条（賃貸借）
・（旧）借地法1条（定義）
・借地借家法2条（定義）

❷ 類似判例・裁決事例の確認

(1) 賃貸借契約書が締結されているにもかかわらず，地代の授受がなされていない事例に対してその貸借関係が判断された事例として，次に掲げるものがある。

● 平成13年3月13日裁決，仙裁（諸）平12-17

請求人は，賃貸借契約書を取り交わして貸借されている宅地について，貸宅地として評価すべきである旨主張する。

しかしながら，実際には，当該契約書で約定されたとする地代の授受がなされていないことからすると，当該契約書は親と子という特殊な関係を基に存在したものであり，当該宅地の貸借は使用貸借に当たると判断するのが相当である。

(2) 授受されている地代の額が土地を使用及び収益することに対する対価的意義を持つものであるか否かが判断された事例として，次に掲げるものがある。

① 平成13年5月27日裁決，東裁（諸）平13-57

請求人は，本件相続税の計算に当たり，本件被相続人の所有する本件土地に請求人の自宅を昭和52年に建築する際に，本件被相続人と請求人は借地契約を締結し，これに基づき地代を支払っていたことなどから，本件宅地の借地権を請求人が有しており，本件土地は底地である旨主張する。

しかしながら，両者の本件土地の貸借は，権利金の授受がないこと，地代の額が近隣の相場の約39％であること，地代の額を相当に上回る生活費の支払や現金の贈与が本件被相続人から請求人及びその家族に対してなされていることなどから，親子という特殊関係に

基づく使用貸借であって，賃貸借でないと解すべきであり，本件土地は自用地である。
② 平成24年5月16日裁決，東裁(諸)平23－222
　請求人らは，本件土地に係る貸借契約については，本件被相続人と本件借地人の間で，相続開始前13年前に建物所有を目的とする土地貸借契約（本件貸借契約）が締結され，長期間地代が支払われていることなどから，賃貸借契約であり，本件土地は，借地権の設定された土地である旨主張する。
　しかしながら，下記に掲げるような事実に照らすと，本件貸借契約における地代が使用収益に対する対価的意義を有するものであったとは認められないから，本件貸借契約は，本件被相続人が，親戚関係にあった本件借地人に対して，せいぜい本件土地の所有に必要な費用である固定資産税相当額程度を負担させて本件土地を使用させることを約した使用貸借契約であると認められる。
　(イ)　本件貸借契約締結時の地代はその年度の固定資産税額を下回っていること
　(ロ)　相続開始日前4年前の地代もその年度の固定資産税額を下回っていること
　(ハ)　相続開始日前3年以降は地代の支払がされていないこと

CASE19

| 評価単位 地目 | 間口距離 奥行距離 | 側方加算 二方加算 | 広大地 | 農地・山林・原野 |
| 雑種地 | 貸家建付地 | 借地権 貸宅地 | 利用価値の低下地 | その他の評価項目 |

貸宅地の評価につき評価通達の定めによらないことが正当と認められる特別の事情があるとして鑑定評価額により申告することの可否が争点とされた事例

事例

被相続人甲に係る相続開始によって，同人の相続人であるX及びYはそれぞれ借地権（建物の所有を目的とする地上権又は土地の賃借権をいう）の目的とされている宅地（貸宅地）を相続により取得した（以下，相続人Xが取得した貸宅地を「本件A貸宅地」，相続人Yが取得した貸宅地を「本件B貸宅地」といい，本件A貸宅地及び本件B貸宅地を併せて「本件各貸宅地」という）。

本件各貸宅地の評価につき，相続税に詳しいとされる複数の精通者に相談したところ，下記に掲げるとおりの全く異なる二つの見解が示された。今後，どのように対応すればよいのか教示していただきたい。

A説

相続税における財産評価については，納税者間における課税の公平の観点から実質的な租税負担の平等を著しく害することが明らかであるといった特別の事情がある場合を除き，評価通達に定められた画一的な評価方法を適用して評価することが相当とされる。

そうすると，本件各貸宅地の価額は，評価通達25（貸宅地の評価）の定めを適用して，それぞれ下記に掲げるとおりの金額によって評価することになる。

(1) 本件A貸宅地

$\begin{pmatrix} 評価通達の定めに基づき \\ 評価した自用地の価額 \end{pmatrix}$ （借地権割合）
635,420,367円 × (1−70%) = 190,626,110円

(2) 本件B貸宅地

$\begin{pmatrix} 評価通達の定めに基づき \\ 評価した自用地の価額 \end{pmatrix}$ （借地権割合）
384,040,039円 × (1−70%) = 115,212,011円

(3) 本件各貸宅地

(1)+(2) = 305,838,121円

B説

　本件各貸宅地の評価については，評価通達の定めに基づき評価した価額（A説(3)に掲げる3億583万8,121円）は，本件各貸宅地の時価（1億6,000万円：下記 説　明 を参照）を上回るから，評価通達の定めによらないことが正当と認められる特別の事情がある。

　そうすると，本件各貸宅地の価額は，不動産鑑定士が査定した1億6,000万円となる。

説　明

　不動産鑑定士が本件各貸宅地の鑑定評価額であるとして算定した価額が1億2,985万5,000円であること及び不動産業者（複数）による本件各貸宅地の買取り見積価額が8,000万円から1億9,000万円までであることを基に，当該不動産鑑定士が査定した価額として1億6,000万円とした。

（平24.5.22裁決，東裁（諸）平23－225，平成19年相続開始分）

I　基礎事実

❶　経　緯

(1) 請求人らは，平成19年＊月＊日（以下「本件相続開始日」という）に死亡した被相続人甲の共同相続人であり，この相続（以下「本件相続」という）に係る相続税について，共同で申告書を法定申告期限内に原処分庁へ提出した。

(2) 請求人らは，上記(1)の申告において，図表－1に掲げる物件目録記載の借地権の設定されている各貸宅地（以下，図表－1の物件目録Aの宅地を「本件A貸宅地」，同Bの宅地を「本件B貸宅地」といい，本件A貸宅地及び本件B貸宅地を併せて「本件各貸宅地」という）の価額を，請求人らが依頼した不動産鑑定士（以下「請求人ら鑑定士」という）が作成した平成19年10月21日付の鑑定評価書における鑑定評価額（筆者注 金額は不開示）とした。

(3) 請求人らは，平成22年12月20日，本件各貸宅地の価額は，上記(2)の鑑定評価額でなく，請求人ら鑑定士が作成した平成22年11月30日付の不動産鑑定書追補（以下「請求人ら鑑定書①」という。なお，要旨については図表－2のとおりである）における鑑定評価額1億2,985万5,000円（以下「請求人ら貸宅地鑑定額」という）及び複数の不動産業者による本件各貸宅地の買取り見積価額（8,000万円から1億9,000万円まで）を基に請求人

図表－1　物件目録

物　件	A	B
所在・地番	＊＊＊＊＊＊	＊＊＊＊＊＊
地　目	宅　地	宅　地
地　積	2,518.21㎡	1,457.85㎡

図表－2　請求人ら鑑定書①の要旨

1　取引事例比較法

項目 \ 区分		取引事例1	取引事例2	取引事例3	取引事例4
所在地		＊＊＊＊	＊＊＊＊	＊＊＊＊	＊＊＊＊
地目		宅地（貸宅地）	宅地（貸宅地）	宅地（貸宅地）	宅地（貸宅地）
地積		699.04㎡	654.77㎡	1,066.24㎡	781.85㎡
取引時点		平成19年1月	平成19年2月	平成18年12月	平成19年4月
取引価格①		78,679円/㎡	116,160円/㎡	75,030円/㎡	114,984円/㎡
接面道路方位幅員		東約8m	南約3.8m	北約9m 東約6m	南東約7.7m 北約1.8m
形状		ほぼ長方形	不整形	ほぼ長方形	不整形
用途地域（建ぺい率, 容積率）		準工業 (60%, 300%)	準工業 (60%, 240%)	準工業 (70%, 300%)	第1種住居 (60%, 200%)
事情補正②		限定価格＋99 100/199	限定価格＋180 100/280	限定価格＋90 100/190	限定価格＋198 100/298
時点修正③		103.7/100	103.7/100	104.8/100	102.8/100
標準化補正④		方位＋1 100/101	方位＋2 形状－5 100/96.9	100/100	100/100
地域要因	街路条件	幅員＋1 100/101	幅員－5 100/95	幅員＋2 100/102	幅員＋1 100/101
	交通接近条件	＊＊＊＊＊＊＊＊＊ ＊北約220m ＋7 100/107	＊＊＊＊＊＊＊＊＊ ＊南約490m ＋2.2 100/102.2	＊＊＊＊＊＊＊＊＊ ＊南東約1,400m －8.2 100/91.8	＊＊＊＊＊＊＊＊＊ ＊西約730m －1.3 100/98.7
	環境条件	一般住宅に共同住宅にもみられる住宅地域 居住環境＋16 100/116	戸建住宅, 共同住宅, 作業所が混在した地域 居住環境＋40 100/140	住宅・工業混在地域 居住環境＋36 100/136	一般住宅, 共同住宅等が混在する住宅地域 居住環境＋23 100/123
	行政条件	100/100	100/100	100/100	100/100
	相乗積⑤	100/125.4	100/135.9	100/127.3	100/122.6
推定標準価格（①×②×③×④×⑤）		32,400円/㎡	32,700円/㎡	32,500円/㎡	32,400円/㎡

本件各貸宅地の取引事例比較法による価格を1億2,985万5,000円（≒32,700円/㎡）と試算した。

2　収益還元法

実質純収益の底地の取引利回り（＝投下資本収益率）によって資本還元した価格である1億1,000万円をもって、本件各貸宅地の収益還元法による価格と試算した。

3　鑑定評価額の決定

本件各貸宅地の鑑定評価額を1億2,985万5,000円（本件A貸宅地、本件B貸宅地の単価は同一）と決定した。

図表-3　原処分庁鑑定書の要旨

1 鑑定評価方式の適用等

まず，本件A貸宅地について，本件各貸宅地と同様の面大地の取引事例に基づく取引事例比較法，マンション分譲等を想定した開発法及び賃貸マンションの建築・賃貸を想定した収益還元法を適用して，本件相続開始日時点の更地価格を決定し，次に，本件A貸宅地と本件B貸宅地の個別要因の比較をして，同時点の本件B貸宅地及び本件各貸宅地の更地価格を決定した。

なお，本件各貸宅地の最有効使用は，分譲マンションの敷地と判定した。

2 取引事例比較法

項目＼区分	取引事例1	取引事例2	取引事例3	取引事例4
所在地	＊＊＊＊	＊＊＊＊	＊＊＊＊	＊＊＊＊
地域の概況	戸建住宅，共同住宅，事務所等が混在する地域	マンション，事業所等が見られる地域	大規模マンション，商業施設が建築途中の地域	マンション，配送センター，事務所ビル等が混在する地域
地目	宅地（更地）	宅地（建付地）	宅地（更地）	宅地（建付地）
地積	約802㎡	約718㎡	1,489㎡	4,094㎡
取引時点	平成18年12月	平成19年12月	平成19年2月	平成19年3月
取引価格①	336,839円/㎡	385,638円/㎡	423,211円/㎡	500,678円/㎡
接面道路 方位幅員	北東7.5m	東9m	北13m	東22m
形状	ほぼ長方形	長方形	ほぼ正方形	不整形
用途地域（建ぺい率，容積率）	準工業（60%，300%）	準工業（60%，300%）	準工業（60%，300%）	準住居（60%，343%）
事情補正②	100/100	100/100	100/100	100/100
時点修正③	105/100	99/100	103/100	103/100
標準化補正④	100/100	100/100	100/100	形状－3 100/97
地域要因 街路条件	幅員・系統＋2 100/102	幅員・系統＋4 100/104	幅員・系統＋8 100/108	幅員・系統＋10 100/110
地域要因 交通接近条件	最寄り駅の性格－2 100/98	最寄り駅の距離＋4 100/104	最寄り駅の距離－3 100/97	100/100
地域要因 環境条件	周囲の利用状況－5 100/95	100/100	周囲の利用状況＋15 100/115	周囲の利用状況＋15 100/115
地域要因 行政条件	100/100	100/100	100/100	容積率＋5 100/105
地域要因 相乗積⑤	100/95	100/108	100/120	100/133
個別要因⑥	角地＋3，セットバック－1 102/100	角地＋3，セットバック－1 102/100	角地＋3，セットバック－1 102/100	角地＋3，セットバック－1 102/100
比準価格（①×②×③×④×⑤×⑥）	380,000円/㎡	361,000円/㎡	371,000円/㎡	408,000円/㎡

本件各貸宅地の周辺の類似地域に存する500㎡以上の面大地の取引事例の中から，規範性の高いと判定される4事例を選択して各種補修正を行い，ほぼ中庸値である380,000円/㎡をもって，本件A貸

宅地の取引事例比較法による価格を9億5,690万円（≒380,000円/㎡×2,518.21㎡）と試算した。

3　開発法

本件A貸宅地について，①マンション分譲，②戸建分譲及び③宅地分譲を想定して，本件A貸宅地の開発法による価格を試算した（以下の記載は，①のマンションを建築して分譲することを想定した場合に関するものである）。

(1) 開発計画の概要

土地	①総面積	2,518.21㎡
	②有効面積	2,506.20㎡
建物	①構造・用途	鉄筋コンクリート造 6階建・共同住宅
	②延床面積	4,495.10㎡
	③容積対象面積 （使用容積率）	4,283.06㎡ （170.90％）
	④分譲面積 （対延床面積有効率）	4,077.40㎡ （90.71％）
	⑤分譲戸数等	58戸

(2) 収支計画

① 分譲収入

マンション市況の動向等を考慮し周辺マンション分譲事例等を参考にして，1㎡当たりの平均分譲単価を53万円と査定し，これに分譲面積を乗じて，分譲収入の金額を21億6,102万円とした。

② 開発費用等

(イ) 建築工事費は，標準的な分譲マンションの建築費，部分別・工種別による工事費等のすう勢を参考にして，設計監査料込みで1㎡当たりの単価を23万円と査定し，これに延床面積を乗じて，10億3,387万円とした。

(ロ) ＊＊＊＊＊＊＊＊＊は，＊＊＊＊＊＊＊＊＊＊＊に基づき，次のとおり，3,625万円とした。
＊＊＊＊＊＊＊＊＊＊＝36,250,000円

(ハ) 販売費及び一般管理費は，分譲収入の8％である1億7,288万円とした。

(ニ) 投下資本利益率は，年10％とした。

(3) 開発法による試算価格

上記(2)の①の分譲収入の金額及び同②の(イ)ないし(ハ)の各費用の金額をそれぞれ投下資本収益率によって本件相続開始日現在に割り引き，割引き後の当該各金額の差引金額である7億3,610万円（約292,000円/㎡）をもって，本件A貸宅地の開発法による試算価格とした。

4　収益還元法（土地残余法）

本件A貸宅地に賃貸マンションを建築して賃貸することを想定した。

(1) 賃貸借の条件等

有効床面積	4,077.40㎡	6階建て延床面積4,495.10㎡ 平均有効率90.7％
月額支払賃料	8,577,958円	1㎡当たりの月額支払賃料を階層ごとに2,050円から2,170円で設定
敷金等	17,155,916円	2か月分
礼金等	8,577,958円	1か月分
その他の収入	300,000円	駐車場代　月25,000円/台×12台

(2) 総収益

年額支払賃料	102,935,496円	8,577,958円×12か月
敷金等の運用益	857,796円	17,155,916円×5％
礼金等の運用益及び償却額	4,613,268円	償却年数2年，運用利回り5％ 8,577,958円×0.537804878
その他の収入	3,600,000円	駐車場代　25,000円/㎡×12台×12か月
計	112,006,559円	

(3) 総費用

修繕費	5,600,328円	総収益112,006,559円×5.0％
維持管理費	3,088,065円	年額支払賃料102,935,496円×3.0％
公租公課	10,088,188円	土地及び建物
損害保険料	1,033,870円	建築費1,033,870,000円×0.1％
貸倒れ準備費	0円	一時金あり，計上せず
空室等損失相当額	4,666,940円	総収益112,006,559円×1/24
取壊し費用の積立金	1,033,870円	建築費1,033,870,000円×0.1％
計	25,511,261円	

(4) 建物等に帰属する純収益

①建物等の初期投資額	1,033,870,000円	（床面積） 230,000円/㎡×4,495.10㎡
②元利逓増償還率	0.06052	（躯体部分）　　　（設備部分） 0.0523×80.0％＋0.0934×20.0％
建物等に帰属する純収益	62,569,812円	①×②

(5) 収益還元法による試算価格

　まず，支払賃料と一時金の運用益等から構成される実質賃料に基づく総収益（1億1,200万6,559円）から総費用（2,551万1,261円）を控除して，本件A貸宅地及び当該賃貸マンションが生み出す純収益（8,649万5,298円）を査定する。

　次に，当該純収益（8,649万5,298円）から当該賃貸マンションに帰属する純収益（6,256万9,812円）を控除した上で，賃料の未収入期間を考慮して，本件A貸宅地に帰属する純収益（2,274万1,174円）を求め，これを還元利回り（4.5％）で還元して，本件A貸宅地の収益還元法による価格を5億540万円（約229,000円/㎡）と試算した。

5　本件各貸宅地の更地価格の決定

(1) 本件A貸宅地の更地価格

　本件各貸宅地は分譲マンション敷地としての利用が最有効使用と判断されるので，マンション分譲を想定した開発法による試算価格を重視し，他の試算価格は参考にとどめるのが相当と判断して，本件A貸宅地の更地価格を7億3,600万円（約292,000円/㎡）と決定した。

(2) 本件B貸宅地の更地価格

　本件A貸宅地の更地価格単価に，個別格差率96/100（街路条件−1，環境条件−3）を考慮して，本件B貸宅地の更地価格を4億870万円（約280,000円/㎡）と決定した。

ら鑑定士が査定した1億6,000万円であるとして，本件相続に係る相続税について，共同で，修正申告書を原処分庁へ提出した。

(4) 原処分庁は，東京国税局長が依頼した不動産鑑定士が作成した平成22年2月5日付の不動産鑑定評価書（以下「原処分庁鑑定書」という。なお，要旨については図表－3のとおりである）における不動産鑑定評価額等によれば，本件各貸宅地については，評価通達の定めによらないことが正当と認められる特別の事情はないから，本件各貸宅地の価額は評価通達の定めに基づき評価すべきであるとして，平成23年1月31日付で，各更正処分及び過少申告加算税の各賦課決定処分をした。

❷ 本件相続

被相続人甲を遺言者とする平成19年8月16日作成の遺言公正証書に基づき，本件A貸宅地を請求人＊＊（相続人X）が，本件B貸宅地を請求人＊＊（相続人Y）が，それぞれ取得した。

図表－4　争点に関する双方の主張

争点	請求人（納税者）の主張	原処分庁（課税庁）の主張
(1) 本件各貸宅地の評価に評価通達の定めによらないことを正当とする特別の事情があるか	① 本件各貸宅地の時価は，下記に掲げる事項を基に請求人ら鑑定士が査定した1億6,000万円であり，評価通達の定めに基づき評価した価額（筆者注 原処分庁の主張によると，3億583万8,121円となる）は，上記の査定した価額を上回るから，評価通達の定めによらないことが正当と認められる特別の事情がある。 (イ) 請求人ら鑑定評価額が1億2,985万5,000円（本件各貸宅地と類似する近隣の貸宅地の取引事例を基に試算した取引事例比較法による比準価額1億2,985万5,000円と収益価格1億1,000万円を関連付けて決定したものである）こと（筆者注 図表－2参照） (ロ) 複数の不動産業者による本件各貸宅地の買取り見積価額が8,000万円から1億9,000万円までであること ② 本件各貸宅地の更地価格は，請求人ら鑑定士が作成した平成23年4月8日付の不動産鑑定評価書（以下「請求人ら鑑定書②」という。なお，要旨については図表－5のとおりである）における不動産鑑定評価額（以下「請求人ら更地鑑定額」という）5億2,483万6,200円）から借地権額（上記5億2,483万6,200円に借地権割合70％を乗じた金額）を控除して求めた本件各貸宅地の価額である	貸宅地の価額は，その貸宅地の自用地としての価額（借地権が設定されていないとした場合の価額）から借地権の価額を控除した金額によって評価する旨定められている。 評価通達の定めに基づき評価した本件各貸宅地の自用地としての価額及び借地権の価額は，次のとおりいずれも適正なものであるから，本件各貸宅地については，評価通達の定めに基づき評価した価額が時価を上回る等の評価通達の定めによらないことが正当と認められる特別の事情があるとは認められない。 ① 評価通達の定めに基づき評価した本件各貸宅地の自用地としての価額は，本件A貸宅地が6億3,542万367円，本件B貸宅地が3億8,404万39円（筆者注 計算－1を参照）であるから，いずれも，原処分庁の鑑定書の更地価格（本件A貸宅地が7億3,600万円，本件B貸宅地が4億870万円（筆者注 図表－3を参照））を下回ること ② 上記①の自用地としての価額から控除する借地権の価額は，その借地権の目的となっている自用地としての価額に，自用地としての価額に対する借地権の価額の割合がおおむね同一と認められる地域ごとに国税局長の定める借地権割合を乗じて計算した金額であるところ，当該割合は借地権の売買実例価額，精通者意見価格，地代の額等を基として定められていることから，当該借地権割合を基に評価する借地権の価額は適正なものである。

	1億5,745万860円は，上記①のとおり査定した金額である1億6,000万円とおおむね一致する。 　これは1億6,000万円という金額が本件各貸宅地の時価として相当であることを証明するものである。 ③　請求人ら鑑定書①の取引事例比較法による価格（筆者注 1億2,985万5,000円（図表－2を参照））は，不動産鑑定評価基準にのっとって，本件各貸宅地と類似する近隣の貸宅地の取引事例を基に得た比準価格等により査定したものである。 ④　原処分庁鑑定書は，次のとおり不合理である。 　(イ)　取引事例比較法 　　(ｲ)　原処分庁鑑定書の鑑定評価額は限定価格となっているが限定価格が成立するのは，貸宅地を借地権者が買うという契約の可能性を想定することが可能な場合のみであるから，原処分庁鑑定書の判断は誤りである。 　　(ﾛ)　原処分庁鑑定書の取引事例地はいずれも商業地や事務所用地に適しているが，本件各貸宅地の所在する地域は住宅地である。 　　(ﾊ)　本件各貸宅地が所在する地域の広大な土地の需要は大手の不動産業者に限定され寡占状態になっていることから，中高層の集合住宅等の敷地用地に適しているものであっても，宅地造成後の価格の5割ないし6割程度の価格でしか売れないという減価が生じている点が考慮されていない。 　(ロ)　開発法 　　開発法による価格，収益還元法による価格は想定の部分が多い。	
(2)　本件各貸宅地の具体的な相続税評価額	上記(1)より，本件各貸宅地の価額は，評価通達の定めによらないことが正当と認められる特別の事情があることから，請求人ら鑑定士が査定した<u>1億6,000万円</u>で評価されるべきである。	上記(1)より，本件貸宅地について評価通達の定めによらないで評価することが正当と認められる特別の事情があるとは認められないので，評価通達の定めに基づき本件各貸宅地を評価すると，下記のとおりとなる（計算過程については，計算－1を参照）。 ①　本件A貸宅地の価額…<u>1億9,062万6,110円</u> ②　本件B貸宅地の価額…<u>1億1,521万2,011円</u> ③　本件各貸宅地の価額…<u>3億583万8,121円</u> 　　(①+②)

図表－5　請求人ら鑑定書②の要旨

1　取引事例比較法

項目＼区分		取引事例1	取引事例2	取引事例3	取引事例4	公示地 ＊＊＊＊
所在地		＊＊＊＊	＊＊＊＊	＊＊＊＊	＊＊＊＊	＊＊＊＊
地目		宅地（更地）	宅地（更地）	宅地（建付地）	宅地（建付地）	宅地（更地）
地積		94.85㎡	51.54㎡	145.92㎡	62.14㎡	95㎡
取引時点		平成18年5月	平成18年3月	平成19年1月	平成18年12月	平成19年1月
取引価格①		263,574円/㎡	362,319円/㎡	314,556円/㎡	297,715円/㎡	324,000円/㎡
接面道路 方位幅員		北約3m	北約4m	南約8m	北約4m	南約4m
形状		ほぼ長方形	ほぼ長方形	長方形	ほぼ台形	ほぼ長方形
用途地域（建ぺい率,容積率）		準工業（60％,240％）	準工業（60％,240％）	近隣商業（80％,300％）	準工業（60％,240％）	工業（－）
事情補正②		100/100	100/100	100/100	100/100	－
時点修正③		109.1/100	110.5/100	104.2/100	104.2/100	104.2/100
標準化補正④		100/100	100/100	100/100	100/100	方位＋6 100/106
地域要因	街路条件	幅員　－4 系統・連続性　－3 100/93	幅員　－2 道路種類　－2 100/96	幅員　＋2 系統・連続性　＋1 100/103	幅員　－2 系統・連続性　－3 道路種類　－2 100/93	幅員　－2 100/98
	交通接近条件	＊＊＊＊＊＊＊ ＊東約350m ＋4.5 100/104.5	＊＊＊＊＊＊＊ ＊南東約650m －0.1 100/99.9	＊＊＊＊＊＊＊ ＊北東約560m ＋1.2 100/101.2	＊＊＊＊＊＊＊ ＊南約1,100m －5.3 100/94.7	＊＊＊＊＊＊＊ ＊約520m ＋1.8 100/101.8
	環境条件	一般住宅が建ち並ぶ住宅地域 居住環境＋3.5 100/103.5	専用住宅が建ち並ぶ住宅地域 居住環境＋45.9 100/145.9	一般住宅,共同住宅が混在する地域 居住環境＋7.8 100/107.8	事務所,戸建,共同住宅の混在する地域 居住環境＋22.9 100/122.9	居住環境＋11.3 100/111.3
	行政条件	100/100	100/100	用途地域＋2 100/102	100/100	100/100
	その他の条件	規模による高額性　＋24 100/124	規模による高額性　＋24 100/124	規模による高額性　＋24 100/124	規模による高額性　＋24 100/124	マンション用＋24 100/124
相乗積⑤		100/124.7	100/173.5	100/142.1	100/134.2	100/137.7
推定標準価格 （①×②×③×④×⑤）		231,000円/㎡	231,000円/㎡	231,000円/㎡	231,000円/㎡	231,000円/㎡

　上記各取引事例に比準した価格である231,000円/㎡に，個別的（減価）要因57.14％を乗じた上で，本件A貸宅地の地積を乗じて，本件A貸宅地の取引事例比較法による更地価格を3億3,240万円と試算した。

2　開発法（戸建住宅用地としての分譲を想定）

CASE19

(1) 開発計画の概要

①面積	2,500.00㎡
②公共潰れ地（道路）	1,178㎡（47.1％）
③有効面積	1,322㎡（52.9％）
④分譲総区画数	—
⑤一区画当たりの標準的面積	—

(2) 収支計画
　① 分譲収入
　　　分譲単価を1㎡当たり23万1,000円と査定し，有効面積1,322㎡を乗じて，分譲収入を3億538万2,000円とした。
　② 開発費用等
　　(イ) 造成工事費は，1㎡当たり1万円と査定し，開発総面積2,500㎡を乗じて，2,500万円とした。
　　(ロ) 販売費及び一般管理費は，分譲収入の8％である2,443万560円とした。
　　(ハ) 投下資本利益率は，年12％とした。
(3) 開発法による試算価格
　　上記(2)の①の分譲収入金額及び同②の(イ)ないし(ハ)の各費用の金額をそれぞれ投下資本収益率によって本件相続開始日現在に割り引き，割引き後の当該各金額の差引金額である2億3,700万円（94,800円/㎡）をもって，本件A貸宅地の開発法による試算価格（更地価格）とした。

3　鑑定評価額の決定

　取引事例比較法による価格及び開発法による価格を関連付けて，本件A貸宅地の更地の場合の鑑定評価額を3億3,240万円とした。

　※　なお，請求人ら鑑定書②に記載はないが，請求人ら鑑定士に確認したところによると，本件B貸宅地の更地としての1㎡当たりの価額は，本件A貸宅地と同額であり，本件B貸宅地の更地としての鑑定評価額は1億9,243万6,200円である。これを本件A貸宅地の上記鑑定評価額3億3,240万円と合計すると，本件各貸宅地の更地としての鑑定評価額は5億2,483万6,200円となる。

計算－1　原処分庁が主張する本件各貸宅地の評価通達の定めに基づく価額

1　本件A貸宅地

　（正面路線価）　（奥行価格補正率）
　　270,000円 × 　　0.91　　＝245,700円①

　　　（①）　　　（側方路線価）　（奥行価格補正率）　（側方路線影響加算率）
　　245,700円＋280,000円 × 　　0.88　　 × 　　0.03　　＝253,092円②

　　　（②）　　　（地積）　（注）　（自用地としての価額）
　　253,092円×2,510.63㎡＝　635,420,367③

　　　（③）　　　　　　（借地権割合）　（評価通達の定めによる価額）
　　635,420,367円×（1－　0.7　）＝　<u>190,626,110円</u>

　（注）　本件A貸宅地の地積のうち，＊＊＊＊となっている部分の地積を控除した。

　　　　　　（＊＊＊＊部分）
　　2,519.36㎡－　8.73㎡　＝2,510.63㎡

2　本件B貸宅地

　（正面路線価）　（奥行価格補正率）
　　265,000円 × 　　0.98　　＝259,700円①

　　　（①）　　　（側方路線価）（奥行価格補正率）（側方路線影響加算率）
　　259,700円＋270,000円 × 　　0.91　　 × 　　0.03　　＝267,071円②

```
              ②         （不整形地補正率）
         267,071円×     0.99      ＝264,400円③
              ③         （地積）（注1）（自用地としての価額）
         264,400円× 1,458.45㎡ ＝ 385,614,180円④
              ④                （セットバックを要する地積）（注2）
         385,614,180円－（385,614,180円×8.50519㎡/1,458.45㎡×0.7）＝384,040,039円⑤
              ⑤            （借地権割合）（評価通達の定めによる価額）
         384,040,039円×（1－0.7）＝ 115,212,011円
```
(注1) 本件B貸宅地の地積のうち，＊＊＊＊となっている部分の地積を控除した。
```
              （＊＊＊＊部分）
         1,458.52㎡－ 0.07㎡ ＝1,458.45㎡
```
(注2) 本件B貸宅地の東側道路についてのセットバックを要する地積
```
              （＊が認定した道路幅員）
         2ｍ－ （3.63ｍ/2） ＝0.185ｍ
              （東側道路への接道距離）
         0.185ｍ× 45.974ｍ ＝8.50519㎡
```

❸ 本件各貸宅地

(1) 昭和58年1月24日，被相続人甲とC㈱（昭和61年6月25日に商号をD㈱に変更している）との間で，本件各貸宅地について，被相続人甲を賃貸人とし，C㈱を賃借人として，要旨下記(2)のとおりの賃貸借契約が締結され，同契約に係る公正証書が作成された。

(2) 上記(1)の賃貸借契約の要旨は，次のとおりである。
① 賃貸借期間は，昭和57年9月1日から満30年間とする。
② 賃貸借の目的は，堅固な建物の敷地としての使用である。
③ 賃料は，1か月70万円とする。
④ 賃借人は，賃借権の譲渡又は賃借地の転貸をし，若しくは賃借権を担保に供しようとする場合，賃貸人の承諾を得なければならない。

(3) 本件A貸宅地には，上記(1)のD㈱が所有する鉄筋コンクリート造陸屋根7階建の浴場兼事務所兼共同住宅（賃貸マンション）である＊＊等の建物が存する。

❹ 借地権割合

評価通達27（借地権の評価）に基づき，東京国税局長が定めた本件各貸宅地が存する地域の借地権割合は，70％である。

 争　　　　点

❶ 本件各貸宅地の評価は，評価通達の定めによらないことが正当と認められる特別の事情があるとされるのか。

❷ 本件各貸宅地の具体的な相続税評価額はいくらになるのか。

 争点に関する双方（請求人・原処分庁）の主張

争点に関する請求人・原処分庁の主張は，前掲図表－4のとおりである。

Ⅳ 国税不服審判所の判断

❶ 認定事実

(1) 本件各貸宅地の位置，形状等

① 本件A貸宅地は，西側で幅員約6mの＊＊（筆者注 道路）に約44m，北側で幅員約4mの＊＊（筆者注 道路）に約55m接面している台形状の土地である。

② 本件B貸宅地は，東側で幅員約5mの＊＊（筆者注 道路）に約46m，北側で幅員約4mの＊＊（筆者注 道路）に約32m接面している台形状の土地である。

③ 本件A貸宅地に本件B貸宅地は隣接している。

④ 請求人らが原処分庁に提出した本件A貸宅地及び本件B貸宅地を一体として測量した地積測量図によるとその地積は，3,977.89㎡であり，当該地積を本件A貸宅地及び本件B貸宅地の登記上の地積（図表－1を参照）の割合であん分すると，本件A貸宅地は2,519.36㎡，本件B貸宅地は1,458.52㎡(いずれも小数点第2位未満切捨て，下記計算－2を参照）となる。

⑤ 本件各貸宅地の用途地域は準工業地域であり，建ぺい率は60％，容積率は300％である。

⑥ 本件各貸宅地の周辺の地域には，マンションを中心に一般住宅，事務所等が存する。

(2) 借地権割合

本件各貸宅地の存する地域の評価通達27（借地権の評価）に定める借地権割合（70％）は，複数の不動産鑑定士が査定した借地権割合が70％であることを基に定められている。

(3) 近隣の地価公示地

本件各貸宅地の近隣に位置する地価公示地（地積95㎡）の概要は次のとおりである。

① 平成19年の地価公示価格は324,000円／㎡である。

② 用途地域は準工業地域であり，建ぺい率は60％，容積率は300％である。

③ 周辺の地域は，中層の共同住宅と作業所が混在する地域である。

計算－2 本件A貸宅地及び本件B貸宅地の実際の面積

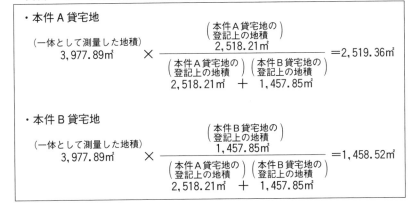

❷ 法令解釈等
(1) 評価通達25（貸宅地の評価）は，借地権の目的となっている宅地の価額は，原則として，当該宅地の自用地としての価額から同通達27（借地権の評価）の定めに基づき評価した当該宅地の借地権の価額を控除した金額によって評価することとしている（以下，この方式を「借地権価額控除方式」という）。

　課税実務が借地権価額控除方式による趣旨は，借地権の取引慣行のある地域では，貸宅地の価額は，単なる地代徴収権の価額にとどまらず，むしろ将来借地権を併合して完全所有権とする潜在的価値に着目して価額形成されているのが一般的であると認められ，このような場合には，貸宅地の価額を借地権価額控除方式により評価するのが相当であると考えられることなどの理由によるものと解され，この評価方法は，相続税法22条（評価の原則）の趣旨に照らし，合理性を有するものと認められる。

(2) 評価通達27（借地権の評価）は，借地権の価額は，その借地権の目的となっている宅地の自用地としての価額に借地権割合（自用地の価額に対する借地権の価額の割合）を乗じて計算した価額によって評価することとしている。この借地権割合は，各地域における借地権の売買実例価額，精通者意見価格及び地代の額等を基として，地域ごとに定められているものであるから，この評価方法は，相続税法22条（評価の原則）の趣旨に照らし，合理性を有するものと認められる。

❸ 原処分庁鑑定書について
(1) 鑑定評価方式の適用について
　原処分庁鑑定書は，本件A貸宅地について，取引事例比較法による比準価格，収益還元法による収益価格及び開発法による価格をそれぞれ計算した上で，本件A貸宅地の最有効使用が分譲マンションの敷地であることに基づき，開発法による価格を重視し，比準価格及び収益価格を参考にとどめて，更地価格の鑑定評価額を決定している。

　また，本件B貸宅地の更地価格の鑑定評価額については，本件B貸宅地に隣接する本件A貸宅地の鑑定評価額を基に，両者の画地条件等の格差を考慮して決定している。

(2) 取引事例比較法による試算価格について
　取引事例比較法の適用については，本件A貸宅地の存する地域と公法上の規制等の状況が類似する近隣の地域において本件A貸宅地と地積の規模等の状況が類似する土地の取引事例を採用する必要があるところ，図表－3の2の表のとおり，原処分庁鑑定書が採用した各取引事例はいずれの条件も満たすものであり，また，採用した各取引事例に係る取引価格について事情補正，時点修正，地域要因に基づく各補正等を適切に行って取引事例比較法による価格を試算しており，原処分庁鑑定書の判断過程に不合理な点は認められない。

(3) 開発法による試算価格について
　分譲マンションを建築することを想定した場合の開発法の適用については，分譲するマンションの分譲価格及び当該分譲に係るマンションの建築費用等を的確に査定する必要があるところ，原処分庁鑑定書は，図表－3の3のとおり，本件A貸宅地に分譲マンショ

ンを建築することを想定した上で，分譲価格については本件Ａ貸宅地の周辺のマンションの分譲事例等を基にして，また，建築費用等については標準的な分譲マンションの建築費用等を基にして，それぞれ的確に査定しており，原処分庁鑑定書の判断過程に不合理な点は認められない。

(4) 収益還元法による試算価格について

収益還元法の適用については，賃料の他，一時金の授受等についても考慮して査定した総収益から，維持管理に係る費用の他，公租公課等についても考慮して査定した総費用を控除して，対象となる不動産が将来生み出すであろう純収益を的確に把握する必要があるところ，原処分庁鑑定書は，図表－３の４のとおり，まず，本件Ａ貸宅地に賃貸マンションを建築して賃貸することを想定して査定した賃料及び敷金等の一時金の運用益等に基づく総収益から，当該賃貸マンションの維持管理及び公租公課等を考慮して査定した総費用を控除して，本件Ａ貸宅地及び当該賃貸マンションに係る純収益を求め，次に，当該純収益から当該賃貸マンションに帰属する純収益を控除するなどして求めた本件Ａ貸宅地に帰属する純収益を，還元利回りで還元して，本件Ａ貸宅地に係る収益還元法による価格を試算しており，原処分庁鑑定書の判断過程に不合理な点は認められない。

(5) 請求人らの主張について

① 原処分庁鑑定書の不合理性について

請求人らは，下記に掲げる事項からして，原処分庁鑑定書は不合理である旨主張する。

(イ) 原処分庁鑑定書の取引事例比較法による試算価格は限定価格（借地権者が貸宅地の併合を目的とした場合における貸宅地の価格等）であること

(ロ) 原処分庁が採用した各取引事例は住宅地に存する本件各貸宅地とは異なり商業地に存するものであること

(ハ) 広大な土地は需要が限定され，宅地造成した標準的な広さの土地の５割程度でしか売れないという減価が生じている点が考慮されていないこと

しかしながら，そもそも，原処分庁鑑定書は本件各貸宅地の更地価格を鑑定評価しているから，請求人らの主張は前提を誤るものである。また，原処分庁鑑定書は，本件各貸宅地の最有効使用をマンションの敷地と判定した上で，図表－３の２の表のとおり，本件各貸宅地の周辺のマンションが存する地域の各取引事例と比較しているものであるし，同表の各取引事例は戸建住宅用地等の標準的な地積の宅地ではなく，本件各貸宅地と同様に広大な地積の宅地であるから，本件各貸宅地との比較において地積が過大であることによる減額の補正を行う必要はない。以上からすると，請求人らの主張は採用できない。

② 想定の部分が多いことについて

請求人らは，原処分庁鑑定書の収益還元法及び開発法による価格は，想定の部分が多く適正でない旨主張する。

しかしながら，原処分庁鑑定書は，収益還元法による価格の試算については，上記(4)のとおり，対象不動産が将来生み出すであろう純収益について，賃料の他に一時金の授受や維持管理費等も的確に考慮して査定しているし，また，開発法による価格の試算について

も，上記(3)のとおり，本件A貸宅地に建築するマンションの分譲価格等について，周辺の類似のマンションの分譲事例等から的確に査定しているから，請求人らの主張は採用できない。

(6) ま　と　め

上記(1)から(5)までのとおり，原処分庁鑑定書の判断過程を検討しても，その合理性を疑わせる点は認められないから，本件各貸宅地の更地価格は，図表－3の5のとおり，本件A貸宅地について7億3,600万円，本件B貸宅地について4億870万円であると認められる。

❹　請求人らの主張する本件各貸宅地の時価について

請求人らは，本件各貸宅地の時価は，請求人ら貸宅地鑑定額と不動産業者の買取り見積価額を基に査定した1億6,000万円（本件A貸宅地及び本件B貸宅地の1㎡当たりの単価は同額）であり，当該金額は，請求人ら更地鑑定額から，請求人ら更地鑑定額に借地権割合70％を乗じた金額を控除した価額とおおむね一致することから妥当である旨主張する。

しかしながら，下記(1)から(4)で指摘するとおり，請求人らの主張額の根拠である「請求人ら鑑定書①」及び「請求人ら鑑定書②」等は，いずれも合理性を欠くものであるから，請求人らの主張は採用できない。

(1) **請求人ら鑑定書①について**

① 　取引事例比較法による試算価格について

請求人ら鑑定書①は，各取引事例の取引価格はいずれも限定価格であるとした上で，正常価格に補正するためとして，図表－2の1の表のとおり，事情補正による約50％ないし約65％の減額を行っている（100/190ないし100/298の補正率を乗じている）。

しかしながら，取引事例比較法の適用に当たっては，本件各貸宅地と状況の類似する土地の取引価格を採用する必要があるところ，約50％ないし約65％もの減額の補正を行わなければならない土地は，そもそも状況の類似する土地とは認め難いから，請求人ら鑑定書①の取引事例比較法による試算価格は合理性を欠くものと認められる。

② 　収益還元法による試算価格について

請求人ら鑑定書①には，図表－2の2のとおり，実質純収益を貸宅地の取引利回りによって還元して収益価格を試算した旨の記載がある。

しかしながら，そもそも，収益還元法の適用に当たっては不動産が将来生み出すであろう純収益を的確に把握する必要があり，また，不動産鑑定評価書にはその把握の過程を示す必要があるところ，請求人ら鑑定書①にはその過程が何ら示されていないから，請求人ら鑑定書①の収益還元法による価格は合理性を欠くものと認められる。

(2) **不動産業者の買取り見積価額について**

請求人らは，本件各貸宅地についての不動産業者の買取り見積価額を本件各貸宅地の時価を査定する際の根拠としている。

しかしながら，そもそも，買取り見積価額とは買手の買取り希望価額にすぎないから，これをもって本件各貸宅地の時価を査定することは相当でない。

(3) 請求人ら鑑定書②について
① 取引事例比較法による試算価格について
　請求人ら鑑定書②は，図表－5の1の表のとおり，地積が約50㎡から約150㎡までの戸建住宅用地の取引事例に係る取引価格を採用して，取引事例比較法による価格を試算している。
　しかしながら，そもそも，取引事例比較法の適用に当たっては，本件A貸宅地と状況の類似する土地の取引価格を採用する必要があるところ，当該各取引事例は本件A貸宅地に比して著しく地積が小さく，本件A貸宅地と状況の類似する土地とは認め難いから，請求人ら鑑定書②の取引事例比較法による試算価格は合理性を欠くものと認められる。
② 開発法による試算価格について
　請求人ら鑑定書②は，図表－5の2の(1)のとおり，本件A貸宅地を戸建住宅用地に開発して分譲することを想定して開発法による価格を試算しているところ，図表－5の2の(2)の①のとおり，当該戸建住宅用地の分譲価格を231,000円/㎡と査定している。
　しかしながら，戸建住宅用地に開発して分譲することを想定する場合の開発法の適用については，分譲する戸建住宅用地の分譲価額を的確に査定する必要があるところ，上記❶(3)①のとおり，本件A貸宅地の近隣に位置する地価公示地の平成19年の地価公示価格は324,000円/㎡であり，上記の分譲価格231,000円/㎡はこれに比して著しく低額であると認められるから，請求人ら鑑定書②の開発法による試算価格は合理性を欠くものと認められる。
(4) 請求人らの主張する本件各貸宅地の時価に合理性が認められるか否かについて
　上記❸(6)のとおり，原処分庁鑑定書による本件各貸宅地の更地価格は適正なものであると認められるところ，併せて，下記に掲げる事項についても相当と認められる。
① 評価通達25（貸宅地の評価）に定める借地権価額控除方式は，合理性を有すること
② 本件各貸宅地の存する地域の借地権割合70％は，複数の不動産鑑定士等の意見を基に適正に定められていること
　そこで，原処分庁鑑定書による本件各貸宅地の更地価格（自用地としての価額と同額と解される）及び上記の借地権割合（70％）を基にして，本件各貸宅地の価額を借地権価額

計算－3　原処分庁鑑定書による本件各貸宅地の価額（時価）

(1) 本件A貸宅地の価額
　（原処分庁鑑定書による本件A貸宅地の更地価格）　（借地権割合）
　736,000,000円　×　（1－70％）＝220,800,000円

(2) 本件B貸宅地の価額
　（原処分庁鑑定書による本件B貸宅地の更地価格）　（借地権割合）
　408,700,000円　×　（1－70％）＝122,610,000円

(3) 本件各貸宅地の価額
　(1)＋(2)＝343,410,000円

控除方式により計算してみると，3億4,341万円（本件A貸宅地については2億2,080万円，本件B貸宅地については1億2,261万円となる。[筆者注]計算-3を参照）となり，このことに照らしても，請求人らの主張する本件各貸宅地の時価は合理性を欠くものであると認められる。

❺ 結　論

上記❶ないし❹から，評価通達の定めに基づき評価した価額が時価を上回るとする請求人らの主張には理由がなく，本件各貸宅地について評価通達の定めによらないことが正当と認められる特別の事情はない。

❻ 本件各貸宅地の具体的な相続税評価額

上記❺より，本件各貸宅地の価額は，評価通達の定めに基づき評価した価額によることが相当であり，その価額は，次のとおりとなる。

(1) 本件A貸宅地の価額

評価通達16（側方路線影響加算）(1)の定めによれば，正面と側方に路線がある宅地の「正面路線」とは，評価通達15（奥行価格補正）の定めによりそれぞれの路線の路線価に奥行価格補正率を乗じて求めた価額の高い方の路線であるところ，本件A貸宅地の価額について，原処分庁の計算では，計算-1のとおり，それぞれの路線の路線価に奥行価格補正率を乗じて求めた価額の低い方の路線を「正面路線」として評価している。

しかしながら，計算-4による審判所の計算のとおり，奥行価格補正率を乗じて求めた価額の高い方の路線を「正面路線」として評価することが相当であるから，本件A貸宅地の価額は，1億9,113万7,525円となる。

(2) 本件B貸宅地の価額

本件B貸宅地の評価通達の定めによる価額を計算すると，計算-1の原処分庁が主張する本件B貸宅地の価額と同額となり，1億1,521万2,011円となる。

(3) 本件各貸宅地の価額

(1)+(2)＝3億634万9,536円

```
計算-4　国税不服審判所の計算による本件A貸宅地の評価通達の定めに基づく価額

（正面路線価（注））　（奥行価格補正率）
　280,000円　×　　0.88　　＝246,400円①
　　（①）　　　（側方路線価）（奥行価格補正率）（側方路線影響加算率）
246,400円＋270,000円　×　　0.91　　×　　0.03　　＝253,771円②
　　（②）　　（地　積）　（自用地としての価額）
253,771円×2,510.63㎡＝637,125,085円③
　　　（③）　　　　　（借地権割合）　（評価通達の定めによる価額）
637,125,085円×（1－　0.7　）　191,137,525円
　　（注）（北側路線の路線価）（奥行価格補正率）（奥行価格補正後の路線価）
　　　　　　270,000円　×　　0.91　　＝　　245,700円④
　　　　（西側路線の路線価）（奥行価格補正率）（奥行価格補正後の路線価）
　　　　　　280,000円　×　　0.88　　＝　　246,400円⑤
　　　④＜⑤となり，西側路線の路線価が正面路線価となる。
```

本件裁決事例のキーポイント

❶ 評価通達に定める借地権及び貸宅地の評価

(1) 評価通達に定める借地権の評価

評価通達27 (借地権の評価) の定めでは、「借地権の価額は、その借地権の目的となっている宅地の自用地としての価額に、当該価額に対する借地権の売買実例価額、精通者意見価格、地代の額等を基として評定した借地権の価額の割合 (以下「借地権割合」という) がおおむね同一と認められる地域ごとに国税局長の定める割合を乗じて計算した金額によって評価する。ただし、借地権の設定に際しその設定の対価として通常権利金その他の一時金を支払うなど借地権の取引慣行があると認められる地域以外の地域にある借地権の価額は評価しない」とされている。同通達のうち、前段部分の取扱いを算式に示すと、次のとおりとなる。

<算　式>

宅地の自用地としての価額×借地権割合

評価通達27 (借地権の評価) に定める借地権の評価の適用上の留意点をまとめると、次のとおりである。

① 評価通達27 (借地権の評価) の定めの対象となる借地権とは、同通達9 (土地の上に存する権利の評価上の区分) の(5) (下記 参考資料 を参照) に掲げる借地権をいう。

参考資料　評価通達9 (土地の上に存する権利の評価上の区分) (5)

> (5) 借地権 (借地借家法22条 (定期借地権)、23条 (事業用定期借地権等)、24条 (建物譲渡特約付借地権) 及び25条 (一時使用目的の借地権) に規定する借地権 (以下「定期借地権等」という) に該当するものを除く。以下同じ)

そうすると、評価通達9の(5)においては借地権の範囲について固有概念を定めていないことから、借用概念として、借地借家法2条 (定義) に規定する「借地権とは、建物の所有を目的とする地上権又は土地の賃借権をいう」の定義によることになる。ただし、当該通達において、借地権のうち、借地借家法22条ないし24条に規定する定期借地権を除外するものと定めている (その結果として、残ったものを「普通借地権」と呼称する場合がある)。

したがって、評価通達において借地権とは、建物の所有を目的とする地上権又は土地の賃借権のうち、普通借地権に該当するものと定義付けられる。

② 評価通達の定めでは、借地権 (普通借地権) の価額は、上記算式に掲げるとおり、原則として借地権割合方式によって評価するものとされている。この取扱いは、相続税法22条 (評価の原則) は、相続により取得した財産の価額は、特別の定めがあるものを除き、当該財産の取得の時における時価による旨規定しているが、全ての財産の客観的交

換価値（時価）は，必ずしも容易に把握し得るものではないから，課税の実務上は，財産評価の一般的基準が評価通達によって定められ，原則として，これに定められた画一的な評価方法によって，当該財産の評価をすることが，租税負担の公平及び効率的な租税行政の実現等の観点から合理的であると解されるところに基因するものと考えられる。

したがって，相続税等における借地権の価額は，評価通達の定めによらないことが正当と認められる特別の事情がない限り，原則として，借地権割合方式によって評価することになる。

③ 借地権割合は，評価対象地が属する下記に掲げる区分ごとに，それぞれに掲げる方法により示されている。

(イ) 路線価方式を適用して評価する地域にある場合

路線価図に掲げる各路線価の数値（単位：千円）の後に，A（借地権割合90％）からG（借地権割合30％）までの記号により表示されている（この例示として，図表－6を参照）。

(注) 借地権の取引慣行が認められない地域（換言すれば，借地権の評価が不要な地域）については，各路線価の数値の後に，記号（アルファベット）は付されず無表示とされる。

(ロ) 倍率方式を適用して評価する地域にある場合

評価倍率表の借地権割合の欄に，具体的に数値（単位：％）が表示されている（この例として，図表－7を参照）。

(注) 借地権の取引慣行が認められない地域（換言すれば，借地権の評価が不要な地域）については，「借地権割合」の欄が無表示（空欄）とされる。

(2) 評価通達に定める貸宅地の評価

評価通達25（貸宅地の評価）の(1)の定めでは，「借地権の目的となっている宅地の価額は，11（評価の方式）から22－3（大規模工場用地の路線価及び倍率）まで，24（私道の用に供されている宅地の評価），24－2（土地区画整理事業施行中の宅地の評価）及び24－6（セットバックを必要とする宅地の評価）から24－8（文化財建造物である家屋の敷地の用に供されている宅地の評価）までの定めにより評価したその宅地の価額（以下「自用地としての価額」という。）から27（借地権の評価）の定めにより評価したその借地権の価額（同項のただし書の定めに該当するときは，同項に定める借地権割合を100分の20として計算した価額とする。25－3（土地の上に存する権利が競合する場合の宅地の評価）において27－6（土地の上に存する権利が競合する場合の借地権等の評価）の定めにより借地権の価額を計算する場合において同じ。）を控除した金額によって評価する。ただし，借地権の目的となっている宅地の売買実例価額，精通者意見価格，地代の額等を基として評定した価額の宅地の自用地としての価額に対する割合（以下「貸宅地割合」という。）がおおむね同一と認められる地域ごとに国税局長が貸宅地割合を定めている地域においては，その宅地の自用地としての価額にその貸宅地割合を乗じて計算した金額によって評価する」とされている。同通達の取扱いを算式に示すと，次のとおりとなる。

CASE19

図表－6 借地権割合の表示方法（路線価方式を適用する地区である場合）

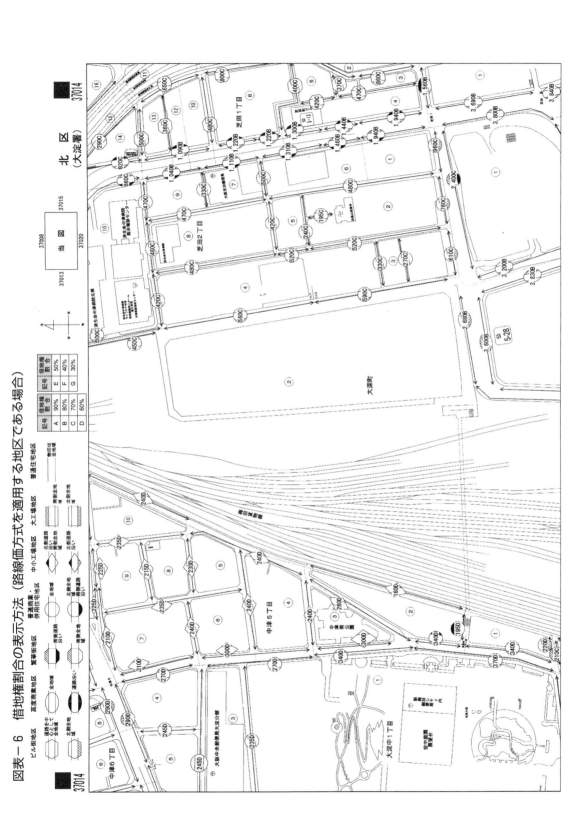

図表－7　借地権割合の表示方法（倍率方式を適用する地区である場合）

平成　年分　　　　　　　　　　倍　　率　　表　　　　　　　　　　4頁
市区町村名：田辺市　　　　　　　　　　　　　　　　　　　　　田辺税務署

音順	町（丁目）又は大字名	適用地域名	借地権割合	固定資産税評価額に乗ずる倍率等						
				宅地	田	畑	山林	原野	牧場	池沼
			％	倍	倍	倍	倍	倍	倍	倍
な	中辺路町大内川	全域		1.1	純1.7	純1.2	純0.8	純0.8	―	―
	中辺路町大川	全域		1.0	純1.7	純1.2	純0.8	純0.8	―	―
	中辺路町川合	全域		1.1	純1.7	純1.2	純0.8	純0.8	―	―
	中辺路町熊野川	全域		1.1	純1.7	純1.2	純0.8	純0.8	―	―
	中辺路町栗栖川	全域		1.1	純1.7	純1.6	純0.7	純0.7	―	―
	中辺路町小皆	全域		1.0	純1.7	純1.6	純0.8	純0.8	―	―
	中辺路町小松原	全域		1.1	純1.7	純1.2	純0.8	純0.8	―	―
	中辺路町沢	全域		1.0	純1.7	純1.2	純0.8	純0.8	―	―
	中辺路町高原	全域		1.0	純1.7	純1.2	純0.8	純0.8	―	―
	中辺路町近露	全域		1.1	純1.7	純1.2	純0.8	純0.8	―	―
	中辺路町道湯川	全域		1.0	純1.7	純1.2	純0.8	純0.8	―	―
	中辺路町西谷	全域		1.0	純1.7	純1.2	純0.8	純0.8	―	―
	中辺路町温川	全域		1.0	純1.7	純1.2	純0.8	純0.8	―	―
	中辺路町野中	全域		1.1	純1.7	純1.2	純0.8	純0.8	―	―
	中辺路町兵生	全域		1.0	純1.7	純1.2	純0.8	純0.8	―	―
	中辺路町福定	全域		1.1	純1.7	純1.2	純0.8	純0.8	―	―
	中辺路町北郡	全域		1.0	純1.7	純1.2	純0.8	純0.8	―	―
	中辺路町真砂	全域		1.0	純1.7	純1.2	純0.8	純0.8	―	―
	中辺路町水上	全域		1.1	純1.7	純1.2	純0.8	純0.8	―	―
	中万呂	都市計画法上の用途地域								
		1　路線価地域	―	路線	周比準	周比準	比準	比準		
		2　上記以外の地域	30	1.1	周比準	周比準	比準	比準		
		上記以外の地域								
		1　県道上富田南部線より南側の地域								
		(1)　農用地区域	―		純32	純59	―	―	―	―
		(2)　上記以外の区域	30	1.0	中17	中16	中19	中19	―	―
		2　上記以外の地域								
		(1)　農用地区域	―		純3.4	純14	―	―	―	―

<算　式>

(イ) 国税局長が貸宅地割合を定めている地域以外の地域に存する貸宅地の評価

　①　借地権の取引慣行があると認められる地域に存する場合

　　宅地の自用地としての価額×(1－借地権割合)

　②　借地権の取引慣行があると認められる地域以外の地域に存する場合

　　宅地の自用地としての価額×(1－20%)

(ロ) 国税局長が貸宅地割合を定めている地域に存する貸宅地の評価

　　宅地の自用地としての価額×貸宅地割合

評価通達25（貸宅地の評価）に定める貸宅地の評価の適用上の留意点をまとめると，次のとおりである。

① 評価通達25（貸宅地の評価）の定めでは，貸宅地の価額は，自用地としての価額から同通達27（借地権の評価）の定めにより評価した借地権の価額を控除した金額によって評価する（これを「借地権価額控除方式」という）ものとされているが，この場合における借地権の価額（____部分）の意義については，上記(1)①を参照されたい。

② 評価通達の定めでは，貸宅地の価額は，上記算式に掲げるとおり，原則として借地権価額控除方式によって一律に評価するものとされている。

　このような取扱いは，上記(1)②に掲げるとおり，財産評価の一般的基準を評価通達によって定め，これに基づいて評価することが租税負担の公平及び効率的な租税行政の実現等の観点から合理的であると解されるところに基因するものと考えられる。

③ 評価通達が貸宅地の評価において，原則として借地権価額控除方式を採用する理由として，上記Ⅳ❷(1)の国税不服審判所による法令解釈等において，「借地権の取引慣行のある地域では，貸宅地の価額は，単なる地代徴収権の価額にとどまらず，むしろ将来借地権を併合して完全所有権とする潜在的価値に着目して価額形成されているのが一般的であると認められ，このような場合には，貸宅地の価額を借地権価額控除方式により評価するのが相当であると考えられること」を挙げている。

　上記以外の理由として，税務上における財産評価では，「借地権の価額＋貸宅地の価額＝自用地の価額」（併せて100％の課税を実施）とされることが，課税の公平（特に，土地所有者と借地権者との関係が，親族，同族会社間等である場合）の観点から求められるものとして，摘示されるところである。

④ 上記算式の(イ)②に掲げる地域（国税局長が貸宅地割合を定めている地域以外の地域で，かつ，借地権の取引慣行があると認められる地域以外の地域）に存する貸宅地の価額についても，借地権割合を20%として計算（借地権割合の控除）するものとされている。

　このような取扱いは，借地権の取引慣行がないため，具体的な借地権価額の認識が希薄な場合であっても，土地所有者の立場から考察すると，第三者の所有する家屋が当該地上に存するため，その自由な使用収益に相当の制約が加えられることをしんしゃく配慮したものであるといわれている。

⑤ 上記算式の(ロ)に掲げる地域（国税局長が貸宅地割合を定めている地域）に存する貸宅

地の価額は，国税局長の定める貸宅地割合を適用して評価するものとされている。このような取扱いは，平成17年6月16日付の評価通達の改正によって新設されたものであり，平成17年1月1日以後に相続，遺贈又は贈与により取得した財産の評価について適用するものとされている。貸宅地割合が定められている地域の路線価図及び倍率表を示すと，図表－8のとおりである。

❷ 不動産鑑定評価基準に定める借地権及び底地の鑑定評価

本件裁決事例では，請求人及び原処分庁の双方からそれぞれが選任した不動産鑑定士による不動産鑑定評価額を双方の主張の根拠としている。不動産の鑑定評価を専門家としての不動産鑑定士に委嘱したとしても，同一の不動産について複数の不動産鑑定士が異なる鑑定評価額を表明し，その格差も相当幅になることが想定される。このような状況に対応するため，不動産の鑑定評価を行うに当たり，その拠り所となる統一的基準として制定されているのが「不動産鑑定評価基準」（国土交通省（最新改正：平成26年5月1日））である。

この不動産鑑定評価基準の「各論　第1章価格に関する鑑定評価　第1節土地　Ⅰ宅地　3．借地権及び底地」において，次に掲げるとおりの不動産鑑定に当たっての拠り所となる統一的基準を掲げている。

(1) 借地権及び底地の鑑定評価に当たっての考慮事項

借地権及び底地の鑑定評価に当たっては，借地権の価格と底地の価格とは密接に関連し合っているので，以下に述べる諸点を十分に考慮して相互に比較検討すべきである。

① 宅地の賃貸借等及び借地権取引の慣行の有無とその成熟の程度は，都市によって異なり，同一都市内においても地域によって異なることもあること

② 借地権の存在は，必ずしも借地権の価格の存在を意味するものではなく，また，借地権取引の慣行について，借地権が単独で取引の対象となっている都市又は地域と，単独で取引の対象となることはないが建物の取引に随伴して取引の対象となっている都市又は地域とがあること

③ 借地権取引の態様
　(イ) 借地権が一般に有償で創設され，又は継承される地域であるか否か
　(ロ) 借地権の取引が一般に所有者以外の者を対象として行われる地域であるか否か
　(ハ) 堅固建物の所有を目的とする借地権の多い地域であるか否か
　(ニ) 借地権に対する権利意識について借地人側が強い地域であるか否か
　(ホ) 一時金の授受が慣行化している地域であるか否か
　(ヘ) 借地権の譲渡に当たって名義書替料を一般に譲受人又は譲渡人のいずれが負担する地域であるか

④ 借地権の態様
　(イ) 創設されたものか継承されたものか
　(ロ) 地上権か賃借権か
　(ハ) 転借か否か

図表－8 「貸宅地割合」が定められている地域の例示（路線価図）

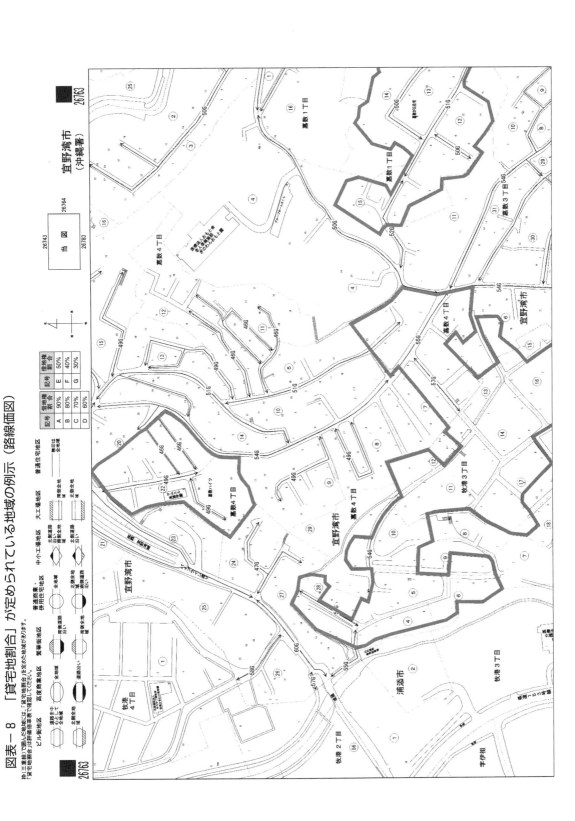

図表－9 「貸宅地割合」が定められている地域の例示（評価倍率表）

平成■年分　　　　　　　　　　倍　　率　　表　　　　　　　　　　1頁
市区町村名：宜野湾市　　　　　　　　　　　　　　　　　　沖縄税務署

音順	町(丁目)又は大字名	適用地域名	借地権割合	貸宅地割合	固定資産税評価額に乗ずる倍率等					
					宅地	田	畑	山林	原野	牧場	池沼
			％	％	倍	倍	倍	倍	倍	倍	倍
う	宇地泊	路線価図に枠（三重線）で表示した地域（旧大謝名キャンプブーン）のうち転借権付住宅として分譲された地域	—	30	路線						
		上記以外の地域	—		路線		市比準		市比準		
お	大山3～6丁目	市道伊佐大山線から北側の地域	—		路線	1.4	1.4		市比準		
		上記以外の地域	—		路線		市比準		市比準		
か	嘉数1丁目	路線価図に枠（三重線）で表示した地域（嘉数ハイツ・嘉数が丘住宅）のうち転借権付住宅として分譲された地域	—	30	路線						
		上記以外の地域	—		路線		市比準		市比準		
	嘉数4丁目	路線価図に枠（三重線）で表示した地域（嘉数ハイツ）のうち転借権付住宅として分譲された地域	—	30	路線						
		路線価図に枠（三重線）で表示した地域（牧港ハイツ）のうち転借権付住宅として分譲された地域	—	30	路線						
		上記以外の地域	—		路線		市比準		市比準		
	我如古	佐真下第二土地区画整理地域			個別		個		個		
		上記以外の地域	—		路線		市比準		市比準		
	我如古1丁目	佐真下第二土地区画整理地域			個別		個		個		
		上記以外の地域	—		路線		市比準		市比準		
	我如古4丁目	路線価図に枠（三重線）で表示した地域（我如古テラス）のうち転借権付住宅として分譲された地域	—	30	路線						
		上記以外の地域	—		路線		市比準		市比準		
さ	佐真下	佐真下第二土地区画整理地域			個別		個		個		
		上記以外の地域	—		路線		市比準		市比準		
し	志真志1～3丁目	佐真下第二土地区画整理地域			個別		個		個		
		上記以外の地域	—		路線		市比準		市比準		
	志真志4丁目	路線価図に枠（三重線）で表示した地域（城山第一団地・第二団地）のうち転借権付住宅として分譲された地域	—	30	路線						
		上記以外の地域	—		路線		市比準		市比準		
	上記以外の地域	全域	—		路線		市比準		市比準		

（注）「貸宅地割合」欄には，貸宅地割合を定めている地域の貸宅地の評価をする場合における，その宅地の自用地としての価額に乗じる貸宅地割合を掲げています（当該欄は，貸宅地割合を定めている地域が含まれる倍率表にのみ記載しています。）。

(ニ) 堅固の建物の所有を目的とするか，非堅固の建物の所有を目的とするか
(ホ) 主として居住用建物のためのものか，主として営業用建物のためのものか
(ヘ) 契約期間の定めの有無
(ト) 特約条項の有無
(チ) 契約は書面か口頭か
(リ) 登記の有無
(ヌ) 定期借地権等（借地権家法2章4節に規定する定期借地権等）

(2) 借地権の価格及び鑑定評価額
① 借地権の価格
　借地権の価格は，借地借家法（廃止前の借地法を含む）に基づき土地を使用収益することにより借地人に帰属する経済的利益（一時金の授受に基づくものを含む）を貨幣額で表示したものである。
　借地人に帰属する経済的利益とは，土地を使用収益することによる広範な諸利益を基礎とするものであるが，特に次に掲げるものが中心となる。
(イ) 土地を長期間占有し，独占的に使用収益し得る借地人の安定的利益
(ロ) 借地権の付着している宅地の経済価値に即応した適正な賃料と実際支払賃料との乖離（以下「賃料差額」という）及びその乖離の持続する期間を基礎にして成り立つ経済的利益の現在価値のうち，慣行的に取引の対象となっている部分

② 借地権の鑑定評価
　借地権の鑑定評価は，借地権の取引慣行の有無及びその成熟の程度によってその手法を異にするものである。
(イ) 借地権の取引慣行の成熟の程度の高い地域
　　借地権の鑑定評価額は，借地権及び借地権を含む複合不動産の取引事例に基づく比準価格並びに土地残余法による収益価格を関連付けて得た価格を標準とし，当該借地権の設定契約に基づく賃料差額のうち取引の対象となっている部分を還元して得た価格及び借地権取引が慣行として成熟している場合における当該地域の借地権割合により求めた価格を比較考量して決定するものとする。
　　この場合においては，次に掲げる事項を総合的に勘案するものとする。
　(イ) 将来における賃料の改定の実現性とその程度
　(ロ) 借地権の態様及び建物の残存耐用年数
　(ハ) 契約締結の経緯並びに経過した借地期間及び残存期間
　(ニ) 契約に当たって授受された一時金の額及びこれに関する契約条件
　(ホ) 将来見込まれる一時金の額及びこれに関する契約条件
　(ヘ) 借地権の取引慣行及び底地の取引利回り
　(ト) 当該借地権の存する土地に係る更地としての価格又は建付地としての価格
(ロ) 借地権の取引慣行の成熟の程度の低い地域
　　借地権の鑑定評価額は，土地残余法による収益価格を標準とし，当該借地権の設定

契約に基づく賃料差額のうち取引の対象となっている部分を還元して得た価格及び当該借地権の存する土地に係る更地又は建付地としての価格から底地価格を控除して得た価格を比較考量して決定するものとする。

　この場合においては，上記(イ)①から⑥までに掲げる事項を総合的に勘案するものとする。

[筆者注]　本件各貸宅地は，前記❶❹のとおり，評価通達27（借地権の評価）の定めに基づいて東京国税局長が定める借地権割合が70％の地域に所在することから，借地権の鑑定評価の手法は，上記(イ)に掲げる「借地権の取引慣行の成熟の程度の高い地域」に該当するものとなる（上記Ⅳ❷(1)の国税不服審判所による法令解釈等は，真にこの立場に立脚しているものである）。

(3)　底地の価格及び鑑定評価額
① 　底地の価格

　底地の価格は，借地権の付着している宅地について，借地権の価格との相互関連において賃貸人に帰属する経済的利益を貨幣額で表示したものである。

　賃貸人に帰属する経済的利益とは，当該宅地の実際支払賃料から諸経費等を控除した部分の賃貸借等の期間に対応する経済的利益及びその期間の満了等によって復帰する経済的利益の現在価値をいう。

② 　底地の鑑定評価額

　底地の鑑定評価額は，実際支払賃料に基づく純収益等の現在価値の総和を求めることにより得た収益価格及び比準価格を関連付けて決定するものとする。この場合においては，上記(2)②(イ)①から⑥までに掲げる事項を総合的に勘案するものとする。

　また，底地を当該借地人が買い取る場合における底地の鑑定評価に当たっては，当該宅

図表−10　借地権及び底地の価額の算定方法（評価通達と不動産鑑定評価基準との差異）

評価方法	評価通達に定める評価方法			不動産鑑定評価基準に定める鑑定評価の手法	
評価項目	貸宅地割合が定められている地域以外の地域に所在する場合		貸宅地割合が定められている地域に所在する場合	借地権の取引慣行の成熟の程度の高い地域	借地権の取引慣行の成熟の程度の低い地域
	借地権の取引慣行がある地域	借地権の取引慣行がある地域以外の地域			
借地権	宅地の自用地としての価額×借地権割合	評価の対象とならない	借地権の取引慣行の有無に応じて，左記に掲げるとおりに評価	[標準] 取引事例に基づく比準価格と土地残余法による収益価格を関連付けて得た価格　[比較考量] 賃料差額還元法により得た価格及び借地権割合により求めた価格	[標準] 土地残余法による収益価格　[比較考量] 賃料差額還元法により得た価格及び更地又は建付地としての価格から底地価格を控除して得た価格
貸宅地（底地）	宅地の自用地としての価額×$\left(1-\dfrac{借地権}{割合}\right)$	宅地の自用地としての価額×(1−20％)	宅地の自用地としての価額×貸宅地割合	実際支払賃料に基づく純収益等の現在価値の総和を求めることにより得た収益価格及び比準価格を関連付けて決定	

地又は建物及びその敷地が同一所有者に帰属することによる市場性の回復等に即応する経済価値の増分が生ずる場合があることに留意すべきである。

(4) ま と め

借地権及び底地の価額について，評価通達に定める評価方法及び不動産鑑定評価基準に定める鑑定評価の手法を掲記し，両者を比較すると，図表－10のとおりとなる。

❸ 不動産鑑定評価の基本的手法

不動産鑑定評価基準の「総論　第7章鑑定評価の方式　第1節価格を求める鑑定評価の手法」において，「不動産の価格を求める鑑定評価の基本的な手法は，<u>原価法</u>，<u>取引事例比較法</u>及び<u>収益還元法</u>に大別され，このほか三手法の考え方を活用した<u>開発法</u>等の手法がある」と定められている。

上記の＿＿部分に掲げる原価法，取引事例比較法及び収益還元法（鑑定評価における基本的な三手法）及び三手法の考え方の応用形である開発法について，それぞれの意義を示すと，次のとおりである。

(1) 原　価　法

原価法は，価格時点における対象不動産の再調達原価を求め，この再調達原価について減価修正を行って対象不動産の試算価格を求める手法である（この手法による試算価格を積算価格という）。

原価法は，対象不動産が建物又は建物及びその敷地である場合において，再調達原価の把握及び減価修正を適切に行うことができるときに有効であり，対象不動産が土地のみである場合においても，再調達原価を適切に求めることができるときはこの手法を適用することができる。

この場合において，対象不動産が現に存在するものでないときは，価格時点における再調達原価を適切に求めることができる場合に限り適用することができるものとする。

(2) 取引事例比較法

取引事例比較法は，まず多数の取引事例を収集して適切な事例の選択を行い，これらに係る取引価格に必要に応じて事情補正及び時点修正を行い，かつ，地域要因の比較及び個別的要因の比較を行って求められた価格を比較考量し，これによって対象不動産の試算価格を求める手法である（この手法による試算価格を比準価格という）。

取引事例比較法は，近隣地域若しくは同一需給圏内の類似地域等において対象不動産と類似の不動産の取引が行われている場合又は同一需給圏内の代替競争不動産の取引が行われている場合に有効である。

(3) 収益還元法

収益還元法は，対象不動産が将来生み出すであろうと期待される純収益の現在価値の総和を求めることにより対象不動産の試算価格を求める手法である（この手法による試算価格を収益価格をいう）。

収益還元法は，賃貸用不動産又は賃貸以外の事業の用に供する不動産の価格を求める場合に特に有効である。

また，不動産の価格は，一般に当該不動産の収益性を反映して形成されるものであり，収益は，不動産の経済価値の本質を形成するものである。したがって，この手法は，文化財の指定を受けた建造物等の一般的に市場性を有しない不動産以外のものには全て適用すべきものであり，自用の住宅地といえども賃貸を想定することにより適用されるものである。

　なお，市場における土地の取引価格の上昇が著しいときは，その価格と収益価格との乖離が増大するものであるので，先走りがちな取引価格に対する有力な検証手段として，この手法が活用されるべきである。

図表－11　請求人鑑定書及び原処分庁鑑定書に対する国税不服審判所の考え方及び判断

評価方式	請求人鑑定書に対して	原処分庁鑑定書に対して
取引事例比較法	考え方　取引事例比較法の適用については，本件A貸宅地の存する地域と公法上の規制等の状況が類似する近隣の地域において本件A貸宅地と地積の規模等の状況が類似する土地の取引事例を採用する必要がある。 判断　(1) 約50％ないし約65％もの減額の補正を行わなければならない土地は，そもそも状況の類似する土地とは認め難いから，請求人鑑定書の取引事例比較法による試算価格は合理性を欠くものと認められる。 (2) 採用した各取引事例は本件A貸宅地に比して著しく地積が小さく，本件A貸宅地と状況の類似する土地とは認め難いから，請求人鑑定書の取引事例比較法による試算価格は合理性を欠くものと認められる。	判断　採用した各取引事例はいずれの条件も満たすものであり，また，採用した各取引事例に係る取引価格について事情補正，時点修正，地域要因に基づく各補正等を適切に行って取引事例比較法による価格を試算しており，原処分庁鑑定書の判断過程に不合理な点は認められない。
収益還元法	考え方　収益還元法の適用については，賃料の他，一時金の授受等についても考慮して査定した総収益から，維持管理に係る費用の他，公租公課等についても考慮して査定した総費用を控除して，対象となる不動産が将来生み出すであろう純収益を的確に把握する必要がある。 判断　実質純収益を貸宅地の取引利回りによって還元して収益価格を試算した旨の記載があるが，そもそも，収益還元法の適用に当たっては不動産が将来生み出すであろう純収益を的確に把握する必要があり，また，不動産鑑定評価書にはその把握の過程を示す必要があるところ，請求人鑑定書にはその過程が何ら示されていないから，請求人鑑定書の収益還元法による価格は合理性を欠くものと認められる。	判断　本件A貸宅地に賃貸マンションを建築して賃貸することを想定して査定して査定した賃料及び敷金等の一時金の運用益等に基づく総収益から，当該賃貸マンションの維持管理及び公租公課等を考慮して査定した総費用を控除して，本件A貸宅地及び当該賃貸マンションに係る純収益を求め，次に，当該純収益から当該賃貸マンションに帰属する純収益を控除するなどして求めた本件A貸宅地に帰属する純収益を，還元利回りで還元して，本件A貸宅地に係る収益還元法による価格を試算しており，原処分庁鑑定書の判断過程に不合理な点は認められない。
開発法	考え方　(1) 分譲マンションを建築することを想定した場合の開発法の適用については，分譲マンションの分譲価格及び分譲に係るマンションの建築費用等を的確に査定する必要がある。 (2) 戸建住宅用地に開発して分譲することを想定する場合の開発法の適用については，分譲する戸建住宅用地の分譲価額を的確に査定する必要がある。 判断　本件A貸宅地の近隣に位置する地価公示地の平成19年の地価公示価格は324,000円／㎡であり，請求人鑑定書の戸建住宅用地の分譲価額231,000円／㎡はこれに比して著しく低額であると認められるから，請求人鑑定書の開発法による試算価格は合理性を欠くものと認められる。	判断　本件A貸宅地に分譲マンションを建築することを想定した上で，分譲価格については本件A貸宅地の周辺マンションの分譲事例等を基にして，また，建築費用等については標準的な分譲マンションの建築費用等を基にして，それぞれ的確に査定しており，原処分庁鑑定書の判断過程に不合理な点は認められない。

(4) 開　発　法

開発法は，更地の面積が近隣地域の標準的な土地の面積に比べて大きい場合等においては，さらに次に掲げる価格（下記①に掲げるいわゆる「マンション開発法」と②に掲げるいわゆる「戸建開発法」の2通りに区分される）を比較考量することが求められている（この手法を開発法という）。

① いわゆる「マンション開発法」

一体利用をすることが合理的と認められるときは，価格時点において，当該更地に最有効使用の建物が建築されることを想定し，販売総額から通常の建物建築費相当額及び発注者が直接負担すべき通常の付帯費用を控除して得た価格

② いわゆる「戸建開発法」

分割利用をすることが合理的と認められるときは，価格時点において，当該更地を区画割りして，標準的な宅地とすることを想定し，販売総額から通常の造成費相当額及び発注者が直接負担すべき通常の付帯費用を控除して得た価格

❹ 本件裁決事例における不動産鑑定評価の手法

本件裁決事例では，請求人及び原処分庁の双方から提出された不動産鑑定評価書について，その判断過程の合理性が争点とされたが，この点に関する国税不服審判所の考え方及び判断をまとめると，図表−11のとおりとなる。

Ⅵ 参考事項等

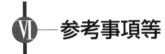

❶ 参考法令通達等

・相続税法22条（評価の原則）
・評価通達9（土地の上に存する権利の評価上の区分）
・評価通達15（奥行価格補正）
・評価通達16（側方路線影響加算）
・評価通達25（貸宅地の評価）
・評価通達27（借地権の評価）
・財産評価基準書（路線価図・評価倍率表）
・借地借家法2条（定義）
・不動産鑑定評価基準

❷ 類似判例・裁決事例の確認

不動産鑑定評価書の合理性の有無が争点とされた最近の裁決事例として，注目しておきたい事案を示すと，次のようなものが挙げられる。

(1) 評価通達24−4（広大地の評価）を適用して算定される土地の価額は相続開始時における価額（時価）である審判所鑑定評価額を上回ることから，本件土地を評価するに当たっては，評価通達の定めにより難い特別の事情があると認定された事例（平25.5.28裁決，関裁（諸）平24−50）

|概　要|
本件は，請求人らが，相続により取得した土地の価額は不動産鑑定士による鑑定評価額であるとして相続税の申告をしたところ，原処分庁が評価通達に基づく評価額によることが相当であるとして相続税の各更正処分等を行ったのに対し，請求人らがその全部の取消しを求めた事案である。

|争　点|
本件土地の本件相続開始時における価額（時価）はいくらか（本件土地の時価を評価するに当たり評価通達の定めにより難い特別な事情があるか否か）。

|判　断|
① 請求人鑑定評価額について
　㈦ 本件土地に係る請求人開発計画は，開発区域内の道路を袋路状道路として開発することとしているが，審査基準では，原則として開発区域の面積が3,000㎡を超える場合には，袋路状道路の敷設は認められていない上，本件土地を袋路状道路で開発する場合には，開発面積は1,000㎡未満に限られることになるにもかかわらず，請求人鑑定評価では，この点につき個別較差補正について何ら考慮しておらず合理性が認められない。
　㈠ 本件土地に係る請求人開発計画は，本件審査基準を満たしていない上，同基準を満たすために必要となる道路用地の買収費用等が請求人開発法価格に何ら考慮されておらず，合理性が認められない。
　㈨ 請求人比準価格及び請求人開発法価格は，その算定過程においていずれも合理性が認められないから，これらの価格を基に算定された請求人鑑定評価額は，本件土地の相続開始時における価額（時価）とは認められない。

② 審判所鑑定評価額について
　審判所比準価格及び審判所開発法価格は，その算定過程に合理性を疑わせる点は認められず，他の点についても同様である。そして，審判所鑑定評価額（6,930万円）は，審判所比準価格及び審判所開発法価格を再吟味した上で，いずれの価格も説得力があり，その差も僅少のため，両価格の中庸値を採用していることから，本件土地の相続開始時における価額（時価）として妥当なものと認められる。

③ 法令解釈等
　評価通達に定められた評価方法により算定される価額が時価を上回る場合には，評価通達の定めにより難い特別な事情がある場合に該当するといえ，その場合には，評価通達の定めによらず，他の合理的な評価方法により評価することが許されると解される。

④ 結　論
　本件土地につき，評価通達24－4（広大地の評価）を適用して算定される価額は，本件土地の相続開始時における価額（時価）である審判所鑑定評価額を上回ることから，本件土地の評価額を評価するに当たっては，評価通達の定めにより難い特別の事情があると認められ，本件土地の評価額は，審判所鑑定評価額とするのが相当である。

(2) 評価対象地である市街地山林（その一部が特別高圧線下地に該当）の評価について，請求人ら及び原処分庁の鑑定評価額には合理性がなく，審判所鑑定評価額は適正な時価であると認められるが，その時価は評価対象地の相続税評価額を超えることから，時価を上回る等の評価通達によらないことが相当と認められる特別の事情がないとされた事例（平24.3.6裁決，東裁（諸）平23－176）

概　要

本件は，請求人らが，相続財産である土地の価額につき評価通達に基づいて評価して相続税の申告を行った後に鑑定の結果，当該土地の価額は評価通達に基づいて評価した額を下回るから評価通達によらないことが相当と認められる特別の事情があるとして鑑定評価額により更正の請求をしたところ，原処分庁が当該土地の価額は原処分庁の依頼による鑑定評価額とすべきであるとして，当該更正の請求の一部のみを認める更正処分を行ったのに対し，請求人らが当該更正処分の全部の取消しを求めた事案である。

争　点

本件土地の本件相続開始時における価額（時価）はいくらか（本件土地の時価を評価するに当たり請求人ら及び原処分庁の鑑定評価額に合理性が認められるのか）。

判　断

① 請求人ら鑑定書について

請求人ら鑑定書では，取引事例比較法及び開発法を適用して両手法による試算価格を求めた上で，開発法による試算価格を標準とし，取引事例比較法による試算価格を比較考量して鑑定評価額を決定しているが，請求人ら鑑定書は合理性を欠く点が認められるから，請求人ら鑑定評価額は，本件土地の時価を適切に示しているものとは認められない。

② 原処分庁鑑定書について

原処分庁鑑定書では，取引事例比較法及び開発法による試算価格のほか，土地区画整理事業に基づく価格を求め，これらの価格の中庸値により鑑定評価額を決定しているが，原処分庁鑑定書は合理性を欠く点が認められるから，原処分庁鑑定評価額は，本件土地の時価を適切に示しているものとは認められない。

③ 審判所鑑定書について

(イ) 審判所鑑定書における取引事例比較法の適用については，本件土地の存する地域と状況が類似する地域において，本件土地と状況が類似する土地の取引事例等を採用する必要があるところ，採用された各取引事例等は，いずれの条件も満たす土地であり，また，当該各取引事例等に係る取引価格について地域要因，個別要因等の諸条件の格差の補正を行って取引事例比較法による価格が算定されており，審判所鑑定書における判断過程を不合理とすべき事由はない。

(ロ) 審判所鑑定書における開発法の適用については，本件土地を戸建分譲地に開発した場合における各分譲用地の価格を近隣の状況の類似する宅地の取引価格等から算定した上で，当該各分譲用地の更地価額の合計額から開発に係る宅地造成費，販売費及び一般管理費等の通常の附帯費用のほか，本件土地から本件市道に対して開設する道路

用地の買収費用を控除して算定されており，その判断過程を不合理とすべき事由はない。

(ハ) 審判所鑑定評価額は，取引事例比較法及び開発法による試算価格を再吟味した上で，開発法による試算価格を中心とし，取引事例比較法による試算価格を比較考量して決定しており，その過程を検討しても，その合理性を疑わせる点は認められないから，審判所鑑定評価額1億2,200万円は本件土地の時価として適正なものと認められる。

④ 結　　論

請求人らの申告における本件土地の評価通達に基づく価額は，本件土地の一部が特別高圧線下の土地であることについての補正がされていないが，本件土地の一部は，特別高圧線下地であることにより，建物等の建築が禁止されているから，評価通達25（貸宅地の評価）の(5)の定めにより，自用地としての価額から評価通達27－5（区分地上権に準ずる地役権の評価）に定める区分地上権に準ずる地役権の価額を控除して評価することが相当である。

そして，審判所において算定した本件土地の評価通達に基づく価額は，8,840万8,975円となる。

そうすると，本件土地については，時価を上回る等の評価通達によらないことが相当と認められる特別の事情がないから，本件土地の価額は，評価通達により評価することが相当である。

筆者注　なお，詳細については，『難解事例から探る財産評価のキーポイント〔第3集〕』**CASE 14**に収録済みであるので併せて参照されたい。

追補　地積規模の大きな宅地の評価について

　本件裁決事例に係る相続開始年分は，平成19年である。もし仮に，当該相続開始日が，平成30年1月1日以後である場合（評価通達20－2（地積規模の大きな宅地の評価）の新設等の改正が行われた。以下「新通達適用後」という）としたときの本件A貸宅地及び本件B貸宅地（本件A貸宅地については前記計算－4，本件B貸宅地については前記計算－1に掲げる金額（本件裁決事例による最終的な確定額）を基に算定）に対する同通達の適用は，次のとおりとなる。

(1) 地積規模の大きな宅地の該当性

　次に掲げる 判断基準 から本件A貸宅地及び本件B貸宅地については，それぞれの宅地が東京都の特別区に所在する場合を除き，三大都市圏に所在する場合又は三大都市圏以外に所在する場合の区分にかかわらず，評価通達20－2（地積規模の大きな宅地の評価）に定める地積規模の大きな宅地に該当する。

判断基準

要件		本件A貸宅地	本件B貸宅地
① 地積要件(注)	三大都市圏に所在する場合	2,510.63㎡（評価対象地の地積） ≧ 500㎡（三大都市圏に所在する場合の地積要件） ∴地積要件を充足	1,458.45㎡（評価対象地の地積） ≧ 500㎡（三大都市圏に所在する場合の地積要件） ∴地積要件を充足
	三大都市圏以外に所在する場合	2,510.63㎡（評価対象地の地積） ≧ 1,000㎡（三大都市圏以外に所在する場合の地積要件） ∴地積要件を充足	1,458.45㎡（評価対象地の地積） ≧ 1,000㎡（三大都市圏以外に所在する場合の地積要件） ∴地積要件を充足
② 区域区分要件		本件A貸宅地及び本件B貸宅地に係る区域区分は明示されていないが，路線価及び容積率から判断すると市街化調整区域以外に所在 ∴区域区分要件を充足	
③ 地域区分要件		本件A貸宅地及び本件B貸宅地は認定事実から準工業地域（工業専用地域以外）に所在 ∴地域区分要件を充足	
④ 容積率要件		本件A貸宅地及びB貸宅地に係る指定容積率は，認定事実から300％。そうすると，指定容積率400％未満（東京都の特別区以外の場合）に該当するが，同300％未満（東京都の特別区の場合）には該当しない。 ∴本件A貸宅地及び本件B貸宅地につき，東京都の特別区以外に所在する場合には容積率要件を充足	
⑤ 地区区分要件		本件A貸宅地及び本件B貸宅地に係る地区区分は，前記計算－4及び計算－1において適用されている各種画地調整率の適用状況から判断すると，普通住宅地区に所在 ∴地区区分要件を充足	
⑥ 判断とその理由	三大都市圏に所在する場合	(イ) 東京都の特別区以外に所在する場合 　　該当（上記①ないし⑤の要件を充足） (ロ) 東京都の特別区に所在する場合 　　非該当（上記④の要件を未充足）	(イ) 東京都の特別区以外に所在する場合 　　該当（上記①ないし⑤の要件を充足） (ロ) 東京都の特別区に所在する場合 　　非該当（上記④の要件を未充足）

	三大都市圏以外に所在する場合	該　当 （上記①ないし⑤の要件を充足）	該　当 （少なくとも，上記①及び⑤の要件を充足）

（注）　本件A貸宅地及び本件B貸宅地の所在地は不明である。

(2) 本件A貸宅地及び本件貸宅地の価額（相続税評価額）

　新通達適用後の本件A貸宅地及び本件B貸宅地の価額（相続税評価額）を算定すると，下表のとおりとなる。

① 本件A貸宅地

区　分		本件A貸宅地		
		三大都市圏に所在する場合		三大都市圏以外に所在する場合
		東京都の特別区以外に所在する場合	東京都の特別区に所在する場合	
正面路線価	①	280,000円	280,000円	280,000円
奥行価格補正率	②	0.88(注1)	0.88(注1)	0.88(注1)
側方路線価	③	270,000円	270,000円	270,000円
奥行価格補正率	④	0.90(注1)	0.90(注1)	0.90(注1)
側方路線影響加算率	⑤	0.03	0.03	0.03
1㎡当たりの価額（（①×②）＋（③×④×⑤））	⑥	253,690円	253,690円	253,690円
規模格差補正率	⑦	0.74(注2(イ))	──	0.75(注2(ロ))
1㎡当たりの価額（⑥×⑦）	⑧	187,730円	253,690円	190,267円
地積	⑨	2,510.63㎡	2,510.63㎡	2,510.63㎡
自用地としての価額（⑧×⑨）	⑩	471,320,569円	636,921,724円	477,690,038円
借地権割合	⑪	0.7	0.7	0.7
相続税評価額（⑩×（1－⑪））	⑫	141,396,170円	191,076,517円	143,307,011円

（注1）　奥行価格補正率
　　　　平成30年1月1日以後は，奥行価格補正率が改正されている。

（注2）　規模格差補正率
　　(イ)　本件A貸宅地が東京都の特別区以外の三大都市圏に所在する場合
$$\frac{2{,}510.63㎡（評価対象地の地積）\times 0.90＋75}{2{,}510.63㎡（評価対象地の地積）}\times 0.8＝0.743\cdots \Rightarrow 0.74 \left(\begin{array}{l}\text{小数点以下第2}\\\text{位未満切捨て}\end{array}\right)$$

　　(ロ)　本件A土地が三大都市圏以外に所在する場合
$$\frac{2{,}510.63㎡（評価対象地の地積）\times 0.90＋100}{2{,}510.63㎡（評価対象地の地積）}\times 0.8＝0.751\cdots \Rightarrow 0.75 \left(\begin{array}{l}\text{小数点以下第2}\\\text{位未満切捨て}\end{array}\right)$$

② 本件B貸宅地

区　　分		本　件　B　貸　宅　地		
		三大都市圏に所在する場合		三大都市圏以外に所在する場合
		東京都の特別区以外に所在する場合	東京都の特別区に所在する場合	
正面路線価	①	265,000円	265,000円	265,000円
奥行価格補正率	②	0.95（注1）	0.95（注1）	0.95（注1）
側方路線価	③	270,000円	270,000円	270,000円
奥行価格補正率	④	0.90（注1）	0.90（注1）	0.90（注1）
側方路線影響加算率	⑤	0.03	0.03	0.03
1㎡当たりの価額（(①×②)+(③×④×⑤)）	⑥	259,040円	259,040円	259,040円
不整形地補正率	⑦	0.99	0.99	0.99
1㎡当たりの価額（⑥×⑦）	⑧	256,449円	256,449円	256,449円
規模格差補正率	⑨	0.76（注2(イ)）	――	0.77（注2(ロ)）
1㎡当たりの価額（⑧×⑨）	⑩	194,901円	256,449円	197,465円
地積	⑪	1,458.45㎡	1,458.45㎡	1,458.45㎡
自用地としての価額（⑩×⑪）	⑫	284,253,363円	374,018,044円	287,992,829円
セットバック部分の地積	⑬	8.50519㎡	8.50519㎡	8.50519㎡
セットバック部分の減価割合	⑭	0.7	0.7	0.7
セットバック部分の減価額（⑫×⑬/⑪×⑭）	⑮	1,160,369円	1,526,803円	1,175,634円
自用地としての価額（⑫－⑮）	⑯	283,092,994円	372,491,241円	286,817,195円
借地権割合	⑰	0.7	0.7	0.7
相続税評価額（⑯×（1－⑰））	⑱	84,927,898円	111,747,372円	86,045,158円

（注1）　奥行価格補正率
　　　　平成30年1月1日以後は，奥行価格補正率が改正されている。
（注2）　規模格差補正率
　　　(イ)　本件B貸宅地が東京都の特別区以外の三大都市圏に所在する場合
　　　　$\frac{1,458.45㎡（評価対象地の地積）\times 0.90+75}{1,458.45㎡（評価対象地の地積）} \times 0.8 = 0.761 \cdots \Rightarrow 0.76$（小数点以下第2位未満切捨て）
　　　(ロ)　本件B貸宅地が三大都市圏以外に所在する場合
　　　　$\frac{1,458.45㎡（評価対象地の地積）\times 0.90+100}{1,458.05㎡（評価対象地の地積）} \times 0.8 = 0.774 \cdots \Rightarrow 0.77$（小数点以下第2位未満切捨て）

CASE20

評価単位 地目	間口距離 奥行距離	側方加算 二方加算	広大地	農地・山林・原野
雑種地	貸家 建付地	**借地権 貸宅地**	利用価値 の低下地	その他の 評価項目

建物の所有を目的とする無償による土地使用契約が地上権の設定に該当するか否かが争点とされた事例

事 例

　被相続人甲は，本年3月に相続の開始があった。被相続人甲に係る相続開始時において，同人が所有していたP市に所在する宅地（地積825㎡）があった。この宅地上には，昭和62年5月に新築された2階建の倉庫兼事務所用の建物が存している。当該建物の所有形態は共有（共有持分：被相続人甲5分の1，被相続人甲の妻である乙5分の2，長男であるA5分の2）であり，被相続人甲に係る相続開始時においては，Q社に賃貸していた（図表－1を参照）。

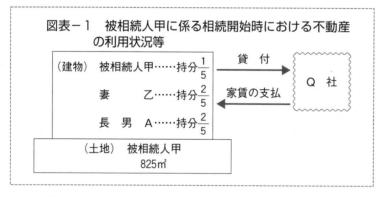

図表－1　被相続人甲に係る相続開始時における不動産の利用状況等

　この宅地上に，上記の共有物である建物が建設されてから被相続人甲に係る相続開始時までの間に，当該宅地及び当該建物の所有者に異動はなく，また，当該宅地の使用に関して，被相続人甲（宅地所有者）と妻乙及び長男A（両者はいずれも宅地所有者ではない建物所有者）との間で，権利金その他の一時金及び使用料としての対価たる地代の授受は一切認められず，完全な無償使用であることが確認されている。また，この宅地の貸借に際しての契約書も何ら作成されていない。

　なお，上掲のとおり，建物を共有としたのは，妻乙及び長男Aに一定の不動産収入を確保しておきたいという被相続人甲の強い希望に基づくものである。また，妻乙

及び長男Aにも建物所有者としての一定の自覚を持ってもらうことを目的として，当該建物の建築資金に充当することを目的とする借入金について，両人を連帯保証人（連帯債務者でないことに留意）の地位に就任させている。

このような状況において，被相続人甲に係る相続開始におけるこの宅地のうち妻乙及び長男Aが借り受けている部分の評価態様について，下記に掲げる二つの異なる見解が示された。いずれの見解に従って処理することが相当であるのか教示されたい。

A説 地上権の目的とされた土地として，貸宅地（底地）として評価すべきとする考え方

評価対象地上の建物は共有物（被相続人甲，妻乙及び長男Aによる共有）であり，当該建物の建築資金に充当された借入金については，妻乙及び長男Aが連帯保証人になっていることから，これらの両人には，被相続人甲が所有する宅地を無償で使用する場合であっても，地上権(注)の成立要件とされる当事者間（貸主及び借主）において何らかの理由で特に強固な権利を設定することを意図したと認めるべき特段の事情が存在する。

そうすると，評価対象地のうち妻乙及び長男Aが借り受けている部分の土地上には，建物の所有を目的とする地上権の存在が認められ，当該部分の土地は，評価通達25（貸宅地の評価）の定めに基づいて貸宅地（底地）として評価することが相当となる。

(注) 地上権は賃借権とは異なり，土地の貸借契約の形態が有償であるのか，又は無償であるのかは問われないものとされている。

B説 地上権の存在は認められず，使用貸借により貸し付けられた土地として，自用地として評価すべきとする考え方

上記A説に掲げる評価対象地上に存する建物に係る指摘事項は，地上権の成立要件とされる当事者間において何らかの理由で特に強固な権利を設定することを意図したと認めるべき特段の事情には該当しない。

そうすると，評価対象地上には，建物の所有を目的とする地上権の存在は認められず，その貸借形態は単なる使用貸借契約にすぎず，評価対象地は自用地として評価することが相当となる。

（平24.5.22裁決，名裁（諸）平23－105，平成21年相続開始分）

基礎事実

❶ 被相続人甲の共同相続人

被相続人甲の共同相続人は，本件被相続人の妻である乙，長男であるA（以下，被相続人甲，妻乙及び長男Aの3名を併せて「被相続人甲ら」という），長女である請求人B，二女である請求人C（以下，請求人B及び請求人Cの両名を併せて「請求人ら」という）

及び養子であるDの合計5名である。

❷ 本件相続の開始時における＊＊市＊＊町＊＊－＊＊の土地の利用状況等

(1) 平成21年3月＊＊日を相続開始日とする被相続人甲の相続（以下「本件相続」という）の開始時において，被相続人甲が所有していた＊＊市＊＊町＊＊－＊＊に所在する825㎡の土地（以下「本件土地」という）の上には，鉄骨造亜鉛メッキ鋼板葺2階建（1階320.81㎡，2階287.46㎡）の倉庫兼事務所（以下「本件建物」という）が建てられていた。

(2) 本件建物に係る登記事項証明書によれば，受付年月日を昭和62年6月＊＊日，原因を同年5月＊＊日新築，持分を被相続人甲につき5分の1，妻乙及び長男Aにつきそれぞれ5分の2とする所有権保存登記がなされていた。

なお，本件土地の上に本件建物が建設されてから本件相続の開始時に至るまで，本件土地及び本件建物の所有者に変動はない。

❸ 本件建物に係る金銭消費貸借契約

被相続人甲らは，X農業協同組合（現，Y農業協同組合。以下同じ）との間で，借入金の使途を本件建物の建築資金，金額を3,350万円，債務者を被相続人甲，連帯保証人を妻乙及び長男A，最終返済期限を昭和72年6月末日とする旨の金銭消費貸借契約を，昭和62年6月25日付で締結した（以下，当該金銭消費貸借契約に係る契約書を「本件消費貸借契約書」という）。

❹ 本件建物の賃貸借の状況

(1) 本件相続の開始時の状況

被相続人甲らは，Q社との間で，本件建物を平成19年9月1日から平成22年8月31日までの間賃貸する旨の本件建物の賃貸借契約（以下「本件Q社賃貸借契約」という）を，平成19年9月1日付で締結し，当該契約は本件相続開始時において存続していた。

(2) Q社に賃貸する以前の状況

① 被相続人甲らは，R社との間で，本件建物を昭和62年5月21日から昭和72年5月20日までの間賃貸する旨の本件建物の賃貸借契約を，昭和62年5月21日に締結し，これを証するものとして，同年6月10日に本件建物に係る建物賃貸借契約公正証書を作成した（以下，本件建物に係る建物賃貸借契約公正証書を「本件証書」といい，本件証書に係る契約を「本件R社賃貸借契約」という）。なお，本件証書には，要旨次のとおり記載されている。

(イ) 第1条

被相続人甲らは，連帯して本件建物を倉庫兼事務所として使用収益させるために賃貸し，R社は，その目的でこれを賃借した。

(ロ) 第6条第4項

R社は，被相続人甲らの承諾を得ないで，敷地内に建物その他の工作物を築造することができない。

(ハ) 第9条

R社は，本件建物又はその敷地内で危険又は衛生上有害若しくは近隣の妨害となるような行為をしてはならない。
② 本件R社賃貸借契約の締結後も，被相続人甲らとR社は，平成2年5月19日，平成5年5月20日，平成8年5月20日，平成11年5月20日及び平成14年5月21日に本件建物の賃貸借契約を更新したが，当該各賃貸契約に係る各契約書には，当該各契約書に記載された以外の事項は本件証書に従う旨記載されていた。

❺ 本件土地の妻乙及び長男Aの使用料の有無

本件土地の使用に関して，被相続人甲と妻乙及び長男Aとの間では使用料は無償であった。

❶ 本件相続の開始時点で，本件土地上に，本件建物の所有を目的とする地上権が存在していたか。
❷ 本件相続の開始時点における本件土地の評価態様（自用地評価・貸宅地評価）は，どのようになっているのか。

争点に関する双方（請求人・原処分庁）の主張

争点に関する請求人・原処分庁の主張は，図表－2のとおりである。

図表－2 争点に関する請求人・原処分庁の主張

争 点	請求人（納税者）の主張	原処分庁（課税庁）の主張
(1) 本件土地上に本件建物の所有を目的とする地上権が存在するのか	次のとおり，本件相続の開始時点で，本件土地には，本件建物の所有を目的とする地上権が存在していた。 ① 親族間において無償で土地を使用する場合に地上権の成立が認められるためには，当事者が何らかの理由で特に強固な権利を設定することを意図したと認めるべき特段の事情を要すると解されるところ，以下の各事実によれば，本件建物の所有者である妻乙及び長男Aには，地上権を設定することを意図したと認めるべき特段の事情が存在するから，本件建物の所有を目的とする地上権の成立が認められる。 (イ) 本件消費貸借契約書によれば，被相続人甲が，X農業協同組合から本件建物の建設資金を借り入れる際に，妻乙及び長男Aが連帯保証人（実質は連帯債務者であ	次のとおり，本件相続の開始時点で，本件土地には，本件建物の所有を目的とする地上権は存在していなかった。 ① 親族間において無償で土地を使用する場合に地上権の成立が認められるためには，当事者が何らかの理由で特に強固な権利を設定することを意図したと認めるべき特段の事情を要すると解されるところ，以下のとおり，請求人らの主張する各事実は，地上権を設定することを意図したと認めるべき当該特段の事情には当たらないから，本件建物の所有を目的とする地上権の成立は認められない。 (イ) 本件消費貸借契約書から認められるのは，本件建物の建設資金の借入れに際し，被相続人甲が債務者，妻乙及び長男Aがその連帯保証人になった事実にすぎず，被相続人甲と妻乙及び長男Aとの間で地上権を

		る）となっていること	設定する合意はなく，また，本件土地に地上権が設定されたことをうかがわせる根拠にもならない。
		(ﾛ) 本件証書には，被相続人甲らが連帯して本件建物を賃貸する旨記載されている（第1条）以上，被相続人甲らは，別個に賃借人が賃貸借の対象となった本件建物が所在する本件土地の全体について，使用収益する権利を保証する責任を負うものである。	(ﾛ) 本件証書には「連帯して」の文言があるが（第1条），単に被相続人甲らが，連帯してR社に対して本件建物を賃貸する趣旨にすぎず，本件土地に地上権が設定されている旨を判断することはできない。
		(ﾊ) 実際に，妻乙及び長男Aも被相続人甲と連帯して本件建物を賃貸しており，本件証書に本件建物の賃借人による本件土地の使用に係る条項（第6条第4項及び第9条）が記載されているのは，妻乙及び長男Aが建物の所有を目的とする地上権を有しているからであって，妻乙及び長男Aは，当該地上権者として行動している。	(ﾊ) 本件証書に記載された本件建物の賃借人による本件土地の使用に係る条項（第6条第4項及び第9条）は，いずれも本件土地に係る被相続人甲の所有権並びに妻乙及び長男Aの敷地利用権に従属して，本件土地を使用することを認めているにすぎず，賃借人であるR社が本件土地を使用収益できることをもって，本件土地に地上権が設定されていることにはならないだけではなく，本件土地に地上権が設定されたことをうかがわせる根拠にもならない。
		(ﾆ) 建物がその敷地の所有者と所有者でない者との共有になっている場合には，当該敷地の所有者は，当該建物の所有者に対し，当該敷地について当該建物の所有を目的に使用することを許容しているものと解されるところ，本件建物は，被相続人甲らの共有となっており，被相続人甲は，本件土地について，妻乙及び長男Aに対して本件建物の所有を目的に使用することを許容していた。	(ﾆ) 本件建物を共有とした目的は，妻乙及び長男Aが将来において収入がなくなることのないよう，また，被相続人甲の所得金額を調整することにあり，本件建物の賃貸収入に係る申告を被相続人甲らが行っているとしても，当該経緯や事実は，単に夫婦及び親子という親密な関係における情義に基づく事情にすぎない。
		② 借地借家法10条（借地権の対抗力等）1項の趣旨は，建物登記簿の所在地番と敷地地番が一致し，現実に登記簿上の建物表示内容と同一の建物が存在していれば，有効な地上権の登記があるとみなされるところ，本件建物は，借地借家法の適用を受ける登記がされている。	② 請求人らは，妻乙及び長男Aが本件土地の地上権者であることを前提として本件建物の登記の効力を主張しているにすぎず，本件相続の開始時点における本件土地及び本件建物の権利関係は，登記事項証明書によっても，本件土地に地上権の設定されている事実が確認できないだけでなく，本件建物に係る本件土地の使用に係る法律関係も一切確認できない。
(2) 本件土地の評価態様について		上記(1)に掲げるとおり，本件相続の開始時点で，本件土地には，本件建物の所有を目的とする地上権が存在していたのであるから，本件土地は，借地権の目的とされている土地（貸宅地）として評価されるべきである。	上記(1)に掲げるとおり，本件相続の開始時点で，本件土地には，本件建物の所有を目的とする地上権は存在していなかったのであるから，本件土地は，使用貸借により貸し付けられた土地として，自用地として評価されるべきである。

Ⅳ 国税不服審判所の判断

❶ 認定事実

(1) 本件建物を被相続人甲らの共有とした理由は，妻乙及び長男Aの収入がなくならないようにするため，また，長男Aが本件建物の共有者として対外的な折衝ができるようにするためであった。

(2) 本件土地の使用に関し，被相続人甲と妻乙及び長男Aとの間で，具体的な取決めはなく，契約書も交わしていない。

(3) 本件土地の登記事項証明書によれば，本件土地について，地上権の設定登記はされていない。

(4) 本件Q社賃貸借契約では，要旨次の条項が定められている。なお，本件R社賃貸借契約の第1条（上記❶❹(2)①を参照）と同様の条項は定められていない。

① 第2条（使用目的）

Q社は，本件建物を倉庫兼事務所の目的にのみ使用し，これ以外の目的に使用してはならない。

② 第9条（禁止行為）

Q社は，下記の行為をしてはならない。

(イ) 他の賃借人及び近隣に迷惑となる行為

(ロ) 所轄官公庁の許認可を得ないで建物又はその敷地内で危険又は衛生上有害となるような一切の事業

(ハ) 被相続人甲らの敷地内に本件建物以外の建物その他の造作・工作物を付加，築造すること

(ニ) 本件建物の全部又は一部につき賃借権を譲渡し，又は転貸すること

❷ 特段の事情と地上権の有無

(1) 法令解釈等

建物所有を目的とする地上権は，その設定登記又は地上建物の登記を経ることによって第三者に対する対抗力を取得し，土地所有者の承諾を要せず譲渡することができ，かつ，相続の対象となるものであり，殊に無償の地上権は土地所有権にとって著しい負担となるものであるから，このような強力な権利が黙示に設定されたとするためには，当事者がそのような意思を具体的に有するものと推認するにつき，首肯するに足りる理由が示されなければならない。殊に，夫婦その他の親族の間において無償で不動産の使用を許す関係は，主として情義に基づくもので，明確な権利の設定若しくは契約関係の創設として意識されないか，又はせいぜい使用貸借契約を締結する意思によるものにすぎず，無償の地上権のような強力な権利を設定する趣旨でないのが通常であるから，親族間で土地の無償使用を許す関係を地上権の設定と認めるためには，当事者が何らかの理由で特に強固な権利を設定することを意図したと認めるべき特段の事情が存在することを必要とするものと解すべ

きである（最高裁判所第三小法廷（昭和47年7月18日判決，昭和46年（オ）第922号）参照）。

(2) 当てはめ

上記(1)を本件についてみると，次のとおりである。

① 本件建物を被相続人甲らの共有とした理由は，妻乙及び長男Aの収入がなくならないようにするため，また，本件建物の共有者として対外的な折衝ができるようにするためであったと認められるところ，これらの目的は，わざわざ被相続人甲にとって著しい負担となる無償の地上権を設定するまでもなく，使用貸借であっても何ら問題なく達することができるものである。

② 地上権を設定する場合，それが書面によることは必ずしも要求されるものではないが，それが自由に譲渡可能な強固な権利（物権）であることに鑑みれば，その内容を書面（処分証書）に記載して明確にし，併せてその地上権の設定登記もされることが一般的であるところ，被相続人甲と妻乙及び長男Aとの関係に照らし，本件建物の建築時に実際に地上権を設定しようとしたのであれば，これらを容易に行うことができたはずにもかかわらず，本件土地の使用に関し，被相続人甲と妻乙及び長男Aとの間で，具体的な取決めはなく，契約書も交わしておらず，地上権の設定登記もされていない。

(3) 請求人らが主張する「特段の事情」について

請求人らは，図表－2の「請求人（納税者）の主張」欄の(1)①のとおり，次の①ないし④の主張を理由に，本件土地を無償で使用する妻乙及び長男Aの地上権の成立が認められる「特段の事情」がある旨主張するが，次のとおり，いずれも当該「特段の事情」に該当するとは認められない。

① 請求人らは，被相続人甲が，X農業協同組合から本件建物の建設資金を借り入れる際に妻乙及び長男Aが連帯保証人（実質は連帯債務者である）となっている旨主張する（「請求人（納税者）の主張」欄の(1)①(イ)）。

　　しかしながら，請求人らの主張に係る事実が認められるものの，当該事実によれば，被相続人甲らとX農業協同組合との間で金銭消費貸借契約に基づく権利義務関係が生じたことが認められるにすぎない。

② 請求人らは，本件証書に，被相続人甲らが連帯して本件建物を賃貸する旨記載されている以上，被相続人甲らは，個別に賃借人が賃貸借の対象となった本件建物が所在する本件土地の全体について，使用収益する権利を保障する責任を負うものである旨主張する（「請求人（納税者）の主張」欄の(1)①(ロ)）。

　　しかしながら，そもそも本件証書は，本件建物について賃借人をR社とする本件R社賃貸借契約を証する書面であるところ，本件相続の開始時における本件建物の賃借人は，Q社であって，本件建物について賃借人を同社とする賃貸借契約（本件Q社賃貸借契約）には，被相続人甲らが連帯して本件建物を賃貸する旨の条項がないのであるから，請求人らの上記主張は，その前提を欠くものである。

　　なお，仮に，本件Q社賃貸借契約に被相続人甲らが連帯して本件建物を賃貸する旨の条項があったとしても，一般に，建物の賃借人は，建物賃貸借契約の性質上，当該建

物使用の目的の範囲内においてその敷地利用権を有するにすぎないものと解され，また，建物の賃借人の敷地利用権は，建物の所有者の敷地利用権から独立した別個の権利ではなく，建物の所有者の敷地利用権に従属して，その範囲内での権能にすぎないと解されることからすると，本件の場合，そのような条項は，被相続人甲らがQ社に対して，同賃貸借契約の第2条（上記❶(4)①）に定める使用目的の範囲内で，被相続人甲らそれぞれの本件土地の利用権の範囲内で本件土地を利用させることを約したにすぎないから，そのような条項の存在が，妻乙及び長男Aの本件土地の利用権の権利形態を何ら決定付けるものではない。

③ 請求人らは，実際に，妻乙及び長男Aも被相続人甲と連帯して本件建物を賃貸しており，本件証書に本件建物の賃借人による本件土地の使用に係る条項が記載されているのは，妻乙及び長男Aが建物の所有を目的とする地上権を有しているからであって，妻乙及び長男Aは当該地上権者として行動している旨主張する（「請求人（納税者）の主張」欄の(1)①(ハ)）。

　しかしながら，そもそも本件証書は，本件建物について賃借人をR社とする本件R社賃貸借契約を証する書面ではあるが，本件相続の開始時における本件建物の賃借人であるQ社との間の賃貸借契約（本件Q社賃貸借契約）にも，同社による本件土地の使用に係る条項が定められていることから，請求人らが同条項を捉えて上記主張をしていると解したとしても，同条項は，同社において本件土地上に新たな建物や造作・工作物等を付加，築造することを禁止しているにすぎないものであり，妻乙及び長男Aの本件建物の所有を目的とする権利の内容が，地上権であるか，あるいは使用借権であるかの判断に，何ら影響を及ぼすものではない。

④ 請求人らは，建物がその敷地の所有者と所有者でない者との共有となっている場合には，当該敷地の所有者は，当該建物の所有者に対し，当該敷地について当該建物の所有を目的に使用することを許容しているものと解される旨主張する（「請求人（納税者）の主張」欄の(1)①(ニ)）。

　しかしながら，敷地の所有者が，当該敷地上に存する建物の所有者に対し，当該建物の所有を目的に当該敷地を無償で使用することを許容することと，その許容によって設定される権利形態が地上権なのか使用借権なのかということは，別の問題であって，当該許容をもって直ちに結論付けることはできないものである。

(4) 結　　論

① 上記(2)及び(3)のとおり（要旨を下記に再掲）であることからすると，本件建物の所有に係る妻乙及び長男Aの本件土地上の権利は，せいぜい使用貸借によるものとみざるを得ない。

　(イ) 本件建物を被相続人甲らの共有とした理由からすれば，わざわざ被相続人甲にとって著しい負担となる無償の地上権を設定する必要もないこと

　(ロ) 被相続人甲と妻乙及び長男Aとの間で，地上権を設定する場合に通常取るであろう行動が，取れたにもかかわらず，これを取っていないこと

(ハ)　本件においては，本件土地を無償で使用する妻乙及び長男Aの地上権の成立が認められる「特段の事情」も見当たらないこと
② 　上記①に加え，本件建物の建築後，本件相続の開始に至るまで，その権利関係に変動があったことを認めるに足りる証拠はないから，本件相続の開始時点で，本件土地には，妻乙及び長男Aの地上権が存在していたとは認められない。

❸　その他の請求人らの主張について

　請求人らは，図表－2の「請求人（納税者）の主張」欄の(2)のとおり，借地借家法10条（借地権の対抗力等）1項の趣旨は，建物登記簿の所在地番と敷地地番が一致し，現実に登記簿上の建物表示内容と同一の建物が存在していれば，有効な地上権の登記があるとみなされるところ，本件建物は，同項の適用を受ける登記がされているから，本件土地には本件建物の所有を目的とする地上権が存在していた旨主張する（「請求人（納税者）の主張」欄の(1)②）。

　しかしながら，確かに，本件建物はその所有者の保存登記がなされているものの，借地借家法10条（借地権の対抗力等）1項は，借地権は，その登記がなくても，土地の上に借地権者が登記されている建物を所有するときは，これをもって第三者に対抗することができる旨規定し，第三者への対抗要件を定めているにすぎないから，同項の趣旨を請求人らが主張するように，建物登記簿の所在地番と敷地地番が一致し，現実に登記簿上の建物表示内容と同一の建物が存在していれば，有効な地上権の登記があるとみなすとするものと解するのは，文理上飛躍しすぎており，請求人ら独自の解釈といわざるを得ず，請求人らの上記主張を採用することはできない。

❹　本件土地の評価態様

　上記❷(4)に掲げるとおり，本件相続の開始時点で，本件土地には，妻乙及び長男Aの地上権が存在していたとは認められず，妻乙及び長男Aの本件土地を使用する権利は，使用借権であると認められるところ，使用借権は，元々当事者間の好意ないし個人的信頼関係を基盤とするもので，建物所有を目的とするものといえども，賃借権のように借地借家法の適用はなく，その権利性はそれほど強固なものではないものである。

　そして，この使用借権に基づく敷地利用権の上に，建物の賃貸借関係が成立しているとしても，この建物賃貸借は，敷地所有者との関係でみると，使用貸借の存続・消滅と運命をともにするものにすぎないから，使用借権の付着している土地の相続に当たっては，使用借権が付着していることによる減価を考慮せず，これを更地として評価することが相当である。

　　（注）　本件土地の評価態様について，国税不服審判所は，請求人らの主張（無償による地上権が設定された土地として貸宅地評価）を採用せず，原処分庁の主張（使用貸借により貸し付けられていた土地として自用地評価）を支持した。

　本件裁決事例のキーポイント

図表－3　地上権と賃借権の相違

項　目	地　上　権	賃　借　権
存続期間	（原則）　当事者間の契約により自由 （特則）　契約により期間の定めがない場合には，当事者の請求により20年以上50年以下の範囲内で裁判所が制定	（原則）　存続期間は20年以下と法定 　（注）　法定の最長期間（20年）より長期の契約は，期間20年の契約に短縮 （更新）　法定期間経過時において20年以内の期間をもって更新することが可能
第三者に対する対抗要件	(1)　地上権者は，地主の承諾がなくても地上権を登記（不動産登記簿謄本の乙区の登記事項）することが可能 (2)　上記(1)の登記をすることにより，第三者に対抗することが可能	(1)　賃借権者は，地主の承諾を得た場合にのみ賃借権を登記（不動産登記簿謄本の乙区の登記事項）することが可能 (2)　上記(1)の登記をすることにより，第三者に対抗することが可能
権利の処分	地上権者は，地主の許可がなくても，地上権を処分（譲渡，転貸等）することが可能	賃借権者は，地主の許可がなければ，賃借権を処分（譲渡，転貸等）することが不可能

❶　地上権と賃借権

　民法の特別法として，平成3年10月4日に新しく借地借家法が制定（施行日：平成4年8月1日）されている。同法2条（定義）において，「借地権とは，建物の所有を目的とする地上権又は土地の賃借権をいう」と規定されている。すなわち，借地借家法においてはその適用対象とされる借地権は，「建物」の所有を目的とするものに限定されている。

　一方，借地借家法においても，「地上権」及び「賃借権」の定義が規定されていないことから，基本法である民法にその定義及び解釈が委ねられるところ，民法では，土地の貸借関係の制定について，下記に掲げるとおり，地上権（物権）契約と賃借権（債権）契約の二元主義で規定されている。

(1)　地上権の概要

　地上権は，物権（注）に該当する。地上権とは，工作物又は竹木を所有するため，他人の土地を使用することができる権利をいう。

　　（注）　物権とは，目的物を直接的に支配して，当該目的物を使用・収益・処分することができる排他的な権利をいう。民法においては，占有権，所有権，地上権，永小作権，地役権，留置権，先取特権，質権及び抵当権の九つを限定列挙している。

(2)　賃借権の概要

　賃借権は，債権（注）に該当する。賃借権とは，賃料を支払うこと（有償契約の締結）により，目的物を使用収益することができる権利をいう。

　　（注）　債権とは，債権者が債務者に対して一定の行為を請求することを内容とする権利で排他性を有しないものをいう。

(3)　地上権と賃借権の相違

　地上権（物権）と賃借権（債権）について，その相違を主な項目についてまとめると，図表－3のとおりとなる。

❷ 最高裁（昭和47年7月18日第三小法廷）判決

上記 Ⅳ ❷(1)に掲げる法令解釈等において、国税不服審判所が引用している最高裁昭和47年7月18日第三小法廷判決（昭和46年（オ）第922号、建物収去土地明渡請求事件。以下「最高裁判決」という）の要旨は、「夫がその所有する土地を無償で使用することを同意し、協力して営業を営む妻に許諾し、妻がその地上に建築した建物を夫婦が使用しているなどの事実関係のもとにおいては、他に特段の事情がない以上、当該土地の利用関係をもって、建物所有を目的とする地上権が設定されたものと認めることはできない」とするものである。

この最高裁判決について、詳細を示すと次のとおりである。

|事　案|

本件土地の所有者であったAは、B（筆者注 Aの妻）と夫婦で、同居し、戸主のB名義による貸座敷業を協力して営んでいたところ、Bは昭和9年10月頃本件土地上に本件建物の建築に着手し、同10年4月頃これが完成した後は、Aとともに本件建物に移って使用していたものである。

|争　点|

上記に掲げる 事　案 において、Aは、Bのため、本件建物の建築着手の頃、本件土地につき建物所有を目的とする借地権を暗黙裡に設定したものと認められ、AとBとの関係並びに借地権の存続期間及び地料について合意があったものとは認められないことから推測すれば、借地権は、使用貸借上の権利と解するよりはむしろ地上権の性質を有するものと解することが相当であるか否かが争点とされた。

|判　示|

(1) 原判決（その引用する一審判決を含む）

地上権の性質を有するものと解すべきである（判示理由は略）。

(2) 上告判決

建物所有を目的とする地上権は、その設定登記又は地上建物の登記を経ることによって第三者に対する対抗力を取得し、土地所有者の承諾を要せず譲渡することができ、かつ、相続の対象となるものであり、殊に無償の地上権は土地所有権にとって著しい負担となるものであるから、このような強力な権利が黙示に設定されたとするためには、当事者がそのような意思を具体的に有するものと推認するにつき、首肯するに足りる理由が示されなければならない。殊に、夫婦その他の親族の間において無償で不動産の使用を許す関係は、主として情義に基づくもので、明確な権利の設定若しくは契約関係の創設として意識されないか、又はせいぜい使用貸借契約を締結する意思によるものにすぎず、無償の地上権のような強力な権利を設定する趣旨でないのが通常であるから、夫婦間で土地の無償使用を許す関係を地上権の設定と認めるためには、当事者がなんらかの理由で特に強固な権利を設定することを意図したと認めるべき特段の事情が存在することを必要とするものと解すべきである。

しかるところ、本件において、原判決に係る前示の事情（筆者注 事　案 及び 争　点

の部分を参照）のみをもってしては，AがBに本件土地を無償で使用することを許諾した事実は肯認することができても，これをもって使用貸借契約にとどまらず地上権を設定したものと解するに足りる理由を見出すことはできないものというほかはない。

してみれば，前示の事情のみを理由に，他に特段の事情を判示することなく，Bが本件土地につき地上権を有していたものと認めた原判決は，審理不尽・理由不備の違法を犯し，本件土地の使用関係の性質の解釈を誤ったものといわなければならず，論旨は理由がある。

（注1） 最高裁判決は，原判決を廃棄するものであり，Aが所有する本件土地に対してBが有する権利は地上権ではなく，使用借権であると判示している。

（注2） 上記＿＿部分が，本件裁決事例において法令解釈等（上記 Ⅳ ❷(1)）として引用されている部分である。

❸ 借地借家法10条（借地権の対抗力等）1項

借地借家法10条（借地権の対抗力等）1項において，「借地権は，その登記がなくても，土地の上に借地権者が登記されている建物を所有するときは，これをもって第三者に対抗することができる」と規定されている。

この規定は，主に，建物の所有を目的とする土地の賃貸借契約が締結された場合においては，当該賃借権の登記がないときであっても，当該建物の登記（所有権保存登記）がなされていることを条件として，当該賃借権は第三者に対抗するとの趣旨で設けられたものであり，賃貸借期間中における賃借権の保護（賃貸借期間中に地主が新たに出現した場合に対する新地主への賃貸借の対抗）が目的である。

参考事項等

❶ 参考法令通達等

- 評価通達25（貸宅地の評価）
- 借地借家法2条（定義）
- 借地借家法10条（借地権の対抗力等）
- 民法265条（地上権の内容）
- 最高裁判所第三小法廷（昭和47年7月18日判決，昭和46年(オ)第922号，建物収去土地明渡請求事件）

❷ 類似判例・裁決事例の確認

(1) 夫婦間の土地利用関係が地上権の設定ではなく使用貸借が最も適合するものであるとされた裁判例（大阪地判昭43.11.25，昭42（行ウ）83，行政処分取消請求事件）

原告（個人甲）が昭和40年にその夫乙からその所有に係る＊＊市＊＊町1丁目2855番地の宅地476.03㎡（144坪）のうち189.28㎡（57.26坪）の本件土地を無償で借り受けたことは当事者間に争いがなく，本件土地に原告が他に賃貸する目的で共同住宅2階建8戸1棟252.69㎡（76.44坪）の建物を建築し本件土地を使用していることは，原告の明らかに争わないところであるからこれを自白したものとみなされる。

被告（税務署長）は，原告（個人甲）の本件土地の使用関係は，無償の地上権設定によるものであると主張するが，その事実を認めるに足りる証拠はなく，仮に被告の主張が，夫婦間の土地使用関係は無償の地上権に基づくものと推定すべきであるとの趣旨であるとして夫婦間の土地の使用関係が当然に地上権を設定するものと解すべき法令上又は理論上の根拠はないのみならず物権である地上権が債権である賃借権等に比し土地使用の目的を達するのにより有利であるからといって親族間における土地使用の関係が常に地上権を設定するものと認めるのは相当でなく，むしろ，親族間における土地利用が愛情等の特殊なきずなによって結ばれ，その基礎に成立したものであればその間に何等利害関係の対立はないのであるから経済的利害関係について無色ともいうべき使用貸借が最も適合するというべきであって，地上権のような強力な物権を設定する必要性は毫も存しないといわなければならない。

ポイント

　本件は，夫所有の土地を妻が無償で借り受けてアパートを建築したところ，原処分庁が妻に対して借地権相当額の利益を受けた（無償の地上権の設定行為による）ものとして贈与税を課したところ，妻（原告）がこれを不服として訴訟事件に及んだものである。裁判所（大阪地裁）では，上記に掲げるとおり，夫婦間における本件土地の使用関係は，無償の地上権に基づくものではなく使用貸借によるものであるとして，原告の主張を容認し課税処分の取消しを命じた（被告側は控訴しなかったので，本件判決は一審で確定）。

　本件判決のポイントは，下記に掲げるとおりである。

① 本件土地の使用関係は期限の定めのない建物所有の目的をもってする使用貸借に基づくものである。

② 借地権は借地法，建物保護に関する法律等により法の手厚い保護の下にあるが，使用貸借は無償の使用関係として交換経済の埒外にあるため，借地権のような社会的保護とは無関係であり，農地を除いては，きわめて劣弱な保護しか与えられていないので，所有権に対する使用借権の制約を借地権割合をもって評価するのは適当でない。

③ 使用貸借により土地を借り受けた場合の借主の利益は，賃貸借における賃料相当額と観念するのが相当である。

(2) 被相続人が所有し同族会社（訴外会社）が無償で使用収益していた土地（庭木の育成畑及び庭石の保管場所として使用）の利用関係が使用貸借契約か又は無償の地上権設定契約によるものであるのかが争点とされた裁判例（京都地判平11.2.19，平9（行ウ）11，相続税更正処分等取消請求事件）

　甲㈱（被相続人甲が主宰する訴外会社である同族会社）は，被相続人甲が死亡するまで，同人に対し，本件土地に関して権利金，地代等を支払ったことはないし，また，本件土地について地上権を有することを前提とする会計処理をしたことはない。そして，被相続人甲らと甲㈱との間で，本件土地については，被相続人甲が死亡するまで，地上権設定に関する契約書が作成されたことはない。

　上記認定事実に加え，親族間ないし本件のようなこれに準ずる者との間において無償で

不動産の使用を許す関係は，多く情義に基づくものと考えられ，明確な契約関係として意識されないか又は使用貸借関係を締結する意思があるにすぎないのが通常であり，とりわけ無償の地上権のような所有者に大きな負担となる権利の設定を認めるためには，当事者が何らかの理由で特に強固な権利を設定することを意図したと認めるべき特段の事情を必要とするところ，本件においては特段の事情を認め難いことをも総合考慮すると，本件土地の使用関係は使用貸借であると推認するのが相当である。

また，本件土地が甲㈱の経営にとって重要なものであり，土地上に100年以上の樹齢の樹木が植栽されているなどその土地利用がかなり永続的なものであることを前提としているものと見ることができることは認められるが，使用貸借でも相手方との関係によってはかなり永続的なものも存在することに照らせば，右のような重要性や永続性という要素が土地の利用権原を判断する決め手となるとまでは言い難い。

(3) 請求人の家屋が建築されている宅地は，以前請求人が地上権を有していたがその建築前に地上権は抹消登記され，かつ，地代の支払もないからその貸借は使用貸借と認められ，自用地としての価額により評価するのが相当であるのか否かが争点とされた裁決事例（平元.6.22裁決）

本件宅地については，請求人自身が借地権を有しているので，その課税価格は，借地権相当額を差し引いた額によるべきであるから，本件宅地を自用地として評価し，相続税の課税価格を算定した原処分は違法である旨主張する。

しかしながら，請求人が相続により取得した本件宅地の上には，請求人の家屋が建築されているが，下記に掲げる事項から，被相続人と相続人との本件宅地の貸借は，使用貸借によるものと認められるので，本件宅地の価額は，自用地としての価額により評価することが相当と認められる。

① 請求人が本件宅地の上に有していた地上権は，本件家屋が建築される前に抹消登記されていること
② 本件宅地の賃貸借としての地代の支払が行われていないこと
③ 相続開始数年前，請求人等が本件宅地の持分を贈与により取得した際に，請求人等は，本件土地の持分を自用地としての価額により評価し，贈与税の申告書を提出していること

CASE21

| 評価単位 地目 | 間口距離 奥行距離 | 側方加算 二方加算 | **広大地** | 農地・山林・原野 |
| 雑種地 | 貸家建付地 | 借地権 貸宅地 | 利用価値の低下地 | その他の評価項目 |

広大地評価の可否をめぐる諸論点（(1)「その地域」の範囲，(2)最有効使用の方法，(3)公共公益的施設用地の負担の必要性）が争点とされた事例

事 例

　被相続人甲の相続財産である土地（地積：1,350m²，現況地目：畑）は，都市計画法に規定する市街化区域内に所在し，同法上の用途地域は第2種住居地域とされ，また，建築基準法上の建ぺい率は60％，容積率は200％と規定されており，その位置及び形状等は，図表－1のとおりである。

　相続税の財産評価に詳しい知人から，この評価対象地は，評価通達24－4（広大地の評価）に定める広大地(注)に該当すると考えられるから広大地の評価の定めを適用して評価することが相当であり，その参考として図表－2に掲げる開発想定図（公共公益的施設用地の負担を必要とする場合）が示された。

　（注）　評価通達24－4（広大地の評価）の定めでは，その地域における標準的な宅地の地積に比して著しく地積が広大な宅地で，都市計画法4条（定義）12項に規定する開発行為（以下「開発行為」という）※1を行うとした場合に公共公益的施設用地の負担が必要と認められるもの（中高層の集合住宅等の敷地用地に適しているもの※2等を除く。以下「広大地」という）の価額は，路線価等に，次の算式により求めた広大地補正率を乗じて計算した価額にその広大地の地積を乗じて計算した金額によって評価するものとされている。

<算　式>　広大地補正率＝$0.6 - 0.05 \times \dfrac{広大地の地積}{1,000m^2}$

　※1　都市計画法4条（定義）12項において，「開発行為」とは，主として建築物の建築又は特定工作物の建設の用に供する目的で行う土地の区画形質の変更をいうものと規定している。

　※2　同通達において，「中高層の集合住宅等の敷地用地に適しているもの」とは，その宅地について，経済的に最も合理的であると認められる開発行為が中高層の集合住宅等を建築することを目的とするものであると認められるもの（以下「マンション適地等」という）をいうものと定められている。

CASE21

　その一方で，他の相続業務に精通している友人は，図表－3に掲げる開発想定図(公共公益的施設用地の負担を必要としない場合）を示して，この評価対象地には，公共公益的施設用地の負担が不要と認められることから,評価通達24－4（広大地の評価）に定める広大地には該当しない旨の助言をもらっている。

　上掲のとおり，この評価対象地の評価について異なる二つの考え方が示されているが，いずれの考え方に従って処理することが相当であるのか教示されたい。また，これに関連して，評価通達24－4（広大地の評価）に定める広大地の評価に関して，実務上留意すべき諸論点についても併せて解説されたい。

図表－1　評価対象地の位置及び形状等

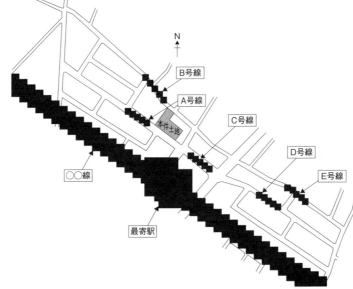

図表－2　開発想定図（公共公益的施設用地の負担を必要とする場合）

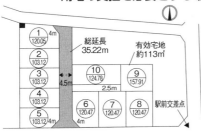

図表－3　開発想定図（公共公益的施設用地の負担を必要としない場合）

利用区分	地積（割合）
宅地	1,176.63㎡（87.2%）
開発道路	170.37㎡（12.6%）
ゴミ置き場	3.00㎡（0.2%）
対象地全体	1,350.00㎡（100.0%）

（平24.10.15裁決，東裁（諸）平24－76，相続開始年分は，平成19年又は平成20年のいずれかと推定される）

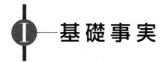基礎事実

❶ 本件相続に係る共同相続人は，被相続人甲の長男である請求人，同二男である＊＊＊＊及び同三男である＊＊＊＊の3名であり，これらの共同相続人は，平成20年8月17日付で，被相続人甲の遺産の全てを請求人が取得する旨の遺産分割協議を成立させた。

❷ 被相続人甲の相続財産の中には，＊＊＊＊，＊＊＊＊，＊＊＊＊及び＊＊＊＊（合計地積1,350㎡，地目畑（本件相続開始日の現況も同じ））の各土地（以下「本件土地」という）があり，その法令上の規制，位置及び形状等は以下のとおりである。

(1) 本件土地は，都市計画法上の用途地域が第2種住居地域，建築基準法上の建ぺい率及び容積率が60％及び200％である。

(2) 本件土地は，＊＊＊＊（以下「最寄駅」という）の北方100mに位置し，南西側で市道A号線に約48.5m接道し，北東側で市道B号線に約19m接道する鍵形の不整形地である（図表－1の略図のとおり）。

なお，市道A号線は，幅員が12mで，一部で第2種住居地域と近隣商業地域との境になっている道路であり，その東方延長線上には市道C号線及び市道D号線があり，市道E号線は，幅員が6mで，市道D号線の北東側を並走している道路である。

❸ ＊＊＊＊（筆者注 本件土地が所在する地方公共団体が定めた条例名と推定される）は，開発者は，市街化区域内での開発事業において，当該開発事業に係る開発事業区域内を複数の区画に分割する場合は，全ての区画のうち半数以上の区画の面積を120㎡以上とし，かつ，残りの区画の面積を100㎡以上としなければならない（開発事業区域の面積が1,000㎡未満である場合は，全ての区画の面積を100㎡以上とすることで足りる）旨定めている。

❹ ＊＊＊＊（筆者注 上記❸とは別途の本件土地が所在する地方公共団体が定めた条例名と推定される）は，開発者は，市長が定める＊＊＊＊区域（小売業，卸売業，飲食店業，金融業，保険業，不動産業，サービス業その他これらに類する業務を行う施設の集積を図る区域で，規則で定める区域をいう）において開発事業を行う場合は，商業に関する環境を尊重しなければならない旨定めている。

なお，上記「＊＊＊＊区域」は，＊＊＊＊28条（＊＊＊＊区域）及び同条に係る別表に定められており，＊＊＊＊区域に係るものに「＊＊＊＊の一部」が指定されている。

争 点

本件土地は，評価通達24－4（広大地の評価）（以下「本件通達」という）に定める広大地に該当するのかが争点とされた。

具体的な論点は次に掲げるとおりである。

❶ 本件土地について，本件通達に定める「その地域」の具体的な範囲はどの地域をいう

CASE21

図表－4　争点に関する請求人・原処分庁の主張

争　点	請求人（納税者）の主張	原処分庁（課税庁）の主張
(1) 本件土地について，本件通達に定める「その地域」の範囲	本件土地の存する本件通達に定める「その地域」は，次の理由から，＊＊＊＊，＊＊＊＊，市道C号線及び市道B号線で囲まれた地域のうち，用途地域が第1種中高層住居専用地域及び第2種住居地域（＊＊＊＊は除く）の地域（以下「請求人主張地域」という）である。 ① ＊＊＊＊，＊＊＊＊で地域は分断されている。また，市道C号線は交通量が多く，原処分庁も＊＊＊＊を原処分庁主張地域から外しているので，市道C号線の東側は請求人主張地域に含めない。市道E号線も，交通量の多さと西側で町並みが異なるから，地域は異なる。 ② 上記の＊＊＊＊及び＊＊＊＊等で囲まれた地域のうち，用途地域が第2種住居地域及び第1種中高層住居専用地域である地域は，建物の用途規制等にやや違いがあるが，建ぺい率及び容積率等が同一で，路線価の地区区分がともに普通住宅地区である。 ③ 「その地域」の判断については，同一の用途地域である必要はない。利用状況で「その地域」を判断すべきであり，請求人主張地域の大部分は戸建住宅の敷地である。	本件土地の存する本件通達に定める「その地域」は，次の理由から，＊＊＊＊，＊＊＊＊及び＊＊＊＊ないし＊＊＊＊の街区の地域（以下「原処分庁主張地域」という）である。 ① 都市計画法による土地利用の規制など公法上の規制等，道路，利用状況，環境等がおおむね同一である。 ② 本件土地の属する第2種住居地域は土地区画整理事業が完了していること及び公法上の規制が異なること等から，請求人の主張するように，容積率等が同一であることをもって，第2種住居地域及び第1種中高層住居専用地域を併せて「その地域」とすることは相当でない。
(2) 本件土地の最有効使用の方法	本件土地の最有効使用は，次の理由から，戸建住宅の敷地の分譲素地である。 ① 標準的使用は最有効使用の判定の有効な標準となるところ，周辺の利用状況及び条例等から，請求人主張地域の標準的使用は一般住宅地で，その標準的画地の規模は100㎡～120㎡程度である。 ② 本件土地は，マンション適地等ではないから，需要者は戸建分譲業者に限定される。 ③ 次の点から，駐車場は最有効使用でない。 　(イ) 宅地としての利用が可能であるにもかかわらず，駐車場としての利用を前提に価格水準が形成される地域は存在せず，駐車場としての利用が最有効使用の土地は存在しない。	本件土地の最有効使用は，次の理由から，駐車場である。 ① 原処分庁主張地域の約55％が，駐車場用地であるから，原処分庁主張地域内の土地の標準的使用は駐車場である。 ② 最有効使用の判定は，需給動向の洞察も必要であるところ，原処分庁主張地域の土地は，おおむね地主が所有し，将来，容易に売買が想定されないことからすれば，大きく変わるとはいい難い。

		㈩ 原処分庁主張地域における駐車場は，土地利用需要を反映したものではなく，地主の土地の有効活用により利用されているにすぎない。 ㈧ 原処分庁主張地域付近における駐車場の割合は29.6％にすぎないから，標準的使用及び最有効使用が駐車場であるとはいえない。	
(3)	本件土地に開発行為を行う場合の公共公益的施設用地の負担の必要性	本件土地は，請求人主張地域の標準的画地の地積（100㎡～120㎡）に比し著しく地積が大きく，その最有効使用は，戸建住宅の敷地の分譲素地であり，戸建住宅の敷地として開発分譲する場合，次の理由から，図表－2の「開発想定図（公共公益的施設用地の負担を必要とする場合）」のとおり，公共公益的施設用地（道路等）の負担が必要となる。 ① 請求人主張地域での開発の状況をみると，道路を開設する開発分譲が圧倒的多数であり，路地状開発はほとんどない。道路を開設して行う開発が請求人主張地域の特性である。 ② 本件相続の開始前10年間及び後の期間において，＊＊＊の地域を中心に最寄駅北口エリアの周辺地域の戸建住宅の開発分譲事例を調査したところ6事例あり，いずれも道路を開設する開発であった。また，上記の期間以外でも，上記地域内で道路を開設する開発事例があった。 ③ 本件土地の接する道路は，交通量が多く，路地状敷地では，車の入出庫が困難であるから，路地状敷地による開発は好ましくない。 ④ 戸建分譲業者が分譲用地の開発に当たって開発区域内に道路を開設するのは，公共公益的施設用地の整備のためではなく，事業収益を最大化する区画割りを行うためであるから，土地区画整理事業の施行により，公共公益的施設が整備されたことを理由として，道路の開設が不要であるとはいえない。	本件土地は，次の理由から，開発行為を行うとした場合に，公共公益的施設用地（道路等）の負担が必要な土地とは認められない。 ① 最有効使用が駐車場としての利用であるから，公共公益的施設用地の負担を要する開発の必要がない。 ② 原処分庁主張地域において，本件相続の開始前10年間，公共公益的施設用地の負担を要する開発は行われていない。 ③ 本件土地は，最有効使用の駐車場としての利用であるが，仮に，戸建住宅用地として開発するとしても，次の理由から，図表－3の「開発想定図（公共公益的施設用地の負担を必要としない場合）」のとおり，公共公益的施設用地（道路等）の負担を要しない土地である。 ㈤ 本件土地は，公法上，道路を開設しない路地状敷地による開発が可能であり，当該開発の方が，道路を開設する開発に比べ，路地状部分の面積も敷地面積に含まれるから，より広い延床面積の建物の建築が可能である等の有利な点がある。 ㈥ 上記②のとおり，本件相続の開始前10年間，戸建住宅の開発分譲において，公共公益的施設用地の負担が必要な開発は行われていない。 ㈧ 本件土地は，土地区画整理法による換地処分がされた土地であり，原処分庁主張地域は，土地区画整理事業が実施され，必要とされる公共公益的施設用地はすでに確保・整備されているから，本件土地の開発に当たっては，道路の開設が必ずしも求められているものではない。
(4)	本件土地は広大地に該当するか	上記(1)ないし(3)より，本件土地は，本件通達に定める広大地に該当する。	上記(1)ないし(3)より，本件土地は，本件通達に定める広大地に該当しない。
(5)	本件土地の相続税評価額	本件土地の価額は，計算－1に掲げるとおり，<u>1億3,230万1,755円</u>となる。	本件土地の価額は，計算－2に掲げるとおり，<u>2億4,211万5,750円</u>となる。

計算-1　請求人が主張する本件土地の価額

（正面路線価）　　（広大地補正率）　　　　　　　（本件土地の地積）　（本件土地の価額）

$$184,040円 \times \left[0.6 - 0.05 \times \frac{1,350㎡}{1,000㎡}\right] \times 1,350㎡ = \underline{132,301,755円}$$

計算-2　原処分庁が主張する本件土地の価額

（正面路線価）　（奥行価格補正率）
184,040円　×　　0.99　　＝182,199円①

①　　　　（裏面路線価）（奥行価格補正率）（二方路線影響加算率）（調整割合）
182,199円 ＋（165,000円 × 　0.94 　× 　0.02 　×19.0m/48.5m）＝183,414円②

②　　　　（不整形地補正率）
183,414円　×　　0.98　　＝179,745円③

③　　　　（本件土地の地積）
179,745円　×　1,350㎡　＝242,655,750円④

④　　　　　　　（整地費）　（本件土地の地積）　　（本件土地の価額）
242,655,750円 －（ 400円 × 　1,350㎡ 　）＝ \underline{242,115,750円}

のか。

❷　本件土地の最有効使用の方法は何か。

❸　本件土地について開発行為を行うとした場合に，公共公益的施設用地（道路等）の負担は必要とされるのか。

❹　本件土地に本件通達の定めを適用することは認められるのか。

❺　本件土地の具体的な相続税評価額はいくらになるのか。

争点に関する双方（請求人・原処分庁）の主張

争点に関する請求人・原処分庁の主張は，図表－4及び計算－1，2のとおりである。

国税不服審判所の判断

❶　認 定 事 実

(1) 本件土地の用途地域は第2種住居地域であるところ，当該第2種住居地域は，＊＊＊＊の南北にわたり，その全域が＊＊＊＊（筆者注 土地区画整理事業の名称と推定される）の施行区域（以下「本件区画整理区域」という）に含まれており，同区画整理事業の施行完了に伴う換地処分は＊＊＊＊（筆者注 本件相続開始日前の年月日と推定される）（以下「本件換地日」という）に行われた。

(2) 本件区画整理区域内の＊＊＊＊の南側の近隣商業地域では，開発が進み大型ショッピングセンターや銀行等が連たんし，同じく南側の第2種住居地域では，近隣商業地域に近いこともあって古くから開発されており，中高層の集合住宅，店舗等や戸建住宅が建ち並んでいる。

(3) 本件区画整理区域内の＊＊＊＊の北側の＊＊＊＊に接する近隣商業地域では，中層の

商業ビルがあるものの，同じく北側の第2種住居地域では，駐車場，低層な店舗等ないし店舗併用住宅，戸建住宅及び共同住宅が混在している。

なお，当該第2種住居地域では，駐車場として利用されている土地も多いが，本件換地日以後，図表－5のとおり，店舗又は店舗併用住宅等7棟，戸建住宅5棟及び共同住宅4棟の建築（建替えを含む）が進められている状況にある。

(4)　本件土地が存する＊＊＊＊の北側の第2種住居地域は，全域が上記❶❹の＊＊＊＊（筆者注　本件土地が所在する地方公共団体が定めた条例名と推定される）によって指定された「＊＊＊＊区域」内にある。

なお，＊＊＊＊では，法的義務や行政指導を伴うものではないが，「＊＊＊＊区域」内で建物の建築をする場合，商業・事務系施設の集積を高めるため，少なくとも1階部分について店舗等の設置の協力を依頼している。

(5)　本件土地が存する＊＊＊＊の北側の第2種住居地域内では，本件換地日以後に戸建分譲のために開発された事例は存在しない。

(6)　請求人主張地域のうち，用途地域が第1種中高層住居専用地域である地域は，建ぺい率及び容積率は同一であっても，第2種住居地域では可能となる事務所等や床面積が500㎡を超える店舗等は建築できず，また，工場・倉庫等については大幅に制限を受けるものとなっている。

(7)　請求人主張地域のうち，用途地域が第1種中高層住居専用地域である地域は，本件区画整理区域の外にある小規模な開発を伴う戸建分譲が多く見られる地域であり，請求人が主張する道路を開設する開発事例は，全て，当該地域内に存するものである。

❷　法令解釈等

(1)　本件通達は，その地域における標準的な土地の地積に比して著しく地積が広大な宅地で，開発行為を行うとした場合に公共公益的施設用地の負担が必要と認められるものについて，減額の補正を行う旨定めている。

これは，評価対象地が次に掲げる土地である場合には，当該開発行為により土地の区画形質の変更をした際に公共公益的施設用地として潰れ地が生じ，評価通達15（奥行価格補正）ないし同通達20－5（容積率の異なる2以上の地域にわたる宅地の評価）による減額の補正では十分とはいえない場合があることから，このような土地の評価に当たっては，潰れ地が生じることを当該宅地の価額に影響を及ぼすべき客観的事情として，価値が減少していると認められる範囲で減額の補正を行うこととしたものである。

①　評価の対象となる宅地の地積が，当該宅地の所在する地域の標準的な宅地の地積に比して著しく広大であること

②　上記①の宅地を当該地域において経済的に最も合理的な特定の用途に供するために，道路，公園等の公共公益的施設用地の負担が必要な開発行為を行わなければならないこと

(2)　上記(1)に掲げる本件通達の趣旨に鑑みれば，本件通達でいう「その地域」とは，①河川や山などの自然状況，②行政区域，③都市計画法による土地利用の規制など公法上の

規制等，④道路，鉄道及び公園など，土地の使用状況の連続性及び地域の一体性を分断する場合がある客観的な状況等を総合勘案し，利用状況，環境等がおおむね同一と認められる，ある特定の用途に供されることを中心としたひとまとまりの地域を指すものと解するのが相当である。

❸ **本件通達に定める「その地域」について**

上記❶(2)及び(3)に掲げるとおり，＊＊＊＊の南側と北側では，明らかに町並みが異なり，一体性をもって連続した利用状況にあるものとは認められない。また，本件区画整理区域内にある第2種住居地域と，本件区画整理区域外でその北側にあって用途地域も異なる第1種中高層住居専用地域とは，上記❶(2)，(6)及び(7)のとおり，法令上の規制が異なることや町並みからして，一体性をもって連続した利用状況にあるものとは認められない。

そうすると，＊＊＊＊の北側にあって，本件区画整理区域内であり，本件土地が所在する第2種住居地域内の地域（以下「審判所認定地域」という）が，本件土地について本件通達にいう「その地域」であると認めることが相当である。

したがって，上記認定に反する請求人主張地域は採用せず，また，審判所認定地域の一部が本件通達にいう「その地域」に当たらないとすることに合理的な理由が見出せないので原処分庁主張地域も採用できない。

❹ **「その地域」における宅地の標準的使用について**

(1) 原処分庁の主張について

原処分庁は，標準的使用が駐車場であると主張する。

しかしながら，次に掲げる事項から判断すると，原処分庁の主張を採用することはできない。

① 請求人も主張するとおり，宅地をそのまま駐車場として使用することによって収益を得る場合があったとしても，当該使用が標準的使用であるとは通常考えられないこと

② 特に，市街地の造成を図る土地区画整理事業（土地区画整理法1条（この法律の目的））を行った土地の場合，その事業を施行した結果が駐車場としての使用を標準的使用とするものとはさらに考え難いこと

③ 本件では，審判所認定地域（原処分庁主張地域はその一部）は，＊＊＊＊（筆者注 本件土地が所在する地方公共団体が定めた条例名と推定される）に商業・事務所系施設の集積を目指す「＊＊＊＊区域」と指定され（上記❶(3)），実際にも，店舗又は店舗併用住宅が建築されている（上記❶(4)）こと

(2) 請求人の主張について

請求人は，最有効使用が戸建住宅の敷地の分譲素地であり，標準的使用が画地面積100㎡～120㎡程度の一般住宅地であると主張する。

しかしながら，請求人の主張は，そのような開発事例が存する本件区画整理区域外でその北側にある第1種中高層住居専用地域が，本件通達にいう「その地域」に含まれることを前提とするものであり，上記❸のとおり，請求人主張地域は採用できないから，請求人の主張はその前提を欠くこととなり，採用することはできない。

図表-5　本件換地日以後に建築された建物の概要

1　店舗又は店舗併用住宅等7棟の概要

No.	所在地番(住居表示)	敷地(㎡)	延床面積(㎡)	総階数	利用状況等	建築年月
1	＊＊＊＊＊＊ ＊＊＊＊＊＊ ＊＊＊＊＊＊	906.00	1,321.91	3	店舗併用住宅 ※　市道＊＊＊＊＊の東方延長線上にある市道＊＊＊＊＊と市道＊＊＊＊＊に接道し，本件土地の東方向約20mの駅からとほぼ同距離に位置する。 　なお，同所のH20.12取壊しの建物も店舗（総階数2,延床面積542.72㎡）。	H21.10
2	＊＊＊＊＊＊ ＊＊＊＊＊＊	126.66	272.64	地上4 地下1	店舗併用住宅 ※　市道＊＊＊＊に接道した本件土地の北側に接する。	H8.6
3	＊＊＊＊＊＊ ＊＊＊＊＊＊	107.47	120.48	3	店舗併用住宅 ※　市道＊＊＊＊に接道した本件土地の北側に接する。	H11.10
4	＊＊＊＊＊＊ ＊＊＊＊＊＊ ＊＊＊＊＊＊	1,000.09	156.75	1	店舗（コンビニエンスストア） ※　市道＊＊＊＊＊の東方延長線上にある市道＊＊＊＊＊に接道し，本件土地の東南方向約300mに位置する。	H24.1
5	＊＊＊＊＊＊ ＊＊＊＊＊＊ ＊＊＊＊＊＊	166.00	103.67	1	事務所（＊＊＊＊＊＊） ※　市道＊＊＊＊＊に面し，本件土地の東方向約230mに位置する。	H19.7
6	＊＊＊＊＊＊ ＊＊＊＊＊＊ ＊＊＊＊＊＊	544.00	733.23	3	店舗併用住宅 ※　市道＊＊＊＊＊の東方延長線上にある市道＊＊＊＊＊に面し，本件土地の東方向約230mに位置する。	H8.11
7	＊＊＊＊＊＊ ＊＊＊＊＊＊	665.00	367.68	2	店舗 ※　市道＊＊＊＊＊の東方延長線上にある市道＊＊＊＊＊　＊＊＊＊＊及び＊＊＊＊＊に面し，本件土地の東方向約100mに位置する。	H7.2
	平均値	502.17	439.48			

2　戸建住宅5棟の概要

No.	所在地番(住居表示)	敷地(㎡)	延床面積(㎡)	総階数	利用状況等	建築年月
1	＊＊＊＊＊＊ ＊＊＊＊＊＊	449.00	177.14	2	戸建住宅	H20.6
2	＊＊＊＊＊＊ ＊＊＊＊＊＊	156.86	144.91	2	戸建住宅	H16.1
3	＊＊＊＊＊＊ ＊＊＊＊＊＊	157.26	119.24	2	戸建住宅	H15.11
4	＊＊＊＊＊＊ ＊＊＊＊＊＊	125.41	183.66	3	戸建住宅	H7.6
5	＊＊＊＊＊＊ ＊＊＊＊＊＊	165.35	164.69	2	戸建住宅	H6.12
	平均値	210.78	157.93			

3　共同住宅4棟の概要

No.	所在地番(住居表示)	敷地(㎡)	延床面積(㎡)	総階数	利用状況等	建築年月
1	＊＊＊＊＊＊ ＊＊＊＊＊＊	816.63	1,081.26	5	共同住宅	H16.1
2	＊＊＊＊＊＊ ＊＊＊＊＊＊	168.12	342.39	3	共同住宅	H19.1
3	＊＊＊＊＊＊ ＊＊＊＊＊＊	364.00	806.67	地上4 地下1	共同住宅	H13.2
4	＊＊＊＊＊＊ ＊＊＊＊＊＊	862.00	1,764.07	5	共同住宅	H8.3
	平均値	552.69	998.60			

また、この点をおくとしても、審判所認定地域は、市街地の造成を図る土地区画整理事業の施行が完了したものであり（上記❶(1)）、本件換地日の後現在に至るまで、戸建分譲のために開発された事例がない（上記❶(5)）一方で、店舗又は店舗併用住宅7棟、戸建住宅5棟及び共同住宅4棟が建築されている（上記❶(3)）ことからすると、審判所認定地域における宅地の標準的使用が、一般住宅地であると認定することはできない。

(3) 審判所認定地域における宅地の標準的使用

本件相続開始日は本件換地日以後であり、また、＊＊＊＊（筆者注 本件土地が所在する地方公共団体が定めた条例名と推定される）の影響も考慮すべきであるから、審判所認定地域における宅地の標準的使用の判断に際しては、上記❶(3)に掲げるとおりの本件換地日以後の各区画の状況を基礎とすることが相当であり、次に掲げる事項から判断すると、審判所認定地域では、店舗又は店舗併用住宅が宅地の標準的使用と認めるのが相当である。

① ＊＊＊＊（筆者注 本件土地が所在する地方自治体名と推定される）では、＊＊＊＊（筆者注 条例名と推定される）によって指定する「＊＊＊＊区域」内で建物の建築をする場合、商業・事務所系施設の集積を高めるために、少なくとも1階部分について店舗等の設置の協力を依頼していること（上記❶(4)）

② 現に、戸建住宅や共同住宅に比して、店舗又は店舗併用住宅が多く建築されていること

❺ 公共公益的施設用地の負担の要否について

上記❹に掲げるとおり、審判所認定地域では、店舗又は店舗併用住宅が標準的な宅地の使用と認められることから、以下、図表－5の1「店舗又は店舗併用住宅等7棟の概要」の各区画の状況から公共公益的施設用地の負担の要否について検討する。

① 図表－5の1のNo.1の区画は、接道状況、駅からの距離、敷地の規模と、いずれにおいても、きわめて本件土地に類似するものであり、この例によれば、本件土地は、区画割りをして開発行為をすることなく一体として店舗併用住宅として使用することが有効と認められる。

② 図表－5の1において、107.47㎡ないし166.00㎡の区画（同表No.2、No3、No5）の例は存するが、いずれも、駅に近い市道A号線等には接道せず、より駅から遠い市道B号線に接道するものである。一方、本件土地と同じく駅に近く幅員の広い市道A号線並びにその東方延長線上にある市道C号線及び市道D号線に接道する区画（同表No.1、No.4、No.6、No7）の例は、544.00㎡ないし1,000.09㎡と区画の規模が大幅に異なる。

そこで、本件土地に状況が類似する後者の例の規模により、最も小さい544.00㎡規模の区画に割るとしても2区画程度となるから、開発想定図を用いて検討するまでもなく、公共公益的施設用地の負担は見込まれない。

③ 上記①及び②から、本件土地については、審判所認定地域における標準的な使用をするに当たって、開発行為を要しないか、区画割りをするとしても公共公益的施設用地の負担が見込まれないものと認められる。

❻ まとめ（本件土地の課税価格に算入されるべき価額）

上記❸ないし❺に掲げるとおり，本件土地は，本件通達に定める広大地には該当しないものである。

そうすると，本件土地の価額は，審判所において，本件通達の適用のないところで評価通達に基づき算定したところ，前掲計算－2「原処分庁が主張する本件土地の価額」と同額（2億4,211万5,750円）である。

本裁決事例のキーポイント

❶ 広大地の意義

評価通達24－4（広大地の評価）において，広大地とは，次に掲げる(1)ないし(3)に掲げる要件の全てを充足している宅地をいうものと定められている。

(1) ⒳その地域における⒴標準的な宅地の地積に比して，著しく地積が広大な宅地であること
(2) 都市計画法4条（定義）12項に規定する⒵開発行為（以下「開発行為」という）を行うとした場合に公共公益的施設用地の負担が必要と認められること

参考　都市計画法4条（定義）12項

> この法律において「開発行為」とは，主として建築物の建築又は特定工作物の建設の用に供する目的で行う土地の区画形質の変更をいう。

(3) 次の①又は②に掲げる広大地に該当しない適用除外地以外のものであること
　① 評価通達22－2（大規模工場用地）に定める大規模工場用地に該当するもの
　　参考　評価通達に定める「大規模工場用地」とは，一団の工場用地の地積が5万m²以上のものをいう。ただし，路線価地域においては，評価通達に定める地区区分が大工場地区として定められた地域に所在するものに限られる。大規模工場用地の評価方法自体が，地積がきわめて大きいことを前提として定められていることから，当該評価について，さらに，広大地の評価方法を重複適用すると不合理な結果が生じることになる。
　② 中高層の集合住宅等の敷地用地に適しているもの（その宅地について，経済的に最も合理的であると認められる開発行為が中高層の集合住宅等を建築することを目的とするものであると認められるものをいう）
　　参考　開発行為を行うとした場合に，その開発行為完了後に建築される建築物の敷地内に存することとなる公園，緑地等の用に供される土地の地積は，いわゆる「潰れ地」には該当しないことから，上記(2)に掲げる公共公益的施設用地の負担の必要性は認められないことになる。

CASE21

図表-6 広大地評価の可否（フローチャート）

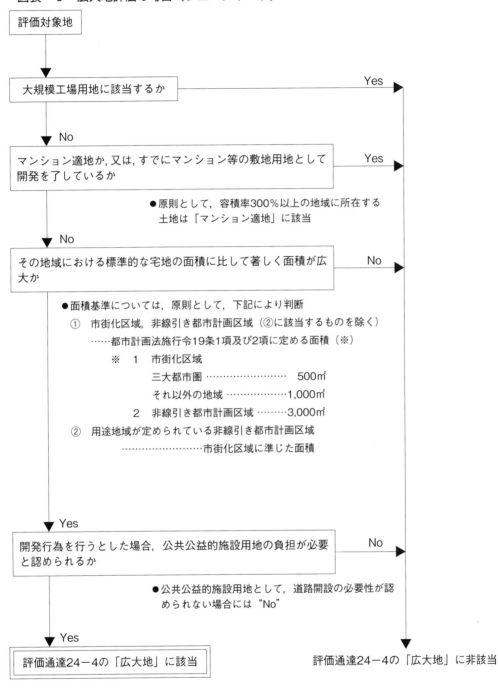

評価通達に定める広大地の意義は上掲のとおりであるが，評価対象地に対する広大地評価の可否をフローチャートで示すと，図表－6のとおりとなる。

　このフローチャートをたどっていくことで，評価対象地が広大地に該当するか否かが判断されることになるが，近年において急増している広大地に該当するか否かの論点を示すと，実は，本件裁決においても真にその争点とされた次に掲げる3点に集約される（筆者が相続税等の評価実務で広大地に該当するか否かを検討する場合にも，これらの論点が必ず，悩ましい項目としてクローズアップされる）。

　㈣　評価対象地が所在する「その地域」の範囲（上記(1)(X)部分）
　㈪　評価対象地が所在する地域における「標準的な宅地」（使用方法）と「その地積」（上記(1)(Y)部分）
　㈨　開発行為を行うとした場合における公共公益的施設用地の負担の必要性（上記(2)(Z)部分）

❷　「その地域」の範囲に関する判断基準

　近年，納税者と課税庁との間において，評価通達に定める広大地に該当するか否かの係争項目として最も件数の多い争点が，この評価対象地が所在する「その地域」の範囲に関するものではないかと思われる。本件裁決事例においても，「その地域」の範囲をめぐって請求人主張地域と原処分庁主張地域とでは異なるものとなり，そして，結果として，国税不服審判所が判断を下した審判所認定地域は，その両者のいずれでもない独自の範囲とされている。

　財産評価の実務においては，土地評価の専門職ではない租税実務担当者（税理士等）でも平易に誤ることなく土地の価額を一律的に算定可能となることが求められているものと考えられているところ，そこに帰結的に要求されるものは評価の簡便性（機械的，形式的な評価計算）であり，本件裁決事例のように，「市道＊＊号線を境に北側が……」のような複雑な事実認定を必要とする技術レベルではない（このような専門的知識をもって職務対応を行うことが求められるのは，不動産鑑定士の世界と思われる）と考える。

　論点とする「その地域」の範囲に関して，評価通達や個別通達に明確な定めは設けられていないが，課税実務上の取扱いとして国税庁から公開されている質疑応答事例の中に，次に掲げる内容の質疑（広大地の評価における「その地域」の判断）があり，課税庁の考え方が示されている。

|資　料|質疑応答事例（広大地の評価における「その地域」の判断）|

【照会要旨】
　広大地の評価において，「その地域における標準的な宅地の地積に比して……」と定められている「その地域」とは，具体的にどの範囲をいうのでしょうか。
　また，「標準的な宅地の地積」はどのように判断するのでしょうか。
【回答要旨】
　広大地とは，「その地域における標準的な宅地の地積に比して著しく地積が広大な宅地で

開発行為を行うとした場合に公共公益的施設用地の負担が必要と認められるもの」をいいます。

この場合の「その地域」とは、原則として、評価対象地周辺の
① 河川や山などの自然的状況
② 土地の利用状況の連続性や地域の一体性を分断する道路、鉄道及び公園などの状況
③ 行政区域
④ 都市計画法による土地利用の規制等の公法上の規制など、土地利用上の利便性や利用形態に影響を及ぼすもの

などを総合勘案し、利用状況、環境等が概ね同一と認められる、住宅、商業、工業など特定の用途に供されることを中心としたひとまとまりの地域を指すものをいいます。

また、「標準的な宅地の地積」は、評価対象地の付近で状況の類似する地価公示の標準地又は都道府県地価調査の基準値の地積、評価対象地の付近の標準的使用に基づく宅地の平均的な地積などを総合勘案して判断します。

なお、標準的使用とは、「その地域」で一般的な宅地の使用方法をいいます。

税理士等の土地評価の専門職でもない租税実務担当者が、評価通達に定める広大地に該当するか否かの判断に当たって、「その地域」の範囲を確定させるには、上掲の国税庁による質疑応答事例の①ないし④に示される判断項目を基礎に不動産鑑定士等の精通者の意見を参考にするしかなさそうである。

❸ その地域における「標準的な宅地」（使用方法）と「その地積」

(1) 評価対象地の最有効使用を駐車場と判断することの可否

本件裁決事例において非常に興味深い事項として、評価対象地の最有効使用の判断を駐車場用地（特に、本件裁決事例において論点とされているような月極駐車場用地）とする

図表－7　本件土地の最有効使用を駐車場と認定することの可否とその判断

請求人（納税者）の主張	原処分庁（課税庁）の主張	国税不服審判所の判断
次の点から、駐車場は、本件土地の最有効使用には該当しない。 ① 宅地としての利用が可能であるにもかかわらず、駐車場としての利用を前提に価格水準が形成される地域は存在せず、駐車場としての利用が最有効使用の土地は存在しない。 ② 原処分庁主張地域における駐車場は、土地利用需要を反映したものではなく、地主の土地の有効活用により利用されているにすぎない。	本件土地の最有効使用は、次の理由から、駐車場である。 ① 原処分庁主張地域の約55％が、駐車場用地であるから、原処分庁主張地域の土地の標準的使用は駐車場である。 ② 最有効使用の判定は、需給動向の洞察も必要であるところ、原処分庁主張地域の土地は、おおむね地主が所有し、将来、容易に売買が想定されないことからすれば、大きく変わるとはいい難い。	次に掲げる事項から判断すると、標準的使用が駐車場であるとする原処分庁の主張を採用することはできない。 ① 請求人も主張するとおり、宅地をそのまま駐車場として使用することによって収益を得る場合があったとしても、当該使用が標準的使用であるとは通常考えられないこと ② 特に、市街地の造成を図る土地区画整理事業を行った土地の場合、その事業を施行した結果が駐車場としての使用を標準的使用とするものとはさらに考え難いこと

ことの是非が挙げられている。この点に関する請求人と原処分庁の各主張及び国税不服審判所の判断を簡記すると，図表－7のとおりとなる。

　評価対象地を最有効使用するとは，その評価対象地（宅地）について，経済的に最も合理的であると認められる使用方法を施すことをいうものと考えられるが，評価通達等にはその意義が定められていない。そうすると，この最有効使用の意義については，不動産鑑定士が不動産鑑定評価額を算定する場合に指針とする「不動産鑑定評価基準」に示されている「総論，第4章（不動産の価格に関する諸原則），Ⅳ最有効使用の原則」に掲げる「最有効使用」の考え方に基づくものとして取り扱われることが相当と考えられる。この不動産鑑定評価基準に定められている「最有効使用の原則」を示すと，次のとおりである。

　資　料　不動産鑑定評価基準に定める最有効使用の原則

> 　不動産の価格は，その不動産の効用が最高度に発揮される可能性に最も富む使用（最有効使用）を前提として把握される価格を標準として形成される。この場合の最有効使用は，現実の社会経済情勢の下で客観的にみて，良識と通常の使用能力を持つ人による合理的かつ合法的な最高最善の使用方法に基づくものである。
> 　なお，ある不動産についての現実の使用方法は，必ずしも最有効使用に基づいているものではなく，不合理又は個人的な事情による使用方法のために，当該不動産が十分な効用を発揮していない場合があることに留意すべきである。
> 　筆者注　____部分は，筆者が付設した。

　そうすると，評価実務において頻出項目であり，本件裁決事例においても争点とされた都市計画法上の用途地域が住居系地域（本件裁決事例の場合は，第2種住居地域（建ぺい率60％，容積率200％））とされている地域内に存する宅地の最有効使用の判定に当たっては，次に掲げる事項に留意する必要があることが理解される。

　（イ）　図表－7の国税不服審判所の判断欄のとおり，宅地（宅地とは，建物の敷地及びその維持若しくは効用を果すために必要な土地をいう）をそのまま駐車場として使用することがあったとしても，当該使用が標準的使用であるとは通常考えられないこと

　（ロ）　上記（イ）の考え方（宅地を駐車場として使用することが標準的使用であるとは通常考えられないこと）は，上記 資　料 に掲げる不動産鑑定評価基準に定める最有効使用の原則に示されている不合理又は個人的な事情による使用方法であり当該不動産の十分な効用を発揮していない場合（上記 資　料 ____部分を参照）に該当するものとして理解することが相当であること

(2) 最有効使用と標準的使用について（用語の解釈）

　前掲図表－4（争点に関する請求人・原処分庁の主張）の(2)において，請求人及び原処分庁は双方ともに，本件土地の最有効使用を争点（請求人は戸建住宅の敷地の分譲素地であると主張し，原処分庁は駐車場であると主張している）としている。その一方で精読すると，上記Ⅳ❹では，国税不服審判所の判断として，「その地域における宅地の標準的

使用について」と題しており，請求人及び原処分庁が主張している最有効使用ではなく，標準的使用について論じている。では，次にこの「最有効使用」という用語と「標準的使用」という用語の意義及び使われ方について検討してみることとする。

① 最有効使用の意義

上記(1)に掲げるとおり，評価通達等には最有効使用の意義が定められていない。そうすると，借用概念として，不動産鑑定評価基準に定める最有効使用の原則を踏まえて，最有効使用とは，評価対象について現実の社会経済情勢の下で客観的にみて，良識と通常の使用能力を持つ人による合理的かつ合法的な最高最善の使用方法をいうものと解することが相当と考えられる。

② 標準的使用の意義

上記❷に掲げる国税庁から公開されている質疑応答事例（広大地の評価における「その地域」の判断）の【回答要旨】において，標準的使用とは，「その地域」で一般的な宅地の使用方法をいうものとされている（上記❷の 資 料 を参照）。

③ 両者の関係

最有効使用という用語と標準的使用という用語の使われ方を例示を用いて検証すると，図表－8に掲げるとおり二区分にまとめて理解することが相当であるものと考えられる。

そうすると，もし仮に，図表－8の(イ)又は(ロ)に掲げる状況にある1,500㎡の宅地を所有していたとして，当該宅地が評価通達24－4（広大地の評価）に定める広大地に該当するか否かを検証してみると，次に掲げるとおりとなり，当該宅地が(ロ)に掲げる状況にある地域にある場合の回答の妥当性についても疑念が生じることも強く想定されるところである。

● (イ)の地域（土地の最有効使用＝土地の標準的使用）に所在する場合

評価対象地は，評価通達24－4（広大地の評価）に定める広大地に該当する可能性がある（この点については，解説を要しないものと思われる）。

● (ロ)の地域（土地の最有効使用≠土地の標準的使用）に所在する場合

上記❶(1)に掲げるとおり，評価通達24－4（広大地の評価）の定めでは，広大地の定義要件の一つとして，「その地域における<u>標準的な宅地</u>の地積に比して，著しく地積が広大

図表－8　最有効使用と標準的使用との関係とその例示

区　分	(イ) その地域における土地の最有効使用と標準的使用とが一致している場合	(ロ) その地域における土地の最有効使用と標準的使用とが一致していない場合
例　示	その地域は，都心のベッドタウンとして古くから宅地開発が行われた場所であり，一戸建住宅の敷地として，200㎡前後の区画割で利用することが宅地の最有効使用であり，かつ，現に周囲一帯も，当該利用方法に基づいて使用されていることが標準的（一般的）であると認められる。	その地域は，JRの新線開業によって都心のベッドタウンとして最近開発に着手されたばかりであり，すでに宅地開発が完了したところでは，一戸建住宅の敷地として，150㎡前後の区画割で宅地として利用することが最有効使用であると認められる。 しかしながら，昨今の景気低迷で開発のスピードは遅く，地域の大宗を占める宅地の利用方法は1,000㎡から1,500㎡位の在郷住民の住宅（農家住宅等）の敷地としての利用が標準的（一般的）であると認められる。

な宅地であること」が挙げられている。また，前掲のとおり，国税不服審判所の判断においても「その地域における宅地の標準的使用」が前提とされている。

　そうすると，評価対象地が同通達に定める広大地に該当するか否かをその地域における宅地の標準的な利用状況に即して判断する（上記＿＿部分を参照）のであれば，㈹の地域に所在する評価対象地（地積1,500㎡）は，同通達に定める広大地には該当しないことになる。

　しかしながら，たとえ，開発のスピードは遅いものであったとしても，この㈹の地域において新たな開発行為が行われるとしたならば，一戸建住宅の敷地（地積150㎡程度）として利用されることが最有効使用と認定できる限り，当該事項をしんしゃく配慮して，同通達に定める広大地の該当性が判断されるべきものであると筆者は考えるものである。

　なお，「その地域における宅地の標準的使用（換言すれば，一般的使用）」を重要視するものである姿勢を示したものとして，評価通達24－4（広大地の評価）に定める広大地に該当するか否かを判定する場合の考え方の統一性を図るために，平成17年6月17日付で，国税庁より「広大地の判定に当たり留意すべき事項（情報）」（資産評価企画官情報第1号）が公開されており，この中で，「現に宅地として有効利用されている建築物等の敷地」(注)に対する解釈基準が，次に掲げる 資　料 のとおりに示されている。

　　（注）　平成16年6月29日付で，国税庁より公開された資産評価企画官情報第2号では，同通達に定める広大地に該当しない条件の例示として，「現に宅地として有効利用されている建築物等の敷地」が挙げられている。

資　料　　「現に宅地として有効利用されている建築物等の敷地」に対する解釈基準（資産評価企画官情報）

　前記の情報第2号（ 筆者注 平成16年6月29日付の資産評価企画官情報第2号）「2　広大地の評価」（抜粋）のとおり，「大規模店舗，ファミリーレストラン等」は，「現に宅地として有効利用されている建築物等の敷地」であることから，広大地に該当しないこととしている。

　これは，比較的規模の大きい土地の有効利用の一形態として大規模店舗等を例示的に示したものである。したがって，(A)大規模店舗等の敷地がその地域において有効利用されているといえるかどうか，言い換えれば，それらの敷地がその地域の土地の標準的使用といえるかどうかで判定するということであり，いわゆる「郊外路線商業地域」（都市の郊外の幹線道路（国道，都道府県道等）沿いにおいて，店舗，営業所等が連たんしているような地域）に存する大規模店舗等の敷地が，この「現に宅地として有効利用されている建築物等の敷地」に該当する。

　一方，例えば，(B)戸建住宅が連たんする住宅街に存する大規模店舗やファミリーレストラン，ゴルフ練習場などは，その地域の標準的使用とはいえないことから，「現に宅地として有効利用されている建築物等の敷地」には該当しない。

　　筆者注　(A)及び(B)部分は，筆者が付設したものである。

この資料に掲げる資産評価企画官情報では、評価対象地である宅地（建物の敷地及びその維持若しくは効用を果すために必要な土地）がその地域において有効利用されているといえるかどうかは、当該宅地がその地域の土地の標準的使用といえるかどうかで判定する（(A)部分）とされており、その解釈を裏付ける例示として、戸建住宅が連たんする住宅街（この場合、戸建住宅の敷地としての利用が標準的使用）に存する大規模店舗等の敷地としての土地の利用は、たとえ、当該大規模店舗等が集客力が強く儲かっている（この場合、少なくとも、当該大規模店舗等は有効利用されていると解される）としても、その地域の標準的使用ではないから、この資産評価企画官情報に定める「現に宅地として有効利用されている建築物等の敷地」には該当しない旨（(B)部分）も定めている。そうすると、この資産評価企画官情報の定めでは、「現に宅地として有効利用されている建築物等の敷地」の解釈基準として、「有効利用＝標準的使用」とされていることが明確に理解される。

　これは筆者の一見解に過ぎないが、上記に掲げる資産評価企画官情報の考え方（評価対象地がその地域において有効利用されているかどうかは、当該宅地がその地域の土地の標準的使用といえるかどうかで判定する、換言すれば、評価対象地がその地域における土地

図表－9　最有効使用と標準的使用との関係及び評価通達に定める広大地の適用

区　分	(イ) その地域における土地の最有効使用と標準的使用とが一致している場合	(ロ) その地域における土地の最有効使用と標準的使用とが一致していない場合
例　示	最有効使用 一戸建住宅の敷地として、200㎡前後の区画割で宅地として利用すること 標準的使用（一般的使用） 同上	最有効使用 一戸建住宅の敷地として、150㎡前後の区画割りで宅地として利用すること 標準的使用（一般的使用） 在郷住民の住宅（農家住宅等）の敷地として、1,000㎡から1,500㎡位の区画割で宅地として利用すること
評価通達に定める広大地評価の適用	上記の地域に1,500㎡の地積を有する宅地があった場合、当該宅地は、「その地域における標準的な宅地の地積に比して、著しく地積が広大な宅地である」と認められることから、他の一定要件を充足すれば、評価通達上の広大地に該当するものと考えられる。	上記の地域に1,500㎡の地積を有する宅地があったとしても、当該宅地はその地域における標準的使用（一般的使用）の状況にあり、左記「　　」の要件を充足していないとして、評価通達上の広大地に該当しないと指摘されるかもしれない。 　しかしながら、その地域における土地の最有効使用と標準的使用とが一致していない状況にある地域においては、標準的使用を評価通達上の広大地該当性の判断基準とすると不合理（その地域の宅地の用途面からの移行状態を無視して、土地の価額を算定することになり、結果として、当該価額は相続税法22条（評価の原則）に規定する時価との整合性も図れなくなることも想定される）となることも考えられる。 　したがって、このような地域にある宅地の広大地評価の適用可否判断に当たっては、最有効使用の観点からの考察も採用されるべきものであると考えられる。

の標準的使用の状況にあるのであれば，当該宅地はその地域において有効利用されているものと判断されるという考え方）が成立するためには，その前提として，評価対象地が所在する地域における土地の標準的使用（その地域における一般的な宅地の使用方法をいう）が，その地域における土地の最有効使用（現実の社会経済情勢の下で客観的にみて，良識と通常の使用能力を持つ人による合理的かつ合法的な最高最善の使用方法をいう）に一致していることが条件として必要であると考えられ，図表－8の(イ)の区分及び例示において用いられるのであれば，十分に説得性を有するものと考えられる。

その一方で，図表－8の(ロ)の区分及び例示の場合（その地域における土地の標準的使用は1,000㎡から1,500㎡位の農家住宅等の敷地であるが，最有効使用は150㎡前後の区画割による一戸建住宅の敷地であると認められる事例）のように，評価対象地が所在する地域における土地の標準的使用と当該地域における土地の最有効使用とが不一致であるものについてまで，上掲の資産評価企画官情報の考え方を適用して標準的使用の状況を有効利用状態にあると考えて判断すると，図表－8の(ロ)の区分及び例示の地域に1,500㎡の宅地を所有していたとしても，当該宅地は，その地域おける有効利用されている（換言すれば，標準的使用にある）宅地であるとして，評価通達24－4（広大地の評価）に定める広大地の要件を充足していないものとして取り扱われることになるのであるが，果たして，このような判断に合理性が担保されているものであろうか。非常に疑問の残るところである。

したがって，今後の評価実務においては，評価対象地が所在するその地域について，図表－9の区分（数値データ等は，図表－8の資料を使用している）に応じて，最有効使用の判断に関して異なる対応（考え方）を採用することも視野に入れる必要が生じるであろう。

(3) その地域における「標準的な宅地の地積」の求め方

評価通達24－4（広大地の評価）に定める広大地に該当するためには，評価対象地につき，「その地域における<u>標準的な宅地の地積</u>に比して著しく地積が広大な宅地であること」が要件とされている。同通達には，この要件中の「標準的な宅地の地積」（上記___部分）について，特段の解釈基準は示されていない。

この「標準的な宅地の地積」に関する判断として，課税実務上の取扱いとして国税庁から公開されている質疑応答事例として，上記❷で紹介した質疑（広大地の評価における「その地域」の判断）において，「「標準的な宅地の地積」は，評価対象地の付近で状況の類似する地価公示の標準地又は都道府県地価調査の基準地の地積，評価対象地の付近の標準的使用に基づく宅地の平均的な地積などを総合勘案して判断します」との解釈が示されており，これが実務上の運用基準となろう。

上記に掲げる国税庁の解釈は，地価公示地及び都道府県基準地は，近隣地域（地価公示地等を含む区域で，住宅地，商業地等の地価公示地等の用途と土地の用途が同質と認められるまとまりのある地域）内において，土地の利用状況，環境，地積，形状等が中庸である画地が選定されるという基準（「標準地の選定要領」の第3　標準地の選定の原則（昭和57年6月16日土地鑑定委員会決定））によるものであると考えられる。

参考までに，地価公示の例とその数値データの見方を示すと，図表－10のとおりである。

❹ 「開発行為を行うとした場合に公共公益的施設用地の負担が必要と認められるもの」の意義とその解釈基準

(1) 公共公益的施設用地の負担の意義

評価通達24－4（広大地の評価）に定める広大地に該当するためには，評価対象地につき，「都市計画法4条（定義）12項に規定する開発行為を行うとした場合に『公共公益的施設用地』の負担が必要と認められること」が要件とされている。そして，この「公共公益的施設用地」の意義として，「都市計画法4条（定義）14項に規定する道路，公園等の公共施設の用に供される土地及び都市計画法施行令27条に掲げる教育施設，医療施設等の公益的施設の用に供される土地（その他これに準ずる施設で，開発行為の許可を受けるために必要とされる施設の用に供される土地を含む）」をいう旨が定められている。

同通達には以上の定めしか設けられていないが，この公共公益的施設用地の負担に関する解釈基準として，次に掲げる二つの資産評価企画官情報についても，併せて留意しておく必要がある。

① 「『財産評価基本通達の一部改正について』通達のあらましについて（情報）」（資産評価企画官情報第2号）（平成16年6月29日）に定める「広大地に該当する条件の例示，広大地に該当しない条件の例示」

図表－10 地価公示の例とその数値データの見方

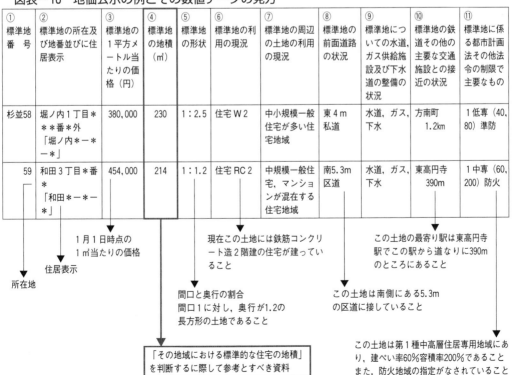

（広大地に該当する条件の例示）
・普通住宅地区等に所在する土地で，各自治体が定める開発許可を要する面積基準以上のもの（ただし，下記の該当しない条件の例示に該当するものを除く。）
　（注）　ミニ開発分譲が多い地域に存する土地については，開発許可を要する面積基準（例えば，三大都市圏500㎡）に満たない場合であっても，広大地に該当する場合があることに留意する。

（広大地に該当しない条件の例示）
・既に開発を了しているマンション・ビル等の敷地用地
・現に宅地として有効利用されている建築物等の敷地（例えば，大規模店舗，ファミリーレストラン等）
・原則として容積率300％以上の地域に所在する土地
・<u>公共公益的施設用地の負担がほとんど生じないと認められる土地</u>
　<u>（例）</u>　<u>道路に面しており，間口が広く，奥行がそれほどではない土地</u>（道路が二方，三方及び四方にある場合も同様）

②　「広大地の判定に当たり留意すべき事項（情報）」（資産評価企画官情報第1号）（平成17年6月17日）に定める「公共公益的施設用地の負担」

　評価通達において，「公共公益的施設用地」とは，「都市計画法4条14項に規定する道路，公園等の公共施設の用に供される土地及び都市計画法施行令27条に掲げる教育施設，医療施設等の公益的施設の用に供される土地（その他これらに準ずる施設で，開発行為の許可を受けるために必要とされる施設の用に供される土地を含む。）」をいうこととしている。したがって，具体的には，教育施設のような大規模なものからごみ集積所のような小規模なものまでが「公共公益的施設」に該当することとなる。
　しかし，広大地の評価は，戸建住宅分譲用地として開発した場合に相当規模の「公共公益的施設用地」の負担が生じる土地を前提としていることから，<u>公共公益的施設用地の負担の必要性は，経済的に最も合理的に戸建住宅の分譲を行った場合の，当該開発区域内に開設される道路の開設の必要性により判定することが相当である</u>。なお，ごみ集積所などの小規模な施設のみの開設が必要な土地は，「公共公益的施設用地の負担がほとんど生じないと認められる土地」に該当するため，広大地に該当しない。
　また，例えば，建築基準法42条2項の規定によるセットバックを必要とする場合の当該土地部分や，下図のように，セットバックを必要とする土地ではないが，開発行為を行う場合に道路敷きを提供しなければならない土地については，開発区域内の道路開設に当た

らないことから，広大地に該当しない。

【図】 開発指導等により，道路敷きとして一部土地を提供しなければならない場合

(2) 公共公益的施設用地（道路）の負担の必要性

本件裁決事例においても争点にされているとおり，評価通達24－4（広大地の評価）に定める広大地に該当するか否かの判断ポイントとして数多く取り上げられるのが，評価対象地に開発行為を行うとした場合に，公共公益的施設用地（道路等）の負担が必要とされるか否かという項目がある。本件裁決事例において，この点に関する請求人と原処分庁の各主張及び国税不服審判所の判断を簡記すると，図表－11のとおりとなる。

そうすると，評価対象地である宅地がその地域における標準的な宅地の地積に比して著しく地積が広大であったとしても，当該宅地を戸建住宅分譲用地として開発した場合の開発形態（公共公益的施設用地として道路等の負担の有無）の差異で，評価通達24－4（広大地の評価）に定める広大地に該当するか否かの判断の分かれ目となる。

上記の取扱いは，同通達に定める広大地の評価は，戸建住宅分譲用地として開発した場合に相当規模の公共公益的施設用地の負担が生じる宅地を前提としていることから，「公共公益的施設用地の負担が必要と認められるもの」とは，経済的に最も合理的に戸建住宅の分譲を行った場合にその開発区域内に道路の開設が必要なものをいうものと解されているところ，前掲図表－3に掲げる開発想定図のようないわゆる「路地状開発」（路地状部分を有する宅地を組み合わせることによって戸建住宅分譲用地として開発する方法をいう）は，開発行為を行うとした場合に公共公益的施設用地の負担がほとんど生じないと認められることから，同通達に定める広大地には該当しないとの考え方の帰結によるものである。

次の(3)で，開発道路を設けて開発を行う場合と路地状開発を行う場合の経済的合理性に関する判断基準について検討する。

(3) 路地状開発を行うことの経済的合理性に関する判断基準

戸建住宅として開発を行う場合に，開発道路を設けて開発を行う場合と路地状開発を行う場合のいずれかを選択することが合理性を有するのかに関する解釈基準に関しては，評価通達及び個別通達に明確な定めは設けられていない。この点に関して，課税実務上の取扱いとして国税庁から公開されている質疑応答事例の中に，「広大地の評価における公共公益的施設用地の負担の要否」という項目があり，当該項目の中で「路地状開発を行うこ

図表－11　本件土地に開発行為を行う場合の公共公益的施設用地（道路等）の負担の必要性

請求人（納税者）の主張	原処分庁（課税庁）の主張	国税不服審判所の判断
本件土地（地積1,350㎡）は，請求人主張地域の標準的画地の地積（100㎡～120㎡）に比し著しく地積が大きく，その最有効使用は，戸建住宅の敷地の分譲素地であり，戸建住宅の敷地として開発分譲する場合，道路を開設する開発分譲が圧倒的多数であり，路地状開発はほとんどないことから，前掲図表－2の「開発想定図（公共公益的施設の用地の負担を必要とする場合）」のとおり，公共公益的施設用地（道路等）の負担が必要となる。	本件土地（地積1,350㎡）を戸建住宅用地として開発するとしても，公法上，道路を開設しない路地状敷地による開発が可能であり，当該開発の方が，道路を開設する開発に比べ路地状部分の面積も敷地面積に含まれるから，より広い延床面積の建物の建築が可能である等の有利な点があること及び原処分庁主張地域において，本件相続の開始前10年間，戸建住宅の開発分譲において，公共公益的施設用地の負担が必要な開発は行われていないことから，前掲図表－3の「開発想定図（公共公益的施設用地の負担を必要としない場合）」のとおり，公共公益的施設用地（道路等）の負担を要しない土地である。	審判所認定地域では，店舗又は店舗併用住宅が標準的な宅地の使用と認められる。 　そうすると，本件土地（地積1,350㎡）については，審判所認定地域における標準的な使用をするに当たって，開発行為を要しないか，区画割をするとしても公共公益的施設用地（道路等）の負担が見込まれないものと認められる。

とが合理的であると認められる場合」という解説が示されている。

同解説（下記 資料 を参照）によれば，路地状開発を行うことの経済的合理性は，具体的に明記された四つの判断基準などを基礎に総合的に勘案して判断するものとされており，実務上の形式基準として認識しておく必要がある。

資料　質疑応答事例（広大地の評価における公共公益的施設用地の負担の要否）において解説されている「路地状開発を行うことが合理的と認められる場合」

路地状開発を行うことが合理的と認められる場合（路地状開発とは，路地状部分を有する宅地を組み合わせ，戸建住宅分譲用地として開発することをいいます。）

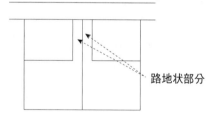

なお，「路地状開発を行うことが合理的と認められる」かどうかは次の事項などを総合的に勘案して判断します。

① 路地状部分を有する画地を設けることによって，評価対象地の存する地域における「標準的な宅地の地積」に分割できること
② その開発が都市計画法，建築基準法，都道府県等の条例等の法令に反しないこと
③ 容積率及び建ぺい率の計算上有利であること
④ 評価対象地の存する地域において路地状開発による戸建住宅の分譲が一般的に行われていること

(注) 上記の区画割をする際の1区画当たりの地積は，評価対象地の存する地域の標準的使用に基づく「標準的な宅地の地積」になります。

上記の質疑応答事例の④に掲げる判断基準からすると，たとえ，法令上では路地状開発による開発が可能であったとしても，評価対象地を含む周辺地域において路地状開発による開発が行われていない場合(注)には，当該評価対象地については，路地状開発を行うことの経済的合理性があるとは認められないことを明記（「一般的に行われていること」と記されている）した点で，特に着目されるものである。

(注) 路地状開発による戸建て分譲については，地域性や土地価額（高級宅地等を除いて地価の高い地域では，路地状開発も多く行われている地域も存在する）等，種々の要因から選好性に大きな格差が認められるのが一般的な傾向である。

❺ まとめ

本件裁決事例は，最近における評価通達24－4（広大地の評価）に定める広大地に該当するか否かの主な係争事項を網羅したもので，実務上注目しておきたい裁決事例である。本件裁決事例の主な争点を再掲しておく。

(1) 同通達に定める「その地域」の具体的な範囲はどこまでであるのか。
(2) 上記(1)に定める「その地域」における標準的な宅地の面積はどれくらいの大きさであるのか。
(3) 上記(1)及び(2)に掲げる宅地の標準的な使用方法はどのようになっているのか。
(4) 評価対象地に開発行為を行うとした場合に，公共公益的施設用地（道路等）の負担は必要とされるのか。具体的には，戸建住宅の敷地用地として開発する場合に，開発道路を設けて戸建住宅の敷地として区画割をするのか，又は，いわゆる路地状開発として開発道路を設けることなく行うのかの経済的合理性の判断基準はどのようになっているのか。

❻ その他

本件裁決事例では何らの論点とはされていないが，筆者として気にかかる点がある。
すなわち，財産の評価原則を規定した相続税法22条（評価の原則）では，「相続，遺贈又は贈与により取得した財産の価額は，当該財産の取得の時における時価により評価する」とされている。そして，この時価の意義に関しては，評価通達1（評価の原則）の(2)（時価の意義）において，次のとおり定められている。

資料 評価通達1（評価の原則）(2)（時価の意義）

財産の価額は，時価によるものとし，時価とは，課税時期（かっこ書は略）において，それぞれの財産の現況に応じ，不特定多数の当事者間で自由な取引が行われる場合に通常成立すると認められる価額をいい，その額は，この通達の定めによって評価した価額による。

上述のとおり，評価通達は相続税法22条（評価の原則）に規定する時価の解釈範囲内で運用されるべきものとして上級行政官庁が下級行政官庁に対してその具体的な適用（評価方法）を指示したものと解釈されている。

　そうすると，評価通達自体はたとえ実務上いかに重要な地位を有していたとしても，法源性を有しているものではないことから評価通達を適用して一律に評価した価額が，相続税法22条（評価の原則）に規定する時価を上回ることは，法解釈上，許されないものである。

　本件裁決事例では，上記Ⅳ❻に掲げるとおり，国税不服審判所の判断は，次のとおりである。

(1)　本件土地は，本件通達に定める広大地には該当しない。

(2)　上記(1)より，本件土地の価額は，審判所において，本件通達の適用のないところで評価通達に基づき算定したところ，原処分庁が主張する本件土地の価額（ 筆者注 もちろん，原処分庁は，本件土地を評価通達の定めに基づいて算定している）と同額である。

　上記(2)に掲げるとおり，国税不服審判所は，その判断として本件土地の相続税の課税価格に算入されるべき価額として，本件土地を評価通達の定めに基づいて算定した価額としているが，当該価額が相続税法22条（評価の原則）に規定する時価を上回っていない旨（換言すれば，評価通達の定めによる価額が時価以下であること）を検証していない（裁決書において，国税不服審判所が本件土地の価額（いわゆる時価と呼称される客観的交換価値）を検討した様子は認められない）。そうすると，納税者（請求人）の権利擁護及び救済を使命とする国税不服審判所の位置付けから判断すると，より一歩進んだ事案に対する審理処理が求められるべきであると考えられる。

参考事項等

❶　参考法令通達等

・相続税法22条（評価の原則）
・評価通達1（評価の原則）(2)時価の意義
・評価通達22－2（大規模工場用地）
・評価通達24－4（広大地の評価）（ 筆者注 平成29年12月31日をもって廃止）
・「『財産評価基本通達の一部改正について』通達のあらましについて（情報）」（平成16年6月29日付，資産評価企画官情報第2号）
・「広大地の判定に当たり留意すべき事項（情報）」（平成17年6月17日付，資産評価企画官情報第1号）
・質疑応答事例（広大地の評価における「その地域」の判断）
・質疑応答事例（広大地の評価における公共公益的施設用地の負担の要旨）
・都市計画法4条（定義）12項
・都市計画法4条（定義）14項

・不動産鑑定評価基準「総論，第4章（不動産の価格に関する諸原則），Ⅳ最有効使用の原則」
・「標準地の選定要領」の第3　標準地の選定の原則（昭和57年6月16日土地鑑定委員会決定）

❷　類似判例・裁決事例の確認

(1)　「その地域における標準的な宅地の地積」が争点とされた裁決事例

①　平成18年12月8日裁決，大裁（諸）平18－39

(イ)　評価通達24－4（広大地の評価）（以下「本件通達」という）でいう標準的な地積を導くための評価宅地の属する「その地域」とは，当該宅地の価額の形成に関して直接影響を与えるような特性を持つ地域，すなわち，利用状況，環境等がおおむね同一と認められる，ある特定の用途に供されることを中心とした，ひとまとまりの地域を指すものと解するのが相当であり，都市計画法8条1項1号に規定する用途地域のみに基づくのではなく，㋑河川や山などの自然的状況，㋺行政区域，㋩都市計画法による土地利用の規制など公法上の規制等，㊁道路，㋭鉄道及び公園など，土地の使用状況の連続性及び地域の一体性を分断する場合がある客観的な状況を総合勘案し，判断されるべきものである。

(ロ)　基礎事実及び認定事実に掲げる道路，行政区域，都市計画法の規定による用途地域及び本件各土地周辺の宅地の利用状況を踏まえ総合勘案すれば，本件各土地が属する「その地域」とは，市道n線，市道k線，市道p線及び県道m号線に囲まれた地域（以下「本件地域」という）をいうものと認めるのが相当である。そして，本件地域における宅地の利用状況は，一部は住宅用地として使用されているものの，大部分は倉庫用地，事務所敷地及び駐車場に利用されており，それらの地積の平均は，約1,970㎡程度であると認めるのが相当である。

　そうすると，本件各土地（甲土地の地積800.85㎡，乙土地の地積852.80㎡）は，本件地域の標準的な宅地の地積に比して著しく広大な宅地であるとはいえず，本件通達を適用することはできないから，本件通達を適用せず，本件各土地の価額を甲土地7,207万6,500円，乙土地7,291万4,400円とした本件更正処分は適法である。

②　平成14年2月25日裁決，東裁（諸）平13－160

　評価通達24－4（広大地の評価）に定める広大地とは，その地域における標準的な宅地の地積に比して著しく地積が広大な土地で，その土地に都市計画法に規定する開発行為を行うとした場合には，公共公益的施設用地として相当規模の負担が必要と認められるものをいうとされている。

　これを本件についてみると，本件農地の地積は，2,527.93㎡であるが，本件農地の存する同一用途地域（第1種低層住居専用地域）内において標準的な宅地の地積を有すると認められる地価公示法の規定に基づき公示された標準地の地積は150㎡であり，また，本件農地の近隣に存する宅地開発済の宅地をみても一区画の地積はほぼ200㎡以下であることから本件農地は，その地域における標準的な宅地の地積に比して著しく地積が広大な土地

と認められる。

　そうすると，本件農地を宅地開発する場合には，公共公益的施設用地の負担が必要とされていることから，評価通達24－4に定める広大地に該当する。

　筆者注　上記の裁決事例の詳細については，『難解事例から探る財産評価のキーポイント〔第1集〕』**CASE16**に収録済みであるので併せて参照されたい。

(2)　「開発行為を行うとした場合に公共公益的施設用地（道路等）の負担」が必要とされるか否かが争点とされた事例

① 平成19年7月9日裁決，関裁（諸）平19－4

　(イ)　評価通達24－4（広大地の評価）（以下「本件通達」という）では，広大地から除かれる土地として，評価通達22－2（大規模工場用地）に定める大規模工場用地に該当するもの及び中高層の集合住宅等の敷地用地に適しているものについてはその適用を除外していることからすると本件通達は，戸建住宅分譲用地として開発した場合に道路等の潰れ地が生じる土地，つまり公共公益的施設用地の負担が必要と認められる土地について本件通達の適用があることを前提としていると解される。

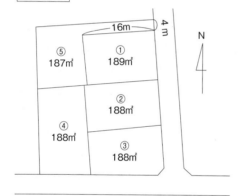

　そして，公共公益的施設用地の負担の必要性について，経済的に最も合理性のある戸建住宅の分譲を行った場合においてその負担が必要となるか否かによって判断するのが相当と解されるところ，路地状開発により戸建分譲を行うことが経済的に最も合理性のある開発に当たるかどうかについては，下記に掲げる点を基に判断すべきと解される。

　　イ　路地状部分を組み合わせることによって「その地域」における標準的な宅地の地積に分割できること

　　ロ　都市計画法等の法令に反しないこと

　　ハ　容積率（建築基準法52条（容積率））及び建ぺい率（同法53条（建ぺい率））の計算上有利であること

　　ニ　評価対象地を含む周辺地域において路地状開発による戸建分譲が一般的に行われていること

(ロ)④　請求人及び原処分庁から，本件土地に係る開発想定図等の提出がないことから，審判所において，本件土地を路地状開発した場合の想定図の一例を作成したところ，前頁に掲げる分割図（以下「本件分割図」という）記載のとおりである。

そして，本件土地を本件分割図のとおりに区画割することが，すなわち路地状開発により戸建分譲を行うことが経済的に最も合理性のある開発に該当するかどうかについては，本件土地に関して，下記に掲げる各事実が認められていることから，この各事実を上記(イ)④～㊂の判断基準に当てはめると，本件土地については，路地状開発により戸建住宅を行うことが経済的に最も合理性のある開発に当たると認めるのが相当である。

(A)　本件土地が，路地状開発により，本件地域における標準的な宅地の地積に分割することが可能であること

(B)　本件分割図による路地状開発が路地状部分の幅員を満たすなど都市計画法等の法令などに反していないこと

(C)　容積率及び建ぺい率の算定に当たって，路地状部分の地積もその基礎とされること

(D)　本件隣接地が，道路を開設することなく路地状開発されていること

この点は，本件土地が現に路地状開発されていることからも裏付けられるものである。

㊁　本件土地に対する本件通達の適用

上記④より，本件土地は，公共公益的施設用地（道路）の負担が必要と認められるものには該当しないことから，本件土地について本件通達の定めの適用はない。

筆者注　上記の裁決事例の詳細については，『難解事例から探る財産評価のキーポイント〔第1集〕』**CASE5**に収録済みであるので併せて参照されたい。

② 平成18年4月27日裁決，東裁（諸）平17－163

請求人らは，本件土地は，広大地の判定基準である(イ)評価通達22－2（大規模工場用地）に定める大規模工場用地に該当しないこと，(ロ)容積率100％未満でマンション等の敷地に適さないこと，(ハ)その地域における標準的な宅地に比して著しく地積が広大な土地であること，(ニ)開発行為を行うとした場合において，公共公益的施設用地である道路等の負担が必要となる土地であること等の全てに該当するから，広大地に該当する旨主張する。

しかしながら，④本件土地は，路地状部分を有する土地を組み合わせることによって，道路等の公共公益的施設用地の負担を必要とせず，標準的な地積の宅地に分割できること，㊁当該分割は，都市計画法等の法令に反していないこと，㊂当該分割は，道路等の公共公益的施設用地の負担を必要とせず，本件土地の全てを宅地として有効に利用することが可能であるから，道路を設置する土地利用に比して経済的合理性があること，㊃本件土地を含む周辺地域の開発において，路地状部分を有する土地を組み合わせた戸建分譲は，一般的に行われていること等からすれば，本件土地は，広大地に該当するとは認められない。

追補 地積規模の大きな宅地の評価について

本件裁決事例に係る相続開始年分は、平成19年又は平成20年のいずれかである。もし仮に、当該相続開始日が、平成30年1月1日以後である場合（評価通達20－2（地積規模の大きな宅地の評価）の新設等の改正が行われた。以下「新通達適用後」という）としたときの本件土地（前記計算－2に掲げる原処分庁主張額（本件裁決事例による最終的な確定額）を基に算定）に対する同通達の適用は、次のとおりとなる。

(1) 地積規模の大きな宅地の該当性

次に掲げる 判断基準 から、本件土地が三大都市圏に所在する場合又は三大都市圏以外に所在する場合のいずれにおいても、本件土地は、評価通達20－2（地積規模の大きな宅地の評価）に定める地積規模の大きな宅地に該当する。

判断基準

要件	本件土地			
① 地積要件(注)	三大都市圏に所在する場合	1,350㎡ ≧ 500㎡ （評価対象地の地積）（三大都市圏に所在する場合の地積要件） ∴地積要件を充足	三大都市圏以外に所在する場合	1,350㎡ ≧ 1,000㎡ （評価対象地の地積）（三大都市圏以外に所在する場合の地積要件） ∴地積要件を充足
② 区域区分要件	本件土地は、事例 から市街化区域（市街化調整区域以外）に所在 ∴区域区分要件を充足			
③ 地域区分要件	本件土地は、基礎事実から第2種住居地域（工業専用地域以外）に所在 ∴地域区分要件を充足			
④ 容積率要件	本件土地に係る指定容積率は、基礎事実から200％（指定容積率400％未満（東京都の特別区以外の場合）又は同300％（東京都の特別区の場合）に該当） ∴容積率要件を充足			
⑤ 地区区分要件	本件土地は前述計算－2に掲げる本件土地の価額（相続税評価額）の計算過程（奥行価格補正率、二方路線影響加算率）から、路線価地域の普通住宅地区に所在 ∴地区区分要件を充足			
⑥ 判断とその理由	三大都市圏に所在する場合	該当 （上記①ないし⑤の要件を充足）	三大都市圏以外に所在する場合	該当 （上記①ないし⑤の要件を充足）

(注) 本件土地の所在地は不明である。

(2) 本件土地の価額（相続税評価額）

新通達適用後の本件土地の価額（相続税評価額）を算定すると、下表のとおりとなる。

区　　分		本　件　土　地	
		三大都市圏に所在する場合	三大都市圏以外に所在する場合
正面路線価	①	184,040円	184,040円
奥行価格補正率	②	0.97(注1)	0.97(注1)
裏面路線価	③	165,000円	165,000円
奥行価格補正率	④	0.92(注1)	0.92(注1)
二方路線影響加算率	⑤	0.02	0.02
1㎡当たりの価額 ((①×②)＋(③×④×⑤))	⑥	181,554円	181,554円
不整形地補正率	⑦	0.98	0.98
1㎡当たりの価額（⑥×⑦）	⑧	177,922円	177,922円
規模格差補正率	⑨	0.76(注2(イ))	0.77(注2(ロ))
1㎡当たりの価額（⑧×⑨）	⑩	135,220円	136,999円
1㎡当たりの宅地造成費	⑪	400円	400円
地積	⑫	1,350㎡	1,350㎡
相続税評価額（(⑩－⑪)×⑫）	⑬	<u>182,007,000円</u>	<u>184,408,650円</u>

（注1）　奥行価格補正率
　　　　平成30年1月1日以後は，奥行価格補正率が改正されている。
（注2）　規模格差補正率
　　(イ)　本件土地が三大都市圏に所在する場合
　　　　$\frac{1,350㎡（評価対象地の地積）×0.90＋75}{1,350㎡（評価対象地の地積）}×0.8＝0.764 \cdots ➡0.76$ （小数点以下第2位未満切捨て）
　　(ロ)　本件土地が三大都市圏に所在する場合
　　　　$\frac{1,350㎡（評価対象地の地積）×0.90＋100}{1,350㎡（評価対象地の地積）}×0.8＝0.779 \cdots ➡0.77$ （小数点以下第2位未満切捨て）

CASE22

評価単位 地　目	間口距離 奥行距離	側方加算 二方加算	広大地	農地・山林・原野
雑種地	貸　家 建付地	借地権 貸宅地	利用価値 の低下地	その他の 評価項目

評価通達に定める私道の用に供されている宅地に該当するか否かが争点とされた事例（歩道状空地の取扱い）

事例

本年に相続の開始があった被相続人甲の相続財産の中に，図表－1に掲げる各土地（本件X土地及び本件Y土地からなる）及び図表－2に掲げる各建物（本件X土地上に存する本件X共同住宅及び本件Y土地上に存する本件Y共同住宅からなる）があった。

図表－1　相続財産である土地の目録（本件X土地及び本件Y土地）

順号	所在・地番	地目	地積（㎡）	略　語
1	＊＊＊＊＊	宅　　地	1,267.11	本件X土地 （実測）1,435.04㎡
2	＊＊＊＊＊	宅　　地	1,694.16	本件Y土地 （実測）3,862.56㎡
3	＊＊＊＊＊	宅　　地	1,828.90	
4	＊＊＊＊＊	公衆用道路	162	
5	＊＊＊＊＊	公衆用道路	176	

図表－2　相続財産である建物の目録（本件X共同住宅及び本件Y共同住宅）

順号	所在・家屋番号	種類・構造		略　語
1	＊＊＊＊＊	共同住宅 軽量鉄骨造亜鉛メッキ鋼板葺 3階建	A棟	本件X共同住宅
2	＊＊＊＊＊	同上	B棟	
3	＊＊＊＊＊	同上	C棟	
4	＊＊＊＊＊	共同住宅 軽量鉄骨造スレート葺 2階建	A棟	本件Y共同住宅
5	＊＊＊＊＊	同上	B棟	
6	＊＊＊＊＊	同上	C棟	
7	＊＊＊＊＊	同上	D棟	
8	＊＊＊＊＊	同上	E棟	
9	＊＊＊＊＊	同上	F棟	
10	＊＊＊＊＊	同上	G棟	
11	＊＊＊＊＊	同上	H棟	

(注) 図表－2に掲げる本件X共同住宅及び本件Y共同住宅は，いずれも評価通達93（貸家の評価）に定める貸家の用に供されているものであり。また，図表－1に掲げる本件X土地及び本件Y土地は，いずれもこれらの貸家の敷地及び後述の本件各歩道状空地の用に供されている土地である。

本件X土地及び本件X共同住宅の位置及び形状等は，図表－3に掲げるとおりであり，また，本件Y土地及び本件Y共同住宅の位置及び形状等は，図表－4に掲げるとおりである。そして，本件X土地の西側の市道沿いの部分及び本件Y土地の南側の市道沿いの部分は，それぞれ，インターロッキング舗装(注)が施された幅員約2mの歩道の形態として整備されている状況（本件各歩道状空地）にある。

(注) インターロッキング舗装

インターロッキング舗装とは，舗装用コンクリートブロックを路盤又はアスファルト舗装基盤上に敷設する工法により行われる舗装をいう。

図表－3 本件X土地及び本件X共同住宅の位置及び形状等

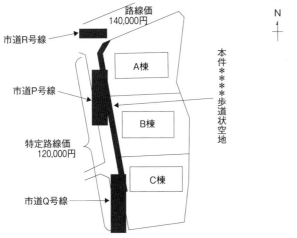

図表－4 本件Y土地及び本件Y共同住宅の位置及び形状等

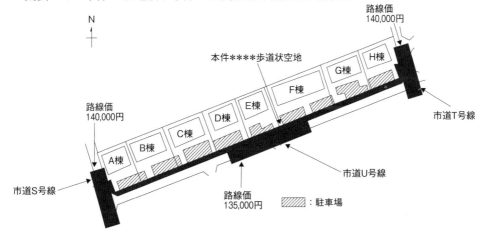

被相続人甲に係る相続財産の評価に際して，本件X土地及び本件Y土地のうちの本件各歩道状空地部分は，それぞれが沿接する市道と一体となって歩道を形成し，近隣住民の生活用道路として供用され，第三者の通行を容認するものであることから，真に「私道」（複数の者の通行の用に供される私有地である宅地）に該当するものとして，評価通達24（私道の用に供されている宅地の評価）に定める私道として取り扱うこと（評価不要）を考えている。この取扱いの相当性について，教示されたい。
　（平24.12.10裁決，東裁（諸）平24－132，平成20年相続開始分）

基礎事実

❶ 被相続人甲の相続財産

被相続人甲の相続財産の中には，次に掲げるものがあった。
(1)　図表－1記載の各土地（以下，図表－1の順号1記載の土地を「本件X土地」，順号2ないし5記載の各土地を「本件Y土地」といい，これら全ての土地を併せて「本件各土地」という）。
(2)　図表－2記載の各建物（以下，図表－2の順号1ないし3記載の各建物を「本件X共同住宅」，順号4ないし11記載の各建物を「本件Y共同住宅」といい，これら全ての建物を併せて「本件各共同住宅」という）。

❷ 本件各土地の本件相続開始日における状況

(1)　本件X土地
①　本件X土地は，図表－3のとおり，その西側は市道P号線及び同Q号線に，その北側は市道R号線に，それぞれ等高に接面しており，当該土地上には本件X共同住宅（A棟ないしC棟）が存していた。なお，本件X共同住宅，貸付けの用に供されていた。
②　本件X土地のうち，西側の各市道（市道P号線及び市道Q号線）沿いの97.80㎡の部分は，インターロッキング舗装が施された幅員約2ｍの歩道の形態として整備されていた（以下，この部分を「本件X歩道状空地」という）。
　　また，本件X歩道状空地の南端は，本件X共同住宅のうち最も南に位置するC棟の建物南側側面のほぼ延長線上で，敷地内の居住者用駐車場の出入り口に接面していた。
③　本件X土地のうち，本件X歩道状空地を除く通路部分には，本件X歩道状空地と同様のインターロッキング舗装が施され，本件X土地が一体として整備されていた。
④　本件X土地のうち，本件X歩道状空地のある西側以外にはブロック塀等が設置されており，本件X共同住宅の居住者の市道への出入りは，本件X歩道状空地を通じてのみ可能な状態であった。

(2)　本件Y土地
①　本件Y土地は，図表－4のとおり，その西側は市道S号線に，その東側は市道T号線に，それぞれほぼ等高に接面し，その南側は幅員約4ｍの市道U号線に接面してお

り，当該土地上には本件Y共同住宅（A棟ないしH棟）が存していた。なお，本件Y共同住宅は，貸付けの用に供されていた。

② 本件Y土地のうち，南側の部分（図表－1の順号4及び5）は，市道U号線の北側に沿ってインターロッキング舗装が施された幅員約2mの歩道の形態として整備されていた（以下，この部分を「本件Y歩道状空地」といい，本件X歩道状空地と併せて「本件各歩道状空地」という）。

また，本件Y歩道状空地は，本件Y共同住宅の敷地内の居住者用駐車場からの出入り口部分は市道U号線に等高に接面し，その他の部分はブロックにより市道U号線から20cm程度高い位置に整備されていた。

③ 本件Y土地のうち，本件Y歩道状空地を除く通路部分には，本件Y歩道状空地と同様のインターロッキング舗装が施され，本件Y土地が一体として整備されていた。

④ 本件Y共同住宅の敷地内の居住者専用駐車場から市道U号線への車両の出入りは，本件Y歩道状空地を通じてのみ可能な状態であった。

❸ 本件各土地の法的規制等

(1) 本件X土地

本件X土地の都市計画法上の用途地域は，第1種中高層住居専用地域であり，建築基準法上の建ぺい率は60％，容積率は160％である。

(2) 本件Y土地

本件Y土地の都市計画法上の用途地域は，第1種低層住居専用地域であり，建築基準法上の建ぺい率は50％，容積率は80％である。

本件各歩道状空地は，評価通達24（私道の用に供されている宅地の評価）に定める私道の用に供されている宅地に該当するか否か。

 争点に関する双方（請求人・原処分庁）の主張

争点に関する請求人・原処分庁の主張は図表－5のとおりである。

 国税不服審判所の判断

❶ 認定事実

(1) 本件各歩道状空地が整備された経緯等について

① 本件X土地

(イ) 被相続人甲は，本件X共同住宅の建築に当たり，＊＊＊＊（筆者注 関係機関名）との事前協議を経て，＊＊＊＊（筆者注 地方公共団体名）に対して，平成14年11月

図表－5　争点に関する請求人・原処分庁の主張

争　点	請求人（納税者）の主張	原処分庁（課税庁）の主張
本件各歩道状空地は評価通達に定める私道に該当するのか	次に掲げる理由から、本件各歩道状空地はいずれも評価通達24（私道の用に供されている宅地の評価）に定める私道の用に供されている宅地に該当し、当該通達の定めに従い評価するのが相当である。 ① 評価通達24に定める私道について 　私道とは、「複数の者の通行の用に供される私有地である宅地」をいい、道路法や建築基準法の規定による道路に該当するか否かを問わないものであり、私道か否かについては、次に掲げる4点を基準として判断すべきである。 　(イ) 道路としての用法に応じて利用されることになり、第三者が通行することを容認しなければならないこと 　(ロ) 道路内建築の制限により、通行を妨害する行為が禁止されること 　(ハ) 私道の廃止又は変更が制限されること 　(ニ) 私道を含む宅地の売買実例等からみても私道の減価を100％としている事例が多いこと 　したがって、原処分庁が主張するように、使用収益の制約による宅地としての価値の低下を判断基準とすべきではない。 ② 本件各歩道状空地について 　(イ) 原処分庁の判断基準に対する反論は、以下のとおりである。 　　㋑ 本件各歩道状空地の廃止等について 　　　相続税法22条（評価の原則）及び評価通達7（土地の評価上の区分）の趣旨からすると、土地の評価は相続により財産を取得した日の現況によるべきであり、本件各歩道状空地の将来の廃止可能性を判断要素に加えることは違法である。 　　㋺ 譲渡及び抵当権等の設定について 　　　私道は隣接する目的地と一体で取引されることが社会通念上一般的であるから、譲渡又は抵当権等の設定がされていることをもって、本件各歩道状空地に宅地としての財産的価値があると認めることは相当ではない。	次に掲げる理由から、本件各歩道状空地はいずれも評価通達24（私道の用に供されている宅地の評価）に定める私道の用に供されている宅地には該当せず、本件各共同住宅の各敷地に含まれ評価通達26（貸家建付地の評価）に定める貸家建付地として評価すべきである。 ① 評価通達24に定める私道について 　評価通達24の定めは、私道については、私有物としての使用収益に制約が生じ、そのことに起因して当該私道の宅地としての価値が著しく低下することに鑑みて定められたものであるから、私道とは、「宅地の一部を道路としての用法に応じて使用することにより、私有物としての使用収益に制約が生じ、そのことに起因して宅地としての価値が著しく低下すると認められる場合の当該宅地の一部」をいうと解するのが相当である。 ② 本件各歩道状空地について 　(イ) 上記①の判断基準によれば、下記の使用収益の制約に起因して宅地としての価値が、著しく低下するものとは認められない。 　　㋑ 本件各歩道状空地の廃止等について 　　　本件歩道状空地の所有権は被相続人甲に留保されていることから、その後の用途変更も可能であり、本件相続開始日において、その用途変更のいかんによっては本件各歩道状空地を廃止することが可能な状態であった。 　　㋺ 譲渡及び抵当権等の設定について 　　　本件相続開始日において、本件各歩道状空地を含む本件各土地の全部について抵当権が設定されており、また、本件相続の開始後において、本件X土地については請求人らの関係会社に譲渡され、本件Y土地については同社を債務者とする根抵当権が設定されている。

	㋩ 建ぺい率及び容積率の計算の基礎への算入について 本件各共同住宅はいずれも本件各歩道状空地を計算の基礎から除いたとしても建ぺい率及び容積率に反しないように設計されているから，本件各歩道状空地は敷地面積を構成する上で必要不可欠なものではない。	㋩ 建ぺい率及び容積率の計算の基礎への算入について 本件各歩道状空地は，開発許可を受けるために設置されたものであり，本件各共同住宅の建築に際し，各敷地の一部であるとして建ぺい率及び容積率の計算の基礎に算入されている。
	(ロ) 本件各歩道状空地は，以下のとおり，上記①の(イ)ないし(ニ)のいずれの基準にも該当する。	(ロ) 請求人らの判断基準に対する反論は，以下のとおりである。
	㋑ 上記①の(イ)基準 本件各歩道状空地は，市道と一体をなす歩道として，現に近隣住民の生活道路や通学路の用に供されており，それらの第三者が通行することを容認しなければならない状況にある。	㋑・㋺ 利用状況について（筆者注 請求人の主張の㋑及び㋺に対応） 本件各歩道状空地は，隣接する市道と一体として地域住民の通路等に供されているものの，上記(イ)の㋑ないし㋩の事情からすると，「使用収益に制約が生じ，そのことに起因して宅地としての価値が著しく低下すると認められる場合」には当たらない。
	㋺ 上記①の(ロ)及び(ハ)の基準 本件歩道状空地は，都市計画法上の開発許可を受けるための条件として整備されたものであり，開発許可権者（市）の指導には事実上の拘束力があることから，本件各歩道状空地は，開発行為当時，私道以外の形状への変更及び構築物の築造が不可能な状態にあるという通行を妨害する行為の禁止と，現況の共同住宅が存する限りにおいて，その後も私道以外への用途変更ができないという，各種の制限がある。	
	㋩ 上記①の(ニ)の基準 本件各歩道状空地の私道としての減価は100%であり，このことは，市が本件各歩道状空地を公衆用道路として課税標準額を零円で評価し，固定資産税を非課税としていることにも符合する。	㋩ 固定資産税について 固定資産税は，固定資産の所有及びこれに伴う使用収益の事実に着目して課税される税である一方，相続税は，人の死亡によって財産が移転する機会にその財産に対して課される税であり，その課税の趣旨目的，課税主体も異なるものであるから，固定資産税が非課税であることをもって，相続税の課税価格に算入する本件各歩道状空地の価額に影響が及ぶものではない。

21日付で，本件Ｘ土地に係る都市計画法上の開発行為の許可を申請し，同月22日付で，当該許可を受け，その後，平成15年５月９日付で，開発行為に関する工事が当該許可の内容に適合している旨の検査済証の交付を受けた。

(ロ) 平成14年ないし平成15年，＊＊＊＊（筆者注 地方公共団体名）開発行為等指導要綱＊＊条（歩道状空地）は，都市計画法上の開発行為等を行う区域が接する道路に道路構造令11条（歩道）所定の幅員の歩道が設置されていない場合において，建築を計

図表－6　本件Ｘ共同住宅に係る建築計画概要書（要旨）

（単位：㎡）

区　分	①敷地面積	②建築面積	③建ぺい率 (②/①)	④延面積	⑤容積率 (④/①)
Ａ棟	456.40	137.88	30.21%	312.96	68.57%
Ｂ棟	492.27	141.37	28.71%	312.96	63.57%
Ｃ棟	486.37	134.39	27.63%	312.96	64.34%
合　計	1,435.04				

（注1）　上記の各面積は，建築計画概要書に記載の面積による。
（注2）　本件Ｘ土地の建築基準法53条（建ぺい率）1項の規定による建築物の建ぺい率は60％である。
（注3）　本件Ｘ土地の建築基準法52条（容積率）1項の規定による建築物の容積率は160％である。

図表－7　本件Ｙ共同住宅に係る建築計画概要書（要旨）

（単位：㎡）

区　分	①敷地面積	②建築面積	③建ぺい率 (②/①)	④延面積	⑤容積率 (④/①)
Ａ棟	370.39	122.59	33.09%	201.68	54.45%
Ｂ棟	487.49	132.64	27.20%	221.78	45.49%
Ｃ棟	645.64	203.34	31.49%	328.98	50.95%
Ｄ棟	353.60	122.59	34.66%	201.68	57.03%
Ｅ棟	370.60	131.90	35.59%	201.68	54.41%
Ｆ棟	779.89	274.74	35.22%	462.46	59.29%
Ｇ棟	407.14	119.97	29.46%	215.04	52.81%
Ｈ棟	447.81	132.64	29.61%	221.78	49.52%
合　計	3,862.56				

（注1）　上記の各面積は，建築計画概要書に記載の面積による。
（注2）　本件Ｙ土地の建築基準法53条1項の規定による建築物の建ぺい率は50％である。
（注3）　本件Ｙ土地の建築基準法52条1項の規定による建築物の容積率は80％である。

画する建築物の用途が共同住宅（地階を除く階数が3以上のもの）等のときは，開発者は，当該道路の境界から当該区域内に幅員2ｍ以上の空地を確保し，歩道の形態として整備し，管理を行うものとする旨定めていた。

(ハ)　本件Ｘ共同住宅に係る建築基準法施行規則11条の4（書類の閲覧等）に規定する建築計画概要書（以下「建築計画概要書」という）には，当該住宅の各棟の敷地面積，建ぺい率及び容積率等について図表－6のとおり記載されており，同記載によれば，本件Ｘ共同住宅の敷地面積の合計は1,435.04㎡である。

なお，上記建築計画概要書の図面上，本件Ｘ歩道状空地は，本件Ｘ共同住宅の敷地の一部として記載されている。

②　本件Ｙ土地
(イ)　被相続人甲は，本件Ｙ共同住宅の建築に当たり，＊＊＊＊（筆者注 関係機関名）

との事前協議を経て，＊＊＊＊（筆者注 地方公共団体名）に対して，本件Ｙ土地のうち，西側部分である前掲図表－１の順号２及び４記載の土地（以下「本件Ｙ１期開発分土地」という）については平成14年10月29日付で，東側部分である図表－１の順号３及び５記載の土地（以下「本件Ｙ２期開発分土地」という）については平成15年６月６日付で，それぞれ都市計画法上の開発行為の許可を申請し，本件Ｙ１期開発分土地については平成14年11月７日付で，本件Ｙ２期開発分土地については平成15年６月17日付で，それぞれ当該許可を受け，その後，本件Ｙ１期開発分土地については平成15年４月16日付で，本件Ｙ２期開発分土地については平成15年11月14日付で，それぞれ開発行為に関する工事が当該許可の内容に適合している旨の検査済証の交付を受けた。

(ロ) ＊＊＊＊（筆者注 地方公共団体名）の定める「都市計画法施行令第25条第２号ただし書の運用基準」は，都市計画法施行令25条（開発許可の基準を適用するについて必要な技術的細目）２号ただし書の運用基準として，開発区域（都市計画法上の開発行為をする土地の区域）が接する前面道路の幅員が４ｍ以上である場合において，開発区域の面積が1,000㎡以上の開発行為については，当該道路部分に沿って，当該道路を含み幅員６ｍ以上を通行可能な道路状に整備することを定めている。

(ハ) 本件Ｙ共同住宅に係る建築計画概要書には，当該住宅の各棟の敷地面積，建ぺい率及び容積率等について図表－７のとおり記載されており，同記載によれば，本件Ｙ共同住宅の敷地面積の合計は3,862.56㎡である。

　なお，上記建築計画概要書の図面上，本件Ｙ歩道状空地は，本件Ｙ共同住宅の敷地の一部として記載されている。

③ まとめ

上記①及び②によれば，次に掲げる事項が認められることからすると，本件各歩道状空地は，本件各共同住宅の建築に当たり，本件各共同住宅の各敷地面積の一部に含まれていたことが認められる。

(イ) 本件各歩道状空地は，被相続人甲が本件各土地に本件各共同住宅を建築するために都市計画法上の開発行為の許可を受けるに当たり，整備を求められていることを了解した上で，本件各土地の一部に整備したものであること

(ロ) 本件各共同住宅に係る建築計画概要書に記載された敷地面積の合計は，本件各歩道状空地を含めた本件各土地の実測値（図表－１）と一致しており，また，上記建築計画概要書の図面上，本件各歩道状空地が本件各共同住宅の敷地の一部として記載されていること

(2) 本件各歩道状空地の使用・収益の制約の有無等について

① 本件各歩道状空地の利用状況について

(イ) 上記❶に掲げる基礎事実によれば，本件相続開始日において，本件各歩道状空地は，市道から本件各共同住宅の敷地内への居住者の出入りや，市道から本件各共同住宅の敷地内の居住者用駐車場への車両の出入り等の際に現に使用されていたものと認

められる。
　(ロ)　請求人ら提出資料及び審判所の調査の結果によれば，本件相続開始日において，本件各歩道状空地は，本件各共同住宅の居住者以外の第三者が終日通行可能な状態であり，現に近隣住民の通行の用に供されていたものと認められる。
②　本件各歩道状空地に対する建築基準法上の制限の有無について
　(イ)　審判所の調査の結果によれば，本件各歩道状空地は，建築基準法42条（道路の定義）所定の道路に該当しない。
　　　したがって，本件各歩道状空地は，本件相続開始日において，建築基準法44条（道路内の建築制限）により建築物の建築等を制限されない土地であった。
　(ロ)　本件各歩道状空地の位置は前掲図表－3及び図表－4の各見取図のとおりであるから，本件各歩道状空地の有無は，建築基準法43条（敷地等と道路との関係）に規定する接道義務に影響するものではない。
　　　したがって，本件各歩道状空地は，本件相続開始日において，建築基準法45条（私道の変更又は廃止の制限）に規定する私道の変更又は廃止の制限の対象となる「私道」に該当しない土地であった。
③　本件各歩道状空地
　(イ)　本件相続開始日において，本件各土地について，本件各歩道状空地を廃止することを制限する法令上の規定はない。
　(ロ)　都市計画法上の開発行為がされた後，当該開発行為に係る土地に関して同法の開発許可を要しない用途に変更することについては，建築基準法45条が適用されることもないから，上記のような用途の変更に伴って本件各歩道状空地の廃止が制限されることもない。
　(ハ)　上記(イ)及び(ロ)より，本件相続開始日において，本件各土地について，本件各歩道状空地を廃止することに法令上の制限はない。

❷　法令解釈等
　評価通達24（私道の用に供されている宅地の評価）は，市街地的形態を形成する地域にあって私道の用に供されている宅地の価額は，路線価を基に計算した価額の100分の30に相当する価額によって評価し，当該私道が不特定多数の者の通行の用に供されているときは，その私道の価額は評価しない旨定めている。
　これは，私道の用に供されている宅地が，私有物として使用・収益の権能につき制約を受けることにより，宅地としての価値が著しく低下するものであることを前提として，私道を下記に掲げる二つに区分している。
(1)　公共の用に供するもの，つまり，不特定多数の者の通行の用に供するいわゆる通り抜け道路
(2)　袋小路のように，専ら特定の者の通行の用に供するいわゆる行き止まり道路
　上記(1)に該当するものについては，公共性が強くなり，私道を廃止することが禁止又は制限される可能性があるなど，宅地として使用・収益することが大きく制限されるので評

価しないこととし，上記(2)に該当するものについては，ある程度の制約はあるものの，宅地としての使用・収益・処分は可能であり，特にそのような私道に沿接する土地が同一人の所有に帰属することとなると，私道はその敷地内に包含されて宅地となる可能性があることから，路線価を基に計算した価額の100分の30に相当する価額によって評価することとしているものと認められ，審判所も，評価通達24の取扱いは一定の合理性を有するものとして相当であると考えられる。

そして，上記のとおり，評価通達24が，私道の用に供されている宅地の私有物としての使用・収益の機能につき制約を受けることにより宅地としての価値が著しく低下するものであることからその価額を減額して評価し又は評価しないとの取扱いを定めたものであることに照らすと，<u>評価通達24にいう私道の用に供されている宅地に該当するか否かは，当該宅地が使用・収益につき制約を受け，それにより，宅地としての価値が著しく低下すると認められるか否かにより判断するのが相当である。</u>

❸ 当てはめ

(1) 本件各歩道状空地の利用状況についてみると，第三者の通行の用に供されているから，本件各歩道状空地を使用・収益する機能は一定の制約を受けているといえる。

しかしながら，本件各歩道状空地は建築基準法44条（道路内の建築制限）に規定する建築物の建築等を制限されるものではなく，その他に本件各歩道状空地の使用・収益を制限する事情は認められない。

また，本件各歩道状空地が整備された経緯についてみると，被相続人甲は，本件各土地に本件各共同住宅を建築するために都市計画法上の開発行為の許可を受けるに当たり，整備を求められていることを了解した上で，本件各歩道状空地を整備したものであるから，自ら本件各歩道状空地を使用・収益する機能を制約することを選択したものといえる。

そうすると，本件各歩道状空地を使用・収益する機能の制約は第三者の通行の用に供されている程度にとどまるものであり，本件各土地を本件各共同住宅の敷地の用に供していても，当該制約の程度は小さいというべきである。

(2) 本件各土地について，本件各共同住宅を戸建住宅に建て替えるといった用途に変更する場合において，本件各歩道状空地を廃止することについても法令上の制限はないのであるから，本件相続開始日において，本件各歩道状空地は，本件各共同住宅の敷地としての意義及び機能を有していたというべきである。

(3) 上記(1)に掲げるとおり，被相続人甲が本件各歩道状空地を整備した経緯や，本件各歩道状空地の整備により本件各共同住宅の周辺環境全体も整ったと評価できることに照らすと，本件各歩道状空地については，私有物としての使用・収益の機能の制約は限定的であり，宅地としての価値が著しく低下しているとは認められない。

❹ 請求人らの主張について

(1) 評価通達24の「私道」に該当するか否かの判断基準について

請求人らは，評価通達24（私道の用に供されている宅地の評価）の「私道」に該当するか否

かの判断基準は，前掲図表－５の請求人の主張欄の①(イ)ないし(ニ)に記載した４点によるべきであり，使用収益の制約による宅地としての価値の低下によるべきではない旨主張する。

しかしながら，評価通達24が，私道の用に供されている宅地について，路線価を基として各種補正等をして計算した当該宅地の価額をさらに70％も減額し，又は評価しないこととした理由は，当該宅地が私道の用に供されているために私有物としての使用・収益の機能につき制約を受けているからということにとどまらず，当該制約により宅地としての価値が著しく低下するからというほかなく，請求人らの主張を採用することはできない。

(2) **本件各歩道状空地の廃止について**

請求人らは，相続税法22条(評価の原則)の趣旨等からすると，土地の評価は相続により財産を取得した日の現況によるべきであって，本件各歩道状空地の将来の廃止可能性を判断要素に加えることは違法である旨主張する。

しかしながら，財産の評価に当たっては，その財産の価額に影響を及ぼすべき全ての事情を考慮すべきであり（評価通達１（評価の原則）(3)），本件相続開始日において本件各歩道状空地を廃止することが可能な状態であるか否かについても考慮すべきであるから，請求人らの主張には理由がない。

(3) **固定資産税の課税関係について**

請求人らは，本件各歩道状空地については私道としての減価を100％とすべきであると主張し，このことは，＊＊＊＊（筆者注 地方公共団体名）が，本件各歩道状空地を公衆用道路と認定し，固定資産税の課税において課税標準額を零円で評価して非課税としていることにも符合する旨主張する。

しかしながら，固定資産税と相続税は根拠となる法律が異なり，課税主体も異なるのであり，固定資産税が非課税であることをもって相続税法上の課税価格が当然に零になるものではないから，請求人らの主張には理由がない。

❺ **ま と め**

上記❶ないし❹より，本件各歩道状空地は，評価通達24（私道の用に供されている宅地の評価）に定める私道の用に供されている宅地に該当するものではなく，本件各共同住宅の敷地の一部であり，評価通達26（貸家建付地の評価）に定める貸家建付地として評価することが相当である。

（注） 結果として，請求人の主張は排斥され，原処分庁の主張が採用されたことから，本件相続税の更正処分は適法なものであるとして容認されることとなった。

本件裁決事例のキーポイント

❶ 評価通達に定める私道の評価方法

評価通達24（私道の用に供されている宅地の評価）においては，「私道の用に供されている宅地の価額は，評価通達11（評価の方式）から同通達21－２（倍率方式による評価）までの定めにより計算した価額の100分の30に相当する価額によって評価する。この場合

図表-8 評価通達に定める私道の評価

	区　　分	評価方法
(1)	下記(2)以外の私道（換言すれば，特定の者の通行の用に供される私道）	当該私道の用に供されている宅地を路線価方式又は倍率方式を適用して自用地として評価した価額 × $\dfrac{30}{100}$
(2)	不特定多数の者の通行の用に供される私道	評価不要（零評価）

において，その私道が不特定多数の者の通行の用に供されているときは，その私道の価額は評価しない」旨を定めている。この取扱いをまとめると，図表-8のとおりとなる。

図表-8の(1)に掲げる取扱い（特定の者の通行の用に供される私道は，宅地としての自用地評価額の30％相当額で評価）によるのは，当該私道については下記に掲げる事由により相応の財産的価値が認められると考えられていることによるのであろう。

① 私道として使用されることによって，ある程度の制約はあるが，私有物としての使用，収益，処分は可能であること
② 当該私道に沿接する土地が同一人の所有に帰属することとなると，私道はその敷地内に包含され宅地になる可能性があること

また，図表-8の(2)に掲げる取扱い（不特定多数の者の通行の用に供される私道は，評価不要（零評価））によるのは，当該私道については下記に掲げる事由により利用制限及びそれに伴う取引事態が認められると考えられていることによるのであろう。

① 道路としての用法に応じて利用されることになり，第三者が通行することを容認しなければならないこと
② 道路内建築の制限により，通行を妨害する行為が禁止されること
③ 私道の廃止又は変更が制限されること等から，一定の利用制限が認められること
④ 不特定多数の者の通行の用に供される私道を含む住宅の売買事例や不動産鑑定評価等からみても，私道の減価を100％としている事例が多いこと

❷ 私道の意義とその判断基準

上記❶でその評価方法を確認した評価通達24（私道の用に供されている宅地の評価）においては，私道の定義は明確にされていない。一般的概念として，「私道とは，複数の者の通行の用に供される私有地である宅地をいい，当該宅地が道路法（昭和27年6月10日法律第180号）等の規定による法律上の道路に該当するか否かは問わないものとする」と解されており，本件裁決事例においても，図表-5の「請求人（納税者）の主張」欄の①の＿＿部分において同旨の主張をしている。

一方，原処分庁においては，図表-5の「原処分庁（課税庁）の主張」欄の①の＿＿部分において，「私道とは，宅地の一部としての用法に応じて使用することにより，私有物としての使用収益に制約が生じ，そのことに起因して宅地としての利用価値が著しく低下すると認められる場合の当該宅地の一部をいうと解するのが相当である」として，評価通達に定める私道について上掲の一般的概念よりも狭義（単に複数の者の通行の用に供されるものであるのみならず，これに付加して私有物としての使用収益に制約及び宅地として

の利用価値の著しい低下の認識が必要）に解すべき旨の主張をしている。

　両者の主張に対して，国税不服審判所の判断は，上記Ⅳ❷（法令解釈等）の＿＿部分において示されている（「評価通達24にいう私道の用に供されている宅地に該当するか否かは，当該宅地が使用・収益につき制約を受け，それにより，宅地としての価値が著しく低下すると認められるか否かにより判断するのが相当である」）とおりであり，原処分庁の主張をその大宗で支持していることが理解される。本件裁決事例は，評価通達等においては明確にされていない私道の意義とその判断基準を明確にしたものであり，貴重な先例と考えられる。

❸　建築基準法の理解

　本件裁決事例では，上記Ⅳ❶(2)①に掲げるとおり，本件各歩道状空地に対して，建築基準法上の制限が加えられるか否かに関しての事実認定が行われている。本件裁決事例を理解するためには，次に掲げる建築基準法の理解が不可欠とされる（本件裁決事例のみならず，最近の土地評価では建築基準法及び都市計画法その他の不動産に関係する法規等を理解した上で対応することが必要と考えられる事案が増加している）。

(1)　建築基準法42条（道路の定義）1項は，同法第3章の規定において，道路とは，同条各号の一に該当する幅員4m又は6m以上のものをいう旨規定し，同条2項及び同条4項は，所定の要件を満たした道について，同条1項の道路とみなす旨規定している。

(2)　建築基準法43条（敷地等と道路との関係）1項は，建築物の敷地は，特定行政庁が許可したものを除き，一定の道路に2m以上接しなければならない旨規定している。

　また，建築基準法43条2項は，地方公共団体は，階数が3以上である建築物，延べ面積が1,000㎡を超える建築物等の敷地が接しなければならない道路の幅員，その敷地が道路に接する部分の長さその他その敷地又は建築物と道路との関係について，同条1項の規定によっては避難又は通行の安全の目的を十分に達し難いと認める場合においては，条例で，必要な制限を付加することができる旨規定している。

(3)　建築基準法44条（道路内の建築制限）1項は，建築物又は敷地を造成するための擁壁は，原則として，道路内に，又は道路に突き出して建築し，又は築造してはならない旨規定している。

(4)　建築基準法45条（私道の変更又は廃止の制限）は，私道の変更又は廃止によって，その道路に接する敷地が43条1項の規定又は同条2項の規定に基づく条例の規定に抵触することとなる場合においては，特定行政庁は，その私道の変更又は廃止を禁止し，又は制限することができる旨規定している。

❹　本件裁決事例の場合

　本件裁決事例で争点とされたのは，本件各共同住宅を建築する際に建築予定地が所在する地方公共団体との事前協議等に基づいて設置された第三者の通行の用に供することを容認した本件各歩道状空地（インターロッキング舗装（注）がされた幅員約2mの歩道の形態として整備された土地）の取扱いである。

　（注）　インターロッキング舗装は，独特の幾何形状に製造された舗装用コンクリートブロッ

写真　インターロッキング舗装の例　　　　　　　　　　　　（左の写真の拡大図）

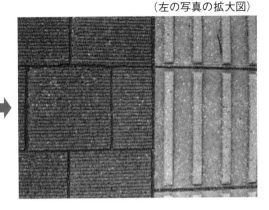

クを路盤又はアスファルト舗装基盤上に敷設していく舗装工法（下記 写真 を参照）である。従来の工法と比較して，耐久性，安全性，快適性及び景観面からも優れた工法であるとして普及が進んでいる。

本件各歩道状空地に対する使用収益の制約及び宅地としての価値の著しい低下の有無について，請求人及び原処分庁の主張並びに国税不服審判所の判断をまとめると，図表－9のとおりである。

近年においては，宅地開発，土地の有効利用（賃貸マンション，アパート等の建設）に際して，付加価値を高めるために，地方公共団体においてはその制定した条例等によって，本件裁決事例において取り上げたような歩道状空地の整備を求める事例を著者も数多く聞くようになっている。

このような歩道状空地については，単に第三者の通行の用に供されているというのみでその相続税評価上における評価指針を決定するのではなく，本問で検証した各種の論点を考慮する必要がある。本件裁決事例は，非常に貴重な先例になるものと考える。

図表－9　本件歩道状空地に対する使用収益の制約及び宅地としての価値の著しい低下の有無

請求人の主張	原処分庁の主張	国税不服審判所の判断
本件各歩道状空地は，市道と一体をなす歩道として，現に近隣住民の生活道路や通学路の用に供されており，それらの第三者が通行することを容認しなければならない状況にある。また，本件各歩道状空地は，都市計画法上の開発許可を受けるための条件として整備されたものであり，各種の制限がある。	本件各歩道状空地は，隣接する市道と一体として地域住民の通路等に供されているものの，その所有権は被相続人甲に留保されており，用途変更も可能であり，そのいかんによっては廃止も可能な状態であったことからすると，「使用収益に制約が生じ，そのことに起因して宅地としての利用価値が著しく低下すると認められる場合」には当たらない。	本件各歩道状空地は，第三者の通行の用に供されているからこれを使用・収益する権能は一定の制約を受けているといえる。しかしながら，本件各歩道状空地は，建築物の建築等を制限されるものではなく，その他に本件各歩道状空地の使用・収益を制限する事情は認められず，本件各歩道状空地を廃止することについても法令上の制限は認められないのであるから，本件相続開始日において，本件各歩道状空地は，本件各共同住宅の敷地としての意義及び機能を有していたというべきである。そうすると，本件歩道状空地については，私有物としての使用・収益する権能の制約は第三者の通行の用に供されているという程度にとどまるもので限定的であり，宅地としての価値が著しく低下しているとは認められない。

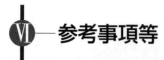

❶ 参考法令通達等

- 相続税法22条（評価の原則）
- 評価通達1（評価の原則）
- 評価通達7（土地の評価上の区分）
- 評価通達24（私道の用に供されている宅地の評価）
- 評価通達26（貸家建付地の評価）
- 評価通達93（貸家の評価）
- 建築基準法42条（道路の定義）
- 建築基準法43条（敷地等と道路との関係）
- 建築基準法44条（道路内の建築制限）
- 建築基準法45条（私道の変更又は廃止の制限）
- 建築基準法施行規則11条の4（書類の閲覧等）
- 都市計画法施行令25条（都市計画法上の開発行為をする土地の区域）
- ＊＊＊＊（地方公共団体名）の定める「都市計画法施行令第25条第2号ただし書の運用基準」

❷ 類似判例・裁決事例の確認

マンション建築時に地方自治体の整備条例に基づいて、その敷地内に設けられた歩道状空地の評価方法が争点とされた裁決事例として、次に掲げるものがある。

● 平成17年12月15日裁決，東裁（諸）平17－999

① 原処分庁の主張

A土地（地積3,178.83㎡の芝畑（市街化区域内（東京都世田谷区）に所在し，本件相続開始後にマンション用地として譲渡された））の一部130.76㎡（以下「本件道路後退部分」という）は，本件相続開始日後，セットバック（後退）し，区道と一体として利用されているところ，評価通達には本件道路後退部分のような土地についての明確な定めが置かれていないため，本件相続開始日現在において，将来，道路となることが予定されている土地であったと考えた場合，評価通達24－6（セットバックを必要とする宅地の評価）の定めに準じて評価するのが合理的であるから，同通達の定めに準じて評価すべきである。

② 請求人の主張

A土地には，本件相続開始後において，セットバックしなければならない行政措置等による拘束はなく，仮に本件相続開始日後に，A土地を取得した＊＊＊＊（開発業者）の営業戦略上の意思等に基づくセットバックがあったとしても，このような後発的事情は，本件道路後退部分を評価通達24－6（セットバックを必要とする宅地の評価）に準じて評価する根拠とはならない。

③ 国税不服審判所の判断

(イ) 認定事実（東京都世田谷区の建築物に係る条例について）

東京都世田谷区は，地域の環境に調和した良好な住居環境の維持及び向上と，安全で住み良い街並みの形成を促進するため，平成13年12月10日，「世田谷区建築物の建築に係る住環境の整備に関する条例」（以下「整備条例」という）を公布した。

そして，整備条例2条（定義）(3)イにおいて，集合住宅等建築物とは，住戸専用面積が40㎡以上の住戸の戸数が20以上の共同住宅，寮，寄宿舎等の用途に供する建築物である旨定められている。また，同条例18条（環境空地の設置）は，1,000㎡以上の敷地に集合住宅等建築物を建築する場合，建ぺい率に応じて環境空地を設置しなければならない旨定め，建ぺい率が50％以下の場合，（筆者注　A土地に適用される建ぺい率は50％），敷地面積に0.12を乗じて算出された面積の環境空地を敷地内に設置しなければならない旨定めている。

(ロ) 本件道路後退部分の評価方法

A土地のうち本件道路後退部分は，上記(イ)の整備条例に基づいて，マンションを建築するに当たり，その敷地内に設けた環境空地であり，かつ，自主管理されるものであるから，たとえ歩道状空地として，区道と一体で利用されていたとしても，評価通達24－6（セットバックを必要とする宅地の評価）の定めに照らして判断すると，同通達に準じて評価額を減額することはできない。

(注)　本件裁決事例では，請求人の主張が認められ，原処分庁の主張は排斥された。

追補1 本件各土地の評価単位ごとの評価明細書

　本件裁決事例においては公開されなかったが，その後において確認できた資料から本件X土地上に所在する本件X共同住宅（A棟ないしC棟の3棟）及び本件Y土地上に所在する本件Y共同住宅（A棟ないしH棟の8棟）（いずれも，貸家建付地として評価）につき，各評価単位ごとの各宅地の評価明細（原処分庁（課税庁）による更正処分時の価額算定を示すと，下表のとおりとなる。

(1) 本件X土地（本件X共同住宅の敷地）

所在地等		A棟敷地	B棟敷地	C棟敷地	合計
地目		宅地	宅地	宅地	
利用区分		貸家建付地	貸家建付地	貸家建付地	
地区区分		普通住宅地区	普通住宅地区	普通住宅地区	
①	面積	456.40㎡	492.27㎡	486.37㎡	1,435.04㎡
②	開口距離	27.5m	20.0m	24.2m	
③	奥行距離	16.6m	24.6m	20.1m	
④	正面路線価	140,000円	120,000円	120,000円	
⑤	奥行価格補正率	1.00	0.99	1.00	
⑥	④×⑤	140,000円	118,800円	120,000円	
⑦	側方路線価	―	―	―	
⑧	側方路線に係る奥行価格補正率	―	―	―	
⑨	側方路線影響加算率	―	―	―	
⑩	⑥+⑦×⑧×⑨	140,000円	118,800円	120,000円	
⑪	不整形地補正率	0.90	0.94	0.92	
⑫	⑩×⑪	126,000円	111,672円	110,400円	
⑬	自用地の総額（⑫×①）	57,506,400円	54,972,775円	53,695,248円	166,174,423円
⑭	借地権割合	0.6	0.6	0.6	
⑮	借家権割合	0.3	0.3	0.3	
⑯	評価額（⑬－（⑬×⑭×⑮））	47,155,248円	45,077,675円	44,030,103円	136,263,026円

(2) 本件Y土地（本件Y共同住宅の敷地）

所在地等	A棟敷地	B棟敷地	C棟敷地	D棟宅地	E棟宅地	F棟宅地	G棟宅地	H棟宅地	合計
地目	宅地	宅地	宅地	宅地	宅地	宅地	宅地	宅地	
利用区分	貸家建付地	貸家建付地	貸家建付地	貸家建付地	貸家建付地	貸家建付地	貸家建付地	貸家建付地	
地区区分	普通住宅地区	普通住宅地区	普通住宅地区	普通住宅地区	普通住宅地区	普通住宅地区	普通住宅地区	普通住宅地区	
① 面積	370.39㎡	487.49㎡	645.64㎡	353.60㎡	370.60㎡	779.89㎡	407.14㎡	447.81㎡	3,862.56㎡
② 間口距離	24.4m	20.0m	26.5m	14.4m	15.1m	31.9m	16.8m	23.9m	
③ 奥行距離	15.1m	24.3m	24.4m	24.6m	24.5m	24.5m	24.2m	18.8m	
④ 正面路線価	140,000円	135,000円	135,000円	135,000円	135,000円	135,000円	135,000円	140,000円	
⑤ 奥行価格補正率	1.00	0.99	0.99	0.99	0.99	0.99	0.99	1.00	
⑥ ④×⑤	140,000円	133,650円	133,650円	133,650円	133,650円	133,650円	133,650円	140,000円	
⑦ 側方路線価	135,000円	—	—	—	—	—	—	135,000円	
⑧ 側方路線に係る奥行価格補正率	1.00	—	—	—	—	—	—	0.99	
⑨ 側方路線影響加算率	0.03	—	—	—	—	—	—	0.03	
⑩ ⑥+⑦×⑧×⑨	144,050円	133,650円	133,650円	133,650円	133,650円	133,650円	133,650円	144,009円	
⑪ 不整形地補正率	—	—	—	—	—	—	—	—	
⑫ ⑩×⑪	144,050円	133,650円	133,650円	133,650円	133,650円	133,650円	133,650円	144,009円	
⑬ 自用地の総額（⑫×①）	53,354,679円	65,153,038円	86,289,786円	47,258,640円	49,530,690円	104,232,298円	54,414,261円	64,488,670円	524,722,062円
⑭ 借地権割合	0.6	0.6	0.6	0.6	0.6	0.6	0.6	0.6	
⑮ 借家権割合	0.3	0.3	0.3	0.3	0.3	0.3	0.3	0.3	
⑯ 評価額（⑬−(⑬×⑭×⑮)）	43,750,836円	53,425,491円	70,757,624円	38,752,084円	40,615,165円	85,470,484円	44,619,694円	52,880,709円	430,272,087円

追補2　地積規模の大きな宅地の評価について

　本件裁決事例に係る相続開始年分は，平成20年である。もし仮に，当該相続開始日が，平成30年1月1日以後である場合（評価通達20－2（地積規模の大きな宅地の評価）の新設等の改正が行われた。以下「新通達適用後」という）としたときの本件各土地（上記 追補1 に掲げる原処分庁（課税庁）による更正処分時の価額算定額（本件裁決事例による確定額(注)）を基に算定）に対する同通達の適用は，次のとおりとなる。

　　（注）　本件各土地の価額（相続税評価額）の最終的な確定額の求め方につき，次の 追補3 を参照されたい。

(1) 地積規模の大きな宅地の該当性

① 本件X土地（本件X共同住宅を構成するA棟ないしC棟の各敷地）

　次に掲げる 判断基準 から，A棟敷地ないしC棟敷地については，そのいずれにおいても，評価通達20－2（地積規模の大きな宅地の評価）に定める地積規模の大きな宅地に該当しない。

判断基準

要件	A棟敷地	B棟敷地	C棟敷地
(イ) 地積要件(注)	456.40㎡ ＜ 500㎡ （評価対象地の地積）（三大都市圏に所在する場合の地積要件） ∴地積要件を未充足	492.27㎡ ＜ 500㎡ （評価対象地の地積）（三大都市圏に所在する場合の地積要件） ∴地積要件を未充足	486.37㎡ ＜ 500㎡ （評価対象地の地積）（三大都市圏に所在する場合の地積要件） ∴地積要件を未充足
(ロ) 区域区分要件	本件X土地（A棟敷地ないしC棟敷地）に係る区域区分は明示されていないが，基礎事実及び認定事実から判断すると，市街化調整区域以外に所在するものと推定される。 ∴区域区分要件を充足		
(ハ) 地域区分要件	本件X土地（A棟敷地ないしC棟敷地）は，基礎事実から第1種中高層住居専用地域（工業専用地域以外）に所在 ∴地域区分要件を充足		
(ニ) 容積率要件	本件X土地（A棟敷地ないしC棟敷地）に係る指定容積率は，前記図表－6の（注3）から160％（指定容積率400％未満（東京都の特別区以外の場合））に該当 ∴容積率要件を充足		
(ホ) 地区区分要件	本件X土地（A棟敷地ないしC棟敷地）に係る地区区分は本件裁決事例には明示されていないが，前記追補1より，普通住宅地区に所在 ∴地区区分要件を充足		
⑥ 判断とその理由	非該当 （上記(イ)の要件を未充足）	非該当 （上記(イ)の要件を未充足）	非該当 （上記(イ)の要件を未充足）

　（注）　本件X土地（A棟敷地ないしC棟敷地）は，神奈川県相模原市南区（三大都市圏に該当）に所在することが確認されている。

② 本件Y土地（本件Y共同住宅を構成するA棟ないしH棟の各敷地）

　次に掲げる 判断基準 から，C棟敷地及びF棟敷地については，評価通達20－2（地積規模の大きな宅地の評価）に定める地積規模の大きな宅地に該当する。しかしながら，その他のA棟敷地，B棟敷地，D棟敷地，E棟敷地，G棟敷地及びH棟敷地については，同通達に定める地積規模の大きな宅地に該当しない。

CASE22

判断基準

要件	A棟敷地	B棟敷地	C棟敷地	D棟敷地	E棟敷地	F棟敷地	G棟敷地	H棟敷地
(イ) 地積要件(注)	370.39㎡ < 500㎡(三大都市圏に所在する場合の地積要件)(評価の対象地積) ∴地積要件を未充足	487.49㎡ < 500㎡(三大都市圏に所在する場合の地積要件)(評価の対象地積) ∴地積要件を未充足	645.64㎡ ≧ 500㎡(三大都市圏に所在する場合の地積要件)(評価の対象地積) ∴地積要件を充足	353.60㎡ < 500㎡(三大都市圏に所在する場合の地積要件)(評価の対象地積) ∴地積要件を未充足	370.60㎡ < 500㎡(三大都市圏に所在する場合の地積要件)(評価の対象地積) ∴地積要件を未充足	779.89㎡ ≧ 500㎡(三大都市圏に所在する場合の地積要件)(評価の対象地積) ∴地積要件を充足	407.14㎡ < 500㎡(三大都市圏に所在する場合の地積要件)(評価の対象地積) ∴地積要件を未充足	447.81㎡ < 500㎡(三大都市圏に所在する場合の地積要件)(評価の対象地積) ∴地積要件を未充足
(ロ) 区域区分要件	本件Y土地(A棟敷地ないしH棟敷地)に係る区域区分は明示されていないが、基礎事実及び認定事実から判断すると、市街化調整区域以外に所在するものと推定される。 ∴区域区分要件を充足							
(ハ) 地域区分要件	本件Y土地(A棟敷地ないしH棟敷地)は、基礎事実から第1種低層住居専用地域(工業専用地域以外)に所在 ∴地域区分要件を充足							
(ニ) 容積率要件	本件Y土地(A棟敷地ないしH棟敷地)に係る指定容積率は、前記図表-7の(注3)から80%(指定容積率400%未満(東京都の特別区の場合以外))に該当) ∴容積率要件を充足							
(ホ) 地区区分要件	本件Y土地(A棟敷地ないしH棟敷地)に係る地区区分は本件裁決事例には明示されていないが、前記追補1より、普通住宅地区に所在 ∴地区区分要件を充足							
(ヘ) 判断とその理由	非該当(上記(イ)の要件を未充足)	非該当(上記(イ)の要件を未充足)	該当(上記(イ)ないし(ホ)の要件を充足)	非該当(上記(イ)の要件を未充足)	非該当(上記(イ)の要件を未充足)	該当(上記(イ)ないし(ホ)の要件を充足)	非該当(上記(イ)の要件を未充足)	非該当(上記(イ)の要件を未充足)

(注) 本件Y土地(A棟敷地ないしH棟敷地)は、神奈川県大和市(三大都市圏に該当)に所在することが確認されている。

(2) 本件各土地の価額（相続税評価額）

新通達適用後の本件各土地の価額（相続税評価額）を算定すると，下表のとおりとなる。

① 本件X土地（A棟敷地ないしC棟敷地）

区分		本件X土地		
		A棟敷地	B棟敷地	C棟敷地
正面路線価	①	140,000円	120,000円	120,000円
奥行価格補正率	②	1.00(注)	0.97(注)	1.00(注)
1㎡当たりの価額（①×②）	③	140,000円	116,400円	120,000円
不整形地補正率	④	0.90	0.94	0.92
1㎡当たりの価額（③×④）	⑤	126,000円	109,416円	110,400円
規模格差補正率	⑥	───	───	───
1㎡当たりの価額（⑤×⑥）	⑦	126,000円	109,416円	110,400円
地積	⑧	456.40㎡	492.27㎡	486.37㎡
自用地としての価額（⑦×⑧）	⑨	57,506,400円	53,862,214円	53,695,248円
借地権割合	⑩	0.6	0.6	0.6
借家権割合	⑪	0.3	0.3	0.3
相続税評価額（⑨×（1－⑩×⑪））	⑫	47,155,248円	44,167,015円	44,030,103円

（注）奥行価格補正率
　　　平成30年1月1日以後は，奥行価格補正率が改正されている。

② 本件Y土地（A棟敷地ないしH棟敷地）

区分		本件Y土地							
		A棟敷地	B棟敷地	C棟敷地	D棟敷地	E棟敷地	F棟敷地	G棟敷地	H棟敷地
正面路線価	①	140,000円	135,000円	135,000円	135,000円	135,000円	135,000円	135,000円	140,000円
奥行価格補正率	②	1.00(注)	0.97(注)	0.97(注)	0.97(注)	0.97(注)	0.97(注)	0.97(注)	1.00(注)
側方路線価	③	135,000円	───	───	───	───	───	───	135,000円
奥行価格補正率	④	1.00(注1)	───	───	───	───	───	───	0.97(注1)
側方路線影響加算率	⑤	0.03	───	───	───	───	───	───	0.03
1㎡当たりの価額（①×②+（③×④×⑤））	⑥	144,050円	130,950円	130,950円	130,950円	130,950円	130,950円	130,950円	143,928円
規模格差補正率	⑦	───	───	0.79(注2イ)	───	───	0.78(注2ロ)	───	───
1㎡当たりの価額（⑥×⑦）	⑧	144,050円	130,950円	103,450円	130,950円	130,950円	102,141円	130,950円	143,928円
地積	⑨	370.39㎡	487.49㎡	645.64㎡	353.60㎡	370.60㎡	779.89㎡	407.14㎡	447.81㎡
自用地としての価額（⑧×⑨）	⑩	53,354,679円	63,836,815円	66,791,458円	46,303,920円	48,530,070円	79,658,744円	53,314,983円	64,452,397円
借地権割合	⑪	0.6	0.6	0.6	0.6	0.6	0.6	0.6	0.6
借家権割合	⑫	0.3	0.3	0.3	0.3	0.3	0.3	0.3	0.3
相続税評価額（⑩×（1－⑪×⑬））	⑬	43,750,836円	52,346,188円	54,768,995円	37,969,214円	39,794,657円	65,320,170円	43,718,286円	52,850,965円

（注1）奥行価格補正率
　　　　平成30年1月1日以後は，奥行価格補正率が改正されている。
（注2）規模格差補正率
　　　　(イ) C棟敷地

$$\frac{645.64 \text{㎡ (評価対象地の地積)} \times 0.95 + 25}{645.64 \text{㎡ (評価対象地の地積)}} \times 0.8 = 0.790 \cdots \Rightarrow 0.79 \begin{pmatrix} \text{小数点以下第2} \\ \text{位未満切捨て} \end{pmatrix}$$

㊥ F棟敷地

$$\frac{779.89 \text{㎡ (評価対象地の地積)} \times 0.95 + 25}{779.89 \text{㎡ (評価対象地の地積)}} \times 0.8 = 0.785 \cdots \Rightarrow 0.78 \begin{pmatrix} \text{小数点以下第2} \\ \text{位未満切捨て} \end{pmatrix}$$

追補3　本件裁決事例に係る上級審の判断

本件裁決事例において，その主張が棄却された請求人（納税者）は，これを不服として，その後，提訴した。
その結果は，下記のとおりである。

第一審　東京地方裁判所（平成27年7月16日判決，平成25年（行ウ）第373号，相続税更正処分等取消請求事件）
　　（結果）　原告（納税者）の請求が棄却された。原告（納税者）はこれを不服として控訴した。

控訴審　東京高等裁判所（平成28年1月13日判決，平成27年（行コ）第286号，相続税更正処分等取消請求控訴事件）
　　（結果）　控訴人（納税者）の請求が棄却された。控訴人（納税者）はこれを不服として上告した。

上告審　最高裁判所第三小法廷（平成29年2月28日判決，平成28年（行ヒ）第169号，相続税更正処分等取消請求上告受理事件）
　　（結果）　上告人（納税者）の請求には理由があるものとされ，原判決を破棄し原審に差し戻すこととされた。

上記に掲げる各裁判所における判示事項をまとめると，次の図表－10のとおりとなる。

図表－10　各裁判所における判示事項

第一審　東京地方裁判所（平成27年7月16日判決） 控訴審　東京高等裁判所（平成28年1月13日判決）	上告審　最高裁判所第三小法廷 （平成29年2月28日判決）
私人が所有する道という広い意味で私道を捉えた場合，その中に，例えば，複数の建物敷地のいわゆる接道義務を満たすために当該各敷地所有者が共有する道であって建築基準法上の道路とされているものもあるであろうし，他方において，宅地の所有者が事実上その宅地の一部を通路として一般の通行の用に供しているものもあり得るところである。このうち，前者は，これに隣接する各敷地の所有者が，それぞれその接道義務を果たすために不可欠なものであるから，個別の敷地所有者（すなわち私道の一共有者）の意思により，これを私道以外の用途に用いることには困難を伴うといえるし，また，道路内の建築制限（建築基準法44条）や私道の変更等の制限（同法45条）も適用されるのであって，その利用に制約があるものである。これに対し，後者は宅地の所有者が宅地の使用方法の選択肢の一つとして任意にその宅地の一部を通路としているにすぎず，特段の事情のない限り，通路としての使用を継続するか否かは当該所有者の意思に委ねられているのであって，その利用に制約があるわけではない。 このような違いを宅地の価額の評価という観点からみた場合，前者については，上記のような制約がある以上，	相続税法22条（評価の原則）は，相続により取得した財産の価額は，当該財産の取得の時における時価による旨を定めているところ，ここにいう時価とは，課税時期である被相続人の死亡時における当該財産の客観的交換価値をいうものと解される。そして，私道の用に供されている宅地については，それが第三者の通行の用に供され，所有者が自己の意思によって自由に使用，収益又は処分をすることに制約が存在することにより，その客観的交換価値が低下する場合に，そのような制約のない宅地と比較して，相続税に係る財産の評価において減額されるべきものということができる。 そうすると，相続税に係る財産の評価において，私道の用に供されている宅地につき客観的交換価値が低下するものとして減額される場合を，建築基準法等の法令によって建築制限や私道の変更等の制限などの制約が課されている場合に限定する理由はなく，そのような宅地の相続税における財産の評価におけ

評価通達24（私道の用に供されている宅地の評価）が定めるように、所定の方法により計算された価額の30％で評価することとし、それが不特定多数の者の通行の用に供されているためにより大きい制約を受ける状況にあるといえるときにはその価額を評価しないとすることには、合理性があるものということができる。しかしながら、後者については、そもそもかかる制約がなく、特段の事情がない限り、私道を廃止して通常の宅地として利用することも所有者の意思によって可能である以上、これを通常の宅地と同様に評価するのがむしろ合理的というべきである。

そうすると、評価通達24にいう「私道」とは、その利用に上記のような制約があるものを指すと解するのが相当である。

本件各土地は、いずれも公道に接しているのであり、本件各歩道状空地は、接道義務を果たすために設けられたものではない。したがって、本各歩道状空地の利用について、私道としての建築基準法上の利用制限が課されることになるわけではない。

本件各土地の利用方法として様々な選択肢があり得る中で、被相続人は、共同住宅を建築するべく、都市計画法に基づく開発行為をすることを選択したのであって、その結果、相模原市及び大和市から開発指導要綱等に基づき歩道部分を設けるように指導を受け、本件各歩道状空地を設けることとなったものであるところ、かかる指導によって本件各歩道状空地を設けることを事実上やむなくされたことをもって仮に制約と評価する余地があるとしても、かかる制約は、それを受け入れつつ開発行為を行うのが本件各土地の利用形態として適切であると考えた上での選択の結果生じたものということができる。しかも、本件各土地は、被相続人が所有し、原告らが相続したものであり、その利用形態は同人らが決定し得るものであって、同人らが、その意思により、本件各土地の利用形態を変更すれば、上記のような制約を受けることもなくなるのであるから、通常の宅地と同様に利用することができる潜在的可能性とそれに相応する価値を有しているといえる。

以上のような事情に照らすと、評価通達24が想定している私道に課せられた制約の程度と、本件各歩道状空地に課されている上記の制約の程度は、大きく異なるものといわざるを得ないのであり、後者の程度の制約しかない本件各歩道状空地をもって、評価通達24の適用される私道供用宅地に該当するということはできない。

る減額の要否及び程度は、私道としての利用に関する建築基準法等の法令上の制約の有無のみならず、当該宅地の位置関係、形状等や道路としての利用状況、これらを踏まえた道路以外の用途への転用の難易等に照らし、当該宅地の客観的交換価値に低下が認められるか否か、また、その低下がどの程度かを考慮して決定する必要があるというべきである。

これを本件についてみると、各歩道状空地は、車道に沿って幅員2ｍの歩道としてインターロッキング舗装が施されたもので、いずれも相応の面積がある上に、各共同住宅の居住者等以外の第三者による自由な通行の用に供されていることがうかがわれる。また、各歩道状空地は、いずれも各共同住宅を建築する際、都市計画法所定の開発行為の許可を受けるために、市の指導要綱等を踏まえた行政指導によって私道の用に供されるに至ったものであり、各共同住宅が存在する限りにおいて、上告人らが道路以外の用途へ転用することが容易であるとは認め難い。そして、これらの事情に照らせば、各共同住宅の建築のための開発行為が被相続人による選択の結果であるとしても、このことから直ちに各歩道状空地について減額して評価する必要がないということはできない。

以上によれば、各歩道状空地の相続税に係る財産の評価につき、建築基準法等の法令による制約がある土地でないことや、所有者が市の指導を受け入れつつ開発行為を行うことが適切であると考えて選択した結果として設置された私道であることのみを理由として、前記において説示した点について具体的に検討することなく、減額をする必要がないとした原審の判断には、相続税法22条の解釈適用を誤った違法があるというべきである。

したがって、原審の判断には判決に影響を及ぼすことが明らかな法令の違反があり、論旨はこの趣旨をいうものとして理由がある。原判決は破棄を免れない。そして、本件各歩道状空地につき、前記において説示した点について更に審理を尽くさせるため、本件を原審に差し戻すこととする。

筆者注　上記_____部分は、筆者が重要と判断した部分について付線したものである。

上記の最高裁判所の判示を受けて、国税庁では従来の解釈を変更して、次に掲げる質疑応答事例（歩道状空地の用に供されている宅地の評価）を公開している。

[資料] 質疑応答事例（歩道状空地の用に供されている宅地の評価）

【照会要旨】

　都市計画法所定の開発行為の許可を受けるため、地方公共団体の指導要綱等を踏まえた行政指導によって設置された、次のような「歩道状空地」の用に供されている宅地については、どのように評価するのでしょうか。

　なお、この「歩道状空地」はインターロッキング舗装が施されたもので、居住者以外の第三者による自由な通行の用に供されています。

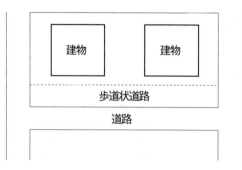

【回答要旨】

　「歩道状空地」の用に供されている宅地が、法令上の制約の有無のみならず、その宅地の位置関係、形状等や道路としての利用状況、これらを踏まえた道路以外の用途への転用の難易等に照らし、客観的交換価値に低下が認められる場合には、その宅地を財産評価基本通達24に基づき評価します。

　具体的には、①都市計画法所定の開発行為の許可を受けるために、地方公共団体の指導要綱等を踏まえた行政指導によって整備され、②道路に沿って、歩道としてインターロッキングなどの舗装が施されたものであり、③居住者等以外の第三者による自由な通行の用に供されている上図の「歩道状空地」は、財産評価基本通達24に基づき評価することとなります。

　上図の「歩道状空地」が、不特定多数の者の通行の用に供されている場合には、その価額は評価しません。

【関係法令通達】

財産評価基本通達24

CASE23

評価単位 地目	間口距離 奥行距離	側方加算 二方加算	広大地	農地・山林・原野
雑種地	貸家建付地	借地権 貸宅地	**利用価値の低下地**	その他の評価項目

課税実務上の取扱いである「利用価値が著しく低下している宅地の評価（10%の評価減）」の対象となる「その付近にある宅地に比べて著しく高低差のあるもの」に該当するか否かが争点とされた事例

事例

被相続人甲は，本年5月に相続の開始があった。被相続人甲に係る相続開始時において，同人が有していた＊＊＊＊に所在する宅地（普通住宅地区に所在する地積212.65m²の宅地で，被相続人甲が所有する貸家住宅の敷地の用に供用されていた）があった。

当該宅地は，その接道する前面道路（市道）の道路面から最大で3.5mという相当高い位置にあるほか，次に掲げるとおり，宅地にとっては相当大きな難点と考えられる各種の問題事項を不動産の価額形成に詳しい専門家から指摘されるという土地所有者泣かせの物件であった。

(1) この宅地への出入りには，道路との高低差の関係から13段ほどの長い階段を必要とし，日常生活の利便性が大きく損なわれていると認められること
(2) 現行の貸家住宅を建て替えるに当たっては，擁壁を設置する必要があり，宅地造成等規制法上の許可を受ける必要があると認められること
(3) 現在の車社会では住宅の敷地には駐車場の確保は必然的な要請であるところ，この宅地に駐車場を設置するには，相当多額の宅地造成費の発生が想定されること

上記のような事情を相続税に詳しいとする知人に話したところ，同人の言では，「評価対象地（本件では，普通住宅地区に所在する宅地）について，付近にある宅地に比べて著しく高低差があり，付近にある他の宅地の利用状況からみて利用価値が著しく低下していると認められる宅地として，利用価値が低下していないものとして評価した場合の価額から10%に相当する額を減額した価額により評価することができる」旨を定めた課税実務上の取扱いがあり，この宅地はまさに，その取扱いの対象になると考えられるとの助言をもらった。

この知人の見解によって，この宅地の評価を行うこと（利用価値が著しく低下している宅地に対する10%減額の適用）が相当であるのか教示されたい。

（平25.3.11裁決，東裁（諸）平24-172，平成21年相続開始分）

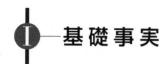基礎事実

❶ **本件相続について**

被相続人甲の相続財産の中には，＊＊＊＊の土地（地目宅地，地積212.65㎡，以下「本件宅地」という）があったところ，平成22年9月7日付で，共同相続人間で本件相続に係る遺産分割協議を成立させ，請求人＊＊が本件宅地を取得した。

なお，被相続人甲の相続財産の中には，本件宅地上に存する共同住宅もあり，当該共同住宅は，本件相続開始日において，貸付けの用に供されていた。

❷ **本件宅地について**

(1) 本件宅地は，その北側に位置する幅員約6mの市道（以下「本件市道」という）に約15m接面しているく形（筆者注 長方形）の土地である。

図表－1　本件宅地及び請求人が主張する「付近にある他の宅地」の範囲

（注1）　Ａは本件宅地を，Ｂは本件公示地を，それぞれ示す。
（注2）　○囲みの数字は，住居表示の街区符号を示す。
（注3）　←→は，平成21年分の路線価が160,000円となっている範囲を示す。
（注4）　……の範囲は，請求人らが主張する「＊＊＊＊＊＊＊までの距離が同程度である範囲の地域」を示し，当該範囲のうち，路線価160,000円の地域が「本件請求人ら主張地域」である。
（注5）　▨は，請求人らが主張する本件市道に沿接する宅地の範囲を示す。
（注6）　－･－は，＊＊＊＊＊＊＊並びに＊＊＊＊＊＊＊及び＊＊＊＊の境を示す。

(2) 本件宅地は，評価通達に基づき東京国税局長が定めた平成21年分財産評価基準によれば，評価通達14－2（地区）に定める路線価地域の普通住宅地区に存し，本件宅地の面する路線に付された路線価は160,000円で，借地権割合は60％である（以下，本件宅地の面する路線を「本件路線」といい，本件路線に付された路線価を「本件路線価」という。本件路線の範囲は，図表－1を参照）。

(3) 本件宅地が存する＊＊＊＊の街区並びにその東側に隣接する＊＊＊＊及び＊＊＊＊のうち，図表－1に示す範囲の地域は，都市計画法上の第1種低層住居専用地域に指定され，建築基準法上の建ぺい率は60％，容積率は100％である。

(4) 本件宅地を含む図表－1に示す範囲の地域は，宅地造成等規制法3条（宅地造成工事規制区域）に規定する宅地造成工事規制区域内に存し，宅地造成に関する工事を行う場合には，同法8条（宅地造成に関する工事の認可）の規定により，当該工事に着手する前に都道府県の知事の許可を受けなければならない区域である。

II 争　　点

❶ 本件宅地について，付近にある宅地に比べて著しく高低差があり，付近にある他の宅地の利用状況からみて利用価値が著しく低下していると認められる宅地として，利用価値が低下していないものとして評価した場合の価額から10％に相当する額を減額した価額により評価することが認められるのか。

❷ 本件宅地の具体的な相続税評価額はいくらになるのか。

III 争点に関する双方（請求人・原処分庁）の主張

争点に関する請求人・原処分庁の主張は，図表－2のとおりである。

IV 国税不服審判所の判断

❶ 認定事実

(1) 本件路線の状況について

本件路線は，全長約95mであり，東側から西側方向へ下る坂となっている。

(2) 本件宅地の本件路線との高低差等について

本件宅地の地盤面は，本件路線の道路面よりも高い位置にあり，本件路線に接する部分には，土留めの擁壁（下方は間知石積擁壁，上方が増積擁壁となっているもの）が築造されている。

本件宅地の地盤面と本件路線の道路面との高低差は，最小が本件宅地の東端部分の約2.7m，最大が本件宅地の西端部分の約3.9mであり，東端から西端に進むに従って徐々に拡大している。

図表－2　争点に関する請求人・原処分庁の主張

争　　点	請求人（納税者）の主張	原処分庁（課税庁）の主張
(1) 本件宅地に利用価値が著しく低下している宅地に対する10％減額の適用は可能か	① 付近にある他の宅地の範囲 　本件宅地と比較すべき「付近にある他の宅地」は、本件宅地と宅地の価額がおおむね同一と認められる範囲の地域、すなわち、＊＊＊＊（筆者注 公共施設名と推定される）までの距離が同程度である範囲の地域のうち、本件市道に付された路線価と同一の路線価が付されている地域（以下「本件請求人主張地域」という。図表－1を参照）の各宅地である。 ② 著しく高低差のある宅地の該当性 　次の各事実からすれば、本件宅地は、本件請求人主張地域の各宅地に比べて著しく高低差のある宅地である。 　(イ) 本件請求人主張地域の標準的な宅地である本件宅地の南東に位置する最寄りの公示地（以下「本件公示地」という）は、道路面と等高である。 　(ロ) 本件請求人主張地域の各宅地のうち、本件市道沿いに位置する図表－1の（注5）の本件市道に沿接する宅地（以下「本件市道沿接宅地」という）の各地盤面と本件市道の道路面との高低差は、おおむね1m程度に収れんしているのに対し、本件宅地の地盤面は本件市道の道路面から最大3.5m高い場所に位置する。 ③ 利用価値の著しい低下の該当性 　上記②の各事実に加えて、次の各事実を併せ考えると、本件請求人主張地域の各宅地の利用状況からみて、本件宅地の利用価値は、著しく低下しているといえる。 　(イ) 本件請求人主張地域の各宅地は戸建住宅の用に供されていることから、本件宅地の最有効使用は、戸建住宅の敷地と考えられる。 　(ロ) 戸建住宅の敷地には駐車場の確保が必要であるところ、本件宅地に駐車場を設ける際、既存の擁壁の取壊し費用、切土の処理費用、新たな擁壁や階段等の造成費用といった宅地造成費が発生する。 　(ハ) 本件宅地上に一定の建物を新築する場合、＊＊＊＊（筆者注 規制法規又は条例等の名称と推定される）の崖地に対する擁壁設置の要件を満たし、宅地造成等規制法上の許可を受ける必要がある。 　(ニ) 本件宅地への出入りには13段ほどの長い階段を要し、日常生活における利	① 付近にある他の宅地の範囲 　本件宅地と比較すべき「付近にある他の宅地」は、本件宅地が存する＊＊＊＊（住居表示）の街区のうち最も北側に位置する区画及び＊＊＊＊（住居表示）の街区の各宅地で、本件市道沿いに位置する各宅地（本件市道沿接宅地）である。 ② 著しく高低差のある宅地の該当性 　次の各事実からすれば、本件宅地は、本件市道沿接宅地に比べて著しく高低差のある宅地ではない。 　(イ) 本件宅地及び本件市道沿接宅地の各地盤面と本件市道の道路面との間には、いずれも高低差が存在する。 　(ロ) 本件宅地及び本件市道沿接宅地の各地盤面と本件市道の道路面との高低差は、本件市道に沿って、東側から西側へと徐々に大きくなっている。 ③ 利用価値の著しい低下の該当性 　上記②の各事実に加えて、次の各事実を併せ考えると、本件市道沿接宅地の利用状況からみて、本件宅地の利用価値は、著しく低下しているとはいえない。 　(イ) 本件宅地は共同住宅の敷地として利用されており、その利用状況は、本件市道沿接宅地とおおむね変わらない。 　(ロ) 本件宅地には、すでに擁壁が設置されており、本件宅地は、すでに共同住宅の敷地として利用されているから、＊＊＊＊（筆者注 規制法規又は条例等の名称と推定される）上の崖に対する擁壁設置及び宅地造成等規制法上の許可の問題は生じない。 　(ハ) 本件宅地上に新たな建物を建築するとしても、請求人が主張するような宅地造成費が生ずるとは必ずしもいえない。 　(ニ) 住宅地における接面道路より高い位置にある宅地は、快適性の観点から、日照、通風、景観、排水等の面で高い評価を受けることがある。

	便性が著しく劣る上、当該階段部分は宅地として有効利用することができない。 ④　まとめ 　請求人ら主張地域内の路線価は、道路面との間の高低差があってもいずれも160,000円と同一であり、価格差が存在しないことからすると、本件市道に付された路線価は、本件宅地の地盤面と本件市道の道路面との間の高低差を考慮して付されていないといえる。 　したがって、本件宅地の評価については、10％に相当する額を減じて評価することができる。	④　まとめ 　路線価は、宅地の価額がおおむね同一となる一連の宅地が面している路線ごとに設定することとされ、また、その一連の宅地に共通した地勢にある宅地について評定した価額とすることとされているから、当該共通した地勢が道路との高低差のある地勢である場合には、高低差のあることが路線価の設定に当たり考慮されているものであり、本件市道に付された路線価は、本件宅地の地盤面と本件市道の道路面との間の高低差を考慮して付されているといえる。 　この点をおくとしても、上記②及び③で指摘した点からすれば、本件市道に付された路線価が本件宅地の地盤面と本件市道の道路面との間の高低差を考慮して付されているか否かを検討するまでもなく、本件宅地の評価については、10％に相当する額を減じて評価することはできない。
(2)　本件宅地の具体的な相続税評価額	筆者注 　本件裁決事例には、請求人（納税者）の主張する価額は記載されていないものの、当該主張の主旨から判断して算定すると、計算－2のとおり、<u>2,360万3,129円</u>と推定される。	上記(1)より、本件宅地は、利用価値が著しく低下している宅地の評価（10％減額）によるべきではないから、本件宅地の価額を同取扱いによらないところで評価通達の定めに基づき評価すると、計算－1のとおり、<u>2,622万5,699円</u>となる。

計算－1　原処分庁（課税庁）の主張する本件宅地の価額（相続税評価額）

(正面路線価)　(奥行価格補正率)(注1)
160,000円 × 1.00 ＝ 160,000円 ……①

　(①)　　　　　(不整形地補正率)(注2)
160,000円 × 0.94 ＝ 150,400円 ……②

　(②)　　　　(地積)　　　(自用地としての価額)
150,400円 × 212.65㎡ ＝ 31,982,560円 ……③

　(③)　　　　　　　　(借地権割合)　(借家権割合)
31,982,560円 ×（1 － 0.6 × 0.3 ）

(相続税評価額)
＝<u>26,225,699円</u>

(注1)　普通住宅地区、間口距離15.00m、奥行距離14.17m、奥行価格補正率1.00
(注2)　15.00m（想定間口距離）×17.80m（想定奥行距離）＝267.00㎡（想定整形地の地積）
　　　かげ地割合（267.00㎡－212.65㎡）÷267.00㎡＝20.35％
　　　地積区分A　不整形地補正率0.94

計算－2　請求人（納税者）が主張する本件宅地の価額（相続税評価額）（推定）

(計算－1に掲げる原処分庁(課税庁)が主張する相続税評価額)　(利用価値が著しく低下している宅地の減額割合)　(相続税評価額)
26,225,699円 ×（1 － 10％ ）＝<u>23,603,129円</u>

図表－3　本件路線に接する宅地と本件路線との高低差の状況

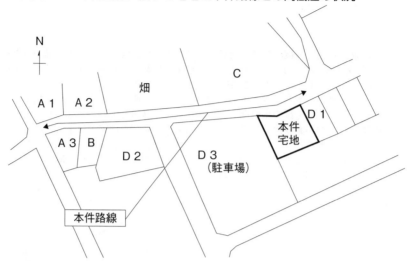

No.	最大高低差	該当する宅地	件数
①	1m未満	A1，A2，A3	3件
②	1m以上2m未満	B	1件
③	2m以上3m未満	C	1件
④	3m以上	D1，D2	2件

（注）D3（駐車場）の本件路線との最大高低差は，約4.5mである。

(3) 本件路線に接するその他の宅地の本件路線との高低差等について

　本件路線に接する宅地は，図表－3のとおり，本件宅地を除き7件（A1，A2，A3，B，C，D1及びD2）存し，それらの各宅地の地盤面と本件路線の道路面との最大高低差の状況は，1m未満のもの3件（A1，A2及びA3），1m以上2m未満のもの1件（B），2m以上3m未満のもの1件（C），3m以上のもの（本件宅地における高低差とおおむね同程度のもの）2件（D1及びD2）となっており，本件路線に接する雑種地（D3の駐車場）は，本件路線との最大高低差が約4.5mに及んでいる。

(4) 擁壁に関する規制等の概要について

　審判所の調査の結果によれば，本件宅地で使用されている増積擁壁は，＊＊＊＊規則第＊号による改正前の＊＊＊＊第1号（筆者注 伏字はいずれも条例名と推定される）に規定する擁壁の構造等について準用している宅地造成等規制法施行令6条（擁壁の設置に関する技術的基準）1項2号に定める技術的基準に該当するものではないが，建物の建替えを伴わない現在の建物に係る既存擁壁については組換えの義務はない。

　また，本件宅地が存する宅地造成工事規制区域内において，既存の建物の擁壁が増積擁壁を含むものであっても，新たに宅地造成を行うものでなければ宅地造成等規制法上の規制の対象とはならないため，擁壁の組換えの義務はない。

❷ 法令解釈等

(1) 評価通達14（路線価）

評価通達14（路線価）によれば，路線価は，宅地の価額がおおむね同一と認められる一連の宅地が面している路線ごとに設定することとされるもので，路線に接する宅地で，その一連の宅地に共通している地勢にあるなど一定の宅地について，売買実例価額，公示価格，不動産鑑定士等による鑑定評価額，精通者意見価格等を基としてその路線ごとに評定した価額とされている。

そうすると，土地の取引価額に影響を与えると認められる土地の高低差については，基本的には，路線価の評定の基となる上記各価格等に反映されていることとなるので，路線価を基に土地の価額を評価する場合には，原則として，評価通達の定めによる画地補正等を行えば足り，土地の高低差を個別にしんしゃくする必要はないと考えられる。

(2) 課税実務上の取扱い（利用価値が著しく低下している宅地の評価）

① 課税実務上は，<u>普通住宅地区にある宅地</u>（筆者注）で，道路より高い位置にある宅地又は低い位置にある宅地で，その付近にある宅地に比べて著しく高低差のあるもののように，その利用価値が付近にある他の宅地の利用状況からみて，著しく低下していると認められるものの価額は，路線価がその利用価値の著しく低下している状況を考慮して付されている場合を除き，その宅地について利用価値が低下していないものとして評価した場合の価額から，利用価値が低下していると認められる部分の面積に対応する価額に10％を乗じて計算した金額を控除した価額によって評価することができる旨取り扱われている（国税庁ホームページのタックスアンサーの「利用価値の著しく低下している宅地の評価」。以下，この取扱いを「本件取扱い」という）。

筆者注　現行の取扱いでは，「普通住宅地区にある宅地」という所在に関する要件は撤廃されている（本稿末尾の 追補2 を参照）。

本件取扱いは，付近にある他の宅地の利用状況からみて，著しく利用価値が低下していると認められる宅地の価値に減価が生じることを考慮する趣旨のものであり，課税の公平の観点からみて合理的であり，審判所においても相当であると考える。

② 上記①にかかわらず，上記(1)に掲げるとおり，路線価は，基本的に価額に影響を与える土地の高低差は考慮されており，原則として，路線価の評定とは別に土地の高低差を個別にしんしゃくする必要はないことからすれば，本件取扱いは，同一の路線に接する一連の宅地に共通している地勢の宅地の地盤面と道路の路面との高低差と，評価する宅地の地盤面と道路の路面との高低差を比較検討しても，なお，後者に著しい高低差のある場合に限るのが相当である。

❸ 当てはめ

(1) 本件宅地に本件取扱いをするか否かについて

上記❷(2)②に掲げるとおり，本件取扱いにおける「その付近にある宅地に比べて著しく高低差のあるもの」とは，同一の路線に接する一連の宅地に共通した地勢と評価する宅地との高低差を比較検討しても，なお後者に著しい高低差のある場合に限るのが相当であるところ，これを本件についてみると，次に掲げる事実が認められることからすると，本件路線に接する一連の宅地に共通している地勢の宅地の地盤面と道路の路面との高低差と，

本件宅地の地盤面と道路の路面との高低差を比較検討しても，なお著しい高低差があるとはいえない。

① 上記❶(1)に掲げるとおり，本件宅地が面する本件路線は，東側から西側方向へ下る坂となっているため，本件宅地を含む本件路線に接する宅地の地盤面には本件路線の道路面との高低差があり，このことは本件路線に接している宅地に共通したものであること

② 上記❶(3)に掲げるとおり，本件路線に接するその他の宅地の地盤面には，本件路線の道路面との高低差が本件宅地と同程度のものも認められること

したがって，本件宅地は，本件取扱いにおける「その付近にある宅地に比べて著しく高低差のあるもの」には該当せず，その評価に当たっては，10％の評価減をすることはできない。

(2) 請求人の主張について

① 「その付近にある宅地に比べて著しく高低差のあるもの」の判断基準について

請求人は，本件公示地や本件市道沿接宅地の各地盤面と道路面との高低差に比べれば，本件宅地は著しく高低差のある宅地に該当する旨主張する。

しかしながら，上記❷(2)②に掲げるとおり，本件取扱いにおける「その付近にある宅地に比べて著しく高低差のあるもの」に該当するか否かは，同一の路線に接する一連の宅地に共通している地勢の宅地の地盤面と道路の路面との高低差と，評価する宅地の地盤面と道路の路面との高低差とを比較検討して判断されるべきものであり，当該路線以外の道路に接する公示地や宅地における高低差と比較検討して判断するものではないことから，請求人の主張には理由がない。

② 既存の擁壁の取壊し費用の発生と利用価値が著しく低下している宅地の該当性

請求人は，本件宅地に駐車場を確保するには，既存の擁壁の取壊し費用などが発生することから，本件宅地は，利用価値が著しく低下している宅地に該当する旨主張する。

しかしながら，相続により取得した財産の価額は，当該財産の取得の時における時価，すなわち本件相続開始日時点における時価によるものであるところ，上記❶(4)に掲げるとおり，既存の擁壁について法令上の組換えの義務はなく，請求人が，本件宅地上の既存の擁壁を取り壊すか否か，切土が発生するか否か，及び新たな擁壁を設置するか否かは，それ自体将来の不確定な要素であり，また，仮に請求人が主張するような既存の擁壁の取壊し工事を行うとした場合があったとしても，いかなる時期に，いかなる状況の下でこのような工事を行うかについても，将来の不確定な要素であるから，時価の概念にこれらの将来の不確定要素を持ち込むことは相当とはいえず，請求人の主張を採用することはできない。

③ 長い階段の存在と利用価値が著しく低下している宅地の該当性

請求人は，本件宅地には長い階段があり日常生活における利便性が著しく劣り，当該階段部分は宅地として有効利用できないため，本件宅地は，利用価値が著しく低下している宅地に該当する旨主張する。

しかしながら，上記(1)に掲げるとおり，本件宅地は，本件路線に接する一連の宅地に比

して著しく高低差があるとはいえず，本件宅地の地盤面が本件路線の道路面よりも高い位置にあることによる利便性の低下等は，本件路線に接する宅地の共通する地勢として，本件路線価の設定に当たり考慮されているものと認められるから，請求人の上記主張には理由がない。

❹ まとめ（本件宅地の価額）

上記❶ないし❸のとおり，本件宅地は，本件取扱いによるべきではないものであるから，審判所において，本件宅地の価額を本件取扱いによらないところで評価通達の定めに基づき評価すると，計算－１のとおりとなり，原処分庁算定による本件宅地の評価額と同額となる。

本件裁決事例のキーポイント

❶ 本件取扱い（国税庁のホームページのタックスアンサーの「利用価値が著しく低下している宅地の評価」）の内容

相続税法22条（評価の原則）は，相続，遺贈又は贈与により取得した財産の価額は，特別の定めがあるものを除き，当該財産の取得の時における時価によって評価する旨が規定されているが，全ての財産の時価（客観的交換価値）は，必ずしも一義的に確定できるものではないから，課税実務上は，財産評価の一般的基準（評価方法）が評価通達により定められているところである。

したがって，評価通達に定められた評価方法を画一的に適用するという形式的な平等を貫くことによってかえって実質的な租税負担の平等を著しく害することが明らかであるといった特別の事情がある場合を除き，評価通達に定められた評価方法によって当該財産の評価を行うことが，納税者間の公平，納税者の便宜及び徴税費用の節減等の観点から一般的には相当性を有するものとされている。

そうすると，評価通達の定めを適用して宅地の評価を行う場合には，本件宅地のように路線価方式によって評価することとなる宅地については，土地（評価対象地）の道路との高低差が認められたとしても，当該道路との高低差が当該評価対象地が所在するその地域における周辺の一連の宅地に共通している要因であるならば，当該高低差の存在は，その地域周辺における宅地の売買実例価額等に反映されており，結果として，路線価の評定においても原則として，織り込み済みであるとされる。それゆえに，路線価方式を適用して宅地の価額を評価する場合には，原則として，評価通達の定めによる画地補正等を行うことでこと足り，土地の高低差の存在をことさらに個別にしんしゃくする必要はないこととされる。

しかしながら，評価通達の定めに従って評価対象財産の評価を行う場合に，その評価の基礎となる路線価や固定資産税評価額に乗ずべき倍率の算定に当たって，事例によっては，当該評価対象地に係る固有の事情（限定的な事情）が生じていることによる利用価値の著しい低下がこれらの数値に適正に反映されていないことも考えられないわけではない。

553

|参考資料| 利用価値が著しく低下している宅地の評価（タックスアンサーより）

> 普通住宅地区にある宅地で，次のように⁽ˣ⁾その利用価値が付近にある他の宅地の利用状況からみて，著しく低下していると認められるものの価額は，その宅地について利用価値が低下していないものとして評価した場合の価額から，利用価値が低下していると認められる部分の面積に対応する価額に10％を乗じて計算した金額を控除した価額によって評価することができます。
> 　1　道路より高い位置にある宅地又は低い位置にある宅地で，その付近にある宅地に比べて著しく高低差のあるもの
> 　2　地盤に甚だしい凹凸のある宅地
> 　3　震動の甚だしい宅地
> 　4　1から3までの宅地以外の宅地で，騒音，日照阻害（建築基準法第56条の2に定める日影時間を超える日照阻害のあるものとします。），臭気，忌み等により，その取引金額に影響を受けると認められるもの
> 　また，宅地比準方式によって評価する農地又は山林について，その農地又は山林を宅地に転用する場合において，造成費用を投下してもなお宅地としての利用価値が著しく低下していると認められる部分を有するものについて同様です。
> 　ただし，⁽ʸ⁾路線価又は倍率が，利用価値の著しく低下している状況を考慮して付されている場合にはしんしゃくしません。
> 　|筆者注|　(X)及び(Y)部分は筆者が付設したものである。

　現行の評価通達にはこのような利用価値の著しく低下している宅地の評価に関する定めはないが，課税実務上の取扱いでは，国税庁のホームページ上で公開されているタックスアンサーにおいて，「利用価値が著しく低下している宅地の評価」として，上記に掲げる|参考資料|のとおりの質疑応答が示されている。

　|筆者注|　現行の「利用価値が著しく低下している宅地の評価」（タックスアンサー）の取扱いでは，適用対象地につき「普通住宅地区にある宅地」という表現は削除されている（本稿末尾の|追補2|を参照）。

❷　本件取扱いの適用上の留意点

　本件取扱いは，法令や評価通達（個別通達を含む）において定められているものではないが，課税実務上の取扱いとして土地の評価実務において適用する機会の多い評価技法の一つであるので，十分認識しておきたいものである。本件取扱いのうち，本件裁決事例を理解するために重要と考えられる部分を示すと次のとおりである。

(1)　その利用価値が付近にある他の宅地の利用状況からみて，著しく低下していると認められるものであること（上記|参考資料|の(X)部分より）

(2)　路線価又は倍率が，利用価値の著しく低下している状況を考慮して付されている場合には，しんしゃくの対象とはならないこと（上記|参考資料|の(Y)部分より）

上記(1)及び(2)に掲げる重要な論点につき，本件裁決事例で争点となった項目（上記 参考資料 の1に掲げる「道路より高い位置にある宅地又は低い位置にある宅地で，その付近にある宅地に比べて著しく高低差のあるもの」）を対象として検証すると次のとおりである。

① 評価対象地についてその付近にある宅地に比べて著しく高低差があると認められる場合

図表－4を参照されたい。これらの各事例に掲げる評価対象地Aは，その付近にある宅地に比べて著しく高低差のあるものに該当する。

② 評価対象地が道路より少し高い位置にある宅地である場合

図表－5を参照されたい。この事例に掲げる評価対象地Aは道路より少し高い位置にある宅地である。評価対象地につき，道路との高低差があれば全て本件取扱い（10％の評価減額）の対象となるものではない。特にその用途が住宅用地である場合には道路より少し高い位置にある宅地が最も利用価値が高いものとされ，格別に道路より高い位置にあることによる減価要素を考慮する必要性はないものと考えられる。

図表－4　利用価値の著しい低下が認められる事例（道路との著しい高低差が認められる場合）

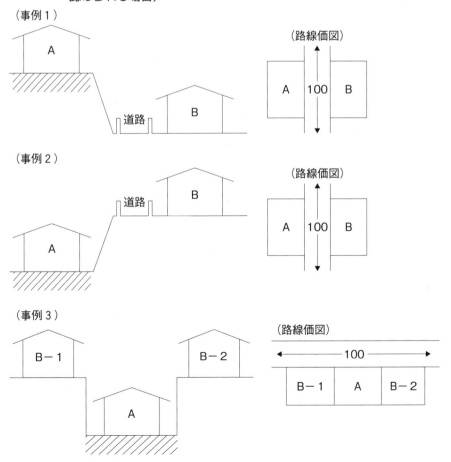

図表－5 利用価値の著しい低下は認められない事例（道路より少し高い位置にある宅地）

図表－6 ヒナ段式開発の住宅造成地

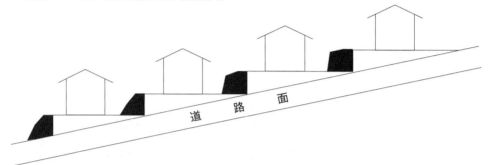

（注） 道路が傾斜しているため，評価対象地と前面道路との間に高低差が生じる。

　また，図表－6に掲げるように「がけ地等で通常の用途に供することができないと認められる部分を有する宅地」（評価通達に定めるがけ地等を有する宅地の評価の定めを適用して評価する宅地）とは，平たん地部分とがけ地部分等（宅地である土地のうちの傾斜部分又は法面部分）が一体となっている宅地を指すものであると考えられる。このように元の地目が山林又は原野等であった土地を造成して，ヒナ段式に開発された新興住宅地に存する宅地は，一般的に評価対象的である土地（宅地）と前面の接道路との高低差が生じることになる。

　しかしながら，このような土地（宅地）と道路との高低差は，その付近にある宅地との比較において差異は認められないこととなり，評価対象地について道路との著しい高低差があることによる減価要素を考慮する必要性はないものと考えられる（これに関連して，次の③を参照）。

③ 評価対象地について道路との著しい高低差は認められるもののその付近にある宅地に比べて著しく高低差があるとは認められない場合

　図表－7を参照されたい。これらの各事例に掲げる評価対象地Aは，その接する道路との著しい高低差は認められるものの，その付近にある宅地との比較においては高低差に差異はなく等質等量状態にあるものと認められる。そうすると，評価対象地については道路との著しい高低差があることによる減価要素を考慮する必要性はないものと考えられる。

④ 評価対象地についてその付近にある宅地に比べて著しく高低差があると認められるものの当該要因はすでに路線価に織り込み済みであると考えられる場合

図表－7　利用価値の著しい低下は認められない事例（その付近にある宅地と同様の高低差が認められる宅地）

（事例1）

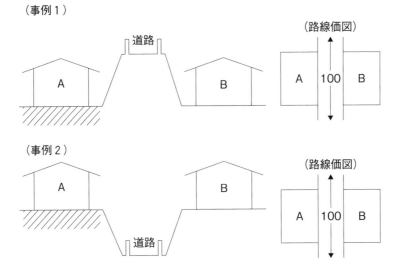

（事例2）

図表－8　利用価値の著しい低下は認められない事例（路線価に織り込み済みと認められる宅地）

（事例1）

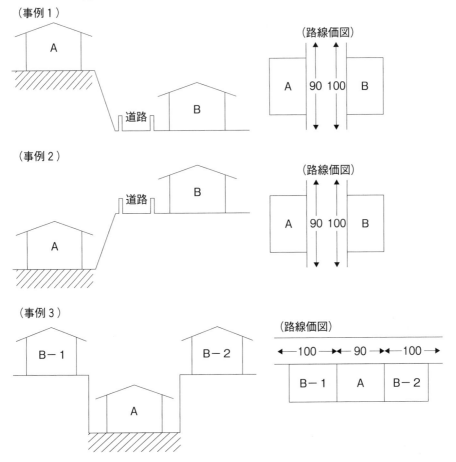

（事例2）

（事例3）

図表－9 「付近にある他の宅地」の範囲（請求人及び原処分庁の主張，国税不服審判所の判断）

請求人（納税者）の主張	原処分庁（課税庁）の主張	国税不服審判所の判断
本件宅地と比較すべき「付近にある他の宅地」は，本件宅地と宅地の価額がおおむね同一と認められる範囲の地域，すなわち，①＊＊＊＊（[筆者注]公共施設名と推定される）までの距離が同程度である範囲の地域のうち，②本件市道に付された路線価と同一の路線価が付されている地域（前掲図表－1を参照）の各宅地である。	本件宅地と比較すべき「付近にある他の宅地」は，本件宅地が存する③＊＊＊＊（住居表示）の街区のうち最も北側に位置する区画及び＊＊＊＊（住居表示）の街区の各宅地で，本件市道沿いに位置する各宅地（本件市道沿接宅地）である。	「その付近にある宅地」とは，④同一の路線に接する一連の宅地に共通した地勢と解するのが相当である。

図表－8を参照されたい。これらの各事例に掲げる評価対象地Aは，その付近にある宅地に比べて著しい高低差があると認められ，他の評価対象地（B，B－1及びB－2）と比較してその利用価値は著しく低下しているものと認められるが，評価対象地Aの評価に適用される路線価は，他の評価対象地（B，B－1及びB－2）を評価する場合に適用される路線価に比して，すでに減額調整されている（路線価の設定に織り込み済みである）ものに該当する。

❸ 本件裁決事例にみる「利用価値の著しく低下」に関する判断基準

本件裁決事例は，本件取扱いの適用理由である「道路より高い位置にある宅地で，その付近にある宅地に比べて著しく高低差のあるもの」に本件宅地が該当するか否かが争点とされたものであるが，前述までのとおり，本件取扱いの対象とされるためには，評価対象地とその付近にある他の宅地との比較において著しい高低差が認められることが必要とされている。

(1) 付近にある他の宅地の範囲

まず最初に，本件取扱いの適用の可否を判断するためには，道路よりも高い位置にある宅地であることによる利用価値の低下要因が付近にある他の宅地との比較において増大している旨の説明がなされなければならない。

この場合に論点となるのが，評価対象地と比較する「付近にある他の宅地」（上記＿＿部分）の範囲である。本件裁決事例では，真にこの点が争点となっている。この点につき，請求人及び原処分庁の主張並びに国税不服審判所の判断をまとめると，図表－9のとおりとなる。

図表－9から理解されるとおり，「付近にある他の宅地」の範囲の認定に当たっては，公共施設までの距離の同一性（図表－9の①部分）及び評価対象地に係る路線価と同一の路線価の設定状況（図表－9の②部分）並びに一定の住居表示による街区の構成（図表－9の③部分）を基礎とするのではなく，同一の路線に接する一連の宅地に共通した地勢（図表－9の④部分）によることが必要とされる。本件裁決事例は，この点を明確にした重要裁決として先例となるべきものであり，今後の土地評価に当たっては，評価対象地周辺の地勢を確認しておくことも，重要な作業となる場合もあろう。

(2) 利用価値の著しく低下の該当性

図表-10　利用価値の著しい低下（道路との高低差）に係る判断基準

判断基準となる項目	同一の路線に接する一連の宅地に共通している地勢の宅地の地盤面と道路の路面との高低差と，評価する宅地の地盤面と道路の路面との高低差とを比較検討すること
判断基準とならない項目	① 同一の路線以外の道路に接する公示地や他の宅地における高低差を比較検討すること ② 本件宅地に駐車場を確保するに当たり，既存の擁壁の取壊し費用，切土の処理費用，新たな擁壁や階段等の造成費用等が新規に発生することが想定されること ③ 本件宅地上に建物を新築する場合には，条例等により，崖地に対する擁壁の設置及び宅地造成等規制法上の許可の対象となること ④ 本件宅地上には長い階段（13段ほど）があり，日常生活における利便性が著しく劣ること

　上記(1)では，本件取扱いの適用可否を判断するために道路よりも高い位置にある宅地であることについて付近にある他の宅地との比較において増大している旨の説明が必要である旨を示したが，それのみでは不足で，次にそのことによる利用価値の低下要因が著しいものでなければならない旨の説明が必要とされる。

　この点に関して，国税不服審判所が示した利用価値の著しい低下（道路との高低差に関して）に関する判断基準（採用すべき項目，しない項目）をまとめると，図表-10のとおりである。

(3)　そ の 他

　本件裁決事例において，一点，注目しておきたい事項がある。それは，上記Ⅳ❶(2)に示されている認定事実として，「本件宅地の地盤面と本件路線の道路面との高低差は，最小が本件宅地の東端部分の約2.7m，最大が本件宅地の西端部分の約3.9mであり，（以下略）……」という項目がある。そうすると，本件宅地は，その接道する本件市道（換言すれば，本件路線）の道路面との高低差は，平均的に約3mは超えていることとなる。本件取扱いを解説する実務書等においては，単純に道路面との高低差を強調する余りか，「道路との高低差が2～3mもあれば著しい高低差が生じていると理解して本件取扱いを適用して差し支えないと考えられます」等の記述が散見されるが，あくまでも，本件取扱いの適用可否の判断基準は，「評価対象地の利用価値が付近にある他の宅地の利用状況からみて，著しく低下している」ことであり，評価対象地の状況のみで判断する（絶対的基準）ではないことに留意する必要がある。

❹　専門用語及び関係法令等の理解

　本件裁決事例は土地評価に関するものである。その理解に当たっては，税法や税務通達（その代表例として，評価通達）以外に，種々の不動産関係の専門用語や関係法令等の理解が不可欠となる。次に，本件裁決事例に登場してくるこれらの用語や法令のうち，主なものについて紹介することにする。

(1)　間 知 石 積

　間知石（けんちいし又はまちいし）とは，石垣や土留め（擁壁）に用いる建築，土木資材をいい，その石積み（工法）の種類として，水平方向に長辺を並べる布積み（ぬのづみ），矢羽型の間知石を用いて斜めに積む矢羽積（やばねつみ）等がある（写真-1を参照）。

写真-1 間知石積擁壁

写真-2 増積擁壁

(2) 増積擁壁

増積擁壁とは，既存の擁壁の上にさらに新たな擁壁を積み上げて作られた擁壁をいう。その代表例として，写真-2 を参照されたい。このように擁壁の上に新たな擁壁を継ぎ足した場合には，当該新規に設定した擁壁部分に当初においては想定していなかった土圧等が新たに加わり，崩壊の危険性もある。したがって，地方自治体においては，このような擁壁の造成について，一定の規制を加えている場合がある。

(3) 宅地造成等規制法9条（宅地造成に関する工事の技術的基準等）

第1項 宅地造成工事規制区域内において行われる宅地造成に関する工事は，政令（その政令で都道府県の規則に委任した事項に関しては，その規則を含む。）で定める技術的基準に従い，擁壁，排水施設その他の政令で定める施設（以下「擁壁等」という。）の設置その他宅地造成に伴う災害を防止するため必要な措置が講ぜられたものでなければならない。

第2項 前項の規定により講ずべきものとされる措置のうち政令（同項の政令で都道府県の規則に委任した事項に関しては，その規則を含む。）で定めるものの工事は，政令で定める資格を有する者の設計によらなければならない。

(4) 宅地造成等規制法施行令6条（擁壁の設置に関する技術的基準）

第1項 法第9条第1項の政令で定める技術的基準のうち擁壁の設置に関するものは，次のとおりとする。

　一　切土又は盛土（第3条第4号の切土又は盛土を除く。）をした土地の部分に生ずる崖面で次に掲げる崖面以外のものには擁壁を設置し，これらの崖面を覆うこと。

　　イ　切土をした土地の部分に生ずる崖又は崖の部分であって，その土質が別表第一上欄に掲げるものに該当し，かつ，次のいずれかに該当するものの崖面
　　　(1) その土質に応じ勾配が別表第一中欄の角度以下のもの
　　　(2) その土質に応じ勾配が別表第一中欄の角度を超え，同表下欄の角度以下のもの（その上端から下方に垂直距離5メートル以内の部分に限る。）

ロ 土質試験その他の調査又は試験に基づき地盤の安定計算をした結果崖の安定を保つために擁壁の設置が必要でないことが確かめられた崖面
二 前号の擁壁は，鉄筋コンクリート造，無筋コンクリート造又は間知石練積み造その他の練積み造のものとすること。

第2項 前項第1号イ(1)に該当する崖の部分により上下に分離された崖の部分がある場合における同号イ(2)の規定の適用については，同号イ(1)に該当する崖の部分は存在せず，その上下の崖の部分は連続しているものとみなす。

参考事項等

❶ 参考法令通達等

・相続税法22条（評価の原則）
・評価通達14（路線価）
・評価通達14-2（地区）
・評価通達20-4（がけ地等を有する宅地の評価）（筆者注 平成30年1月1日以後は，評価通達20-5）
・国税庁HPのタックスアンサー（利用価値が著しく低下している宅地の評価）
・宅地造成等規正法3条（宅地造成工事規制区域）
・宅地造成等規正法8条（宅地造成に関する工事の許可）
・宅地造成等規正法施行令6条（擁壁の設置に関する技術的基準）

❷ 類似判例・裁決事例の確認

評価対象地が道路より高い位置にある宅地又は低い位置にある宅地で，その付近にある宅地に比べて著しく高低差のあることからその利用価値が付近にある他の宅地の利用状況からみて，著しく低下していると認められるか否かが争点とされた裁決事例として，次のようなものがある。

(1) 平成9年12月18日裁決，名裁（諸）平9-32

請求人らは，甚だしく高低差のある土地については，著しく利用価値が低下している土地に該当し，自用地と評価した額から10％に相当する額を控除した価額により評価すべきである旨主張する。

しかしながら，当該土地の近隣の土地についても同様な高低差がみられ，当該土地のみの形状でないから，当該土地に接する路線価に反映されているものと認められ，請求人らの主張には理由がない。

(2) 平成18年3月10日裁決，仙裁（諸）平17-12

請求人は，本件甲土地は，接面道路に対して1.5m〜2.6m高い位置にあり，評価に当たって，避難安全上の階段・スロープの設置費用及びそのつぶれ地を加味する必要があるから，10％の減額が可能である旨主張する。

しかしながら，この高低差は，本件甲土地の全体に生じているものではなく店舗の敷地

部分に限られており，本件甲土地は，店舗の床面を国道の高さに合わせたことにより店舗の敷地としての利用価値が高められており，付近の宅地の利用状況に比較して利用価値が低下していないから，本件甲土地の接面道路との高低差は，評価額を減額する要因とは認められない。

(3) 平成18年12月8日裁決，仙裁（諸）平18－7

請求人らは，相続により取得した本件土地は，接面する路線の路面より高い位置にあるとして，利用価値低下を理由に評価減10％を考慮すべきである旨主張する。

しかしながら，本件土地が接面している路線は東から西方向への緩やかな下り坂になっており，当該路線に接面している土地については，本件土地と同様に西側部分に路面との高低差がみられ，このような形状は，当該路線に接面している土地に共通しているものであることから，当該路線の路線価は，当該路線の路面と土地との高低差を反映しているものと認められる。本件土地は，本件土地が接面している路線の路面とは高低差があるものの，路線に接面している他の土地についても同様の高低差がみられ，その高低差も本件土地固有のものではなく他の土地に比べて著しいものでないと認められ，また，他の土地と同様の制限を受けることから，本件土地の利用価値は，本件土地が接面している他の土地の利用状況からみても著しく低下しているとは認められない。したがって，請求人らの主張には理由がない。

(4) 平成19年4月23日裁決，関裁（諸）平18－67

本件各宅地は，本件東側道路に接する各宅地に比して，本件東側道路より約1.2m高い土地であり，また，この高低差のため車両の進入ができないことに加えて，本件東側道路の幅員及び路面状況にも差が認められることなどを総合勘案すると，本件各宅地は，この付近にある他の各宅地の利用状況からみて，利用価値が著しく低下した土地に当たると認められる。

原処分庁は，本件東側道路に接する本件各宅地以外の宅地も同道路より高い位置にあることをもって，本件各宅地の利用価値が著しく低下した土地に当たらないと判断しているが，本件各宅地の利用価値が著しく低下した土地かどうかを判断するに当たっては，本件東側道路の路線価を使用すべき宅地の利用状況と比較すべきであるから，原処分庁の主張は採用できない。

本件各宅地の面する路線は原処分庁の主張のとおり本件東側道路となるが，本件各宅地の価額を算出するに当たり，利用価値が低下していないものとして評価した宅地の価額の10％相当額を控除することが相当である。

(5) 平成21年4月6日裁決，東裁（諸）平20－151

請求人らは，路線価は，平坦地を想定して付されていることから，道路との高低差が認められる本件宅地はその事情を評価に考慮すべきである旨主張する。

しかしながら，路線価は，宅地の価額がおおむね同一と認められる一連の宅地が面している路線ごとに設定することとし，その一連の宅地に共通した地勢にある宅地について評定した価額とすることとしている。そうすると，路線価が設定された路線に面した一連の

宅地に共通した地勢が道路との高低差がある地勢である場合には，高低差があることが路線価の設定に当たって考慮されているから，その所在地の周辺の一連の宅地に共通した地勢と評価する宅地の高低差を比較検討してもなお著しい高低差がある場合に限って，著しい利用価値の低下があるとして減額をする旨の取扱いをするのが相当である。

これを本件土地についてみると，本件土地周辺の一連の宅地に共通した地勢は，緩やかな傾斜地であり，本件土地と同程度の接面道路との高低差があるものである。そうすると，本件土地は，周辺の一連の宅地に共通した地勢と比較検討して，その付近にある宅地に比べて著しく高低差があるとはいえないから，著しく利用価値が低下していると認められる部分があるとは認められず，その評価上，高低差を理由とする減額はできない。

(6) 平成23年5月16日裁決，名裁（諸）平22－53

請求人らは，本件被相続人の自宅マンションの敷地となっている本件宅地の評価について，付近にある宅地に比べて著しい高低差があるため，利用価値が著しく低下していることから高低差がないとした場合の本件宅地の価額の10％に相当する金額を減額すべきである旨主張する。

しかしながら，利用価値が著しく低下している宅地の評価方法である10％の減額は，評価対象宅地と付近にある一連の宅地に共通した地勢との高低差を比較検討してもなお著しい高低差がある場合に適用されるのが相当であると解されるところ，確かに，本件宅地は，南勾配に傾斜していることから，北側の裏面路線から南側の正面路線の間に高低差があると認められるものの，本件宅地に隣接する各宅地も，本件宅地と共通した地勢であると認められることから，本件宅地について利用価値が著しく低下している宅地の評価方法を適用することはできない。

追補1　地積規模の大きな宅地の評価について

　本件裁決事例に係る相続開始年分は，平成21年である。もし仮に，当該相続開始日が，平成30年1月1日以後である場合（評価通達20-2（地積規模の大きな宅地の評価）の新設等の改正が行われた）としたときにおける本件宅地に対する同通達の適用は，下記に掲げる 判断基準 から地積要件を充足しておらず，ないものとされる。

判断基準

要件	本件宅地
① 地積要件(注)	212.65㎡（評価対象地の地積）＜500㎡（三大都市圏に所在する場合の地積要件） ∴地積要件を未充足
② 区域区分要件	本件宅地に係る区域区分は明示されていないが，基礎事実及び認定事実から判断すると，市街化調整区域以外に所在するものと推定される。 ∴区域区分要件を充足
③ 地域区分要件	本件宅地は，基礎事実から第1種低層住居専用地域（工業専用地域以外）に所在 ∴地域区分要件を充足
④ 容積率要件	本件宅地に係る指定容積率は，基礎事実から100％（指定容積率400％（東京都の特別区以外の場合）に該当 ∴容積率要件を充足
⑤ 地区区分要件	本件宅地は基礎事実から路線価地域の普通住宅地区に所在 ∴地区区分要件を充足
⑥ 判断とその理由	非　該　当 （上記①の要件を未充足）

（注）　本件宅地は，神奈川県＊＊市（三大都市圏に該当）に所在することが確認されている。

CASE23

追補2　利用価値が著しく低下している宅地の評価

現行のタックスアンサーでは，次の 参考資料 のとおり，「No.4617　利用価値が著しく低下している宅地の評価」のとおりとなっており，本件裁決事例において摘示した論点（利用価値が著しく低下している宅地の評価）の取扱い（10％減額）の適用対象とされるのは「普通住宅地区にある宅地」のみに限定されるべきであるか否か）については，解決済みとなっている。

参考資料　現行のタックスアンサー　No.4617　利用価値が著しく低下している宅地の評価

<u>次のようにその利用価値が付近にある他の宅地の利用状況からみて，著しく低下していると認められるものの価額は，その宅地について利用価値が低下していないものとして評価した場合の価額から，利用価値が低下していると認められる部分の面積に対応する価額に10％を乗じて計算した金額を控除した価額によって評価することができます。</u>

1　道路より高い位置にある宅地又は低い位置にある宅地で，その付近にある宅地に比べて著しく高低差のあるもの
2　地盤に甚だしい凹凸のある宅地
3　震動の甚だしい宅地
4　1から3までの宅地以外の宅地で，騒音，日照阻害（建築基準法第56条の2に定める日影時間を超える時間の日照阻害のあるものとします。），臭気，忌み等により，その取引金額に影響を受けると認められるもの

また，宅地比準方式によって評価する農地又は山林について，その農地又は山林を宅地に転用する場合において，造成費用を投下してもなお宅地としての利用価値が付近にある他の宅地の利用状況からみて著しく低下していると認められる部分を有するものについても同様です。

ただし，路線価又は固定資産税評価額又は倍率が，利用価値の著しく低下している状況を考慮して付されている場合にはしんしゃくしません。

著者注　___部分は著者が付設したものである。

CASE24

評価単位 地 目	間口距離 奥行距離	側方加算 二方加算	広大地	農地・山林・原野
雑種地	貸家 建付地	借地権 貸宅地	利用価値 の低下地	その他の 評価項目

土地の評価単位と広大地該当性の判定単位との関係が争点とされた事例（宅地及び市街地農地が隣接して存する事例）

事例

　被相続人甲に相続の開始があった。同人の相続財産のうちに，図表－1に掲げる4筆の土地（いずれも，市街化区域内に所在する本件A土地ないし本件D土地，合計地積1,163㎡で，4筆とも登記簿上の地目は田）があった。これらの土地は，遺産分割協議の結果，被相続人甲の相続人である相続人X，同Y及び同Zがそれぞれ持分3分の1ずつの共有で相続により取得することとなった。

　図表－1　評価対象地（4筆の土地）の接道状況等

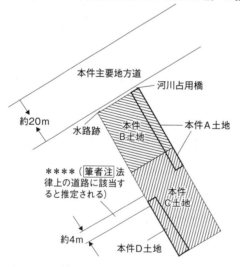

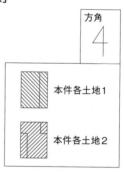

（注1）本件各土地1は，課税時期において，被相続人甲の居住用家屋の敷地として利用されている。
（注2）本件各土地2は，課税時期において，被相続人甲の耕作する田として利用されている。

　これらの4筆の土地の課税時期における各筆ごとの地積及びその利用状況等をまとめると，図表－2のとおりとなっている。
　被相続人甲に係る相続税の申告に当たって，これらの4筆の土地評価について，相続人らは次のような疑問点等（当該疑問点に対する相続人らの考え方を 参 考 に記載）を有している。そこで，これらの疑問点等について，課税実務上の取扱いを教示

図表－2　評価対象地（4筆の土地）の利用状況等

土地の区分 （筆）	地　積	利用区分とその地積		備　考
		本件各土地1 （宅地）	本件各土地2 （田）	
本件A土地	89㎡	67㎡	22㎡	相続人X，Y，Z（各人共有持分$\frac{1}{3}$）
本件B土地	445㎡	445㎡	──	同　　上
本件C土地	541㎡	──	541㎡	同　　上
本件D土地	88㎡	──	88㎡	同　　上
（合　計）	1,163㎡	512㎡	651㎡	

されたい。

(1) 上記に掲げる事例では，この遺産分割協議により取得したこれら4筆の土地（3人の相続人による3分の1ずつの共有持分相続）の評価単位は何単位として取り扱われるのか。

参考　相続人らは，図表－1の（注1）及び（注2）に掲げるとおり，評価対象地は，被相続人甲の居住用家屋の敷地及び同人が耕作の用に供する土地であり，いずれも自用地評価されるものであり，その相続による取得者も同一人（相続人ら3人による共有持分相続）であることから，一体の土地として，1評価単位（評価対象地積1,163㎡）で評価されるべきものと考えている。

(2) 被相続人甲の相続財産であるこれら4筆の土地（合計地積1,163㎡）が評価通達24－4（広大地の評価）に定める広大地に該当するか否かの判断に当たって，その判定単位はどのようになるのか。具体的に検討するに，広大地の判定単位と土地の評価単位（評価通達7（土地の評価上の区分）に定める土地の評価単位をいう）は，連動するものであると解釈することが現行の課税実務上の取扱いでは求められることになるのか。

参考　相続人らは，上記の論点について次のように考えている。

① もし仮に，これら4筆の土地の評価単位が1評価単位であると判定されたならば合計地積1,163㎡の土地が広大地に該当するか否かが検討の対象となる。そして，もし仮に，これら4筆の土地の評価単位が2評価単位であると判定されたならば，本件各土地1（地積512㎡）及び本件各土地2（地積651㎡）のそれぞれの土地が個別に広大地に該当するか否かが検討の対象となる。

そうすると，これら4筆の土地はいずれも自用地（被相続人甲の自宅敷地及び被相続人甲の自作農地）であり，一連の地続きの土地であり，相続による取得状況も同一（相続人3名による共有持分相続）であることから，上記に掲げる広大地に該当するか否かの判定単位を評価通達に定める土地の評価単位に併せて行うことは，何らの意味もないものと考えている。

換言すれば，地続きの土地で，自用地という権利態様も同一で，取得者も同一（相続人3名の共有）であるならば，その範囲で一団の土地であるとして，評価

通達24-4（広大地の評価）に定める広大地に該当するか否かを検討することが，理論的な取扱いであると考えている。

② 相続人らの知人に不動産鑑定士がいるが，同人の見解では，「これら4筆の土地について，第三者に売却したり，又は，土地の最有効使用を想定する場合には，当然に一体としてその価額形成を検討することになり，これを格別の合理的な理由も提示されない状況で，本件各土地1と本件各土地2とに区分して，不動産鑑定評価額を算出することには著しい疑問を感じざるを得ない」とのことであり，このような不動産鑑定士の専門的知見は，たとえ，税務評価であっても尊重されるべきものと考えている。

(3) 評価通達24-4（広大地の評価）に定めでは，広大地に該当するための要件の1つとして，「⒜その地域における標準的な宅地の地積に比して著しく地積が広大な宅地で，⒝都市計画法4条（定義）12項に規定する開発行為を行うとした場合に公共公益的施設用地の負担が必要と認められるもの」が挙げられている。そうすると，上記⒜部分と⒝部分とは対等条件として取り扱われていることから，上記⒜部分に該当するためには，実質的には⒝部分の要件を充足していることが必要となると読める。そして，都市計画法4条（定義）12項に規定する開発行為を行う場合には，当該開発行為の規模が一定の地積以上である場合には同法29条（開発行為の許可）により都道府県知事等の権限者の許可を受けなければならない旨を規定し，また，同法施行令19条（許可を要しない開発行為の規模）において，当該開発行為の許可を必要とする一定の地積規模を原則として，三大都市圏以外の市街化区域にあっては1,000㎡(注)と規定している。

（注） ただし，市街化の状況により，無秩序な市街化を防止するために特に必要があると認められる場合には，都道府県知事等の権限者は，条例で区域を限って，300㎡以上1,000㎡未満の範囲内で，その規模を別に定めることができる旨が規定されている。

そうすると，評価対象地が評価通達24-4（広大地の評価）に定める広大地に該当するか否かの判断に当たって，評価対象地の地積が上記の都市計画法及び同法施行令に規定する開発行為の許可面積（原則として，1,000㎡）以上であることが必要とされるというような形式基準が成立するのか。

参考　相続人らは，上記の論点について次のように考えている。

① 上記⒝部分の「都市計画法4条（定義）12項に規定する開発行為」とは，単に専門用語としての「開発行為」の意義（開発行為とは，主として建築物の建築又は特定工作物の建設の用に供する目的で行う土地の区画形質の変更をいう）を明確にしただけであり，直ちに，同法29条及び同法施行令19条に規定する開発行為の許可及び許可基準面積に連動して考えるべきではないと考えている。

② 予備的主張として，もし仮に，評価対象地が広大地に該当するか否かの判断に，開発行為の許可面積基準が採用されるという形式基準が存在するとしても，上記(1)の 参考 に掲げるとおり，相続財産であるこれら4筆の土地（合計地積1,163

m²）は１評価単位として取り扱われるべきものであると考えられるので，当該評価対象地の地積は，開発行為の許可面積（1,000m²）以上であることから，結果として，広大地に該当することに変わりはない。

なお，相続財産であるこれら４筆の土地が所在する地方自治体の市街化区域内における都市計画法及び同法施行令に規定する開発行為の許可面積は，1,000m²以上とされている。

（平25.7.2裁決，名裁（諸）平25－１，平成22年相続開始分と推定される）

I 基礎事実

❶ 遺産分割協議及び土地の相続

相続人Ｘ，同Ｙ及び同Ｚ（以下「請求人ら」という）は，平成22年７月26日，本件相続に係る被相続人甲の遺産のうち，＊＊＊＊，＊＊＊＊及び＊＊＊＊並びに＊＊＊＊の各土地（以下，それぞれ「本件Ａ土地」，「本件Ｂ土地」，「本件Ｃ土地」及び「本件Ｄ土地」といい，これらの各土地を併せて「本件各土地」という）に係る遺産分割協議を成立させ，本件各土地につき，それぞれ持分３分の１ずつ共有することとし，平成＊＊年＊＊月＊＊日，その旨の登録手続を行った。

❷ 本件相続の開始時における本件各土地の状況

(1) 面積及び所在

本件Ａ土地，本件Ｂ土地，本件Ｃ土地及び本件Ｄ土地は，面積がそれぞれ89m²，445m²，541m²及び88m²であり，本件各土地は，＊＊＊＊（筆者注 公共施設の名称と推定される）から南西に約150mの位置に所在している。

そして，本件Ａ土地及び本件Ｂ土地は，図表－１のとおり，幅員約20mの道路である＊＊＊＊（以下「本件主要地方道」という）の南側に位置しており，本件主要地方道と河川占用橋により接している。

また，本件Ｃ土地及び本件Ｄ土地は，図表－１のとおり，幅員約４mの道路である＊＊＊＊（筆者注 法律上の道路に該当すると推定される）に接している。

(2) 本件相続の開始時における利用状況

本件相続の開始時において，本件各土地のうち，本件Ａ土地の一部（67m²）及び本件Ｂ土地（以下「本件各土地１」という）の合計512m²が被相続人甲の居住用の家屋の敷地として，本件Ａ土地の残部（22m²），本件Ｃ土地及び本件Ｄ土地（以下「本件各土地２」という）の合計651m²が被相続人甲の耕作する田として，それぞれ一体で利用されていた（筆者注 図表－２を参照）。

なお，本件相続の開始時における本件各土地の登記簿上の地目は全て田であった。

❸ 本件相続の開始時における本件各土地及びその周辺の都市計画法上の用途指定

(1) 本件各土地１及びその周辺

本件相続の開始時において，本件各土地1及びその周辺は，都市計画法7条(区域区分)1項に規定する市街化区域と定められ，本件主要地方道に沿って，同法8条（地域地区）1項1号に規定する準住居地域に指定されていた（以下，この準住居地域を「本件準住居地域」という）。

また，本件準住居地域の範囲は別紙（筆者注 この資料は非公開）の二重線で囲まれた部分であり，本件各土地1は，本件準住居地域の南西側の境界付近に位置していた。

(2) **本件各土地2及びその周辺**

本件相続の開始時において，本件各土地2及びその周辺は，都市計画法7条1項に規定する市街化区域と定められ，本件準住居地域と山林に囲まれた地域において，同法8条1項1号に規定する第1種住居地域に指定されていた（以下，この第1種住居地域を「本件第1種住居地域」という）。

また，本件第1種住居地域の範囲は別紙（筆者注 この資料は非公開）の一重線で囲まれた部分であり，本件各土地2は，本件第1種住居地域の南西側の境界付近に位置していた。

(3) **本件相続の開始時における本件準住居地域及び本件第1種住居地域の状況**

① 本件相続の開始時における本件準住居地域の状況

別紙（筆者注 この資料は非公開）のとおり，本件準住居地域のうち，＊＊＊＊から南西側の地域の土地は，本件相続の開始時において，主に住宅の敷地として利用されており，その他については，マンション・アパート，店舗・事務所，病院・動物病院，田畑及び駐車場のために利用されていた。

一方，本件準住居地域のうち，上記＊＊＊＊から北東側の地域の土地は，本件相続の開始時において，主に店舗・事務所の敷地として利用されており，その他については，住宅，マンション・アパート，病院・動物病院，田畑及び駐車場のために利用されていた。

② 本件相続の開始時における本件第1種住居地域の状況

別紙（筆者注 この資料は非公開）のとおり，本件第1種住居地域の土地は，本件相続の開始時において，主に住宅の敷地及び田畑として利用されており，その他については，マンション・アパート，店舗・事務所，倉庫及び駐車場のために利用されていた。

Ⅱ 争　　点

本件各土地の評価に当たって，その評価単位と評価通達24－4（広大地の評価）（以下「広大地通達」という）に定める広大地評価の可否が争点とされたが，個別の具体的な論点を掲げると次のとおりとなる。

❶　本件各土地の評価に当たって，その評価単位は何単位として取り扱うことになるのか。

❷　本件各土地が広大地通達に定める広大地に該当するか否かを判断する場合の判定単位は，上記❶により確定された土地の評価単位と一致させることになるのか（広大地の判定単位と土地の評価単位の一致性は求められるのか）。

❸ 上記❷について，仮に，広大地の判定単位と土地の評価単位の一致性が求められると解したとしても，当該取扱いによらないことを正当として是認されるような「特別な事情」が存すると考えることは認められないのか。
❹ 本件各土地は，広大地通達に定める広大地に該当するのか。

争点に関する双方（請求人・原処分庁）の主張

争点に関する請求人・原処分庁の主張は，図表－3のとおりである。

図表－3　争点に関する請求人・原処分庁の主張

争　　点	請求人（納税者）の主張	原処分庁（課税庁）の主張
(1) 本件各土地の評価単位は何単位となるのか	次に掲げる理由から，広大地の判断（筆者注 広大地通達に定める広大地に該当する場合の意と推定される）において，本件各土地は，一団の土地として併せて一つの評価単位となる。 ① 本件各土地1と本件各土地2を個別に開発すると，回転路の設置が必要となり売却可能な面積が減少する上，回転路の設置により生じるいびつな形の土地については売却が困難となるため，本件各土地を最も高く売却することはできないこと ② 本件各土地1と本件各土地2を個別に開発することは，都市計画法に違反する可能性もあること ③ 本件各土地を一団で開発した場合，幅員6mの開発道路を設けることにより，明瞭な区画割を実現でき，実際に住宅を建築することが可能であって，最高価で売却することができる。また土地の価額は下落傾向にあるため，宅地分譲が市場の需給関係を最も反映しており，このように開発することに法令上も問題はないことから，本件各土地については，一団で開発することが最有効使用であること	本件相続の開始時において，本件各土地1は居住用家屋の敷地として，本件各土地2は一団の田として，それぞれ利用されていた。 したがって，本件各土地1及び本件各土地2は，利用の単位となっている1画地の宅地及び一団の市街地農地として，それぞれ個別の評価単位となる。
(2) 広大地の判定単位と土地の評価単位の一致性が求められるのか	① 次に掲げる理由から，広大地通達に定める広大地に該当するか否かの判定を課税時期の現況（評価通達に定める評価単位）によって行うことは妥当ではない。 (イ) 土地の評価単位については，評価通達7（土地の評価上の区分）のただし書が，課税時期の現況で一体として利用されている土地を一団の土地とする旨定めているが，この定めは，広大地通達の定めが置かれる前に定められたもので，広大地通達の趣旨を反映するものではないため，広大地についての評価単位を判定する際にそのまま適用	① 次に掲げる理由から，広大地通達に定める広大地に該当するか否かの判定を課税時期の現況（評価通達に定める評価単位）によって行うことは妥当である。 (イ) 相続税法22条（評価の原則）は相続財産の価額は取得時の時価による旨規定しているところ，評価通達7（土地の評価上の区分）及び評価通達7－2（評価単位）は，土地の評価単位について，課税時期の現況又は一体の利用の有無により判定する地目ごとに土地を区分した上で，さらに，宅地及び市街地農地については，利用の単位とな

　　　　すべきではないこと
　(ロ)　隣接した土地を所有する者が土地開発をする場合には，課税時期の現況の地目に縛られずに経済的合理性を考慮することが一般的であること
②　評価通達7のただし書を類推適用することの可否
　(イ)　次に掲げる理由から，広大地の該当可能性を判定する際，同一の者が所有している隣接した土地を開発する場合で一団の土地として併せて開発することが最有効使用であるときは，広大地の判定については，評価通達7のただし書を類推適用して，それらの土地は一団の土地として併せて評価単位になると解すべきである。
　　　イ　広大地通達は，「開発行為を行うとした場合」と仮定の状況を採用しており，この開発行為とは最有効使用に基づくものであるため，広大地についての評価単位も最有効使用の観点から判定されるべきである。
　　　ロ　土地の時価とは売却可能な価値であって，売却可能な価値は最有効使用に即して評価されるべきである。
　　　ハ　広大地の判定について定める平成16年及び平成17年公表の資産評価企画官情報並びに国税庁の質疑応答は，「有効利用」，「最有効使用」又は「経済的合理性」という文言を使用しているし，公共公益的施設の負担の有無等が争点となった過去の裁決（平成16年6月8日裁決，平成19年5月23日裁決，平成21年3月25日裁決）においても，開発行為を行うと仮定した場合における経済的合理性が判断されている。
　(ロ)　原処分庁の主張に対して
　　　上記(イ)に対して，原処分庁は，税法の解釈及び適用については，みだりに拡張解釈又は類推解釈を行うことは許されない旨主張する。
　　　しかし，評価通達7は法令ではないため原処分庁の主張は妥当ではない。また，評価通達5（評価方法の定めのない財産の評価）及び評価通達6（この通達の定めにより難い場合の評価）は評価通達の弾力的運営を認めている上，通達の適用に当たって，個々の具体的事案に妥当する処理を図るよう努める旨うたう所得税基本通達及び法人税基本通達の前文の理念は，評価通達

っている1画地の宅地ごと又は一団の市街地農地ごとを評価単位とする旨定めているが，この定めは，土地の現実の利用状況に即して土地の評価を行う趣旨に基づくものであるから，土地の時価の評価方法として妥当であること
　(ロ)　評価通達は，広大地についての評価単位に関して特別な定めを置いていないことから，評価通達7及び同7-2に基づいて評価単位を判定した上で，広大地に該当するか判定することになること
②　評価通達7のただし書きを類推適用することの可否
　(イ)　税法の解釈及び適用については，侵害規範としての性質上，法的安定性が強く要請されるから，原則として文理解釈によるべきであって，みだりに拡張解釈や類推解釈を行うことは許されないところ，評価通達7のただし書が類推適用されるとする請求人らの主張は，評価通達の文理解釈を離れるものであるため，妥当ではない。
　(ロ)　請求人らの主張について
　　　請求人らの主張は，将来において開発行為を行うと仮定した場合における最有効使用の観点から広大地についての評価単位を判定すべきとの主張と解されるところ，評価通達7及び評価通達7-2に基づく評価単位の判定が妥当であって，広大地についての評価単位に関して特別な定めもないことは上記①のとおりであるから，以上のような請求人らの主張は認められない。

	にも共通するものであるところ、原処分庁の主張は、以上の定め及び理念に沿わないものであり妥当ではない。	
(3) 本件各土地の評価単位の判定に当たって「特別の事情」が認められるのか	① 特別の事情 次に掲げる理由から、広大地についての評価単位の判定に評価通達7（土地の評価上の区分）のただし書を文言どおり画一的に適用して形式的な平等を貫き、本件各土地1及び本件各土地2を個別の評価単位とすれば、かえって実質的な租税負担の平等を著しく害することは明らかであるため、評価通達7のただし書に定められた方式によらないことが正当として是認されるような特別の事情がある。 (イ) 本件各土地1及び本件各土地2は隣接しており、同一の者の所有であること (ロ) 本件各土地1及び本件各土地2を一体として開発することが最有効使用であると認められること よって、本件各土地1及び本件各土地2に関しては、一体として広大地についての評価単位とすべきである。 ② 原処分庁の主張に対して 上記(イ)に対して、原処分庁は、同一の者が隣接した土地を所有しているのは一般的であることから特別の事情に該当しない旨主張する。 しかしながら、ここでいう一般的な場合とは、接道条件に問題がない場合がほとんどであるところ、本件各土地2は接道条件がきわめて悪い土地であることから、特別の事情に該当するものといえる。したがって、原処分庁の上記主張は、評価通達の形式的解釈に固執し全体の趣旨から逸脱した運用に陥ったものであり、妥当でない。	① 相続財産の評価が評価通達に定められた方法によるのは、あらかじめ定められた評価方法により画一的に評価することが納税者間の公平、納税者の便宜、徴税費用の節減という見地からみて合理的であるためであり、したがって、評価通達が想定していなかった特別の事情が存すると認められる場合には、評価通達に定められた以外の方法により評価することも許される。 ② 左記(イ)（筆者注 請求人（納税者）の主張欄①(イ)）に掲げる取扱いを本件についてみると、同一の者が隣接した土地を所有しているのは一般的なことであって、将来において、それらの土地の開発行為を行う場合に、一体として開発することが最有効使用であったとしても、それは評価通達が想定していなかった特別の事情には該当しない。
(4) 本件各土地は、広大地通達に定める広大地に該当するのか	次に掲げる理由から、本件各土地は、広大地通達に定める広大地に該当する。 ① 本件各土地は宅地に該当すること 上記(1)に掲げるとおり、本件各土地は一団の宅地として開発するのが最有効使用であるから、一つの宅地として評価されるべきである。 ② 著しく地積が広大であること 広大地通達に定める本件各土地に係る「その地域」とは＊＊＊＊のとおりであるところ、本件各土地の面積は合計1,163㎡であるから、本件各土地は、「その地域」における標準的な宅地の地積に比して著しく地積が広大である。 ③ 公共公益的施設が必要であること 上記(1)に掲げるとおり、本件各土地を開	次に掲げる理由から、本件各土地は、広大地通達に定める広大地には該当しない。 ① 広大地通達に定める「著しく地積が広大」であるか否かの判定は、基本的に都市計画法29条（開発行為の許可）1項に規定する開発許可面積基準が指標となる。 この点、＊＊＊＊（地方自治体）は、条例により都市計画法に規定する開発許可面積基準を定めていないため、開発行為に許可が必要であるのは面積1,000㎡以上の土地である。 ② 上記(1)に掲げるとおり、本件各土地1及び本件各土地2は個別に評価単位となるところ、その面積は、それぞれ512㎡及び651㎡であるから、いずれも「著しく地積が広大であるとはいえず、広大地

発する場合，本件主要地方道から垂直に幅員6mの道路を設置する必要がある。 ④　大規模工場用地に該当しないこと 　本件各土地の面積は合計1,163㎡であるから，大規模工場用地に該当しない。 ⑤　マンション適地に該当しないこと 　本件各土地に係る「その地域」における容積率は200％，建ぺい率は60％であるし，中高層集合住宅の敷地としての利用に移行しつつある状態とはいえないため，中高層集合住宅等の敷地用地に適しているとは認められない。	に該当しない。

国税不服審判所の判断

❶　法令解釈等

(1)　土地の評価単位

　評価通達7（土地の評価上の区分）は，土地の価額を原則として課税時期の現況の地目の別に評価する旨定めるとともに，そのただし書において，課税時期の現況の地目が異なっていても一体として利用されている一団の土地については，その主たる地目からなるものとして一団の土地ごとに評価する旨定めている。

　評価通達7－2（評価単位）は，宅地については，1画地の宅地（利用の単位となっている1区画の宅地をいう）を評価単位とし，市街地農地については，利用の単位となっている一団の農地を評価単位とする旨定めている。また，市街地農地の評価単位については，1枚の農地（耕作の単位となっている1区画の農地をいう）を評価単位とする純農地及び中間農地と扱いが異にされているが，市街地農地とは，農地の転用のための許可を受けた農地，届出のみで転用できる農地又は転用のための許可を要しない農地をいい，将来的に宅地化の可能性が高いものであって，その取引価額は宅地の価額の影響を強く受けることから，宅地に比準して評価することとされており，評価単位についても宅地としての効用を果たす規模で評価することが合理的であると解される。

(2)　広大地通達等の趣旨

①　広大地通達の趣旨

　広大地通達の趣旨は，評価の対象となる1画地の宅地の地積が，当該宅地の価額の形成に関して直接影響を与えるような特性を持つ当該宅地の属する地域における標準的な宅地の地積に比して著しく広大で，評価の時点において，当該宅地を，当該地域における経済的に最も合理的な宅地の利用を反映すると一般的に見られる当該標準的な宅地の規模を踏まえて類似の利用に供しようとする際に，都市計画法に規定する許可を受けた上で開発行為を行わなければならない場合にあっては，当該開発行為により所要の土地の区画形質の変更を行ったときに，道路，公園等の公共公益的施設用地として相当のいわゆる潰れ地が

生ずるのを免れないことがあり，評価通達その他の定めによる減額の補正では十分といえないことがあることから，このような宅地の価額の評価に当たっては，潰れ地が生じることを，当該宅地の価額に影響を及ぼすべき客観的な個別事情として，相当な減額の補正を行うことにあると解される。

② 評価通達40－2の趣旨

評価通達40－2（広大な市街地農地等の評価）の趣旨は，市街地農地が宅地であるとした場合において，広大地通達に定める広大地に該当するときは，広大地通達の定めに準じて評価する旨定めているところ，その趣旨は，市街地農地が宅地の価額の影響を強く受けることは上記(1)のとおりであり，市街地農地が広大地通達の要件を満たす場合には宅地に準じて評価することが合理的であることにあると解される。

(3) 広大地通達に定める「標準的な宅地に比して著しく地積が広大」であることの判定

広大地通達の定めによれば，広大地に該当するためには「標準的な地積に比して著しく地積が広大」である必要があるところ，広大地通達の趣旨が上記(2)のとおりであることから，「標準的な地積に比して著しく地積が広大」であるとは，開発行為を行う場合に都市計画法に規定する許可が必要であり，かつ，その土地の地積がその地域における土地の標準的な地積よりも広大である場合をいうものと解される。

❷ 当てはめ

(1) 本件各土地に係る評価単位

① 評価単位の判定

本件各土地が広大地通達に定める広大地に該当するか否かの判断に当たり，まずは本件各土地に係る評価単位を判定することになるが，この判定については，上記❶(1)のとおり，特別の事情のない限り，評価通達7（土地の評価上の区分）及びそのただし書並びに評価通達7－2（評価単位）の定めによることとなる。

② 本件各土地に係る評価単位の判定

本件各土地1は，上記❶❷(2)のとおり，本件相続の開始時において，本件被相続人の居住用家屋の敷地として一体で利用されていたものであるから，本件相続の開始時の現況の地目は宅地であって，かつ，一つの利用の単位となっている1画地の宅地であったと認められる。

また，本件各土地2は，市街化区域にあり，上記❶❷(2)のとおり，本件相続の開始時において，本件被相続人の耕作する田として一体で利用されていたものであるから，本件相続の開始時の現況の地目が田である市街地農地であって，かつ，一つの利用の単位となっている一団の農地であったと認められる。

一方，本件各土地1と本件各土地2では，本件相続の開始時において，現況の地目が異なっていた上，本件各土地1及び本件各土地2は一体として利用されていた事実も認められない。

よって，本件各土地1及び本件各土地2は，それぞれ別個の評価単位と認められ，個別に広大地通達に定める広大地に該当するか否かを判定するのが相当である。

(2) 広大地の該当性

　広大地通達に定める「標準的な地積に比して著しく地積が広大」であるとは，上記❶(3)のとおり，開発行為を行う場合に都市計画法に規定する許可が必要であり，かつ，その土地の面積がその地域における土地の標準的な地積よりも広大である場合をいうものと解される。

　そして，本件各土地の所在する＊＊＊＊（地方自治体）は，都市計画法5条（都市計画区域）に規定する都市計画区域に指定されていることから，＊＊＊＊（地方自治体）において開発行為を行う場合には，同法29条（開発行為の許可）1項に基づく許可が必要であるところ，＊＊＊＊（地方自治体）は，地方自治法252条の19（指定都市の権能）1項に規定する指定都市に指定されているものの，都市計画法施行令19条（許可を要しない開発行為の規模）1項のただし書に係る条例を定めていないため，同項本文に基づき，＊＊＊＊（地方自治体）において開発行為を行う場合に許可を必要とする土地は，1,000㎡以上の土地となる。

　しかしながら，本件各土地1及び本件各土地2の面積は，上記❶❷(2)のとおり，それぞれ合計512㎡及び合計651㎡であって，いずれも1,000㎡以上の土地ではなく，＊＊＊＊（地方自治体）において開発行為を行う際に許可を必要とする場合には当たらないから，本件各土地1及び本件各土地2はいずれも「標準的な地積に比して著しく地積が広大」であるとはいえない。

❸ 請求人らの主張について

(1) 広大地の判定単位と土地の評価単位の関係

　請求人らは，評価通達7（土地の評価上の区分）のただし書が，広大地通達が定められる前に定められたもので，広大地通達の趣旨を反映していない上，隣接した土地を所有する者が土地開発をする場合には，課税時期の現況に縛られずに経済的合理性を考慮するのだから，広大地についての評価単位に関しては，課税時期の現況により判定すべきではない旨主張する。

　しかしながら，評価通達7のただし書が広大地通達が定められる前に定められたからといって，直ちに広大地通達の趣旨に沿うものでないとはいえない上，そもそも広大地通達は土地の評価単位の判定基準に言及するものではないから，評価通達7のただし書の定めが広大地通達の趣旨に反するものとは認められない。

　また，広大地についての評価単位に関しては，課税時期の現況によらず，経済的合理性を考慮して判断すべきとの請求人らの主張によれば，広大地に関しては，独立した評価単位を設定することになるが，上記❶(1)のとおり，相続財産である土地の評価単位については，評価通達7及びそのただし書並びに評価通達7－2の定めがあるところ，土地の価額の評価を行う際の補正要素の一つである広大地についてのみ土地の評価単位とは別の独立した評価単位を設定することは相当でない。

　よって，請求人らの主張には理由がなく，採用することができない。

(2) 広大地の判定単位と土地の最有効使用の関係

請求人らは、次に掲げる理由から判断すると、同一の者が所有している隣接した土地を開発する場合、一団の土地として併せて開発することが最有効使用であるとき、広大地の判定については、評価通達7のただし書を類推適用して、その一団の土地が併せて一つの評価単位になる旨主張する。
① 広大地通達は「開発行為を行うとした場合」と仮定の状況を採用しており、この開発行為とは最有効使用に基づくものであるため、広大地についての評価単位も最有効使用の観点から判定されるべきであること
② 土地の時価とは最有効使用に即して評価されるべき売却可能な価値であること
③ 過去の裁決等においても開発行為を行うと仮定した場合における経済的合理性が判断されていること
　しかしながら、「開発行為を行うとした場合」という文言は、公共公益的施設用地の負担に関する定めであって広大地の判定について特別の評価単位を定める趣旨のものではないし、また、土地の時価とは最有効使用に即して評価されるべき売却可能な価値であるとの請求人らの主張については、土地の時価とは相続開始時における当該財産の客観的な交換価値をいうものと解されるところ、このことから直ちに広大地の判定については最有効使用に基づき評価単位を判定すべきということにはならない。
　さらに、請求人らの主張する資産評価企画官情報、国税庁の質疑応答及び裁決例については、いずれも、現に宅地として有効利用されているか否か、公共公益的施設の設置が必要か否か又は中高層の集合住宅等の敷地用地に適しているか否かの判定に関するものであって、広大地の判定についての評価単位に関するものではないため、請求人らの主張を根拠付ける理由とはならない。
　よって、請求人らの主張にはいずれも理由がなく、採用することができない。

(3) **特別の事情の有無**
① 本件各土地1及び本件各土地2が隣接し同一の者の所有であることと特別の事情
　請求人らは、本件各土地1及び本件各土地2は隣接しており同一の者の所有であって、かつ、これらを一体として開発することが最有効使用であるため、このような場合において、広大地についての評価単位の判定に評価通達7のただし書を文言どおり画一的に適用して形式的な平等を貫き、本件各土地1及び本件各土地2を個別の評価単位とすれば、かえって実質的な租税負担の平等を著しく害することが明らかであるため、評価通達7のただし書に定められた方式によらないことが正当として是認されるような特別の事情がある旨主張する。
　しかしながら、請求人らの主張は、実際に本件各土地を開発していない場合においてまで、一体として開発することが最有効使用であるなら、広大地の判定については本件各土地を一つの評価単位とみるべきとの主張であって、この主張は、実際の土地の利用状況を離れて、仮定の状況を前提に評価単位を判定するべきであるとの主張であるから、現実の土地の利用状況に即して評価単位を判定しようとする評価通達の趣旨に反するものといえ、評価通達7のただし書に定められた方式によらないことが正当として是認されるような特

別の事情に該当するものとは認められない。

② 本件各土地２の接道条件がきわめて悪いことと特別の事情

請求人らは、本件各土地２の接道条件がきわめて悪いために特別の事情が認められる旨主張する。

しかしながら、本件各土地２は上記❶❷(1)のとおり、幅員約４ｍの道路である＊＊＊＊（筆者注 法律上の道路に該当すると推定される）に接しており、この点については、評価通達20－３（間口が狭小な宅地等の評価）に基づく減額補正（筆者注）がなされるのであるから、この減額補正が行われることを超えて、評価通達７のただし書に定められた方式によらないことが正当として是認されるような特別の事情に該当する根拠になるものとはいえない。

　筆者注　本件裁決事例では、間口狭小補正率として0.94（間口距離４ｍ以上６ｍ未満の補正率（普通住宅地区の場合））を適用するものと推定される。

③ まとめ

上記①及び②より、本件各土地に係る評価単位の判定に当たり、特別の事情があると認めることはできず、この判定については、評価通達７及びそのただし書並びに評価通達７－２の定めに基づいて判定することとなる。

❹ 結　　論

上記❶ないし❸より、広大地通達に定めるその他の要件について判断をするまでもなく、本件各土地１及び本件各土地２はいずれも広大地通達に定める広大地に該当しない。そうすると、これを前提としてなされた本件各通知処分（筆者注 更正をすべき理由がない旨の通知処分）は適法である。

　まとめ　本件裁決事例では、請求人らの主張は一切、認められなかった。本件裁決事例は、広大地通達に定める広大地とは何をもって広大地とするのか（判定単位）、そして、当該判定単位は評価通達に定める評価単位との関係でどのように位置付けられるのかが問われた実務上重要な裁決事例と考えられる。

　本件裁決事例のキーポイント

❶ 土地の評価単位

評価通達７（土地の評価上の区分）の定めでは、土地の評価単位は次に掲げる一つの原則的取扱いと二つの特例的取扱いのなかから最も適合するものに従って決定されるものとなっている。

(1) 原則的取扱い

土地の価額は、原則として(注1)、地目(注2)の別に評価する。地目は次のとおり、９区分に分類されている。なお、地目は課税時期の現況によって判定するものとされている（以下、(2)において同じ）。

①宅地、②田、③畑、④山林、⑤原野、⑥牧場、⑦池沼、⑧鉱泉地、⑨雑種地

(注1) 「原則として」とは，次の(2)に掲げる特例的取扱いが適用される要件を充足する場合には，当該特例的取扱いが優先されることを意味している。

(注2) この地目は，税務上の地目を指すことに留意する必要がある。なお，税務上の地目の判定に当たっては，不動産登記事務取扱手続準則68条（地目）に定める23区分の地目（下記 参考資料 を参照）を再構成して税務上の9区分の地目としていることに留意する必要がある。

参考資料 不動産登記事務取扱手続準則68条（地目）

（地　目）

第68条　次の各号に掲げる地目は，当該各号に定める土地について定めるものとする。この場合には，土地の現況及び利用目的に重点を置き，部分的にわずかな差異の存するときでも，土地全体としての状況を観察して定めるものとする。

(1) 田　農耕地で用水を利用して耕作する土地
(2) 畑　農耕地で用水を利用しないで耕作する土地
(3) 宅地　建物の敷地及びその維持若しくは効用を果たすために必要な土地
(4) 学校用地　校舎，附属施設の敷地及び運動場
(5) 鉄道用地　鉄道の駅舎，附属施設及び路線の敷地
(6) 塩田　海水を引き入れて塩を採取する土地
(7) 鉱泉地　鉱泉（温泉を含む。）の涌出口及びその維持に必要な土地
(8) 池沼　かんがい用水でない水の貯留池
(9) 山林　耕作の方法によらないで竹木の生育する土地
(10) 牧場　家畜を放牧する土地
(11) 原野　耕作の方法によらないで雑草，かん木類の生育する土地
(12) 墓地　人の遺体又は遺骨を埋葬する土地
(13) 境内地　境内に属する土地であって，宗教法人法（昭和26年法律第126号）第3条第2号及び第3号に掲げる土地（宗教法人の所有に属しないものを含む。）
(14) 運河用地　運河法（大正2年法律第16号）第12条第1項第1号又は第2号に掲げる土地
(15) 水道用地　専ら給水の目的で敷設する水道の水源地，貯水池，ろ水場又は水道線路に要する土地
(16) 用悪水路　かんがい用又は悪水はいせつ用の水路
(17) ため池　耕地かんがい用の用水貯留池
(18) 堤　防水のために築造した堤防
(19) 井溝　田畝又は村落の間にある通水路
(20) 保安林　森林法（昭和26年法律第249号）に基づき農林水産大臣が保安林として指定した土地

(21)　公衆用道路　一般交通の用に供する道路（道路法（昭和27年法律第180号）による道路であるかどうかを問わない。）
　(22)　公園　公衆の遊楽のために供する土地
　(23)　雑種地　以上のいずれにも該当しない土地

(2) 特例的な取扱い
① 一体として利用されている一団の土地が2以上の地目からなる場合の取扱い
　一体として利用されている一団の土地が2以上の地目からなる場合には，その一団の土地は，そのうちの主たる地目からなるものとして，その一団の土地ごとに評価するものとされている。
　このような取扱いが定められたのは，上記(1)に掲げる原則的な取扱いである地目別の評価に固執すると，図表－4に示されているゴルフ練習場用地のように一体として利用されている一団の土地が2以上の地目からなる場合には，その一団の土地をそれぞれの地目ごとに区分して評価することとなり（この取扱いを適用すると図表－4の事例では，評価対象地は2評価単位で評価され，芝生（雑種地）部分は一方路線で評価されることになる），一体として利用されている効用が評価額に反映しなくなり，結果としてかえって不合理なものになると考えられたためと思われる。
② 隣接する2以上の地目の土地を一団の土地として評価する場合
　市街化調整区域（都市計画法7条（区域区分）3項に規定する「市街化調整区域」をいう）以外の都市計画区域（同法4条（定義）2項に規定する「都市計画区域」をいう）で市街地的形態を形成する地域において，次に掲げる土地の評価区分（地目）について，いずれか2以上の地目の土地が隣接しており，その形状，地積の大小，位置等から判断して

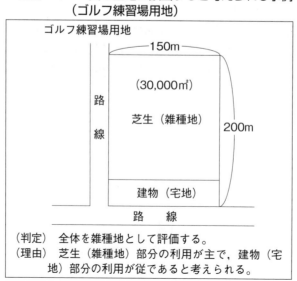

図表－4　一団の土地に該当すると考えられる事例
（ゴルフ練習場用地）

（判定）全体を雑種地として評価する。
（理由）芝生（雑種地）部分の利用が主で，建物（宅地）部分の利用が従であると考えられる。

これらを一団として評価することが合理的と認められる場合には，その一団の土地ごとに評価するものとされている。

(イ) 評価通達40（市街地農地の評価）の定めにより評価する市街地農地（ただし，評価通達40－3（生産緑地の評価）に定める生産緑地に該当するものを除く）

(ロ) 評価通達40－2（広大な市街地農地等の評価）の定めにより評価する市街地農地（ただし，評価通達40－3（生産緑地の評価）に定める生産緑地に該当するものを除く）

(ハ) 評価通達49（市街地山林の評価）の定めにより評価する市街地山林

(ニ) 評価通達49－2（広大な市街地山林の評価）の定めにより評価する市街地山林

(ホ) 評価通達58－3（市街地原野の評価）の定めにより評価する市街地原野

(ヘ) 評価通達58－4（広大な市街地原野の評価）の定めにより評価する市街地原野

(ト) 評価通達82（雑種地の評価）の定めにより評価する宅地と状況が類似する雑種地

このような取扱いが定められたのは，下記に掲げる理由によるものと考えられる。

㋑ 宅地化が進展している地域（宅地転換地域）のうちに介在する市街地農地，市街地山林及び市街地原野並びに宅地と状況が類似する雑種地が隣接している場合，その規模，形状，位置関係等から判断して，これらの土地を一団の土地としてその価額が形成される事例があること

㋺ 上記㋑に掲げる土地は，隣接に所在する宅地の価額の影響を強く受けるため，その評価は，原則として，宅地比準価額方式によるものとされており，評価通達に定める評価方法がいずれも同じものであること

なお，この隣接する2以上の地目の土地を一団の土地として評価する場合の取扱いの適用に当たっては，上記(イ)ないし(ト)に掲げるとおり，その対象とされる地目は一定の要件を充足した農地（田・畑），山林，原野，雑種地であって，地目が宅地とされる土地はこの取扱いの対象とされていないことに留意する必要がある（そのようにされた理由は，上掲の㋑及び㋺を再読することで理解されよう）。

また，上記(イ)及び(ロ)に掲げるとおり，この取扱いの対象とされる市街地農地の範囲から生産緑地が除外されている。これは，生産緑地の制度は非宅地化を前提としたものであり，その価額形成要因は隣接地の状況等にかかわらず，当該生産緑地単独で決定されることとなり，隣接する2以上の地目の土地を一団の土地としてその価額形成対象とされることに着目したこの取扱いの対象趣旨に合致しないことから除外されたものと考えられる。

この隣接する2以上の地目の土地を一団の土地として評価する場合の取扱いが適用される事例として，図表－5を参照されたい。

(3) 本件裁決事例の場合

前掲図表－1及び図表－2に掲げる本件各土地1及び本件各土地2に関する状況をまとめると，図表－6のとおりとなる。

図表－6で確認した本件各土地1及び本件各土地2に関する状況を上記(1)及び(2)に掲げる土地の評価単位に関する評価通達の定めに当てはめると次のとおりとなり，結論として，たとえ，①本件各土地1及び本件各土地2が地続きの土地であること，②本件各土地1及

図表－5　隣接する2以上の地目の土地を一団の土地として評価する事例

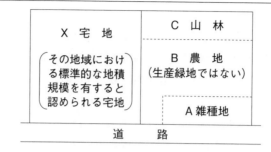

・相続財産は，X宅地，A雑種地，B農地及びC山林であり，いずれも自用地である。
・上記の各土地は，全て市街化区域内に所在している。
・上記の各土地は，全て同一人が相続している。

解説
(1) 原則的取扱い
　土地の価額は，原則として地目の別に評価するものとされている。そうすると，上記の事例にこの取扱いを適用すると，X宅地，A雑種地，B農地及びC山林の4評価単位として評価することになる。
(2) 特例的取扱い
　① 一体として利用されている一団の土地が2以上の地目からなる場合の取扱い
　　一体として利用されている一団の土地が2以上の地目からなる場合には，その一団の土地は，そのうちの主たる地目からなるものとして，その一団の土地ごとに評価するものとされている。
　　しかしながら，上記の事例に掲げる各地目の土地相互間において一体として利用されていると認められるものはなく，この取扱いの対象となるものはない。
　② 隣接する2以上の地目の土地を一団の土地として評価する場合
　　市街化調整区域以外の都市計画区域で市街地的形態を形成する地域において，一定の要件を充足した市街地農地，市街地山林及び市街地原野並びに雑種地が隣接している場合に，これらを一団として評価することが合理的と認められるときには，その一団の土地ごとに評価するものとされている。
　　そうすると，上記の事例にこの取扱いを適用すると，次に掲げる判断基準からX宅地で1評価単位，A雑種地，B農地及びC山林で1評価単位の合計で2評価単位として評価することになる。

判断基準
　(イ) 宅地は，この特例的取扱いの対象とされる地目には該当していないことから，X宅地については，土地の評価上の区分として単独で1評価単位とされる。
　(ロ) A雑種地，B農地及びC山林については，次に掲げるところからこの特例的取扱いの対象となり地目の別にかかわらず，全てを一団の土地として1評価単位とされる。
　　㋐ 標準的な宅地の地積規模から判断した場合には，A雑種地は地積が小さく，また，形状から判断すると，A雑種地を単独で評価するのは相当ではなくB農地と合わせて評価することが合理的であると考えられること
　　㋑ 土地の所在位置から判断した場合には，C山林は道路に面していない土地（無道路地）となり，これを単独で評価することは相当ではないと考えられること
(3) 結論
　上記(1)及び(2)より，結果的に，(2)②の取扱い（隣接する2以上の地目の土地を一団の土地として評価する場合）が適用され（特例的取扱いの方が優先的に適用される），X宅地で1評価単位，A雑種地，B農地及びC山林で1評価単位の合計で2評価単位として評価することになる。

図表-6　本件各土地1及び本件各土地2に関する状況

区　分	地積	課税時期の利用状況	地　目 (税務上)	相続財産の承継者	その他（接道状況等）
本件各土地1	512㎡	被相続人甲の居住用家屋の敷地（自用地）	宅地	相続人X, Y, Z （各人共有持分：$\frac{1}{3}$）	本件主要地方道（幅員約20m）に河川占用橋を介して接道する
本件各土地2	651㎡	被相続人甲の耕作する田（自用地）	田	相続人X, Y, Z （各人共有持分：$\frac{1}{3}$）	幅員約4mの法律上の道路に接道しているものと推定される

び本件各土地2が共に自用地であること，③本件各土地1及び本件各土地2を承継した者がともに同一人であることを主張したとしても，本件各土地1と本件各土地2はそれぞれ別個の評価単位となり，合計で2評価単位とされる。

(イ)　原則的取扱い

　　土地の価額は，原則として地目の別に評価するものとされている。そうすると，課税時期の利用状況から判断した税務上の地目は，本件各土地1は宅地，本件各土地2は田となり，それぞれ異なる地目とされることから，それぞれ別異の評価単位となり，合計で2評価単位とされる。

(ロ)　特例的取扱い

　㋑　一体として利用されている一団の土地が2以上の地目からなる場合の取扱い

　　　本件各土地1（地目：宅地）と本件各土地2（地目：田）とが一体として利用(注)されているとは認め難く，本件裁決事例においてはこの取扱いの適用はないものと考えられる。

　　(注)　「一体として利用」とは，社会，経済，法令等の総合的観点から判断した場合に，有機，密接，不可分の関係で利用されている状況をいうものと考えられる。

　㋺　隣接する2以上の地目の土地を一団の土地として評価する場合の取扱い

　　　この取扱いの適用対象とされる地目は，一定の要件を充足した農地（田・畑），山林，原野，雑種地に限定されており，宅地は当該対象地目からは除外されている。

　　　そうすると，本件各土地1及び本件各土地2は隣接はするものの，当該各土地の地目が前者が宅地であり後者が田であることからこの取扱いの対象とはされないことになる。

(ハ)　結　論

　　上記(イ)及び(ロ)より，評価通達の定めを適用すると(イ)の取扱い（原則的取扱いである地目別の評価）が適用され，本件各土地1及び本件各土地2は，それぞれ別個の評価単位とされ合計で2評価単位となる。

　　なお，請求人らは，上掲の評価通達の定めを適用した場合の評価単位の判定と異なる評価単位（本件各土地1及び本件各土地2をもって1評価単位）を主張しているが，この点に関しては，下記❹(2)ないし(4)で検討する。

　　また，本件各土地1及び本件各土地2は共に，㋑他者の権利関係が付着していない自

由地であること，㊁同一人が取得していること（相続人X・同Y・同Zの共有）を理由に上掲の評価通達の定めを適用した場合の取扱いとの均衡を問う向きがあるかも知れないが，これに関しては次の❷で検討する。

❷ 宅地・農地の評価単位

(1) 宅地の評価単位

評価通達7－2（評価単位）の(1)の定めでは，「宅地は，1画地の宅地（(X)利用の単位となっている(Y)1区画の宅地をいう）を評価単位とする」とされている。この定めを解釈するに当たっては，次の点に留意する必要がある。

① 利用の単位

「利用の単位」（上記(X)部分）の判定に当たっては，原則として，下記に掲げる 判断基準 によって判定することになる。

判断基準

(イ) (A)自己（所有者）の自由な使用収益権が得られるか否か

(ロ) 何らかの権利の目的となっている土地（例 貸宅地，貸家建付地）で，所有者の自由な使用収益権に制約が付されているか否か

(ハ) 上記(ロ)に該当する場合には，さらにその制約の対象となる単位ごとに区分

上記に掲げる 判断基準 は，宅地の上に存する権利の評価単位を判定する場合にも同様とされる。

なお，(B)相続，遺贈又は贈与により取得した宅地については，原則として(注)，その取得した宅地ごとに評価単位を判定するものとされている。

(注)「原則として」とされているのは，いわゆる「不合理分割」（贈与，遺産分割等による宅地の分割が親族間等で行われた場合において，例えば，分割後の画地が宅地として通常の用途に供することができないなど，その分割が著しく不合理であると認められるものをいう）があった場合を除く（このような不合理分割があった場合には，その分割前の画地を1画地の宅地として評価するものとされている）との意と解されている。

② 1区画の宅地

「1区画の宅地」（上記(Y)部分）の構成は，必ずしも1筆（土地課税台帳又は土地補充課税台帳に登録された1筆をいう）の宅地からなるとは限らず，2筆以上の宅地からなる場合もあり，また，1筆の宅地が2画地以上の宅地として利用されている場合もある。

(2) 農地の評価単位

評価通達7－2（評価単位）の(2)の定めでは，農地（田及び畑をいう）の評価単位は，当該農地の下記に掲げる評価区分に応じて，それぞれに掲げるとおりとされている。

① 下記②以外の農地

下記②に掲げる農地以外の農地の価額は，1枚の農地（耕作の単位となっている1区画の農地をいう）(注)ごとに評価するとされている。

(注)「1枚の農地」とは，必ずしも1筆の農地からなるとは限らず，2筆以上の農地からなる場合もあり，また，1筆の農地が2枚以上の農地として利用されている場合もある。

② 宅地比準方式で評価する市街地周辺農地等

下記に掲げる農地については，それぞれにつき，利用の単位^(注)となっている一団の農地を評価単位とする。

　(イ) 評価通達36－3（市街地周辺農地の範囲）の定めにより宅地比準方式で評価する市街地周辺農地

　(ロ) 評価通達40（市街地農地の評価）の定めにより宅地比準方式で評価する市街地農地

　(ハ) 評価通達40－2（広大な市街地農地等の評価）の定めにより宅地比準方式で評価する市街地農地

　(ニ) 評価通達40－3（生産緑地の評価）の定めにより評価する生産緑地

　(注)　「利用の単位」の解釈及び留意点については，上記(1)に掲げる宅地の場合と同様である。

(3) 本件裁決事例の場合

前掲図表－6を再度確認されたい。本件裁決事例の場合，本件各土地1（地目：宅地）は自用地であり共有者による共有持分取得であることから，上記(1)①の(A)部分及び(B)部分の判断基準からすると利用の単位として一つであり，宅地全体として1画地（1評価単位）と判断される。また，本件各土地2（地目：田）についても自用地であり共有者による共有持分取得であることから，上記(2)②^(注)に掲げる取扱いからすると，利用の単位として一つであり，市街地農地（地目：田）全体として1画地（1評価単位）と判断される。

　(注)　市街地農地の評価方法として，評価通達40（市街地農地の評価）では宅地比準方式と倍率方式との二つが定められているが，実務上の取扱いでは宅地比準方式を採用することが大部分であり，本件でもこの評価方法を採用することを前提として解説している。

そうすると，本件各土地1（地目：宅地）については当該宅地とされる部分（地目別評価により1評価単位）についてこれ以上に評価単位を細分化するものではなく，また，本件各土地2（地目：田）についても当該農地（田）とされる部分（地目別評価により1評価単位）についてこれ以上に評価単位を細分化するものではないことが理解される。結果として，本件裁決事例の場合には，2評価単位（地目別評価で，宅地と田）で評価することが相当と判断される。

すなわち，評価通達7（土地の評価上の区分）において，土地の価額は原則として地目の別に評価する旨を定め，そして，同7－2（評価単位）において，当該地目に関して細分化して評価するか否かが定められているものであり，その判断基準において宅地及び宅地比準方式で評価する市街地農地については，上記(1)①に掲げる「利用単位」が使われていることになる。

換言すれば，①評価対象地に他者の権利が付着していない自用地であるとか，②評価対象地を相続等により取得した者が同一人であるという着眼点は，地目別評価の定めで少なくとも2評価単位とされた本件各土地1（地目：宅地）及び本件各土地2（地目：田）を当該各地目のなかでさらに細分化して評価する必要があるか否かを判定する段階での指標であり，地目別評価という指標とは異なる段階の着眼点（地目別評価が優先）であること

に留意する必要がある。

❸ 広大地の評価

(1) 広大地の定義

評価通達24－4（広大地の評価）の定めでは、広大地とは、次に掲げる①から③までの要件を全て充足している宅地をいうものとされている。

① その地域における標準的な宅地の地積に比して、著しく地積が広大な宅地であること
② 都市計画法4条（定義）12項に規定する開発行為（以下「開発行為」という）を行うとした場合に公共公益的施設用地の負担が必要と認められること
③ 下記(イ)又は(ロ)に掲げる広大地に該当しない適用除外地以外のものであること
　(イ) 評価通達22－2（大規模工場用地）に定める大規模工場用地に該当するもの
　(ロ) 中高層の集合住宅等の敷地用地に適しているもの（その宅地について、経済的に最も合理的であると認められる開発行為が中高層の集合住宅等を建築することを目的とするものであると認められるものをいう）

(2) 評価方法

上記(1)の要件に該当する広大地の価額は、当該広大地が所在する宅地評価上の地域区分（路線価地域・倍率地域）の別に評価通達24－4（広大地の評価）において定められており、これをまとめると図表－7のとおりとなる。

❹ 最近の論点

本件裁決事例は、最近の広大地評価に関する主要な論点が網羅されているものであり筆者は非常に着目するものである。次に、この論点について個別に検証してみることにする。

(1) 広大地の該当性と都市計画法に規定する開発行為の許可基準

上記❸(1)の確認となるが、広大地に該当するための要件のなかに次に掲げるものがある。

① その地域における標準的な宅地の地積に比して、著しく地積が広大であること（上記❸(1)①より）
② <u>都市計画法に規定する開発行為</u>を行うとした場合に公共公益的施設用地の負担
　(A)
　(B)
が必要であること（上記❸(1)②より）

そして、上記②(A)の都市計画法に規定する開発行為に関して、都市計画法29条（開発行為の許可）においては、一定の開発行為をしようとする者は、都道府県知事の許可(注)を受けなければならないものとされている。

　（注）　地方自治法252条の19（指定都市の権能）1項に規定する指定都市、同法252条の22（中核市の権能）1項に規定する中核市又は同法252条の26の3（特例市の権能）1項に規定する特例市（以下「指定都市等」という）の区域内にあっては、当該指定都市等の長の許可を受けなければならないものとされている。

この一定の開発行為の要件のうちには「面積に関する要件」もあり、都市計画法施行令19条において図表－8のとおりに定めている。

最近の広大地評価の実務において筆者にとって非常に気になる論点がある。すなわち、

図表－7　広大地の評価方法

区　分	広大地が路線価地域に所在する場合	広大地が倍率地域に所在する場合
① 原則的取扱い	評価対象地である広大地の面する路線の路線価に評価通達15（奥行価格補正）から同通達20－5（容積率の異なる2以上の地域にわたる宅地の評価）までの定めに代わるものとして求めた広大地補正率（算式1を参照）を乗じて計算した価額にその広大地の地積を乗じて計算した金額によって評価する。この取扱いをまとめると算式2のとおりとなる。 算式1 広大地補正率＝0.6－0.05×(広大地の地積／1,000㎡) 算式2 広大地の面する路線の路線価(注)×広大地補正率×地積 （注）評価対象地である広大地が接面する路線が2以上ある場合には，原則として，その広大地が面する路線の路線価のうち最も高いものをいう。	評価対象地である広大地が標準的な間口距離及び奥行距離を有する宅地であるとした場合の1㎡当たりの価額を評価通達14（路線価）に定める路線価として，左欄の評価対象地である広大地が路線価地域に所在する場合に準じて計算した金額によって評価する。この取扱いをまとめると算式3のとおりとなる。 算式3 評価対象地である広大地について標準化補正して求められた1㎡当たりの価額(注)×広大地補正率×地積 （注）この価額は，評価対象地である広大地が存する付近にある標準（中庸）的な画地規模を有する宅地の価額との均衡を考慮して算定されるものである。
② 特例的取扱い	通常の路線価方式（奥行価格補正率等の各種補正率を適用して評価する方法）に基づいて計算した金額によって評価する。一方路線のみで評価する場合の計算方法を示すと，算式4のとおりとなる。 算式4 路線価×奥行価格補正率Ⓐ×Ⓐ以外の各種補正率×地積	倍率方式（下記算式5を参照）に基づいて計算した金額によって評価する。 算式5 評価対象地の固定資産税評価額×宅地の評価倍率
③ 判　定	①と②のうち，いずれか低い方の価額で評価	①と②のうち，いずれか低い方の価額で評価

上掲のとおり，評価通達24－4（広大地の評価）に定める広大地に該当するためには，<u>標準的な宅地の地積に比して著しく地積が広大であること</u>（以下「X要件」という）が必要とされる。また，併せて都市計画法に規定する開発行為を行うとした場合に公共公益的施設用地の負担の必要性も求められている。そして，この<u>都市計画法に規定する開発行為は許可制で一定面積以上の土地に開発行為を行う場合には，原則として都道府県知事の許可が必要とされる</u>（以下「Y要件」という）。

そして，上記に掲げるX要件及びY要件から次に掲げる解釈が最近の評価実務において行われるようになってきている。

　(イ)　Y要件を解釈すると，評価通達に定める広大地に該当するためには評価対象地の地積が都市計画法施行令19条に定める面積基準（開発行為の許可面積基準）以上のものであること

図表－8　開発行為の許可（面積基準）

土地の所在		面積基準	
		原則的な取扱い	特例的な取扱い
市街化区域	(イ) 三大都市圏(注1)	500㎡	市街化の状況により，無秩序な市街化を防止するために特に必要であると認める場合
	(ロ) 上記(イ)以外の区域(注2)	1,000㎡	300㎡以上1,000㎡未満
区域区分が定められていない都市計画区域及び準都市計画区域		3,000㎡	市街化の状況等により特に必要があると認められる場合
			300㎡以上3,000㎡未満

(注1)　「三大都市圏」とは，都の区域（特別区の存する区域に限る）及び市町村でその区域の全部又は一部が次に掲げる区域内にあるものの区域に係る市街化区域をいう。
　　(A)　首都圏整備法2条3項に規定する既成市街地又は同条4項に規定する近郊整備地帯
　　(B)　近畿圏整備法2条3項に規定する既成都市区域又は同条4項に規定する近郊整備区域
　　(C)　中部圏開発整備法2条3項に規定する都市整備区域
(注2)　本件各土地1及び本件各土地2は，いずれも三大都市圏以外の市街化区域に所在するため，都市計画法に規定する開発行為を行う場合の許可面積は1,000㎡以上となる。

　　(ロ)　X要件を解釈すると，評価通達に定める広大地に該当するためには評価対象地が標準的な宅地の地積に比して著しく地積が広大であること
　　(ハ)　上記(イ)及び(ロ)より，「標準的な宅地の地積に比して著しく地積が広大＝評価対象地の地積が開発行為の許可面積基準以上」という関係が成立すること

　本件裁決事例においても，上記Ⅳ❶(3)において，国税不服審判所における法令解釈等として広大地通達に定める標準的な宅地に比して著しく地積が広大であることの判定に関し，「広大地通達の定めによれば，広大地に該当するためには，標準的な地積に比して著しく地積が広大である必要があるところ広大地通達の趣旨から，標準的な地積に比して著しく地積が広大であるとは，開発行為を行う場合に都市計画法に規定する許可が必要であり，かつ，その土地の地積がその地域における土地の標準的な地積よりも広大である場合をいうものと解される」としている。そうすると，この解釈基準の＿＿＿部分をもって，上記(ハ)に掲げる最近の評価実務における解釈基準が国税不服審判所の見解においても裏付けられることになる。

　一方，平成16年6月29日付「資産評価企画官情報第2号『財産評価基本通達の一部改正について』通達のあらましについて（情報）」（以下「本件情報」という）の3「通達改正の概要」の(2)「広大地の範囲」の（広大地に該当する条件の例示）の注書において，「（注）ミニ開発分譲が多い地域に存する土地については，開発許可を要する面積基準（例えば，三大都市圏500㎡）に満たない場合であっても，広大地に該当する場合があることに留意する」と記載されており，いわゆるミニ開発分譲の取扱いが定められていた。

　しかしながら，筆者の知る限りという不確定な要素を伴うものではあるが，最近の広大地評価に係る課税実務上の取扱いでは上掲のミニ開発分譲の取扱いを耳にすることは急速に減少している。また，課税庁担当者の筆による広大地評価に関する実務解説書（いわゆる「お役所本」）においても，本件情報が公開された当時には当然に記載解説されていた

図表－9　広大地評価の可否（ミニ開発分譲が多い地域に存する開発許可面積基準未満の土地）

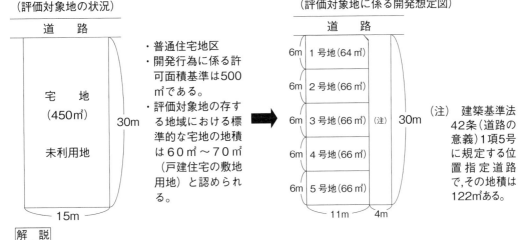

解　説

　上記に掲げる評価対象地である宅地（未利用地）の地積は450㎡であり，都市計画法に規定する開発行為に係る許可面積基準である500㎡に満たないことから，同法29条（開発行為の許可）に規定する開発行為の許可は不要とされる。そうすると，最近の広大地評価における実務解釈基準として注視される上記(ハ)の「標準的な宅地の地積に比して著しく地積が広大＝評価対象地の地積が開発行為の許可面積基準以上」という関係式の成立を前提とするならば，評価対象地は評価通達24－4（広大地の評価）に定める広大地には該当しないことになる。

　一方，本件情報に定めるいわゆるミニ開発分譲の取扱いが現行の課税実務においても可能とされるのであれば，下記に掲げる判断基準から評価対象地は評価通達24－4（広大地の評価）に定める広大地に該当することになる。

判断基準
(1) その地域における標準的な宅地の地積は60㎡～70㎡とされていることから，評価対象地の地積450㎡はこれに比して著しく地積が広大であると認められること
(2) 都市計画法に規定する開発行為ではないものの，上記に掲げる評価対象地に係る開発想定図では，評価対象地の地積450㎡に対して新たに開設される道路（建築基準法に規定する位置指定道路）の地積が122㎡も必要とされ，経済的合理性を追求した土地の最有効使用を検討した結果として評価対象地の地積の約30％（$\frac{122㎡}{450㎡}≒30％$）もの道路負担が必要であること
(3) 評価対象地が大規模工場用地又はマンション適地に該当していないこと

　ミニ開発分譲に関する記述が近年の改訂版からは削除されている事例を多く見る。
　そうすると，今後の広大地評価における課税実務において，図表－9に掲げるような評価対象地（開発行為に係る許可面積基準未満ではあるもののミニ開発分譲が多い地域に存する土地）をどのようにして取り扱っていけばよいのか，また悩みが一つ増えることになりかねない。
　なお，付言するのであれば，国税庁から公開されている質疑応答事例（広大地の評価における「その地域」の判断）において，次のとおりの解釈基準が示されている。

[解釈基準]

> 「標準的な宅地の地積」は、評価対象地の付近で状況の類似する地価公示の標準地又は都道府県地価調査の基準地の地積、評価対象地の付近の標準的使用に基づく宅地の平均的な地積などを総合勘案して判断します。
> なお、標準的使用とは、「その地域」で一般的な宅地の使用方法をいいます。

そうすると、「その地域における標準的な宅地の地積に比して、著しく地積が広大であること」の判断に当たっては、その地域で一般的な（換言すれば、最も多い）宅地の使用方法との比較において著しく地積が広大であること（換言すれば、相対性による比較により決定されるものであること）が要求されていることは容易に理解されるが、このことが直ちに、国税不服審判所がその法令解釈等として示した評価通達に定める広大地の該当性の要件とされる「標準的な宅地の地積に比して著しく地積が広大＝評価対象地の地積が開発行為の許可面積以上」という図式を成立させているとまではいい難いのではないかと考えるものである。

もし仮に、現行における広大地の評価実務にミニ開発分譲の取扱いという概念がないとしたとしよう。そうすると、図表－9のような評価対象地はその地域性（標準的な宅地の地積を60㎡～70㎡とするミニ開発分譲地区であること）から考慮すると、これを単独で利用することを前提として取引されることは考え難く、戸建住宅開発業者が道路開設を前提とする宅地分譲を目的として取得することが想定される。この場合には必ず道路開設部分として、いわゆる「潰れ地」が生じることとなり、このような土地に広大地評価を適用せず奥行価格補正率等の通常の画地補正率のみで対応したのであれば、「当該土地の相続税評価額＞当該土地の客観的交換価値（時価）」となる場合も十分に想定される（もちろん、このような評価は時価以下評価主義に反し違法とされる）。したがって、このような状況になると想定される場合には、いわゆる財産評価基準制度の枠組みを外れて、相続税法22条（評価の原則）に規定する時価評価として専門家（不動産鑑定士等）の意見表明（不動産鑑定評価等）を求めることも検討に値すべきものと考える。

(2) 広大地の判定単位と土地の評価単位の関係

本件裁決事例においても主要な争点とされているが、最近の広大地評価における係争項目の多数を占めるものとして、評価対象地が評価通達24－4（広大地の評価）に定める広大地に該当するか否かを判定する場における判定単位を何に求めることになるのか、また、当該判定単位は必ず、評価通達7（土地の評価上の区分）、同7－2（評価単位）に定める評価通達上の土地の評価単位に一致させる必要性があるのかという点がある。

この点に関して、本件裁決事例における双方（請求人・原処分庁）の主張及び国税不服審判所の判断（いずれも、要旨のみ）をまとめると、図表－10のとおりとなる。

本件裁決事例においては、図表－10において確認したとおり、原処分庁（課税庁）が主張し、当該主張を国税不服審判所が維持したものとして、「評価通達24－4（広大地の評価）に定める広大地に該当するか否かの判定単位＝課税時期の現況（評価通達7（土地の

図表-10　広大地の判定単位と土地の評価単位の関係

請求人（納税者）の主張	原処分庁（課税庁）の主張	国税不服審判所の判断
隣接した土地を所有する者が土地開発をする場合には，課税時期の現況の地目に縛られずに経済的合理性を考慮することが一般的であることから，広大地通達に定める広大地に該当するか否かの判定を課税時期の現況（評価通達に定める評価単位）によって行うことは妥当ではない。	評価通達は，広大地についての評価単位に関して特別な定めを置いていないことから，評価通達7（土地の評価上の区分）及び評価通達7-2（評価単位）に基づいて評価単位を判定した上で，広大地に該当するか判定することとなるから，広大地通達に定める広大地に該当するか否かの判定を課税時期の現況（評価通達に定める評価単位）によって行うことは妥当である。	次に掲げる事項から，請求人らの主張には理由がなく，採用することができない。 ① そもそも広大地通達は土地の評価単位の判断基準に言及するものではないから，評価通達7のただし書の定め（筆者注）が広大地通達の趣旨に反するものとは認められないこと 筆者注　一体として利用されている一団の土地が2以上の地目からなる場合には，その一団の土地は，そのうちの主たる地目からなるものとして，その一団の土地ごとに評価する旨の取扱いをいう。 ② 広大地についての評価単位に関しては，課税時期の現況によらず，経済的合理性を考慮して判断すべきとの主張を採用すれば，広大地に関しては独立した評価単位を設定することになるが，相続財産である土地の評価単位については評価通達7のただし書並びに評価通達7-2の定めがあるところ，土地の価額の評価を行う際の補正要素の一つである広大地についてのみ土地の評価単位とは別の独立した評価単位を設定することは相当ではないこと

評価上の区分）及び評価通達7-2（評価単位）に定める評価単位）」という図式（一種の形式基準）が成立していることに注目する必要がある。なお，筆者の知る限りではこの形式基準をもって広大地通達に定める広大地に該当するか否か判定基準とすることが実務運用として定着しており（この点につき，下記(7)の裁決事例の項を参照されたい），当該形式基準と異なる判断基準を示した判例・裁決事例に接したことはない。

　なお，この広大地の判定単位と土地の評価単位の現行実務における取扱い（両者は一致したものとして取り扱うことが相当とされること）に関する結論の妥当性については，下記(5)で検討してみたい。

(3)　広大地の判定単位と土地の最有効使用の関係

　上記(2)に掲げる「広大地通達に定める広大地の判定単位＝課税時期の現況（評価通達に定める評価単位）」という図式（形式基準）を採用しないことが相当であるとしたならばという仮定論の下で，広大地通達に定める広大地に該当するか否かの判定単位を一団の土地として併せて開発することが最有効使用であると認められる当該一団の土地に求めるべきであるという論点がある（本件裁決事例においても主要な争点とされている）。

　この点に関して，本件裁決事例における双方（請求人・原処分庁）の主張及び国税不服審判所の判断（いずれも要旨のみ）をまとめると，図表-11のとおりとなる。

　図表-11から理解されるとおり，請求人が広大地についての判定単位を開発行為を行うとした場合における最有効使用の観点から行うべきであると主張したことに対して，原処分庁が反論し，当該反論を国税不服審判所が支持したものとして，財産の評価は課税時期

図表－11　広大地の判定単位と土地の最有効使用の関係

請求人（納税者）の主張	原処分庁（課税庁）の主張	国税不服審判所の判断
次に掲げる理由から、広大地の該当可能性を判定する際、同一の者が所有している隣接した土地を開発する場合で一団の土地として併せて開発することが最有効使用であるときは、広大地の判定については、評価通達7（土地の評価上の区分）のただし書（筆者注）を類推適用して、それらの土地は一団の土地として併せて評価単位になると解すべきである。 ① 広大地通達は、「開発行為を行うとした場合」と仮定の状況を採用しており、この開発行為とは最有効使用に基づくものであるため、広大地についての評価単位も最有効使用の観点から判定されるべきである。 ② 土地の時価とは売却可能な価値であって、売却可能な価値は最有効使用に即して評価されるべきである。 ③ 広大地の判定について定める資産評価企画官情報及び国税庁の質疑応答は、「有効利用」、「最有効使用」又は「経済的合理性」という文言を使用していること ④ 広大地の判定について定める公共公益的施設の負担の有無等が争点となった過去の裁決においても、開発行為を行うと仮定した場合における経済的合理性が判断されていること 筆者注　一体として利用されている一団の土地が2以上の地目からなる場合には、その一団の土地は、そのうちの主たる地目からなるものとして、その一団の土地ごとに評価する旨の取扱いをいう。	請求人らの主張は、将来において開発行為を行うと仮定した場合における最有効使用の観点から広大地についての評価単位を判定すべきとの主張と解されるところ、評価通達7（土地の評価上の区分）及び評価通達7－2（評価単位）に基づく評価単位の判定が妥当であって、広大地についての評価単位に関して特定な定めもないことは図表－10の原処分庁（課税庁）の主張欄のとおりであるから、以上のような請求人らの主張は認められない。	下記に掲げるとおり、請求人らの主張にはいずれも理由がなく、採用することができない。 ① 請求人（納税者）の主張欄①について 「開発行為を行うとした場合」という文言は、公共公益的施設用地の負担に関する定めであって広大地の判定について特別の評価単位を定める趣旨のものではない。 ② 請求人（納税者）の主張欄②について 土地の時価とは最有効使用に即して評価されるべき売却可能な価値であるとの請求人らの主張については、<u>(A)土地の時価とは相続開始時における当該財産の客観的な交換価値をいうものと解されるところ</u>、<u>(B)このことから直ちに広大地の判定については最有効使用に基づき評価単位を判定すべきということにはならない。</u> ③ 請求人（納税者）の主張欄③及び④について 請求人らの主張する資産評価企画官情報、国税庁の質疑応答事例及び裁決例については、いずれも、現に宅地として有効利用されているか否か、公共公益的施設の設置が必要か否か又は中高層の集合住宅等の敷地用地に適しているか否かの判定に関するものであって、広大地の判定についての評価単位に関するものではない。

の現況（客観的交換価値）によるものであるから（図表－11の国税不服審判所の判断欄<u>(A)</u>部分）、広大地の判定については最有効使用に基づき評価単位を判定すべきではない（図表－11の国税不服審判所の判断欄<u>(B)</u>部分）という考え方に筆者は非常に注目している。

すなわち、「広大地通達に定める広大地の判定単位≠当該土地の最有効使用に基づく利用単位」であり、広大地に該当するか否かの判定に当たっては当該土地の最有効使用を想定した場合の利用単位という概念を採用する余地はなく、上記(2)に掲げるとおり、「広大地通達に定める広大地の判定単位＝課税時期の現況（評価通達に定める評価単位）」として取り扱うことの相当性を再確認している。

なお、この広大地の判定単位と土地の最有効使用の関係に対する現行実務の取扱い（両者を無関係なものとして取り扱うことが相当とされること）については、「最有効使用」、

「課税時期の現況」という概念からも検証すべき事項であり、当該結論の妥当性については後記(5)で検討してみたい。

(4) 広大地の判定単位と特別の事情の有無

本件裁決事例では、上記(1)及び(2)に掲げる事項以外にも、本件各土地1及び本件各土地2が隣接し、かつ、同一の者（相続人）の所有であることが評価通達の定めによらず評価すること（参考資料を参照）を容認する特別の事情の有無に該当するか否かも争点とされている。

参考資料 評価通達6（この通達の定めにより難い場合の評価）

> この通達の定めによって評価することが著しく不適当と認められる財産の価額は、国税庁長官の指示を受けて評価する。

この点に関して、本件裁決事例における双方（請求人・原処分庁）の主張及び国税不服審判所の判断（いずれも要旨のみ）をまとめると、図表－12のとおりとなる。

図表－12から、たとえ、本件各土地1及び本件各土地2について下記に指摘される事実があったとしても、当該事実はこれらの各土地を評価通達の定めによらず評価することを正当として是認する特別な事情は存在しないとして、上記(2)に掲げるとおり、「広大地通達に定める広大地の判定単位＝課税時期の現況（評価通達に定める評価単位）」という関係式が成立していることを再確認している。

① これらの各土地の所有者（相続による承継者）がいずれも同一人であること

図表－12 広大地の判定単位と特別の事情の有無

請求人（納税者）の主張	原処分庁（課税庁）の主張	国税不服審判所の判断
次に掲げる理由から、広大地についての評価単位の判定に評価通達7（土地の評価上の区分）のただし書（筆者注）を文言どおり画一的に適用して形式的な平等を貫き、本件各土地1及び本件各土地2を個別の評価単位とすれば、かえって実質的な租税負担の平等を著しく害することは明らかであるため、同取扱いによらないことが正当として是認されるような特別の事情がある。 ① 本件各土地1及び本件各土地2は隣接しており、同一の者の所有であること ② 本件各土地1及び本件各土地2を一体として開発することが最有効使用であると認められること 筆者注 一体として利用されている一団の土地が2以上の地目からなる場合には、その一団の土地は、そのうちの主たる地目からなるものとして、その一団の土地ごとに評価する旨の取扱いをいう。	評価通達が想定していなかった特別の事情が存すると認められる場合には、評価通達に定められた以外の方法により評価することも許されると解される。 この取扱いを本件についてみると、同一の者が隣接した土地を所有しているのは一般的なことであって、それらの土地の開発行為を行う場合に、一体として開発することが最有効使用であったとしても、それは評価通達が想定していなかった特別の事情には該当しない。	請求人らの主張は、実際に本件各土地を開発していない場合においてまで、一体として開発することが最有効使用であるなら、広大地の判定については本件各土地を一つの評価単位とみるべきとの主張であって、この主張は、実際の土地の利用状況を離れて、仮定の状況を前提に評価単位を判定するべきであるとの主張であるから、現実の土地の利用状況に即して判断しようとする評価通達の趣旨に反するものといえ、評価通達7のただし書に定められた方式によらないことが正当として是認されるような特別の事情に該当するものとは認められない。

②　これらの各土地の評価態様がいずれも自用地であること
③　これらの各土地を一体開発することが最有効使用であると認められること

なお、本件裁決事例における広大地の判定に当たって、特別の事情がないと判断したことに対する結論の妥当性については、次の(5)で検討してみたい。

(5)　(2)ないし(4)に関する結論の妥当性
① 広大地の判定単位と土地の評価単位が一致することについて

広大地の判定単位と土地の評価単位が一致すること（換言すれば、広大地に該当するか否かの判定に当たって評価通達の定めによらない独自の判定単位を設定することを認めないこと）について、国税不服審判所では次の2点を理由に挙げているので、それぞれについて検討してみる。

(イ)　そもそも広大地通達は土地の評価単位の判断基準に言及するものではないこと

確かに、評価通達24-4（広大地の評価）は一読する限り広大地の価額の算定方法を定めたものであり、広大地の判定単位に直接的に論及している部分は見受けられない。しかしながら、同通達では広大地の要件として少なくとも次に掲げる項目に該当することを求めている。

㋑　その地域における標準的な宅地の地積に比して著しく地積が広大な宅地であること

㋺　中高層の集合住宅等の敷地用地に適しているもの（その宅地について、経済的に最も合理的であると認められる開発行為が中高層の集合住宅等を建築することを目的とするものであると認められるものをいう）以外のものであること

そうすると、同通達が広大地の価額の算定方法を定めたものであったとしても、どの範囲の土地をもって価額の算定対象とするのか（不動産鑑定評価基準によれば、これを「対象不動産の確定」という）が決定されなければ価額の算定も困難であると考えられる。また、同通達に定める広大地はその要件として、上記㋑及び㋺に掲げる事項を定めており、どのような画地単位（地積規模）の宅地をもって、上記㋑に掲げるその地域における標準的な宅地の地積に比して著しく地積が広大な宅地であると認定するのか、また、上記㋺に掲げる中高層の集合住宅等の敷地用地に適しているものと認定するのかが重要となる。

したがって、同通達に定める広大地に該当するか否かの判断に当たっては、まず、どの範囲の土地（判定単位）をもって判定するのかが重要（入口の第一歩）であり、これを単に同通達は広大地の判定単位の判定基準に言及するものではないとして排除することには問題があるように思える。すなわち、同通達に、広大地に該当するか否かの判定単位に関する定めがない（判定基準に言及がない）のであれば、当該定めが定められていないことに関する相当性の是非を検証し、必要と判断されたならば当該判定単位に関する判定基準を通達の定めとして、別途定めればよい(注)のであり、重ねての指摘となるが、単に評価通達に記載がないとの一言で処理することには大いに疑問を感じるものである。

図表－13　評価通達の構成体系

```
第1章　総則
  以下（略）
第2章　土地及び土地の上に存する権利
  第1節　通則
    評価通達7（土地の評価上の区分）
    評価通達7－2（評価単位）
      以下（略）
  第2節　宅地及び宅地の上に存する権利
    評価通達10　削除
    評価通達11（評価の方式）
      中途（略）
    評価通達24－4（広大地の評価）
      以下（略）
```

（注）　例えば，大規模工場用地についてみると，大規模工場用地の定義及びその評価単位に関する定めを評価通達22－2（大規模工場用地）に設けており，個別の土地（宅地）の評価の定めにおいても，評価単位に関して当該土地の固有性に対応した取扱いを定めることには格別の問題は生じないものと考えられる。

(ロ)　土地の評価単位については評価通達に定められているところ，広大地についてのみ土地の評価単位とは別の独立した判定単位を設定することは相当ではないこと

この国税不服審判所の判断の基礎とされているのは，図表－13に掲げる評価通達の構成体系にあるものと思慮する。

すなわち，評価通達の体系では，土地の評価上の区分及び評価単位を定めた評価通達7及び同7－2の定めは第2章（土地及び土地の上に存する権利）のなかでも総則的な位置付けにあると考えられる第1節（通則）において定められている。一方，広大地の具体的な評価方法を定めた評価通達24－4の定めは第2節（宅地及び宅地の上に存する権利）において定められており，宅地に関する個別的な一評価項目に過ぎないものと認められる。そうすると，当該評価対象地が広大地に該当するか否かの判定単位も個別の評価の定めたる評価通達24－4において，特段の判定基準を設けていない限り，総則的位置付けにあると認められる評価通達7及び同7－2の定めによって判定することが相当であるとする考え方が支持されるのであろう。

しかしながら，広大地に該当するか否かの判定単位を単に評価通達に定めがない（評価通達24－4において独自に定めていないことをいう）とか，上述の評価通達の構成体系のみで論ずるような形式的な取扱いに依拠することは相当ではなく，その対応（広大地に該当するか否かの判定単位を別途に設けることの相当性の是非を検証して，必要性に応じて通達の定めとして制定すること）については，上記(イ)で指摘したとおりである。

②　広大地の判定単位を判断するに当たって土地の最有効使用の状況を考慮しないことについて

広大地に該当するか否かを判断する場合の判定単位を確定するに当たって，将来におい

て開発行為を行うとしたときにおける最有効使用の観点に基づいて行うことにはならないと判断した点につき，国税不服審判所では次の3点を理由に挙げているので，それぞれについて検討してみる。

(イ) 「開発行為を行うとした場合」という文言は広大地の判定について特別の評価単位を定める趣旨のものではないことについて

評価通達24－4（広大地の評価）において，広大地の該当要件の一つとして「都市計画法4条（定義）12項に規定する開発行為を行うとした場合に公共公益的施設用地の負担が必要と認められるもの」と定めている。そうすると，この定めを文字どおり読むと国税不服審判所が示すとおり，「開発行為を行うとした場合」という文言は，公共公益的施設用地の負担に関する定めであって広大地の判定について特別の評価単位を定める趣旨のものではないという考え方が成立するかもしれない。

しかしながら，同通達に定める開発行為とは，都市計画法4条（定義）12項に規定する開発行為をいうものとされており，当該開発行為に当たっては同法29条（開発行為の許可）（下記 資料 を参照）の規定により，事前の許可が必要とされている。

資料　都市計画法29条（開発行為の許可）1項（主要項目のみを抜粋）

> 都市計画区域又は準都市計画区域において開発行為をしようとする者は，あらかじめ，国土交通省令で定めるところにより，都道府県知事（地方自治法第252条の19第1項の指定都市，同法第252条の22第1項の中核市又は同法第252条の26の3第1項の特例市（以下「指定都市等」という。）の区域内にあっては，当該指定都市等の長。）の許可を受けなければならない。ただし，次に掲げる開発行為については，この限りでない。
> 一　市街化区域，区域区分が定められていない都市計画区域又は準都市計画区域内において行う開発行為で，その規模が，それぞれの区域の区分に応じて<u>政令で定める規模未満であるもの</u>
> 二　（以下略）

そして，同法1項1号に規定する政令で定める規模（上記 資料 の＿＿部分）として，都市計画法施行令19条が定められており，市街化区域における面積基準（原則的な取扱い）を三大都市圏において500㎡，三大都市圏以外の区域においては1,000㎡としている。

そうすると，都市計画法に規定する開発行為はその大前提において一定面積規模以上の土地に対する事前許可制となっており，そうであるならば，当然に当該規模（開発許可が必要な面積に該当するか否か）を判定するに当たっては，何をもってその判定対象（すなわち，評価通達に定める広大地に該当するか否かの判定単位）とするかを検討することが重要課題になるものと考えられるところである。換言すれば，評価通達に定める広大地に該当するか否かの判定単位を確定させることもなく公共公益的

施設用地（道路，公園等）の負担の有無を論ずることは思考過程からして相当ではないと思慮する。

したがって，国税不服審判所が示した見解（「開発行為を行うとした場合」という文言は，公共公益的施設用地の負担に関する定めであって広大地の判定について特別の評価単位を定める趣旨のものではない）に，筆者として賛意を寄せ難いものである。
(ロ) 広大地の判定について最有効使用に基づき評価単位を判定すべきものではないことについて

題記につき，国税不服審判所は次に掲げる二つの見解を示している。
(イ) 土地の時価とは相続開始時における当該財産の客観的な交換価値をいうものとされること
(ロ) 上記(イ)から，直ちに広大地の判定については最有効使用に基づき評価単位を判定すべきということにはならないこと

まず，上記(イ)についてであるが，相続税法22条（評価の原則）では「相続，遺贈又は贈与により取得した財産の価額は，当該財産の取得のときにおける時価により評価する」旨を規定し，これを受けて評価通達1（評価の原則）(2)の「時価の意義」において，「時価とは，課税時期において，それぞれの財産の現況に応じ，不特定多数の当事者間で自由な取引が行われる場合に通常成立すると認められる価額をいう」旨を定めており，これにより，時価とは，課税時期（相続開始時）における当該財産の客観的交換価値であると解することは相当である。

ただし，同通達はその(3)に掲げる「財産の評価」において，「財産の評価に当たっては，その財産の価額に影響を及ぼすべきすべての事情を考慮する」旨を併せて定めている。ただし，この「すべての事情」とは，客観的な事項であることが必要と解され，主観的な事項や財産所有者による意思能力等によって自由に左右することが可能とされるような事項はこれに該当しないものと解されている。

そうすると，「相続開始時における当該財産の客観的な交換価値」を構成する要件として，次に掲げる条件を充足するものであることが必要と考えられる。
　(A) 財産の現況を考慮すること
　(B) 取引に制約条件のないこと（不特定多数の当事者間における自由な取引が成立していること）
　(C) 財産の価額に影響を及ぼすべきすべての客観的な事項が考慮されていること

ここで留意すべきは，相続開始時（判断時点）における取引に制約条件を付さない（上記(B)）ものとし，財産の現況を考慮した（上記(A)）上で，その価額に影響を及ぼすべきすべての客観的な事項を考慮する（上記(C)）とされているが，このことは何も，課税時期（相続開始時）における物理的（換言すれば，人間の目で実際に確認できるという意味）な要因のみに着目するものではない意と解される。すなわち，課税時期において物理的な事象は具体的に確認されていない場合でも，社会的，経済的又は法令的な要因から考察した場合には，当該事象の実現が確定的であると認められるよう

図表-14 相続開始時における客観的な交換価値の構成要件

- ●課税時期における物理的な要因に対する着目 ➡ 評価において考慮すべき事項
  - (例)(イ) 評価対象地は道路よりも3m低く，周囲の宅地に比して著しく利用価値が低下していると認められる。
  - (ロ) 評価対象地は不整形地である。
- ●課税時期における社会的，経済的又は法令的な要因に対する着目 ➡ 評価において考慮すべき事項
  - (例)(イ) 評価対象地（宅地）はその周囲に所存する他の宅地と一体となって共同ビルの建設の用に供されることが確定している（ 参考 を参照）。➡ 評価対象地と他の宅地とを一体として評価する。
  - (ロ) 評価対象地の前面に水路（幅員2mの国有地）があり，当該水路を介して道路に接道している。評価対象地が所在する市条例によれば水路幅員が3m以下である場合には宅地開発に当たって当該水路を暗渠化することが義務付けられている。➡ 当該水路の暗渠化を前提に評価対象地の評価をする。

な場合には，当該事象の実現を織り込んで評価すべきであるという考え方（図表-14を参照）がある。

図表-14の後段の取扱い（特に，(例)(イ)）に関して，実務上において留意しておきたい判例（大型共同ビルの建設が計画されていた仮換地における評価単位の取扱い）がある。この判例の要旨をまとめると 参 考 のとおりである。

参 考 静岡地方裁判所（平成5年5月14日判決，昭和63年（行ウ）第9号，贈与税更正処分等取消請求事件）

事案の概要

　父Xは，その所有する甲宅地（土地区画整理事業施行中の宅地）を子に贈与することとした。この甲宅地の形状等及び土地区画整理事業の概要は下記のとおりである。

(1) 甲宅地の形状等

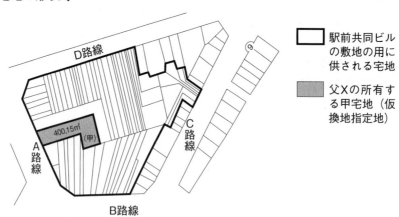

(2) 土地区画整理事業の概要
① 父Xの所有する宅地（従前地）について土地区画整理事業が施行され，当該従前地については仮換地指定がなされ甲宅地（400.15㎡）が指定された（併せて，本件従前地を含む本件土地区画整理事業施行区域内の各宅地につき，仮換地指定

が上記(1)のとおりなされた)。

② 贈与時においては，前記(1)☐部分に対して駅前共同ビルの建設が確定しているが実際にはまだ一体利用はされておらず，甲土地（仮換地）は空閑地として未だ利用されていないままであった。

上記のような状況において，甲宅地（仮換地）の評価をするに際してはその評価単位は下記(イ)又は(ロ)のどちらの考え方によることになるのか。

(イ) 仮換地である甲宅地の価額を評価する際して，甲宅地が駅前共同ビル（予定）の敷地の用に供される宅地の一部であることは特にしんしゃくせず，甲宅地自体を個別的に評価する考え方（個別評価法） ➡ 納税者が主張する評価方法

(ロ) 仮換地である甲宅地を含む駅前共同ビル（予定）の敷地の用に供される宅地を1画地としてその価額を評価した上で，甲宅地の価額はその価額割合又は面積割合によって評価する考え方（画地評価法） ➡ 課税庁が主張する評価方法

判決の要旨

(1) 財産の評価に際しては，その財産の価額に影響を及ぼすべきすべての事情を考慮すべきこと（評価通達1の(3)）はもとより当然である。そして，かかる見地に立てば，贈与により取得した宅地の価額を評価する際しては，必ずしも贈与された土地の1筆としての範囲に拘泥することなく，その宅地の利用状況に応じ，当該宅地の筆が他の宅地と一体となって利用されているのであれば，他の筆の宅地をも併せた利用の単位となっている1画地の宅地ごとに評価した上で，個別の宅地を評価することとするのが相当であり（評価通達10(筆者注1)），このことは，贈与された土地がその当時土地区画整理事業による仮換地指定をされている宅地であって，その価額を指定された仮換地の価額によって評価すべき場合（評価通達24(筆者注2)）においても同様であるというべきである。

(2) 当該宅地が他の筆の宅地と一体となって利用され，これと併せて利用の単位である1画地の宅地を構成しているか否かの認定に当たっては，財産の時価が不特定多数の当事者間で自由な取引が行われる場合に通常成立すると認められる価額を指すものである以上，所有者の内心の意思にとどまるような主観的事情をしんしゃくすることが相当でないことはいうまでもないが，財産の価額の評価に当たって価額に影響を及ぼすべきすべての事情を考慮すべきことからすれば，当該宅地と他の筆の宅地とが現実に一体となって建物の敷地等として利用されている場合にのみ，それを1画地の宅地と認定することが許されるとすることも相当ではない。

(3) 数筆の宅地が，現在においては空閑地であって，一体となって利用されているに至ってはいない段階であっても，(x)その土地全体の状況と利用目的とを総合的に考慮し，近い将来それを1画地として利用する目的が具体的に定まっており，かつ，(Y)土地の状況その他から見てその実現が確定的であると認められるような場合においては，その数筆の宅地が利用の単位となっている1画地の宅地を構成するものとし，当該1画地の宅地についての価額の評価を通じて個別の宅地の価額を評価する

> ことが相当であるものと解される。
> 筆者注1　現行の取扱いでは、評価通達7－2（評価単位）の定めとなっている。
> 筆者注2　現行の取扱いでは、評価通達24－2（土地区画整理事業施行中の宅地の評価）の定めとなっている。
> （注）アンダーラインは筆者が付設したものである。

　上記に掲げる静岡地裁の判断は、次に掲げるその後の上級審においても支持されており、結果的に三審ともに納税者の主張は認められず、全て課税庁の主張が容認されることとなった。

控訴審　東京高等裁判所（平成6年1月26日判決、平成5年（行コ）第122号、贈与税更正処分等取消請求控訴事件）

上告審　最高裁判所第二小法廷（平成7年6月9日判決、平成6年（行ツ）第85号、贈与税更正処分等取消請求上告事件）

　この判例では、課税時期（贈与時）において物理的な要因が認められない場合（評価対象地が空閑地で一体利用されていない状況）であっても、そのことのみに着目するのではなく次に掲げるような事項を総合的に考慮して社会的、経済的又は法令的な要因として評価に織り込む必要があると認められるものは、これをしんしゃくの対象とすべきことを明確にしている。

　イ　その土地全体の状況と利用目的を総合的に考慮し、近い将来それを1画地として利用する目的が具体的に定まっていること（参考の(X)部分）

　ロ　土地の状況その他から見てその実現が確定的であると認められること（参考の(Y)部分）

　そうすると、国税不服審判所が示した見解（土地の時価は相続開始時における客観的な交換価値であることから、広大地の判定については最有効使用に基づき評価単位を判定すべきということにはならない）は、評価対象地につき、図表－14の前段に掲げる課税時期における物理的な要因に対する着目のみに固着しているのではないか（例えば、市街地農地（現況は農地である）の評価通達に定める原則的な評価方法は何故に宅地比準方式とされるのかを考察することとの比較において検討されたい）という点で、なお検討すべき点があると思われる。

　次に、広大地の判定と最有効使用に基づく画地単位との関係について論点を整理してみたい（再掲であるが、国税不服審判所の見解は、広大地の判定については最有効使用に基づき評価単位を判定すべきということにはならないとしている）。

　評価通達24－4（広大地の評価）において、広大地に該当するためには、少なくとも、評価対象地が次に掲げる要件を充足していることを定めている。

　イ　都市計画法4条（定義）12項に規定する開発行為を行うとした場合に公共公益的施設用地の負担が必要と認められるものであること

　ロ　中高層の集合住宅等の敷地用地に適しているもの（その宅地について、経済的に最

も合理的であると認められる開発行為が中高層の集合住宅等を建築することを目的とするものであると認められるものをいう）を除くこと

そうすると，次に掲げる事項から確認できるとおり，評価通達に定める広大地の評価方法の理論的な形成過程自体が一種の仮定論を前提としており，課税時期（判断時点）における評価対象地での実際の開発行為の有無及びその態様に応じて，評価対象地が広大地に該当するか否かの判断が左右されることにはならないと解されるべきである。

・上記㋑の＿＿部分において，「開発行為を行うとした場合」とあり，実際の課税時期における開発行為の有無に関係なく，開発行為を行うとしたという仮定論で判定するものとされていること

・上記㋩の＿＿部分において，「経済的に最も合理的であると認められる開発行為」及び「中高層の集合住宅等を建築することを目的とするもの」とあり，前者は不動産の最有効使用の原則に基づいて後者の建築物の種類を選択することを要求しているものであり，当該事項も上記と同様に実際の課税時期における開発行為の有無に関係なく，開発行為を行うとしたという仮定論で判定するものとされていること

したがって，広大地の該当性については，最有効使用に基づく画地単位を想定して考慮されるべきものであると考えることには一定の理論的な整合性が認められるものであるから，これを直ちに排除することには，筆者として賛意を寄せ難い。

また，評価通達に定める広大地の該当性について，土地の最有効使用との関係が示されている次の各 参考資料 のとおりの国税庁の情報（「広大地の判定に当たり留意すべき事項（情報）」（資産評価企画官情報第1号），平成17年6月17日）が公開されている。

参考資料1 マンション適地の判定

> 評価しようとする土地が，課税時期においてマンション等の敷地でない場合，マンション等の敷地として使用するのが最有効使用と認められるかどうかの判定については，その土地の周辺地域の標準的使用の状況を参考とすることとなる。

参考資料2 現に宅地として有効利用されている建築物等の敷地

> 前記の情報第2号（筆者注 平成16年6月29日付の資産評価企画官情報第2号）「2 広大地の評価」（抜粋）のとおり，「大規模店舗，ファミリーレストラン等」は，「現に宅地として有効利用されている建築物等の敷地」であることから，広大地に該当しないこととしている。
> これは，比較的規模の大きい土地の有効利用の一形態として大規模店舗等を例示的に示したものである。したがって，大規模店舗等の敷地がその地域において有効利用されているといえるかどうか，言い換えれば，それらの敷地がその地域の土地の標準的使用といえるかどうかで判定するということであり，いわゆる「郊外路線商業地域」（都市の郊外の幹線道路（国道，都道府県道等）沿いにおいて，店舗，営業所等が連

たんしているような地域）に存する大規模店舗等の敷地が，この「現に宅地として有効利用されている建築物等の敷地」に該当する。

一方，例えば，戸建住宅が連たんする住宅街に存する大規模店舗やファミリーレストラン，ゴルフ練習場などは，その地域の標準的使用とはいえないことから，「現に宅地として有効利用されている建築物等の敷地」には該当しない。

（注）　参考資料1 及び 参考資料2 のアンダーラインは筆者が付設したものである。

さらに，評価通達又は個別通達による定めとして明確にされているものではないが，課税実務上の取扱いとして国税庁から公開されている「質疑応答事例」のなかに，「広大地の評価における『その地域』の判断」（下記 参考資料3 を参照）という項目があり，当該項目において標準的使用の意義を示している。

参考資料3　質疑応答事例（広大地の評価における「その地域」の判断）

〔照会要旨〕
　広大地の評価において，「その地域における標準的な宅地の地積に比して…」と定めている「その地域」とは，具体的にどの範囲をいうのでしょうか。
　また，「標準的な宅地の地積」はどのように判断するのでしょうか。

〔回答要旨〕
　広大地とは，「その地域における標準的な宅地の地積に比して著しく地積が広大な宅地で開発行為を行うとした場合に公共公益的施設用地の負担が必要と認められるもの」をいいます。
　この場合の「その地域」とは，原則として，評価対象地周辺の
① 河川や山などの自然的状況
② 土地の利用状況の連続性や地域の一体性を分断する道路，鉄道及び公園などの状況
③ 行政区域
④ 都市計画法による土地利用の規制等の公法上の規制など，土地利用上の利便性や利用形態に影響を及ぼすもの

などを総合勘案し，利用状況，環境等が概ね同一と認められる，住宅，商業，工業など特定の用途に供されることを中心としたひとまとまりの地域を指すものをいいます。
　また，「標準的な宅地の地積」は，評価対象地の付近で状況の類似する地価公示の標準地又は都道府県地価調査の基準地の地積，評価対象地の付近の標準的使用に基づく宅地の平均的な地積などを総合勘案して判断します。
　なお，標準的使用とは，「その地域」で一般的な宅地の使用方法をいいます。

（注）　参考資料3 のアンダーラインは筆者が付設したものである。

上掲の 参考資料1 ないし 参考資料3 から次に掲げることが理解される。まず，各

参考資料 を要約してみる。

> (イ) 「マンション適地（マンション等の敷地として使用するのが<u>最有効使用と認められるかどうか</u>）」の判定については，その土地の周辺地域の<u>標準的使用の状況</u>を参考とする（参考資料1 より）。
>
> (ロ) 「現に宅地として有効利用されている建築物等の敷地」（大規模店舗，ファミリーレストラン等）に該当するかの判断に当たっては，大規模店舗等の敷地がその地域において<u>有効利用されているといえるかどうか</u>，言い換えれば，それらの敷地がその地域の土地の<u>標準的使用といえるかどうか</u>で判定する（参考資料2 より）。
>
> (ハ) 「標準的な宅地の地積」は，（中略），評価対象地の付近の標準的使用に基づく宅地の平均的な地積などを総合勘案して判断し，<u>「標準的使用」とは，その地域で一般的な宅地の使用方法をいう</u>（参考資料3 より）。

そうすると，評価通達24－4（広大地の評価）に定める広大地に該当するか否かを判定する場合に使用されている「最有効使用」という用語は，課税庁の見解では当該評価対象地の周辺の標準的使用の状況を基に判定するものと解されている（上記(イ)及び(ロ)より）。そして，上記(ハ)より，「標準的使用」とは，その地域で一般的な宅地の使用方法をいうものとされている。これらをまとめると，図表－15に掲げる図式が成立するものと考えられる。

以上のとおりであるから，現行の評価通達24－4（広大地の評価）に定める広大地は，その意義，考え方及び評価方法等の全般において評価対象地の最有効使用という概念に色濃く影響を受けている(注)と考えられることから，本件裁決事例における国税不服審判所の判断（土地の時価とは相続開始時における客観的な交換価値であるから，直ちに広大地の判定については最有効使用に基づき評価単位を判定すべきということにはならない。前掲図表－11の国税不服審判所の判断欄の②(A)部分及び(B)部分より）には，再検討の余地があるものと考えられる。

> (注) 評価通達24－4（広大地の評価）に定める広大地に該当する要件の一つとして，「<u>その地域における標準的な宅地の地積に比して著しく地積が広大な宅地であること</u>」が挙げられている。そうすると，図表－15より，「最有効使用＝周辺地域の標準的使用」と解することが相当であると理解されるべきであることから，上掲の広大地の要件を「最有効使用の宅地の地積に比して著しく地積が広大な宅地であること」と読み替えることが可

図表－15　評価通達24－4（広大地の評価）に定める最有効使用の意義

- 「最有効使用＝周辺地域の標準的使用」
- 「標準的使用＝その地域で一般的な宅地の使用方法」

→ 最有効使用といえるかどうかは，その地域で一般的な宅地の使用方法に供用されているかどうかで判定する。

↓

「最有効使用＝その地域で一般的な宅地の使用方法」

能であると主張されるケースも想定される。

今後の論点として，この「最有効使用」をどのように解すべきか（税務上の解釈として「最有効使用＝標準的使用＝一般的な使用方法」とすることが唯一の正当な解釈とされるのか）がポイントになるものと思われる（この点については，下記③で検討する）。

(ハ) 請求人の主張する資産評価企画官情報等は，現に宅地として有効利用されているか否か等の判定に関するものであって広大地の判定についての評価単位に関するものではないこと

この国税不服審判所の判断に関する論点は，上記②(イ)（「開発行為を行うとした場合」という文言は広大地の判定について特別の評価単位を定める趣旨のものではないこと）及び(ロ)（広大地の判定について最有効使用に基づき評価単位を判定すべきものではないこと）に関するものと同様であるので，該当の各項目を参照されたい。

③ 本件裁決事例における広大地の判定単位の判断に当たって特別の事情は存在しないことについて

本件裁決事例においては，評価通達に定める広大地に該当するか否かの判定単位を同通達7（土地の評価上の区分）及び7－2（評価単位）に定める土地（宅地）の評価単位に求める（本件裁決事例にこれを適用するのであれば，同通達7に定める地目別評価の取扱いから，本件各土地1（地目：宅地）及び本件各土地2（地目：田）は個別の評価単位となる）ことは相当であり，そして，同取扱いによらないことが正当として是認されるような特別な事情は存在しないと判断された。これらの点につき，国税不服審判所では，その理由を次のとおりに掲げている。

理由 実際に本件各土地を開発していない場合においてまで，実際の土地の利用状況を離れて，仮定の状況（筆者注 一体として開発することが最有効使用であるならばという状況を指している）を前提に評価単位を判定すべきであるとの主張であるから，現実の土地の利用状況に即して評価単位を判定しようとする評価通達の趣旨に反するものといえる。

この国税不服審判所の判断について検討するに，上記②(イ)（596頁）及び(ロ)（597頁）において筆者の見解を示した（要旨を下記に再掲）とおりであって，評価通達の定めから，そのように解釈されるべきであるとして，「広大地通達に定める広大地の判定単位＝評価通達に定める土地（宅地）の評価単位（言葉を足すのであれば，現実の利用状況のみに着目した評価単位）」という図式（形式基準）を当てはめ続けている現況に憂慮の念を有するものである。

要旨

(イ) 広大地通達に定める広大地の該当要件の一つである「開発行為を行うとした場合」という文言は，あくまでも仮定論であり実際に評価対象地につき，課税時期はもちろん，ある特定の時期（例えば，相続税の申告期限）までに開発行為を行うことを求めていない。換言すれば，広大地通達に定める広大地の該当性の判断に当た

っても，仮定論が採用されているものである。

(ロ) 財産の評価は時価により行うものと規定されているが，この時価の意義として評価通達では<u>課税時期における当該財産の現況に応ずる客観的交換価値</u>と解されている。そして，前掲＿＿＿部分の構成要件として，図表－14では，単に「課税時期における物理的な要因に対する着目」（図表－14の前段）のみならず，「課税時期における社会的，経済的又は法令的な要因に対する着目」（図表－14の後段）にも留意すべき必要性を指摘したところである。換言すれば，時価の算定に当たって重要な課税時期の現況を判断するに当たって，実際の状況（物理的に目で確認できるという意味）のみで判断することが100％の正解ではなく，事例に応じてはその相当性を担保していない場合もあることに留意すべきである。

(ハ) 広大地通達に定める広大地の該当要件の一つに，いわゆる「マンション適地」に当たらないことが挙げられている。このマンション適地の意義として，経済的に最も合理的であると認められる開発行為が中高層の集合住宅等を建築することを目的とするものであると認められるものとされている。この意義についても上記(イ)と同様に仮定論であり，評価対象地にどのような種類の建物を建築することが当該土地の最有効使用と認定されるのかという導入論から入るものであり，課税時期はもちろんのこと，特段に特定の時期までに当該土地の最有効使用の状況を実行させることを要求するものではない。

(6) 不動産鑑定士の立場から見た場合

納税者間における課税の公平を第一義とする租税法律主義の立場から定められた評価通達の取扱いと依頼者の求めに応じて社会的正義に基づいて土地建物等の適正な価額を意見表明する不動産鑑定評価制度との間には，その趣旨，目的，その他諸条件において相当の差異が認められることを筆者としても十分に承知しているところではあるが，それを承知の上で，あえて言及してみたい項目がある。

本件裁決事例における評価対象地（本件各土地）の接道状況等及び利用状況等は，前掲図表－1及び図表－2で示したとおりであるが，これらをまとめて略記すると図表－16のとおりとなる。

次に，この図表－16の状況にある本件各土地（その特徴として，地形（間口距離と奥行距離のバランスが悪く，奥行長大の傾向が認められる），相続承継者が同一人（相続人X・Y・Zの共有持分相続）であること及び評価態様が本件各土地1及び本件各土地2ともに同一（いずれも自用地評価）であることが挙げられる）を筆者と親交のある何人かの不動産鑑定士に提示して，「もし，先生が本件各土地の不動産鑑定評価額の査定依頼を受けられたら，本件各土地1（地目が宅地である部分）と本件各土地2（地目が田である部分）とに区分して個別に鑑定評価額を算定し，その合計額をもって本件各土地の最終的な不動産鑑定評価額（すなわち，不動産鑑定士としての職責を果した上での意見表明額）とされますか」と質問してみた。そうすると，不動産鑑定士の全員が異口同音に，「鑑定評価の

図表-16　本件各土地の接道状況等及び利用状況等

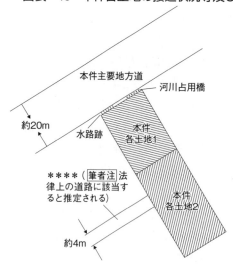

(注1) 本件各土地1（▨部分，地積512㎡，相続人X・Y・Zで各人3分の1の共有持分により相続）は，課税時期において，被相続人甲の居住用家屋の敷地（自用地）として利用されている。

(注2) 本件各土地2（▨部分，地積651㎡，相続人X・Y・Zで各人3分の1の共有持分により相続）は，課税時期において，被相続人甲の耕作する田（自用地）として利用されている。

依頼者から本件各土地1及び本件各土地2をそれぞれ個別に評価した上でその合計額を算出するようにとの格別の条件が提示されない限り，担当不動産鑑定士として積極的に独自の判断でそのような鑑定評価方針を確定させるということは考え難い」との回答を筆者に寄せてきた。

すなわち，不動産鑑定士が不動産の鑑定評価を行うに当たって，そのバイブルとして指針とする「不動産鑑定評価基準」において，鑑定評価の基本的事項として対象不動産の確定を挙げている（参考資料を参照）。

参考資料　不動産鑑定評価基準に定める対象不動産の確定

> 不動産の鑑定評価を行うに当たっては，まず，鑑定評価の対象となる土地又は建物等を物的に確定することのみならず，鑑定評価の対象となる所有権及び所有権以外の権利を確定させる必要がある。
> 対象不動産の確定は，鑑定評価の対象を明確に他の不動産と区別し，特定することであり，それは<u>不動産鑑定士等が鑑定評価の依頼目的及び条件に照応する対象不動産と当該不動産の現実の利用状況とを照合して確認するという実践行為を経て最終的に確定されるべきもの</u>である。
> 筆者注　＿＿＿部分は筆者が付設したものである。

そうすると，不動産鑑定評価基準においては，評価対象不動産の確定に当たって土地の鑑定単位に関するルール等の形式的な定めは設けられておらず，参考資料の＿＿＿部分のとおり不動産鑑定士等がその知見に基づいて最終的に確定すべきものであるとしている。その際に鑑定評価の依頼目的を伝達することの重要性も示唆されているところである。

以上に掲げる不動産鑑定評価における取扱いを本件裁決事例における本件各土地の税務上の評価単位に関する取扱い（原処分庁が主張し，当該主張を国税不服審判所が支持した

のは，本件各土地1及び本件各土地2はそれぞれ地目が異なることを理由としてそれぞれ個別に評価することが相当であり，2単位として評価することになる）に照らし合わせてみた場合に，次のような懸念や疑問点が生じてくる。

懸念・疑問点

本件裁決事例における本件各土地の価額を不動産鑑定士に対して鑑定評価を依頼した場合（事前に依頼者側から鑑定評価の単位に関する申出等は行わなかったとする）に，当該担当の不動産鑑定士は，当該鑑定評価において本件各土地を本件各土地1及び本件各土地2の2単位に分割して対象不動産の価額を個別に査定するという手法を採用するのか（下記の論点も併せて参照されたい）。

① 上記 参考資料 に掲げる「不動産鑑定評価基準に定める対象不動産の確定」では，__部分に示すとおり，「不動産鑑定士等が鑑定評価の依頼目的及び条件に照応する対象不動産と当該不動産の現実の利用状況とを照合して確認するという実践行為を経て最終的に確定されるべきもの」とされている。そうすると，依頼者は不動産鑑定士等に的確な依頼目的を説明する必要があり，また，受任者である不動産鑑定士等においても，依頼者の説明を十分に咀嚼して的確な依頼目的を確認する技能が要求されることになろう。その場合には，不動産鑑定士等が行う鑑定評価であっても，税務上の財産（土地等）評価として，評価通達に定める土地の評価上の区分及び評価単位の取扱いを理解しておくことは不可欠となる。

② 不動産鑑定士等が税務上の財産（土地等）の評価（鑑定）依頼であるとして，税務上の取扱い（本件裁決事例の場合では，本件各土地1及び本件各土地2でそれぞれ個別の評価単位とされる）を理解したとしても，前掲の「不動産鑑定評価基準に定める対象不動産の確定」では，「当該不動産の現実の利用状況とを照合して確認する」という文言がある。この「現実の利用状況」という文言が具体的に何を指すのかは不動産鑑定評価基準では明確にされていないが，仮に，上記(5)②で指摘したとおり，広大地の判定単位を判断するに当たって土地の最有効使用の状況を考慮しないこと（原処分庁及び国税不服審判所はこの考え方を支持している）の税務上の問題点（単に課税時期における物理的な要因に対してのみ着目するのではなく，課税時期における社会的，経済的又は法令的な要因に対しても着目すべきであり，その結果，後者に掲げる要因で課税時期においてその実現が確定的であると認められる場合には，それを織り込んで評価すべきであるとの判例等の均衡をどのようにとるのか）にも配意して議論するのであれば，当該文言をその字面どおりに，不動産の鑑定評価時点（価格時点）における物理的（目の前に見えるとの意味）な利用状況ととらえてしまってよいのであろうかという問題が生じる。

不動産鑑定評価基準には，不動産鑑定を行うに当たっての基本的な諸原則の一つとして「最有効使用の原則」（参考資料 を参照）が定められている。

参考資料 不動産鑑定評価基準に定める最有効使用の原則

不動産の価格は，その不動産の効用が最高度に発揮される可能性に最も富む使用（最

有効使用)を前提として把握される価格を標準として形成される。この場合の最有効使用とは、客観的にみて、良識と通常の使用能力を持つ人による合理的かつ合法的な最高最善の使用方法をいう。

　なお、ある不動産についての現実の使用方法は、必ずしも最有効使用に基づいているものではなく、不合理又は個人的な事情による使用方法のために、当該不動産が十分な効用を発揮していない場合があることに留意すべきである。

　そうすると、不動産鑑定評価の世界でもこの最有効使用の原則に当てはめて本件裁決事例における本件各土地の鑑定評価の単位の決定(対象不動産の確定)に当たって、本件各土地1及び本件各土地2とに区別して二つにすると、その位置、形状及び接道状況等から総合的に判断した場合に、相当の価値減額要因が認められることになりその結果の妥当性が担保されているかについて疑問視されるところである。

　もし仮に、本件裁決事例における本件各土地1及び本件各土地2（いずれも自用地であり、同一人の所有に帰属）につき、不動産鑑定士等が依頼者からこれを個別に正常価格として鑑定評価額を算定することを依頼された場合に、高度な職責を有すると考えられる専門職として不動産鑑定士等は当該鑑定依頼を受任するか否かについて頭を痛めることになるのではと推察するものである。

(7)　広大地の判定単位と土地の評価単位との関係（他の裁決事例の確認）

　最近の広大地評価における課税実務上の係争項目として目立つのが、「広大地通達に定める広大地の判定単位＝評価通達に定める土地（宅地）の評価単位」という図式（形式基準）によって判断することに合理性があり、これに該当しない判断基準をもって広大地の該当性を判定するという特別な事情を認める事例が存在するのかという論点である。そして、筆者の知る限りにおいては、本件裁決事例においても確認したとおり、課税庁の主張及びそれが係争となった場合における国税不服審判所の判断では、上掲の図式の成立を支持し、これと異なる判断基準をもって広大地の該当性を判定すべきであるとする特別の事情を認めた事例を聞いたことはない。

　次に、本件裁決事例以外で上掲の図式によって評価対象地が広大地通達に定める広大地に該当するか否かを判定すべきであるとした他の裁決事例を3例ほど紹介する。

① 平成21年8月26日裁決、東裁（諸）平21－12、平成18年相続開始分
　㈰　事　例
　　被相続人の相続財産は、図表－17に掲げるA土地（地積683.67㎡）及びB土地（地積355.91㎡）から成る一団の宅地で、相続開始日現在において被相続人及び相続人Xが居住の用に供していた家屋の敷地、当該家屋への通路及び庭として利用されていた。
　　被相続人の財産に係る遺産分割協議は、下記のとおりの内容で成立した。
　　㋐　A土地は、相続人Xが1,000分の833、相続人Yが1,000分の167の持分により共有で取得する。

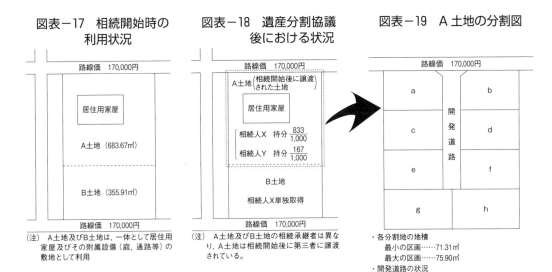

(ロ) B土地は，相続人Xが単独で取得する。

(ハ) 相続人Xは，本件遺産分割の代償として相続人Yに対して金5,900万円を支払うものとする。

(注1) 本件遺産分割協議後における相続財産の位置関係，利用状況及び承継状況を示すと，図表－18のとおりとなる。

(注2) A土地は，被相続人に係る相続開始後に相続人X及び相続人Yによって甲社（特殊関係はない）に譲渡され，同社によって図表－19のとおりに分割されて戸建住宅用地として分譲された。

上記に掲げる状況にある相続財産である本件土地（A土地及びB土地から成り全体の地積は1,039.58㎡）の評価について，下記に掲げる争点はどのように取り扱われるべきであるのか検討されたい。

(A) 本件土地は何単位で評価することになるのか。また，その判定に当たっては次に掲げる事項は影響を与えることになるのか。

Ⓐ A土地とB土地の承継者が異なること

Ⓑ 相続開始後にA土地が甲社（第三者）に譲渡されたこと

(B) 本件土地を評価通達24－4（広大地の評価）に定める広大地として評価することは認められるのか。その際に広大地に該当するか否かの判断を行う場合の判定単位と上記(A)に掲げる土地（宅地）の評価単位は，必ず一致するものとして取り扱うことが必要とされるのか。

(C) 本件土地の相続税評価額はいくらになるのか。

(ロ) 争点に関する双方の主張と国税不服審判所の判断

図表－20を参照。

図表-20 争点に関する双方の主張と判断の比較①

争　点	請求人(納税者)の主張	原処分庁(課税庁)の主張	国税不服審判所の判断
(1) 本件土地の評価単位	本件土地は、下記に掲げる事項からすると全体を1画地の宅地として評価することが相当である。 ① 評価通達7-2(評価単位)によれば、宅地については「1画地の宅地(利用の単位となっている1区画の宅地をいう)を評価単位とする」とされており、本件土地は、相続人Xが本件相続に係る相続税の申告期限の日において、その全体(1,039.58㎡)を居住の用に供していること ② A土地に相続人Yの名義を入れたのは、相続人Yが代償金の受領を確実なものとするために、法定相続分の6分の1の名義を通すことを要望し、相続人Xはこれに応じることとなったものであり、実質的には本件土地全体を相続人Xが取得したものであること	本件土地の評価単位は、下記に掲げる事項からすると、本件遺産分割による分割後の2画地の宅地として、それぞれ評価すべきである。 ① 評価通達の定めでは財産の評価は課税時期である相続開始日現在の現況で評価することとなるが、宅地の評価単位は遺産分割後の取得者単位で評価することが相当であるとされていること ② 本件土地は本件遺産分割協議により、A土地は相続人Xと相続人Yが共有で取得し、B土地は相続人Xが単独で取得したものであるからA土地とB土地の取得者は異なっていること ③ 相続人Xは本件遺産分割に係る協議決定後、B土地上に居住用家屋を建築していることから、A土地とB土地は、いずれも宅地として通常の用途に供することができないとは認められず、評価通達7-2(評価単位)注書に定める著しく不合理な分割でもないこと	本件土地は、本件相続開始日においては、本件建物の敷地、本件建物への通路及び庭として一体利用されていたが、下記に掲げる理由から本件土地を1画地の宅地として評価する事情は認められず、本件遺産分割後のA土地及びB土地をそれぞれ1画地の宅地として評価することが相当と認められる。 ① 本件遺産分割により、A土地は相続人Xが持分1,000分の833を、相続人Yが持分1,000分の167を取得し、B土地を相続人Xが単独取得したこと ② B土地は、相続人Xにとって単独所有の自用地として何ら制約なく利用できる土地であるのに対し、A土地は、相続人Xと相続人Yの共有財産であり、共有物の変更や処分は共有者の同意が必要であるなど単独所有の場合と比較して使用、収益及び処分について制約がある土地と認められること ③ A土地及びB土地は、いずれも地積・地形及び近隣の住宅の画地規模から、住宅の新築や戸建住宅地の分譲等の用途として有効活用でき、宅地として通常の用途に供することができないとは認められないことから、本件遺産分割が著しく不合理な分割であるとは認められないこと
(2) 広大地評価の可否	上記(1)より本件土地は1画地の宅地として評価することが相当であり、本件土地の地積(1,039.58㎡)から判断すると都市計画法に規定する開発行為が必要な土地となり、広大地の評価を適用することが相当である。 (注) 本件土地の所在地の自治体において定められている都市計画法に	上記(1)より本件土地は2画地の宅地として評価することが相当であり、A土地(地積683.67㎡)は都市計画法に規定する開発許可が必要な土地として広大地の評価を適用することが相当とされるが、B土地(地積355.91㎡)は同法の開発許可が必要な土地には該当せず、広大地の評価を適用することは認められない。	① A土地について (ｲ) A土地は、地積が683.67㎡と本件土地の所在する地域における標準的な戸建住宅の敷地の地積(70㎡～100㎡)に比べると著しく広大であり、甲社が＊＊＊＊(A土地所在地の地方自治体)から開発行為の許可を受けた図表-19の分割図は、中央に公共公益的施設用地としての道路を開設した上で区画割をしているところ、いずれの区画に

	規定する開発行為の許可面積基準は、500㎡である。		ついても、その地積は上記の標準的な宅地の地積の範囲内となっており、戸建住宅用地分譲のための区画割として合理的なものと認められる。 　そうすると、A土地は著しく広大で開発行為により公共公益的施設用地の負担が必要な土地と認められるから広大地に該当し、広大地の評価を適用できる。 ②　B土地について 　(Y)B土地は、地積が355.91㎡であるから開発許可は不要な土地であり、B土地の本件南側道路との接面状況及び形状からすれば、戸建分譲のための開発を行うとした場合においても公共公益的施設用地としての道路を開設する必要性は認められないから、広大地に該当せず、広大地の評価を適用することはできない。
(3) 本件土地の相続税評価額	〔本件土地の価額〕 （正面路線価） 170,000円× 　　　（広大地補正率） 　　（0.6－0.05×$\frac{1,039.58㎡}{1,000㎡}$） 　　（地積） ×1,039.58㎡＝96,850,984円	〔A土地の価額〕……① （正面路線価） 170,000円× 　　　（広大地補正率） 　　（0.6－0.05×$\frac{683.67㎡}{1,000㎡}$） 　　（地積） ×683.67㎡＝65,761,400円 〔B土地の価額〕……② （正面路線価）　（奥行価格補正率） 170,000円×　　1.00 　　　（地積） 　　×355.91㎡＝60,504,700円 〔本件土地の価額〕 ①＋②＝126,266,100円	原処分庁（課税庁）の主張額と同額となる。 ・A土地の価額 　……65,761,400円（①） ・B土地の価額 　……60,504,700円（②） ・本件土地の価額 　……126,266,100円（①＋②）

(ハ)　ポイント

　㋑　この裁決事例においても、国税不服審判所の判断欄のとおり、図表－20(1)において相続財産である本件土地をA土地及びB土地とに区別して評価することを相当とし、また、図表－20(2)の①及び②においては、当該区分された評価通達に定められた評価単位ごとに評価通達24－4（広大地の評価）に定める広大地に該当するか否かの判定を行うこととしていることが理解される（「評価通達に定める評価単位＝広大地該当性の判定単位」の原則の成立）。

　㋺　この裁決事例においても、国税不服審判所の判断欄（図表－20(2)の①に掲げる(X)部分及び②に掲げる(Y)部分）のとおり、A土地及びB土地が評価通達24－4（広大地の評価）に定める広大地に該当するか否かの判定の基礎として、都市計画法29

条(開発行為の許可)に規定する開発行為の許可面積に基づくことが原則的な取扱いとされていることが理解される(開発行為の許可面積基準を採用する原則の成立)。

[筆者注] 上記の裁決事例の詳細については,『難解事例から探る財産評価のキーポイント〔第1集〕』**CASE27**に収録済みであるので,併せて参照されたい。

② 平成22年11月12日裁決,熊裁(諸)平22−5,平成18年相続開始分

(イ) 事　例

●図表−21　甲土地及び乙土地(評価対象地の地目が異なる場合)

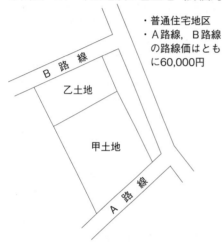

・普通住宅地区
・A路線,B路線の路線価はともに60,000円

区分	地積	相続開始時における利用状況
甲土地	1,201㎡	畑として実際に利用(耕作の用に供用)(市街地農地)
乙土地	543.41㎡	被相続人の所有する家屋が存在し,被相続人は当該家屋を賃貸借契約により貸付け(宅地:貸家建付地)
(合計)	1,744.41㎡	

●図表−22　丙土地(評価対象地の地目が同一である場合)

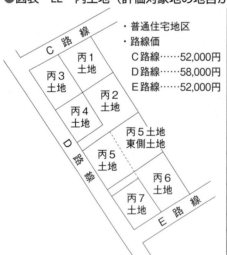

・普通住宅地区
・路線価
　C路線……52,000円
　D路線……58,000円
　E路線……52,000円

区分	地積	相続開始時における利用状況
丙1土地	173.25㎡	被相続人が所有する家屋の敷地として利用されていたが,当該家屋は未利用(宅地:自用地)
丙2土地	204.75㎡	被相続人の所有する家屋が存在し,被相続人は当該家屋を賃貸借契約により貸付け(宅地:貸家建付地)
丙3土地	173.25㎡	被相続人の所有する家屋が存在し,被相続人は当該家屋を賃貸借契約により貸付け(宅地:貸家建付地)
丙4土地	141.75㎡	被相続人は使用貸借契約により当該宅地を貸付け(宅地:自用地)
丙5土地・丙5土地東側土地	285.45㎡(合計地積)	丙5土地 被相続人は使用貸借により当該宅地を貸付け(宅地:自用地) / 丙5土地東側土地 未利用(宅地:自用地)
丙6土地	195.75㎡	被相続人の所有する家屋が存在し,被相続人は当該家屋を賃貸借契約により貸付け(宅地:貸家建付地)
丙7土地	126.00㎡	被相続人の所有する家屋が存在し,被相続人は当該家屋を賃貸借契約により貸付け(宅地:貸家建付地)
(合計)	1,300.20㎡	

(注) 上図に掲げる「丙1土地」ないし「丙7土地」を併せて,「丙土地」と呼称している。

CASE24

被相続人に係る相続財産は，図表－21に掲げる甲土地及び乙土地（評価対象地の地目が異なる場合），図表－22に掲げる丙土地（評価対象地の地目が同一である場合）でいずれも市街化区域内に存するものである。これらの評価対象地が所在する地域内では都市計画法4条（定義）12項に規定する開発行為を行う場合に，同法29条（開発行為の許可）に規定する開発許可を受けなければならない面積基準は，1,000㎡以上とされている。

上記に掲げる状況にある甲土地及び乙土地，並びに丙土地（これらの各土地は，全て同一人が相続により取得）の評価について，下記に掲げる争点はどのように取り扱われるべきであるのか検討されたい。

　イ　甲土地（市街地農地）と乙土地（宅地（貸家建付地））を併せて一団の土地として，評価通達24－4（広大地の評価）（以下「広大地通達」という）の定めを適用することは認められるのか。

　ロ　丙土地（宅地（自用地と貸家建付地が混在））についてその評価単位は何単位とされるのか。また，その評価に当たって広大地通達の定めを適用することは認められるのか。

　ハ　甲土地及び乙土地，並びに丙土地の相続税評価額はいくらになるのか。

⑵　争点に関する双方の主張と国税不服審判所の判断

　　図表－23を参照。

図表－23　争点に関する双方の主張と判断の比較②

争　点	請求人（納税者）の主張	原処分庁（課税庁）の主張	国税不服審判所の判断
(1) 甲土地・乙土地に係る評価単位及び広大地通達の適用の可否	①　都市計画法4条12項に規定する開発行為の申請は地目・用途に関係なく1,000㎡以上であればできることとなっており，開発行為を行うとした場合，一般的には，地目や用途が異なるとしても，同一所有者で地続きであれば当然ながら併せて開発行為を行うはずであるから，このような土地は，地目・用途に関係なく一団の土地としてその面積が1,000㎡以上であれば広大地通達を適用すべきである。②　甲土地は畑で自用地，乙土地は宅地で貸家建付地であるが，各土地は同一所有者で地続きの一団の土地であり，面積は併せて1,000㎡以上となる	①　評価通達7（土地の評価上の区分）は，土地の価額は，原則として，宅地，田，畑，山林等の地目の別に評価する旨定めている。ただし，例外として一体として利用されている一団の土地が2以上の地目からなる場合には，その一団の土地は，そのうちの主たる地目からなるものとして，その一団の土地ごとに評価すると定めている。②　甲土地は畑で農地として，乙土地は宅地で貸家建付地として利用されており，各々の土地は地目が相違する区分された土地として利用されていることから，甲土地及び乙土地は，上記評価通達7が例外的に定める複数地目からなる一体として利用されている一団の土地等に該当するとは認められないため，評価上の区分については，甲土地及び乙土地をそれぞれ地目別に区分	評価単位の判定 ①　本件相続開始時において，甲土地の地目は畑で，乙土地の地目は宅地であり，甲土地と乙土地は地続きであるものの地目は異なっており，また，甲土地は自用の農地として，乙土地は貸家建付地としてそれぞれが別個に利用されており，一体として利用されていた事実は認められない。 ②　上記①より，甲土地及び乙土地の評価に当たっては，評価通達7のただし書に定める特例的な取扱いを適用する余地はなく，土地の価額は地目の別に評価するという原則を適用して，甲土地及び乙土地はそれぞれ別に評価するのが相当である。 　したがって，甲土地及び乙土地を併せて一団の土地として評価することはできない。 広大地通達の適用可否

613

		から甲土地及び乙土地を一団の土地として広大地の評価をすべきである。	して評価することが相当である。 ③ 上記②より、甲土地は広大地通達に定める広大地に該当すると認められるため、当該通達を適用して評価することが相当であるが、乙土地は、＊＊＊＊（乙土地所在地の地方自治体）が定める開発許可を必要としない面積である1,000㎡未満であるから、広大地通達の適用は認められない。	⑽広大地に該当するというためには、評価対象地が当該土地の属する地域において開発行為を行うために各自治体が定める開発許可を要する面積基準以上の宅地であることを要するところ、乙土地の面積は543.41㎡であり、＊＊＊＊（乙土地所在地の地方自治体）の市街化区域内において開発許可を必要としない面積である1,000㎡未満であることから、広大地通達を適用することはできない。
(2) 丙土地に係る評価単位及び広大地通達の適用の可否	丙土地は、1筆の土地上に数戸の古い貸家が並列する土地で、貸家建付地及び自用地が混在する土地であるが、開発行為を行うとした場合、土地所有者の意向としては、全て古い建物を取り壊し、一団の土地として開発行為を行うはずであるから、丙土地を一団の土地として広大地の評価をすべきである。	① 評価通達7－2（評価単位）は、宅地の価額は1筆単位で評価するものではなく、利用の単位となっている1画地の宅地ごとに評価する旨定めている。 ② 丙土地は1筆の宅地であり、7棟の家屋の敷地の用に供されている部分及び空地が混在しているところ、「丙2土地」、「丙3土地」、「丙6土地」及び「丙7土地」については、各借家人が賃借しているそれぞれの家屋の利用範囲で土地の利用が制限されているものと認められるから、それぞれが利用の単位となっている1画地の宅地であると認められる。 ③ 「丙4土地」及び「丙5土地」については、被相続人との間において土地賃貸借契約もなく、地代の授受等の事実も認められないから使用貸借であり、「丙1土地」と同様に自用地として認められ、かつ、その立地状況等からも、「丙5土地」と「丙5土地東側土地」は連続した自用地と認められるから、「丙1土地」、「丙4土地」、「丙5土地と丙5土地東側土地を併せた土地」がそれぞれ利用の単位となっている1画地の宅地とみることが相当である。 ④ 上記①ないし③より、「丙1土地」、「丙2土地」、「丙3土地」、「丙4土地」、「丙5土地と丙5土地東側土地を併せた土地」、「丙6土地」及び「丙7土地」の各面積は、いずれも＊＊＊＊（丙土地所在地の地方自治体）が定める開発許可を必要としな	評価単位の判定 ① 「丙2土地」、「丙3土地」、「丙6土地」及び「丙7土地」については、被相続人所有の貸家が存在し、賃貸されており、借家権者もそれぞれ異なり、利用の単位が異なることから、それぞれ1画地の宅地として評価すべきである。 ② 「丙1土地」は、被相続人所有の家屋が存在するが未利用であるから、1画地の宅地として評価すべきである。 ③ 「丙4土地」は、＊＊＊＊（丙4土地の借主）と被相続人との間において土地賃貸借契約はなく、地代の授受等の事実もないことからすれば、使用貸借により借り受けたものであり、1画地の宅地として評価すべきである。 ④ 「丙5土地」については、＊＊＊＊（丙5土地の借主）と被相続人との間において土地賃貸借契約はなく、地代の授受等の事実もないことからすれば、使用貸借により借り受けたものであり、「丙5土地東側土地」は未利用の土地で、両土地は隣接しており、いずれも自用地であることから、「丙5土地」及び「丙5土地東側土地」を併せて1画地の宅地として評価すべきである。 広大地通達の適用可否 　上記のとおり、丙土地は、「丙1土地」、「丙2土地」、「丙3土地」、「丙4土地」、「丙5土地と丙5土地東側土地を併せた土地」、「丙6土地」及び「丙7土地」にそれぞ

		い面積である1,000㎡未満であるから，広大地通達の適用は認められない。	れ区分して評価すべきであり，(Y)いずれも1,000㎡未満であるから，広大地通達を適用することはできない。
(3) 甲土地，乙土地及び丙土地の相続税評価額	上記(1)及び(2)より，甲土地，乙土地及び丙土地の価額（相続税評価額）は，下記のとおりとなる。 ・甲土地 ・乙土地 ｝……51,662,291円 ［一団の土地として評価］ ・丙土地……35,502,637円 (注) 裁決事例においては，請求人の甲土地，乙土地及び丙土地の評価に関する計算過程は示されていない。	上記(1)及び(2)より，甲土地，乙土地及び丙土地の価額（相続税評価額）は，下記のとおりとなる。 ・甲土地……38,908,797円 ・乙土地……28,692,048円 ・丙土地……65,099,071円 (注1) 裁決事例においては，原処分庁の甲土地，乙土地及び丙土地の評価に関する計算過程は示されていない。 (注2) (注1)にかかわらず，国税不服審判所の判断欄の(注)より，その計算過程は別表のとおりと推定される。	上記(1)及び(2)より，甲土地，乙土地及び丙土地の価額（相続税評価額）は，別表より求められ，下記のとおりとなる。 ・甲土地……38,908,797円 ・乙土地……28,692,048円 ・丙土地……65,099,071円 (注) 国税不服審判所が判断した甲土地，乙土地及び丙土地の価額は，原処分庁の主張額と同一である。

(ハ) ポイント

甲土地・乙土地

㋑ この裁決事例においても，国税不服審判所の判断欄のとおり，図表－23(1)の評価単位の判定において相続財産である地続きである土地を甲土地及び乙土地とに区別して評価することを相当とし，また，同広大地通達の適用可否においては，当該区分された評価通達に定められた評価単位ごとに評価通達24－4（広大地の評価）に定める広大地に該当するか否かの判定を行うこととしていることが理解される（「評価通達に定める評価単位＝広大地該当性の判定単位」の原則の成立）。

㋺ この裁決事例においても，国税不服審判所の判断欄（図表－23(1)の広大地通達の適用可否に掲げる(X)部分）のとおり，甲土地及び乙土地が評価通達24－4（広大地の評価）に定める広大地に該当するか否かの判定の基礎として，都市計画法29条（開発行為の許可）に規定する開発行為の許可面積に基づくことが原則的な取扱いとされていることが理解される（開発行為の許可面積基準を採用する原則の成立）。

丙土地

㋑ この裁決事例においても，国税不服審判所の判断欄のとおり，図表－23(2)の評価単位の判定において相続財産である土地を丙1土地ないし丙7土地に7区分に区別して評価することを相当とし，また，同広大地通達の適用可否においては，当該区分された評価通達に定められた評価単位ごとに評価通達24－4（広大地の評価）に定める広大地に該当するか否かの判定を行うこととしていることが理解される（「評価通達に定める評価単位＝広大地該当性の判定単位」の原則の成立）。

㋺ この裁決事例においても，国税不服審判所の判断欄（図表－23(2)の広大地通達の適用可否に掲げる(Y)部分）のとおり，丙1土地ないし丙7土地が評価通達24－4

別表 甲土地，乙土地及び丙土地の評価額（国税不服審判所認定額）

土地（利用区分）	相続税評価額	算定根拠
甲土地 （自用地）	38,908,797円	（正面路線価）　　　　　　　（広大地補正率）　　（地積）　　　　（評価額） 60,000円×(0.6−0.05×1,201㎡／1,000㎡)×1,201㎡＝38,908,797円
乙土地 （貸家建付地）	28,692,048円	（正面路線価）　（※奥行価格補正率） 60,000円×　　1.00　　＝60,000円 [※　543.41㎡（地積）÷32.37m（間口距離）＝16.78m（奥行距離） 　　奥行距離16.78mの奥行価格補正率　1.00] 　　　　　　　（地積）　　　　（自用地の評価額） 60,000円×543.41㎡＝32,604,600円 　　　　　　　（※貸家建付地割合）　（評価額） 32,604,600円×　　0.88　　＝28,692,048円 （※　1−0.4（借地権割合）×0.3（借家権割合）＝0.88（貸家建付地割合））
丙1土地 （自用地）	9,009,000円	（正面路線価）　（※奥行価格補正率） 52,000円×　　1.00　　＝52,000円 　　　　　　　　（※　奥行距離16.5mの奥行価格補正率　1.00） 　　　　　　　（地積）　　　（評価額） 52,000円×173.25㎡＝9,009,000円
丙2土地 （貸家建付地）	7,942,334円	（正面路線価）　（※奥行価格補正率） 58,000円×　　1.00　　＝58,000円 　　　　　　　　（※　奥行距離21.0mの奥行価格補正率　1.00） 　　　　　　（※不整形地補正率） 58,000円×　　0.76　　＝44,080円 [※　0.85（不整形地補正率表の補正率）×0.90（間口狭小補正率） 　　＝0.76（不整形地補正率，小数点第2位未満切捨て）] 　　　　　　　（地積） 44,080円×204.75㎡＝9,025,380円 　　　　　　　（貸家建付地割合）　（評価額） 9,025,380円×　　0.88　　＝7,942,334円
丙3土地 （貸家建付地）	9,239,076円	（正面路線価）　（※1　奥行価格補正率）　（側方路線価） 58,000円×　　1.00　　＋｛52,000円 （※2　奥行価格補正率）　（側方路線影響加算率） ×　　1.00　　×　　0.05　　｝＝60,600円 [※1　奥行距離10.5mの奥行価格補正率　1.00 　※2　奥行距離16.5mの奥行価格補正率　1.00] 　　　　　　　（地積） 60,600円×173.25㎡＝10,498,950円 　　　　　　　　（貸家建付地割合）　（評価額） 10,498,950円×　　0.88　　＝9,239,076円
丙4土地 （自用地）	8,221,500円	（正面路線価）　（※奥行価格補正率） 58,000円×　　1.00　　＝58,000円 　　　　　　　　（※　奥行距離16.5mの奥行価格補正率　1.00） 　　　　　　（地積）　　　（評価額） 58,000円×141.75㎡＝8,221,500円
丙5土地 丙5土地東側土地 （自用地）	16,556,100円	（正面路線価）　（※奥行価格補正率） 58,000円×　　1.00　　＝58,000円 [※　285.45㎡（地積）÷16.5m（間口距離）＝17.3m（奥行距離） 　　奥行距離17.3mの奥行価格補正率　1.00] 　　　　　　　（※地積）　　（評価額） 58,000円×285.45㎡＝16,556,100円 [※　1,300.20㎡（丙土地）−1,014.75㎡（丙5土地及び丙5土地 　　東側土地以外の土地）＝285.45㎡]
丙6土地 （貸家建付地）	7,892,953円	（正面路線価）　（※奥行価格補正率） 58,000円×　　1.00　　＝58,000円 　　　　　　　　（※　奥行距離19.5mの奥行価格補正率　1.00） 　　　　　　（※不整形地補正率） 58,000円×　　0.79　　＝45,820円 [※　0.88（不整形地補正率表の補正率）×0.90（間口狭小補正率） 　　＝0.79（不整形地補正率，小数点第2位未満切捨て）] 　　　　　　　（地積） 45,820円×195.75㎡＝8,969,265円 　　　　　　　（貸家建付地割合）　（評価額） 8,969,265円×　　0.88　　＝7,892,953円
丙7土地 （貸家建付地）	6,238,108円	（正面路線価）　（※奥行価格補正率） 58,000円×　　0.97　　＝56,260円 　　　　　　　　（※　奥行距離9.3mの奥行価格補正率　0.97） 　　　　　　（地積） 56,260円×126㎡＝7,088,760円 　　　　　　　（貸家建付地割合）　（評価額） 7,088,760円×　　0.88　　＝6,238,108円
丙土地合計	65,099,071円	

（広大地の評価）に定める広大地に該当するか否かの判定の基礎として，都市計画法29条（開発行為の許可）に規定する開発行為の許可面積に基づくことが原則的な取扱いとされていることが理解される（開発行為の許可面積基準を採用する原則の成立）。

筆者注　上記の裁決事例の詳細については，**CASE3**に収録済みであるので，併せて参照されたい。

③　平成23年6月6日裁決，熊裁（諸）平22-13，平成19年相続開始分

　㈠　事　例

　被相続人に係る相続開始により，相続人A（被相続人の配偶者）が取得した甲土地（地目：宅地，地積：942.75㎡，用途：被相続人の自宅敷地に供用）及び乙土地（地目：雑種地，地積：1,318.95㎡，用途：被相続人及び相続人Aの趣味であるゲートボールの練習場の用地）（以下，甲土地及び乙土地を併せて「本件各土地」という）の状況は，図表-24のとおりであり，いずれも市街化区域内に所在している。

　上記に掲げる甲土地及び乙土地の評価について，下記に掲げる争点はどのように取り扱われるべきであるのか検討されたい。

　　①　本件各土地の課税時期における利用状況（甲土地は被相続人の自宅敷地の用，乙土地はゲートボール場の用地）からすると，本件各土地は自用地として一体利用されており，かつ，相続人Aが一括して取得していることから1評価単位として評価することが相当とされるのか。

　　㊥　上記①につき，仮に1評価単位として評価することが相当と認められた場合には，本件各土地における都市計画法29条（開発行為の許可）に規定する開発許可面積が1,000㎡以上とされていることから，本件各土地の合計地積2,261.70㎡はこの要件に該当し，本件各土地の評価に当たっては，評価通達24-4（広大地の評価）に定める広大地として評価することが相当とされるのか。

　　㊩　本件各土地の相続税評価額はいくらになるのか。

図表-24　本件各土地の状況

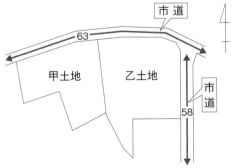

・普通住宅地区

	地目	地積	利用用途	評価態様
甲土地	宅地	942.75㎡	自宅の敷地	自用地
乙土地	雑種地	1,318.95㎡	ゲートボール場用地	自用地

　㊥　争点に関する双方の主張と国税不服審判所の判断

　　図表-25を参照。

図表－25　争点に関する双方の主張と判断の比較③

争　点	請求人（納税者）の主張	原処分庁（課税庁）の主張	国税不服審判所の判断
(1) 本件各土地の評価単位	① 土地の地目は全て課税時期の現況によって判定することとし、地目の区分は不動産登記事務取扱手続準則68条（地目）及び同69条（地目の認定）に準じて判定されることとされている。そして、同69条において、テニスコート又はプールについては、宅地に接続するものは地目が宅地に該当する旨定められている。 ② 上記①より、乙土地はゲートボール場として使用されている土地であり、かつ、宅地と接続していることから、テニスコート等と同様に宅地として評価すべきである。 ③ 甲土地及び乙土地ともに自用の宅地であるので、他人の権利による制約がなく、その全体を一体として利用することが可能である。 ④ 上記より、甲土地及び乙土地は、その全体を1画地の宅地として評価すべきである。	① 甲土地及び乙土地は、本件相続開始時において、外形上明白に区分された土地として利用されているものと認められ、乙土地は、土地全体としての状況、使用実態等からみて客観的に建物の敷地及びその維持若しくは効用を果たすために必要な土地とは認められないことから、雑種地に該当するものと認められる。 ② 甲土地及び乙土地は、評価通達7（土地の評価上の区分）が例外的に定める「複数地目からなる一体として利用されている一団の土地の場合」に該当するものとは認められない。 ③ 上記より、評価上の区分については、甲土地及び乙土地をそれぞれ地目別に区分して評価することが相当であるから、甲土地については1画地の宅地として、また、乙土地については一団の雑種地として評価することが相当である。	① 不動産登記事務取扱手続準則68条（地目）は、宅地とは建物の敷地及びその維持若しくは効用を果たすために必要な土地と定めているところ、甲土地と乙土地の利用目的はそれぞれ異なっており、乙土地が同条に定める甲土地上の家屋の維持若しくは効用を果たすために必要な土地と認めることは相当ではないから、乙土地は宅地ではなく、また、同条に定める「(1)田」から「(22)公園」までのいずれの地目にも該当しないことから、雑種地と認められる。 ② 上記①より、本件相続開始時において、甲土地と乙土地は地続きであるものの、甲土地の地目は宅地であるが、乙土地の地目は雑種地で、地目はそれぞれ異なっており、また、甲土地は被相続人が居住する家屋の敷地として、乙土地はゲートボール場としてそれぞれが別個に利用されており、両土地が一体として利用されていた事実も認められないことから、甲土地及び乙土地の評価に当たっては、土地の価額は、地目の別に評価するという原則を適用して、甲土地及び乙土地は、それぞれ別に評価するのが相当である。
(2) 広大地評価の可否	甲土地及び乙土地の合計地積は、開発許可面積（1,000㎡）以上であるから、評価通達24－4（広大地の評価）の定めを適用できる。	甲土地については、その地積が942.75㎡であり、開発許可面積（1,000㎡）未満であることから、評価通達24－4（広大地の評価）の定めを適用できない。	<u>(X)評価通達24－4（広大地の評価）の定める広大地に該当するというためには、評価対象地が、開発許可面積（1,000㎡）以上の土地であることを要するところ、甲土地の面積は942.75㎡であることから、甲土地については同通達を適用することはできない。</u>
(3) 本件各土地の相続税評価額	本件各土地の相続税評価額は、別表1のとおり、甲土地及び乙土地を1評価単位として算定し、6,052万1,124円（小規模宅地等の計算の特例適用後の価額）となる。	本件裁決事例においては、本件各土地の相続税評価額について原処分庁の主張額は示されていないが、請求人の主張額を超える価額を主張したものと推定される。	本件各土地の相続税評価額を計算すると、別表2のとおり、甲土地は4,358万8,545円（小規模宅地等の計算の特例適用後の価額）、乙土地は4,437万6,478円となる。 (注) 上記の本件各土地の価額は、原処分庁が主張する価額を上回っており、結果的に請求人の主張は理由がないものとして棄却された。

別表1　請求人が主張する本件各土地の相続税評価額

土地	相続税評価額	算定根拠
甲土地及び乙土地	60,521,124円	(正面路線価) (広大地補正率) (地積) 63,000円×(0.6−0.05×$\frac{2,140.73㎡}{1,000㎡}$)×2,140.73㎡=66,484,010円 66,484,010円−[(66,484,010円×$\frac{919.73㎡}{2,140.73㎡}$)×$\frac{240㎡}{919.73㎡}$×0.8] 　　　　　　　　=60,521,124円（小規模宅地等の計算の特例適用後の価額）

別表2　国税不服審判所が認定した本件各土地の相続税評価額

土地	相続税評価額	算定根拠
甲土地	43,588,545円	(正面路線価)　(※奥行価格補正率) 63,000円× 0.96 =60,480円 ［※奥行距離33.40mの奥行価格補正率　0.96］ 　　　　　　　(※不整形地補正率) 60,480円× 0.96 =58,060円 ［※0.96（不整形地補正率表の補正率）×1.00（間口狭小補正）］ (地積) 58,060円×942.75㎡=54,736,065円 54,736,065円−(54,736,065円×$\frac{240㎡}{942.75㎡}$×0.8) 　　　　　　　　=43,588,545円（小規模宅地等の計算の特例適用後の価額）
乙土地	44,376,478円	(正面路線価) (広大地補正率) (地積) 63,000円×(0.6−0.05×$\frac{1,318.95㎡}{1,000㎡}$)×1,318.95㎡=44,376,478円

(ハ)　ポイント

　　㋑　この裁決事例においても，国税不服審判所の判断欄のとおり，図表−25(1)において相続財産である本件各土地を甲土地及び乙土地とに区別して評価することを相当とし，また，図表−25(2)においては，当該区分された評価通達に定められた評価単位ごとに評価通達24−4（広大地の評価）に定める広大地に該当するか否かの判定を行うこととしていることが理解される（「評価通達に定める評価単位＝広大地該当性の判定単位」の原則の成立）。

　　㋺　この裁決事例においても，国税不服審判所の判断欄（図表−25(2)に掲げる(X)部分）のとおり，甲土地及び乙土地が評価通達24−4（広大地の評価）に定める広大地に該当するか否かの判定の基礎として，都市計画法29条（開発行為の許可）に規定する開発行為の許可面積に基づくことが原則的な取扱いとされていることが理解される（開発行為の許可面積基準を採用する原則の成立）。

筆者注　上記の裁決事例の詳細については，**CASE14**に収録済みであるので，併せて参照されたい。

参考事項等

❶　参考法令通達等

・相続税法22条（評価の原則）

- 評価通達1（評価の原則）
- 評価通達5（評価方法の定めのない財産の評価）
- 評価通達6（この通達の定めにより難い場合の評価）
- 評価通達7（土地の評価上の区分）
- 評価通達7－2（評価単位）
- 評価通達20－3（間口が狭小な宅地等の評価）
- 評価通達22－2（大規模工場用地）
- 評価通達24－4（広大地の評価）（筆者注 平成29年12月31日をもって廃止）
- 評価通達36－3（市街地周辺農地の範囲）
- 評価通達40（市街地農地の評価）
- 評価通達40－2（広大な市街地農地等の評価）（筆者注 平成29年12月31日をもって廃止）
- 評価通達40－3（生産緑地の評価）
- 評価通達49（市街地山林の評価）
- 評価通達49－2（広大な市街地山林の評価）（筆者注 平成29年12月31日をもって廃止）
- 評価通達58－3（市街地原野の評価）
- 評価通達58－4（広大な市街地原野の評価）（筆者注 平成29年12月31日をもって廃止）
- 評価通達82（雑種地の評価）
- 資産評価企画官情報第2号「『財産評価基本通達の一部改正について』通達のあらましについて（情報）」（平成16年6月29日）
- 資産評価企画官情報第1号「広大地の判定に当たり留意すべき事項（情報）」（平成17年6月17日）
- 質疑応答事例（国税庁）「広大地の評価における『その地域』の判断」
- 都市計画法4条（定義）12項
- 都市計画法5条（都市計画区域）
- 都市計画法7条（区域区分）
- 都市計画法8条（地域地区）
- 都市計画法29条（開発行為の許可）
- 都市計画法施行令19
- 地方自治法252条の19（指定都市の権能）1項
- 地方自治法252条の22（中核市の権能）1項
- 地方自治法252条の26の3（特例市の権能）1項
- 不動産登記事務取扱手続準則68（地目）
- 不動産鑑定評価基準に定める対象不動産の確定
- 不動産鑑定評価基準に定める最有効使用の原則
- 静岡地方裁判所（平成5年5月14日判決，昭和63年（行ウ）第9号）原審
- 東京高等裁判所（平成6年1月26日判決，平成5年（行コ）第122号）控訴審

・最高裁判所第二小法廷(平成7年6月9日判決,平成6年(行ツ)第85号) 上告審

❷ 類似判例・裁決事例の確認

本項では,上記Ⅴ❹(7)で紹介した最近の広大地評価上の重要論点((1)「評価通達に定める評価単位＝広大地該当性の判定単位」の原則の成立,(2)開発行為の許可面積基準を採用する原則の成立)に関する3点の裁決事例につき,その裁決番号等を再掲しておくことにする。

(1) 平成21年8月26日裁決,東裁(諸)平21-12,平成18年相続開始分
(2) 平成22年11月12日裁決,熊裁(諸)平22-5,平成18年相続開始分
(3) 平成23年6月6日裁決,熊裁(諸)平22-13,平成19年相続開始分

追補　地積規模の大きな宅地の評価について

　本件裁決事例に係る相続開始年分は，平成22年と推定される。もし仮に，当該相続開始日が，平成30年1月1日以後である場合（評価通達20－2（地積規模の大きな宅地の評価）の新設等の改正が行われた）としたときにおける本件各土地1及び本件各土地2に対する同通達の適用は，下記に掲げる 判断基準 から少なくとも地積要件を充足しておらず，ないものとされる。

判断基準

要件	本件各土地1	本件各土地2
① 地積要件(注)	512㎡（評価対象地の地積）＜ 1,000㎡（三大都市圏以外に所在する場合の地積要件） ∴地積要件を未充足	651㎡（評価対象地の地積）＜ 1,000㎡（三大都市圏以外に所在する場合の地積要件） ∴地積要件を未充足
② 区域区分要件	本件各土地1及び本件各土地2は，基礎事実から市街化区域（市街化調整区域以外）に所在 ∴区域区分要件を充足	
③ 地域区分要件	本件各土地1及び本件各土地2は，基礎事実からそれぞれ準住居地域（本件各土地1），第一種住居地域（本件各土地2）（いずれも，工業専用地域以外）に所在 ∴地域区分要件を充足	
④ 容積率要件	本件各土地1及び本件各土地2に係る指定容積率は明示されていないが，前記図表－3の「請求人（納税者）の主張」欄の(4)③から判断すると，指定容積率400％未満（東京都の特別区以外の場合）に該当するものと推定される。 ∴容積率要件を充足	
⑤ 地区区分要件	本件各土地1及び本件各土地2に係る評価方式（路線価方式，倍率方式），また仮に，路線価方式によって評価するとした場合の地区区分については不明である。 ∴地区区分要件について確認不能	
⑥ 判断とその理由	非該当 （少なくとも，上記①の要件を未充足）	非該当 （少なくとも，上記①の要件を未充足）

（注）　本件各土地1及び本件各土地2は，三大都市圏以外に所在することが確認されている。

資料　裁決事例一覧

CASE	タイトル	使用裁決事例	確認すべき主な評価項目等	「税理」掲載号
1	区分所有財産（マンション）の評価（その1：評価通達の定めによらず不動産鑑定評価額による申告の是否が争点とされた事例）	平22.10.13裁決，東裁（諸）平22－81（平成19年贈与分）	・区分所有財産（マンション）の評価 ・マンション建替事業推進中である場合のしんしゃく	平成24年1月号
2	区分所有財産（マンション）の評価（その2：評価通達の定めにより難い特別の事情があるとしてマンションの売却価額を基に評価することの可否が争点とされた事例）	平22.9.27裁決，東裁（諸）平22－67（平成20年相続開始分）	・区分所有財産（マンション）の評価 ・評価通達の定めにより難い特別な事情 ・売却価額を基に算定した価額と適正時価との関係	平成24年2月号
3	評価通達に定める広大地に該当するか否かの判定単位と宅地の評価単位との関係が争点とされた事例	平22.11.12裁決，熊裁（諸）平22－5（平成18年相続開始分）	・土地の評価上の区分と広大地の判定単位 ・宅地の評価単位と広大地の判定単位 ・広大地該当性と開発行為の許可面積基準	平成24年3月号
4	国外財産（外国政府所有地に許可を得て設定した土地の使用権）の評価方法が争点とされた事例	平20.12.1裁決，名裁（諸）平20－35（平成18年贈与分）	・国外財産の評価 ・外国政府所有地に係る土地使用権の財産価値の有無とその評価方法	平成24年4月号
5	複数の地目からなる土地が存在する場合の評価単位の構成及び簡易構造の建物が建築された宅地を貸宅地評価することの可否が争点とされた事例	平22.11.24裁決，東裁（諸）平22－112（平成19年相続開始分）	・土地の評価上の区分 ・雑種地の評価単位 ・貸宅地の評価と貸し付けられている雑種地の評価の区分	平成24年5月号，6月号

CASE	タイトル	使用裁決事例	確認すべき主な評価項目等	「税理」掲載号
6	広大地評価の可否（路地状開発と道路負担を伴う開発との合理性の比較）が争点とされた事例	平23.5.9裁決，東裁（諸）平22－198（平成19年相続開始分）	・広大地の評価 ・開発道路の新規開設を伴う開発と路地状開発が混在している場合の広大地の該当性の判断	平成24年7月号，8月号
7	更地時価買取請求権が付与され地方公共団体に貸し付けられた土地の評価方法（底地価額で評価することの可否）が争点とされた事例	平16.3.5裁決，東裁（諸）平15－207（平成12年相続開始分）	・更地時価買取請求条項が付与されている場合の貸宅地の評価方法	平成24年9月号，10月号
8	セットバックを必要とする宅地の評価の定めを適用することの可否が争点とされた事例	平23.12.6裁決，関裁（諸）平23－27（平成19年相続開始分）	・セットバックを必要とする宅地の評価（セットバックを必要とする宅地の意義）	平成24年11月号
9	私道の評価（行止まり私道を評価通達の定めによらないで評価する場合に，これを正当とする特別の事情の有無が争点とされた事例）	平23.12.19裁決，東裁（諸）平23－99（平成20年相続開始分）	・私道の評価（不特定多数の者の通行の用に供されるものの意義）	平成24年12月号，平成25年1月号
10	無道路地の評価に当たって控除される道路開設費用の価額の算定方法が争点とされた事例（その1）	平17.10.28裁決，名裁（諸）平17－23（平成14年相続開始分）	・無道路地の評価（赤道を介して公道に通ずる場合の通路拡幅部分の地積の算定方法）	平成25年2月号
11	無道路地の評価に当たって控除される道路開設費用の価額の算定方法が争点とされた事例（その2）	平18.5.8裁決，沖裁（諸）平17－17（平成13年相続開始分）	・無道路地の評価（通路開設費用の具体的な価額算定方法）	平成25年3月号，4月号
12	生産緑地の評価に当たって「主たる従事者」に該当するか否かが争点とされた事例	平14.4.19裁決，東裁（諸）平13－226（平成10年相続開始分）	・生産緑地の評価（主たる従事者の判断基準）	平成25年5月号，6月号

CASE	タイトル	使用裁決事例	確認すべき主な評価項目等	「税理」掲載号
13	市街化調整区域内に存する宅地（被相続人の居住用宅地）について，広大地評価の可否及び利用価値の著しい低下地（騒音・振動）に対する補正の適用が論点とされた事例	平19.12.14裁決，東裁（諸）平19－85（平成16年相続開始分）	・市街化調整区域内に存する宅地に対する開発行為の可能性と広大地評価の可否 ・不動産鑑定評価額による時価評価 ・利用価値の著しく低下している宅地の評価	平成25年7月号，8月号
14	土地を評価する場合に地積の求め方（登記簿上の面積，実測図等の面積）及び広大地の判定単位等が争点とされた事例	平23.6.6裁決，熊裁（諸）平22－13（平成19年相続開始分）	・地積の定め（実際の面積と実測） ・土地の評価上の区分と広大地の判定単位 ・広大地該当性と開発行為の許可面積基準	平成25年9月号
15	評価対象財産の種類（不動産，不動産取得資金）及びその評価方法（評価通達の適用，取得価額相当額で評価）等が争点とされた事例	平23.7.1裁決，東裁（諸）平23－1（平成19年相続開始分）	・認知症である被相続人に係る無権代理人（当該被相続人の唯一の相続人）が被相続人の生前に無権代理行為により取得した不動産の評価 ・評価通達の定めにより難い場合の評価	平成25年10月号，11月号
16	評価対象地の前面道路に特定路線価が適正に設定されている場合に当該特定路線価を使用せず他の評価方法によって評価することの合理性の有無が争点とされた事例	平24.11.13裁決，関裁（諸）平24－16（平成20年相続開始分）	・特定路線価の申請とその設定基準 ・路線価の設定されていない道路のみに接する宅地を評価する場合に特定路線価を設定して評価する方法と正面路線価を基に評価する方法の選択可能性	平成25年12月号
17	不整形地の評価に当たって想定整形地の作成方法等が争点とされた事例	平24.10.10裁決，東裁（諸）平24－71	・不整形地の評価 （1）かげ地割合の求め方（公図上の長さを基に算定することの可否） （2）想定整形地の求め方	平成26年1月号

CASE	タイトル	使用裁決事例	確認すべき主な評価項目等	「税理」掲載号
18	親子間の土地貸借につき借地権を贈与により取得し使用貸借契約から賃貸借契約に移行したと認められる時期がいつであるのかが争点とされた事例	平8.6.24裁決,札裁（諸）平7－28（昭和63年贈与分）	・使用貸借契約から賃貸借契約への移行時期	平成26年2月号
19	貸宅地の評価につき評価通達の定めによらないことが正当と認められる特別の事情があるとして鑑定評価額により申告することの可否が争点とされた事例	平24.5.22裁決,東裁（諸）平23－225（平成19年相続開始分）	・貸宅地の評価につき評価通達の定めによらないことが正当と認められる特別の事情 ・貸宅地の評価を鑑定評価額によることの可否	平成26年3月号,4月号
20	建物の所有を目的とする無償による土地使用契約が地上権の設定に該当するか否かが争点とされた事例	平24.5.22裁決,名裁（諸）平23－105（平成21年相続開始分）	・建物の所有を目的とする地上権の成立要件 ・親族間における土地の使用貸借契約が締結されている場合の取扱い	平成26年5月号
21	広大地評価の可否をめぐる諸論点（(1)「その地域」の範囲，(2)最有効使用の方法，(3)公共公益的施設用地に負担の必要性）が争点とされた事例	平24.10.15裁決,東裁（諸）平24－76（平成19年又は平成20年相続開始分）	・広大地に該当するための要件 (1) 「その地域」の具体的な範囲 (2) 最有効使用の方法 (3) 公共公益的施設用地（道路等）の負担	平成26年6月号,7月号
22	評価通達に定める私道の用に供されている宅地に該当するか否かが争点とされた事例（歩道状空地の取扱い）	平24.12.10裁決,東裁（諸）平24－132（平成20年相続開始分）	・評価通達に定める私道の意義 ・歩道状空地の意義と評価通達における取扱い	平成26年8月号
23	課税実務上の取扱いである「利用価値が著しく低下している宅地の評価（10％の評価減）」の対象となる「その付近にある宅地に比べて著しく高低差のあるもの」に該当するか否かが争点とされた事例	平25.3.11裁決,東裁（諸）平24－172（平成21年相続開始分）	・利用価値が著しく低下している宅地の評価（その付近にある宅地に比べて著しく高低差のあるものに該当するか否かの判断）	平成26年9月号

CASE	タイトル	使用裁決事例	確認すべき主な評価項目等	「税理」掲載号
24	土地の評価単位と広大地該当性の判定単位との関係が争点とされた事例(宅地及び市街地農地が隣接して存する事例)	平25.7.2裁決,名裁(諸)平25－1(平成22年(推定)相続開始分)	・土地の評価区分 ・広大地に該当するための要件 (1) 土地の評価単位と広大地の判定単位 (2) 広大地該当性と開発行為の許可面積基準	平成26年10月号,11月号,12月号,平成27年1月号

<著者経歴>

笹岡　宏保〔ささおか・ひろやす〕

昭和37年12月	兵庫県神戸市生まれ
昭和56年4月	関西大学経済学部入学
昭和58年9月	大原簿記専門学校非常勤講師就任
昭和59年12月	税理士試験合格
昭和60年3月	関西大学経済学部卒業
	その後会計事務所に勤務（主に相続・譲渡等の資産税部門の業務を担当）
平成3年2月	笹岡会計事務所設立
	その後現在に至る。

（主要著書）
- 『＜相続税・贈与税＞具体事例による財産評価の実務』（清文社）
- 『Q&A　税理士のための資産税の税務判断マニュアル』（清文社）
- 『これだけは確認しておきたい　相続税の実務 Q&A』（清文社）
- 『＜詳解＞小規模宅地等の課税特例の実務（重要項目の整理と理解）』（清文社）
- 『難解事例から探る　財産評価のキーポイント』（ぎょうせい）

　財産評価に関する事案は，各事例とも極めて個別特殊性を有するものであることが一般的です。そのような理由により本書に関するご質問及びご照会につきましては，対応が困難な状況です。この点斟酌をいただき，ご配慮をお願い申し上げます。

難解事例から探る　財産評価のキーポイント［第2集］〔増補版〕

平成27年11月20日	第1刷発行
令和2年6月30日	第5刷発行（増補）
令和2年12月21日	第7刷発行

著　者　　笹岡　宏保

発行所　　㈱ぎょうせい

〒136-8575　東京都江東区新木場1-18-11

電話　編集　03-6892-6508
　　　営業　03-6892-6666
　　　フリーコール　0120-953-431

URL：http://gyosei.jp

©2015　Printed in Japan

＜検印省略＞

印刷　ぎょうせいデジタル㈱

＊乱丁・落丁本はお取り替え致します。

ISBN978-4-324-09993-3
(5108156-00-000)
［略号：財産評価ポイント(2)］